現代会社法講義

Lecture on Modern Corporation Law

第3版

石山卓磨［著］
ISHIYAMA Takuma

成文堂

第3版はしがき

　平成15年に本書の初版が刊行されて以来，はやいもので13年が経とうとしている。筆者は，それ以前，成文堂より「集中講義会社法」を出版していたが，同書は，扱う項目が限られており，主に法学部の学生諸君が会社法の基本的重要事項を理解できるよう平易に工夫されたものであった。これに対し本書は，会社法全体を幅広く叙述する体系書となっており，読者対象も，法学部生・法科大学院生に限らず，各種の国家試験受験生や企業法務に従事する会社関係者をも意識して執筆されている。さらに，実際に会社経営にあたっている会社役員あるいは法務部の方々にも読んでいただければ幸いである。

　会社法は，明治32年に現行の商法典が制定されて以来，実に多数回にわたって改正されてきた。近時の立法動向においても，昭和49年の商法改正後，「会社法の全面改正」作業が始まるとともに，平成14年からは「会社法の現代化」作業も加わってあらたな企業社会の情勢に対応するための会社法の改正が続き，本書の初版は平成15年7月改正までを扱うものであった。ついで第2版は，従来の商法典中の会社編が会社法典として独立し，内容も「剛構造から柔構造」へと転換が図られた平成17年制定の会社法を解説するものであった。そしてこの第3版は，平成26年に改正され平成27年5月より施行されている現行会社法とそれに伴う会社法施行規則および会社計算規則を対象にしている。

　分量が限られている1冊の書物において，法規定・法理論・判例・学説に関し，歴史的背景を踏まえて叙述することは容易なことではない。はたして，本書がどの程度この目的を達成しているかどうかは定かでないが，足らざるところは，読者諸氏の学習努力に委ねることとして，わが国会社法制の全体像を把握していただきたいものと願っている。大量でかつ奥深く理解も容易ではない会社法規を前にして，日々生まれてくる新判例を適確に理解することは相当に困難な作業であるが，各種の問題点の意義や位置づけを明確に理解するうえで，本書が多少なりとも役立ちうるものであるならば，著者として望外の喜びである。

　本書の執筆意欲を継続させてくれた要因として，東京商事法研究会およびMJS（ミロク情報サービス）商事法研究会における研究活動がある。そこで発表される各種の報告から多くを学び，研究継続の糧とさせていただいた。双方の研究

会を立ち上げ長年にわたり指導にあたっておられる恩師・酒巻俊雄先生および多くの研究者諸氏に対して厚く御礼を申し上げたい。

　本書の刊行にあたっては成文堂社長の阿部耕一氏と編集部の篠崎雄彦氏のご助力を得た。記して謝意を表したいと思う。あわせて本書の初版と第2版に関しお世話になった，当時の編集長，故・土子三男氏のご冥福をお祈りしたい。

　平成28年3月

石　山　卓　磨

凡　例

1　主要参考書および文献引用略語

相澤　哲＝葉玉匡美＝郡谷大輔編「論点解説　新・会社法　千問の道標」（商事法務，2006年）→**千問の道標**

相澤　哲編著「立案担当者による新・会社法の解説」（商事法務，2006年）

青竹正一「新会社法〔第4版〕」（信山社，2015年）

坂本三郎編著「一問一答　平成26年改正会社法〔第2版〕」（商事法務，2015年）

江頭憲治郎「株式会社法〔第6版〕」（有斐閣，2015年）→**江頭**

大隅健一郎＝今井　宏「会社法論上巻〔第3版〕」（有斐閣，1991年）→**大隅＝今井・上**

大隅健一郎＝今井　宏「会社法論中巻〔第3版〕」（有斐閣，1992年）→**大隅＝今井・中**

大隅健一郎＝今井　宏「会社法論下巻Ⅱ」（有斐閣，1991年）→**大隅＝今井・下Ⅱ**

加美和照「新訂会社法〔第10版〕」（勁草書房，2011年）→**加美**

河本一郎「現代会社法〔新訂第9版〕」（商事法務，2004年）→**河本**

神崎克郎「商法Ⅱ（会社法）〔第3版〕」（青林書院，1991年）→**神崎**

神田秀樹「会社法〔第17版〕」（弘文堂，2015年）→**神田**

北沢正啓「会社法〔第6版〕」（青林書院，2001年）→**北沢**

近藤光男「最新株式会社法〔第8版〕」（中央経済社，2015年）

近藤光男編「判例法理　経営判断原則」（中央経済社，2012年）

鈴木竹雄「新版会社法〔全訂第5版〕」（弘文堂，1994年）→**鈴木**

鈴木竹雄＝竹内昭夫「会社法〔第3版〕」（有斐閣，1994年）→**鈴木＝竹内**

龍田　節「会社法大要」（有斐閣，2007年）→**龍田**

田中誠二「三全訂会社法詳論上巻」（勁草書房，1993年）→**田中〔誠〕上**

田中誠二「三全訂会社法詳論下巻」（勁草書房，1994年）→**田中〔誠〕下**

服部栄三「会社法通論〔第4版〕」（同文舘，1991年）→**服部**

前田　庸「会社法入門〔第12版〕」（有斐閣，2009年）→**前田**

宮島　司「新会社法エッセンス〔第4版補正版〕」（弘文堂，2015年）

弥永真生「リーガルマインド会社法〔第14版〕」（有斐閣，2015年）→**弥永**

注釈会社法(1)〔増補版〕～（有斐閣，1980年～）→**注会(1)**～

新版注釈会社法(1)～（有斐閣，1986年～）→**新注会(1)**～

会社法体系1～4（江頭憲治郎＝門口正人編）（青林書院，2008年）

1会社法コンメンタール総則・設立［1］（江頭憲治郎編）（商事法務，2008年）

8会社法コンメンタール機関［2］（落合誠一編）（商事法務，2009年）

逐条解説会社法第4巻機関・1（酒巻俊雄＝龍田　節編集代表）（中央経済社，2008年）

株式会社法講座1～（有斐閣，1955年～）→**講座1**～

凡例

MJS税経システム研究所編「新会社法と中小会社の実務対応」（中央経済社，2005年）
商法演習Ⅰ会社(1)（有斐閣，1966年）→**商演Ⅰ**
商法演習Ⅲ会社(2)，手形・小切手(2)等（有斐閣，1963年）→**商演Ⅲ**
会社法演習Ⅰ～Ⅲ（有斐閣，1983年～1984年）→**会演Ⅰ～Ⅲ**
新商法演習2会社(2)（有斐閣，1974年）→**新商演2**
会社法重要判例解説（酒巻俊雄＝尾崎安央＝川島いづみ＝中村信男編）（成文堂，2013年）
　→**重要判例**
別冊ジュリスト会社法判例百選（有斐閣，2006年）→**百選**
別冊ジュリスト会社法判例百選［第2版］（有斐閣，2011年）→**百選［第2版］**
別冊ジュリスト商法の争点Ⅰ（総則・会社）（有斐閣，1993年）→**争点Ⅰ**
判例講義会社法〔第2版〕（倉澤康一郎＝奥島孝康＝森　淳二郎編）（悠々社，2013年）
　→**判例講義**
商事法務→**商事**
資料版商事法務→**資料版商事**
金融商事判例→**金判**
金融法務事情→**金法**
民商法雑誌→**民商**
判例時報→**判時**
判例タイムズ→**判タ**
判例評論→**判評**
法学セミナー→**法セ**
法律のひろば→**ひろば**
法律時報→**時報**

2　法令名略語

会社法→**会**
民法→**民**
会社法施行規則→**会規**
会社計算規則→**計規**
会社法施行令→**会令**
会社法の施行に伴う関係法律の整備等に関する法律→**整備法**
銀行法→**銀行**
保険業法→**保険**
有限会社法→**有**

※その他，法令・判例・紀要・雑誌等の表示・引用は慣例に従う。

目　次

第 3 版はしがき
凡　例

第 1 編　会社法総論

第 1 章　会社の経済的機能 …………………………………………… 3
　第 1 節　企業の意義と種類 ……………………………………………… 3
　第 2 節　個人企業の経済的機能 ………………………………………… 4
　第 3 節　会社の経済的機能 ……………………………………………… 4

第 2 章　会社法の意義 ………………………………………………… 6
　第 1 節　会社法の意義 …………………………………………………… 6
　第 2 節　会社法の特質 …………………………………………………… 7
　　1　総　説 ………………………………………………………………… 7
　　2　会社法の公共性 ……………………………………………………… 7
　　3　企業の社会的責任 …………………………………………………… 8
　第 3 節　会社法の法源 …………………………………………………… 9

第 3 章　会社の概念 …………………………………………………… 10
　第 1 節　会社法上の「会社」の意義 …………………………………… 10
　第 2 節　会社の法人性 …………………………………………………… 12
　第 3 節　会社の能力 ……………………………………………………… 12
　　1　会社の権利能力 ……………………………………………………… 12
　　　(1)　総　説　12　　(2)　性質・法令による制限　13
　　　(3)　目的による制限　13
　　2　会社の意思能力・行為能力・不法行為能力 ……………………… 16
　　　(1)　会社の意思能力・行為能力　16　　(2)　会社の不法行為能力　17
　　3　公法上の能力 ………………………………………………………… 17

第 4 章　会社の種類とその基本的法規制 …………………………… 18

第1節　会社法上の会社の種類 …… 18
1　総説 …… 18
2　株式会社 …… 18
3　合名会社 …… 19
4　合資会社 …… 20
5　合同会社 …… 20

第2節　各種の会社の社員の投下資本の回収策 …… 21
1　株式会社の場合 …… 21
2　持分会社の場合 …… 21

第3節　会社の各種の分類 …… 22
1　一般法上の会社・特別法上の会社 …… 22
2　人的会社・物的会社 …… 22
3　大会社・中小会社 …… 23
4　親会社・子会社 …… 23
5　公開会社その他 …… 24
　(1)　公開会社　24　　(2)　その他　24
6　同族会社・非同族会社 …… 25
7　内国会社・外国会社 …… 25

第2編　会社法総則

第1章　総説 …… 29

第2章　会社の商号 …… 30
第1節　商号の選定規制 …… 30
第2節　商号使用の禁止 …… 30
第3節　自己商号の使用許諾責任 …… 31

第3章　会社の使用人等 …… 33
第1節　総説 …… 33
第2節　支配人 …… 33
1　支配人の意義と選任・解任 …… 33

2　代理権限 …………………………………………………………… *33*
　　3　営業・競業の禁止 ………………………………………………… *34*
　　4　表見支配人 ………………………………………………………… *34*
　　5　支配人以外の使用人 ……………………………………………… *35*
 第3節　執行役員 ………………………………………………………… *35*
　　1　執行役員の意義 …………………………………………………… *35*
　　2　執行役員の法的地位 ……………………………………………… *36*
　　　(1)　会社との関係 *36*　　(2)　執行役員の選任・解任 *36*
　　　(3)　執行役員の権限 *36*　　(4)　執行役員の義務と責任 *37*
　　3　執行役員への報酬支給 …………………………………………… *37*

第4章　会社の代理商 ……………………………………………… *38*
 第1節　意　義 …………………………………………………………… *38*
 第2節　会社と代理商との関係 ………………………………………… *38*
　　1　通知義務 …………………………………………………………… *38*
　　2　競業避止義務 ……………………………………………………… *39*
　　3　通知を受ける権限 ………………………………………………… *39*
　　4　契約の解除 ………………………………………………………… *39*
　　5　代理商の留置権 …………………………………………………… *39*

第5章　事業譲渡の場合の競業の禁止等 ……………………… *40*
 第1節　総　説 …………………………………………………………… *40*
 第2節　譲渡会社の競業の禁止 ………………………………………… *40*
 第3節　譲受会社の責任 ………………………………………………… *40*
　　1　譲渡会社の商号を続用した場合 ………………………………… *40*
　　2　譲渡会社の商号を続用しない場合 ……………………………… *41*
　　3　詐害事業譲渡に係る譲受会社に対する債務の履行の請求 …… *41*
 第4節　会社・商人間における事業の譲渡・営業の
　　　　 譲受け ………………………………………………………… *42*
　　1　商人に対する事業の譲渡 ………………………………………… *42*
　　2　商人の営業の譲受け ……………………………………………… *42*

第3編 株式会社

第1章 総説 …………………………………………………………… 45

第1節 株式会社の概念 ………………………………………… 45
1 株式会社の意義と本質 ……………………………………… 45
2 株 式 …………………………………………………………… 45
3 株主の有限責任 ……………………………………………… 46
　(1) 株主有限責任の原則の意義 *46*
　(2) 株主有限責任の原則のメリット・デメリット *46*

第2節 株式会社の債権者の保護 …………………………… 47
1 資本制度 ……………………………………………………… 47
　(1) 総 説 *47*　(2) 資本3原則 *47*　(3) 最低資本金 *50*
2 会社財産の状況開示 ………………………………………… 50
3 組織再編における債権者保護手続 ………………………… 51
4 各種の無効の訴え …………………………………………… 51
5 特別清算 ……………………………………………………… 51
6 その他 ………………………………………………………… 51

第3節 法人格否認の法理 ……………………………………… 52
1 意 義 …………………………………………………………… 52
2 最高裁昭和44年2月27日判決の概要 …………………… 53
　(1) 事実関係 *53*　(2) 判 旨 *53*
3 法人格否認の法理の適用事例と適用要件 ………………… 54
　(1) 法人格の濫用事例 *54*　(2) 法人格の形骸化事例 *55*
　(3) 不法行為との関係 *56*　(4) 租税法領域への適用拡大 *56*
4 法人格否認判決の効力の拡張 ……………………………… 56
　(1) 既判力・執行力への拡張の可否 *56*
　(2) 第三者異議の訴えの原告に対する法人格否認の法理の適用 *57*

第4節 コーポレート・ガバナンス論 ………………………… 57
第5節 企業維持の理念 ………………………………………… 59
第6節 株式会社法の規制特色 ………………………………… 59
1 強行法規制 …………………………………………………… 60

2　公示主義・開示主義 ………………………………………… 60
　　3　国家機関の関与 ……………………………………………… 60
　　4　罰則の強化 …………………………………………………… 61

第2章　株式会社法の変遷 …………………………………………… 62
第1節　諸外国の動向 ……………………………………………… 62
　　1　準則主義の確立 ……………………………………………… 62
　　2　第2次世界大戦後の状況 …………………………………… 63
第2節　わが国の会社法の変遷 …………………………………… 65
　　1　明治32年の会社法の制定 ………………………………… 65
　　2　会社法の改正動向 …………………………………………… 66
　　　(1)　昭和25年商法改正前 66　　(2)　昭和25年商法改正 66
　　　(3)　昭和30年商法改正 67　　　(4)　昭和37年商法改正 67
　　　(5)　昭和41年商法改正 67　　　(6)　昭和49年商法改正 67
　　　(7)　昭和56年商法改正 67　　　(8)　平成2年商法改正 68
　　　(9)　平成5年商法改正 68　　　(10)　平成6年商法改正 68
　　　(11)　平成9年商法改正 68　　　(12)　平成11年商法改正 69
　　　(13)　平成12年商法改正 69　　(14)　平成13年商法改正 69
　　　(15)　平成14年商法改正 69　　(16)　平成15年商法改正 70
　　　(17)　平成16年商法改正 70　　(18)　平成17年会社法の制定 70
　　　(19)　平成26年会社法改正 70

第3章　株式会社の設立 ……………………………………………… 71
第1節　総　説 ……………………………………………………… 71
　　1　設立の意義 …………………………………………………… 71
　　2　設立の方法 …………………………………………………… 71
第2節　発起設立の手続 …………………………………………… 72
　　1　発起人の意義・資格・員数 ………………………………… 72
　　2　定款の作成 …………………………………………………… 73
　　　(1)　定款の意義と作成方式 73　(2)　絶対的記載事項 74
　　　(3)　相対的記載事項 79　　　　(4)　設立費用の帰属 81
　　　(5)　任意的記載事項 82
　　3　設立時発行株式に関する事項の決定 ……………………… 83
　　4　定款の記載・記録事項に関する検査役の選任 …………… 83

(1)　検査報告と変更決定 *83*　　(2)　検査役の選任が不要の場合 *84*
　5　出資の履行 ……………………………………………………………*84*
　6　設立時役員等の選任・解任 …………………………………………*85*
　　　(1)　設立時役員等の選任 *85*　　(2)　設立時役員等の解任 *87*
　　　(3)　種類株主総会における選任・解任決議 *88*
　7　設立時取締役等による調査 …………………………………………*88*
　8　設立時代表取締役等の選定等 ………………………………………*89*
　　　(1)　指名委員会等設置会社以外の場合 *89*
　　　(2)　指名委員会等設置会社の場合 *89*
　9　株式会社の成立 ………………………………………………………*89*
第3節　募集設立の手続 ………………………………………………………*90*
　1　設立時募集株式の引受人の募集 ……………………………………*90*
　2　募集の通知と申込み …………………………………………………*90*
　3　設立時募集株式の割当てと引受け …………………………………*91*
　4　設立時募集株式の払込み ……………………………………………*92*
　5　払込金の保管証明 ……………………………………………………*92*
　　　(1)　総　説 *92*　　(2)　払込取扱機関の保管証明責任 *92*
　　　(3)　払込金の返還時期 *93*
　6　創立総会 ………………………………………………………………*93*
　　　(1)　総　説 *93*　　(2)　招　集 *93*　　(3)　決　議 *95*
　　　(4)　議決権の行使方法 *96*　　(5)　発起人の説明義務 *97*
　　　(6)　議長の権限 *97*　　(7)　議事録 *97*
　　　(8)　創立総会決議の省略 *97*　　(9)　創立総会への報告の省略 *98*
　　　(10)　種類創立総会 *98*　　(11)　設立時取締役等の選任・解任 *98*
　　　(12)　設立時取締役等による調査・報告 *99*
　7　定款の変更 ……………………………………………………………*99*
　　　(1)　総　説 *99*　　(2)　発行可能株式総数の定め *99*
　　　(3)　特　則 *100*
　8　設立手続等の特則等 …………………………………………………*101*
　　　(1)　設立時募集株式の引受人による定款の閲覧・書面等の交付 *101*
　　　(2)　設立時募集株式の引受人が株主となる時期 *101*
　　　(3)　民法93条ただし書・94条1項の適用除外 *101*
　　　(4)　議決権行使の錯誤・強迫を理由とした株式引受けの無効・取消し
　　　　　の禁止 *101*

第4節　払込みの仮装 ……………………………………………… *101*
1　総　説 ……………………………………………………… *101*
2　預合い ……………………………………………………… *102*
3　見せ金 ……………………………………………………… *103*
4　預合いと見せ金の結合形態 ……………………………… *103*

第5節　設立中の会社と発起人の権限 ………………………… *104*
1　総　説 ……………………………………………………… *104*
2　発起人の権限 ……………………………………………… *106*
3　定款に記載のない財産引受と会社側の追認 …………… *107*
　(1) 学　説 *107*　(2) 追　認 *108*　(3) 最高裁の立場 *109*

第6節　設立関与者の責任 ……………………………………… *110*
1　会社成立の場合の責任 …………………………………… *110*
　(1) 発起人等の損害賠償責任 *110*
　(2) 現物出資等の目的物価額不足額てん補責任 *110*
　(3) 出資の履行を仮装した場合の責任等 *111*
　(4) 第三者に対する責任 *112*　(5) 擬似発起人の責任 *112*
2　会社不成立の場合の責任 ………………………………… *112*

第7節　設立の無効 ……………………………………………… *113*
1　総　説 ……………………………………………………… *113*
2　設立の無効原因 …………………………………………… *113*
3　設立無効の訴え …………………………………………… *114*
4　無効判決の効果 …………………………………………… *114*
5　会社不成立との違い ……………………………………… *115*

第4章　株　式 ………………………………………………………… *116*
第1節　株式の概念 ……………………………………………… *116*
1　株式の意義 ………………………………………………… *116*
2　株式の本質 ………………………………………………… *116*
　(1) 総　説 *116*　(2) 社員権説 *117*　(3) 社員権否認論 *117*
　(4) 株式債権説・株式純債権説 *118*

第2節　株主の権利・義務 ……………………………………… *118*
1　株主の権利 ………………………………………………… *118*

(1)　総　説　*118*　　(2)　株主の権利の分類　*119*
　　　(3)　会社法上の定め　*120*　　(4)　株主権の濫用　*121*
　　2　株主の義務 ………………………………………………………………*121*
　　3　株主平等の原則 …………………………………………………………*121*
　　　(1)　意　義　*121*　　(2)　株主平等の原則が問題となった場合　*123*
第3節　株式の種類 ……………………………………………………………*124*
　　1　総　説 ……………………………………………………………………*124*
　　2　各種の株式 ………………………………………………………………*125*
　　　(1)　配当・残余財産分配についての種類株式　*125*
　　　(2)　議決権制限株式　*126*　　(3)　譲渡制限株式　*127*
　　　(4)　取得請求権付株式　*128*　　(5)　取得条項付株式　*129*
　　　(6)　全部取得条項付種類株式　*130*　　(7)　拒否権付種類株式　*133*
　　　(8)　取締役・監査役選任権付種類株式　*134*
　　3　発行可能（種類）株式総数 ……………………………………………*135*
　　　(1)　発行可能株式総数　*135*　　(2)　発行可能種類株式総数　*135*
第4節　反対株主の株式買取請求 ……………………………………………*136*
　　1　総　説 ……………………………………………………………………*136*
　　2　反対株主 …………………………………………………………………*137*
　　3　通知・公告 ………………………………………………………………*137*
　　4　株式買取請求 ……………………………………………………………*137*
　　5　株式の価格の決定等 ……………………………………………………*137*
第5節　株　券 …………………………………………………………………*138*
　　1　総　説 ……………………………………………………………………*138*
　　2　株券の意義 ………………………………………………………………*138*
　　3　株券の発行 ………………………………………………………………*138*
　　4　株券の記載事項 …………………………………………………………*139*
　　5　権利の推定 ………………………………………………………………*139*
　　6　株券不所持制度 …………………………………………………………*139*
　　7　株券喪失登録制度 ………………………………………………………*139*
第6節　株式の譲渡 ……………………………………………………………*140*
　　1　株式の譲渡の意義 ………………………………………………………*140*
　　2　株式の譲渡方法 …………………………………………………………*141*

　　　　　(1)　株券発行会社の場合 *141*　　(2)　株券不発行会社の場合 *141*
　　3　株式譲渡の自由と制限 …………………………………………*143*
　　　　　(1)　総　説 *143*　　(2)　法令による譲渡制限 *144*
　　　　　(3)　定款による譲渡制限 *144*
　　　　　(4)　譲渡制限違反の株式譲渡の効力 *148*

第7節　株主名簿 ……………………………………………………*148*

　　1　意義・記載事項 ……………………………………………………*148*
　　2　株主名簿記載事項の記載書面の交付等 ……………………………*148*
　　3　株主名簿の作成・備置き・閲覧 ……………………………………*149*
　　4　株主に対する通知 …………………………………………………*149*

第8節　名義書換え ……………………………………………………*150*

　　1　意　義 ………………………………………………………………*150*
　　2　名義書換えの効力 …………………………………………………*150*
　　　　　(1)　確定的効力 *150*　　(2)　資格授与的効力・免責的効力 *150*
　　3　名義書換え未了の株式譲受人の地位 ………………………………*151*
　　　　　(1)　会社側からの権利行使の許容 *151*
　　　　　(2)　名義書換えの不当拒絶 *152*
　　4　失念株 ………………………………………………………………*153*
　　　　　(1)　意　義 *153*　　(2)　実質株主から形式株主に対する権利主張 *153*

第9節　株式の担保化 …………………………………………………*155*

　　1　株券発行会社における株式の担保化 ………………………………*155*
　　　　　(1)　略式株式質 *155*　　(2)　登録株式質 *156*
　　　　　(3)　譲渡担保 *156*
　　2　株券不発行会社における株式の担保化 ……………………………*157*
　　　　　(1)　振替株式の担保化 *157*　　(2)　振替株式以外の株式の担保化 *157*
　　3　株式の質入れの効力 ………………………………………………*157*

第10節　株式の評価 …………………………………………………*158*

　　1　総　説 ………………………………………………………………*158*
　　2　各場合における評価 ………………………………………………*158*
　　　　　(1)　貸借対照表上の評価 *158*　　(2)　その他の場合 *159*

第11節　自己株式の取得規制 …………………………………………*159*

	1	総　説 …………………………………………………………… *159*
	2	自己株式の取得事由 …………………………………………… *160*
	3	株主との合意による取得 ……………………………………… *161*

　　(1)　事前の総会決議事項 *161*　　(2)　そのつどの決定事項 *161*
　　(3)　会社からの通知と株主からの申込み *162*

	4	特定の株主からの取得 ………………………………………… *162*

　　(1)　手　続 *162*　　(2)　子会社からの取得 *163*

	5	市場取引等による取得 ………………………………………… *163*
	6	株主の意思によらずに自己株式を取得する場合 …………… *163*
	7	自己株式の保有・消却・処分 ………………………………… *164*

　　(1)　自己株式の保有・保有株式の法的地位 *164*
　　(2)　自己株式の消却 *164*　　(3)　自己株式の処分 *164*

	8	財源規制 ………………………………………………………… *164*
	9	違法な自己株式の取得 ………………………………………… *165*
	10	取得請求権付株式の取得 ……………………………………… *165*
	11	取得条項付株式の取得 ………………………………………… *165*
	12	全部取得条項付種類株式の取得 ……………………………… *166*

　　(1)　取　得 *166*　　(2)　取得対価等に関する書面等の備置き・閲覧等 *167*
　　(3)　取得に関する書面等の備置き・閲覧等 *167*　　(4)　その他 *167*

	13	相続人等に対する売渡請求 …………………………………… *168*
	14	株式の消却 ……………………………………………………… *169*

第12節　特別支配株主の株式等売渡請求 ……………………… *169*

	1	総　説 …………………………………………………………… *169*
	2	株式等売渡請求手続 …………………………………………… *169*

　　(1)　総　説 *169*　　(2)　特別支配株主・対象会社間の通知・承認 *170*
　　(3)　売渡株主等に対する通知・公告・事前情報開示 *171*
　　(4)　売渡請求の撤回 *172*　　(5)　売渡株主の救済 *172*

第13節　親会社株式の取得・相互保有規制 …………………… *173*

	1	親会社株式の取得 ……………………………………………… *173*

　　(1)　原則的禁止 *173*　　(2)　取得禁止の例外 *174*
　　(3)　違法な親会社株式の取得 *174*

	2	株式の相互保有 ………………………………………………… *174*

　　　　(1)　総　説 *174*　　(2)　相互保有規制 *175*
　第14節　株式の併合・分割・無償割当て ……………………………*175*
　　1　株式の併合 ……………………………………………………………*175*
　　　　(1)　意　義 *175*　　(2)　手続・効力の発生 *176*
　　　　(3)　情報開示 *176*
　　2　株式の分割 ……………………………………………………………*177*
　　　　(1)　意　義 *177*　　(2)　手続・効力の発生 *177*
　　3　端数の処理 ……………………………………………………………*178*
　　4　株式無償割当て ………………………………………………………*179*
　　　　(1)　意　義 *179*　　(2)　手続・効力の発生 *179*
　第15節　単元株制度 …………………………………………………………*179*
　　1　総　説 …………………………………………………………………*179*
　　2　単元未満株主の権利 …………………………………………………*180*
　　3　単元未満株式の買取請求と売渡請求 ………………………………*180*
　　　　(1)　買取請求 *180*　　(2)　売渡請求 *180*
　　4　端株制度との関係 ……………………………………………………*181*
　第16節　所在不明株主の株式売却制度 ……………………………………*181*
　　1　制度趣旨 ………………………………………………………………*181*
　　2　株主に対する通知の省略 ……………………………………………*181*
　　3　株式の競売・売却 ……………………………………………………*182*

第5章　株式会社の運営機構 ………………………………………………*183*
　第1節　総説―機関選択の多様性― ………………………………………*183*
　第2節　株式会社における業務執行機関 …………………………………*185*
　　1　執行機関構造の諸類型 ………………………………………………*185*
　　　　(1)　取締役会・監査役会・会計監査人設置会社 *185*
　　　　(2)　指名委員会等設置会社 *185*　　(3)　監査等委員会設置会社 *186*
　　　　(4)　取締役会・監査役設置会社 *186*
　　　　(5)　非取締役会・監査役設置会社 *186*
　第3節　株主総会 ……………………………………………………………*191*
　　1　総　説 …………………………………………………………………*191*
　　2　株主総会の権限 ………………………………………………………*191*

3　株主総会の招集 …………………………………………………………… 192
- (1)　総　説 *192*　　(2)　少数株主による総会の招集 *192*
- (3)　検査役制度に基づく総会の招集 *193*
- (4)　総会の招集決定 *194*　　(5)　総会の招集通知 *194*
- (6)　招集通知の方法 *194*　　(7)　議題の記載・記録の要否 *195*
- (8)　計算書類等の添付 *195*
- (9)　参考書類・議決権行使書面の添付 *195*
- (10)　招集手続の省略 *196*　　(11)　全員出席総会 *196*

4　株主総会の運営 …………………………………………………………… 196
- (1)　株主総会の成立と議事 *196*　　(2)　議　長 *196*
- (3)　株主提案権 *197*　　(4)　質問と説明 *199*
- (5)　動議の提出 *199*　　(6)　総会提出資料等の調査 *199*
- (7)　議事録 *200*

5　株主の議決権 ……………………………………………………………… 200
- (1)　1株1議決権の原則とその例外 *200*
- (2)　株式共有の場合の議決権行使 *202*
- (3)　議決権の代理行使 *205*
- (4)　書面または電磁的方法による議決権の行使 *207*
- (5)　議決権の不統一行使 *209*

6　総会決議の種類 …………………………………………………………… 209
- (1)　普通決議 *209*　　(2)　特別決議 *209*
- (3)　特殊決議 *210*

7　種類株主総会 ……………………………………………………………… 211
- (1)　総　説 *211*
- (2)　ある種類の種類株主に損害を及ぼすおそれのある場合の種類株主総会 *212*
- (3)　種類株主総会の決議を必要とする旨の定めが定款にある場合の種類株主総会 *213*
- (4)　種類株主総会の決議 *213*

8　株主総会等の決議の瑕疵 ………………………………………………… 214
- (1)　総　説 *214*　　(2)　決議不存在・無効確認の訴え *215*
- (3)　決議取消しの訴え *215*　　(4)　担保提供命令 *220*
- (5)　判決の効力 *220*

第4節　役員等その他の種類 ………………………………………………… 222
1　意　義 ……………………………………………………………………… 222

2　取締役 ……………………………………………………………… *222*
　　　　(1)　総　説 *222*　　(2)　取締役の欠格事由・員数・兼任禁止・任期等 *223*
　　　　(3)　代表取締役 *225*　　(4)　表見代表取締役 *225*　　(5)　特別取締役 *229*
　　　　(6)　役付取締役 *229*　　(7)　事実上の取締役 *230*　　(8)　影の取締役 *231*
　　　　(9)　社外取締役と独立取締役 *231*
　　3　監査役 ……………………………………………………………… *234*
　　　　(1)　総　説 *234*　　(2)　監査役の資格等 *234*　　(3)　社外監査役 *235*
　　　　(4)　員　数 *236*　　(5)　任　期 *236*
　　4　会計参与 …………………………………………………………… *236*
　　　　(1)　会計参与の意義と設置 *236*　　(2)　資格・任期等 *237*
　　5　執行役 ……………………………………………………………… *237*
　　6　代表執行役 ………………………………………………………… *237*
　　　　(1)　意　義 *237*　　(2)　表見代表執行 *238*
　　7　会計監査人 ………………………………………………………… *238*
　　8　役員等の権利義務者 ……………………………………………… *238*
　　9　一時（仮）役員等 ………………………………………………… *239*
　　10　取締役の職務代行者 ……………………………………………… *240*
第5節　会社役員等の選任・選定・解任・解職・辞任 ……… *240*
　　1　取締役の選任 ……………………………………………………… *240*
　　2　代表取締役の選定・解職 ………………………………………… *241*
　　3　会計参与・監査役・会計監査人の選任 ………………………… *242*
　　4　執行役の選任・代表執行役の選定・解職 ……………………… *242*
　　5　補欠役員の選任 …………………………………………………… *242*
　　6　役員・会計監査人の解任 ………………………………………… *242*
　　7　役員の選任・解任決議の要件 …………………………………… *243*
　　8　役員の解任の訴え ………………………………………………… *243*
　　9　役員等の辞任 ……………………………………………………… *244*
　　10　会計参与・監査役・会計監査人の選任・解任・辞任等に
　　　　関する意見陳述権 ………………………………………………… *244*
第6節　株式会社の業務執行 …………………………………… *245*
　　1　取締役の業務執行 ………………………………………………… *245*

(1) 総　説　245　　(2) 株式会社の代表　245
　　2 代表取締役の業務執行 …………………………………………………246
　　　(1) 総　説　246　　(2) 代表取締役の専断的行為と権限濫用行為　247
　　3 取締役会の業務執行 ……………………………………………………247
　　　(1) 意　義　247　　(2) 取締役会の権限　248
　　　(3) 取締役会の招集　255　　(4) 取締役会の決議　256
　　　(5) 取締役会への報告の省略　257　　(6) 議事録　258
　　　(7) 取締役会決議の無効　259　　(8) 特別取締役会　259
　　4 監査役の業務執行 ………………………………………………………259
　　　(1) 職　務　259　　(2) 職務上の権限と義務　260
　　　(3) 取締役会の業務監査権限と監査役の業務監査権限　263
　　　(4) 株式会社・取締役間の訴訟における会社の代表者　264
　　　(5) 企業不祥事感知の場合の監査役の対応　264
　　5 監査役会の権限・運営等 ………………………………………………265
　　6 会計参与の業務執行 ……………………………………………………265
　　　(1) 会計参与の権限　265　　(2) 会計参与の義務　266
　　　(3) 会計参与の責任　266　　(4) 会計参与の行動指針　267
　　7 会計監査人の業務執行 …………………………………………………267
　　　(1) 会計監査人の権限　267　　(2) 会計監査人における意思疎通義務　268

第7節　指名委員会等設置会社の機関構造 ………………………………268
　　1 総　説 ……………………………………………………………………268
　　2 委員の選定等と解職等 …………………………………………………269
　　　(1) 選定等　269　　(2) 解職等　270
　　3 各種の委員会 ……………………………………………………………270
　　　(1) 指名委員会　270　　(2) 監査委員会　270　　(3) 報酬委員会　273
　　4 指名委員会等の運営 ……………………………………………………273
　　　(1) 招　集　273　　(2) 決　議　273　　(3) 議事録　274
　　　(4) 報告の省略　274
　　5 指名委員会等設置会社の取締役（会）の権限等 ……………………274
　　　(1) 取締役の権限と職務　274　　(2) 取締役会の権限　275
　　　(3) 取締役会の運営　276
　　6 執行役の選任・任期・解任 ……………………………………………277
　　　(1) 選任等　277　　(2) 解　任　277

目　次　xix

- 7　執行役の業務執行 ……………………………………………… *278*
- 8　執行役の権限と義務 …………………………………………… *278*
    - (1)　執行役の権限　*278*　　(2)　執行役の義務等　*279*
    - (3)　執行役と会社の決算・配当　*279*
- 9　代表執行役・表見代表執行役 ………………………………… *280*
- 10　(代表)執行役代行者と仮(代表)執行役 …………………… *280*
- 11　株主による執行役の行為の差止め …………………………… *280*

第8節　監査等委員会設置会社 ……………………………………… *281*

- 1　総　　説 ………………………………………………………… *281*
- 2　監査等委員 ……………………………………………………… *281*
    - (1)　総　説　*281*　　(2)　監査等委員の職務・権限・義務　*281*
- 3　監査等委員会 …………………………………………………… *283*
- 4　監査等委員会設置会社の取締役会の権限 …………………… *283*
    - (1)　監査等委員会設置会社の取締役会の権限　*283*
    - (2)　監査等委員会設置会社の取締役会の決定事項　*284*
    - (3)　監査等委員会設置会社と取締役との間の訴訟における会社代表者　*285*
- 5　監査役・監査委員・監査等委員の比較 ……………………… *285*

第9節　会社役員等の一般的義務と行為規制 ……………………… *286*

- 1　役員等の一般的義務 …………………………………………… *286*
- 2　善管注意義務 …………………………………………………… *287*
    - (1)　総　説　*287*　　(2)　経営判断の原則　*287*　　(3)　信頼の原則　*290*
- 3　忠実義務 ………………………………………………………… *291*
    - (1)　総　説　*291*　　(2)　忠実義務と善管注意義務との異同　*291*
    - (3)　忠実義務関連事例　*292*　　(4)　競業避止義務と利益相反取引規制　*292*
- 4　取締役の報告義務 ……………………………………………… *301*
    - (1)　総　説　*301*　　(2)　適用要件　*301*　　(3)　報告義務者　*302*
    - (4)　報告の方法　*302*　　(5)　報告義務違反の効果　*302*
    - (6)　報告を受けた者の対応　*303*
- 5　社外取締役の義務と責任 ……………………………………… *304*

第10節　役員の報酬 …………………………………………………… *305*

- 1　取締役の報酬 …………………………………………………… *305*
    - (1)　報酬の決定方法　*305*　　(2)　報酬の意義　*307*

(3)　報酬の減額 *307*　　(4)　退職慰労金の支給 *308*
　　　(5)　使用人兼務取締役の報酬 *309*　(6)　株主総会決議がない場合 *310*
　　2　ストック・オプション制度 ……………………………………………*311*
　　　(1)　総　説 *311*　　(2)　ストック・オプションの付与手続 *311*
　　　(3)　ストック・オプションの発行方法 *311*
　　　(4)　株主総会における報酬決議 *312*
　　　(5)　その他の業績連動型報酬 *312*
　　3　会計参与・監査役の報酬 …………………………………………*313*
　　4　会計監査人の報酬 ……………………………………………*314*
　　5　役員報酬の開示 ……………………………………………*314*
第11節　役員等の責任 ………………………………………………*315*
　　1　役員等の会社に対する責任 ……………………………………*315*
　　　(1)　任務懈怠責任 *315*　　(2)　競業取引責任 *316*
　　　(3)　利益相反取引責任 *316*　　(4)　剰余金配当等に関する責任 *317*
　　　(5)　違法な利益供与に関する責任 *317*
　　　(6)　買取請求に応じて株式を取得した場合の責任 *318*
　　　(7)　期末欠損てん補責任 *318*　　(8)　資本充実責任 *318*
　　2　責任の一部免除・限定 …………………………………………*319*
　　　(1)　総会決議による責任の一部免除 *319*
　　　(2)　定款の定めによる責任の一部免除 *320*
　　　(3)　責任限定契約 *322*
　　3　役員等の第三者に対する損害賠償責任 ………………………*323*
　　　(1)　会社法429条1項の法意 *323*　(2)　不実の情報開示責任 *326*
　　4　役員等の連帯責任 ……………………………………………*326*
　　5　役員等の責任の消滅時効期間 …………………………………*327*
第12節　役員等の違法行為に対する措置 ……………………………*327*
　　1　業務執行に関する検査役の選任 ………………………………*327*
　　2　株主による取締役の行為の差止め ……………………………*328*
　　3　監査役による取締役の行為の差止め ……………………………*328*
　　4　株主による役員解任の訴え ……………………………………*329*
第13節　株主代表訴訟 …………………………………………………*330*
　　1　総　説 ………………………………………………………*330*
　　2　会社への提訴請求 ……………………………………………*331*

3　株主の提訴 ……………………………………………………*331*
　　　4　不提訴理由の通知 ……………………………………………*332*
　　　5　担保の提供 ……………………………………………………*332*
　　　6　代表訴訟の対象となる取締役の責任の範囲 ………………*333*
　第14節　旧株主による責任追及の訴え ………………………………*334*
　　　1　旧株主による訴え提起の請求 ………………………………*334*
　　　2　旧株主による訴提起 …………………………………………*335*
　　　3　責任免除との関係 ……………………………………………*335*
　第15節　多重代表訴訟制度 ……………………………………………*336*
　　　1　総　説 …………………………………………………………*336*
　　　2　最終完全親会社等への提訴請求 ……………………………*337*
　　　3　完全親会社等 …………………………………………………*338*
　　　4　発起人等の特定責任 …………………………………………*339*
　　　5　特定責任追及の訴えの手続 …………………………………*340*
　第16節　訴訟参加 ………………………………………………………*341*
　　　1　総　説 …………………………………………………………*341*
　　　2　その他の訴訟参加者 …………………………………………*341*
　　　3　訴訟参加への同意 ……………………………………………*341*
　第17節　株主でなくなった者の訴訟追行 ……………………………*342*
　第18節　会社役員賠償責任保険 ………………………………………*343*
　　　1　総　説 …………………………………………………………*343*
　　　2　わが国の D&O 保険 …………………………………………*343*

第6章　計　算 ……………………………………………………………*344*
　第1節　総　説 …………………………………………………………*344*
　　　1　企業会計 ………………………………………………………*344*
　　　2　企業会計法の法源 ……………………………………………*344*
　第2節　会計帳簿と計算書類 …………………………………………*346*
　　　1　会計の原則 ……………………………………………………*346*
　　　2　会計帳簿と計算書類 …………………………………………*347*
　　　　（1）会計帳簿の作成・保存　*347*　（2）計算書類の作成・保存　*347*

3　会計帳簿の閲覧請求 ……………………………………………… 348
　　4　会計帳簿の提出拒絶事由 ………………………………………… 349
　　　　(1)　総　説　349　　(2)　請求者の「権利」の意義　350
　　　　(3)　「競争関係」の意義　350
　　5　計算書類の確定手続 ……………………………………………… 351
　　　　(1)　計算書類の作成・保存　351　　(2)　計算書類等の監査等　351
　　　　(3)　計算書類等の株主への提供　352
　　　　(4)　計算書類等の定時総会への提出等　352
　　　　(5)　定時総会の承認　352
　　6　連結計算書類の作成 ……………………………………………… 353
　　7　計算書類等の公告・備置き・閲覧等 …………………………… 354
　　　　(1)　計算書類の公告　354　　(2)　臨時決算制度　355
　　　　(3)　計算書類等の備置き・閲覧等　355
　　　　(4)　計算書類等の提出命令　356
　第3節　剰余金の処分と配当 ……………………………………………… 356
　　1　会社財産の払戻しに対する統一的・横断的規制 ……………… 356
　　　　(1)　総　説　356
　　　　(2)　分配可能額を超える支払いの禁止(財源規制)　356
　　　　(3)　分配可能額を超える支払いが禁止されない場合　357
　　2　分配可能額の算定方法 …………………………………………… 358
　　　　(1)　剰余金の額　358　　(2)　分配可能額　359
　　3　剰余金配当等手続 ………………………………………………… 360
　　　　(1)　原　則　360　　(2)　取締役会決議による剰余金配当等　360
　　　　(3)　定款授権にもとづく自己株式の取得　361
　　　　(4)　中間配当　361
　　4　剰余金配当等にかかわる取締役等の責任 ……………………… 361
　　　　(1)　総　説　361　　(2)　会社法所定の責任を負うべき者　362
　　　　(3)　違法な剰余金配当に関し法務省令が定める責任を負う者　363
　　　　(4)　株主の責任　364　　(5)　違法配当の効力　364
　第4節　資本金・準備金の計数変動 ……………………………………… 365
　　1　資本金と準備金の額 ……………………………………………… 365
　　2　資本金の増加 ……………………………………………………… 366
　　3　資本金の減少 ……………………………………………………… 366

4　準備金の増加 …………………………………………………………… *367*
　　　5　準備金の減少 …………………………………………………………… *367*
　　　6　債権者保護手続 ………………………………………………………… *367*
　　　7　剰余金についてのその他の処分 ……………………………………… *368*

第7章　資金調達 …………………………………………………………… *370*
第1節　募集株式の発行 ……………………………………………………… *370*
　　　1　総　説 …………………………………………………………………… *370*
　　　　(1)　募集株式の意義　*370*　　(2)　募集株式の発行形態　*370*
　　　　(3)　募集株式の発行と既存株主の利益保護　*371*
　　　2　募集株式の発行手続 …………………………………………………… *372*
　　　　(1)　募集事項の決定　*372*　　(2)　株主割当て　*377*
　　　3　募集株式の募集・申込み・割当て …………………………………… *378*
　　　　(1)　総　説　*378*　　(2)　総額引受の場合　*378*
　　　　(3)　募集株式の引受け　*378*
　　　　(4)　公開会社における募集株式の割当て等の特則　*379*
　　　4　出資の履行 ……………………………………………………………… *380*
　　　　(1)　総　説　*380*　　(2)　現物出資の場合の特則　*380*
　　　5　違法な新株発行に対する対応策 ……………………………………… *382*
　　　　(1)　募集株式の発行等の差止請求　*382*
　　　　(2)　「主要目的ルール」をめぐる諸判例　*383*
　　　　(3)　不公正な払込金額で株式を引き受けた者等の責任　*385*
　　　　(4)　出資の履行を仮装した引受人等の責任　*386*
　　　　(5)　募集新株の発行無効の訴え　*386*
　　　　(6)　新株発行等不存在確認の訴え　*393*
第2節　新株予約権の発行 …………………………………………………… *394*
　　　1　意義と利用目的 ………………………………………………………… *394*
　　　　(1)　意　義　*394*　　(2)　利用目的　*394*
　　　2　新株予約権の内容 ……………………………………………………… *395*
　　　3　新株予約権の発行手続 ………………………………………………… *397*
　　　　(1)　募集による発行　*397*　　(2)　募集によらない発行　*402*
　　　4　新株予約権の譲渡・質入れ・取得・消却 …………………………… *404*
　　　　(1)　新株予約権の譲渡　*404*　　(2)　新株予約権の譲渡の制限　*404*

xxiv　目　次

　　　　　(3)　新株予約権証券 *405*　　(4)　新株予約権の買入れ *405*
　　　　　(5)　振替制度による譲渡 *406*
　　　　　(6)　自己新株予約権の取得と消却 *406*
　　5　新株予約権の行使 ……………………………………………………*407*
　　6　新株予約権の買取請求 ………………………………………………*408*
　　7　違法な新株予約権の発行に対する対応策 …………………………*408*
　　　　　(1)　新株予約権の発行の差止め *408*
　　　　　(2)　新株予約権の発行の無効・不存在に関する訴訟 *409*
　　　　　(3)　著しく不公正な払込条件・金額等の場合の責任 *410*
　　　　　(4)　払込み等を仮装した新株予約権者等の責任 *411*
　第3節　社　　債 ……………………………………………………………*412*
　　1　社債の意義 …………………………………………………………*412*
　　　　　(1)　社債の概念と法規制 *412*　　(2)　社債と株式の異同 *413*
　　2　社債の態様 …………………………………………………………*414*
　　　　　(1)　普通社債 *414*　　(2)　新株予約権付社債 *414*　　(3)　担保付社債 *415*
　　　　　(4)　短期社債 *416*　　(5)　劣後債 *416*　　(6)　その他の社債 *416*
　　3　社債の発行 …………………………………………………………*417*
　　　　　(1)　各種の制限の廃止 *417*　　(2)　社債の発行方法 *417*
　　　　　(3)　募集社債の募集手続 *418*
　　4　社債の流通 …………………………………………………………*420*
　　　　　(1)　社債券 *420*　　(2)　社債原簿 *421*
　　5　社債の管理 …………………………………………………………*422*
　　　　　(1)　社債管理者 *422*　　(2)　社債権者の権利 *426*
　　　　　(3)　社債権者集会 *426*
　　6　その他 ………………………………………………………………*431*
　　　　　(1)　期限の利益の喪失 *431*　　(2)　債権者の異議手続の特則 *431*
　　　　　(3)　社債管理者の報酬等 *432*　　(4)　費用負担 *432*

第8章　定款の変更 ………………………………………………………*433*
　第1節　定款変更の意義と内容 …………………………………………*433*
　第2節　定款変更の手続 …………………………………………………*433*

第9章　解　　散 …………………………………………………………*435*
　第1節　解散の意義 ………………………………………………………*435*

第2節　解散の原因 …………………………………………………… 435
1　解散事由 …………………………………………………………… 435
(1) 総　説 *435*　(2) 解散を命ずる裁判 *436*
2　休眠会社のみなし解散 …………………………………………… 437
3　特別法上の原因 …………………………………………………… 437
第3節　解散の効果 …………………………………………………… 437
第4節　株式会社の継続 ……………………………………………… 438
第5節　解散した会社の合併等の制限 ……………………………… 438

第10章　通常清算 …………………………………………………… 439
第1節　清算の意義 …………………………………………………… 439
第2節　清算の開始原因 ……………………………………………… 439
第3節　清算中の会社 ………………………………………………… 439
1　清算中の会社の法的性質と能力 ………………………………… 439
2　株主総会以外の機関の設置 ……………………………………… 441
第4節　清算人 ………………………………………………………… 441
1　清算人の就任・解任 ……………………………………………… 441
(1) 清算人の就任 *441*　(2) 清算人の解任 *442*
2　監査役の退任 ……………………………………………………… 443
3　清算人の職務等 …………………………………………………… 443
(1) 清算人の職務 *443*　(2) 業務の執行 *444*
(3) 清算株式会社の代表 *444*
4　清算株式会社についての破産手続の開始 ……………………… 445
5　清算人の損害賠償責任 …………………………………………… 445
(1) 清算株式会社に対する損害賠償責任 *445*
(2) 第三者に対する損害賠償責任 *446*
(3) 清算人・監査役の連帯責任 *446*
第5節　清算人会 ……………………………………………………… 446
1　清算人会の権限等 ………………………………………………… 446
2　清算人会の運営 …………………………………………………… 447
3　取締役等に関する規定の適用 …………………………………… 447
第6節　財産目録等 …………………………………………………… 448

	1	財産目録等の作成等	448
	2	貸借対照表等の作成・保存	448
	3	貸借対照表等の監査	449
	4	貸借対照表等の備置き・閲覧等	449
	5	貸借対照表等の定時株主総会への提出等	449
	6	貸借対照表等の提出命令	450

第7節　債務の弁済等 ……………………………………… 450
　　1　債権者に対する公告等 ……………………………… 450
　　2　債務の弁済の制限 …………………………………… 450
　　3　条件付債権等に係る債務の弁済 …………………… 451
　　4　債務の弁済前における残余財産の分配の制限 …… 451
　　5　清算からの除斥 ……………………………………… 451

第8節　残余財産の分配 …………………………………… 452
　　1　残余財産の分配に関する事項の決定 ……………… 452
　　2　残余財産が金銭以外の財産である場合 …………… 452
　　3　基準株式数を定めた場合の処理 …………………… 453

第9節　破産手続・特別清算開始の申立て ……………… 453

第10節　清算事務の終了等 ………………………………… 453
　　1　決算報告の承認 ……………………………………… 453
　　2　清算の結了 …………………………………………… 454
　　3　帳簿資料の保存 ……………………………………… 454

第11章　特別清算 …………………………………………… 455

第1節　意　義 ……………………………………………… 455

第2節　特別清算開始の申立てと開始命令 ……………… 455
　　1　特別清算の申立人 …………………………………… 455
　　2　特別清算開始前の中止命令等 ……………………… 455
　　3　特別清算開始の原因 ………………………………… 456
　　4　特別清算開始の効力 ………………………………… 456

第3節　特別清算開始後の諸手続 ………………………… 457
　　1　裁判所による監督 …………………………………… 457

2　裁判所による調査 ……………………………………………………… 457
　　　3　調査命令 ………………………………………………………………… 457
　　　4　清算の監督上必要な処分等 …………………………………………… 458
　　　5　役員等の責任の免除の取消し ………………………………………… 459
　　　6　役員等責任査定決定 …………………………………………………… 459
　第4節　清算人 ……………………………………………………………………… 459
　　　1　清算人の義務 …………………………………………………………… 459
　　　2　清算人の解任等 ………………………………………………………… 459
　　　3　清算人代理 ……………………………………………………………… 460
　　　4　清算人の報酬等 ………………………………………………………… 460
　第5節　清算株式会社の行為の制限等 …………………………………………… 460
　　　1　財産の処分等の制限 …………………………………………………… 460
　　　2　事業の譲渡の制限 ……………………………………………………… 460
　　　3　債務の弁済の制限 ……………………………………………………… 461
　第6節　監督委員 …………………………………………………………………… 461
　　　1　監督委員の選任と監督 ………………………………………………… 461
　　　2　監督委員の職務 ………………………………………………………… 461
　　　3　監督委員の注意義務 …………………………………………………… 462
　　　4　監督委員の報酬等 ……………………………………………………… 462
　第7節　債権者集会 ………………………………………………………………… 462
　　　1　債権者集会の招集 ……………………………………………………… 462
　　　2　債権者集会の指揮等と決議方法 ……………………………………… 463
　　　3　債権者集会に対する報告 ……………………………………………… 464
　第8節　協　定 ……………………………………………………………………… 464
　　　1　協定の申出と協定の条項等 …………………………………………… 464
　　　2　協定の可決等 …………………………………………………………… 465
　　　3　協定の認可・不認可の決定 …………………………………………… 465
　　　4　協定の効力発生の時期・効力範囲・内容の変更 ………………… 465
　第9節　特別清算の終了 …………………………………………………………… 466
　　　1　終結決定 ………………………………………………………………… 466

第4編　持分会社

第1章　総　説 …469

第2章　合名会社・合資会社・合同会社 …470
第1節　合名会社 …470
第2節　合資会社 …471
第3節　合同会社 …472

第3章　持分会社規制 …474
第1節　持分会社の設立 …474
1　定款の作成 …474
2　設立時の出資の履行 …474
3　持分会社の成立 …475

第2節　持分会社の社員の責任 …475
1　原　則 …475
2　社員の出資に係る責任 …475
3　社員の責任を変更した場合の特則 …475
4　無限責任社員となることを許された未成年者の行為能力 …476
5　誤認行為と社員責任 …476

第3節　持分の譲渡 …477
1　持分の譲渡 …477
2　持分譲渡に係る社員の責任 …477

第4節　持分会社の管理 …478
1　持分会社の業務の執行 …478
2　業務執行社員を定款で定めた場合の特則 …478
　(1)　業務執行の決定　478　　(2)　業務執行社員の辞任・解任　478
　(3)　社員の業務・財産状況調査権　478
3　業務執行社員と持分会社との関係 …479
4　競業の禁止 …479
5　利益相反取引の制限 …479

2　破産手続開始の決定 …466

6　業務執行社員の持分会社に対する損害賠償責任 …………480
　　　7　法人が業務執行社員である場合の特則 ……………………480
　　　8　持分会社の代表 ……………………………………………480
　　　9　持分会社と社員との間の訴え ………………………………480
　　　10　業務執行社員の職務代行者 …………………………………481
　第5節　社員の加入・退社 ……………………………………………481
　　　1　社員の加入 …………………………………………………481
　　　2　社員の退社 …………………………………………………482
　　　　(1)　意　義　482　(2)　任意退社　482　(3)　法定退社　482
　　　3　相続・合併の場合の特則 …………………………………482
　　　4　持分の差押債権者による退社 ………………………………483
　　　5　退社に伴う持分の払戻し …………………………………483
　　　6　退社した社員の責任 ………………………………………483
　　　7　商号変更の請求 ……………………………………………483
　第6節　持分会社の計算等 ……………………………………………484
　　　1　会計の原則 …………………………………………………484
　　　2　会計帳簿 ……………………………………………………484
　　　3　計算書類 ……………………………………………………484
　　　4　資本金の額の減少 …………………………………………485
　　　5　利益の配当 …………………………………………………485
　　　6　出資の払戻し ………………………………………………485
　　　7　合同会社の計算等に関する特則 …………………………486
　　　　(1)　計算書類の閲覧に関する特則　486
　　　　(2)　出資・持分の払戻しを行う場合の資本金の額の減少　486
　　　　(3)　債権者の異議　486　(4)　利益配当の制限　487
　　　　(5)　利益配当に関する責任　487
　　　　(6)　社員に対する求償権の制限等　487
　　　　(7)　欠損が生じた場合の責任　487　(8)　出資の払戻しの制限　487
　　　　(9)　社員に対する求償権の制限等　488
　　　　(10)　退社に伴う持分の払戻しに関する特則　488
　第7節　定款の変更 ……………………………………………………489
　第8節　解散・継続 ……………………………………………………489

第9節 清算 …………………………………………………………………… 490
1 任意清算 …………………………………………………………………… 490
2 法定清算 …………………………………………………………………… 491
  (1) 清算の開始原因 *491*　(2) 清算人 *491*

第5編　組　織　再　編

第1章　総　説 ………………………………………………………………… 497

第2章　組織変更 ……………………………………………………………… 498
第1節　意　義 ………………………………………………………………… 498
第2節　株式会社の組織変更 ………………………………………………… 498
1 株式会社の組織変更計画における決議事項 …………………………… 498
  (1) 一般的決議事項 *498*　(2) その他の決議事項 *499*
2 組織変更手続 ……………………………………………………………… 499
  (1) 組織変更計画に関する書面等の備置き・閲覧等 *499*
  (2) 組織変更計画の承認等 *500*
  (3) 新株予約権買取請求 *500*
  (4) 新株予約権の価格の決定等 *501*
  (5) 債権者保護手続 *501*　(6) 効力発生日の変更 *502*
3 効力発生日における各種の効力の発生 ………………………………… 502
第3節　持分会社の組織変更 ………………………………………………… 502
1 持分会社の組織変更計画における決議事項 …………………………… 502
2 持分会社の手続 …………………………………………………………… 504
3 効力発生日における各種の効力の発生 ………………………………… 504

第3章　事業の譲渡等 ………………………………………………………… 505
第1節　総　説 ………………………………………………………………… 505
第2節　規制対象の行為 ……………………………………………………… 506
1 事業の全部の譲渡 ………………………………………………………… 506
2 事業の重要な一部の譲渡 ………………………………………………… 508
3 子会社の株式・持分譲渡 ………………………………………………… 508
4 他の会社の事業の全部の譲受け ………………………………………… 509

5　事業の全部の賃貸・経営の委任，他人と事業上の損益全部
　　　　を共通にする契約その他これに準ずる契約の締結・変更・
　　　　解約 ……………………………………………………………………… *509*
　　　6　事後設立 …………………………………………………………………… *510*
　第3節　総会決議が不要の場合 ………………………………………………… *510*
　　　1　略式事業譲渡 ……………………………………………………………… *510*
　　　2　簡易事業譲渡 ……………………………………………………………… *510*
　　　3　株主の反対により総会決議が必要となる場合 ……………………… *511*
　第4節　反対株主の株式買取請求 ……………………………………………… *511*
　　　1　手　続 ……………………………………………………………………… *511*
　　　2　買取価格の決定 …………………………………………………………… *512*

第4章　合　併 ……………………………………………………………………… *514*

　第1節　合併の意義 ………………………………………………………………… *514*
　　　1　意　義 ……………………………………………………………………… *514*
　　　2　合併と事業譲渡との違い ………………………………………………… *515*
　　　3　吸収合併と新設合併 ……………………………………………………… *516*
　　　4　合併の法的性質 …………………………………………………………… *516*
　　　　(1)　学　説　*516*　　(2)　債務超過会社の吸収合併　*517*
　　　5　合併対価の柔軟化と三角合併 …………………………………………… *518*
　第2節　合併の手続 ………………………………………………………………… *518*
　　　1　合併契約書の内容の決定 ………………………………………………… *518*
　　　2　合併契約に関する書面等の備置き・閲覧等 ………………………… *519*
　　　　(1)　備置き　*519*　　(2)　閲　覧　*520*
　　　3　合併契約書の記載事項 …………………………………………………… *520*
　　　　(1)　存続会社が株式会社である場合の吸収合併契約の法定記載事項　*520*
　　　　(2)　存続会社が持分会社である場合の吸収合併契約の法定記載事項　*522*
　　　　(3)　株式会社を設立する新設合併契約の法定記載事項　*524*
　　　　(4)　持分会社を設立する新設合併契約の法定記載事項　*526*
　　　4　合併承認のための株主総会 ……………………………………………… *527*
　　　　(1)　総　説　*527*　　(2)　吸収合併の消滅会社の場合　*527*
　　　　(3)　吸収合併の存続会社の場合　*528*

　　　　(4)　新設合併の消滅会社の場合　*529*
　　5　合併の通知・公告 ……………………………………………………*529*
　　6　総会決議が不要の場合(略式合併・簡易合併) …………………*530*
　　　　(1)　略式合併と株主の差止請求　*530*　　(2)　簡易合併　*531*
　　7　持分会社の手続 ………………………………………………………*532*
　　8　合併の効果 ……………………………………………………………*532*
　第3節　合併の無効 ……………………………………………………………*533*
　　1　総　説 …………………………………………………………………*533*
　　2　無効の原因 ……………………………………………………………*533*
　　3　合併無効の訴え ………………………………………………………*534*
　　　　(1)　主張方法―合併承認決議取消しの訴えなどとの関係―　*534*
　　　　(2)　提訴権者と被告　*535*　　(3)　手　続　*536*
　　　　(4)　合併無効判決の効力　*536*

第5章　会社分割 ……………………………………………………………………*538*
　第1節　総　説 …………………………………………………………………*538*
　第2節　会社分割制度の必要性 ………………………………………………*538*
　第3節　会社分割の種類 ………………………………………………………*539*
　　1　吸収分割と新設分割 …………………………………………………*539*
　　2　物的(分社型)分割と人的(分割型)分割 …………………………*540*
　　3　分割の対象 ……………………………………………………………*541*
　　4　労働契約承継法の制定 ………………………………………………*541*
　第4節　吸収分割 ………………………………………………………………*541*
　　1　吸収分割の方法 ………………………………………………………*541*
　　　　(1)　株式会社に権利義務を承継させる吸収分割契約　*541*
　　　　(2)　持分会社に権利義務を承継させる吸収分割契約　*545*
　　2　吸収分割の手続 ………………………………………………………*546*
　　　　(1)　吸収分割会社の手続　*546*　　(2)　吸収分割承継会社の手続　*547*
　第5節　新設分割 ………………………………………………………………*548*
　　1　新設分割の方法 ………………………………………………………*548*
　　　　(1)　株式会社を設立する新設分割計画　*548*
　　　　(2)　持分会社を設立する新設分割計画　*550*

　　　　(3)　債権者保護手続　*551*
　　2　新設分割の手続 ……………………………………………………*551*
　　　　(1)　新設分割会社の手続　*551*　　(2)　新設分割設立会社の手続　*553*
　第6節　会社分割の効力発生 ……………………………………………*553*
　第7節　会社分割の無効 …………………………………………………*554*

第6章　株式交換・株式移転 ……………………………………………*555*
　第1節　総　説 ……………………………………………………………*555*
　第2節　株式交換制度 ……………………………………………………*556*
　　1　株式交換の意義 …………………………………………………*556*
　　2　株式交換契約 ……………………………………………………*556*
　　　　(1)　株式交換契約の締結　*556*
　　　　(2)　株式会社が「完全親会社」となる株式交換契約　*556*
　　　　(3)　合同会社が「完全親会社」となる株式交換契約　*558*
　　　　(4)　株式交換の手続　*559*
　　3　株式交換の無効 …………………………………………………*562*
　第3節　株式移転制度 ……………………………………………………*562*
　　1　株式移転の意義 …………………………………………………*562*
　　2　株式移転の手続 …………………………………………………*563*
　　　　(1)　株式移転計画の作成　*563*　　(2)　株式移転計画　*563*
　　　　(3)　その他の手続　*565*　　(4)　株式移転の無効　*566*
　　　　(5)　株式移転登記　*566*　　(6)　株式移転の効力　*567*

第7章　反対株主の株式買取請求 ………………………………………*568*
　第1節　総　説 ……………………………………………………………*568*
　第2節　株式の価格の決定等 ……………………………………………*569*
　第3節　公正な価格 ………………………………………………………*570*
　　1　意　義 ……………………………………………………………*570*
　　2　算定基準時と価格参照時 ………………………………………*571*
　　3　二段階買収の場合 ………………………………………………*572*

第8章　新株予約権買取請求 ……………………………………………*573*
　第1節　総　説 ……………………………………………………………*573*

第 2 節　新株予約権の価格の決定等 ································· 575
　　　第 3 節　新設合併・新設分割・株式移転の場合 ················ 575
　第 9 章　債権者保護手続 ··· 576

第 6 編　企　業　買　収

第 1 章　M&A（合併と買収） ·· 581
第 2 章　敵対的企業買収 ·· 583
　　　第 1 節　総　説 ··· 583
　　　第 2 節　買収防衛策 ·· 583
　　　　1　有事導入型 ··· 583
　　　　2　平時導入・有事発動型 ·· 587
第 3 章　MBO ··· 589
　　　第 1 節　意　義 ··· 589
　　　第 2 節　取締役の義務 ·· 589
　　　　1　総　説 ·· 589
　　　　2　「株主の共同利益に配慮する義務」 ····························· 589
　　　　3　その他の義務 ··· 590

第 7 編　外　国　会　社

第 1 章　外国会社の意義 ·· 593
第 2 章　外国会社に対する規制 ··· 594
　　　第 1 節　代表者に関する規制 ·· 594
　　　第 2 節　外国会社の登記 ··· 594
　　　第 3 節　外国会社の貸借対照表の公告 ································ 595
　　　第 4 節　外国会社の取引継続禁止・営業所閉鎖命令等 ········ 595
　　　第 5 節　擬似外国会社 ·· 596

事項索引 ·· 597
判例索引 ·· 607

第1編　会社法総論

第1章　会社の経済的機能

第1節　企業の意義と種類

　企業（enterprise, business）とは，一定の目的をもって財貨やサービスの生産・流通・分配ないし供給を行う経済活動の単位をいう。[1]広義の企業には，公企業と私企業が包括されるが，前者は，国または地方公共団体が出資し，直接または間接に企業活動を行うものであり，[2]後者は，私人が出資して企業活動を行うものである。国・地方公共団体（第一セクター）が民間企業（第二セクター）と共同出資して設立する法人（第三セクター）もある。

　私企業はその存在目的により営利企業と非営利企業に分かれる。前者は，私人が企業活動により生み出される利益ないし利潤の分配にあずかる目的で出資し，最大利益の獲得を目的として企業活動を行うものであり，資本主義社会における経済活動の中心的存在である。後者は，営利を目的とせず構成員の相互扶助などを目的として企業活動を行うものであり，各種の協同組合や保険相互会社などが該当する。[3]また私企業は，個人企業と共同企業に大別されるが，共同企業には，民法上の組合（民667条以下），商法上の匿名組合（商535条以下）・船舶共有（商693条以下）・会社などがある。なお，狭義で企業といえば，営利を目的とする私企業を意味する。

---

1)　企業という語は，一般に，①経済活動を営む主体，または，②経済活動自体，を意味して使われている。①は，一定の目的のために継続的・反復的かつ計画的に活動する独立した経済単位であり，目的達成のために供された包括的・組織的な財産によって構成されている。この組織的財産を客観的意義の企業といい，②を主観的意義の企業という。

2)　公企業には，国や地方公共団体が，収支相償うことを目的として，自ら経営主体となって企業活動を行う形態（バス運行事業・水道事業等）と，特別法により独立の特殊法人を設立して，これに企業活動を委ねる形態がある。

3)　協同組合や相互会社は相互扶助を目的とする非営利企業ではあるが，企業活動自体には営利企業におけると質的に区別しえない面もあり，営利企業と実質的には競争関係にある。

第2節　個人企業の経済的機能

　営利を目的とする私企業（＝狭義の企業）は，個人または会社によって営まれる。個人企業の場合，企業主体は個人たる企業所有者であり，この企業者は，他からの制約を受けずに，自己の経営能力を存分に発揮し，かつ利益を一身に享受することができる。しかし，個人には資本的・労力的に，そして企業活動の規模の大きさにも限界がある。もっとも，個人といえども消費貸借によって他人資本を利用することができるし，また使用人を雇い入れることにより，ある程度企業規模の拡大をはかることもできる。しかし，この場合，雇う側としては企業活動の成果いかんに関係なく，約定利息や報酬を支払わなければならず，雇われる側としても，たとえ企業活動が好況であっても，受領できるのは，約定利息や所定の報酬額に限られ，企業活動を補助するうえであまり妙味は感じられない。また個人企業においては，企業上の全債務につき企業者が1人で無限の責任を負わなければならず，企業上の危険を分散・軽減させることはできない。さらに，個人企業は企業者の個人的事情（病気・死亡・破産等）によって致命的な影響を受けるため，企業の維持をはかることが困難である。

第3節　会社の経済的機能

　会社は共同企業の典型である。会社においては，共同企業者として多数の者が資本と労力を結合し，損益に参加しているため，個人企業では実現できない規模と効率により，大きな利益の獲得が可能であり，企業の維持も期待できる。また，企業に損失が生じても，多数の共同企業者間で損失が分担されるため，各人の負担は相対的に軽減され，危険の大きな企業の経営も比較的容易に行うことができる。もっとも会社の種類により資本・労力の結合機能は異なり，人的会社の典型である合名会社の場合は，労力の結合が重視されている反面，資本の結合は重視されていない。これに対し，物的会社の典型である株式会社においては，株式発行による一般からの多額な資本の収集・結合が可能である。しかし，現在は，単一の出資者からなる1人会社の設立も法認されており，実質は個人企業に相当する会社も少なくない。

経済の発展により，企業の経営形態は個人企業から共同企業へと進展してきた。共同企業も，民法上の組合，商法上の匿名組合・船舶共有・会社（合名会社・合資会社・合同会社・株式会社）など多様であるが，資本主義経済が株式会社制度に決定的に支えられて発展してきたことは周知のとおりである。資本主義の高度化にともない，カルテル・トラスト・コンツェルンなどの新たな企業結合形態も生まれてきたが，これらも株式会社制度を基礎としており，現代社会は，株式会社と密接に関係しつつ，地球規模にわたって企業活動を刷新的に展開している。

　このように会社制度は，資本・労力の結合，危険の分散・軽減，企業の維持という要請に最も応えうる制度として重要であるが，本来的な目的が私的利益の獲得にあるため，違法な活動をしてでも，他の利益を犠牲にして自己の利益を追求しようとする利己的な傾向が内包されていることも否めない。一部の資本家や経営者が会社内部において背信的・利己的な利益追求に走ったり，あるいは会社自体が対外的に債権者の利益を侵害したり，各種の会社犯罪を犯している具体例は日々枚挙にいとまがなく，これらの社会的弊害は，特に，大規模な株式会社において，顕著である。

　今や，会社は，人類の経済活動における最も主要な担い手として現代社会に定着した存在となっており，国民財産の管理者として，国民の労働の場として，そして商品・サービスの提供者として，極めて重要な社会的責任を担っている。当初は私的利益の獲得・分配の手段として生まれた会社制度ではあるが，とりわけ現代の大規模な株式会社に対しては，株主のみならず，従業員・消費者・地域社会，ひいては地球環境をも含めて，多様な利害関係者（ステイクホルダー，stakeholder）の間の利害調整をはかる役割が求められている。

第2章　会社法の意義

第1節　会社法の意義

　複数人の結合組織体である会社をめぐっては，その成立から消滅にいたるまで，会社たる団体の形成，団体と構成員（＝社員）との関係，構成員相互間の関係，団体および構成員と第三者との関係，団体の運営，団体の組織変更，団体の消滅など，各種の問題があり，これを規制するためには個人法とは別個の団体法が必要となる。この点，公益法人に関しては，民法規定（民33条・34条）のほか，「一般社団法人及び一般財団法人に関する法律」（平18法48号）や「公益社団法人及び公益財団法人の認定等に関する法律」（平18法49号）があるが，会社は営利法人であるから，会社それ自体の存在を規制する固有の法（＝会社法）が必要となる。

　会社法には形式的意義と実質的意義の2義があり，前者は，制定法としての会社法典を意味する。これに対し，後者に関しては，①会社に固有の「私法」規定の総体，と解するか，それとも，②会社に固有の「法」規定の総体，と解するかで対立がある。従来の通説は，①説に立ち，会社法は，会社をめぐる個人の個別的利益を合理的に調整する私法であると解していたが（公法的規定非包含説），現在の通説は，公法的法規も私法的法規の実現を確保するうえで必要であり私法的法規と機能的に密接不可分に関係しているとして，これをも実質的意義における会社法に含めている（公法的規定包含説）[1]。

---

[1]　大隅＝今井・上3頁，田中〔誠〕上9頁，鈴木＝竹内4頁以下，鈴木4頁以下。ただし，経済統制法・独占禁止法などは，経済全体の立場から規制するものなので，体系的・理論的にみて，それらの規定は会社法からは除外される。もっとも個々の規定のあるものは会社法としても対象とする必要がある（鈴木＝竹内・前掲，鈴木・前掲）。

第2節　会社法の特質

1　総説

　会社法は実質的意義における商法の一部門に属するので，商法一般が他の法域に対して有している特色は会社法にも備わっているが，会社法はそれ自体固有の特色を有している。まず，会社法は，大部分が会社なる団体の内部的な構成組織を定める規定からなっており，個人法ではなく，団体法の範疇に属する。すなわち，団体と構成員との関係，構成員相互の関係，団体と機関との関係などにつき，個人法上の原理（＝個人相互間の対等性）とは異なる原理（＝多数決原理・構成員平等の原則・団体と機関との代表関係等）に服している（大隅＝今井・上4頁以下）。次に，会社は，営利を目的とする法人であるから，会社法は公益を目的とする公益法人について規定する民法とは性質を異にしている。

2　会社法の公共性

　会社法には公共性という性質もあるのであろうか。この点，否定説は，会社における社会的・公共的性質は，会社という企業形態がもつ性質ではなく，企業そのものがもつ性質であり，この見地から会社に対して法的制約が課せられても，それは経済全体の立場から企業のあり方を規制するのであって，理論的にいえば会社法自体の問題ではないとする（鈴木＝竹内5頁，鈴木5頁）。これに対し，肯定説は，企業（会社）が公共性を有する以上，それを規制する会社法にも必然的に公共性が備わっていると解しており，根拠として，①個々の経済主体間の利益調整も，経済全体の利益との関連においてはかられるべきである，②会社法における公共性の概念は，公共の福祉原則・権利濫用禁止原則（民1条）の会社法的発現である，③会社法はその公共性のゆえに，厳格主義・干渉主義をとり，規定の多くは強行規定であって，国家機関ことに裁判所の関与が認められている，などをあげている。肯定説を支持したい。[2]

---

[2]　田中〔誠〕上37頁以下，大隅＝今井・上6頁，中村一彦・現代的企業法論46頁以下（商事法務研究会，1982）。

3　企業の社会的責任

　わが国の会社法には企業の社会的責任を定めた規定はない。しかし，企業の社会的責任問題は古くから各国において大きな関心の的になってきた。企業に社会的責任を負わせる立法方法に関しては，①一般的規定を新設する方法，②これを設けず，現行会社法中の個々の制度を改善して実現する方法，③個別具体的な規定も新設する方法など，見解は様々である[3]。また，一般的規定の新設を支持する立場においても，①「株式会社は社会的責任を負う」という規定の新設を唱える立場や[4]，②「取締役は，その職務を行うにつき，株主，債権者，従業員，消費者，地域住民の利益を考慮すべきである」という規定の新設を唱える立場などが示されてきた[5]。

　他方，企業の社会的責任概念は不明確なので，一般的規定を設けても実効性がなく，裁判官や経営者の恣意や裁量の拡大を招くことになり無益・有害であるとする反対説もあった[6]。しかし現代人は，とりわけ大企業あるいはその経営者には何らかの社会的責任を負わすべきであると痛感しており，これに関する妥当な会社法規定の新設に向けての立法努力が望まれる[7]。

　近時，多くの企業においては，内部統制を構築しコーポレート・ガバナンスを整備したうえで，社会・資源・自然環境等と調和し，その状態を維持しつつ発展することにより (sustainable development)，企業の社会的責任 (corporate social responsibility, CSR) をはたそうとする自主的な試みがなされている（行為規範の策定や「CSR レポート」・「サスティナビリティ報告書」の公表等）。また，投資活動にお

---

[3]　昭和50年に法務省民事局参事官室が公表した「会社法改正に関する問題点」の中には，「企業の社会的責任」が含まれており，各界の論議を呼んだ。
[4]　松田二郎・会社の社会的責任20頁（商事法務研究会，1988）。
[5]　中村一彦・前掲2）161頁。
[6]　竹内昭夫・会社法の理論Ⅰ110頁以下（有斐閣，1984），同「企業の社会的責任」争点Ⅰ20頁以下。
[7]　英国会社法172条は，以下のように規定している。「第1項　会社の取締役は，株主全体の利益のために，会社の成功を最も促進すると誠実に考慮する方法で，行為しなければならない。この場合には，とりわけ，以下の事項を考慮しなければならない。(a)決定が長期的にもたらすであろう結果について，(b)会社の従業員の利益について，(c)会社と供給者・顧客その他とのビジネス上の関係を進展させる必要性について，(d)会社の活動が地域共同体と環境にもたらすインパクトについて，(e)事業経営が高い水準にあるという評価を会社が維持することの望ましさについて，(f)会社の社員間で公平に行為する必要性について。」

いても，従来のような財務分析を判断基準にすることに加え，企業がその社会的責任をはたしているかどうかを判断基準に加えたうえで投資を決定する社会的責任投資（socially responsible investment）の動きもみられる。

第3節　会社法の法源

　実質的意義における会社法の法源（＝法の存在形式）としては，「会社法」（平17法86号）に加えて，他の特別法令，商慣習法，商事自治法（＝定款など）がある。主な特別法令としては，「担保付社債信託法」（明38法52号），「社債，株式等の振替に関する法律」（平13法75号），「金融商品取引法」（昭23法25号），「会社更生法」（平14法154号），「商業登記法」（昭38法125号），「会社法の施行に伴う関係法律の整備等に関する法律」（平17法87号），「会社法施行規則」（平18法務12号），「会社計算規則」（平18法務13号）などがあり，「私的独占の禁止及び公正取引の確保に関する法律」（昭22法54号），銀行法（昭56法59号），保険業法（平7法105号）などに散財する会社法を補充・変更する諸規定も会社法の法源である。

　会社に関する法律関係には，自治法規たる定款規定に効力が認められる限り，まずこれが適用され，ついで特別法の規定，一般法たる会社法そして商法の規定の順に適用される。そして，以上に規定がない場合には，商慣習ついで民法の規定の順で適用される（商1条2項）。

第3章　会社の概念

第1節　会社法上の「会社」の意義

　会社法施行前，改正前商法は，「本法において会社とは商行為をなすを業とする目的をもって設立したる社団をいう」（改前商52条1項），「営利を目的とする社団にして本編（＝会社編）の規定により設立したるものは商行為をなすを業とせざるもこれを会社とみなす」（同2項），「会社はこれを法人とす」と規定していた（同54条1項）。また，旧有限会社法は，「本法において有限会社とは商行為その他の営利行為をなすを業とする目的をもって本法により設立したる社団をいう」（旧有1項），「有限会社はこれを法人とす」（同2項）と規定していた。すなわち，旧商法・旧有限会社法においては，会社とは，商行為をなすを業とするか否かを問わず，営利社団法人を意味していた。

　一方，会社法においては，これらの条文はすべて削除され，ただ「会社は，法人とする」（会3条）と規定するのみである。そこで，会社は，従来どおり「営利社団法人」といえるかが問題となる。旧商法下でも商行為を業としない会社（＝民事会社）が認められていたし，「商行為」を業とするかしないかで会社を区別すべき必要は特にない。また，会社法上，会社の株主・社員には，剰余金配当請求権・残余財産分配請求権が認められている。そこで会社が対外的活動を通じて得た利益を社員に分配することを意味する「営利を目的とする」という用語を用いるまでもなく，会社は「営利法人」であると解されている[1]。なお，商人概念の要素となる営利性は，営利を目的として対外的取引をなすことを意味するのに対し，営利法人概念における営利性には社員へ利益を分配する目的も加わっている点で異なる。

　一方，改正前商法52条所定の「社団」の意義に関しては，従来，社団説[2]，人的結合説[3]，折衷説[4]，信託説[5]等，解釈が分かれており，特に，株式会社の社団法人

1）相澤　哲編著「一問一答　新・会社法」25頁（商事法務，2005）。

性に関しては，学説上，株式会社財団説あるいは株式会社第三種法人説なども唱えられていた。また，商法上の会社の定義規定は多分に沿革的なものにすぎず，会社企業の今後の発展の変質を考慮するならば，同52条の社団性規定は削除し，法人である各種の会社の本質の解明は学説に委ねられるべきであるとの説もみられた。

　会社法においては株式会社のみならず持分会社についても1人会社を認めており（会641条4号参照），法律上も実際上も，会社を当然には社団とはいえない状況が現出している。立法担当者の認識いかんは別として，法文上社団の文言が消失したからには，会社法は各種の会社の本質究明を学説に委ねるにいたったと解すべきであろう。会社法においては株主有限責任の原則の担保であるはずの最低資本金制度が撤廃され，配当規制における資本制度の意義も消滅した。また，譲渡制限株式制度の汎用により株式の自由譲渡性も原則的なものではなくなっており，これまで認識されてきた近代株式会社制度は大きく変質・変様しているといえなくもない。いまや「会社」あるいは「株式会社」には，古典的な意義では把

---

2)　組合性と法人性は両立せず，合名・合資会社も含めて，会社は，組合と区別された社団であるとする説（松本烝治・日本会社法論23頁，34頁，487頁（厳松堂，1929））と，実質的分類では組合となる合名・合資会社も含めて，簡便な処理を実現するために，会社は，すべて社員と団体が縦の関係にあり，社員同士は団体を通じて間接的に結合している点にかんがみ，これを形式的意義における社団とする説（鈴木＝竹内8頁）があった。

3)　「社団」という語は，商法制定当時は漠然と人的結合ないし団体という意味で使われていたとする。そして，合名・合資会社は，外部的にのみ法人であり，内部関係においては社員相互の関係しか存在しないとする説（松田二郎・会社法概論16頁・379頁（岩波書店，1951））と，旧商法52条の「社団」は，かつては共同の目的を有する複数人の結合体（人の団体）を意味していたので，合名・合資会社は「権利能力ある組合」であるとする説（大隅＝今井・上15頁）があった。後説においては，組合性と法人性は両立し，合名・合資会社は，内部関係・外部関係いずれにおいても法人であると同時に組合であると解していた。

4)　旧商法52条の「社団」を実質的意義における社団と解するとともに，合名・合資会社は多分に組合的性格を帯びてはいるが，やはり株式会社同様に社団であり，各種の会社においては社団性・社団法人性の濃度を異にするにすぎないと解する（石井照久＝鴻　常夫・会社法第1巻21頁，25頁以下（勁草書房，1977））。

5)　会社法を社団法理ではなく英米法上の信託法理によって解釈しようとする説。大阪谷公雄「信託法の研究（下）実務編」（信山社，1991）。

6)　株式会社を財団的組織体と解し，株式会社の本質的特徴は，株式資本をもって構成される財団（株式財団）にあると解する説（八木　弘・株式会社財団論（有斐閣，1963））。

7)　現在の株式会社は，財団法人というよりむしろ社団から財団への移行・過渡的形態を示しており，純粋な社団でも財団でもない第三種の法人であるとする説（服部栄三「社員権論」私法20号32頁）。

8)　酒巻俊雄・新版大小会社の区分立法68頁（学陽書房，1986）。

握しきれない広範囲で多様な本質が混在しており，時代は，共通する本質を備えた各種の会社を識別し，おのおのの本質を個別に究明すべき段階に至っている。

第2節　会社の法人性

　会社は，法人であり，法人とは，自然人以外の権利義務の帰属主体をいう。法人となることのできる法律上の資格を法人格（＝法人がもつ権利能力）といい，法人には，以下のような，一般的属性が認められる。①法人自体の名において権利を有し義務を負担する，②法人自体の名において訴訟当事者となる，③法人自体に対する債務名義によってのみ，法人の財産に対して強制執行をなすことができる，④法人の財産とその構成員の財産とは区別され，法人の財産はその構成員の債権者の責任財産とはならない，⑤法人の債権者にとっての責任財産は法人の財産に限られ，その構成員の財産は法人の責任財産とはならない，である。しかし，持分会社の場合には，社員（＝構成員）の債権者は社員の持分を差し押え，当該社員を退社させることができ，退社による社員の持分払戻請求権には差押の効力が及ぶので（会609条），④の属性は完全ではない。また，持分会社の社員は会社債権者に対して直接責任を負うので（会580条），⑤の属性もない。これに対し，株式会社の場合は，債権者による社員の退社制度はなく，また社員有限責任の原則が確立しているので，①から⑤までの属性すべてが認められる。

　このように，同じく法人であっても，財産関係の独立性には会社間で相違があるし，また，非法人の団体であっても法人の属性を一切有しえないというものでもない（法人でない社団等の当事者能力（民訴29条））。各種の法人格がそれぞれいかなる属性を備えているかについて着目しなければならない。

第3節　会社の能力

1　会社の権利能力

（1）総説

　会社は，法人であり，法人格を有しているので，自然人と同様に一般的権利能力（＝私権を享有しうる能力）を有していることは当然である。しかし，会社の特

別権利能力（＝一般的権利能力を前提として個々の私権を享有しうる能力）には，法人たる性質および法令による制限があり，また定款所定の目的による制限が問題となる。

（2） 性質・法令による制限

会社は，その性質上，自然人であることを前提とする権利・義務を享有・負担できない。すなわち，身体・生命に関する権利，あるいは親権・扶養義務など各種の身分上の権利・義務である。これに対し，普通の財産権はもちろん代理権や名誉権を享有することはでき，遺贈を受けることもできる。

なお，会社の法人格は法律によって付与されるので，法令による特別の制限があれば，それによる権利能力の制限にも服さなければならない。[9]

（3） 目的による制限

1） 問題の所在 会社はその目的を定款に記載し登記しなければならず（会27条・576条1項1号・911条3項1号・912条1号・913条1号・914条1号），この目的は，一般取引の見地から当該会社の目的とする事業が何であるかが具体的に知りうる程度に正確かつ特定的に記載されなければならない（大隅＝今井・上63頁）。ところで，民法34条は，「法人は，法令の規定に従い，定款その他の基本約款で定められた目的の範囲内において，権利を有し，義務を負う」と規定している。このように法人の能力を法令・定款所定の目的の範囲内に制限し，目的外の行為を無効とする原則を，英米法上の「能力外の法理（ultra vires doctrine）」というが，わが国の会社法上，この趣旨の規定はない。そこで，民法34条の類推適用により，会社も定款所定の目的によって権利能力の制限を受けるのか否かが問題とされてきた。

2） 判例の動向 判例は一貫して会社の権利能力は目的による制限を受けると解してきているが，解釈内容は緩和化の一途をたどってきた。最判昭和45・6・24民集24巻6号625頁（八幡製鉄政治献金事件）は，「会社は定款に定められた目的の範囲内において権利能力を有するわけであるが，目的の範囲内の行為とは，定款に明示された目的自体に限局されるものではなく，その目的を遂行するうえに直接または間接に必要な行為であれば，すべてこれに包含されるもの

9） 従来，会社は他の会社の無限責任社員にはなりえないとされていたが（改前商55条，旧有4条），会社法では，この規定は削除されている。

と解するのを相当とする。そして必要なりや否やは，当該行為が目的遂行上現実に必要であったかどうかをもってこれを決すべきではなく，行為の客観的な性質に即し，抽象的に判断されなければならない」と判示しており，目的の範囲内の行為は極めて広く解されることになる。

3） 学 説　かつての多数説は判例と同様，定款所定の目的による権利能力の制限を認め，これを逸脱する会社の行為は無効と解していた（民法34条類推適用説，制限肯定説）。すなわち，民法34条は本来公益法人を対象にしているが，その立法趣旨は以下の理由から，会社にもあてはまるとしていた[10]。つまり，①法人は目的社会であり社員の結合の中心点がその目的にある以上，目的により会社の存在すなわち権利能力が決定されるべきであり，②目的が登記によって公示される以上，第三者が目的による権利能力の制限を受けてもやむをえない，というものである。

しかし，現在では，以下の理由から，制限否定説が通説となっている[11]。すなわち，①会社の目的は登記されているものの，第三者が取引のつどそれを確認することは煩にたえず，かりに確かめても，ある行為が取引の範囲内か否かを判断することは困難である，②目的による制限を認めることは会社に責任免脱の口実を与えることになる，③民法34条は公益法人につき政策的に認められた特則であり，会社に準用する明文の規定を欠いている，④ヨーロッパ大陸法系諸国では目的による制限は法人の本質的要請ではなく，また，かつては能力外法理を認めていた英米においても現在は廃止されており[12]，今や一般的能力主義が世界の実状である，とする。

もっとも制限否定説においても，会社の能力あるいは定款所定の目的の意義をめぐっては解釈が分かれている。第1説は，会社はその本来の目的たる営利の目的の範囲内においてひろく一般的に権利能力を有し，定款所定の目的たる事業は単に内部的に会社機関の権限を制限するにすぎず，会社は，この制限に違反してなされた会社代表者の行為の無効を善意の第三者に対抗できないと解する（会

---

10) 田中耕太郎・再訂増補会社法概論87頁以下（岩波書店，1937），石井照久・会社法・上20頁以下（勁草書房，1967）。
11) 田中〔誠〕上81頁，大隅＝今井・上31頁，服部9頁，加美23頁。
12) 加美和照「イギリス会社法における能力外の理論の改正」公開会社と閉鎖会社の法理（酒巻還暦）173頁（商事法務研究会，1992）。

349条5項)。第2説は,第1説によれば目的の範囲という必ずしも明確でない基準によって第三者の善意・悪意を問題とする点で不必要な紛争が生ずるおそれがあるとして,定款所定の目的は会社の権利能力も会社機関の権限(代表権)も制限するものではなく,単に取締役・取締役会等の会社機関の行動範囲について義務を定めるにすぎないと解する。

しかし,平成18年の改正民法は,そこでの法人関係法規を法人法通則として,会社にも適用される形式をとっている(民33条2項)。立法者の意図に従えば民法34条は会社にも適用されることになるが,これは学界や世界の立法動向に反しており問題である。

4) 会社の政治献金能力 会社が特定政党に政治献金することは,会社の権利能力内の行為といえるか。これが争われた八幡製鉄政治献金事件(前掲最判昭和45・6・24)の第1審判決は,会社のなす非取引行為・非営利行為は営利目的に反するのであらゆる種類の事業の目的の範囲外となるが,災害救援や慈善事業・学術研究などへの寄付のような,「総株主の一般社会人としての合理的意思によれば,当然その同意を期待できるような……社会的義務行為」については,合理的限度内で取締役の責任の発生原因とはならない。しかし,特定政党への政治資金の寄付はこの種の行為に該当せず,取締役には損害賠償責任が生ずるとした。一方,控訴審判決は,「会社も一個の社会人としての存在が認められる以上,社会に対する関係において有用な行為は,定款に記載された事業目的の如何及びその目的達成のために必要または有益であると否とにかかわらず,当然にその目的の範囲に属する行為として,これをなす能力を有する」として,「経済人たる会社が一社会人として政党に対し政治資金を寄付する行為は,当然に会社の目的の範囲内に属する行為」であるとした。さらに最高裁も,会社は,社会的実在と

---

13) 大隅=今井・上31頁・33頁。
14) 田中〔誠〕上83頁。この立場によれば,定款における目的の記載は,株主・監査役による差止請求(会360条・385条),取締役の任務違反の責任(会423条1項),取締役の解任(会339条),裁判所の解散命令(会824条)等の関係で意義を有するにとどまる。この立場として,服部栄三・百選(5版)1事例,上柳克郎「会社の能力」講座1巻195頁,堀口亘「会社の能力と目的による制限」基本問題セミナー商法Ⅰ会社法〔3版〕(酒巻・柿崎編)16頁(一粒社,1997),加美25頁,ほか。
15) 八幡製鉄の代表取締役らが自由民主党へ350万円の政治献金をしたことに関する。この献金は同社の定款所定の目的である「鉄鋼の製造・販売並びにその附帯事業」の範囲外の行為であるとして,株主が,取締役の忠実義務違反による法令・定款違反を理由に,会社への損害賠償を求めて代表訴訟を提起したもの。

して，「一見定款所定の目的とかかわりがないものであるとしても，会社に，社会通念上，期待ないし要請されるものであるかぎり，その期待ないし要請に応えることは，会社の当然なしうるところ」であり，「会社による政治資金の寄付は，客観的，抽象的に観察して，会社の社会的役割を果たすためになされたものと認められる限りにおいては，会社の定款所定の目的の範囲内の行為であるとするに妨げない」としている。

この事件は，定款所定の目的の範囲外の行為事例として提訴されてはいるが，本来は，各株主が異なった支持政党を有する株式会社において，会社自体が本来株主に還元されるべき利益を特定政党に寄付することは公序違反にあたらないかという，商法・会社法以前の問題として扱われなければならない。この点，最高裁は，政治献金問題を最終的には政治資金規制法の取扱事項とする方向で，政策的に判断したように思われる。

2　会社の意思能力・行為能力・不法行為能力

（1）　会社の意思能力・行為能力

会社が意思能力（＝自己の行為の性質・結果を判断しうる精神能力）そして行為能力（＝法律行為を単独で有効になしうる能力）を有するか否かは，法人本質論と関係して見解が分かれる。法人擬制説（＝自然人のみが本来の法的主体であって，法人は自然人に擬制されて認められた人格者にすぎないとする説，サヴィニー（Savigny）提唱）はこれを否定し，法人実在説（＝法人は法の擬制ではなく，社会的実在であるとする説）[17]はこれを肯定する。わが国の通説は，法人実在説にたち，会社組織の一部を構成する者を機関として代理人と区別するとともに，機関のなす行為は法律上当然に会社の行為であると認めている。そして，機関の地位を占める人の意思または行為において会社自身が活動すると解し，会社に意思能力・行為能力を認めている（田中〔誠〕上87頁，服部10頁以下）。

---

16)　政治献金は公序違反により無効と解するものに，富山康吉・現代商法学の課題115頁以下（成文堂，1975），新山雄三・株式会社法の立法と解釈129頁以下（日本評論社，1993）等。通説は少なくとも応分の範囲内の政治献金は権利能力の範囲内にあり，公序違反にはあたらないと解する（大隅＝今井・上32頁）。

17)　法人実在説は，さらに，①法人を社会的有機体とみる有機体説（ギールケ（Gierke）），②法人を法律による組織体とみる組織体説（ミシュー（Michoud），サレイユ（Saleilles）），③法人を自然人と同様に社会的作用を担当する法的主体とみる社会的作用説，などに分かれる。

（2） 会社の不法行為能力

　通説は，行為能力におけると同様の理由により，会社の不法行為能力を肯定する。そして，株式会社には，代表取締役その他の代表者がその職務を行うにつき第三者に加えた損害を賠償する責任がある旨を規定する会社法 350 条をもって，会社の不法行為能力を規定したものと解する。したがって機関組織者がその職務を行うにつき他人に損害を加えた場合には，会社自身が不法行為をおかしたことになる。もっとも，機関組織者が事実上なした当該行為はその者自身の行為ともみることができるので，その者も不法行為責任を負い，会社と機関組織者とは被害者に対して不真正連帯債務を負うことになる（田中〔誠〕上 88 頁）。

　これに対し，会社に行為能力を認めるということは違法行為をなす能力まで認めるものではなく，機関あるいは代表という概念はあくまでも会社の適法な活動を説明するためのものであるとする立場もある。この立場では，会社に不法行為能力までは認められず，会社法 350 条は，民法 715 条と同様の不法行為法的特別規定であって，被害者救済という政策的理由に基づき会社に損害賠償責任を課すものであると解する。[18]

3　公法上の能力

　会社は，その性質に反しない限り，公法上の権利能力をも有するが（納税義務など），具体的には個々の法令の定めるところによる。民事訴訟法上および刑事訴訟法上の訴訟能力も有する（民訴 28 条，刑訴 27 条）。

---

[18]　服部 11 頁，同・株式の本質と会社の能力 135 頁（有斐閣，1964），上柳克郎「会社の能力」講座Ⅰ 106 頁。

第4章　会社の種類とその基本的法規制

第1節　会社法上の会社の種類

1　総　説

　会社法は，まず会社を，株式会社と持分会社の2類型に大別するとともに，持分会社を合名会社・合資会社・合同会社の3種類に分けている。このような区別の主要基準としては，社員（＝会社の構成員，出資者でもある）の責任態様の違いがあるので，以下，この観点から各会社を概観しておこう。なお，持分会社の各社員は，出資額にかかわらず，それぞれ1個の持分（＝社員たる地位）を有するのに対し（持分単一主義），株式会社の社員は，出資1口（＝1出資単位）につき1個の持分を有しており，数口の出資をした社員はそれに応じて数口の持分を有することになる（持分複数主義）。

2　株式会社

　株式会社は，社員（＝株主）の地位が株式という細分化された割合的単位の形をとっている企業である。株主は，会社に対して株式の引受価額を限度とする有限の出資義務を負うのみであって，会社債務につき会社債権者に対して直接的な弁済責任は負っていない（株主有限責任の原則，会104条）。その意味では，株主無責任であるが，株主は，会社債権者にとって債権の担保となる会社財産を形成する資本を提供しているので，実質的には，資本を通じて間接的に会社債権者に対して有限責任を負っているといえる（間接有限責任）。株式は，原則的に譲渡自由であり（会127条），誰でもこれを取得することができるため，株式会社は大衆の遊休資本を大量に集めて大企業を営むことに適している。

　しかし，実際には，わが国の場合，中小規模の株式会社が大多数を占めている実態があり，これら中小会社の実質は従来存在していた有限会社の実質と大差ないため，会社法は有限会社法制を廃止し，既存の有限会社を株式会社に包摂して

いる（＝特例有限会社¹⁾）。

そのため，一口に株式会社といっても，公開会社・非公開会社，あるいは，大会社・中小会社に応じて，株式会社法制が異なる場合が多々みられ，会社法下，株式会社規制は複雑になっている。現代社会における経済活動を基本的に支えている典型的な株式会社形態は，大規模な公開会社であり，株式の譲渡は原則的に自由であって，株主は株式市場を通じて自由に持株を譲渡して投下資本の回収をはかることができる。一方，定款上，株式の全部につきその譲渡を制限する定めを設け，会社の閉鎖性を維持している非公開会社にあっては，資本調達機構を内部に備える必要がない分，多様かつ柔軟な機関構造の設計が可能となっている。そのため，会社法上の株式会社は，広範な出資者からの資本調達機構を具備するものから，株主間の閉鎖性を維持するものまで，多様なニーズに応えうる万能的な企業形態となっている。いずれにせよ，株主の責任は有限であり，その数も大勢になるため，株主には日常的な業務執行に参加する権限はなく，株主総会により選ばれた取締役が中心になって経営活動が展開されることになる。

株主有限責任の原則そして株主には経営権限がないことから，株式会社法制においては，社員は個性のない存在として扱われる。

3　合名会社

合名会社は，無限責任社員すなわち会社債務につき会社債権者に対して直接・連帯・無限の責任を負う社員のみからなる一元的組織の会社である（会576条2項）。社員は会社債権者に対して無限責任を負うと同時に，各自は原則として会社の業務執行権限・代表権限を有している（会590条・599条）。したがって合名会社の社員は個性が重視されるため，その持分を譲渡するためには他の社員全員の承諾が必要であり（会585条1項），相続人は当然に社員となるわけではない（会607条1項3号）。会社の内部関係においては定款自治が広範に認められており

---

1)　会社法施行前より存在していた有限会社は，会社法施行後は，定款変更・登記申請等をなさないまま，会社法上の株式会社として存続する（会社整備2条1項）。このような会社は有限会社の商号を続用しなければならず，特例有限会社という（同3条）。多くのみなし規定があって，旧有限会社法規定の多くが実質的に維持されている。取締役の任期に関する定めはなく（同18条），決算公告は不要（同28条），大会社でも会計人監査は不要である（同17条2項）。この会社は，定款を変更して，通常の株式会社へと移行できるが（同46条），移行しないまま特例有限会社として留まりうる期間については特に制限はない。

（会590条1項・591条6項等），総社員の同意による退社も認められる（会607条1項2号）。出資形態としては，金銭・現物出資に限られず，労務・信用出資も認められ（会576条1項6号），会社設立の際に出資を履行する必要もない（580条2項かっこ書）。合名会社は人的信頼関係のある少人数の者からなる家族的・同士的結合による共同企業形態といえよう。

4　合資会社

合資会社は，無限責任社員と有限責任社員とからなる二元的組織の会社である（会576条3項）。無限責任社員の地位・責任は合名会社の無限責任社員と同じであるが，有限責任社員は出資額を限度として，会社債権者に対して直接・連帯・有限の責任を負うにとどまる（会580条2項）。有限責任社員も原則的に業務執行権を有するが（会590条），業務を執行しない有限責任社員が持分を全部・一部譲渡するにあたっては，業務執行社員全員の承諾が必要であり（会585条2項），業務を執行する有限責任社員がその持分を譲渡する場合には，社員全員の承諾が必要である（同1項）。元来，合資会社は，資本提供者と労務提供者とを結合させ，会社形成を容易にする経済的目的のために登場した企業形態であるが，当該合資会社の有限責任社員が退社したことにより無限責任社員のみとなった場合や，逆に，無限責任社員が退社して有限責任社員のみとなった場合には，それぞれ定款変更したものとみなされ，合名会社（会639条1項）あるいは合同会社（同2項）となる。

5　合同会社

合同会社は，社員全員が有限責任社員からなる一元的組織の会社であり（会576条4項・580条2項），会社法が新規に導入した企業形態である。会社の業務執行・代表システムは，合名・合資会社の場合と同様であり，内部関係では定款自治が支配している。小規模な社員有限責任形態の会社であるので，出資の全額払込制がとられており（会578条），会社債権者保護規制が多く設けられている（会626条以下）。

第2節　各種の会社の社員の投下資本の回収策

1　株式会社の場合

　株式会社の場合，株主有限責任の原則により，会社債権者の債権の唯一の担保は会社の財産となる。そのため会社法は可及的に会社財産の流失を防ぐ趣旨で，社員の退社制度は設けず，また，資本維持の原則により分配可能額を超えてなされる剰余金の配当を禁止している（会461条）。この剰余金配当規制は，会社による自己株式の取得にも適用されるため，株主としては会社からの剰余金配当あるいは会社に自己株式を購入してもらうことにより，無制限に投下資本を回収することは期待できない。そこで，他の方法による投下資本の回収策を確保しないことには，株主になろうとする者を得ることはできず株式会社制度の存立基盤が失われことになる。そこで，投下資本の回収策として登場するのが株式の自由譲渡性である（会127条）。株主の個性は本来重視されないため，株式の自由譲渡による株主の交代には支障がないからである。

　もっとも，現実の株式会社の実態は多様であって，株主間の信頼関係が密接な閉鎖的・同族的な会社の場合には，会社にとって好ましくない株主の出現を阻止したいという願望がある。そこで，会社法は，株式譲渡にあたり会社の承認を要する旨を定款で定めることを認めている（会107条1項1号）。また，譲渡によるその株式の取得につき，会社の承認を要する種類の株式の発行も認めている（会108条1項4号）。会社法は，この譲渡制限株式の譲渡を承認しない会社に対し，自らこの対象株式を買い取るか，またはこれを買い取るべき買取人を指定すべき義務を課すことにより（会140条1項4項），株主の投下資本の回収策を制度的に確保している。

2　持分会社の場合

　持分会社においては所有と経営とが一致しており，社員相互間の人的関係が密接であるため，各社員は原則として業務執行権を有している。このように個性が重視される持分会社の社員の地位（持分）が自由に譲渡できるとなると，会社経営に亀裂・混乱が生じかねない。そこで，会社法は，社員においては，他の社員

全員の承諾がなければ，その持分の全部・一部を譲渡できないことを原則としている（会585条1項）。この持分の譲渡に対する制限に対処して，会社法は，持分会社の社員における投下資本の回収策として，社員に会社に対する出資払戻請求権（会624条1項）と退社制度（会606条）とを定めており，社員には退社にともなう持分払戻請求権が認められている（会611条）。

一方，これらの払戻請求に対応し，会社債権者の保護策として，退社した社員には，退社前に生じた持分会社の債務につき，従前の責任の範囲内で弁済責任が課せられている（会612条1項）。しかし，合同会社の社員の場合は，全員が間接有限責任社員であることから，この弁済責任を課すわけにはいかず，別途，債権者保護策が設けられている。すなわち，社員への出資の払戻しに関する各種の制限（会632条）や退社にともなう当該社員への持分の払戻しに対する会社債権者の異議手続（会635条）などである。

第3節　会社の各種の分類

1　一般法上の会社・特別法上の会社

一般法である会社法の規定のみに服する会社を一般法上の会社といい，特別法の規定にも服する会社を特別法上の会社という。この場合の特別法には，①特別の種類の営業を目的とする会社に共通して適用される特別法と，②特定の会社のための特別法とがあり，②に属する会社は特殊会社ともいわれる。①としては，銀行法（昭56法59号），信託業法（大11法65号），保険業法（平7法105号），鉄道事業法（昭61法92号）などがあり，②としては，国際電信電話株式会社法（昭27法301号），電源開発促進法（昭27法283号），中小企業投資育成株式会社法（昭38法101号），日本たばこ産業株式会社法（昭59法69号），日本電信電話株式会社法（昭59法85号），旅客鉄道株式会社及び日本貨物鉄道株式会社に関する法律（昭61法88号），などがある。

2　人的会社・物的会社

会社の対外的信用の基礎が各社員の人的信用にあり，内部的にも社員の個性が重視されていて，社員と会社との関係が密接な会社を人的会社といい，個人と会

社との関係が希薄で，会社の対外的信用の基礎が会社財産にある会社を物的会社という。人的会社の典型は合名会社であり，物的会社の典型は株式会社であるが，その中間に合資会社と合同会社が位置している。これは会社法上の分類というよりは，むしろ経済的・経営的視点からの分類となる。

3　大会社・中小会社

会社法上，大会社とは，最終事業年度の貸借対照表上に計上された，①資本金額が5億円以上，または，②負債の合計額が200億円以上，の株式会社をいう（会2条6号）。大会社以外の株式会社は，中小会社と総称されるが，中会社と小会社の区別の基準は特に定まっていない。

4　親会社・子会社

会社法上，「子会社（＝B）」とは，「会社（＝A）がその（＝B）総株主の議決権の過半数を有する株式会社（＝B）その他の当該会社（＝A）がその（＝B）経営を支配している法人（＝B）として法務省令で定めるもの」をいう（会2条3号）。なお，「子会社」または「会社以外の者がその経営を支配している法人として法務省令（会規3条の2）で定めるもの」のいずれかに該当する者を，「子会社等」という（会2条3号の2イロ）。

ここには「総株主の議決権の過半数を有する」という客観的基準と，「その経営を支配している」という実質的基準が示されているが，この実質的基準をみたす法人とは，「会社（A）が他の会社等（B）の財務及び事業の方針の決定を支配している場合における当該他の会社等（B）」をいう（会規3条1項）。

一方，「親会社（＝A）」とは，「株式会社を子会社（＝B）とする会社（＝A）その他の当該株式会社（＝B）の経営を支配している法人（＝A）として法務省令で定めるもの」をいう（会2条4号）。なお，「親会社」または「株式会社の経営を支配している者（法人であるものを除く）として法務省令（会規3条の2）で定めるもの」のいずれかに該当する者を，「親会社等」という（会2条4号の2イロ）。「親会社等」には自然人も含まれる。

会社が，議決権の有無にかかわらず他方の会社の発行済株式の全部を有するときは完全親会社といい（会767条・773条等），有される会社を完全子会社という。

5　公開会社その他

(1)　公開会社

　会社法は，「公開会社」を，「その発行する全部又は一部の株式の内容として譲渡による当該株式の取得について株式会社の承認を要する旨の定款の定めを設けていない株式会社をいう」と定義づけている（会2条5号）。旧商法下，講学上「公開会社」とは，市場を通じて資本調達をはかり無限に資本規模を拡大しうる機能を備えた会社（典型例が上場会社）をいうのに対し，本来的に現状の資本規模を維持することをもって満足し，定款で全株式に対し譲渡制限を定めているいないにかかわらず，株式市場で自社の株式が取引されていない会社を「閉鎖会社」とよんでいた。会社法は，この用語法と異なり，一部の種類株式についてのみ譲渡制限をしている会社も「公開会社」とよび，全部の株式につき譲渡制限をしている会社を「公開会社でない会社」とよんでいる（一般には「非公開会社」ともよばれる）。

(2)　その他

　「公開会社」の他，会社法は，以下のような呼称の株式会社を規定している。
　「取締役会設置会社」→取締役会をおく株式会社，または，会社法により取締役会をおかなければならない株式会社（同7号）。公開会社・監査役会設置会社・監査等委員会設置会社・指名委員会等設置会社においては，取締役会の設置が強制されるが（会327条1項），それ以外の会社においては，取締役会の設置は任意である。
　「会計参与設置会社」→会計参与をおく株式会社（会2条8号）。
　「監査役設置会社」→監査役をおく株式会社（その監査役の監査の範囲を会計に関するものに限定する旨の定款の定めがあるものを除く），または，会社法規定により監査役をおかなければならない株式会社（同9号）。非公開会社（監査役会設置会社・会計監査人設置会社を除く）においては，定款で，監査役の監査の範囲を会計に関するものに限定できるが（会389条1項），その場合は，監査役設置会社ではない。
　「監査役会設置会社」→監査役会をおく株式会社，または，会社法により監査役会をおかなければならない株式会社（会2条10号）。
　「会計監査人設置会社」→会計監査人をおく株式会社，または，会社法規定により会計監査人をおかなければならない株式会社（同11号）。大会社（非公開会社・

監査等委員会設置会社・指名委員会等設置会社を除く）は監査役会と会計監査人の設置を義務づけられるが（会328条1項），その他の会社においてはこれらの設置は任意である（会326条2項）。

「監査等委員会設置会社」→監査等委員会をおく株式会社（会2条11号の2）。平成26年の会社法改正で新設された。監査役をおくことはできず，会計監査人をおかなければならない（会327条4項5項）。

「指名委員会等設置会社」→指名委員会・監査委員会・報酬委員会（＝指名委員会等）をおく株式会社（会2条12号）。監査役・監査等委員会をおくことはできず，会計監査人を設置しなければならない（会327条4〜6項）。平成26年の会社法改正で，それまでの「委員会設置会社」が改称されたもの。

「種類株式発行会社」→剰余金の配当その他の会社法108条1項各号に掲げる事項について内容の異なる2以上の種類の株式を発行する株式会社（会2条13号）。

6　同族会社・非同族会社

同族会社という概念は，一般的には，親族や使用人など特殊な関係にある者のみからなりたつ会社をいう。多分に同族会社的であることを法があらかじめ予想している合名・合資・合同会社のほか，社会的信用目的で株式会社となっている同族会社も多い。会社法上は同族会社の定義はないが，税法上は，株主等の3人以下ならびにこれらと政令で定める特殊の関係のある個人および法人が有する株式の総数または出資金額の合計額が，その会社の発行済株式の総数または出資金額の100分の50以上に相当する会社をいうと定義づけられている（法税2条10号）。同族会社については特別の法人税率が定まっている（法税67条）。

7　内国会社・外国会社

わが国の法律に準拠して設立された会社を内国会社といい，そうでない会社を外国会社という。会社法には外国会社に関する規定が設けられているが（会817条以下），外国会社は会社法にいう会社ではない。

第2編　会社法総則

第1章　総　説

　会社法典は，その「第1編　総則」の第1章において通則を定め，第1条では，他の法律に特別の定めがある場合を除き，会社法は，会社の設立・組織・運営・管理について適用されると規定している。そして，総則の部分には，すべての会社に共通し，かつすべての会社にとって適用度合いの高い種類の規制として，「第1章　通則」，「第2章　会社の商号」，「第3章　会社の使用人等」，「第4章　事業の譲渡をした場合の競業の禁止等」，について規定している。

　商法典中の総則にも会社法総則と類似の規制が設けられている。会社法はその自足性を全うするために重ねて規定しているのであり，商法総則は会社以外の商人に適用されることになる。

第 2 章　会社の商号

第 1 節　商号の選定規制

　会社がその企業活動において自己を表示する名称を商号という（会 6 条 1 項）。個人商人の場合、複数営む営業ごとに商号を異にすることは可能であるが、会社の場合は、複数の事業を営む場合であっても単一の商号しか認められない。会社は、その種類に従い、その商号中に、株式会社・合名会社・合資会社・合同会社という文字を用いなければならず（同 2 項）、他の種類の会社と誤認されるおそれのある文字を用いてはならない（同 3 項）。会社でない者が、その名称・商号中に、会社であると誤認されるおそれのある文字を用いることも許されない（会 7 条）。[1]
なお、既登記商号と同一で営業所（会社の場合は本店）の所在場所も同一の場合、商号登記は受理されない（商登 27 条）。

第 2 節　商号使用の禁止

　何人も、不正の目的をもって、他の会社であると誤認されるおそれのある名称または商号を使用してはならない（会 8 条 1 項）。「不正の目的」とは、商号の冒用者において、被冒用会社と不正競争をする目的の有無にかかわらず、したがって他の会社の事業と誤認させる目的の有無にかかわらず、社会的に許されないあらゆる種類の不正の目的を意味する（最判昭和 36・9・29 民集 15 巻 8 号 2256 頁）。
　これに違反する名称または商号の使用によって営業上の利益を侵害され、または侵害されるおそれがある会社は、その営業上の利益を侵害する者または侵害するおそれがある者に対し、その侵害の停止・予防を請求することができる（同 2 項）。この差止請求に加え、不法行為による損害賠償請求も可能である。商号の

---

[1]　会社でない者が商号中に「合名商会」を使用することは、合名会社と誤認されるおそれがあるので許されない（大決明治 41・11・20 民録 14 輯 1194 頁）。会社でない者が「〇〇商会」や「〇〇商社」と称することの可否については解釈が分かれる。

不正使用に対しては，不正競争防止法の適用もある（不正競争3条〜5条）。

会社法施行前，他人の登記した商号を同一市町村内で同一の営業のために登記すること（改正前商19条），および，他人が登記したものと判然区別することができないものを登記すること（商登旧27条）は，ともに禁止されていた。また，商号の登記をした者には，不正の競争の目的で同一または類似の商号を使用する者に対してその使用の差止めを請求することができ（改正前商20条1項），同一市町村内で同一の営業のために他人の登記した商号を使用する者は不正競争の目的をもって使用する者と推定されていた（同2項）。しかし，同一商号・類似商号・同一営業等について判断することは，迅速・円滑な登記実務にとって支障になり，「商号屋」の暗躍を許すことにもなることから，会社法下では，これらの規定は削除されている。

第3節　自己商号の使用許諾責任

自己（＝A社）の商号を使用して事業または営業を行うことを他人に許諾した会社は，当該会社（A社）が当該事業を行うものと誤認して当該他人（B，個人でも会社でもよい）と取引した者（C）に対し，当該他人（B）と連帯して，当該取引によって生じた債務を弁済する責任を負う（会9条）。これは改正前の商法上，禁反言則に立脚した名板貸責任とよばれていた法規制であり，A社が名板貸人，Bが名板借人に該当し，A社とBが善意のCに対して，連帯して損害賠償責任を負う。

A社のBに対する商号の使用許諾は明示的である必要はなく，黙示的でもよい（最判昭和30・9・9民集9巻10号1247頁）。Cの誤認が重過失による場合は，A社はこの責任を負わない（最判昭和41・1・27民集20巻1号111頁）。A社が使用を許諾した商号とBの使用する商号は全く同一である必要はなく，A社の商号に「支店」「出張所」など，A社の事業の一部を示す名称が付加されていても，Cの信頼は保護される（最判昭和33・2・21民集12巻2号282頁）。A社とBの事業・営業は同種のものでなければならないかにつき，最高裁は，特段の事情がない限り，同種であることが必要と解している（最判昭和43・6・13民集22巻6号1171頁）。

A社は，BがCとの取引によって負担した債務に関して連帯責任を負う。こ

の債務には，取引により直接生じた債務のみならず，これと実質的に同一性を有する債務不履行に基づく損害賠償債務や契約解除による原状回復義務も含まれる（前掲最判昭和30・9・9）。しかし，禁反言則は，本来，取引行為に適用されるものであって，原則的に不法行為には適用されないので，交通事故に起因する損害賠償債務については A 社は責任を負わない（最判昭和52・12・23民集31巻7号1570頁）。もっとも，B が取引中に詐欺を犯すように，取引行為の外形をもちつつ不法行為を犯した場合の損害賠償債務に関してはこの責任が課せられている（最判昭和58・1・25判時1072号144頁）。

第3章　会社の使用人等

第1節　総　説

　会社は，その企業活動を行うにあたり，多くの場合これを補助する者を必要とする。この補助者は，当該会社と雇用契約を締結し，会社に従属してその指揮命令に服する者と，会社とは雇用契約を締結せず，会社から独立して補助する者とに大別される。前者が会社の使用人であり，後者が代理商・仲立営業等である。

　取締役・会計参与・執行役・監査役・会計監査人などの役員等（会423条1項）は，会社と委任ないし準委任関係にあり（会330条・402条3項），それぞれ独立の地位と権限を有しており，会社の指揮命令に服すべき使用人とは地位を異にする。

第2節　支配人

1　支配人の意義と選任・解任

　会社の使用人中，会社（外国会社を含む）の本店または支店の事業の主任者として選任された者を支配人という（会10条）。株式会社における支配人は，取締役会設置会社の場合は取締役会が選任・解任し（会362条4項3号），取締役会非設置会社の場合は取締役または取締役の過半数の決定で選任・解任される（会348条1項2項3項1号）。

　会社が支配人を選任し，またはその代理権が消滅したときは，その本店の所在地において，その登記をしなければならない（会918条）。

2　代理権限

　支配人は，会社にかわってその事業に関する一切の裁判上・裁判外の行為をする権限を有する（会11条1項）。これを支配権という。この支配人の代理権に加えた制限は，善意の第三者に対抗することができない（同3項）。代表取締役の代

表権は会社の営む事業全体に及ぶのに対し（会349条4項），支配人の支配権は，本店・支店の事業の範囲に限定される包括的な代理権である。支配人のなす具体的行為が支配権に属するか否かは，当該行為の性質・種類などを勘案し，客観的・抽象的に観察して決定される（最判昭和54・5・1判時931号112頁）。

支配人は，他の使用人を選任・解任できる（会11条2項）。

3　営業・競業の禁止

支配人は，会社の許可を受けなければ，以下の行為をしてはならない。①自ら営業を行うこと，②自己または第三者のために会社の事業の部類に属する取引をすること，③他の会社または商人（会社を除く）の使用人となること，④他の会社の取締役・執行役または業務執行社員となること，である（会12条1項）。①③④は支配人における精力分散防止のための職務専念義務であり，②は競業避止義務である。

支配人が，会社の許可を受けずに，②の行為をしたときは，当該行為によって支配人または第三者がえた利益の額は，会社に生じた損害の額と推定される（同2項）。

4　表見支配人

会社の本店または支店の事業の主任者であることを示す名称を付した使用人は，当該本店または支店の事業に関し，一切の裁判外の行為をする権限を有するものとみなされる。ただし，相手方が悪意であったときは，この限りでない（会13条）。この使用人を表見支配人という。本規定は，会社が作出した外観を信頼した善意の第三者を保護する禁反言則に立脚するものであるが，「本店または支店」の意義に関しては解釈が分かれている。多数説・判例（最判昭和37・5・1民集16巻5号1031頁）は，事業活動の拠点である実質（事業所・営業所の実質）を備えたものでなければならないと解している。

いかなる名称が「事業の主任者」たることを示す名称に該当するかは，社会通念に従って判断される。「支店長」は該当するが（最判昭和32・3・5民集11巻3号395頁），「支店次長」は該当しない。「本店営業部長」は本店の事業の主任者であるから該当する。

5　支配人以外の使用人

会社の事業に関するある種類または特定の事項の委任を受けた使用人は，当該事業に関する一切の裁判外の行為をする権限を有し（会14条1項），この使用人の代理権に加えた制限は，善意の第三者に対抗することができない（同2項）。

物品の販売等（販売・賃貸その他これらに類する行為をいう）を目的とする店舗の使用人は，その店舗にある物品の販売等をする権限を有するものとみなされる。ただし，相手方が悪意であったときは，この限りでない（会15条）。

第3節　執行役員

1　執行役員の意義

「執行役員」は，指名委員会等設置会社における「執行役」と名称が似ているが，両者はまったく異なる地位を示す名称である。後述するように「執行役」は，指名委員会等設置会社における法定の業務執行機関であるのに対し，「執行役員」は，わが国において1997年以降多くみられるようになった会社の使用人の一種である。[1] 会社法上，「執行役員」についての規定はない。現実には，単なる「執行役員」のほか，「常務執行役員」「専務執行役員」「執行役員専務」「副社長執行役員」など，より上位を占める執行役員の地位や，取締役と執行役員とが兼務されている例も多くみられる。

執行役員制度を導入する本来の目的は，取締役会が，経営戦略を決定し，実際の業務を執行する執行役員を監督する体制の確立，すなわち，会社経営における意思決定・監督機能と業務執行機能とを分離することにある。このことにより，取締役会自体によるスピーディな実質論議の実現すなわち取締役会の実質的な活性化をはかろうとするものである。

---

1) わが国における執行役員制度の導入は，1997年6月，ソニーの定時株主総会が，従来の取締役の員数を38名から10名に削減し，執行役員34名の経営体制を発足させたことに始まる。以後，この制度を採用する上場企業が急激に増加した経緯がある。

2　執行役員の法的地位

（1）　会社との関係

執行役員と会社との間の契約には，委任契約（民643条）と雇用契約（労働契約）（民623条）とがある。委任契約の場合，その契約期間は自由に定めることができ，辞任・解任も自由である。また，執行役員は労働者ではないので，就業規則や労災保険の適用はない。これに対し，雇用契約の場合には，労働基準法が適用され，契約期間は，期間の定めのないものを除き，一定の事業の完了に必要な期間を定めるもののほかは，原則として3年以内となる（労基14条）。そして就業規則や労災保険に関する法規制が適用される。

（2）　執行役員の選任・解任

執行役員は，支配人と同様，業務執行権を有しており，代表取締役あるいは取締役の補助機関として重要な地位を占めているので，取締役会設置会社の場合は取締役会による選任が必要と解されている（会362条4項）。

会社と執行役員が委任関係にある場合，執行役員の解任については民法が適用され，会社はいつでも執行役員を解任できるが（民651条1項），執行役員にとって不利な時期に解任したときは，やむを得ない事由があったときは別として，会社は執行役員に対して損害賠償責任を負わなければならない（同2項）。

執行役員が会社の従業員である場合には，執行役員の解任は従業員の解雇となり，通常の場合は，社内の異動であって，社内自治・経営者の専権事項となる。この解任が従業員解雇に該当する場合には，労働法上の解雇権の濫用問題となるおそれもある。

執行役員は，代表取締役の副代理人として直接的にその指揮・命令に服すべき立場にあり，取締役会がその選任・解任を通じて，執行役員を監督することになる。

（3）　執行役員の権限

執行役員は法定の機関ではなく，当然には会社代表権も法定の代理権も有していない。会社の業務執行体制下，執行役員は代表取締役社長の指揮下にあり，その業務執行権限は，代表取締役の対外的・対内的な包括的業務執行権限から派生して付与されているものと解される。

（4）執行役員の義務と責任

会社と執行役員とが雇用関係にある場合，執行役員には，労働者として，①受任者の善管注意義務（民644条）におけると同様の義務，および，②労務を提供するにあたり使用者の正当な利益を不当に侵害してはならない誠実義務，が課せられる（通説）。会社との関係が委任関係であれ雇用関係であれ，実質的には，執行役員には善管注意義務と忠実義務が課せられる。

競業避止義務に関しては，支配人にもこれが規定されている以上（会12条1項2号），執行役員にも役員における競業避止義務規定（会356条1項1号）が類推されるとする立場と，現状では条文がない以上，各会社が定める執行役員規定で定めるべきであるとする立場がある。

会社法上，執行役員に関しては，会社および第三者に対する特別な責任規定はなく（会423条1項・429条1項参照），したがって責任追及等の訴え（株主代表訴訟）（会847条1項）の適用もない。

3 執行役員への報酬支給

執行役員への報酬支給は，使用人に対する報酬支給として取締役会が決定する。しかし，取締役を兼ねる執行役員に関しては，本来，その取締役部分に関する報酬については株主総会で決定しなければならない（会361条，使用人部分の報酬額が給与表で定まっている場合の事案として，最判昭和60・3・26判時1159号150頁）。

第4章　会社の代理商

第1節　意　義

　会社の代理商とは，会社のためにその平常の事業の部類に属する取引の代理または媒介をする者で，その会社の使用人でないものをいう（会16条かっこ書）。会社の代理商は，継続的に特定の会社の事業活動を補助する点で商業使用人と共通するが，商業使用人が雇用契約に基づき特定の会社に従属する企業組織内の補助者であるのに対し，代理商は代理商契約に基づき会社の事業活動を補助する企業組織外の独立した商人である。

　代理商のうち，会社から代理権限を付与されて取引する者を締約代理商，代理権限がなく媒介行為のみをなす者を媒介代理商という。媒介とは，他人間に法律行為が成立するよう尽力する事実行為（仲介・斡旋・勧誘）をいう。締約代理商は，本人のために相手方と取引する点で問屋などの取次商と類似するが，取次商は自己の名をもって取引するのに対し（商551条），締約代理商は本人の名をもって行動する点で異なる。媒介代理商は，他人のために商行為の媒介をする点で仲立人（商543条）と類似するが，仲立人は不特定多数の者のために随時媒介する者であるのに対し，媒介代理商は特定の商人のために継続的に媒介する点で異なる。締約代理商は，取引の代理と媒介の双方をしてもさしつかえない。

　法律上の代理商であるか否かは，名称のいかんを問わず，実際に代理・媒介行為をして手数料を請求する立場であったか否かにより判断される（大判昭和15・3・12新聞4556号7頁）。

第2節　会社と代理商との関係

1　通知義務

　代理商は，取引の代理・媒介をしたときは，遅滞なく会社に対して，その旨を

通知しなければならない（会16条）。

2　競業避止義務

代理商は，会社の許可を受けなければ，①自己または第三者のために会社の事業の部類に属する取引をすること，および，②会社の事業と同種の事業を行う他の会社の取締役・執行役・業務執行社員になること，を禁止される（会17条1項）。

代理商が，会社の許可を受けずに①の行為をしたときは，この行為によって代理商または第三者が得た利益の額は，会社に生じた損害の額と推定される（同2項）。

3　通知を受ける権限

物品の販売またはその媒介の委託を受けた代理商は，商法526条2項の通知（買主による売主に対する目的物の瑕疵・数量不足の通知）その他の売買に関する通知を受ける権限を有する（会18条）。

4　契約の解除

会社および代理商は，契約の期間を定めなかったときは，2カ月前までに予告し，その契約を解除することができる（会19条1項）。やむをえない事由があるときは，会社および代理商は，いつでもその契約を解除することができる（同2項）。

5　代理商の留置権

代理商は，取引の代理または媒介をしたことによって生じた債権の弁済期が到来しているときは，その弁済を受けるまでは，会社のためにその代理商が占有する物または有価証券を留置することができる。ただし，当事者が別段の意思表示をしたときは，この限りでない（会20条）。

第5章　事業譲渡の場合の競業の禁止等

第1節　総　説

　会社の事業譲渡とは，会社が取引行為としてその事業を他に譲渡する行為をいい，会社法総則では，その取引行為の側面が規定されていて，手続等の組織法的側面については別に株式会社の関連法規（会467条）において規定されている。

　事業譲渡規定が対象とする事業とは，一定の事業目的の達成のために組織化され有機的に一体化した財産的価値の総体を意味し，積極財産としての物・権利および消極財産としての債務の集合体のみならず，財産的価値のある事実関係（ノウハウ・暖簾等）も含まれる。

第2節　譲渡会社の競業の禁止

　事業を譲渡した会社は，当事者の別段の意思表示がない限り，同一の市町村（特別区を含むものとし，地方自治法252条の19第1項の指定都市にあっては，区または総合区）の区域内およびこれに隣接する市町村の区域内においては，その事業を譲渡した日から20年間は，同一の事業を行ってはならない（会21条1項）。

　譲渡会社が同一の事業を行わない旨の特約をした場合には，その特約は，その事業を譲渡した日から30年の期間内に限り，その効力を有する（同2項）。

　以上の制限とは別に，譲渡会社は，不正の競争の目的をもって同一の事業を行ってはならない（同3項）。

第3節　譲受会社の責任

1　譲渡会社の商号を続用した場合

　事業の譲受会社が譲渡会社の商号を引き続き使用する場合には，その譲受会社

も，譲渡会社の事業によって生じた債務を弁済する責任を負う（会22条1項）。もっとも，譲受会社が，事業を譲り受けた後，遅滞なく，その本店所在地において譲渡会社の債務の弁済責任を負わない旨を登記した場合には，この限りでない。事業を譲り受けた後，遅滞なく譲受会社および譲渡会社から第三者に対して，その旨の通知をした場合には，その通知を受けた第三者についても同様である（同2項）。

上記の規定により，譲受会社が譲渡会社の債務を弁済する責任を負う場合には，譲渡会社の責任は，事業を譲渡した日の後2年以内に請求または請求の予告をしない債権者に対しては，その期間を経過した時に消滅する（同3項）。

上記1項が規定する場合において，譲渡会社の事業によって生じた債権につき，譲受会社にした弁済は，弁済者が善意でかつ重大な過失がないときは，有効である（同4項）。

2 譲渡会社の商号を続用しない場合

譲受会社が譲渡会社の商号を続用しない場合であっても，譲渡会社の事業によって生じた債務を引き受ける旨の広告をしたときは，譲渡会社の債権者は，譲受会社に対して弁済の請求をすることができる（会23条1項）。この場合，譲渡会社の責任は，この広告があった日の後2年以内に請求または請求の予告をしない債権者に対しては，その期間を経過した時に消滅する（同2項）。

3 詐害事業譲渡に係る譲受会社に対する債務の履行の請求

譲渡会社が譲受会社に承継されない債務の債権者（＝残存債権者）を害することを知って事業を譲渡した場合には，残存債権者は，その譲受会社に対して，承継した財産の価額を限度として，当該債務の履行を請求することができる。ただし，その譲受会社が事業の譲渡の効力を生じた時において残存債権者を害すべき事実を知らなかったときは，この限りでない（会23条の2第1項）。

譲受会社がこの債務の履行責任を負う場合には，当該責任は，譲渡会社が残存債権者を害することを知って事業を譲渡したことを知った時から2年以内に請求または請求の予告をしない残存債権者に対しては，その期間を経過した時に消滅する。事業の譲渡の効力が生じた日から20年を経過したときも，同様とする（同2項）。

譲渡会社について破産手続・再生手続・更生手続の開始決定があったときは，残存債権者は，譲受会社に対して第1項所定の請求権を行使することができない（同3項）。

第4節　会社・商人間における事業の譲渡・営業の譲受け

1　商人に対する事業の譲渡

会社が商人に対してその事業を譲渡した場合には，当該会社は商法16条1項（営業譲渡人の競業禁止）所定の譲渡人とみなされ，同17条（譲渡人の商号を使用した譲受人の責任等）・同18条（譲受人による債務の引受け）・同18条の2（詐害営業譲渡に係る譲受人に対する債務の履行の請求）が適用される（会24条1項）。

2　商人の営業の譲受け

会社が商人の営業を譲り受けた場合には，当該商人を譲渡会社とみなして，上記の会社法22条・23条・23条の2が適用される（会24条2項）。

第3編　株式会社

第1章 総　説

第1節　株式会社の概念

1　株式会社の意義と本質

　株式会社とは，社員の地位（持分）が株式とよばれる細分化された割合的単位の形式をとり，すべての社員（社団構成員，株主）が会社に対してその有する株式の引受価額を限度とする有限の出資義務を負うのみで，会社債権者に対してはなんらの責任も負わない会社をいう（大隅＝今井・上145頁，鈴木19頁，鈴木＝竹内22頁）。

　株式会社の基本的・本質的な特色は株式と有限責任であるが，株主有限責任の原則との関係上，資本制度が設けられており，これが株式会社にとっての副次的な特色となっている。[1]

2　株　式

　株式会社においては，社員の法律上の地位は細分化された均一の大きさの割合的単位の形式をとっている。この社員の地位を株式といい，この株式（1個でも複数でもよい）の持主である社員を株主という。株式会社の社員の地位がこのように細分化された割合的単位の形式をとるのは，個性を喪失した多数の者が容易に会社に参加しうるようにするための技術的要請によるものであり，その結果，多数社員からなる会社の法律関係は簡明に処理でき，また，社員の地位の円滑な譲渡も可能になる。そして株式が細分化されて割合的な単位の形式をとっていることは，その非個性的な性質と相まって，株式が株券という有価証券に化体され，

---

1)　昭和25年の商法改正前においては，定款に資本の総額を掲げ，資本を株式に分かつものとされていたため（昭25改正前商166条1項3号・199条），資本も株式会社の不可欠要素としてその基本的特色となっていた。しかし，同年の商法改正により無額面株式制度が導入されて資本と株式の関係が切断されたため，資本は基本的特色ではなくなった。

証券取引市場において取引の客体となる基礎となっている。もっとも会社法は，IT技術の発展に即応して，株券不発行を原則とするにいたった。

　この割合的単位における割合は，金額をもって表すこともできるし，単なる数で表すことも可能である。前の場合が額面株式であり，各株式に金額が定まっているのに対し，後の場合が無額面株式であって，この場合には株式の数によってその割合が決定される。商法は，平成13年の改正前には額面株式と無額面株式の双方を認めていたが，同改正により額面株式制度を廃止した。そして現行会社法下における株券不発行の原則へとつながっている。

3　株主の有限責任

(1)　株主有限責任の原則の意義

　株主は，会社に対して一定額の出資を引き受けることにより，株式を取得する。この出資金額を株式の引受価額というが，株主は会社に対してその有する株式の引受価額を限度とする出資義務を負うのみであって（会104条），これ以外には，会社に対しても会社債権者に対しても何ら責任を負うものではない。これを株主有限責任の原則というが，これは現代の株式会社における本質的原則であり，定款または株主総会決議によってもこの原則を破ることはできない。株主の出資義務の履行については，その確実性確保のために，会社法上，会社の設立前または新株の発行前に，すなわち株主になる前に，全部履行すべきことが規定されている（会34条1項・63条1項・208条）。したがって株主の有限責任は正確には株式引受人の有限責任であり（株主無責任），この責任は会社に対する出資義務に限定される間接有限責任である点において，会社債権者に対しても直接・有限の弁済義務を負っている合資会社の有限責任社員の直接有限責任とは異なる。

(2)　株主有限責任の原則のメリット・デメリット

　株主有限責任の原則は，株式会社の発展史上，出資者の責任を限定することにより，出資者が安心して企業に出資できるよう，政策的に立法化された経緯がある[2]。その結果，高度に組織化された証券市場が形成され，これが資本主義経済を大きく発展させてきた。しかし，この制度は，「支配あるところ責任あり」の原則を貫徹する無限責任の原則とは違い，最後まで出資者に責任追求できないとい

---

2) たとえば，イギリスにおいて株主の有限責任が立法化されたのは，1855年の有限責任法（Limited Liability Act, 1855）による。

う意味において，会社債権者にとっては非常に危険な制度といわなければならない。そこで会社法は，会社債権者の保護をはかるため各種の制度を設けている。

　株主有限責任の原則に関しては，現実面での弊害もある。この原則の利点を得ようとして小規模閉鎖会社が乱立されているのが適例であり，そこでは巨大事業の達成手段としてではなく，責任回避手段として株式会社制度が悪用されている。また大規模公開会社においても，子会社を通じて不正をはたらき，利益は吸い上げるが，責任は逃れるといった無視しえない現実がある。この危険性は，株主1人・取締役1人の株式会社の設立も可能とするにいたった会社法の下においても一層懸念される。

第2節　株式会社の債権者の保護

1　資本制度

（1）　総　説

　株式会社の会社債権者にとって自己の債権の担保は会社財産のみである。したがって会社財産を十分に確保することが会社債権者の保護のため，ひいては株式会社制度の存続のために重要な課題となる。そこで確立したのが資本金制度であり，資本金とは，「会社財産を確保するための基準となる一定の金額」，換言すれば，「会社財産がこれよりも下回ってはならないという基準となる金額」である（前田19頁）。もっとも，実際の経営活動において，会社財産は日々増減しており，この基準額を下回る事態もある。そこで，会社法においては，資本金制度の存在意義を実効あらしめるために，各種の法規制を設けている。

（2）　資本3原則
1）　資本充実・維持の原則
（ⅰ）　資本充実の原則

　これは，資本金の額に相当する財産が現実に会社に拠出されなければならないという原則である。したがって，資本金の額は，会社法に別段の定めがある場合を除き，会社の設立または株式の発行に際して株主となる者が会社に払込みまたは給付した財産の額をいう（会445条1項）。ただし，この額の2分の1を超えない額は，資本金に計上せず，資本準備金として計上することができる（同2項・3

項)。この意味で，資本金の額は，原則として，株主が株式の発行に際して会社に払込みまたは給付した財産の額の範囲内で決定される。

　発行済株式に関しては，これに関する金銭の全額払込みおよび財産の全部給付が定まっている（会34条・63条）。また，出資の履行を客観的に確認できるよう，金銭出資は，払込取扱銀行等においてなすべきものとされる（会34条2項・63条1項・208条1項）。

　預合いによる仮装払込みは，実質的には出資財産を伴わず帳簿上の操作で会社を設立する方法であるから，刑事罰をもって禁止されている（会965条）。募集株式の引受人における相殺禁止（会208条3項）も，当該引受人以外の債権者の利益に資するものである。

　現物出資に対する検査役の調査制度（会33条1項・207条1項）や発起人・設立時取締役の現物出資等の不足額てん補責任（会52条・103条）も，この原則に資する制度である。

　なお，改正前商法下では，設立に際して発行される株式の総数（改前商166条6号）の全部の引受けを要求し，発起人や設立時取締役には引受・払込担保責任（改前商192条）を課す形で資本充実の原則の実現がはかられていた。しかし，会社法は，発行される株式数よりも現実に払い込まれたか給付された財産の額を重視する立場にたち，これらの規定を削除し，出資の履行を仮装した株式の引受人は当然に失権することにした（会63条3項・208条5項）。しかし，平成26年改正において，出資の履行を仮装した発起人や株式引受人らに対し，支払・給付責任を課すにいたった（会52条の2第1項・213条の2第1項）。

（ii）　資本維持の原則

　これは，一般に，会社は，株式の発行に伴って定まった資本金の額に相当する財産を確実に維持しなければならない原則と解されている。しかし，会社財産は日々変動するものであるから，近時，この原則は，「資本金額に相当する財産が現実に会社に保有されていない場合には，剰余金の配当等をすることができない原則」とも解されている。

　会社が剰余金配当や自己株式の取得の際に，株主に会社財産を払い戻したり分配をなすにあたっては，統一的な財源規制に服さなければならない（会461条1項・166条1項・170条5項・464条・465条等）。すなわち，分配可能額（会461条2項）を構成する剰余金の額を算定するにあたっては，資本の額を控除することに

なる（会446条1項ニ）。業務執行者が分配可能額を超えて剰余金配当等を行った場合には，会社に対して，連帯して，交付した金銭等の帳簿価額に相当する金銭の支払義務を負う（会462条1項）。この支払義務は，分配可能額を限度として総株主が同意する場合を除き，免除することはできない（同3項）。

分配可能額を超過して金銭等の交付を受けた悪意の株主は，これを支払った業務執行者等からの求償請求に応ずべき義務があり（会463条1項参照），会社債権者もその債権額の範囲内で，悪意の株主に対し，交付された金銭等の帳簿価額相当額を会社に支払わせることができる（同2項）。また，会社財産を危うくする罪（会963条5項2号）も定まっている。

2） 資本確定の原則

これは，元来が昭和25年の商法改正前における原則であり，株式会社の設立または増資に際し，定款で資本額を確定し，その総額につき株式の引受けが確定していなければ（総額引受主義），会社の設立・増資を無効とする原則を意味したが，次第に廃止される方向で立法措置が施されてきた。すなわち，同改正前は資本総額が定款の絶対的記載事項とされ（昭25改前商166条3号），資本は均一な額面の株式に分かれていて（同199条），株金額（額面額）の総和が資本額に一致していた。また，発起人（後に設立時取締役も）には株式の引受・払込担保責任が課されていた（改前商192条）。ところが同改正では，授権資本制度と無額面株式制度が導入され，資本額は定款に記載されないことになり，新株発行に際しては，払込期日に払込みのあったものだけで新株の効力が生ずることになった（改前商280条ノ9第2項）（打切発行）。そこで，従来の資本確定の原則は，「会社の設立に際して発行する株式の総数」（改前商166条1項6号）につき，その全部の引受けの確定を求める原則へと修正された（「株式の全額引受・分割払込制度」から，「設立時発行株式の総額引受・全額払込制度」へと推移）。それが，会社法においては，定款には「設立に際して出資される財産の価額又はその最低額」が記載され（会27条4号），「会社の設立に際して発行する株式の総数」は消滅している。また発起人およびそれ以外の株式引受人が出資の履行をしないときは失権する旨が法定されていて（会36条3項・63条3項），当初の資本確定の原則は消滅したといえよう。

3） 資本不変の原則

これは，いったん確定された資本金の額の自由な減少は許さないという原則である。資本金の額の減少が必要なときは，株主総会の原則として特別決議で決す

るほか（会447条1項・309条2項9号），これに異議のある債権者の保護がはかられなければならない（会449条）。ただし，減資をしても債権者を害するおそれがない場合にはこの限りでない（同5項）。

(3) 最低資本金

平成2年の商法改正前，有限会社に関しては，最低資本限度額は10万円と定まっていたが（平2改前有9条），株式会社については何の定めもなかった。しかし，株式会社の場合，株主が有限責任の恩恵に浴する対価として，最低資本金制度を設けることが，債権者保護のために必須であるとの認識から，同年の改正では，先進主要国に遅れて，株式会社に最低資本金制度が導入された（1000万円以上，改前商168条ノ4。有限会社は300万円以上，旧有9条）。ところが，平成バブル崩壊後の経済の不況下，中小企業の起業を促し経済の活性化をはかろうとする立法政策の下，会社法は最低資本金制度を廃止しており，いわゆる「1円会社」の設立が許容されている。[3]

2 会社財産の状況開示

会社債権者に会社の財産状況を的確に把握してもらうために，会社法は，各種の開示規定を設けている。すなわち，株式会社は，適時に，正確な会計帳簿を作成し（会432条1項），会計帳簿の閉鎖の時から10年間，この会計帳簿とその事業に関する重要な資料を保存しなければならない（同2項）。また，株式会社は，計算書類（貸借対照表・損益計算書その他株式会社の財産・損益の状況を示すために必要かつ適当なものとして法務省令（会規116条2号，計規59条1項）が定めるもの）・事業報告・これらの附属明細書の作成・備置義務を負い（会435条2項・442条1項），会社債権者は，株式会社の営業時間内はいつでも，計算書類の閲覧や謄本・抄本の交付等を請求することができる（会442条3項）。

株式会社は，定時総会の終結後遅滞なく，貸借対照表（大会社の場合は貸借対照表・損益計算書）を公告しなければならない（会440条1項）。

---

3) 平成14年，「中小企業等が行う新たな事業活動の促進のための中小企業等協同組合法等の一部を改正する法律」（中小企業挑戦支援法，平14法110）により，新事業創出促進法（平10法152）の一部が改正された結果，同法2条2項3号の「創業者」であることにつき経済産業大臣の確認を受けた者が，株式会社・有限会社を設立する場合には，最低資本金に関する規定が設立から5年間適用除外されることになった。そして，会社法は，「大学発ベンチャー型起業」なども促す趣旨で，最低資本金制度そのものを廃止した。

3 組織再編における債権者保護手続

　株式会社が組織再編（合併・会社分割・株式交換・株式移転）を行う場合にも，債権者保護手続が定まっており（会789条1項・799条1項・810条1項），会社は異議を申し立てた債権者に対し，弁済もしくは相当の担保を提供するか，または，弁済目的で信託会社等に相当の財産を信託しなければならない（会789条5項・799条5項・810条5項）。

4 各種の無効の訴え

　資本金減少・組織変更・吸収合併・新設合併・吸収分割・新設分割・株式交換の手続や内容に瑕疵がある場合には，これらについて承認しなかった債権者にはこれらに対する無効の訴えの提起権が付与されている（会828条2項5号以下）。

5 特別清算

　会社債権者には特別清算開始の申立権（会511条1項）および特別清算における債権者集会の招集請求権（会547条1項）がある。また社債権者のために社債権者集会制度が設けられている（会715条）。

6 その他

　以上のほか，会社債権者の保護に資する制度としては，商業登記制度，計算書類制度，役員等の対第三者責任規定（会429条）などがある。また取締役等の特別背任罪（会960条）や会社財産を危うくする罪（会963条）もある。さらに，判例法理としては，法人格否認の法理も会社債権者保護に資する制度である。会社法は，会計参与制度を新設し（会374条以下），会計監査人設置会社の範囲を拡大した（会326条2項）。また，純資産300万円未満の株式会社における剰余金配当を禁止した（会458条）。これらも会社債権者の保護に資する立法措置である。

第3節　法人格否認の法理

1　意　義

　法人格否認の法理とは，独立の法人格を有する会社において，特定の具体的法律問題を解決するにあたり，その形式的独立性を貫くことが正義・公平に反する場合に，当該事案に限り法人格を無視して，会社とその背後にある社員とを同一視して事案を処理する法理をいう。具体的問題の解決に必要な限りで，法人格の機能を否定し，独立の法人格が存在しないかのように擬制するのであって，法人格を全面的・絶対的に否定する解散命令（会824条）や設立取消・無効判決（会828条1項1号・832条）とは異なる。

　この法理は，元来，19世紀後半よりアメリカの判例・学説で発展したものであるが（piercing corporate veil, disregard of the corporate personality），その影響を受け，第二次大戦後は英・独・仏等多くの国でも本格的に発展をとげてきた（独では把握理論（Durchgriffstheorie）という）。わが国では，最判昭和44・2・27民集23巻2号511頁（山世志商会事件）が，この法理適用のリーディング・ケースである。

　法人格否認の法理自体の一般的根拠としては，法人制度はそれが社会に役立つ機能を営むことを予定して認められているのであるから，この制度が不正の目的のために濫用され，正義・衡平が図られない場合には，特定事案に限って当該法人格を否認すべきであるという公序の観念に求められる。わが国の場合，実定法上の根拠としては，一般に権利濫用の禁止規定（民1条3項）が類推適用されている。

　この法理は抽象的・一般条項的であることから，これを安易に援用することは避け，極力既存の法規定や契約の趣旨を合理的に解釈して事案の解決にあたるべきであるとする見解も唱えられている。もちろん，この法理の安易な適用は問題であるが，他面，各種の無数の小規模会社が存在するわが国の現状下，裁判所が，この法理により，第三者保護のためにはらうべき事実認定上の労苦や法解釈上の困難・無理から相当程度救済されていることも無視できず，実定法規による問題解決が極めて困難な場合には，この理論を援用する必要も生ずる。

2　最高裁昭和44年2月27日判決の概要

（1）事実関係

原告Xは，被告Y株式会社（＝訴外Aが税金軽減目的で設立し経営していた電気店）に店舗兼住宅用の家屋を賃貸していたが，「電気屋のA」に貸したつもりでいた。Xは，後日Aとの間で当該賃貸借契約に関し訴訟上の和解による合意解除が成立したので，これにもとづき家屋の明渡しを求めた。ところがAは，和解の当事者はA個人であるから自分が個人として借りている部屋は明け渡すが，会社が借りている部分は明け渡さないと主張した。第1審・第2審ともに，当該和解はA個人とY社代表取締役Aとを区別するものではないとして，Aには個人使用部分と会社使用部分双方の明渡義務があると判断した。最判昭和44・2・27民集23巻2号511頁もYの上告を棄却したが，そこでは，法人格否認の法理が適用されており，以下のように判示されている。

（2）判　旨

「およそ社団法人において法人とその構成員たる社員とが法律上別個の人格であることはいうまでもなく，このことは社員が1人である場合でも同様である。しかし，およそ法人格の付与は社会的に存在する団体についてその価値を評価してなされる立法政策によるものであって，これを権利主体として表現せしめるに値すると認めるときに，法的技術に基づいて行われるものなのである。従って，法人格が全くの形骸にすぎない場合，またはそれが法の適用を回避するために濫用されるが如き場合においては，法人格を認めることは，法人格なるものの本来の目的に照らして許すべからざるものというべきであり，法人格を否認すべきことが要請される場合を生じるのである。」

「思うに，株式会社は準則主義によって容易に設立され得，かつ，いわゆる1人会社すら可能であるため，株式会社形態がいわば単なる藁人形に過ぎず，会社即個人であり，個人即会社であって，その実質が全く個人企業と認められるが如き場合を生じるのであって，このような場合，これと取引する相手方としては，その取引がはたして会社としてなされたか，または個人としてなされたか判然としないことすら多く，相手方の保護を必要とするのである。………このような場合，会社という法的形態の背後に存在する実体たる個人に迫る必要を生じるときは，会社名義でなされた取引であっても，相手方は会社という法人格を否認して

恰も法人格のないと同様，その取引をば背後者たる個人の行為であると認めて，その責任を追求することを得，そして，また，個人名義でなされた行為であっても，相手方は，敢て商法504条を俟つまでもなく，直ちにその行為を会社の行為であると認め得るのである。」

「Yは株式会社形態を採るにせよ，その実体は背後に存するA個人に外ならないのであるから，XはA個人に対して右店舗の賃料を請求し得，また，その明渡請求の訴訟を提起し得るのであって（もっとも，訴訟法上の既判力については別個の考察を要し，Aが店舗を明渡すべき旨の判決を受けたとしても，その判決の効力はYには及ばない），XとAとの間に成立した前示裁判上の和解は，A個人名義にてなされたにせよ，その行為はYの行為と解し得るのである。」

この判旨は法人格否認の法理一般に関し，最高裁の基本的見解を表明するものとして，その後の判例・学説に多大な影響を与えている。判旨の解釈によれば，法人格否認の法理は，あくまでも「相手方の保護を必要とする」場合に，会社と背後者の区別を否認することになるのであって，法人格を濫用してきた者が自ら法人格を否認して利益を享受することは許されない。また，法人格を否認しうる者は，会社との取引または会社の不法行為に基づく債権者ならびにこれに準ずる者に限定されるのであって，会社側が否認することはできない。

3　法人格否認の法理の適用事例と適用要件

（1）　法人格の濫用事例

法人格否認の法理が適用される場合として，上記最判昭和44・2・27は，「法人格の濫用事例」と「法人格の形骸化事例」をあげており，多数説はこれを肯認する。

濫用事例の適用要件として，通説は，①会社の背後者が，自己の意のままに会社を「道具」として利用していること（支配の要件）と，②この支配的地位を有する者が，違法・不当な目的のために法人格を利用しようとしていること（目的の要件）の，2要件をあげている（主観的濫用説）。②の主観的意図は必要でなく，客観的に社会通念上認容できない法人格の濫用が認められれば足りるとする立場もあるが（客観的濫用説），②も必要として濫用事例の認定を制限し，法的安定性をはかる必要があろう。

法人格濫用事例としては，法人格を利用した，(1)法の潜脱・回避事例，(2)契

約上の義務の回避事例，(3)債権者詐害事例，などがある。

(1)としては，①競業避止義務（会356条1項1号）を負う者が自己の支配する会社に競業行為をさせる場合，②使用者が労働組合活動家の追放を意図して会社を偽装解散（労組7）し，従業員を全員解雇し，旧会社の事業財産を使って新会社を設立し，従前の事業を継続する場合（札幌地判昭和50・10・11判時800号105頁），③親会社が子会社の労働組合の壊滅を意図して，子会社の役員を指示し子会社を解散し，その従業員を解雇した場合（神戸地判昭和54・9・21判時955号118頁）などがある。それぞれ法人格否認の法理が適用され，①の場合は競業避止義務違反が，②③の場合には元従業員と新会社または親会社との間に雇用契約関係が認められている。

(2)としては，「桜屋」と称するZ社が取引上の債務をXに対して負っているところ，Z社の実質的オーナーである代表取締役AがZ社の商号を「菊屋」に変更するとともに，「桜屋」と称するY社を新たに設立する場合などが考えられる。この場合，Y社の代表取締役・取締役・監査役・本店所在地・営業所・備品・使用人などはすべてZ社におけると同一である。Xが現「桜屋」に対して債務の履行を求めたところ「会社が違う」と拒絶された場合，Xの主張は認められるか。類似事例で，最判昭和48・10・26民集27巻9号1240頁は，「形式的には，新会社の設立登記がなされていても，新旧両会社の実質は前後同一であり，新会社の設立は旧会社の債務の免脱を目的としてなされた会社制度の濫用であって，このような場合，会社は右取引の相手方に対し，信義則上，新旧両会社が別人格であることを主張できず，相手方は，新旧両会社のいずれに対しても債務についての責任を追及することができる」と判示している。

(3)としては，債務者が債権者の強制執行を免れる目的で，自己の財物を現物出資して会社を設立する場合等がある。

（2）　法人格の形骸化事例

法人格の形骸化事例としては，上述最判昭和44・2・27が該当する，形骸化事例の要件は必ずしも定まっていない。1つの解釈としては，会社の支配社員が会社を意のままに運営しているだけで法人格を否認できるとする実質的支配説があり，仙台地判昭和45・3・26（仙台工作事件）判時588号38頁が該当する。これは，倒産した子会社の従業員が，親会社に対して未払賃金の支払いを請求した事案であるが，親子会社には経済的単一企業としての実体があり，子会社の企業活

動が現実的統一的に親会社によって管理支配されている場合には，子会社の従業員のような受動的債権者に限って，子会社の法人格を否認して，親会社に責任追及できると判示している。この判決に関しては，親子会社において実質的支配関係があれば「支配あるところ責任あり」ということで，法人格否認の法理が適用できると解するのではなく，親会社による実質的支配の要件に加えて，親会社が子会社の損害において，自己の利益を図ろうとする支配の濫用という要件も必要と解すべきであるとする解釈もある。

実質的支配関係の充足だけで法人格を否認しうるとなると，わが国の小規模会社の多くがその対象となってしまうため，学説や判例は，その後，単に単独株主などが会社を完全に支配しているだけでは形骸化というには足りず，①会社と支配株主の業務や財産の混同，②株主総会や取締役会の不開催，③会計帳簿の記載や会計区分の欠如などの諸要素が，全部とまではいわないまでも，相当程度に積み重なって初めて形骸化が認定されるとする形式的形骸化説にたつようになってきている。一方，形骸化の要件は不明確であるとして，法人格否認の法理は濫用事例に限って適用すべきであるとする立場もある。

（3）　不法行為との関係

法人格否認の法理を不法行為事例に適用することは可能であろうか。多数説は，取引行為に限って適用され，不法行為には適用されないと解しているが，不法行為による債権であるからといって，この法理の適用を排斥する理由はなかろう。

（4）　租税法領域への適用拡大

わが国には，個人事業と何ら実体が異ならないにもかかわらず，節税効果をねらって設立されている中小零細な企業が多数存在する。そこで租税回避をねらっての法人格の濫用に対しても法人格否認の法理は適用可能かという問題が生ずるが，判例はこれを可能と解している（神戸地判平成8・2・21金法1485号50頁（近畿エキスプレス事件））。

4　法人格否認判決の効力の拡張

（1）　既判力・執行力への拡張の可否

法人格否認の法理を実体的法律関係において適用することは，すでに判例上定着しているが，この法理を手続的法律関係においても適用できるかという問題がある。この点，最判昭和53・9・14判時906号88頁（上田養豚事件）は，たとえ

実体法上はY社の法人格が否認されて，XがA社に対する損害賠償請求をY社に対してなすことができても，「権利関係の公権的な確定及びその迅速確実な実現をはかるために手続の明確，安定を重んずる訴訟手続ないし強制執行手続においては，その手続の性格上A社に対する判決の既判力及び執行力の範囲をY会社にまで拡張することは許されない」と判示し否定説に立っており，多数説もこれを支持している。

しかし，法人格の否認が認められても，判決の執行力をえるために再度提訴しなければならないとしたならば，法人格否認の法理を適用した実質的意義や機能は著しく減殺されることから，学説中には，既判力や執行力の拡張を肯定する積極説もある。

（2） 第三者異議の訴えの原告に対する法人格否認の法理の適用

最判平成17・7・15金判1229号42頁は，第三者異議の訴えの原告に法人格否認の法理の適用を肯認している。すなわち，「第三者異議の訴えは，債務名義の執行力が原告に及ばないことを異議事由として強制執行の排除を求めるものではなく，執行債務者に対して適法に開始された強制執行の目的物について原告が所有権その他目的物の譲渡又は引渡しを妨げる権利を有するなど強制執行による侵害を受忍すべき地位にないことを異議事由として強制執行の排除を求めるものである。そうすると，第三者異議の訴えについて，法人格否認の法理の適用を排除すべき理由はなく，原告の法人格が執行債務者に対する強制執行を回避するために濫用されている場合には，原告は，執行債務者と別個の法人格であることを主張して強制執行の不許を求めることは許されないというべきである」と判示している。

第4節　コーポレート・ガバナンス論

欧米では1980年代より，わが国でも1990年代に入ってから，コーポレート・ガバナンス（corporate governance）論がさかんに論議されてきた。コーポレート・ガバナンス論には，多様な内容が含まれているが，一般には，上場会社およびそれに準じる大企業に関し，①企業経営は株主（shareholders）それとも利害関係人（stakeholders）いずれの利益のためになされるべきか，②会社規制が目指すべきは，適法性の確保（会社不祥事の防止）か，それとも経営の効率性（収益性）の増

進か,③会社法制においては「経営者による会社組織の統制」と「経営者に対する監督」のいずれが重視されるべきか等に関する議論から成り立っているといわれており,国によりあるいは論者により,主眼の置き所は同一ではない。現在,この理論は,会社法領域のみならず経営学や会計学の領域においても,また営利企業のみならず非営利組織である協同組合あるいは大学などにまで及んでおり,そこでの効率性および遵法性を追求しつつ,あるべき統治形態を検討する理論体系として,世界的な規模で展開されている。[4][5]

　この議論の下では,主に,株式会社の所有者である株主にとってもっとも効率的なつまり利潤が極大化するような統治形態とはいかにあるべきかという効率性の問題と,会社経営者の行動をモニターし,その独断的・専横的な経営を有効にチェックしうる体制はいかにあるべきかという遵法性について検討されてきている。株主にとってもっとも効率的な企業形態の追求は,株式会社制度始まって以来,なされ続けているのであるから,近年特にこの理論が叫ばれるようになった意義は,むしろ,経営者の不正行為を防止するのにもっともふさわしい企業の統治形態・手段を検討する点に認められる。[6]

　平成27年6月1日,東京証券取引所が策定した「コーポレートガバナンス・コード」が上場会社向けに施行され,有価証券上場規定の一部になっている。今や,上場会社は,会社法と金融商品取引法を遵守するだけでは足りず,プラス・アルファーして上乗せされた,自主規制(ソフト・ロー)としての上場規則も守らなければならない。「コーポレートガバナンス・コード」においては,「コーポレートガバナンス」を,「会社が,株主をはじめ顧客・従業員・地域社会等の立場を踏まえた上で,透明・公正かつ迅速・果断な意思決定を行うための仕組み」

---

[4]　コーポレート・ガバナンス論とは,企業の社会的責任論の現代的表現であり,「会社は誰のものか」よりも「会社は誰のためにあるべきか」の視点から考察すべきであるとするものに,中村一彦・現代会社法概論(5版)17頁(同文舘,2000)。

　　株式に関する証券市場における情報の質を維持するため,証券市場の圧力により取締役会・内部統制・内部監査・会計専門家などの充実・強化をはかることこそ,コーポレート・ガバナンス・システムにとっての本質的問題意識であると指摘するものに,上村達男・会社法改革－公開株式会社法の構想－11頁(岩波書店,2002)。

[5]　石山卓磨「株式会社と協同組合のコーポレート・ガバナンス」現代保険論集(鈴木辰紀古稀)97頁(成文堂,2001)。

[6]　近年,コーポレート・ガバナンスという言葉が使用されるようになった端緒は,1972年に発覚したアメリカ・ニクソン政権下でのウォーターゲート事件であるともいわれている。国家権力の不正を探知・阻止しうる統治形態のありかたを模索するガバナンス論が,民間企業に関しても展開されるようになったとされる。

と定義づけ，「本コードは，実効的なコーポレートガバナンスの実現に資する主要な原則を取りまとめたものであり，これらが適切に実践されることは，それぞれの会社において持続的な成長と中長期的な企業価値の向上のための自律的な対応が図られることを通じて，会社，投資家，ひいては経済全体の発展にも寄与することとなるものと考えられる」としている。[7]

第5節　企業維持の理念

　商法上，一般に，企業維持の原則は，[8](1)企業の存続の基礎を強化して企業の独立性を保持せしめようとする局面と，(2)企業の解体の危険を回避させようとする局面において機能している。(1)に関しては，個人企業の場合，商人個人の名称と別個の商号制度，私有財産と企業財産とを別個に管理するための商業帳簿制度，商人個人の住所と別個の住所を有する営業所，商人個人の家事使用人と別人の商業使用人などに関して規定が設けられている。会社企業の場合には，法人格を付与することにより，企業は社員から絶対的に独立している。(2)に関しては，会社法は，①事業をそのままの状態で他に譲渡する事業譲渡制度，②事業譲渡に類似する各種の企業再編制度，③解散した会社が解散前の状態にもどる会社継続制度（会473条・642条），④社員が1人になっても解散しない1人会社制度などを設けて，企業解体による無益な価値の喪失の防止をはかっている。

第6節　株式会社法の規制特色

　株式会社法は，株式会社の経済的諸機能を助長し，弊害を防止するために，以下のような特色のある法規制をなしている。

---

7)　「コーポレートガバナンス・コード」における「コーポレートガバナンス・コードについて」より。

8)　企業維持の理念に関しては，20世紀前半，ドイツのラテナウ（Rathenau）が提唱した企業自体（Unternehmen an sich）の理論がある。これは，企業はそれ自体が独立した法益として特殊の保護に値するのであって，構成員の恣意に対して，国民経済の立場から，それ自体が保護され維持されなければならないと考える法思想であり，わが国でも少なからぬ支持者をえた。しかし，第2次世界大戦後のドイツでは，ナチス時代に株主の権利を侵害し，経営者の権力強化のために利用された理論として，批判の対象になっている（田中〔誠〕上38頁，大隅＝今井・上6頁，大隅健一郎・新版株式会社法変遷論376頁（有斐閣，1987））。

1　強行法規性

　株式会社法の規定は，原則的に強行法規である。外部関係における強行法規性の根拠は，会社債権者や公共の利益の保護，および，代表取締役の権限を法定するなどして実現しようとしている取引の安全にある。内部関係における根拠は，経営者の専横・背任行為あるいは大株主による圧迫からの一般株主の利益保護という，弱者保護の精神に基づいている[9]。

2　公示主義・開示主義

　株式会社法は，会社の財産状態その他会社に関する一定の重要事項を公開して，広範な利害関係人とりわけ株主と会社債権者を不測の損害から保護するため，公示主義ないし開示主義を徹底させている[10]。会社の公告制度（会939条）や，株主総会・取締役会の議事録（会318条・369条3項），定款・株主名簿・計算書類などを備えて，株主や会社債権者の閲覧・謄写に供する制度，あるいは貸借対照表の公告制度（会440条）などがある。さらに金融商品取引法は上場会社などに対して，経営・会計情報の一層の開示（disclosure）を求めている。

　開示の方法としては，(1)一定の場所で情報を提供する間接開示（登記）と，(2)関係者に情報を直接提供する直接開示（公告・送付）とがあり，開示制度には以下のような機能がある。すなわち，①必要事項を関係者に知らせる情報提供機能，②合理的な判断に基づく権利行使を可能にする権利の実質化機能，③情報ギャップをうめて当事者の地位を対等にする地位の平準化機能，④関係者を明るみにおいて姿勢をただささせる不正の抑止機能，である（龍田41頁）。

3　国家機関の関与

　株式会社法は，国家機関，特に裁判所の関与を広範に定めている。これは，現代社会における株式会社は，その運営の適否が社会・公共の利害に著しく影響を与える存在になっているため，その健全な維持発展をはかる必要があるからであ

---

9) 鈴木31頁，鈴木＝竹内34頁，北沢49頁。
10) 公示主義という場合には，取引上重要な事項を一般利害関係者に周知させて取引の安全をはかることが意図されているのに対し，開示主義においては，情報ギャップのある当事者間において，取引の内容を公平なものとし，企業活動を公正にすることが意図されている（龍田41頁）。

る。裁判所による検査役の選任制度（会33条・207条），株主総会の招集や取締役会議事録の閲覧・謄写に関する裁判所の許可制度（会297条4項・371条3項），特別清算（会510条）などの手続において裁判所の関与が認められる。

その他，金融商品取引法などにより，準公的機関たる公認会計士または監査法人による会計監査制度も確立している。

4　罰則の強化

株式会社の発起人や経営者が任務に違反して会社または第三者に損害を加えた場合，民事上の賠償責任を負うのは当然であるが，被害がもたらす広範・甚大な社会的影響をかんがみて，悪質な違法行為に対しては厳重な罰則規定が設けられている（会960条以下）。

第2章　株式会社法の変遷

第1節　諸外国の動向

1　準則主義の確立

　現在の株式会社の起源は，1602年に設立されたオランダの東インド会社にまで遡る（カール・レーマン（Karl Lehmann））。これは絶対的専制君主の特許状により設立された特許会社であり，公法的性質を有する専制的非民主的組織の植民会社であった。この会社はヨーロッパ諸国の植民会社の模範とされ，その組織形態の利用は銀行・保険事業などにも伝播していった。しかし，平和的・民主的な産業資本がヨーロッパ諸国に成長・発展するにつれ，私法的・民主的組織としての株式会社が普及するようになり，その設立も特許主義から免許主義そして準則主義へと移行する。[1]

　株式会社に関する一般法規を備えた初めての立法は，フランス革命後，1807年に制定されたフランス商法典（ナポレオン法典）であるが，設立については免許主義であった。これにならい，プロイセン株式会社法（1843年），ドイツ旧商法（1861年）なども免許主義を採用した。スペインの1829年商法典は1807年のフランス商法典を範としながらも認可主義を採用していた。[2]

　19世紀の後半に入り，ヨーロッパ諸国の会社法は準則主義へと移行する。株式会社の設立が増加の一途をたどる当時の経済の発展にとって，免許主義の下での設立手続は煩瑣にすぎたからである。その先駆は，1844年のイギリスの登記法（Registration Act）であり，単なる登記により法人格ある会社が設立されることになった。その後，1855年の有限責任法（Limited Liability Act）により株主有限責任の原則が認められ，1856年には登記法と有限責任法を廃止して新たに株

---

1) 株式会社の発生史については，大塚久雄・株式会社発生史論（岩波書店，1969），株式会社法の世界的変遷については，大隅健一郎・新版株式会社法変遷論（有斐閣，1987）。
2) 黒田清彦・新スペイン株式会社法の研究30頁以下（中央経済社，1997）。

式会社法（Joint Stock Companies Act）が制定された。そして，1862年にはそれまでの各種会社立法を統括した最初のイギリス会社法（Companies Act）が完成した。1867年にはフランス会社法も株式会社につき従来の免許主義を準則主義へと改めた。ドイツ旧商法も1870年の改正で準則主義をとり，1897年の新商法も同じ基礎に立っている。1885年に制定されたスペイン商法典では株式会社の設立につき，実質的には，むしろ自由設立主義がとられていた。[3)]

　アメリカ合衆国は，各州が独自に会社法を有しているが，1811年のニューヨーク州の会社法は，ヨーロッパ諸国に先立って株式会社の設立につき準則主義を採用した。そして19世紀後半，各州において近代的株式会社立法がほぼ確立した。

2　第2次世界大戦後の状況

　第2次世界大戦後は，高度の経済発展および経済民主化の要請に対応するため，先進資本主義諸国においては会社法の改正が続いてきた。大改正ないし新立法としては，イギリス会社法の1948年改正・1985年改正・1989年改正・2006年改正[4)]，西ドイツにおける1965年の新たな株式法（Aktiengesetz）の制定および有限責任会社法の1980年改正[5)]，1966年のフランス商事会社法（Loi sur les societes commerciales）[6)]の制定などがある。会社法内の部分的改正はこれにとどまらず，各国において頻繁に行われてきている。

　特に注目すべき事態の1つとしては，1967年にヨーロッパ共同体（European Community）（1993年以後はヨーロッパ連合（European Union））が発足して以来，共同体の理事会が発する指令（directive）に基づき，加盟国が会社法制の統合へ向けて改正を行ってきていることであり，また，各国内法とは独立した超国家的・統一的なヨーロッパ会社（European Company）の設立を実現するために，1975年にはヨーロッパ会社法案も準備された。[7)]さらに1976年にはドイツにおいて「新

---

3)　前掲2）32頁。
4)　イギリス会社法については，小町谷操三・イギリス会社法概説（有斐閣，1962），星川長七・英国会社法序説（勁草書房，1960），武市春男・イギリス会社法（国元書房，1961），本間輝雄・イギリス近代株式会社法形成史論（春秋社，1963）。
5)　慶応義塾大学商法研究会訳・西独株式法（慶應義塾大学法学研究会，1982），河本一郎＝ハンス・ヴェルデンガー・ドイツと日本の会社法（改訂版）（商事法務研究会，1975）。
6)　早稲田大学フランス商法研究会・フランス会社法（国際商事法研究所，1975）。

共同決定法（Mitbestimmungsgesetz）」が制定され，一定企業につき労働者の経営参加が実現している。労働者の経営参加問題は特にヨーロッパ諸国で関心の高い問題であり，将来のなりゆきが注目される。

　アメリカでは各州の会社法の統一に向けての努力がはらわれてきた[8]。アメリカ法曹協会（American Bar Association）が1946年に最初に作成した模範事業会社法（Model Business Corporation Act）はその後改正を重ね，1984年に全面改正がなされているが，各州はこれにならって新しい会社法を制定してきている[9]。1992年には，アメリカ法律協会（American Law Institute）が「コーポレート・ガバナンスの原理・分析と勧告」を公表し[10]，アメリカ国内のみならず，各国の会社立法のあり方に影響を与えている。

　イギリスでは2006年に最新の会社法が成立しており[11]，英連邦諸国（カナダ・オーストラリア等）においても，イギリス会社法を模範としつつ，各国独自の立法あるいは国内各州の会社法の統一へ向けて進展してきている。アジアに目を向ければ，社会主義市場経済の確立を標榜する中華人民共和国において，1993年に中国会社法が成立した[12]。また韓国においても，1962年に商法が制定され（1963年施行），その第3編である会社法は1984年の大改正の後，95年，98年，99年，2011年と改正が続いている[13]。

---

7)　森本　滋・EC会社法の形成と展開（商事法務研究会，1984）。
8)　アメリカ会社法については，長浜洋一・アメリカ会社法概説（商事法務研究会，1971），小山賢一・アメリカ株式会社法形成史（商事法務研究会，1981），R・W・ジェニングス＝北沢正啓・アメリカと日本の会社法（商事法務研究会，1965），浜田道代・アメリカ閉鎖会社法（商事法務研究会，1974）。
9)　北沢正啓＝平出慶道・アメリカ模範会社法（商事法務研究会，1988），長浜洋一・ニューヨーク事業会社法（商事法務研究会，1990），北沢正啓＝浜田道代共訳・新版デラウェア一般会社法（商事法務研究会，1994），北沢正啓＝戸川成弘・カリフォルニア会社法（商事法務研究会，1990）。
10)　証券取引法研究会国際部会訳編・コーポレート・ガバナンス－アメリカ法律協会「コーポレート・ガバナンスの原理：分析と勧告」の研究－（日本証券経済研究所，1994）。
11)　イギリス会社法制研究会「イギリス2006年会社法(1)～(4)」比較法学（早大）41巻2号361頁（2008），同3号189頁（2008），同42巻2号355頁（2009），同3号257頁（2009年）。
12)　志村治美・奥島孝康編・中国会社法入門（日本経済新聞社，1998）。
13)　李　範燦（志村治美監訳）韓国会社法論（晃洋書房，1994），李　範燦・比較企業法講義－日・韓会社法の比較－(2版)（三知院，2003）。

第2節　わが国の会社法の変遷

1　明治32年の会社法の制定

　わが国の会社制度は，明治維新（1868年）後ヨーロッパから導入された。明治2年に政府のあっせんで通商会社および為替会社が設立され，わが国の会社の起源となるが，当初は一般的な会社法はなく，政府が特定または特殊な会社について特別の単行法を制定していた（明治5年の日本銀行条例・国立銀行条例，明治7年の株式取引所条例等）。また，その後は，一般法規に基づかずに，随時，会社の設立に免許が与えられたり（東京海上保険会社・明治生命保険会社・日本鉄道会社・日本郵船会社等），あるいは，慣例上，地方長官に願い出て，一般会社が設立されていた（北沢52頁）。

　わが国の会社に関する一般規定としては，明治23年（1890年）制定の商法典（旧商法）（法32号）第1編「商ノ通則」第6章「商事会社及ヒ共算商業組合」中の商事会社規定をもって嚆矢とする。この旧商法はドイツ人ヘルマン・ロエスラー（Hermann Roesler）の起草によるもので，フランス法にならった編別をとっていたが内容は主にドイツ法に従っており，合名会社・合資会社・株式会社を認めていて，株式会社の設立につき免許主義がとられていた。この旧商法は法典論争により施行が延期され，結局，会社・手形・破産の規定は明治26年（1893年）7月1日より，残りは明治31年7月1日より施行された。

　ついで，明治32年（1899年）に現行の新商法典（新商法）がドイツ法系に則って制定されたが（法48号）（同年6月16日施行），その第2編「会社」が現行会社法施行前の会社法の基本であり，準則主義が採用されるにいたった。当初は合名会社・合資会社・株式会社・株式合資会社[14]について規定しており，株式会社は株主総会中心主義となっていた。

　この現行商法典は，これまで多くの改正が加えられてきているが，ほとんどは会社法に関するものである。以下，これまでの主要改正事項について瞥見する。

---

14)　無限責任社員と株主からなる会社。外国で株式会社の設立に免許主義がとられていた時代に，その脱法手段として利用されたが，準則主義の下ではほとんど利用されなくなった。わが国でも極めて少数しか設立されず，昭和25年の商法改正で廃止されたため，今は存在しない。

2　会社法の改正動向

（1）　昭和25年商法改正前

まず明治44年（1911年）と昭和13年（1938年）に株式会社法規定を中心にして大幅な改正がなされた（明44法73号，昭13法72号）。昭和13年改正では，株主総会の権限拡大による取締役の権限の制約と取締役の民事・刑事責任の強化がはかられていて，無議決権株・転換株式・転換社債などが認められた。わが国の会社法は，明治32年の成立と明治44年の改正により，企業の所有と経営の分離を前提とした株主総会中心主義の近代株式会社法として一応の形を整え，昭和13年の改正により完成した（北沢53頁）。昭和13年には有限会社法も制定された（昭和15年（1940年）施行）。第2次世界大戦後の昭和23年（1948年）には，株式会社設立時の株金分割払込制が廃止され全額払込制が採用された（法148号）。その結果，従来は分割払込の場合には50円，全額払込の場合には20円であった額面株式の最低額面額が20円となった。

（2）　昭和25年商法改正

第2次世界大戦後，わが国では，アメリカの占領下，経済民主化政策がとられ，財閥の解体と過度経済集中の排除が行なわれた。そして私的独占の禁止及び公正取引の確保に関する法律（独占禁止法）（昭22法54号），証券取引法（昭23法25号）の制定により，株式投資の大衆化が促進されることになった。このような状況下，昭和25年（1950年）の商法改正（法167号）では，従来ドイツ法系に属していたわが国の株式会社法にアメリカ法上の制度が多く導入された（昭和26年7月1日施行）。この改正の特徴は，①資金調達の便宜化，②運営機構の合理化，③株主地位の強化，にあった。

①としては，授権資本制度の採用，取締役会決議による社債の発行，無額面株式・償還株式の採用，社債発行限度額の拡張，などがある。②としては，株主総会中心主義より取締役会中心主義への移行があり，取締役会と代表取締役が法定機関化されるとともに，監査役の監査権限が会計監査へと限局された。③としては，株主総会の決議要件の厳格化，累積投票制度の導入，取締役の責任強化，代表訴訟制度の導入，取締役の違法行為の差止請求権・帳簿閲覧権・取締役解任請求権・会社解散請求権および反対株主の株式買取請求権などの新設，株式の絶対的自由譲渡性の確定，株主の新株引受権の有無・制限を定款で定めること，など

がある。なお，株式合資会社が廃止された。

（3）　昭和30年商法改正

株主は法律上原則として新株引受権を有さないことになった。

（4）　昭和37年商法改正

株式会社と有限会社の計算規定が大幅に改正された。損益法に立脚する企業会計原則が取り入れられ，従来の商法の財産法的立場から損益法的立場へと移行した。

（5）　昭和41年商法改正

株式の自由譲渡の絶対性が排除され，定款で株式の譲渡には取締役会の承認を要する旨を定めることができるようになった。額面株式と無額面株式の相互転換，株券不所持制度の採用，株主の新株引受権の譲渡の承認，議決権の不統一行使の承認などが新設された。

（6）　昭和49年商法改正

「株式会社の監査等に関する商法の特例に関する法律」（昭49法律22号）（商法特例法）が制定され，株式会社が大会社・中会社・小会社に規制区分された。会計監査人監査の導入，監査役の権限・地位の強化，決算手続に関する改正がなされた。その他，中間配当制度，抱合せ増資，定款による累積投票制度の排除，取締役会決議による転換社債の発行，休眠会社の整理などがある。この改正後，「会社法全面改正」作業が開始される。

（7）　昭和56年商法改正

①株式の出資単位の引上げにともなう株式制度の改正と，②株主総会の活性化，③取締役会の活性化，④大会社の監査体制の強化，監査役の地位の独立・権限強化，を目的とする改正がなされた。①に関しては，額面株式の最低券面額および会社設立時発行の無額面株式の最低発行価額が5万円とされ，端株制度や単位株制度が制定された。その他，自己株式質受制限の緩和，子会社の親会社株式の取得ないし株式の相互保有の制限などがある。②に関しては，株主の議題・議案提案権，取締役・監査役の説明義務，書面投票制度，議長の権限，株主の権利行使に関する利益供与の禁止などにつき規定が新設された。③に関しては，取締役会の取締役に対する監督権限の強化，取締役の責任の適正化がある。④に関しては，監査役の取締役会招集権・報酬および監査費用の確保などがある。

(8) 平成2年商法改正

株式会社と有限会社につき1人会社の設立が認められ，最低資本金制度が導入された。現物出資・財産引受における検査役の調査の一部省略，株式の譲渡制限を定める会社の株主の新株引受権の法定が定まった。株式配当規定が株式分割と利益の資本組入れへと分化された。無議決権株式の発行限度が発行済株式総数の3分の1にまで拡大し，無記名式株券制度が廃止された。定款による端株券の不発行とその場合の端株主における端株買取請求権が認められ，社債発行限度額が純資産額までとされるにいたった。この改正以降，わが国ではコーポレート・ガバナンス論議が活発化する。

(9) 平成5年商法改正

この改正は日米構造問題協議の影響を受けて成立した。株主の代表訴訟の目的価額の算定については「財産権上の請求でない請求」にかかわるものとされるにいたり，[15] 代表訴訟に勝訴した株主には，会社に対し勝訴のために支出した費用の支払請求権が認められるにいたった。株主の帳簿閲覧請求権の持株要件が発行済株式総数の100分の3以上へと緩和された。監査役の監査機能の強化がはかられ，任期が3年に伸長され，大会社に複数監査役制度（3人以上）・監査役会・社外監査役制度が導入された。社債発行限度額が撤廃され，社債発行会社に原則として社債管理会社の設置が義務づけられた。

(10) 平成6年商法改正

自己株式の取得規制緩和がはかられ，自己株式の取得を原則として禁止する立場を維持しつつ，例外的に取得できる場合がいくつか追加された。

(11) 平成9年商法改正

合併手続の簡素合理化がはかられ，簡易な合併手続が創設された。ストック・オプション制度が導入された。株主の権利行使に関する利益供与罪・応利益供与罪の法定刑の引上げ，利益供与の要求罪・威迫を伴う利益供与の要求罪が新設された。公開会社につき，定款の授権により一定の条件下，取締役会決議のみにより株式を消却することができるようになった。

---

15) その結果，当時の代表訴訟の申立手数料は一律8200円となった（民事訴訟費用等に関する法律4条2項）。現在は，13000円である（同法別表第1）。

(12) 平成11年商法改正

株式交換・株式移転制度の新設。

(13) 平成12年商法改正

会社分割制度の創設。この改正後「会社法の現代化」作業が開始される。

(14) 平成13年商法改正

6月改正では，自己株式の取得が原則的に許容されるにいたった（金庫株解禁）。また，端株・単位株制度が廃止され，単元株制度が新設された結果，1株1議決権原則は，ほとんど廃棄されたに等しい状況になった。

11月改正では，利益配当に関し内容の異なる株式・議決権制限株式・転換予約権付株式・強制転換条項付株式・新株予約権が新設された。会社関係書類の電子化等に関する手当がなされた。

12月改正では，監査役の機能強化がはかられ，取締役等の会社に対する責任の一部免除・軽減制度が新設された。株主代表訴訟制度の合理化もはかられた。

(15) 平成14年商法改正

種類株主における取締役などの選解任権，株券失効制度，所在不明株主の株式売却制度，端株の買増制度などが新設された。会計帳簿に記載・記録すべき財産の評価方法は法務省令（商法施行規則）の定めるところになり，外国会社における営業所設置義務が消滅した。総会特別決議の定足数緩和がはかられた。連結計算書類制度・重要財産委員会制度・委員会等設置会社制度が導入された。

ところで，昭和50年6月，法務省民事局参事官室は，「会社法改正に関する問題点」を公表し，各界に対して意見照会をした。そこでは，①企業の社会的責任，②株主総会制度の改善策，③取締役および取締役会制度の改善策，④株式制度の改善策，⑤株式会社の計算・公開，⑥企業結合・合併・分割，⑦最低資本金制度および大小会社の区分，がもられており，以来，平成12年の商法改正まで，数度にわたって商法の「全面改正」作業が続けられてきた。

ついで，平成12年9月より，当時の法務省法制審議会商法部会は，①企業統治（コーポレート・ガバナンス）の実効性の確保，②高度情報化社会への対応，③企業の資金調達手段の改善，④企業活動の国際化への対応，という観点から，会社法改正の審議を開始した。これは，それまでの会社法全面改正作業の集大成とあらたな企業社会情勢への対応という二つの意義を伴う試みであり，平成13年・14年の商法改正により，一応の決着をみた。

(16) 平成 15 年商法改正

定款の授権により会社は取締役会決議により自己株式を取得できるようになった。

(17) 平成 16 年商法改正

電子公告制度の導入・株券不発行制度の新設。

(18) 平成 17 年会社法の制定（平成 18 年 5 月 1 日より施行）

有限会社・最低資本金制度の廃止，合同会社の新設，株式・社債・新株予約権制度・組織再編規制の改善，株主への利益還元方法の改正，取締役の責任の原則過失責任化，株主代表訴訟制度の合理化，内部統制システム構築の義務化，会計参与制度の新設，会計監査人の任意設置の範囲の拡大，特別清算制度の改正，などがはかられている。

この改正により「剛構造から柔構造の会社法へ」と転換がはかられている。

(19) 平成 26 年会社法改正（平成 27 年 5 月 1 日より施行）

社外取締役設置の準義務化，監査等委員会設置会社の新設，子会社管理の見直し・グループ間取引の開示，多重代表訴訟制度の新設，キャッシュ・アウト手法の整備，資金調達における企業統治のあり方，会計監査人の選解任に関する決定権者の変更，組織再編における株式買取請求・組織再編差止請求等，会社分割における債権者の保護，などがはかられている。

第3章　株式会社の設立

第1節　総　説

1　設立の意義

　株式会社の設立とは，会社法所定の手続に従い，株式会社という法人（会3条）を成立させることをいう。この成立過程は，法人の実体形成と法人格の取得からなり，法人の実体形成は，大別して，①株式会社の根本規則である定款の作成，②法人の構成員たる社員（株主＝出資者）の確定，③法人の活動をになう機関の具備，からなる。この実体が形成されて設立登記が完了すると（会49条，持分会社の場合は579条），法人格が取得される。

2　設立の方法

　株式会社の設立方法としては，会社法上，発起設立と募集設立がある。発起設立は設立企画者である発起人のみが設立に際して発行される株式を引き受ける方法であり，募集設立は発起人がこの株式の一部を引き受け，残部について株式引受人を募集する方法である。

　発起設立は，本来，小規模な株式会社または大企業の子会社を設立するのに適した設立方法であり，募集設立は大勢の株式引受人を募集しなければならない大企業向けの設立方法である。しかし，現実には，一般投資家から広範囲にわたって多額の資金を集めて株式会社が設立されることは少なく，個人企業の法人成りとして，あるいは，既存企業の分割あるいはその組織変更・拡大・合同グループ化などのための一形態として，株式会社が発起設立される場合が多い。

第2節　発起設立の手続

1　発起人の意義・資格・員数

　株式会社の設立手続は，発起人が定款を作成することから始まる。発起人とは，株式会社の設立の企画者をいうが，それが実質的概念か形式的概念かは国によって異なる。[1]わが国の場合，会社法には発起人概念に関する規定がなく，争いはあるが，通説・判例（大判昭和7・6・29民集11巻12号1257頁）は，形式的概念説にたち，発起人とは，事実上会社の設立に参画すると否とを問わず，定款に発起人として署名（または記名捺印）した者をいうと解している。その理由は，発起人は設立中の会社の機関として一定の職務権限を有するとともに，法定の厳格な責任を負う関係上，その範囲を明確にする必要がある点にある。しかも，発起人のような外観を呈する者に関しては，定款に発起人としての署名がなくても，擬似発起人として発起人と同一の責任を負う旨の規定があるため（会103条4項），形式的に解しても支障がないからである。

　発起人は，株式会社の人的構成要素として，少なくとも1株を引き受けなければならない（会32条1項1号）。また，自ら定款を作成し株式を引き受けて創出した未完成な会社（設立中の会社）の原始的構成員，および，この未完成な会社の執行機関として，これを完成された会社へと成長・発展させるべき職務をになっている。発起人が複数存在するときは，各発起人は発起人組合の組合員としての地位も有する。

　発起人の資格には別段制限はない。制限能力者でも法人でも発起人となりうるし，日本人・外国人いずれでもかまわない。未成年者が発起人となる場合には，法定代理人（親権者か後見人）の同意を得て自ら発起人になるか，法定代理人が発起人を代理する（民5条1項・824条・859条1項）。発起人が成年被後見人の場合には，法定代理人（成年後見人）が発起人を代理し（民8条・859条1項），発起人が被保佐人の場合には，被保佐人が保佐人の同意を得て発起人となる（民13条）。

---

1)　たとえば，アメリカ法は，実質説であり，発起人（promoter）とは，実際に会社を設立し，活動しうるようにする者（弁護士等）をいい，定款に署名する定款署名者（subscriber）とは概念を異にする。

発起人は，会社その他の法人であってもよく（大判大正2・2・5民録19輯27頁），この法人は公法人・私法人を問わない。法人の代表者または代理人が発起人として定款作成その他設立に関する一切の行為をなす。判例は会社の能力は定款所定の目的により制限されると解する立場から，古くは，会社は定款所定の目的の範囲内においてのみ発起人となりうると解していたが（前掲大判大正2・2・5），現在は定款所定の目的の範囲を広範に解しているので，能力外法理を否定する立場におけると実際上の結論に大差はない。発起人の員数は平成2年の商法改正前までは7人であったが（平2改前商165条），同改正で下限はなくなり，現在は1人で足りる。

2 定款の作成

(1) 定款の意義と作成方式

定款には，実質的意義と形式的意義がある。前者は，会社の組織・活動の根本規則（規則定款）を意味し，後者は，このような規則を記載した書面（書面定款）ないし電磁的記録を意味する。会社設立の際の定款の作成とは，根本規則を定めてそれを書面に記載するか電磁的に記録して作成することをいうが（会26条），定款の変更とは，根本規則の変更のみを意味し，書面・記録の変更をまたずに，総会決議により定款変更の効力が生ずる（会466条）（北沢75頁）。設立当時に作成された定款を，後に変更された定款に対して原始定款という。定款は作成者（発起人）のみならず後に加入した構成員（株主）をも拘束するので，自治法と解されている（通説）。

定款は発起人が作成し，その全員がこれに署名または記名押印しなければならない（会26条1項）。この定款は公証人の認証を受けなければ効力を生じないが（会30条1項），定款変更の場合には認証は不要である。

株式会社の成立前，認証済みの定款は，以下の場合にしか変更できない（同2項）。すなわち，①変態設立事項を調査した検査役の報告を受け，裁判所がこの変更を決定した場合，または，この変更決定に対し，発起人全員の同意により変更事項の定めを廃止する場合（会33条7項9項），②発行可能株式総数の定めがない場合に，発起人全員の同意により，これを設ける場合，または，この定めがある場合に，その全員の同意により，これについての定款を変更する場合（会37条1項2項），である。

（2） 絶対的記載事項

定款の記載事項は，絶対的記載事項・相対的記載事項・任意的記載事項に分かれる。

絶対的記載事項とは，定款にかならず記載されなければならない事項であり，その記載を欠くと定款自体が無効となるが，これには以下の事項がある（会27条1号～5号・37条）。

1） 会社の目的

（i） 「具体性」の要否

会社の目的とは会社の事業の目的を意味する[2]。従来，商業登記の実務では，定款に記載する目的の適格性に関しては，「具体性」，「明確性」，「適法性」，「営利性」の基準により判断されていた。「具体性」とは，会社の事業が何であるかを具体的に確知できる程度に明確に目的を記さなければならないということであり，その最大の理由は，類似商号規制にあった。平成17年改正前の商法・商業登記法の下では，他人が登記した商号につき，同一市町村内において同一の営業のために同一の商号を登記することはできず（改正前商19条），また，同一市町村内において同一の営業のために他人が登記した商号と判然区別することができない商号も登記することはできなかった（改正前商登27条）。このような法制下，目的の記載が抽象的・包括的でよいとなると，類似商号規制の及ぶ範囲が広範囲にわたることになり，結局は既登記商号に独占的な保護を与えることになる。一方，実際の登記実務では，「同一の営業」か否かの判定を厳格にし，会社側は事業目的を必要以上に細分化して定款に記載するようになるので，商号選択に際し，詳細な調査が必要になり，迅速な会社設立・起業が困難となる。さらに，このような事情に目をつけ，商号の売買で儲けようとする「商号屋」も暗躍するようになった。

そこで，このような弊害を除去するために，会社法では類似商号規制が廃止され，登記審査実務においても，会社の目的の具体性については審査しないとする

---

[2] 目的条項として「取締役会の決定するいかなる営業も営むことができる」旨の包括的記載も許されるとするものに，北沢76頁。英米会社法では，「合法とされるあらゆる活動」（米）あるいは「一般的な営利事業会社としての事業の経営」（英）のような包括的な目的事項も適法とされてきた。2006年英国会社法は，「会社の定款が特に会社の目的を制限していない限り，会社の目的は無制限とする」と規定する（31条1項）。

通達が出されるにいたった（平成18年3月31日付民事局長通達第7部第2・別冊商事法務297号133頁）。したがって，現在，目的条項は，「商業」，「商取引」，「製造業」，「小売業」，「ITビジネス」，「健康食品業」，「総合サービス業」，「輸出入業」等の抽象的・包括的な記載でもよいとされている。[3)]

　もっとも商業登記実務上は「具体性」が要求されなくなったとしても，注意を要することがある。それは許可・認可・登録・免許・届出等を要する事業を営む場合には，あらかじめ許認可等がえられる内容で事業目的を定めたうえで，会社を設立しないと，再度事業目的の変更をしてから許認可等の手続をとらなければならないという二度手間をとることになるということである。投資信託，貸金業，証券業，放送事業，電気通信事業，たばこ事業，貨物運送業，建設業，産業廃棄物処理業，労働者派遣事業，飲食店営業，風俗営業，旅行業，宅地建物取引業，深夜酒類提供業，理容・美容所等を営む会社設立の場合には，事業種類を具体的に記した目的条項を作成する必要があるといえる。

　（ii）「明確性」「適法性」

　「明確性」とは，目的に用いられる語句の意義が一般人にとって明確であることを意味し，さらに目的全体の意味も社会通念に従って明確に判断できることを意味する。目的の記載は，日本語によらなければならないが，社会的に認知された語句であれば，明確性の基準に反しない限り，ローマ字を使用することも可能である（平成14年10月7日民商第2365号民事局商事課長通知）。

　違法行為や公序良俗に反する行為を記載した目的条項は適法性を欠くものとして無効である。

　（iii）「営利性」

　平成17年改正前の商法52条1項は，会社とは商行為をなすを業とする目的をもって設立した社団をいうとし，2項は，営利を目的とする社団で商法典会社編の規定によって設立したものは，商行為をなすことを業としないものであっても会社とみなす旨を規定していた。前者（商事会社）においては「商行為」をなすことが，後者（民事会社）においては「営利」が目的とされているため，会社の定款の目的条項には営利性を有するものが記載されなければならないとするのが

---

3)　江頭編・1会社法コンメンタール281頁（商事法務，2008），江頭・門口正人編集代表・会社法体系1・109頁（青林書院，2008）。

従来の通説・実務の解釈である。これに対し，会社法では，旧商法52条に相当する規定が廃止されているため，営利を目的としない会社の設立も可能なのかという問題が生じてきた。

この点，会社法105条1項によれば，株主には，剰余金配当請求権と残余財産分配請求権そして総会議決権とが付与されており，同2項によれば，剰余金配当請求権と残余財産分配請求権の全部を与えない旨の定款の定めは無効とされている。この場合の「全部」を剰余金配当請求権と残余財産分配請求権の双方と解すれば，剰余金を配当せず，残余財産の分配という形で株主に利益の還元をはかろうとする定款の定めは有効となる。一方，会社法107条1項は，譲渡制限株式と取得請求権付株式そして取得条項付株式についてのみ，会社が発行するすべての株式の内容として定めることができるとしているので，すべての株式につき剰余金配当を受ける権利を排除する株式を定めることはできない。そうすると，上記「全部」をめぐっては，剰余金配当請求権あるいは残余財産分配請求権を全部の株式につき付与しないとすることはできないとも解される。いずれにせよ，株式規定の趣旨からは，株主の権利から利益にかかわる局面をすべて排除することは不可能とも解される。

ところで，立法担当者は，会社法も含めて社団法人法制一般は，構造改革特別区域法（平成14年法律189号）との整合性を考慮して解釈されなければならないとする。構造改革特別区域法は，地方公共団体の自発性を最大限に尊重した構造改革特別区域を設定し，当該地域の特性に応じた規制の特例措置のもと，地方公共団体が特定の事業を実施したり実施の促進をはかることにより，教育・物流・研究開発・農業・社会福祉等の分野で経済改革・地域活性化をはかることを目的とする法律であるが（同法1条），これにもとづき，会社による農業参入・学校設置等が可能となり，会社の活動範囲が大幅に拡大されることになる。このような背景があるので，会社法は，旧商法52条を廃止し，会社の目的に営利性を要求しないことにして，公益事業（環境保全，病院・学校経営等）を事業目的とする株式会社を登場させる途を開いたともいわれている。[4]

現在の登記実務では，目的条項における営利性のいかんは問われないまま受理されているようであり，少なくとも，複数の営利を目的とする条項とともに，公

---

4) 前掲3)会社法体系1・110頁以下。

益ないし非営利の目的条項を記載することは可能といえよう。

(iv) 親会社の定款の目的条項

会社が，他の会社の株主になることは，定款の目的の範囲内であるならば可能である（民34条）。定款に「他の会社の株主になること」と記載されていなくても，株式の保有が，定款所定の目的の範囲内あるいはこの目的の達成のために必要な行為であるならば，可能である。

親会社が子会社の株式を有するにあたっては，親会社の定款の目的の範囲内に子会社の定款の目的が含まれていなければならないとする解釈がある。これは，親会社は子会社に親会社の定款所定の目的以外の事業を営ませることができるとすれば，子会社へ100％出資している親会社は経済的には両社はまったく同一体でありながら，親会社は，自社の目的外の行為を定款違反の責を負わないまま行うことができることになり，親会社の株主や債権者の利益を害することになるという理由による[5]。しかし，この解釈に対しては，親会社と子会社は別人格であり，親子関係にあれば，親会社が子会社の事業を行っていることになると解するのは短絡的であるとの批判もある。親会社は子会社の株主としての権利しか有しておらず，親会社は分配可能額の範囲内で子会社の剰余金の配当に預かることしかできない。そして，子会社の行為の効果は子会社にしか帰属しないからである。

親会社の定款上の目的に，子会社の定款上の目的が含まれていなくても，子会社の株式を保有することが親会社の定款の目的の範囲内か，この目的を達成するうえで必要な行為であるならば，親会社に違反はないと解してよいであろう[6]。

(v) 目的条項にない行為が行われた場合の措置規定

会社法は，明文をもって，「会社の目的」を以下の事項の要件としている。まず，会社の目的は，定款の必要的記載事項であり（会27条1号），登記事項である（会911条3項1号）。そして，取締役や執行役が会社の目的外の行為を含めて定款に違反する行為をすると，所定の行使要件のもと，株主の取締役に対する違法行為差止請求権（会360条），株主による取締役会の招集請求権（会367条1項），監査役の取締役に対する違法行為差止請求権（会385条1項），監査委員の執行役に対する違法行為差止請求権（会407条1項），株主の執行役に対する違法行為差

---

[5] 稲葉威雄ほか編・実務相談株式会社法(1)〔新訂版〕372頁（商事法務研究会，1992）。
[6] 前掲3)会社法体系1・113頁以下。

止請求権（会422条1項）の行使が可能となる。さらに，発起人や会社役員らが目的の範囲外において，投機取引のために会社財産を処分したときは，会社財産を危うくする罪に問われることになる（会963条5項3号）。

2） 会社の商号

株式会社の商号中には「株式会社」の文字を入れなければならない（会6条2項）。一定の業種の会社については「銀行」や「生命保険会社」などの文字を入れるべき特別法上の要請がある（銀行6条・保険業7条）。

3） 本店所在地

会社の本店の所在地とは，本店が所在する独立の最小行政区画をいい，市町村そして東京都の区（特別区）が相当する。場所（番地）まで示す必要はない。会社の住所は本店の所在地にあるものとされる（会4条）。

4） 設立に際して出資される財産の価額またはその最低額

5） 発起人の氏名（名称）・住所

発起人の同一性が認識できる限り，住所の記載を欠いても定款は無効ではなく（大判昭8・5・9民集12巻1091頁），また，定款の本文に発起人の氏名・住所を欠いても，発起人の署名とこれに付記した住所があればこの欠陥は補完される（大判昭8・9・12民集12巻1313頁）。発起人でない者が発起人として記載した場合も，定款は無効にはならず，その者がこの記載を承諾していた場合には擬似発起人としての責任を負うと解されている（大隅＝今井・上195頁）。

6） 発行可能株式総数

これは会社が発行することのできる株式の総数（発行可能株式総数）である。公証人の認証を受けた段階で，発行可能株式総数が定まっていなかった場合には，発起人は，会社成立時までに，その全員の同意で定款を変更し，発行可能株式総数の定めを設けなければならない（会37条1項）。公証人の認証を受けた段階で，発行可能株式総数が定まっていても，発起人は，会社成立時までに，その全員の同意で，発行可能株式総数につき定款を変更することができる（同2項）。

発行可能株式総数は，株主総会が定款の定めにより業務執行機関に発行権限を授権した株式数という意味で授権資本ないし授権株式といわれる。(1)公開会社が定款を変更して発行可能株式総数を増加する場合，および，(2)非公開会社が定款を変更して公開会社となる場合，定款変更後の発行可能株式総数は，定款変更の効力が生じた時における発行済株式の総数の4倍を超えることはできない

(4倍ルール)(会113条3項)。これは，会社が迅速に資本調達できる機動性を保ちつつ，業務執行機関における，会社支配のありように影響を与える新株の発行権限の濫用を防止する措置である。

会社は，定款を変更して，発行可能株式総数についての定めを廃止することはできず（同1項），発行可能株式総数を減少する場合も，変更後の発行可能株式総数は，この定款変更の効力発生時の発行済株式総数を下ることはできない（同2項）。

株式の消却や併合により発行済株式総数が減少しても，すでに授権された発行権限が行使されているので，減少分だけ未発行株式数が増加するわけではなく[7]，また，発行可能株式数が減少するわけでもない。

(3) 相対的記載事項

定款の相対的記載事項とは，定款にその事項の記載または記録がなくても定款自体の効力には影響しないが，その記載・記録がなければその事項の効力が生じないものをいう。

会社法28条は，設立に関する重要事項として以下の相対的記載事項を定めている。これらは，濫用により株主や会社債権者の利益を害するおそれがあるため「危険な約束」とよばれており，定款に記載・記録することに加えて，原則的に裁判所が選任する検査役の調査を受けなければならない（会33条1項）。そして，後述するように，検査役の報告をもとに，発起設立の場合には裁判所が，募集設立の場合には創立総会がこれらを変更することもある（会33条7項・66条）。このように通常の設立手続に特別な手続が付加されるので，以下に列挙する相対的記載事項（変態設立事項）が存在する設立方式を変態設立という。

① 金銭以外の財産を出資する者（現物出資者）の氏名・名称，当該財産およびその価額，その者に対して割り当てる設立時発行株式の数。種類株式発行会社を設立する場合には，設立時発行株式の種類・種類ごとの数（会28条1号）。

金銭以外の財産を出資することを現物出資といい，その種類としては，動産・不動産・債権・有価証券・特許権・鉱業権などの権利のほか，暖簾や債務を含む一体としての事業の全部または一部などがある。現物出資それ自体は，会社にと

---

[7] 最判昭和40・3・18判時413号75頁（新大阪ホテル事件），償還株式（現在の取得請求権付株式）事例。

って有用な出資形態ともなりうるが，問題はその評価である。目的物を過大評価し，出資者に過分の株式を付与すると，会社債権者を害することになるし，過大評価や過小評価は税法上も重大な問題となる。

　会社法は，会社設立に際しての現物出資は，厳しい責任に服している発起人しかなしえないこととし[8]，後述する一定の場合を除き，発起人の申立てにもとづき裁判所が選任した検査役がこの記載事項を調査することとしている（会33条1項）。この調査報告に基づく裁判所または創立総会による定款変更により（同7項・66条），過大・過小の評価が是正されることになる。

　②　会社の成立後に譲り受けることを約した財産・その価額，その譲渡人の氏名・名称（会28条2号）。

　これは財産引受に関する規定である。財産引受とは，発起人が設立中の会社の機関として，会社の成立を条件として，成立後に会社が特定の財産を譲り受けること，または取引の効力が生ずることを約する契約をいう。現物出資が財産と株式とを交換する出資契約であるのに対し，財産引受は純然たる個人法上の取引である。

　昭和13年の商法改正前，会社法28条2号に相当する規定がなかったため，財産引受契約を結ぶことにより現物出資規制を脱法することが可能であった。そこで同改正では，現物出資規制におけると同様の財産引受規制を設けた。さらに，同改正では，財産引受規制の脱法行為に対する防御措置として，事後設立規制（会467条1項5号）も設けられた。

　③　会社の成立により発起人が受ける報酬その他の特別の利益，その発起人の氏名・名称（会28条3号）。

　発起人の特別利益は，設立企画者としての功労に対する報償として与えられるもので，剰余金配当・残余財産・募集新株の発行などに対する優先権や会社の施設利用権などがある。発起人の所有株式に対する確定利息の支払い・株式払込の免除・無償株あるいは功労株の交付は，資本維持の原則に反するので許されない（大隅＝今井・上197頁）。この利益は定款所定の特定の発起人に付与されるもので

---

[8]　改正前商法168条2項は，現物出資は発起人しかできない旨を規定していたが，会社法にはこの規定がない。しかし，会社法は，発起人以外の設立時募集株式の引受人については金銭の払込みしか規定していないので（会63条1項，34条1項対比），現物出資者の資格は発起人に限定されていると解される（江頭72頁）。

あって，特定の株式に付与されるものではない。したがって，発起人が株式を譲渡しても，性質の許す限り発起人に留保されるし，発起人が特別利益のみを第三者に譲渡することも原則として可能である（北沢80頁以下）。

④　会社の負担する設立に関する費用（同4号）。

会社の負担する設立に関する費用（設立費用）とは設立準備行為（会社の設立のために必要な行為）から生ずる費用であって，設立事務所の賃借・設立事務員の雇入・必要書類の印刷委託・株主募集広告委託などのための費用が該当する。開業準備行為（成立後の会社の事業開始のために準備する行為）から生ずる費用は含まれない。設立費用は本来成立後の会社が負担すべきものであるが，無制限に負担して会社の基礎が害されることのないよう，定款に会社の負担に帰すべき設立費用を記載・記録すべきものとなっている。ただし，定款の認証手数料その他会社に損害を与えるおそれがないものとして法務省令が定めるものは，除かれる。[9]

(4)　**設立費用の帰属**

発起人が会社成立前に第三者に対して設立費用を支払っていた場合には，会社成立後，発起人は定款所定の限度で会社に対し求償できるが，会社成立前に発起人が第三者に支払っていない場合，第三者は会社あるいは発起人いずれに支払を請求しうるのかが問題となる。

第1説は，法定の要件を充たした限度で，当該設立費用は当然に成立後の会社に帰属し，第三者は会社に対して直接請求できるとともに，発起人はその限度で義務を免れると解する（会社・発起人分担説）（大判昭和2・7・4民集6巻428頁）。この立場では，会社に帰属する額が定款の記載という会社の内部事情により決せられることから第三者の立場が不安定であるし，さらに，費用総額が定款所定額を超える場合，どの債務がどの範囲で会社に帰属するかが困難な問題となるため，現在支持者はいない。

第2説は，設立費用全額が設立後の会社に帰属すると解する（会社全額負担説）。この立場は，設立費用を生ぜしめる行為は会社設立に必要な行為であるから当然発起人の権限内に含まれ，したがって，設立中の会社そして設立後の会社に効果が帰属していくと解する。そして，会社が定款所定の負担に帰すべき額を超えて

---

[9]　定款に係る印紙税，株金払込取扱銀行等に支払うべき手数料・報酬，変態設立事項に関する検査役の報酬，設立登記の登録免許税（会規5条）。

弁済したときには，発起人に対して超過額を求償しうると解する（大隅＝今井・上206頁，服部32頁，神崎112頁）。この説は，論理的には明快であるが，設立段階における会社の財産的基礎が危うくなるのではないか，また，発起人が責任を免れてしまうとなると発起人と直接取引した第三者の期待が害されるのではないかなどの批判がある。

　第3説は，設立費用の負担行為は会社成立後も発起人にしか帰属せず，発起人は全額支払った後，定款所定額で調査を通っている額につき会社に求償できると解する（発起人全額負担説）（田中〔誠〕192頁，河本93頁，前田42頁，加美98頁，江頭76頁）。これは設立段階における会社の財産的基礎を最重要と考える立場であり，会社にとって有利な解釈である。しかし，発起人が無資力の場合，資力の豊かな会社に全然請求できないという難点がある。

　第4説は，対外的には会社と発起人とが重畳的に責任を負担し，会社と発起人との内部関係では会社が定款所定額の範囲で責任を負うと解するものであり，一般に法人格のない社団にあっては対外的には当該社団の財産とともにその代表者も責に任じなければならない（会818条2項参照）ことを論拠とする（会社・発起人重畳責任説）（鈴木＝竹内65頁，鈴木55頁）。この説に対しては，そこまで取引の相手方を保護する必要があるのか，また，会社成立前は発起人のみが債務を負担していて，設立中の会社が負担しているわけではないので，法人格なき社団一般の場合とは異なるとの批判がある（前田・前掲）。

　設立段階における会社の財産的基礎の確保を最重要と解しつつ，発起人の信用をあてにして取引した者の期待をそこなわない解釈として，第3説が注目される。

（5）　任意的記載事項

　これは単に定款に記載しうる事項をいい，強行規定・公序良俗あるいは株式会社の本質に反しない限り，いかなる事項でも定款に記載できる。実際には，定時総会の招集時期，総会の議長，取締役・監査役の員数，社長・専務取締役・常務取締役の選任方法・権限，営業年度など多数の事項がある。これらの記載が違法であっても，その事項が無効となるだけであり，定款そのものまでが無効となるわけではない。また，これらの記載がなくても，その事項が無効となるわけでもない。

3 設立時発行株式に関する事項の決定

　発起人は，会社設立に際して次に掲げる事項（定款に定めがある事項を除く）を定めようとするときは，その全員の同意をえなければならない（会32条1項1号～3号）。

　① 発起人が割当てを受ける設立時発行株式の数，
　② この設立時発行株式と引換えに払い込む金銭の額，
　③ 成立後の会社の資本金および資本準備金の額に関する事項。

　設立予定の会社が種類株式発行会社であって，①の設立時発行株式が，剰余金配当につき内容の異なる種類株式であり，かつ，種類株主が配当を受けることのできる額その他法務省令所定の事項（会規20条）の全部または一部については，当該種類株式を初めて発行する時までに，株主総会（取締役会設置会社にあっては株主総会または取締役会，清算人会設置会社にあっては株主総会または清算人会）の決議によって定める旨が定款で定められているもの（会108条3項前段）については，発起人はその全員の同意により，当該設立時発行株式の内容を定めなければならない（会32条2項）。

4 定款の記載・記録事項に関する検査役の選任

(1) 検査報告と変更決定

　発起人は，定款中に会社法28条各号所定の変態設立事項の記載・記録があるときは，公証人による定款の認証後遅滞なく，当該事項を調査させるために，裁判所に対して，検査役の選任を申し立てなければならない（会33条1項）。裁判所は，これを不適法として却下する場合を除き，検査役を選任しなければならないが（同2項），選任した場合には，成立後の会社が支払うべき報酬額を定めることができる（同3項）。

　検査役は，必要な調査をし，調査結果を記載した書面または電磁的記録（会規228条1号）を裁判所に提出して報告するとともに（会33条4項），発起人に対し，この書面の写しを交付するか，電磁的記録に記録された事項を法務省令（会規229条1号）所定方法により提供しなければならない（会33条6項）。

　裁判所は，上記報告を受けた場合，会社法28条各号所掲事項（検査役の調査を経ていないものを除く）を不当と認めたときは，これを変更する決定をしなければ

ならない（同7項）。この決定により上記所掲事項の全部または一部が変更された場合，発起人は，当該決定確定後1週間以内に限り，設立時発行株式の引受けに係る意思表示を取り消すことができる（同8項）。この場合，発起人は，全員の同意により，当該決定の確定後1週間以内に限り，当該決定により変更された事項についての定めを廃止する定款の変更をすることができる（同9項）。

（2） 検査役の選任が不要の場合

以下の場合，上記検査役の選任は不要である（会33条10項1号～3号）。

① 会社法28条1号（現物出資）・2号（財産引受）の財産（現物出資財産等）につき定款に記載・記録された価額の総額が，500万円を超えない場合。

② 現物出資財産等のうち，市場価格のある有価証券（金商2条1項）につき，定款に記載・記録された価額が，当該有価証券の市場価格として法務省令所定の方法により算定されるものを超えない場合。すなわち，(i)公証人による定款認証日における当該有価証券を取引する市場における最終の価格（当該日に売買取引がない場合または当該日が当該市場休業日の場合には，その後最初になされた売買取引の成立価格），および，(ii)上記認証日において当該有価証券が公開買付け等の対象であるときは，当該日における当該公開買付け等に係る契約における当該有価証券の価格，のうちいずれか高い額，である（会規6条）。

③ 現物出資財産等につき定款に記載・記録された価額が相当であることにつき，弁護士・弁護士法人・公認会計士（外国公認会計士（公認会計士法16条の2第5項）を含む）・監査法人・税理士または税理士法人の証明（現物出資財産等が不動産である場合には当該証明および不動産鑑定士の鑑定評価）を受けた場合には，会社法28条1号2号（当該証明を受けた現物出資財産等に係るものに限る）について。

5　出資の履行

　発起人は，設立時発行株式の引受け後遅滞なく，引き受けた設立時発行株式につき，その出資に係る金銭の全額を払い込み，または出資に係る金銭以外の財産の全部を給付しなければならない。ただし，発起人全員の同意があるときは，登記・登録その他権利の設定または移転を第三者に対抗するために必要な行為は，会社成立後にしてもかまわない（会34条1項）。この場合の金銭の払込みは，発

起人が定めた銀行等（銀行・信託会社その他法務省令所定のこれに準ずるもの）[10]における払込取扱場所においてしなければならない（同2項）。

発起人が出資の履行（払込み・給付）をすることにより設立時発行株式の株主となる権利（権利株）の譲渡は，成立後の会社に対抗できない（会35条）。

発起人のうちに出資の履行をしていない者がある場合には，発起人は，その者に対して，期日を定めて，その期日までに当該出資の履行をしなければならない旨を通知しなければならない（会36条1項）。この通知は当該期日の2週間前までになすことを要する（同2項）。この通知を受けた発起人が，当該期日までに出資の履行をしないときは，株主となる権利を失う（同3項）。これを失権手続という。

6 設立時役員等の選任・解任

（1） 設立時役員等の選任

株式会社の設立に際して，最初に取締役・監査役・会計監査人・会計参与になる者は，設立時取締役〜設立時会計参与とよばれる。彼らは会社成立前に発起人により選任される。

発起人は，出資履行の完了後，遅滞なく，設立時取締役を選任しなければならない（会38条1項）。

設立しようとする株式会社が，監査等委員会設置会社である場合には，設立時取締役の選任は，設立時監査等委員（＝設立に際して監査等委員（監査等委員会の委員）となる者）である設立時取締役とそれ以外の設立時取締役とを区別してしなければならない（同2項）。

設立しようとする株式会社が，①会計参与設置会社の場合には設立時会計参与（＝設立に際して会計参与となる者）となる者を，②監査役設置会社（監査役の監査範囲を会計に限定する旨の定款の定めがある場合を含む）の場合には設立時監査役（＝設立に際して監査役となる者）となる者を，③会計監査人設置会社の場合には設立時会計監査人（＝設立に際して会計監査人となる者）となる者を，選任しなければならない（同3項）。

---

10) 株式会社商工組合中央金庫，農業協同組合・同連合会，漁業協同組合・同連合会，水産加工業協同組合・同連合会，信用協同組合，協同組合連合会，信用金庫・同連合会，労働金庫・同連合会，農林中央金庫が該当する（会規7条）。

定款で設立時取締役・設立時監査等委員である設立時取締役またはそれ以外の設立時取締役・設立時会計参与・設立時監査役・設立時会計監査人として定められた者は，出資の履行が完了した時に，それぞれ選任されたものとみなされる（同4項）。

　設立しようとする株式会社が，取締役会設置会社である場合の設立時取締役，監査役会設置会社である場合の設立時監査役，監査等委員会設置会社である場合の設立時監査等委員である設立時取締役は，それぞれ3人以上でなければならない（会39条1項～3項）。

　成立後の株式会社の取締役・監査等委員である取締役またはそれ以外の取締役・会計参与・監査役・会計監査人となることのできない者（会331条1項・333条1項～3項・335条1項・337条1項～3項等）は，それぞれ設立時取締役・設立時監査等委員である設立時取締役またはそれ以外の設立時取締役・設立時会計参与・設立時監査役・設立時会計監査人（＝設立時役員等）となることができない（会39条4項）。

　設立時役員等の選任は，発起人の議決権の過半数で決定する（会40条1項）。設立時役員等の選任にあたり，発起人は，出資を履行した設立時発行株式の1株または1単元株式につき1個の議決権を有する（会40条2項）。

　種類株式発行会社を設立しようとする場合において，取締役（監査等委員会設置会社の場合には監査等委員である取締役またはそれ以外の取締役）の全部または一部の選任につき議決権を行使できないと定められた種類の設立時発行株式を発行するときは，発起人は，この種類株式につき，設立時取締役等の選任については議決権を行使できない（会40条3項4項）。設立時会計参与・設立時監査役・設立時会計監査人の選任についても同様である（同5項）。

　設立に際して会社法108条1項9号所定の種類株式（取締役（監査等委員会設置会社の場合には監査等委員である取締役またはそれ以外の時取締役）に関するものに限る）を発行する場合には，設立時取締役（監査等委員会設置会社の場合には設立時監査等委員である設立時取締役またはそれ以外の設立時取締役）の選任は，当該種類の設立時発行株式を引き受けた発起人の議決権（当該種類の設立時発行株式についての議決権に限る）の過半数をもって決定する（会41条1項）。発起人が議決権を行使する場合には，出資を履行した設立時発行株式の1株または1単元株式につき1個の議決権を有する（同2項）。

(2) 設立時役員等の解任
1) 原 則
　発起人は，株式会社が成立する時までの間ならば，選任した設立時役員等（選任されたものとみなされた者（会38条4項）を含む）を解任することができる（会42条）。この解任は発起人の議決権の過半数をもって決定されるが，設立時監査等委員である設立時取締役または設立時監査役を解任する場合は3分の2以上である（出資履行済設立時発行株式1株または1単元株式につき1議決権）（会43条1項2項）。なお設立しようとする株式会社が，種類株式発行会社の場合で，取締役の全部・一部の解任について議決権が行使できないものと定められた種類の設立時発行株式については，発起人は，当該取締役となる設立時取締役の解任について，議決権を行使できない（同3項）。この規定は，設立時会計参与・設立時監査役・設立時会計監査人の解任につき準用される（同5項）。
　監査等委員会設置会社の場合で，監査等委員である取締役またはそれ以外の取締役の全部・一部の解任について議決権が行使できないものと定められた種類の設立時発行株式については，発起人は，これらの取締役となる設立時取締役の解任について，議決権を行使できない（同4項）。
2) 特 則
　会社法41条1項により選任された設立時取締役（設立時監査等委員である設立時取締役を除く）の解任は，その選任に係る発起人の議決権の過半数をもって，また，同項により選任された設立時監査等委員である設立時取締役および設立時監査役の解任の場合には，この議決権の3分の2以上にあたる多数をもって決定される（会44条1項5項）。
　会社法41条1項により，または種類創立総会（会84条）・種類株主総会において選任された取締役（監査等委員である取締役を除く）または監査役につき，株主総会決議で解任できる旨の定款の定めがある場合には，同項により選任された設立時取締役・設立時監査役の解任については，設立時取締役の場合には発起人の議決権の過半数，設立時監査等委員である設立時取締役・設立時監査役の場合には発起人の議決権の3分の2以上にあたる多数をもって決定される（会44条2項5項）。
　発起人は，設立時役員等の解任にあたり，出資を履行した種類の設立時発行株式の1株または1単元株式につき，1議決権を有する（同3項）。

なお設立しようとする株式会社が，取締役の全部または一部の解任につき議決権を行使することができないものと定められた種類の設立時発行株式を発行するときは，発起人は，この種類株式につき，設立時取締役の解任について議決権を行使することはできない（同4項）。

（3）種類株主総会における選任・解任決議

株式会社の設立に際して，取締役・監査等委員である取締役またはそれ以外の取締役・会計参与・監査役または会計監査人の各々における全部または一部の選任・解任につき，それぞれ種類株主総会の決議を必要とする旨の定款の定めが設けられている場合（会108条1項8号）に，これら設立時取締役等を選任・解任する場合には，発起人による選任・解任の決定（会40条1項・43条1項）のほか，さらに，設立時発行の当該種類株式を引き受けた発起人における当該設立時発行株式についての議決権の過半数による決定がなければ，その効力を生じない（会45条1項）。この場合，発起人は，出資を履行した種類の設立時発行株式1株または1単元株式につき，1議決権を有する（同2項）。

7　設立時取締役等による調査

設立時取締役（監査役設置会社を設立する場合には設立時取締役と設立時監査役）は，その選任後遅滞なく，以下の事項を調査しなければならない（会46条1項1号〜4号）。

① 現物出資財産等に関し定款に記載・記録された価額の総額が500万円を超えない財産および市場価格のある有価証券につき（会33条10項1号2号），定款に記載・記録された価額が相当であること，
② 現物出資財産等に関し定款に記載・記録された価額が相当であることについての弁護士等の証明（同3号）が相当であること，
③ 出資の履行が完了していること，
④ 以上の事項のほか，会社の設立手続が法令・定款に違反していないこと。
　①②の変態設立事項が定められている場合には，この設立調査報告は，設立登記の添付書類となる（商登47条2項3号イ）。

設立時取締役は，会社法46条1項の調査により，各事項につき法令・定款違反または不当な事項があると認めるときは，発起人にその旨を通知しなければならない（会46条2項）。指名委員会等設置会社を設立する場合には，設立時取締

役は，同1項の調査を終了したときはその旨を，同2項の通知をしたときはその旨と内容を，設立時代表執行役（会48条1項3号）に通知しなければならない（会46条3項）。

8 設立時代表取締役等の選定等

（1） 指名委員会等設置会社以外の場合

設立時取締役は，設立しようとする株式会社が取締役会設置会社（指名委員会等設置会社を除く）である場合には，設立時取締役（監査等委員会設置会社である場合には，設立時監査等委員である設立時取締役を除く）の中から設立に際して代表取締役となる者（＝設立時代表取締役）を選定しなければならない（会47条1項）。設立時取締役は，会社の成立の時までの間，設立時代表取締役を解職することができる（同2項）。選定・解職するのは設立時取締役であり，設立時取締役会ではない。設立時取締役会なるものは存在しない。

（2） 指名委員会等設置会社の場合

設立しようとする株式会社が指名委員会等設置会社である場合には，設立時取締役は，その中から，設立に際して，指名委員会・監査委員会・報酬委員会の各委員となる者（＝設立時委員）を選定し，かつ執行役になる者（＝設立時執行役）を選任しなければならない（会48条1項1号2号）。また，設立時執行役の中から会社の設立に際して代表執行役となる者（＝設立時代表執行役）を選定しなければならない。ただし，設立時執行役が1人であるときは，その者が設立時代表執行役に選定されたものとされる（同3号）。設立時取締役は，会社の成立の時までの間，設立時委員・設立時代表執行役を解職し，または設立時執行役を解任することができる（同2項）。以上の措置は，設立時取締役の過半数をもって決定する（同3項）。

9 株式会社の成立

株式会社は，その本店の所在地において設立登記をすることにより成立する（会49条）。発起人は，会社の成立の時に，出資の履行をした設立時発行株式の株主となる（会50条1項）。この会社成立時に株主となる権利（権利株）の譲渡は成立後の会社に対抗できない（同2項）。

発起設立の場合の設立登記に際しては，株金払込取扱機関が発行した株式払込金保管証明書（会64条1項）の添付は不要であり，「払込みがあったことを証す

る書面」（募集設立の場合には，「金銭の保管に関する証明書」）の添付で足りる（商登47条2項5号）。したがって，株金払込取扱機関に資本充実責任は課せられない。

民法93条ただし書（心裡留保）および同94条1項（虚偽表示）は，設立時発行株式の引受けに係る意思表示については適用されない（会51条1項）。また，発起人は，会社の成立後は，錯誤を理由として設立時発行株式の引受けの無効を主張し，詐欺・強迫を理由として設立時発行株式の引受けを取り消すことができない（同2項）（商業登記の補完的効力）。

第3節　募集設立の手続

1　設立時募集株式の引受人の募集

株式会社の募集設立とは，発起人が引き受けなかった株式の残部につき，発起人がその株主を募集する設立方法をいい，発起人は，全員の同意により，この設立方法を選択できる（会57条1項2項）。この募集は公募でも縁故募集でもかまわないが，発起人はそのつど設立時募集株式に関し，以下の事項を全員の同意をもって定めなければならない（会58条1項1号～4号2項）。

① 設立時募集株式の数（種類株式発行会社を設立しようとするときは，その種類および種類ごとの数），
② 設立時募集株式の払込金額（設立時募集株式1株と引換えに払い込む金銭の額），
③ 設立時募集株式と引換えにする金銭の払込みの期日またはその期間，
④ 一定の日までに設立登記がなされない場合には，設立時募集株式の引受けを取り消すことができるとするときは，その旨およびその一定の日。

この払込金額その他の募集条件は，当該募集（種類株式発行会社の設立の場合には種類および当該募集）ごとに，均等に定めなければならない（同3項）。

2　募集の通知と申込み

発起人は，設立時募集株式の引受けの申込みをしようとする者に対して，以下の事項を通知しなければならない（会59条1項1号～5号）。

① 定款の認証の年月日および認証した公証人の氏名，

② 定款の絶対的記載事項（会27条各号）・変態設立事項（会28条各号）・設立時発行株式に関する事項（会32条1項各号）・設立時募集株式に関する事項（会58条1項各号），
③ 発起人が出資した財産の価額，
④ 払込みの取扱場所，
⑤ その他，法務省令（会規8条）所定事項。

この通知は，発起人のうちに出資を履行していない者がいる場合には，その出資履行を催告する通知（会36条1項）中に定めた出資履行期日後でなければなしえない（会59条2項）。上記①〜⑤の内容に変更があったときは，発起人はただちに申込者にその旨と変更事項を通知しなければならない（会59条1項5号）。発起人が申込者にする通知・催告は，申込者が届け出た下記①の住所に，または，申込者が別に通知・催告を受ける場所または連絡先を発起人に通知した場合には，その場所・連絡先に，通知すればよい（同6項）。通知は，通常到達すべきであった時に到達したものとみなされる（同7項）。

引受けの申込みをする者は，①氏名（名称）・住所，②引き受けようとする設立時募集株式の数，を記載した書面を発起人に交付しなければならないが（同3項），発起人の承諾を得て電磁的方法で提供することも可能である（同4項）。

3 設立時募集株式の割当てと引受け

発起人は，申込者の中から設立時募集株式の割当てを受ける者を定め，かつ，その者に割り当てる数を定めなければならない。この場合，申込者の申込数より少なく割り当てることもできる（会60条1項）（割当自由の原則）。実際には目論見書等の募集文書に記載された割当方法（先着順・按分比例・申出引受金額の高い順等）に従って決定される。[11]

発起人は，金銭の払込期日または払込期間の初日の前日までに，申込者に割当数を通知しなければならず（同2項），申込者は，この割当数につき設立時募集株式の引受人となる（会62条1号）。

設立時募集株式を引き受けようとする者が，その総数を引き受ける契約を締結する場合には（総額引受け），会社法59条・60条の適用はない（会61条）。

---

11) 発起人がこれに反して割り当てた場合，発起人の責任は生じうるが，割当て自体は有効である（江頭95頁）。

4　設立時募集株式の払込み

　設立時募集株式の引受人は，発起人が定めた期日または期間内に，発起人が定めた銀行等の払込取扱場所において，割り当てられた設立時募集株式の払込金額の全額を払い込まなければならない（会63条1項）。この払込みをしないときは，株主となる権利を失い（当然失権）（同3項），再募集はない。

　払い込みをなすことにより設立時発行株式の株主となる権利（権利株）の譲渡は，成立後の会社に対抗できない（同2項）。

5　払込金の保管証明

(1)　総　説

　募集設立の場合，発起人は，銀行等の払込取扱機関に対し，払込金額に相当する金銭の保管に関する証明書（株式払込金保管証明書）の交付を請求できる（会64条1項）。この証明書を交付した銀行等は，証明書の記載が事実と異なること，または払い込まれた金銭の返還に制限があることをもって成立後の会社に対抗することができない（払込取扱機関の資本充実責任）（同2項）。

　株式払込金保管証明書は，設立登記の申請書の添付書類となる（商登47条2項5号）。

(2)　払込取扱機関の保管証明責任

　払込取扱機関の保管証明責任は，会社設立時における資本充実の原則を全うするための特別の法定責任であるが，その法的性質に関しては，①不実の保管証明につき不実である旨の主張を許さない禁反言的性質を有する責任と解する説（禁反言説）（最判昭和41・12・1民集20巻10号2036頁，田中〔誠〕上242頁，大隅＝今井・上239頁），②禁反言則は，相手方の善意を要件とするが，この保管証明責任は相手方である会社の善意を要件としていないので，禁反言則以上の強力な特別の法定責任であると解する説（禁反言則以上の強力責任説）（最判昭39・5・26民集18巻4号635頁）等，解釈が分かれている。禁反言則の精神に立脚しているものの，会社における主観的要件（善意の有無）も払込取扱機関における帰責事由の存在も問題としないで，絶対的に課せられる責任であるから，禁反言則を超える機能を発揮しているものと解さざるをえない。

　払込取扱機関が保管証明責任を履行して，会社に対し，実際上払込みを受けて

いない金額を払い戻した場合には，民法459条の類推適用により，払込取扱機関は払込みをしていない株主に対して求償権を有し，その範囲内において会社が当該株主に対して有する株金払込請求権につき会社に代位するものと解されている（民500条）（大隅＝今井・上239頁）。

（3） 払込金の返還時期

払込取扱銀行が払込株金を会社に返還すべき時期については，学説上，創立総会終結時説と会社成立時説に分かれていたが，最判昭37・3・2民集16巻3号423頁は，「株金払込取扱銀行等は，その証明した払込金額を，会社成立の時まで保管してこれを会社に引渡すべきものであって，従って，会社成立前において発起人又は取締役に払込金を返還しても，その後成立した会社に対し払込金返還をもって対抗できないと解するのが相当である」として，会社成立時説に立っており，実務もこれに従っている。

6 創立総会

（1） 総　説

募集設立の場合，発起人は，払込期日または払込期間の末日のうち最も遅い日以後，遅滞なく，設立時株主（会社設立時に出資履行をした設立時募集株式の株主となる者）の総会である創立総会を招集しなければならない（会65条1項）。創立総会は株式引受人（発起人たる株式引受人を含む）によって構成される設立中の会社の意思決定機関であり，会社設立後の株主総会に相当し，発起人は，必要があると認めるときは，いつでも，これを招集できる（同2項）。

創立総会では，会社法第2編第1章第9節（募集による設立）に規定する事項・株式会社の設立の廃止・創立総会の終結その他株式会社の設立に関する事項に限り，決議することができる（会66条）。

（2） 招　集

発起人が創立総会を招集する場合には，以下の事項を定めなければならない（会67条1項1号～5号）。

① 創立総会の日時・場所，
② 創立総会の目的事項，
③ 出席しない設立時株主に書面による議決権行使（書面投票）を認める場合には，その旨，

④　出席しない設立時株主に電磁的方法による議決権行使（電子投票）を認める場合には，その旨，

⑤　その他，法務省令所定事項（会規9条）。

　発起人は，設立時株主（創立総会で決議できる事項の全部につき議決権を行使できない者を除く）の数が1000人以上の場合には，③の書面投票事項を定めなければならない（会67条2項）。

　発起人は，設立しようとする会社が，①公開会社および書面投票・電子投票採用会社の場合には，創立総会の2週間前までに，②非公開会社（書面投票・電子投票採用会社を除く）の場合には，1週間（非取締役会設置会社がこれを下回る期間を定款で定めた場合にはその期間）前までに，設立時株主に対して創立総会の招集通知を発しなければならない（会68条1項）。

　書面投票・電子投票採用会社および取締役会設置会社においては，招集通知は，書面でしなければならない（同2項）。ただし，設立時株主の承諾があれば，政令で定めるところにより（会社令2条1項1号），書面通知にかえて電磁的方法により通知を発することができ，この場合には，発起人は書面による通知を発したものとみなされる（会68条3項）。

　発起人は，書面投票を定めた場合には，創立総会の招集通知に際し，法務省令（会規10条・11条）の定めるところにより，設立時株主に対して，議決権の行使につき参考となるべき事項を記載した書面（創立総会参考書類）および議決権を行使するための書面（議決権行使書面）を交付しなければならない（会70条1項）。もっとも，発起人は電磁的方法による通知の発出を承諾した設立時株主に対し，その記載事項を電磁的方法により提供することも可能である。ただし，設立時株主の請求があればこれらの書類を交付しなければならず（同2項），また，電磁的方法による通知を承諾していない株主から，創立総会の日の1週間前までに議決権行使書面に記載すべき事項の電磁的方法による提供の請求があったときは，法務省令で定めるところにより（会規11条），ただちに当該事項を電磁的方法で提供しなければならない（会71条4項）。

　発起人が設立時株主に対してする通知または催告は，①定款に記載された発起人の住所（会27条5号），②設立時株主が申込者として通知した住所（会59条3項1号），または③通知・催告を受ける場所・連絡先として別に通知した場所・連絡先，にあてて通知すれば足りる（会68条5項）。

創立総会は，書面投票または電子投票を定めた場合でない限り，設立時株主全員の同意があるときは，招集手続をへることなく開催することができる（会69条）。

　創立総会において延期または続行の決議があった場合には，創立総会招集の決定・通知に関する規定（会67条・68条）は適用されない（会80条）。

(3) 決　議

　設立時株主（成立後の株式会社〔A社〕がその〔B社〕総株主の議決権の4分の1以上を有すること，その他の事由を通じて，成立後の株式会社〔A社〕がその〔B社〕経営を実質的に支配することが可能となる関係にあるものとして法務省令（会規12条）で定める設立時株主〔B社〕を除く）[12]は，創立総会において，その引き受けた設立時発行株式1株につき1個の議決権を有する。ただし，単元株式数を定款で定めている場合は，1単元の設立時発行株式につき1個の議決権を有する（会72条1項）。

　設立しようとする株式会社が種類株式発行会社である場合で，株主総会における議決権行使事項に制限がある種類の設立時発行株式を発行するときは，創立総会において，設立時株主は，株主総会において議決権を行使することができる事項に相当する事項に限り，当該設立時発行株式につき議決権を行使することができる（同2項）。これにかかわらず，株式会社の設立の廃止については，設立時株主は，引き受けた設立時発行株式について議決権を行使することができる（同3項）。

　創立総会の決議要件は，株主総会の特別決議要件（会309条2項）より厳重であって，当該創立総会において議決権を行使することができる設立時株主の議決権の過半数で，出席した当該設立時株主の議決権の3分の2以上の多数をもってなされる（会73条1項）。もっとも，その発行する全部の株式の内容として，譲渡による当該株式の取得につき当該会社の承認を要する旨の定款の定めを設ける定款変更を行う場合（設立しようとする会社が種類株式発行会社である場合を除く）には，当該定款変更についての創立総会決議は，当該創立総会において議決権を行使できる設立時株主の半数以上であって，当該設立時株主の議決権の3分の2以上にあたる多数をもってなされる（同2項）。また，定款を変更して発行する全部の株式を取得条項付株式（会107条1項3号）とする場合や，取得条項付株式に関する定款を変更しようとする場合（当該事項の定めを廃止する場合を除く）には，設立時株主全員の同意を要する（会73条3項）。

---

[12] 株式の相互保有規制（会308条1項かっこ書）参照。B社がA社の設立に際し，自己株式を現物出資するような場合に，B社がその保有するA社の株式の議決権を行使できなくなる場合など。

創立総会においては，招集通知に議題として掲げる事項以外の事項については決議できない。ただし，定款の変更または株式会社の設立の廃止についてはこの限りでない（同4項）。

（4） 議決権の行使方法
1） 議決権の代理行使

設立時株主は，代理人によってその議決権を行使できる。この場合，当該設立時株主または代理人は，代理権を証明する書面を発起人に提出しなければならない（発起人の承諾があれば電磁的方法による提出も可）（会74条1項3項）。代理権の授与は創立総会ごとにしなければならない（同2項）。

発起人（会社成立後は当該会社）は，創立総会の日から3カ月間，代理権を証明する書面・電磁的記録を，発起人が定めた場所（会社成立後は本店）に備え置かなければならない（同6項）。設立時株主（会社成立後はその株主）は，発起人が定めた時間（会社成立後はその営業時間）内は，いつでも，代理権証明書面または電磁的記録の閲覧・謄写を請求できる（同7項）。

2） 書面・電磁的方法による議決権行使

書面による議決権行使は，議決権行使書面に必要事項を記載し，法務省令（会規13条）所定時までに発起人に提出して行う（会75条1項）。電磁的方法による議決権行使は，政令で定めるところにより（会社令1条1項3号・会規230条），発起人の承諾をえて，法務省令（会規14条）所定時までに，議決権行使書面に記載すべき事項を，電磁的方法により当該発起人に提供して行う（会76条1項）。設立時株主が創立総会の招集通知を電磁的方法で発することを承諾していた場合（会68条3項），発起人は，正当な理由がなければ，電磁的方法による議決権行使の承諾を拒んではならない（会76条2項）。書面・電磁的方法により行使した議決権の数は，出席した設立時株主の議決権の数に算入される（会75条2項・76条3項）。

発起人は，創立総会の日から3カ月間，議決権行使書面・議決権行使の電磁的記録を，発起人が定めた場所に備え置かなければならない（会75条3項・76条4項）。設立時株主は，発起人が定めた時間内は，いつでも，この書面および電磁的記録を法務省令所定方法（会規226条3号）で表示したものの閲覧・謄写を請求できる（会75条4項・76条5項）。

3) 議決権の不統一行使

設立時株主は，その有する議決権を統一しないで行使することができる。この場合，創立総会の日の3日前までに発起人に対しその旨および理由を通知しなければならない（会77条1項）。発起人は，この設立時株主が他人のために設立時発行株式を引き受けた者でないときは，この議決権不統一行使を拒むことができる（同2項）。

(5) 発起人の説明義務

発起人は，創立総会において，設立時株主から特定事項につき説明を求められた場合には，当該事項につき必要な説明をしなければならない。ただし，①当該事項が創立総会の議題に関しない場合，②その説明により設立時株主の共同の利益を著しく害する場合，③その他正当な理由がある場合として法務省令（会規15条）が定める場合には，この限りでない（会78条）。

(6) 議長の権限

創立総会の議長は，総会の秩序を維持し，議事を整理する（会79条1項）。その際，その命令に従わない者その他創立総会の秩序を乱す者を退場させることができる（同2項）。

(7) 議事録

創立総会の議事については，法務省令（会規16条）で定めるところにより，議事録を作成しなければならない（会81条1項）。発起人（会社成立後は会社）は，議事録を，創立総会の日から10年間，発起人が定めた場所（会社成立後はその本店）に備え置かなければならない（同2項）。設立時株主（会社成立後はその株主および債権者）は，発起人が定めた時間（会社成立後はその営業時間）内はいつでも書面をもって作成された議事録もしくはその電磁的記録の表示物の閲覧・謄写を請求できる（同3項）。会社成立後，当該会社の親会社社員は，その権利行使のため必要があるときは，裁判所の許可をえて，議事録につきこれらの閲覧・謄写を請求できる（同4項）。

(8) 創立総会決議の省略

発起人が創立総会の目的事項を提案した場合で，当該提案事項につき議決権を行使できる設立時株主の全員が，書面または電磁的記録で同意の意思表示をしたときは，当該提案を可決する決議があったものとみなされる（会82条1項）。発起人は，この決議があったものとみなされた日から10年間，この書面または電

磁的記録を発起人が定めた場所に備え置かなければならない（同2項）。設立時株主は，発起人が定めた時間内はいつでも，当該書面もしくはその電磁的記録の表示物の閲覧・謄写を請求できる（同3項）。会社成立後，当該会社の親会社社員は，その権利行使のため必要があるときは，裁判所の許可をえて，これらの閲覧・謄写を請求できる（同4項）。

(9) 創立総会への報告の省略

発起人が設立時株主の全員に創立総会への報告事項を通知した場合で，この株主全員が，当該事項の創立総会への報告を要しないことにつき書面・電磁的記録により同意の意思表示をしたときは，創立総会への報告があったものとみなされる（会83条）。

(10) 種類創立総会

種類株式発行会社を設立する場合で，設立時に発行するある種類の株式の内容として，株主総会決議事項につき，当該株主総会決議のほかに，当該種類株主総会の決議も必要である旨の定款の定めがある場合には，当該事項は，当該種類株式の設立時発行株主を構成員とする種類創立総会の決議もなければ効力を生じない。ただし，当該種類創立総会において議決権を行使できる設立時種類株主がいない場合は，この限りでない（会84条）。

種類創立総会は発起人が招集し（会85条1項），決議は，当該種類株主総会で議決権を行使できる設立時種類株主の議決権の過半数であって，出席した当該設立時種類株主の議決権の3分の2以上にあたる多数をもって行う（同2項）。

(11) 設立時取締役等の選任・解任

募集設立の場合，設立時取締役・設立時会計参与・設立時監査役・設立時会計監査人は，創立総会の決議によって選任されるが（会88条1項），これらの者は，株式会社の成立の時までの間，創立総会決議によって解任することができる（会91条）。2人以上の設立時取締役（監査等委員会設置会社を設立する場合は，設立時監査等委員である設立時取締役またはそれ以外の設立時取締役）を選任する場合，設立時取締役の選任議決権を有する設立時株主は，定款に別段の定めがあるときを除き，創立総会の日の5日前までに，発起人に対し累積投票による設立時取締役の選任を請求することができる（会89条1項2項）。

株式会社の設立に際して，取締役選任権付種類株式が発行される場合には，設立時取締役（監査等委員会設置会社を設立する場合は，設立時監査等委員である設立時取

締役またはそれ以外の設立時取締役）は，当該種類株式の設立時発行株主を構成員とする種類創立総会の決議によって選任されなければならない（会90条）。

（12）設立時取締役等による調査・報告

　設立時取締役（監査役設置会社の場合には設立時取締役および設立時監査役）は，選任された後遅滞なく，以下の事項を調査しなければならない（会93条1項1号～4号）。

① 会社法33条10項1号2号により検査役の調査が省略されている現物出資財産等につき，定款に記載・記録された財産の価額が相当であること，
② 検査役の調査が省略された現物出資財産等につき，弁護士等専門家による証明（会33条10項3号）が相当であること，
③ 発起人による出資の履行および設立時募集株式の払込み（会63条1項）が完了していること，
④ その他設立手続が法令・定款に違反していないこと。

　設立時取締役は，以上の調査の結果を創立総会に報告しなければならず（会93条2項），創立総会において設立時株主から調査に関して説明を求められた場合には，当該事項につき必要な説明をしなければならない（同3項）。

　設立時取締役（監査役設置会社の場合は設立時取締役と設立時監査役）の全部または一部が発起人である場合には，創立総会は，決議により，以上の調査をする者を選任することができる（会94条1項）。選任された者は，必要な調査を行い，その結果を創立総会に報告しなければならない（同2項）。

7 定款の変更

（1）総　説

　発起人は，創立総会で定款を変更することができるが（会96条），募集株式と引換えになす金銭の払込期日または払込期間の初日のうち最も早い日以後は，この変更はできない（会95条）。創立総会で変態設立事項の変更決議がなされた場合，この変更に反対した設立時株主は，当該決議後2週間以内に限り，設立時発行株式の引受けに係る意思表示を取り消すことができる（会97条）。

（2）発行可能株式総数の定め

　募集設立において発行可能株式総数を定款で定めていないときは，株式会社の成立の時までに，創立総会決議により定款を変更して，発行可能株式総数を定め

なければならない（会98条）。

（3）特　則

　種類株式発行会社を設立する場合で，①ある種類の株式の内容として，取得条項付株式（会108条1項6号）についての定款の定めを設けるか，または，これについての定款を変更しようとするとき（当該事項についての定款を廃止する場合を除く），または，②ある種類の株式につき，種類株主総会の決議を不要とする定款の定め（会322条2項）を設けようとするときは，①または②の種類株式の設立時種類株主全員の同意をえなければならない（会99条）。

　種類株式発行会社を設立する場合で，定款を変更して，①譲渡制限株式（会108条1項4号），または，②全部取得条項付種類株式（同7号）についての定款の定めを設けるときは，以下の設立時種類株主を構成員とする種類創立総会（設立時発行株式が2種類以上ある場合には，種類別に区分された設立時種類株主を構成員とする各種類創立総会）の決議がなければ，その効力は生じない（会100条1項）。すなわち，①当該種類の設立時発行株式の設立時種類株主（同1号），②株主の請求により当該種類の株式1株を取得するのと引換えに他の種類の株式を交付する定めのある取得請求権付株式または取得条項付株式の設立時種類株主（同2号3号），である。ただし，当該種類創立総会において議決権を行使できる設立時種類株主が存しない場合はこの限りでない（同項ただし書）。この種類創立総会において当該定款変更に反対した設立時種類株主は，当該決議後2週間以内に限り，その設立時発行株式の引受けに係る意思表示を取り消すことができる（同2項）。

　種類株式発行会社を設立する場合で，①株式の種類の追加，②株式の内容の変更，③発行可能株式総数または発行可能種類株式総数（＝会社が発行できる①の種類の株式の総数）の増加，について定款を変更することにより，ある種類の設立時発行株式の設立時種類株主に損害を及ぼすおそれがあるときは，当該定款の変更は，当該種類の設立時発行株式の設立時種類株主を構成員とする種類創立総会（当該設立時種類株主に係る設立時発行種類株式の種類が2つ以上ある場合には，種類別に区分された設立時種類株主を構成員とする各種類創立総会）の決議がなければ，効力を生じない（会101条1項）。ただし，当該種類創立総会において議決権を行使できる設立時種類株主が存しない場合はこの限りでない（同項ただし書）。また，単元株式数についての定款の変更であって，この定款の変更につき種類株主総会の決議を要しない旨の定款の定めがある場合（会322条2項）も種類創立総会の承認

決議は不要である（会101条2項）。

8 設立手続等の特則等

（1） 設立時募集株式の引受人による定款の閲覧・書面等の交付

設立時募集株式の引受人は，発起人が定めた時間内は，いつでも，①書面で作成された定款の閲覧，②この書面の謄本・抄本の交付，③電磁的記録で作成された定款の記録事項を法務省令所定方法（会規226条1号）で表示したものの閲覧，④この電磁的記録事項を電磁的方法であって発起人（会社成立後は当該会社）の定めたものによる提供またはその事項を記載した書面の交付，を請求できる（会102条1項・31条2項）。ただし，②④の請求をするには，発起人が定めた費用を支払わなければならない（会102条1項）。

（2） 設立時募集株式の引受人が株主となる時期

設立時募集株式の引受人は，会社成立の時に，払込み（会63条1項）を済ませた設立時発行株式の株主となる（会102条2項）。

（3） 民法93条ただし書・94条1項の適用除外

民法93条ただし書（心裡留保）および94条1項（虚偽表示）は，設立時募集株式の引受けの申込みおよび割当て，ならびに，設立時募集株式の総数を引受ける契約（会61条）に係る意思表示には適用されない（会102条5項）。

（4） 議決権行使の錯誤・強迫を理由とした株式引受けの無効・取消しの禁止

設立時募集株式の引受人は，会社の成立後または創立総会・種類創立総会において議決権を行使した後は，錯誤を理由として設立時発行株式の引受けの無効を主張したり，詐欺・強迫を理由としてこの引受けを取り消すことができない（同6項）。

第4節　払込みの仮装

1 総説

株式の払込みは，当然，現実になされなければならないが，実際にはこれが仮装される場合が少なくなく，とりわけ個人企業が株式会社へと組織換えされる場合に多くみられる。株式払込みの仮装行為としては，「預合い」と「見せ金」そ

して両者の中間形態がある。

　設立時発行株式・設立時募集株式そして会社成立後の募集株式の発行に際して，出資の履行が仮装され，そのまま株式の払込期日ないし払込期間の末日がすぎると，当該募集株式の引受人は当然に失権し（会63条3項・208条5項），設立時発行株式に対する出資の履行を仮装した発起人は，失権手続によって失権する（会36条）。

2　預合い

　会社法上，「預合い」の定義はなく，これは元来，昭和13年の商法改正前，発起人が募集設立における仮装払込みの方法としてよく使った手口を呼んだ経済用語である。しかし，一般に，預合いとは，会社設立の場合には発起人が，また，募集株式の発行の場合には取締役が，払込取扱銀行から個人的に払込資金を借り入れ，これを設立中の会社あるいは会社の預金に振り替えて株式の払込みにあてるとともに，発起人あるいは取締役が銀行からの借入金を返済するまでは，この預金を引き出さない旨を通謀することと説明されている[13]。この場合，借入れと払込みは単に計算上の操作であって，現実の金銭授受はない。

　預合いによる株式の払込みは無効と解されており，発起人，設立時取締役，設立時監査役，取締役，会計参与，監査役，執行役，取締役・監査役・執行役の職務代行者，一時取締役，一時会計参与，一時監査役，一時代表取締役，一時委員，一時執行役，一時代表執行役，支配人・事業に関するある種類・特定事項の委任を受けた使用人等が，預合いを行ったとき，または，これに応じた者にも，5年以下の懲役もしくは500万円以下の罰金が処せられるか，または併科される（預合罪・応預合罪）（会965条）。

---

13)　具体例を示すと，まず最初に，A株式会社設立発起人代表の甲がB払込取扱銀行から株金総額に相当する1000万円を個人的に借入れし，B銀行の貸付帳簿には甲への貸付金として1000万円が記入される。ついで，甲は発起人代表としてこの1000万円をB銀行にA社の株式払込金として払い込み，B銀行におけるA社の預金口座には株式払込金として1000万円が記入される。ここまでのところ現金の授受は実際にはなく，帳簿上に記入されているにすぎない。しかし，B銀行が払込金の保管証明書を発行するため，それで設立登記がなされ，A社が設立される。この場合，B銀行の担当者乙と甲の間には事前に通謀があり，甲が自己の借金の返済として現実に1000万円をB銀行に入金しない限り，B銀行はA社の払込金の引出しには応じないことが密約されている。結局資金ゼロでとにかく会社が出来上ってしまう。

3 見せ金

預合い規制の脱法行為として「見せ金」による払込みの仮装がある。これは，①発起人が第三者より借入れをし，②これを払込取扱機関に払い込み，③会社成立後，会社代表者が払込取扱機関から払込金を引き出し，④これを当初の借入金の返済にあてる，というものである。①から③までは，実際に資金が移動しており，通常の株金の払込みおよびその返還がなされていて問題はない。しかし④が加わる結果，払込みがなかったことと同じになるため，このような見せ金による払込みは有効かという問題が生ずる。

有効説は，払込取扱機関に対し現に払込みがなされていること，そして，発起人あるいは取締役に払込仮装の意図があったとしても，それは会社自体とは関係のない者の内心的事情であり，このことによって集団的手続の一環である払込みの効果に影響が及んではならないことを根拠にして，払込みは有効と解する[14]。この立場によれば，代表取締役になった元発起人が会社資金の払戻しを受けこれを自己の借金の返済にあてたこと，あるいは，この者が会社資金を借入れるということで払戻しを受けることの適法性のみが会社法上の問題となり，あとは刑法上の背任罪・業務上横領罪（刑247条・253条）そして会社法上の特別背任罪（会960条）などの適用問題となる。

これに対し無効説は，借入れ・払込み・保管証明書発行・設立登記など一つ一つの手続的行為は違法・不当ではないものの，全体的にみれば，これらは払込仮装のための計画的からくりの一環をなしているのであって，この場合には有効な払込みがあったと解釈すべきではないと解する[15]。このからくりが有効となると会社資本の充実を期する法の趣旨は全く蹂躙されることになるからであり，妥当である。

4 預合いと見せ金の結合形態

最判昭和38・12・6民集17巻12号1633頁（中部罐詰会社事件）は，特定の銀

---

14) 石井照久・会社法・上83頁以下（勁草書房，1967），鴻・商法研究ノートⅠ80頁（日本評論社，1965），田中〔誠〕上246頁（ただし，株式払込金の大部分につきはじめから払込みの意思がなく払込仮装の脱法行為とみられる場合には，払込みはなくその効力もないとする）。
15) 大隅＝今井・上236頁，鈴木＝竹内70頁，北沢95頁，前田65頁。

行支店が発起人総代における払込仮装意図に気づかないままこの者に貸付けをし，この貸付金を一括して払込金として受け入れた事案であり，預合いと見せ金の結合形態事例であるが，以下のように判示して，払込無効説に立つ。すなわち，「当初から真実の株式の払込として会社資金を確保するの意図なく，一時的の借入金を以て単に払込の外形を整え，株式会社成立の手続後直ちに右払込金を払い戻してこれを借入先に返済する場合の如きは，右会社の営業資金はなんら確保されたことにはならないのであって，かかる払込は，単に外見上株式払込の形式こそ備えているが，実質的には到底払込があったものとは解し得ず，払込としての効力を有しないものといわなければならない」と。また，見せ金による設立登記は，公正証書原本不実記載・行使罪（刑157条）と解されている（最決昭和40・6・24刑集19巻4号469頁，最決平成3・2・28刑集45巻2号77頁）。

　見せ金による払込みか否かは，会社成立後借入金を返済するまでの期間の長短，払込金が会社資金として運用された事実の有無，借入金の返済が会社の資金関係に及ぼす影響など，各場合の行為全体の経過に照らして判断されなければならないが（前掲最判昭和38・12・6，大隅＝今井・上236頁），見せ金によると認められた場合には，無効説によれば，払込みの欠缺として設立無効原因となりうる（会828条1項1号）。

第5節　設立中の会社と発起人の権限

1　総　説

　一人会社の設立の場合は別として，株式会社の設立企画者達は，定款作成に先立ち会社設立という共同事業を営むことを目的とした民法上の組合契約（民667条以下）を締結する。厳密にいうと，ここで生まれる組合は発起人たるべき者の組合であり，定款への署名により彼らが発起人になった時点でこれが発起人組合となる。そして，この組合は会社が成立すると目的の達成により解散する（民682条）。ところで，通説は，設立登記以前に将来の会社へと成長発展すべき会社の前身（胎児（fetus），胎芽（embryo）ではない）たる一つの団体が形成されていることを認め，この社会的実体を「設立中の会社」と称して，これは成立後の会社とは法人格の有無をこえて実質的には同一の主体であると解している（同一性

説)。「設立中の会社」という概念を認める理由は，発起人がなす定款作成に始まる設立手続中の各種の行為の効果は，本来は，発起人にしか帰属せざるをえないところ，合理的な範囲で成立後の会社に帰属させることを可能とする法的テクニックが必要とされるからであり，ドイツの判例・学説に由来する。すなわち，「権利能力なき社団」ないし「法人格なき社団」としての設立中の会社が認められるならば，株式引受人がその構成員となり，発起人はその業務執行機関となる。そして，業務執行機関として発起人がなした行為の効果は設立中の会社に帰属し，会社が設立されると，特別の移転行為や承継行為なくして，この効果が当然に設立後の会社に帰属することになる。

このように，発起人は発起人組合の組合員としての地位と，これとは別個に設立中の会社の構成員としての地位そしてその機関としての地位を兼有することになる。たとえば，発起人は，設立中の会社の構成員として出資を履行し，機関として出資を受領するし，また，発起設立の場合には，機関として，取締役・監査役等を選任し，募集設立の場合には，機関として株式引受人と入社契約を締結し，創立総会を招集する。そして，創立総会においては他の株式引受人とともに構成員として取締役・監査役等を選任するのである（北沢104頁以下）。そのほか発起人は設立準備過程において各種の行為を行うが，個々の行為につきそれが発起人組合の組合員としての行為に留まるのか，設立中の会社の機関としての行為にもあたるのか，それとも発起人個人の私的な行為にすぎないのかが判定されなければならない。そして，「設立中の会社の業務執行機関」としての発起人が，設立中の会社の名において，その権限内の行為をなすのであれば，その効果はまず設立中の会社に帰属し，ついで設立後の会社に帰属することになる。ここに，「設立中の会社の業務執行機関としての発起人の権限」（いわゆる「発起人の権限」）の範囲が問題となる。

なお，設立中の会社の始期に関しては，多数説は，発起人達が定款を作成し，かつ各発起人が1株以上を引き受けた時と解している。

---

16) 「設立中の会社」の名称においてなされたか否かの判定は必ずしも容易でない。「A株式会社設立発起人総代甲」とあれば一応これに該当すると思われるが，しかし，この名称は発起人組合の代表者名義とも解することができ，そうであるならば効果は発起人組合に帰属することになる。結局は契約当事者の意思解釈の問題となるので，契約の相手方としては，甲が発起人組合と設立中の会社のうちいずれを代表しようとしているのかを事前に確認しておく必要がある（北沢114頁以下）。

2　発起人の権限

　発起人は，会社の設立準備過程においては，会社の設立それ自体を直接の目的とする各種の設立準備行為……定款の作成・株主の募集・株金の払込み・現物出資の給付・株金払込みの事務取扱い・創立総会の招集・選任された取締役や監査役との任用契約の締結等……のほか，この設立目的の達成のために必要な諸取引行為……定款や株式申込証など各種の書類の印刷・広告の委託・設立事務所の賃借・事務員の雇入等……を実行する。さらには，設立後の事業開始に備えて開業準備行為（成立後の会社の事業活動にとって有益な準備行為，営業用財産の購入・原材料の仕入・従業員の雇入等）も行うことがある。それでは，これらの行為の内，いかなる種類の行為の効果が設立中の会社に帰属し，設立後の会社へ帰属することになるのか。この場合の，発起人の権限の範囲に関しては，学説が分かれている。

　第1説は，会社の設立それ自体を直接の目的とする行為（定款作成・社員の確定・機関の具備）に限定されるとする立場であり，開業準備行為は法定要件を充たした財産引受のみ実際上の必要性を考慮して例外的に法認されていると解する。この立場は設立と同時に資本が設立準備費用の方に費やされ，営業活動のために使用される分が減少してしまうことを極力阻止しようとするものである（田中〔誠〕167頁・河本93頁・加美91頁等）。

　第2説は，会社設立にとって法律上ならびに経済上必要な行為も含まれるとする立場であり，設立中の会社は完全な会社となることを目的としていることを理由とする。したがって，設立準備事務所の賃借りのような会社の設立に必要な取引行為も含まれ，開業準備行為については第1説と同様に解する（北沢107頁以下）。

　第3説は，第1説・第2説が認める権限の他，開業準備行為も発起人の権限に含まれるとする立場であり，会社の設立とは，事業をなしうる状態にある会社を創設することを意味すると解する（鈴木＝竹内63頁，大隅＝今井・上203頁，服部32頁，平出慶道「発起人の開業準備行為の効果」争点Ⅰ32頁など）。この立場によれば，発起人の権限は事業行為にまでは及ばないが，本来は開業準備行為にまで及ぶべきものとされる。しかし，設立中の会社は組織が完成しておらず，発起人の活動を十分に監督することができないので，この権限の濫用により会社の財産的基礎が害されないよう，厳重な法定要件を課して財産引受が許されているものと解す

る。それでは発起人は会社法所定の財産引受以外の開業準備行為（工場敷地の買入れ・店舗の借受け・特許発明の実施許諾契約・製品の供給契約・従業員の雇入れ等）も無制限に自由になしうるのであろうか。この点は，定款にその種類・内容が具体的に表示され，かつその価格がある程度客観的に評価・計上できるものであれば，財産取得契約に限らず，財産引受に関する会社法規定を類推適用し，定款の記載および法定の検査役調査・創立総会の承認などを条件として成立後の会社に効果を帰属させることができると解されている（大隅＝今井・前掲，平出・前掲）。

なお，最判昭和38・12・24民集17巻12号1744頁は，「会社設立自体に必要な行為のほかは，発起人において開業準備行為といえどもこれをなしえず，ただ原始定款に記載されその他厳重な法定要件を充たした財産引受のみが例外的に許される」と判示しているが，これが第1説なのか第2説なのかは明かでない（北沢108頁）。

3 定款に記載のない財産引受と会社側の追認

(1) 学 説

前述のように，発起人には，厳重な法手続の遵守を条件にして，財産引受契約の締結権限が認められている。それでは，発起人が，定款に記載しないまま，設立中の会社を代表して，財産引受契約を第三者と締結した場合，会社は後にこの無効の契約を追認できるであろうか。学説は追認肯定説と否定説に分かれている。

追認否定説は，①追認を認めると変態設立事項として厳格な法規制を及ぼした法の趣旨が失われる，②追認は会社機関の判断のみによるのに，財産引受は裁判所の選任する検査役の調査に服するのであるから同一には論じられない，などを理由とする（田中〔誠〕上189頁・大隅＝今井・上253頁以下，加美96頁）。

一方，追認肯定説は，①法定の手続を経ない財産引受を法が無効とする理由は，発起人の当該行為の効果を当然に成立後の会社に帰属させるのは危険であるからにすぎず，成立後の会社が自らの判断により追認することまでをも禁ずるのが法の趣旨とは解せない，②当該行為を無効とする理由が会社の権利能力外の行為であるというのではなく，発起人の権限外の行為であるという点に存するならば，無権代理行為として追認を認めうる，③追認可能性を否定したところで，成立後の会社が無効となった契約と同一の条件で当該財産を取得したいと望んでいる限り，これを阻止することはできないので，実質的に会社保護には役立たず，かえ

って，相手方に無効を理由として履行を拒む口実を与えることになる，④追認可能とした方が，会社としては都合のよいときだけ追認すればよいわけであって，法の目的にかなうことになる，⑤追認否定説の場合には会社側が改めて契約をしなおそうとしても相手方が拒否した場合はどうにもならない反面，追認肯定説によれば，会社側の一方的な追認の意思表示で足りるので，会社にとって都合がよい，などを理由としている[17]。追認肯定説を支持したい。

（2） 追　認

この場合の追認とは，民法116条の無権代理の追認を意味する。そのため，当然に発起人が財産引受という越権行為をなしたことが前提になるが，問題は設立中の会社に実質的に認めうる権利能力（実質的権利能力[18]）の範囲である。定款に記載なき財産引受契約を締結する能力が設立中の会社にすらないとしたならば，設立後の会社が追認したとしても財産引受契約締結時点においてはその効果が帰属する本人たる主体はなかったということになる。この点は，実質的権利能力の範囲を，設立という目的の範囲に制限する解釈，開業準備行為にまで及ぶとする解釈，成立後の会社の権利能力と同じとする解釈などに分かれるが，設立中の会社も設立後の会社も実質的に同一とする基本的立場に立って実質的権利能力の範囲も同一と解してよかろう[19]。

次に追認の方法であるが，これは新たにその行為をなす場合の手続によるべきものと解されている。すなわち，事後設立に該当する場合には，検査役の調査と株主総会の特別決議が必要であり（会467条1項5号・309条2項11号），事業の全部の譲受けにあたる場合には株主総会の特別決議が必要である（会467条1項）。また取締役会設置会社の重要な業務執行に該当する場合は取締役会決議によらねばならないが（会362条4項），そうでない場合には代表取締役が独自に追認してもよい。なお，取締役会非設置会社で取締役が2人以上いる場合には，定款に別段の定めがある場合を除き，取締役の過半数をもって決定する（会348条2項）。

---

[17] 鈴木＝竹内63頁65頁，北沢110頁，平出・争点Ⅰ33頁，前田38頁など。前田・前掲によれば，発起人が対価を100万円とする財産引受をし，定款に記載しなかった場合で，これが150万円に値上りした場合，これが会社事業にとって必要なものであるときには，契約をし直すとなると会社は150万円支払わなければならないが，追認でよいとなると100万円ですみ，会社財産の確保にとってプラスになるとする。
[18] 説明のための技術的概念（弥永真生・リーガルマインド会社法（14版）271頁（有斐閣，2015）。
[19] 永井和之・会社法（3版）81頁（有斐閣，2001）。

こうしてみると，追認否定説の立場で新たに契約を締結しなおすのと大差ないようにもみえるが，相手方の同意を必要とせず会社側が一方的に行える点が異なる。

（3） 最高裁の立場

　最判昭和28・12・3民集7巻12号1299頁（和光製造工業事件）は，「財産引受が定款上無効なる場合と雖も，会社成立後に新に商法246条（＝会467条1項5号）の特別決議の手続をふんで財産取得の契約を有効に結ぶことは可能であるが，……単に会社側だけで無効な財産引受契約を承認する特別決議をしても，……これによって瑕疵が治癒され無効な財産引受契約が有効となるものとは認めることはできない」と判示した。ついで最判昭和42・9・26民集21巻7号1870頁も，「財産引受は，現物出資に関する規定の潜脱行為として利用される弊があるので，商法は，現物出資と同様，これを原始定款に記載し，かつ，厳重な法定の手続を経ることを要するものとし，かかる法定の要件を充たした場合にのみその効力を生ずるものとしたのである。右の法意に徴すれば，成立後の会社が追認したからといって，法定の要件を欠く無効な財産引受が有効となるものと解することはできない」と判示しており，追認否定説に固まっている。

　もっとも，最判昭和61・9・11判時1215号125頁（三条機械製作所事件）では，財産引受を無効とする主張が否定されている。この事例は，X会社の事業の重要な一部の譲受けを目的とする財産引受契約を締結したY会社が，経営不振に陥り，本件事業譲渡契約に基づく自己の残債務の履行ができなくなったため，この財産引受契約が原始定款に記載されていなかったことを理由に，本件契約の無効を主張したものである。しかし，この無効主張が契約後9年経過してから主張されたことや，従来当事会社間においては無効が問題とされたことがなかったことを理由にして，この無効主張は信義則に反し認められないとされた。

　それでは，追認が否定され，当該財産引受契約が無効とされる場合，あるいは，追認肯定説に立っても会社側が追認しなかった場合，相手当事者はどのような権利を有するのであろうか。この点，最判昭和33・10・24民集12巻14号3228頁（大映スターズ事件）は，民法117条の類推適用により，設立中の会社を代表して契約の締結にあたった発起人が責任を負うと解している。なお，上記最判昭和42・9・26日は，会社側がすでに当該財産を使用していた場合につき相手方に不当利得返還請求権を認めている。

第6節　設立関与者の責任

1　会社成立の場合の責任

（1）　発起人等の損害賠償責任

　発起人・設立時取締役・設立時監査役は，株式会社の設立につきその任務を怠ったときは当該会社に対し，また，その職務を行うにつき悪意または重過失があったときは第三者に対し，連帯して，損害賠償責任を負う（会53条・54条）。この対会社責任は総株主の同意がなければ免除できない（会55条）。

（2）　現物出資等の目的物価額不足額てん補責任

　会社成立時における現物出資・財産引受けの目的である財産の価額が，当該現物出資財産等について定款に記載・記録された価額（定款の変更後は，変更後の価額）に著しく不足するときは，発起人および設立時取締役は，会社に対し，連帯して，当該不足額を支払う義務を負う（会52条1項）。この責任は総株主の同意がなければ免除できない（会55条）。発起人・設立時取締役がこの不足額の支払責任を負う場合，弁護士等の証明者（会33条10項3号）も連帯してこの支払責任を負う。ただし，証明するにつき注意を怠らなかったことを証明した場合はこの限りでない（会52条3項）。

　ところで，発起設立の場合，当該発起人および設立時取締役は，①現物出資・財産引受に関し検査役の調査をへた場合，および，②当該発起人・設立時取締役がその職務を行うにつき注意を怠らなかったことを証明した場合には，この不足額の支払責任を負わない（同2項）（過失責任）。ただし，発起人が現物出資者あるいは財産引受における財産の譲渡人である場合は，この限りでない（同かっこ書）。これに対し，募集設立の場合には，①の場合のみ，当該発起人・設立時取締役はこの不足額の支払責任を負わないものとされ（会103条1項），②の適用は除外される。募集設立の場合，現物出資の目的財産の価額が定款所定価額を著しく不足すると，設立時募集株式の引受人が実質的な拠出額の不公平により損害を被ることから，発起人および設立時取締役の全員に無過失の連帯責任が課せられているのである（江頭110頁）。

（3） 出資の履行を仮装した場合の責任等
1） 総　説
　平成26年の会社法改正では，設立時発行株式・設立時募集株式・会社成立後の募集株式の発行に際し，出資の履行を仮装した発起人および株式引受人（仮装者）に対し，これによる失権後にも，払込・給付責任を課す規定が新設された。
2） 発起人の会社に対する責任
　設立時発行株式の払込みを仮装した発起人は，会社に対し，①払込みを仮装した出資に係る金銭の全額の支払責任を，また，②給付を仮装した出資に係る金銭以外の財産の全部の給付（会社が当該給付にかえて当該財産の価額に相当する金銭の支払を請求した場合には，当該金銭の全額の支払）責任を負う（会52条の2第1項）。発起人の仮装払込みに関与した発起人・設立時取締役として法務省令が定める者（会規7条の2）も，①②の支払義務を負う。ただし，その者（当該出資の履行を仮装したものを除く）がその職務を行うにつき注意を怠らなかったことを証明した場合は，この限りでない（会52条の2第2項）。これらの責任につき，仮装者と仮装関与者は連帯債務者となる（同3項）。
　払込を仮装した発起人は，会社法52条1項2項所定の支払・給付責任を履行した後でなければ，出資の履行を仮装した設立時発行株式につき株主の権利を行使することができない（同4項）。一方，この設立時発行株式またはその株主となる権利を譲り受けた者は，当該株式についての設立時株主および株主の権利を行使することができる。ただし，その者に悪意または重過失があるときは，この限りでない（同5項）。
　発起人が出資を仮装し，失権手続がとられていない場合には，当該発起人は出資義務を負担し続けるが，この場合にも，上記会社法52条の2第1項は適用される。
3） 引受人の責任
　設立時募集株式の引受人は，株式の払込みを仮装した場合には，会社に対して仮装した払込金額の全額の支払義務を負う（会102条の2第1項）。この義務は総株主の同意がなければ免除することができない（同2項）。
　上記の払込みを仮装することに関与した発起人または設立時取締役として法務省令で定める者（会規18条の2）は，株式会社に対し，上記引受人と連帯して，上記の支払をする義務を負う。ただし，その者（当該払込みを仮装したものを除く）

がその職務を行うについて注意を怠らなかったことを証明した場合は，この限りでない（会103条2項）。この発起人または設立時取締役の負う義務は，総株主の同意がなければ免除することができない（同3項）。

4） 払込を仮装された株式の性質

仮装者が当該株式について失権した場合，出資の履行責任を負う失権した株式とはいかなるものであろうか。また，出資の履行責任がはたされる前に，善意・無重過失の譲受人が譲り受けて行使できる株主権とはいかなるものであろうか。これは支払義務が履行されれば株式を取得できる一種のコール・オプションであって，株式としては未成立と解する説（江頭112頁）と，「外形上」払込みないし出資の履行があった点にかんがみ，仮装者は当然に失権するのではなく，発行された株式は有効であり，仮装者は依然として出資の履行義務を負担すると解する説とがある。[20]

（4） 第三者に対する責任

発起人・設立時取締役・設立時監査役は，その職務を行うにつき悪意または重大な過失によって第三者に損害を生じさせたときは，当該第三者に対して損害賠償責任を負う（会53条2項・54条）。

（5） 擬似発起人の責任

募集設立の場合において，設立時発行株式の引受人募集の広告その他当該募集に関する書面・電磁的記録に自己の氏名・名称および会社の設立を賛助する旨を記載・記録することを承諾した者（発起人を除く）は，発起人とみなされて会社法第2編第1章第8節および会社法103条1項〜3項の適用をうける（擬似発起人責任）（会103条4項）。すなわち，現物出資等の目的物価額不足額てん補責任（会52条）・出資の履行を仮装した場合の責任等（会52条の2）・任務懈怠に基づく対会社・第三者責任（会53条）・会社不成立の場合の責任（会56条）等である。これは，禁反言の原則に基づき，発起人概念の形式主義に修正を施す趣旨である（江頭114頁）。

2　会社不成立の場合の責任

株式会社が不成立の場合には，発起人は，連帯して，株式会社の設立に関して

20）　野村修也「資金調達に関する改正」ジュリスト1472号31頁。

なした行為（＝会社が成立すれば会社に効果が帰属したであろう行為）につき，過失の有無にかかわらず，全員が連帯して責任を負い（株式払込金・申込証拠金・現物出資財産等の返還など），会社設立に関して支出した費用を負担する（会56条）。

第7節　設立の無効

1　総　説

　株式会社が設立登記の完了によりいったん成立しても，実質的に各種の法定要件が欠けているならば，本来その会社は無効の会社であり，一般原則上，はじめから法的には存在せず，その無効の主張方法にも制限はないことになる。しかし，会社は，設立登記が完了し外観上一応有効に成立すると，現実に活動を開始し，対内的・対外的に無数の法律関係をもつにいたるため，一般原則で処理すると法律関係の安定が著しく害されることになる。そこで，会社法は，設立無効の訴えの制度を設けて，設立無効の主張を可及的に制限するとともに，設立が無効とされる場合においても，その設立の無効を画一的に確定し，かつ無効の遡及効を否定することにより，各種の法律関係の安定確保につとめている。

2　設立の無効原因

　各種の会社一般についていうならば，会社設立の無効原因は，設立に参加した個々の社員の設立行為が無効の場合の主観的無効原因と，設立が法の定める準則に違反する客観的無効原因とに分かれる。しかし，株式会社の場合には，個々の株式の引受けが取り消されたり無効であっても，その者が会社に加入しないだけであって，ただちに会社設立の無効・取消原因になるわけではない。これは株主の個性が重視されないからであり，株式会社の場合には，主観的な設立無効原因はなく，設立の取消しもない。もっとも，個々の株主の株式引受けの無効・取消しが引受け・払込みの欠缺をもたらし，これが設立の客観的無効原因となることはありうるので，会社法は，株式引受けの無効の主張や取消しを制限している（会51条・102条5項6項）。

　株式会社の設立無効原因としては，たとえば，①定款の絶対的記載事項が欠けているか違法なこと，②定款に公証人の認証がないこと，③定款に定めのない株

式発行事項につき発起人全員の同意による決定がなされていないこと，④創立総会の招集がないこと，⑤目的物の価額不足額てん補責任が履行されていないこと，⑥設立登記が無効なこと，などがある。

なお，無効原因の瑕疵が極めて軽微な場合，裁判所には裁量棄却権限が認められると解されている。[21]

3 設立無効の訴え

会社の設立の無効は，その成立の日より2年以内に，訴えをもってしか主張できず（会828条1項1号），この設立無効の訴えは，株主等（＝株主・取締役・清算人（監査役設置会社の場合は株主・取締役・監査役・清算人，指名委員会等設置会社の場合は株主・取締役・執行役・清算人））に限り提起することができる（同2項）。提訴権者たる株主は，会社の成立当時株主であった必要はなく，訴提起時より訴訟中を通じて株主であればよい。その間，同じ株式を保有している必要はない。

4 無効判決の効果

設立無効の訴えで原告が勝訴し，無効判決が確定した場合には，その判決は，一般原則により訴訟当事者を拘束するのみならず，第三者に対しても効力を及ぼし（対世的効力）（会838条），何人もこれを争うことはできなくなる。会社と多数の株主その他の利害関係人との間の，法律関係の画一的確定をはかるための措置である。

設立無効判決は，すでに生じている会社・株主および第三者間の権利義務関係に影響を及ぼさず，当該判決において無効とされたか，取り消された行為は，将来に向かってその効力を失う（会839条）。これは，一般法上備わっている無効判決の遡及効を否定して，すでに会社の外観を呈しつつ会社として活動している社会的実体を法律上の会社と同視することにより，既往関係における法律関係・既成事実を尊重しようとする配慮に基づく措置である。すなわち，会社設立時より無効判決確定時まで「事実上の会社」[22]が認定され，会社は第三者に対して契約上

---

[21] 昭和25年の商法改正前には，設立無効の訴えが提起されても，無効原因たる瑕疵が補完されたときや，会社の現況その他一切の事情を斟酌して設立を有効と認めるときには，裁判所に請求棄却権限があるとする明文規定があった（同改正前商136条3項）。この規定の削除後も，一般に裁量棄却権限ありと解されている。

の権利を有し義務を負うのみならず，不法行為・不当利得に基づく義務をも負担する。この間，株主の会社に対する権利および発起人・取締役の対会社・第三者責任も，適法に設立された「法律上の会社」におけると同様である。

5 会社不成立との違い

　以上に述べた会社の設立無効とは，無効原因を有しつつも，法律上は登記によりいったんは会社が成立するにいたった場合のことであるのに対し，会社不成立とは，前述したように会社の設立手続が途中で挫折し，会社が法律上も事実上も成立するにいたらなかった場合をいう。このような場合には，一般原則により，誰でも，いつでも，どのような方法ででも，会社の不存在を主張できるし，また，不存在確認の訴えを提起することもできる（北沢131頁）。

---

22)　「事実上の会社」に関するものとして，服部栄三・株式の本質と会社の能力185頁（有斐閣，1964），大山俊彦・企業形成の法的研究341頁以下，419頁以下（信山社，2000）。

第4章 株　式

第1節　株式の概念

1　株式の意義

　株式とは，均一に細分化された発行済株式総数に対する割合的単位の形をとった，株式会社の社員たる地位を意味し（持分均一主義），この株式の所有者を株主という。株主と会社との間には，この出資単位ごとに法律関係が成立し，各株主は，当該株式を複数所有することができる（持分複数主義）。このような特色は，株式譲渡および会社内部における権利の行使を容易にするため，さらに，株式市場における政策的・技術的要請に対応して生み出されたものである。

　昭和25年の商法改正前，わが国の株式はすべて額面株式（＝定款で1株の金額（額面額）が定められていて，この金額が株券上に表示されている株式）であったが，同年の商法改正により，無額面株式（＝定款で1株の金額が定められておらず，株券上にも金額の表示がなく，当該株券が表章する株式数のみが表示されている株式）が導入され，以後わが国の株式は額面株式と無額面株式の2種類となった。しかし実際に発行される株式のほとんどは額面株式であった。

　ところで，株式の時価や価値と額面額との間には関係がないにもかかわらず，一般には関係があるかのような誤解を招くおそれがある。一方，株式分割により投資単位の適正化をはかるにあたっては，無額面株式の方が額面変更の手続をとる必要がないため便利である。このような理由から，平成13年6月の商法改正では，額面株式が全面的に廃止され，以後わが国の株式は無額面株式のみとなった。そして会社法下では，株券不発行が原則となっている。

2　株式の本質

（1）　総　説

　株式の所有者である株主が，会社に対して有する各種の権利の総体を社員権あ

るいは株主権と呼ぶ。その中味は，社員が会社から経済的利益を受けることを目的とする権利（自益権…剰余金配当請求権，残余財産分配請求権等）と，社員が会社の管理運営に参加したり会社運営を監督・是正することを目的とする権利（共益権…株主総会の議決権，総会決議の取消・無効訴権，取締役の違法行為の差止請求権等）とからなりたっている。

株式の法的性質ないし株主権をめぐる解釈には変遷があり，かつてドイツでは株式物権説と株式債権説とが対立していた。そして19世紀の後半，株主権は物権でも債権でもない独特な財産権であるとする社員権説が確立され，それがわが国にも導入された。しかし，社員権説で必ずしも一切を円滑に説明できるわけではなかったことから，わが国においても株式の本質ないし法的性質に関しては各種の学説が提唱されてきた。

(2) 社員権説

この説（多数説）は，株主がその地位において有する各種の権限や義務に関し，株主権とは，①これらが合して単一の権利として構成されたものとする説（単一権利説）と，②これらの集合体とする説（集合権利説），そして，③これらを生み出す法律上の資格ないし地位とする説（資格・地位説）に分かれている。③説が支配的であるが（鈴木82頁以下），いずれにせよ，社員権からは自益権と共益権とが派生し，自益権は所有権の収益権能の変形物であり，共益権は所有権の支配権能の変形物であって，共益権は自益権の価値を保障するものであると解する。また，社員はいずれの権利をも自己の利益のために行使することができるが，社員権は社員が社員たる資格において有するものであるから，社員たることと関係のない純個人的な利益のために行使することは許されないと解する（大隅＝今井・上43頁以下）。

(3) 社員権否認論

この説は，所有と経営が分離している近代株式会社の特徴を根拠にして，株式を剰余金配当請求権によって代表される自益権を中心にして考察するものである。そして，共益権は株主が株主の資格において有する権利ではなく，株主総会という機関の構成員として有する権限にすぎず，株式とは共益権を除いた自益権と義務との発生の基礎となる法律上の地位すなわち社員たる地位をいうと解する。[1]

---

1) 田中耕太郎・改正会社法概論110頁以下（岩波書店，1939）。

(4) 株式債権説・株式純債権説

その他，社員権否認論を徹底させ，株式の本質を剰余金配当請求権なる社団法上の債権と解する株式債権説[2]，あるいは，株式会社の本質を営利財団法人と解する株式純債権説（株式会社財団論）[3]もあった。

株式債権説によれば，株式は剰余金配当請求権およびこれを確保するための一団の従たる権利からなり，議決権その他の共益権は株主が株式すなわち剰余金配当請求権を取得した結果法律上当然に付与されるいわば公権の一団であって，国家における参政権と本質を同じくすると解する。そして，株式譲渡人は，譲渡により，会社構成員たる資格と共益権を当然に喪失し，譲受人は株式を取得することによって構成員たる資格を取得し，この資格に基づき共益権を当然に原始的に一身専属的な人格権として取得すると解する。

株式純債権説によれば，株式とは剰余金・利息配当請求権および残余財産分配請求権を内容とする純然たる債権であり，共益権は株主の投資者としての利益を守るために法が付与したものと解する。

第2節　株主の権利・義務

1　株主の権利

(1)　総　説

株主の権利とは，株主権の内容をなす権利すなわち株主が株主たる地位に基づいて会社に対して有する種々の団体法上の権利をいう。1個の株式に包含された各種の抽象的な株主の権利は各別には分離・処分できない。また，株主の権利は，株主が株主たる地位を離れて通常の債権者として有する権利（債権者的権利・第三者的権利）とは区別される。株主総会決議により具体化した剰余金配当請求権は，株主権の一内容たる剰余金配当請求権から生ずる権利ではあるが，具体化することにより普通の債権として，株式と離れて譲渡・質入・差押えの対象となり，独立して時効にかかる。したがって株式が譲渡されても当然にはこの具体化した権

---

2) 松田二郎・株式会社の基礎理論 178 頁以下（岩波書店，1942），同・会社法概論 76 頁以下（岩波書店，1968）。
3) 八木　弘・株式会社財団論 14 頁，137 頁（有斐閣，1963）。

利は譲受人に移転しない。これに対し、株主の権利は株式と離れてそれ自体が譲渡・質入・差押えの対象となるものではなく、株式の譲渡とともに当然に譲受人に移転し、独立して時効にかかることもない。

株主の権利は、社団的制約に服するものであり、強行法規や株主平等の原則に反せず固有権侵害とならない限り、株主総会決議により剥奪・変更することが可能である。

(2) 株主の権利の分類

1) 自益権・共益権

株主の権利は、その目的にしたがって自益権と共益権とに大別されるが、双方の性格を帯びるものもある。自益権は株主が会社から経済的利益を受けることを目的とする経済的権利であって、剰余金配当請求権（会453条）・残余財産分配請求権（会504条）・株式買取請求権（会116条・469条・785条・797条・806条）・名義書換請求権（会133条）・株券発行請求権（会215条・230条2項）・募集株式の割当てを受ける権利（会202条1項1号）などがある。自益権は、すべて単独株主権である。なお、特別支配株主の株式等売渡請求権（会179条）は、自益権的ではあるが、会社に対するものではなく、他の株主に対する権利である点において、特殊的な権利とされている（江頭129頁）。

共益権は、株主が会社の経営に参与したり、取締役等の経営活動を監督是正することを目的とする権利である。(1)株主総会に関しては、議決権（会308条1項・325条）、総会招集権（会297条・325条・491条）、株主提案権（会303条～305条・325条・491条）、説明請求権（会314条・325条・491条）、累積投票請求権（会342条）等がある。(2)取締役等の行為の監督是正に関しては、株式・新株予約権発行差止請求権（会210条・247条）、株式発行・自己株式処分・新株予約権発行の無効訴権（会828条1項2号～4号・2項）、設立・減資・組織変更・合併・分割・株式交換・株式移転の無効訴権（会828条1項1号5号～12号・2項）、違法行為差止請求権（会360条）、総会決議取消訴権（会831条）、責任追及等の提訴権（会847条）、役員解任請求権（会854条1項2項）、特別清算申立権（会511条1項）、会計帳簿の閲覧請求権（会433条）、取締役会招集請求権（会367条）、検査役選任請求権（会306条1項・358条1項）、解散請求権（会833条1項）などがある。

定款・株主総会議事録・取締役会議事録・計算書類・合併契約等の閲覧等請求権（会31条2項・125条2項・318条4項・371条2項・442条3項・782条3項・794条3

項・803条3項・815条4項）は，取締役の行為の監督是正目的のほか，株主の投資判断材料を得る目的でも行使されるので，自益権的な性格も備えた共益権と解される（江頭128頁）。

2） 単独株主権・少数株主権

株主の権利は，1株の株主でも行使できる単独株主権と，発行済株式総数または総株主の議決権数の一定割合以上または一定数以上の株式数を有する株主のみが行使できる少数株主権とに分かれる。自益権はすべて単独株主権であり，共益権のうち議決権も単独株主権である。経営者に対する監督是正権は，単独株主権のものと少数株主権のものとに分かれる。

少数株主権は，多数派株主による資本多数決による決議の濫用あるいは多数派株主の優勢をバックにした会社経営者の専横を阻止・是正するため，あるいは，株主全般の利益に資するための調査等のために法定されている。少数株主権の要件は，①議決権数のみを基準とするもの（総会招集請求権（会297条1項）・株主提案権（会303条2項）・総会検査役選任請求権（会306条1項）），②議決権と株式数のいずれかを基準として併用するもの（業務執行検査役選任請求権（会358条1項）・会計帳簿閲覧請求権（会433条1項）・会社解散請求権（会833条1項）・役員解任の訴え提起権（会854条1項））などが，それぞれ保有期間をも加味して，多種類規定されている。

なお，種類株主総会には，株主総会関係の規定が多く準用されているが，少数株主権に関しても，「総株主」が「（総）株主（ある種類の株式の株主に限る。）」と読み替えられて準用されている（会325条）。

3） 固有権・非固有権

株主権の中には，株主総会の多数決で奪うことのできる非固有権と，当該株主の同意なくしては奪うことのできない固有権とがある。このような分類を試みる固有権論は株主総会における多数決の濫用を防止する意義を有するが，何が固有権であるか否かに関しては解釈が分かれてきた。固有権論は，株主の権利を保障する法規定が不備な時代には相応の意義を有していたが，この種の具体的な法規定が整備されるにいたった現在では実益が乏しい。

（3） 会社法上の定め

会社法は，株主は，①剰余金配当請求権，②残余財産分配請求権，③総会議決権，および④その他会社法が認める権利，を有する旨を規定している（会社105

条1項）。そして，①および②の全部を与えない旨の定款の定めは無効としている（同2項）。

（4）株主権の濫用

株主の権利は株主が株主たる資格において有するものであるから，その行使はあくまでも株主として有する利益のためになされなければならず，株主の純個人的な利益を追求するために行使し，会社の利益を侵害することは，株主権の濫用として許されない。この場合，会社の利益の侵害とは，直接会社に財産的損害を加えることのほか，会社を当惑させ業務の正常な運営を妨害することも含まれる。株主権の濫用は，その行使がただちに他の株主の利益に関係する共益権において問題となることが多い。主要な場合としては，①議決権行使の濫用，②株主名簿閲覧・謄写請求権の濫用，③代表訴訟の濫用，④会計帳簿の閲覧請求権の濫用，⑤公共の利益の実現のための株主権行使における濫用，などがある。

2 株主の義務

株主の義務とは，株主権の内容をなす義務すなわち株主が株主たる資格において会社に対して負担する義務をいう。この義務としては，株主有限責任の原則のもと，株主の有する株式の引受価額を限度とする出資義務しかないが，現行法上，金銭出資・現物出資いずれの場合も会社の成立前または新株発行の効力発生前に，株式引受人として出資義務を履行しなければならないので（会34条1項・63条1項・208条1項），会社成立後または新株発行の効力発行後は株主は会社に対して何の義務も負わないことになる。

なお，新株発行に際して取締役と通じて著しく不公正な価額で株式を引き受けた者も，会社に対して公正な発行価額との差額の払込義務を負うが（会212条1項），これは一種の損害賠償義務であり，出資追完義務ではない（通説）。

3 株主平等の原則

（1）意 義

株主平等の原則とは，株式会社は，株主を，その有する株式の内容および数に応じて，平等に取り扱わなければならないとする原則をいう（会109条1項）。この一般原則に立脚し，会社法はさらに，株主総会の議決権（会308条1項），剰余金配当（会454条3項），残余財産分配（会504条3項），株式の株主に対する無償

割当て（会186条2項），募集株式の割当てを受ける権利の株主割当て（会202条2項），募集新株予約権の割当てを受ける権利の株主割当て（会241条2項），新株予約権の株主に対する無償割当（会278条2項）などにつき，具体的に「有する株式1株につき1個」あるいは「有する株式の数に応じて」などとして適用方法を定めている。

　改正前商法には株主平等の原則を明記する条文はなかったが，一般に，株式会社は，各株式の内容が同一である限り，株主を同一に取り扱わなければならず（株主の取扱いの平等），この平等待遇は各株主の有する株式の数を基準にして実施されなければならない（相対的平等原則）と解されていた。株主平等の原則とは，株式平等の原則を株式の帰属者たる株主を中心に表現したものともいえ，通説は以下の理由で，株式会社法理としてこの原則の存在を肯認していた。すなわち，平等原則という近代社会における普遍的理念が株式会社法的に変容したものであり，正義衡平の理念に基づく当然の要請であって，支配株主の資本多数決の濫用や経営者の恣意的な権利行使・専横から少数株主を守る機能を営む点に意義がある，というものである[4]。もっとも，比較法的にみて，株主平等の原則の一般規定を法定する例はむしろ例外的であるにもかかわらず，会社法があえて上記の規定を設けたことから，その真意について議論されている[5]。

　株主平等の原則は，明文規定をもって内容の異なる各種の株式を法認すること（会108条）まで否定するものではない。さらに，非公開会社においては，会社法105条1項各号所掲の権利（剰余金配当・残余財産分配の受領権，株主総会議決権）に関する事項につき，株主ごとに異なる取扱いを行う旨を定款で定めることができるとされている（会109条2項）。これは，会社法が従来の有限会社を株式会社中に包摂した結果，定款で社員平等原則の例外・特則を定めることが可能とされていた有限会社法制が株式会社法制に移入された結果である。したがって，非公開会社においては，強行法規定・株式会社の本質・公序に反さない限り，1人1議

---

[4] 同旨，出口正義「株主の平等」会社法大系第2巻30頁（青林書院，2008）。これに対し，株主平等の原則を，一部株主の専制の排除（法政策的配慮）と，取引所取引の客体としての株式の適格性（市場取引への適合性）の確保（法技術的配慮）の要請に基づく原則，と解する立場として，上村達男「株主平等原則」特別講義商法Ⅰ（竹内編）13頁以下（有斐閣，1995）。

[5] 森本　滋「会社法の下における株主平等原則」商事1825号8頁は，会社法109条1項をもって，株式会社は，株主をその有する株式の内容および数に応じて機械的に平等に取り扱うだけではなく，「公正」に取り扱わなければならないという一般原則を規定するものと解する。

決権・社員全員同額配当等，定款上，属人的な権利に差を設けることができ，この種の定款規定がある場合，その株主の有する株式は種類株式とみなされることになる（属人的種類株式）（同3項）。

（2） 株主平等の原則が問題となった場合

1） 特定株主への金員贈与

一般株主に対しては無配としながら，無配による投資上の損失を補塡する趣旨で，会社が特定の大株主と締結した金銭贈与契約は，株主平等の原則違反で，無効とされている（最判昭和45・11・24民集24巻12号1963頁（大運事件））。

2） 株主優待制度

会社が一定数以上の株式を有する株主に営業上の特別便益（電鉄会社の無賃乗車券や劇場業の無料入場券など）を与える株主優待制度が株主平等の原則に違反するか否かに関しては解釈が分かれている。すなわち，①株式の表章する権利の中には会社の営業上のサービスを求める権利は含まれないので，株主優待制度は平等原則とは関係なく有効と解する立場，②一定数以上の株式を有する株主にのみ優待券を与える場合，各株式につき分子を1として所定の株式数を分母とする分数量の権利が付与されているので平等原則の例外にはあたらず，かかる優待制度は有効と解する立場，③このような慣行も程度が軽微であれば実質的に平等原則に反すると解するまでのことはないとする立場，④会社ないし株主全体における合理的必要性や利益の前には，厳密な平等取扱を求める軽少な株主の利益は譲歩すべきであると解する立場，⑤かかる優待制度は平等原則の例外をなし，同原則は法定の場合以外に例外を認めない強行法規であるから無効と解する立場，⑥個人株主増大政策の合理性を株主優待制度の論拠とし，大株主のみに対する優待制度を否定する立場，などである。

---

6) この種の株主優待制度を違法配当としたものに，高知地判平2・3・28金判849号35頁。
7) 西原寛一・注会(3)14頁など。
8) 八木 弘「株主平等の原則と固有権」講座Ⅱ439頁，田中（誠）上280頁。
9) 北沢164頁，前田89頁，落合誠一「株主平等の原則」会演Ⅰ212頁以下。
10) 大隅＝今井・上338頁。
11) 鈴木竹雄・商法研究Ⅱ258頁（有斐閣，1971），田中耕太郎・会社法概論(下)305頁（岩波書店，1955）。
12) 上村・前掲4) 23頁以下。

3) M&A 対策としての新株予約権無償割当て

 敵対的企業買収の対抗策として，会社が新株予約権を株主に無償割当てするにあたり，買収者と一般株主との間で新株予約権者としての取扱いに差別を設けた事案では，株主平等原則に違反するのではないかが問題とされた。最決平成19・8・7金判1273号2頁（ブルドックソース事件）では，この差別的な扱いは株式の内容等に直接関係するものではないので，ただちには株主平等原則には違反しないが，109条1項の趣旨が及ぶとされた。[13]

第3節　株式の種類

1　総　説

　株式会社は，発行する全部の株式の内容として，定款で，①株式の譲渡取得につき当該会社の承認を要すること（＝譲渡制限株式），②株主が当該会社に対して当該株式の取得を請求できること（＝取得請求権付株式），そして，③一定事由の発生を条件として当該会社が当該株式を取得できること（＝取得条項付株式），を定めることができる（会107条1項1号～3号）。定款上，内容の異なる2以上の種類の株式を発行する株式会社を種類株式発行会社というが（会2条13号），①②③のいずれかを全株式の内容とし，他に内容の異なる株式を発行していない会社は，種類株式発行会社とはいわない。なお，種類株式発行会社は，現に2以上の種類の株式を発行している必要はない（会184条2項かっこ書対比）。

　一方，株式会社は，以下の事項につき，異なる定めをした内容の異なる2以上の種類の株式を発行することができる（会108条1項1号～9号）。すなわち，①剰余金の配当，②残余財産の分配，③株主総会において議決権を行使できる事項（＝議決権制限株式），④譲渡による当該種類株式の取得につき当該会社の承認を要すること（＝譲渡制限株式），⑤取得請求権付株式，⑥取得条項付株式，⑦当該種類の株式につき，当該会社が株主総会決議により，その全部を取得すること（＝全部取得条項付種類株式），⑧株主総会（取締役会設置会社にあっては株主総会または取締役会，清算人会設置会社にあっては株主総会または清算人会）において決議すべき事

---

13)　本書585頁参照。

項のうち，当該決議のほか，当該種類株主を構成員とする種類株主総会の決議があることを必要とするもの（＝拒否権付種類株式），⑨当該種類株式の種類株主総会において取締役（監査等委員会設置会社の場合は監査等委員である取締役またはそれ以外の取締役）または監査役を選任すること（＝取締役・監査役選任権付種類株式）。ただし，指名委員会等設置会社と公開会社においては，⑨の種類株式を発行することはできない（会108条1項本文ただし書）。

このほか，⑩として，非公開会社（全株式が譲渡制限株式である株式会社）は，剰余金配当を受ける権利・残余財産の分配を受ける権利・総会議決権につき株主ごとに異なる取扱いをする旨を定款で定めることができ（会109条2項），この定めによる株式は，これらの権利につき「内容の異なる種類の株式」とみなされる（同3項）。

なお，従来，2つ以上の異なる種類の株式が発行された場合，標準となる株式を「普通株式」とよぶのが一般であった。しかし会社法下では，会社法107条・108条に基づく定款の定めが何もなく，会社法がその内容を自動的に定めてくれる株式のことを「普通株式」とする定義づけもある（神田75頁）。

2　各種の株式

（1）配当・残余財産分配についての種類株式

1）総説

剰余金の配当・残余財産の分配またはこれら双方に関し，他の種類の株式に優先する内容を有する株式を優先株式，劣後する株式を劣後株式（後配株・後取株）という。これに対し，剰余金配当については優先権が認められ，残余財産の分配については劣後の権利しか認められないような，標準となる株式に対しある点においては優先し，他の点においては劣後する株式を混合株という。かつてわが国では，ほとんどが普通株式であって，優先株式はほとんど発行されなかった。しかし，近時は，金融機関が自己資本比率を高めるためや，公的資金の注入を受けるために優先株を発行するようになり，最近は一般の事業会社でもこれを発行するようになっている。

業績不振の会社が，募集株式として剰余金配当優先株（配当優先株）を発行すれば株主の募集が容易になる。しかし配当優先株といえども，配当可能利益がない場合や，あっても株主総会が無配決議をした場合には優先配当はなしえない。

普通株に対し，一定額または一定割合につき優先的配当を受けるほか，さらに利益があるときには普通株主とともに残余の利益配当にもあずかりうるものを参加的優先株，そうでないものを非参加的優先株という。ある時期の配当がこの一定額または一定割合に達しない場合に，不足分の配当が後の配当時の利益から補塡されるものを累積的優先株，そうでないものを非累積的優先株という。

トラッキング・ストック[14]とは，会社の特定事業や完全子会社の業績にのみ価値が連動するように設計された特定事業連動株式をいう。この種類株式は，他の種類株式より高額な剰余金配当がなされる場合もあれば，対象事業部門の業績が悪くてこの株式に対しては配当が少ないかゼロになる場合もあるので，配当優先株とはいえず，配当に関し「内容の異なる株式」とされる。なお，トラッキング・ストックにおける対象事業部門の業績がよくても，会社全体として分配可能な剰余金がなければ配当はできない。

2）　定款で定める事項

株式会社は，①剰余金の配当，②残余財産の分配，③議決権制限株式，④譲渡制限株式，⑤取得請求権付株式，⑥取得条項付株式，⑦全部取得条項付種類株式，⑧拒否権付種類株式，⑨取締役・監査役選任権付種類株式に関し，内容の異なる2以上の種類の株式を発行する場合，会社法108条2項1号〜9号所定の事項と発行可能種類株式総数を定款で定めなければならない（会108条2項本文）。なお，種類株主が剰余金の配当を受けることのできる額その他法務省令（会規20条）所定事項の全部または一部については，当該種類の株式をはじめて発行するときまでに，株主総会（取締役会設置会社にあっては株主総会または取締役会，清算人会設置会社にあっては株主総会または清算人会）の決議によって定める旨を定款で定めることができる。この場合には，その内容の要綱を定款で定めなければならない（会108条3項）。

(2)　議決権制限株式

1）　総　説

会社は，株主総会において議決権を行使できる事項につき，異なる内容の株式を発行することができる（会108条1項3号）。この種類株式は，①決議事項のす

---

[14]　1984年，アメリカのGeneral Motorsが，Electronic Data Systemsを買収した際に発行したのが嚆矢。わが国では，2001年，ソニーが子会社のソニー・コミュニケーション・ネットワークの業績に連動して利益配当を行う「子会社連動株式」を発行したのが第1号（2005年に廃止）。

べてにわたり議決権が全くない完全無議決権株式と，②決議事項の一部についてのみ議決権のない（狭義の）議決権制限株式とがある。種類株式発行会社が公開会社の場合，議決権制限株式の数が発行済株式総数の2分の1を超えるにいたったときは，会社はただちに議決権制限株式の数を発行済株式総数の2分の1以下にするための必要措置をとらなければならない（会115条）。もっとも2分の1を超えて発行しても罰則はなく，当該超過をもたらした行為を無効とする規定もない。

議決権制限株式は，その株式が議決権を有する決議事項に関しては少数株主権を行使することができるが，議決権を行使できない決議事項に関しては少数株主権を行使できない。

多数派株主の株式の一部を議決権制限株式とすれば，資本多数決によらずに対等な議決権比率で共同経営したいと望む合弁会社のパートナーのニーズにこたえられる。

2） 定款で定める事項

この種類株式を発行する場合には，定款で，①株主総会において議決権を行使することができる事項，②当該種類株式につき議決権の行使条件を定める場合には，その条件，③この発行可能種類株式総数，を定めなければならない（会108条2項本文3号）。

定款を変更して，上記①～③を定めることにより，普通株式を議決権制限株式に変更することは可能である。定款変更は特別決議によるが（会309条2項11号・466条），反対株主には株式買取請求権が法定されていないので（会116条参照），少数株主が閉め出される懸念がある。

（3） 譲渡制限株式

1） 総　説

これは，当該種類株式の譲渡取得につき当該会社の承認を要する株式であるが，全部の株式がこれに該当する場合と，一部の株式がこれに該当する場合とがある。

2） 定款で定める事項

この種類株式を発行する場合には，定款で，①この種類株式の発行可能総数，②当該株式を譲渡取得することにつき当該会社の承認を要する旨，③一定の場合に当該会社が承認したものとみなすときは，その旨および当該一定の場合，を定めなければならない（会107条2項1号・108条2項本文4号）。

(4) 取得請求権付株式
1) 総　説
　これは，発行時より，株主が会社に対して当該株式の取得を請求した場合には，会社がこれを取得することを約束している株式をいう。会社法制定前の義務償還(買受)株式(株主が会社に対し買受けまたは利益による消却を請求しうる株式)と転換予約権付株式とが統合されてこの種類株式となった。

　取得請求権付株式は，株主が当該株式の会社に対する売付選択権（put option）を有する株式であり，会社による買取りが保障されているので，株主は将来の制約なくして出資でき，会社としても容易に資金調達ができる。

　全ての株式に均一内容の取得請求権を付することも可能であるし，一部の株式にのみ取得請求権を付与することも可能である。金銭のほか，別の種類株式・他社（親会社・子会社等）の株式・新株予約権・社債その他の財産（製品等）も取得対価となりうる。取得請求権付きの配当優先株の取得対価を普通株にしておけば，会社としては配当負担を軽減することができる。

　なお，株主は，取得対価たる財産(会107条2項2号ロ～ホ)の帳簿価額がこの株式の取得請求日の会社の剰余金配当の分配可能額（会461条2項）を超えているときは，会社に対してこの取得を請求できない（会166条1項ただし書）。

2) 定款で定める事項
　会社がその全部の株式を取得請求権付株式とする場合には，定款で以下の事項を定めなければならない（会107条2項2号）。

　① 株主が会社に対しその有する株式の取得を請求できる旨（同イ），
　② 上記①の株式1株の取得と引換えに，会社が当該株主に交付するものが，
　　(i) 当該会社の社債（新株予約権付社債についてのものを除く）の場合には，当該社債の種類（会681条1号の種類）・種類ごとの各社債の金額の合計額またはその算定方法（同ロ），
　　(ii) 当該会社の新株予約権（新株予約権付社債に付与されたものを除く）の場合には，当該新株予約権の内容・数またはその算定方法（同ハ），
　　(iii) 当該会社の新株予約権付社債の場合には，この当該新株予約権付社債についての(i)所定の事項，および，当該新株予約権付社債に付された新株予約権についての(ii)所定の事項（同ニ），
　　(iv) 当該会社の株式等（＝株式・社債・新株予約権）以外の財産の場合には，

当該財産の内容・数もしくは額またはこれらの算定方法（同ホ），
③　株主が当該株式の取得を請求できる期間（同ヘ）。

（5）　取得条項付株式

1）　総　説

　これは，「一定の事由」が生じたことを条件として，会社がこの株式を強制的に取得できる株式をいう。会社法制定前の強制償還（買受）型の随意償還（買受）株式（会社が株主の意思にかかわらず株式を利益消却できる株式）と強制転換条項付株式とが統合されてこの種類株式となった。すべての株式を均一内容の取得条項付株式とすることもできるし，一部の株式にのみこの条項を付与することも可能である。

　取得条項付株式は，会社が買付選択権（call option）を有する株式であり，株式の分散・譲渡対策として利用でき，好ましくない株主から強制的に取得して経営権を確保することも可能となる。中小企業の事業承継策としても活用が考えられる。

　会社が当該会社の社債・新株予約権・新株予約権付社債または株式等以外の財産を，株式の取得対価として交付する場合において，これらの財産の帳簿価額が，上記「一定の事由」が生じた日における剰余金配当の分配可能額を超えているときは，会社はこの株式を取得できない（会170条5項）。

　「一定の事由」としては，「株式の上場の決定」のような具体的な事実のほか，一定の暦日の到来もある。

2）　定款で定める事項

　会社がその全部の株式を取得条項付株式とする場合には，定款で以下の事項を定めなければならない（会107条2項3号）。

①　一定の事由が生じた日に会社が当該株式を取得する旨・その事由（同イ），

②　当該会社が別に定める日が到来することをもって①の事由とするときは，その旨（同ロ），

③　上記①の事由が生じた日に①の株式の1部を取得することとするときは，その旨および取得する株式の一部の決定方法（同ハ），

④　上記①の株式1株の取得と引換えに，会社が当該株主に交付するものが，

　(i)　当該会社の社債（新株予約権付社債についてのものを除く）の場合には，当該社債の種類・種類ごとの各社債の金額の合計額またはその算定方法（同ニ），

(ii) 当該会社の新株予約権（新株予約権付社債に付与されたものを除く）の場合には，当該新株予約権の内容・数またはその算定方法（同ホ），
(iii) 当該会社の新株予約権付社債の場合には，この当該新株予約権付社債についての(i)所定の事項，および，当該新株予約権付社債に付された新株予約権についての(ii)所定の事項（同ヘ），
(iv) 当該会社の株式等以外の財産の場合には，当該財産の内容・数もしくは額またはこれらの算定方法（同ト）。

会社が種類株式の一つを取得条項付株式とする場合には，上記**2**)①〜④所定の各事項に加え（会108条2項6号イ・107条2項3号），会社が，当該種類株式1株の取得と引換えに当該株主に当該会社の他の株式を交付するときは，当該他の株式の種類・種類ごとの数またはその算定方法，そして，取得条項付株式の発行可能株式総数を，定款で定めなければならない（会108条2項本文・6号ロ）。

（6） 全部取得条項付種類株式

1） 総　説

これは取得条項付株式と異なり，あらかじめ取得事由を定めておくことを要せず，株主総会の特別決議により，会社がその種類の株式全部を取得することができる株式をいう。会社法制定前，債務超過の会社については，新株発行と同時に行うならば既存株主の持株をゼロとする「100パーセント減資」が容認されていた（昭56・6・5民事4発3466号民事局第4課長回答）。この延長線上で，会社法は，債務超過の要件を不要とし，株主総会の特別決議により会社が当該種類株式全部を強制取得する道を開いた。あくまでも種類株式の一種を全部消却するのみであるから，会社自体の存立に問題は生じないが，この種類株式制度の有用性については疑問も呈されている（龍田287頁）。しかし実際には，MBOにおいて第1段階の公開買付けで取得できなかった残りの株式を第2段階で強制的に取得する等，少数株主をキャッシュ・アウトの方法で閉め出す手段として利用されている。

2） 定款で定める事項

この種類株式を発行する場合には，定款で，まず以下の事項を定めなければならない（会108条2項7号）。

① 取得対価（会171条1項1号）の価額の決定方法（同号イ），
② 当該株主総会の決議をすることができるか否かについての条件を定めるときは，その条件（同号ロ），

第3節　株式の種類　131

③　全部取得条項付種類株式の発行可能総数（会108条2項本文）。

3）全部取得条項付種類株式の取得に関する決定

会社がこの種類株式の全部を取得するにあたっては，株主総会の特別決議により以下の事項を定めなければならない（会171条1項1号～3号・309条2項3号）。

① 全部取得条項付種類株式の取得と引換えに金銭等（取得対価）を交付する場合，
　(イ) 取得対価が当該会社の株式であるときは，当該株式の種類・種類ごとの数またはその数の算定方法，
　(ロ) 取得対価が当該会社の社債（新株予約権付社債についてのものを除く）であるときは，その種類・種類ごとの各社債の金額の合計額またはその算定方法，
　(ハ) 取得対価が当該会社の新株予約権（新株予約権付社債に付されたものを除く）であるときは，その内容・数またはその算定方法，
　(ニ) 取得対価が当該会社の新株予約権付社債であるときは，この社債の種類・種類ごとの各社債の金額の合計額またはその算定方法，および，この社債に付された新株予約権の内容・数またはその算定方法，
　(ホ) 取得対価が当該会社の株式等以外の財産であるときは，当該財産の内容・数もしくは額またはこれらの算定方法，
② 全部取得条項付種類株式の株主に対する取得対価の割当てに関する事項，
③ 会社がこの種類株式を取得する日（取得日）。

上記②は，株主（当該株式会社を除く）の有する全部取得条項付種類株式の数に応じて取得対価を割り当てることを内容とするものでなければならず（会171条2項），取締役は，上記株主総会において，全部取得条項付種類株式を全部取得することを必要とする理由を説明しなければならない（同3項）。

4）取得対価等に関する書面等の備置き・閲覧

全部取得条項付種類株式を取得する会社は，以下に掲げる日のいずれか早い日から取得後6ヶ月を経過する日までの間，上記3）①～③に掲げる事項その他法務省令所定事項（会規33条の2）を記載・記録した書面または電磁的記録を本店に備え置かなければならない。すなわち，①上記株主総会の日の2週間前の日（会社法319条1項の場合には，同項の提案があった日）と，②会社法172条2項による通知の日または同3項の公告の日のいずれか早い日，である（会171条の2第1

項)。株主には，この書面・電磁的記録の閲覧請求権あるいは謄本・抄本の交付請求権等がある（同2項）。

5）取得に対する差止請求

全部取得条項付種類株式の取得が法令または定款に違反する場合において，株主が不利益を受けるおそれがあるときは，株主は，会社に対して，この取得をやめることを請求できる（会171条の3）。

6）価格決定の申立て

上記3）①～③に掲げる事項を定めた場合，(i)当該総会に先立って会社による全部取得条項付種類株式の取得に反対する旨を会社に通知し，かつ当該総会において当該取得に反対した株主（当該総会で議決権行使ができる者に限る），および，(ii)当該総会において議決権を行使できない株主は，取得日の20日前の日から取得日の前日までの間に，裁判所に対して，全部取得条項付種類株式の取得価格の決定を申し立てることができる（会172条1項）。

会社は，取得日の20日前までに，全部取得条項付種類株式の株主に対し，この株式の全部を取得する旨を通知もしくは公告しなければならない（同2項・3項）。

会社は，裁判所の決定した価格に対する取得日後の年6分の利率により算定した利息をも支払わなければならないが（同4項），会社は，この決定があるまでは，株主に対し，会社がその公正な価格と認める額を支払うことができる（同5項）。

7）全部取得条項付種類株式を用いたスクィーズ・アウト

乙社の多数株主である甲社が乙社を完全子会社とする方法として，全部取得条項付種類株式を使う場合があるが，以下のような手順をたどる。

① 乙社が全部取得条項付種類株式を発行できるためには，まず乙社が種類株式発行会社でなければならない（会171条1項）。そこで，乙社は，その株主から自社の普通株式を取得する対価として交付する普通株式とは異なる内容の株式（A種種類株式）を新設するために，株主総会で定款変更を決議する。[15]

② ついで乙社の定款を変更して既発行の普通株式に全部取得条項を付加する。

③ 乙社がその少数株主である普通株主から全部取得条項付普通株式の全部を取得する。

④ 取得対価としてA種種類株式を交付する。この場合，取得対価となるA種種類株式の数は，甲社以外の少数株主に対しては1株未満の端数のみが割

り当てられるように決定しておく。
　⑤　少数株主には最終的に現金のみ交付する。少数株主に割り当てられた A 種種類株式の端数については，その合計数を乙社が売却し（1 株未満は切り捨てられる），売却代金を少数株主が保有する端数に応じて分配する（会 234 条 1 項 2 号）。A 種種類株式は，市場価格のない株式であるから競売または裁判所の許可をえて行う任意売却方法による（同条 1 項・2 項）。この場合，甲社または乙社が買受人となる。

（7）　拒否権付種類株式

1）　総　説

　拒否権付種類株式[16]とは，会社が，株主総会・取締役会・清算人会において決議すべき事項につき，その決議のほか，当該種類株式の種類株主からなる種類株主総会の決議も必要とされている株式をいう（会 108 条 1 項 8 号）。すなわち株主総会・取締役会・清算人会の決議に対する拒否権が付与されている株式をいう（黄金株（golden share）ともよばれる）。多数の株主が決定した事柄でも，この株式 1 株で阻止できるわけであり，使用には慎重を要する。

2）　定款で定める事項

　この種類株式を発行する場合には，定款で，この種類株式の発行可能株式総数（会 108 条 2 項本文），および，当該種類株主総会につき，①その決議があることを必要とする事項，②その決議を必要とする条件を定めるときはその条件，を定めなければならない（同 8 号イロ）。

---

15)　少数株主排除のために全部取得条項付種類株式制度を採用するための株主総会の定款変更決議は，総会決議取消事由である「著しく不当な決議」（会 831 条 1 項 3 号）に該当しないか。最判平成 22・9・6 金判 1352 号 43 頁は，全部取得条項付種類株式制度（会 108 条 1 項 7 号・2 項 7 号・171 条〜173 条）は，「多数決により公正な対価をもって株主資格を失わせることを予定している」ので，「著しく不当な決議」となるためには，「単に会社側に少数株主を排除する目的があるというだけでは足りず，……少なくとも，少数株主に交付される予定の金員が，対象会社の株式の公正な価格に比して著しく低廉であることを必要とする」としている。

16)　2005 年に実現した，三菱ファイナンシャル・グループと UFJ ホールディングスとの経営統合に際し，UFJ ホールディングスの完全子会社である UFJ 銀行が三菱ファイナンシャル・グループから融資を受けるにあたり，拒否権付株式を発行したのがわが国における嚆矢。上場会社の拒否権付株式としては，国際石油開発帝石株式会社の例があり，経済産業大臣が所有する。

（8） 取締役・監査役の選解任権付種類株式
1） 総　説

　これは，指名委員会等設置会社と公開会社を除く株式会社において，その種類株式の種類株主からなる種類株主総会において取締役（監査等委員会設置会社の場合には監査等委員である取締役またはそれ以外の取締役）や監査役を選任できる株式をいう（会108条1項9号）。この株式を有する株主においては，取締役や監査役の選任は，各種類ごとの株主総会において行われる（会347条1項2項）。この株式は，ジョイント・ベンチャー企業等でなされる取締役・監査役の選任についての株主間合意を実行する手段となる。

2） 定款で定める事項

　この種類株式を発行する場合には，定款で，以下の事項を定めなければならない。すなわち，この種類株式の発行可能株式総数（会108条2項本文），および，当該種類株主を構成員とする種類株主総会で，①取締役または監査役を選任すること，および，選任する取締役・監査役の数（同9号イ），②選任することのできる取締役・監査役の全部または一部を他の種類株主と共同して選任することとするときは，当該他の種類株主の有する株式の種類および共同して選任する取締役・監査役の数（同ロ），③上記①または②の所掲事項を変更する条件があるときは，その条件および条件成就の場合における変更後の①または②における所掲事項（同ハ），④その他法務省令所定事項（会規19号）（同ニ），である。

　取締役または監査役が会社法や定款で定めた員数を欠くにいたった場合で，当該員数に足りる数の取締役・監査役を選任することができないときは（たとえば，この役員選任権付種類株式が取得請求権付株式あるいは取得条項付株式でもあり存在しなくなっていたような場合），会社法108条2項9号（上記①〜④）の定款規程は廃止されたものとみなされる（会112条）。

3） 定款変更手続の特則

　種類株式発行会社以外の株式会社が，定款を変更してその発行する全部の株式を取得条項付株式とする定款の定め（会107条1項3号）を設ける場合，または，この定款の変更（廃止する場合を除く）をしようとする場合には，株主全員の同意をえなければならない（会110条）。

　種類株式発行会社が，ある種類株式の発行後に定款を変更して，取得条項付株式についての定款の定め（会108条1項6号）を設け，または当該事項についての

定款の定めを変更（廃止を除く）する場合には，当該種類株式を有する株主全員の同意をえなければならない（会111条1項）。

種類株式発行会社が，ある種類株式（＝A株式）の内容として，譲渡制限（会108条1項4号）または会社による全部取得（同7号）に関する定款の定めを設けている場合，この定款を変更するにあたっては，①A株式，②取得請求権の行使にあたり対価としてA株式を交付する定めがある場合の取得請求権付株式（会108条2項5号ロ），および，③会社がA株式を対価としている場合の取得条項付株式（同6号ロ）につき，それぞれの種類株主の種類株主総会決議がなければ，定款変更の効力は生じない。ただし，当該種類株主総会において議決権を行使できる種類株主がいない場合は，この限りでない（会111条2項）。

3 発行可能（種類）株式総数

(1) 発行可能株式総数

株式会社は，定款を変更して，発行可能株式総数についての定めを廃止することはできない（会113条1項）。定款を変更して，発行可能株式総数を減少する場合，変更後の発行可能株式総数は，当該定款変更の効力が生じた時の発行済株式総数を下ることができない（同2項）。

①公開会社が定款変更により発行可能株式総数を増加する場合，および，②非公開会社が定款を変更して公開会社となる場合，当該定款変更後の発行可能株式総数は，定款変更の効力発生時における発行済株式総数の4倍を超えることができない（同3項）。

新株予約権（新株予約権行使期間（会236条1項4号）の初日が到来していないものを除く）の新株予約権者が，新株予約権を行使して取得することになる株式の数は，発行可能株式総数から発行済株式（自己株式の総数を除く）の総数を控除してえた数を超えてはならない（会113条4項）。

(2) 発行可能種類株式総数

定款を変更してある種類の株式の発行可能種類株式総数を減少する場合，変更後の当該種類の株式の発行可能種類株式総数は，定款変更の効力発生時の当該種類の発行済株式総数を下ることができない（会114条1項）。

ある種類の株式につき，以下に掲げる数の合計数は，当該種類の株式の発行可能種類株式総数から当該種類の発行済株式（自己株式を除く）の総数を控除してえ

た数を超えてはならない（同2項1号～3号）。

① 取得請求権付株式（取得請求期間（会107条2項2号ヘ）の初日が到来していないものを除く）の株主（当該会社を除く）が，会社法167条2項により取得することとなる他の株式の数（会167条2項4号・108条2項5号ロ），

② 取得条項付株式の株主（当該会社を除く）が会社法170条2項により取得することとなる他の株式の数（会170条2項4号・108条2項6号ロ），

③ 新株予約権（新株予約権行使期間（会236条1項4号）の初日が到来していないものを除く）の新株予約権者が，会社法282条1項により取得することとなる株式の数。

第4節　反対株主の株式買取請求

1　総　説

以下の場合，反対株主は，株式会社に対し，自己の有する以下の株式を公正な価格で買い取ることを請求することができる（会116条1項）。

① 発行する全部の株式の内容として，譲渡制限株式（会107条1項1号）とする定款変更をする場合には，全部の株式，

② ある種類の株式の内容として，譲渡制限株式（会108条1項4号）・全部取得条項付種類株式（同7号）とする定款変更をする場合には，当該種類株式・取得請求権付株式・取得条項付株式（会111条2項各号），

③ 以下の行為をする場合において，ある種類の株式（ある種類の種類株主に損害を及ぼすおそれがある場合の種類株主総会決議を不要とする定款の定め（会322条2項）があるものに限る）を有する種類株主に損害をおよぼすおそれがあるときは，当該種類の株式，

　(イ)　株式の併合または株式の分割，

　(ロ)　株式無償割当て（会185条），

　(ハ)　単元株式数についての定款の変更，

　(ニ)　当該会社の株式を引き受ける者の募集（会202条1項各号所掲事項を定めるものに限る），

　(ホ)　当該会社の新株予約権を引き受ける者の募集（会241条1項各号所掲事項

を定めるものに限る)，

　　(ハ) 新株予約権の無償割当て（会 277 条が規定するもの）。

2　反対株主

「反対株主」とは，以下の株主をいう（会 116 条 2 項）。

上記①②③の行為をするために株主総会（種類株主総会を含む）の決議を要する場合には，以下の株主

① 　(イ)当該総会に先立って当該行為に反対する旨を当該会社に通知し，かつ，当該総会において当該行為に反対した株主（当該総会において議決権を行使できるものに限る），および，(ロ)当該総会において議決権を行使することができない株主，

② 　上記①以外の場合は，すべての株主。

3　通知・公告

上記1①②③の行為をしようとする会社は，当該行為の効力発生日の 20 日前までに，そこに定める株式の株主に対し，当該行為をする旨を通知しなければならない（公告でかえること可）（同 3 項 4 項）。

4　株式買取請求

株式買取請求は，効力発生日の 20 日前の日から効力発生日の前日までの間に，株式買取請求に係る株式の数（種類株式の場合は，株式の種類・種類ごとの数）を明らかにしてしなければならない（同 5 項）。

株主が，株券の発行されている株式につき株式買取請求をしようとするときは，会社に対して，当該株式に係る株券を提出しなければならない。ただし，株券喪失登録の請求（会 223 条）をした者についてはこの限りでない（会 116 条 6 項）。

株式買取請求をした株主は，会社の承認を得た場合に限り，この請求を撤回できる（同 7 項）。

5　株式の価格の決定等

株式買取請求があった場合で，株式の価格決定につき，株主と会社との間で協議が調ったときは，会社は，効力発生日から 60 日以内にその支払をしなけれ

ばならない（会117条1項）。

効力発生日から30日以内に協議が調わないときは，株主または株式会社は，その期間満了の日後30日以内に，裁判所に対して，価格の決定を申し立てることができる（同2項）。

効力発生日から60日以内に，この価格決定申立がないときは，この期間満了後は，株主は，いつでも，株式買取請求を撤回できる（同3項）。

会社は，裁判所が決定した価格につき，効力発生日から60日が満了した日後の年6分の利息も支払わなければならない（同4項）

株式会社は，株式の価格決定があるまでは，株主に対し，当該会社が公正な価格と認める額を支払うことができる（同5項）。

第5節　株　券

1　総　説

平成16年改正前商法下では，株式会社は，原則として，株券を発行しなければならなかった（平16改正前商226条1項）。しかし，同改正商法は，定款の定めにより株券の不発行を定めることができるとした。そして，会社法は，株券不発行を株式会社の原則とした。上場会社等の大規模会社における株券発行のコスト負担および中小会社における株券不発行という現実を考慮しての措置である。

2　株券の意義

株券とは，株式すなわち株主の地位を表章する有価証券をいう。株券はすでに生じている株式を表章するものであるから要因証券であり，設権証券ではない。株券が表章する株式の権利は，定款や株主総会決議によって定まり，株券上の記載事項によって決まるわけではないので非文言証券である。また，株券は無記名証券であり，株券発行会社の株式譲渡は株券の交付によってなされ（会128条1項），1枚の株券で複数の株式を表章できる（100株券・1000株券等）。

3　株券の発行

株式会社は，その株式（種類株式発行会社の場合は全部の種類の株式）に係る株券

を発行する旨を定款で定めることができる（会214条）。この定めを設けた場合，会社は株券発行会社として，株式発行後遅滞なく当該株式に係る株券を発行しなければならない（会215条1項）。もっとも，非公開会社にあっては，株主から請求がある時まで株券を発行しないことができる（同4項）。

4　株券の記載事項

株券には以下の事項と株券番号を記載し，代表取締役（委員会設置会社の場合には代表執行役）がこれに署名または記名押印しなければならない（会216条1号〜4号）。①株券発行会社の商号，②当該株券に係る株式の数，③当該株券に係る株式の譲渡取得につき会社の承認を要する旨の定めがあるときはその旨，④種類株式発行会社の場合には，当該株券に係る株式の種類およびその内容，である。

5　権利の推定

株券の占有者は，当該株券に係る株式についての権利を適法に有するものと推定される（会131条1項）。株券の交付を受けた者は，当該株券に係る株式についての権利を取得する。ただし，その者に悪意または重過失があるときはこの限りでない（同2項）（善意取得）。

6　株券不所持制度

株券発行会社の株主は，発行会社に対して，自己が有する株券の所持を希望しない旨を申し出ることができる（会217条1項）。この申出を受けた会社は，遅滞なく，当該株券を発行しない旨を株主名簿に記載・記録しなければならない（同3項）。株券発行後に株券不所持を申し出た株主は，会社に当該株券を提出しなければならず（同2項），提出された株券は，会社が株主名簿へこの株券を発行しない旨を記載・記録をした時に無効となる（同5項）。

株券不所持の申出をした株主は，いつでも当該会社に対して，当該株式に係る株券の発行を請求できる。株券を会社に提出して株券不所持の申出をしていた場合，株券発行費用は当該株主の負担となる（同6項）。

7　株券喪失登録制度

株券を喪失した者は，株券発行会社に対し，法務省令の定め（会規47条）によ

り，当該株券についての株券喪失登録簿記載事項（会221条1号〜4号）を株券喪失登録簿に記載・記録することを請求できる（会223条）。

　一方，当該株券の所持人は，会社に対して株券喪失登録の抹消を申請でき（会225条1項），この申請を受けた発行会社は，遅滞なく，株券喪失登録者に対し，この申請者の氏名（名称）・住所・株券番号を通知しなければならない（同3項）。この通知の日から2週間経過した日に，株券発行会社は，提出された株券に係る株券喪失登録を抹消しなければならず，この株券を登録抹消申請者に返還しなければならない（同4項）。

　株券喪失登録（抹消されたものを除く）がなされた株券は，株券喪失登録日の翌日から起算して1年を経過した日に無効となる（会228条1項）。株券が無効となった場合，株券発行会社は株券喪失登録者に対し株券を再発行しなければならない（同2項）。

　株券発行会社は，株券喪失登録がなされた株券に係る株式を取得した者に関し，①当該株券喪失登録が抹消された日と，②株券喪失登録日の翌日から起算して1年を経過した日のうち，いずれか早い日（＝登録抹消日）までの間は，名義書換えをすることができない（会230条1項）。

第6節　株式の譲渡

1　株式の譲渡の意義

　株式の譲渡とは，法律行為によって株主の地位を移転する，株式得喪の一態様をいう。株式は株主の資格において有する一切の権利を包含する地位であるから，通説によれば株式の譲渡により自益権および共益権が移転する。株式の取得態様としては，①募集新株の発行・善意取得等による原始取得，②相続・合併等の包括承継による承継的取得，③株式譲渡による個別的承継，④強制執行手続による売却，⑤担保権実行としての競売，⑥国税徴収法などにもとづく公売などがある。一方，株式の喪失態様としては，株式譲渡などによる承継取得の反面・株式買取請求権の行使・端数株の処分などの相対的喪失のほか，株式の消却・会社消滅による絶対的消滅がある。

2　株式の譲渡方法

（1）　株券発行会社の場合

　株券発行会社（会117条7項かっこ書）の場合，株式の譲渡は，当該株式に係る株券を交付しなければ，その効力を生じない。ただし，自己株式の処分による株式の譲渡については，この限りでない（会128条1項）。すなわち，株式の譲渡当事者間においては，譲渡の意思表示による合意と株券の交付とが，株式譲渡の成立要件となる。株式の譲受人が，自己が株主であることを会社に対抗するためには，株主名簿の名義書換えが必要であるが，第三者に対しては，株券を所持するだけで対抗できる（会130条2項）。

（2）　株券不発行会社の場合

1）　振替株式でない場合

　株券不発行会社の場合，株式の譲渡は，振替株式の場合を除き，当事者間では意思表示のみによって効力を生ずる。しかし，この効力を会社その他の第三者に対抗するためには，株主名簿上の名義書換が必要である（同1項）。

2）　振替株式の場合

（i）　意　義

　振替株式とは，株券不発行会社の株式（譲渡制限株式を除く）で振替制度の利用に同意した会社の株式をいう（社債株式13条1項・128条1項）。平成21年1月5日に「社債，株式等の振替に関する法律」（平成13法75号）が定める株式振替制度が開始したことにより，それまでの上場会社の株式に係る株券等は廃止され，それまでの株券の存在を前提として行われてきた株主の権利の管理（発生・消滅・移転）は証券保管振替機構および証券会社等に開設された口座において電子的に行われるようになった。

　振替株式の譲渡・質入れは，振替機関等（振替機関または口座管理機関）が備える振替口座簿への記載によって行われる（社債株式128条1項）。

　振替機関とは，主務大臣の指定を受けて社債等の振替業務を行う株式会社であり，株式会社証券保管振替機構が現在唯一存在する。口座管理機関とは，他人のために社債等の振替を行うために口座の開設を行う金融機関であり，証券会社や銀行等が該当する。口座管理機関には，振替機関に直接口座を開設しているものもあるが，上位にある他の口座管理機関に口座を開設している場合もある。

会社設立時または成立後に振替株式が発行される場合，株式引受人は，振替機関等に自己の口座を開設し，発起人または会社に対して，株式の振替を行うための自己の口座を示さなければならない（同150条4項）。会社は，株式発行後，遅滞なく，振替機関に対し，株主となった各加入者の口座・加入者ごとの株式数等を通知しなければならない（同130条1項）。通知を受けた振替機関は，直ちに，この口座が自己の振替口座簿であればそこに記載・記録し（同2項1号），そうでない場合には直近下位機関である直接口座管理機関（証券会社・銀行等）に対し，自己が通知を受けた情報を通知する（同2号）。加入者の口座がさらに下位の間接口座管理機関にある場合には，さらに情報がそこに通知され，いずれかの振替機関等の振替口座簿に各加入者の株式数が記載・記録されることになる（同3項）。

(ⅱ) 総株主通知

振替株式の譲渡・質入れの効力要件は，加入者（譲渡人・質権設定者）の振替申請により，譲受人・質権者が自己の口座の保有欄・質権欄に増加の記載・記録を受けることである（同140条・141条）。加入者は，その口座に記載・記録された振替株式に関しては権利を適法に有するものと推定される（同143条）。したがって，加入者の振替申請により，自己の口座に増加の記載・記録を受けた加入者は，悪意・重過失がない限り，当該記載・記録に係る権利を善意取得する（同144条）。

振替株式は，その譲渡や発行等，端数も含めて振替口座簿によって管理されているため，発行者（＝発行会社）においては，振替機関から報告がない限り，現在の株主が誰なのかを知りえないのが通常である。そこで，振替機関は，以下の場合，該当する株主に関し，所定事項（当該株主の氏名（名称）・住所，その者が保有する振替株式の銘柄・数・その他法務省令所定事項）を発行者に対して速やかに通知しなければならない（総株主通知）（同151条）。すなわち，①発行者が定めた基準日の株主，②株式併合の効力発生日の株主，③振替機関等が特定銘柄の振替株式の記載・記録を全部抹消したとき（同135条3項4項）の当該株主，④発行者の事業年度が1年の場合で，年度開始日より6月を経過した日の株主（中間配当（会454条5項）に係る基準日を定めたときを除く）などである。総株主通知を受けた会社は，当該通知事項を株主名簿に記載・記録しなければならない。この場合，上記①等が定める日に株主名簿への記載・記録がなされたものとみなされる（同152条1項）。

(iii) 個別株主通知

　株主が，会社に対して単独株主権や少数株主権等を個別的に行使しようとする場合には，会社法130条（株主名簿の記載による会社への対抗）の適用はなく，まず，直近上位機関を経由して，振替機関に対して，自己の氏名・名称・住所・記録された自己の有する振替株式の種類・数等を，会社（＝発行者）に対して通知するよう申し出なければならない（同154条3項）。そして，振替機関から会社に対してこの通知（個別株主通知）がなされ，政令所定期間が経過するまでの間に権利を行使することになる（同2項）。

　この場合，少数株主権等とは，基準日において行使できる権利（会124条1項）以外のすべての権利をいい（社債株式147条4項），議決権を除く共益権および自益権のうち株式買取請求権や取得請求権付株式の取得請求権等が該当する。しかし，個別株主通知が必要となると，権利行使期間の短いものの場合，権利行使が事実上困難になる。この点，全部取得条項付種類株式の取得対価の申立て（会172条）に際して個別株主通知手続が必要とされるかにつき，最判平22・12・7民集64巻8号2003頁（メディアエクスチェンジ社事件）は，個別株主通知は対抗要件であり，会社が申立人が株主であることを争った場合に，その審理終結までの間に個別株主通知がなされることを要し，これで足りるとしている。この解釈は最判平24・3・28民集66巻5号2344頁（ACデコール事件）も踏襲しており，会社法116条1項所定の株式買取請求権を行使する反対株主につき，会社側が買取請求をした者が株主であることを争った時点で，すでに当該株式につき振替機関の取扱いが廃止されていた場合であっても異ならないとしている。

3　株式譲渡の自由と制限

(1)　総　説

　株式会社は，本来，株主の個性を問題としない会社形態であるから，株主に株式の自由譲渡性を認めても弊害はない。また株式会社においては，持分会社（合名会社・合資会社・合同会社）におけるような退社（会606条以下）による持分の払戻制度（会611条）がないため，株式の譲渡は株主にとって投下資本を回収する最も重要な手段となる。すなわち，投下資本の回収を図りたい株主は，株式譲渡による譲渡対価の取得という方法でこの目的を達成するのであって，株式の自由譲渡性こそ資本主義制度を支える本質的な要請となる。そこで会社法127条は，

「株主は，その有する株式を譲渡することができる」として，株式自由譲渡の原則を宣言している。

もっとも，株式の自由譲渡性に対しては，法令・定款・契約による譲渡制限，がある。

（2） 法令による譲渡制限

1） 権利株の譲渡制限

権利株とは，出資の履行をすることにより株主となる権利すなわち株式引受人の権利を意味するが，この譲渡は，株式会社に対抗することができない（会35条・63条2項・208条4項）。通説・判例（最判昭和31・12・11裁判集民24号337頁）は，権利株の譲渡は会社に対しては無効であるが，譲渡当事者間では有効と解している。では，会社側が当該譲渡を有効と認めることは可能か。多数説は絶対的無効説に立ちこれを否定する。しかし，この制限の立法趣旨が株式引受人の交代による設立手続または募集新株発行手続の煩雑・渋滞の防止という会社の事務手続上の便宜にあると解するならば，会社側が自発的に有効と認めることはさしつかえないと解すべきであろう（相対的無効説，鈴木＝竹内82頁・河本147頁・北沢213頁）。

2） 株券発行前の株式の譲渡制限

株券発行会社の場合，株券の発行前になされた株式の譲渡は，当該会社に対し，その効力を生じない（会128条2項）。これも株券発行事務の渋滞を防止し株券発行の促進を図ることを目的とする措置であり，株券発行前になされた株式の譲渡は当事者間では有効であるが，会社に対しては譲渡の効力を対抗できないと解すべきである（前田162頁）。

3） 子会社による親会社株式の取得規制

本書173頁以下参照。

（3） 定款による譲渡制限

1） 総　説

株式の自由譲渡性をめぐる立法には変遷がある。かつて昭和25年の改正商法は「株式ノ譲渡ハ定款ノ定ニ依ルモ之ヲ禁止シ又ハ制限スルコトヲ得ズ」として，株式譲渡の絶対的自由を保証していた。しかし，公開会社は市場を通じて新株を発行し資金調達をはかることが可能であり，恒常的に資金を拡大する本質的欲求と機能を有しているのに対し，閉鎖会社は限られた範囲の株主（たとえば身内の者

同士など）が結束し現状の資金的規模と各株主の支配割合を維持しようとする性格を備えており，株式の自由譲渡を嫌うのが実状である（閉鎖性の維持志向）。そこで，昭和41年の商法改正では，圧倒的多数を占める閉鎖的な株式会社の現実的要請に応えて，株式譲渡に関しては「定款ヲ以テ取締役会ノ承認ヲ要スル旨ヲ定ムルコトヲ妨ゲズ」（改前商204条1項但書）と規定するにいたった。

　会社法においても，株式の自由譲渡性が原則であるが（会127条），既述のとおり，会社は，定款により，会社が発行する全部の株式の内容として（会107条1項1号・2項1号），または，種類株式の内容として（会108条1項4号・2項4号），譲渡による当該株式の取得につき会社の承認を要する旨を定めることができる。当該株式は「譲渡制限株式」とよばれ（会2条17号），その譲渡につき会社の承認がない限り，名義書換えの請求はできない（会134条）。

　実際上，非上場会社の大半は発行する全部の株式につき譲渡制限を課しているが，一方，金融商品取引所の規制により，譲渡制限株式の上場は認められない。

　２）　譲渡等承認請求

　譲渡制限株式の株主は，当該譲渡制限株式を他人に譲り渡そうとするときは，当該会社に対して，当該他人（当該株式の発行会社を除く）がこれを取得することにつき承認するか否かを決定するよう請求することができる（会136条）。また，この株式を取得した者も，当該会社に対して，この取得を承認するか否かを決定するよう請求できる（会137条1項）。この取得者による請求は，利害関係人の利益を害するおそれがないものとして法務省令が定める場合（会規24条）を除き，当該株式の株主として株主名簿に記載・記録された者またはその相続人その他の一般承継人と共同してしなければならない（会137条2項）。

　以下の請求（＝譲渡等承認請求）をなすにあたっては，以下の事項を明らかにしてしなければならない（会138条）。

　　① 　譲渡する株主が請求する場合（同1号），
　　　(イ)　譲渡しようとする譲渡制限株式の数（種類株式発行会社の場合には譲渡制限株式の種類・種類ごとの数），
　　　(ロ)　譲り受ける者の氏名・名称，
　　　(ハ)　会社が不承認を決定する場合で，当該会社または指定買取人（会140条4項）が当該株式を買い取ることを請求するときは，その旨，
　　② 　株式取得者が請求する場合（同2号），

(イ)　取得した譲渡制限株式の数（種類株式発行会社の場合には譲渡制限株式の種類・種類ごとの数），
　　(ロ)　株式取得者の氏名（名称），
　　(ハ)　会社が不承認の決定をする場合で，当該会社または指定買取人が当該株式を買い取ることを請求するときは，その旨。

3）承認の決定

　会社は株主総会（取締役会設置会社の場合は，取締役会）の決議で，承認するか否かを決定するが，定款に別段の定めがある場合は，この限りでない（会139条1項）。会社はこの決定をしたときは，譲渡等承認請求者に当該決定内容を通知しなければならない（同2項）。

4）会社が不承認の場合の手続

　会社が譲渡不承認を決定し，かつ，譲渡人が買取請求をしている場合には，会社が当該譲渡等承認請求に係る譲渡制限株式（対象株式）を買い取らなければならない。この場合，会社は，①対象株式を買い取る旨，②買い取る対象株式の数（種類株式発行会社の場合には対象株式の種類・種類ごとの数）を，株主総会の特別決議で決定しなければならない（会140条1項2項・309条2項1号）。なお，譲渡等承認請求者は，この総会において議決権を行使できない。ただし，この当該請求者以外の株主の全部がこの総会において議決権を行使できない場合はこの限りでない（会140条3項）。会社は，①②を決定したときは，譲渡等承認請求者にこれらの事項を通知しなければならない（会141条1項）。

　会社は，自らが買い取るかわりに，対象株式の全部または一部を買い取る者（指定買取人）を指定することができる（会140条4項）。この指定は株主総会の特別決議（取締役会設置会社にあっては取締役会決議）によらなければならないが，定款に別段の定めがある場合はこの限りでない（同5項・309条2項1号）。指定買取人は，この指定を受けたときは，①指定買取人として指定を受けた旨，②買い取る対象株式の数（種類株式発行会社の場合には対象株式の種類・種類ごとの数）を，譲渡等承認請求者に通知しなければならない（会142条1項）。会社または指定買取人が，譲渡等承認請求者に対して，上記の通知をしようとするときは，1株あたりの純資産に対象株式の数を乗じて得た額を，会社の本店所在地の供託所に供託し，かつ，当該供託を証する書面を譲渡等承認請求者に交付しなければならない（会141条2項・142条2項）。

5） 売買価格の決定

譲渡等承認請求者に対して会社または指定買取人から上記の買取事項の通知（会141条1項・142条1項）があった場合，対象株式の売買価格は，譲渡等承認請求者と会社または指定買取人との協議によって定められる（会144条1項・7項）。この協議が整わない場合には，この通知があった日から20日以内に，これらの者は裁判所に対して売買価格を決定するよう申し立てることができる（同2項7項）。裁判所は，譲渡等承認請求時における株式会社の資産状態その他一切の事情を考慮して決定しなければならず（同3項），この決定された額が売買価格となる（同4項）。

なお，協議が整わず，かつ上記期間内に裁判所に対する申立てもない場合には，1株あたりの純資産額に対象株式の数を乗じた額が売買価格となる（同5項）。

上記の供託がなされた場合で，対象株式の売買価格が確定したときは，供託された金銭相当額を限度として，代金の全部または一部は支払ったものとみなされる（同6項）。

6） 会社が譲渡を承認したものとみなされる場合

以下の場合，会社は，株主または株式取得者からの承認請求に対し，承認する決定をしたものとみなされる。ただし，会社と譲渡等承認請求者との合意により別段の定めをしたときは，この限りでない（会145条1号～3号）。

① 承認請求の日から2週間（これを下回る期間を定款で定めた場合はその期間）以内に，会社が承認・不承認の通知（会139条2項）をしなかった場合，

② 承認・不承認の通知の日から40日（これを下回る期間を定款で定めた場合はその期間）以内に，会社が買取り決定の通知（会141条1項）をしなかった場合。ただし，指定買取人が上記承認・不承認の通知の日から10日（これを下回る期間を定款で定めた場合はその期間）以内に買取り通知をした場合（会142条1項）を除く，

③ その他法務省令所定（会規26条）の場合。

7） 譲渡等承認請求の撤回

譲渡等承認請求者は，会社から買取りの通知（会141条1項）を受けた後は，会社の承諾を得た場合に限り，また，指定買取人から買取りの通知（会142条1項）を受けた後は，指定買取人の承諾を得た場合に限り，この請求を撤回できる（会143条1項2項）。

8） 買取通知の撤回の可否

　裁判所の上記決定価格が高すぎて，指定買取人が代金を支払えないような場合，指定買取人は譲渡希望株主に対してなした買取り通知を撤回できるか。判例は，この通知は，法定売買を一方的に成立させる効果を生ずる形成権の行使にあたるので，一旦行使した以上，一方的に撤回する余地はないと解する（大阪高判平元・4・27判タ709号238頁）。

（4）　譲渡制限違反の株式譲渡の効力

　譲渡制限株式が，会社の承認がないまま譲渡された場合，当該譲渡が会社との関係で無効であることについては異論がない。しかし，譲渡当事者間における効力については，かつて，これを無効とする絶対説と有効とする相対説（最判昭和48・6・15民集27巻6号700頁）とが対立していた。しかし，平成2年の商法改正以降，相対説が立法的に採択されている。すなわち，会社法137条1項は，「譲渡制限株式を取得した株式取得者」に，会社に対する承認・不承認の決定請求権を規定しているからである。

第7節　株主名簿

1　意義・記載事項

　株主名簿とは，株式会社に作成が義務づけられた，株主および株券（株券発行会社の場合の）に関する法定事項が記載された（電磁的に記録すること可）会社の帳簿をいう。株券の発券または移転状況を記した単純な元帳たる株券台帳とは異なる。

　株主名簿の記載事項としては，①株主の氏名（名称）・住所，②前記①の株主の有する株式の数（種類株式発行会社にあっては株式の種類・種類ごとの数），③前記①の株主が株式を取得した日，④株券発行会社の場合には，②の株式（株券が発行されているものに限る）に係る株券の番号，がある（会121条）。

2　株主名簿記載事項の記載書面の交付等

　株券発行会社の場合を除き，株主名簿に記載されている株主は，株式会社に対して，当該株主について株主名簿に記載・記録された株主名簿記載事項が記載さ

れた書面の交付または記録された電磁的記録の提供を請求することができる（会122条1項4項）。この書面・電磁的記録には，代表取締役（指名委員会等設置会社の場合は代表執行役）の署名（記名押印）または電子署名（会規225条1項2号）が必要である（会122条2項3項）。

3　株主名簿の作成・備置き・閲覧

株式会社は，株主名簿を本店（株主名簿管理人[17]がいる場合にはその営業所）に備え置かなければならない（会125条1項）。株主および会社債権者は，会社の営業時間内は，いつでも，請求理由を明らかにして，（書面または電磁的記録で作成された）株主名簿の閲覧・謄写を請求でき（同2項），会社は，以下の場合のみ，この請求を拒絶できる。すなわち，請求者が，①その権利の確保・行使に関する調査以外の目的で請求したとき，②会社の業務の遂行を妨げ，または，株主の共同の利益を害する目的で請求したとき，③請求者が株主名簿の閲覧・謄写によって知り得た事実を利益を得て第三者に通報するため請求したとき，④請求者が，過去2年以内において，株主名簿の閲覧・謄写によって知り得た事実を利益を得て第三者に通報したことがあるものであるとき，である（同3項）。

親会社の社員も，その権利を行使するために必要があるときは，裁判所の許可を得て，上記の閲覧・謄写の請求ができるが，その場合には理由を明らかにしなければならない（同4項）。裁判所は，上記①～④の事由があるときは，許可できない（同5項）。

4　株主に対する通知

会社が株主に対してなす通知・催告は，株主名簿に記載・記録された当該株主の住所（当該株主が別に通知・催告を受ける場所・連絡先を当該会社に通知した場合は，その場所・連絡先）にあてて発すれば足りる（会126条1項）。通知・催告は，それが通常到達すべきであった時に，到達したものとみなされる（同2項）。株式が2人以上の者に共有されている場合には，共有者は通知・催告を受領する者を1人定めて，会社に対してその氏名（名称）を通知しなければならない（同3項）。こ

---

[17]　株式会社に代わって株主名簿の作成・備置きその他の株主名簿に関する事務を行う者をいう。会社は，定款でこの設置を定め，当該事務を委託できる（会123条）。

の場合には，その者が株主とみなされ，その者に通知・催告することになる。

第8節　名義書換え

1　意　義

　株式の名義書換えとは，株式の譲渡に際し，株式取得者が自己の氏名（名称）・住所を株主名簿上に書き換えてもらうことをいう。

　株券不発行会社の場合，当該株式発行会社以外の者から株式を取得した者は，当該会社に対し，当該株式に係る株主名簿記載事項を株主名簿に記載・記録することを請求できる（会133条1項）。この請求は，利害関係人の利益を害するおそれがないものとして法務省令が定める場合（会規22条）を除き，株式取得者と株主名簿上に記載・記録された株主またはその相続人その他の一般承継人と共同してなさなければならない（会133条2項）。

　株券発行会社の場合，株券の占有者は適法な所持人と推定されるので（会131条1項），株式の譲受人は，単独で，会社に株券を提示して名義書換えを請求できる（会規22条2項1号）。

　振替株式の場合の名義書換えは，会社が総株主通知を受けた際に行われ（社債株式152条1項），個別株主通知を受けても行われない。

2　名義書換えの効力

（1）　確定的効力

　株券不発行会社の場合，株式の譲渡は，名義書換えをしなければ会社その他の第三者に対抗することができない（会130条1項）。他方，株券発行会社の場合は，名義書換えをしなければ株式の譲渡を会社に対抗することができず（同2項），第三者への対抗要件は株式の占有となる。これらを名義書換えの確定的効力という。

（2）　資格授与的効力・免責的効力

　株主名簿上の株主は，権利行使の際，あらためて自己が株主であることを証明する必要はない。これを名義書換えの資格授与的効力という。一方，会社は，株主名簿上の株主に権利行使を認めれば，その者が実質上無権利者であっても，原則として免責される。これを名義書換えの免責的効力という。

3 名義書換え未了の株式譲受人の地位

（1） 会社側からの権利行使の許容

　会社は，名義書換えをしていない株式の譲受人を株主として扱うことができるか。肯定説（任意説）は，会社が株主名簿に記載のない者を株主として扱うことには免責的効果は認められないが，その者が実質的権利者である限り，会社が，自己の危険において，その者の株主総会における議決権行使を容認したり，その者に配当金を支払うことは適法であると解して，株主の静的安全を重視している[18]。これに対し，否定説（画一説）は，会社は株主名簿上の株主以外の者の権利行使を認めてはならないとして，株式の流通という動的安全を重視する[19]。否定説によればこのような者が議決権を行使した総会決議は瑕疵ある決議となるし，また，会社は名簿上の株主にあらためて配当金あるいは損害賠償金を支払わなければならない。さらに否定説は，(1)肯定説にたてば，会社は，株式の譲渡人に対しては実質的無権利を理由にして，また譲受人に対しては名義書換え未了を理由にして，いずれの権利行使をも拒絶できることになり不当である（権利行使の空白），(2)会社経営者は譲渡人か譲受人のうちいずれか気に入った方に権利行使を認めてよいことになり，株主の扱いが恣意的になる（権利行使者の不安定）という問題も生ずる，(3)会社法130条1項の「対抗することができない」という文言はかつての規定「会社ニ対シ其ノ効ナシ」に由来するので，その趣旨で解すべきである，(4)譲受人は何時でも名義書換えができるのにそれをしないのは名簿上の株主に権利行使を認めている趣旨である，と主張する。これに対し，肯定説は，(1)会社が譲渡人・譲受人双方の権利行使を拒むことが信義則に反する場合には信義則違反と考えれば足りる，(2)譲受人を株主と扱えると解するならば，株主平等の原則により，会社はすべての場合に名義書換え未了者を株主として扱わなければならないが，これは株主数の多い会社においては実際上不可能であり，一律に株主名簿上の株主を株主として扱わざるをえず，恣意的な扱いなどできない[20]，と反論する。

　基本的には肯定説に立ったうえで，株主平等の原則を考慮し，以下のように解

---

[18] 石井照久＝鴻　常夫・会社法第1巻257頁（勁草書房，1977），鈴木＝竹内159頁，北沢247頁。
[19] 大隅＝今井・上482頁以下，田中〔誠〕上400頁以下，加美205頁以下。
[20] 河本192頁以下，龍田243頁。

する立場を支持したい。すなわち，大規模な会社においては，名義書換え未了株主を一律的に株主として扱うことは実際上不可能である。しかし，株主名簿上の株主のうち，すでに株式を譲渡して無権利者となったことが確実に判明している者については，会社はその権利行使を拒むことができ，また拒むべきである。他方，各株主の株式の実際の移転先が明確に把握できるような小規模な会社では，株主名簿によらず，現実の譲受人をすべて株主として扱うことは可能であり適法である[21]，とするものである。判例はほぼ一貫して，会社が自己の危険において名義書換え未了の株式譲受人を株主と認めることは差し支えないとしている（最判昭和30・10・20民集9巻11号1657頁）。

（2）　名義書換えの不当拒絶

株式譲受人が株券を呈示して会社に名義書換えを請求したにもかかわらず，会社が正当な理由なくしてこれを拒絶した場合，株主にはどのような救済が認められるのであろうか。通説は，この場合には，会社は名義書換えのないことを理由に当該譲渡を否認しえず，当該譲受人を株主として扱わなければならないと解する[22]。不当拒絶の不利益を株式取得者に負担させるのは信義則に反するし，不当拒絶した会社に株主名簿の免責的効力を認めるべき実質的理由はないからである。これに対し，不当に拒絶された者には会社に対する損害賠償請求を認めるものの，団体法の画一性と正当性の決定が困難であることを理由に，名義書換えされない者は会社に対して株主であることを主張できないと解する立場もある（田中〔誠〕上399頁）。

最判昭和41・7・28民集20巻6号1251頁は，株式譲受人から名義書換えの請求を受けて株券を受理した会社従業員が，過失により書換えを懈怠した事例であるが，譲受人を株主として扱うべきものと判示している。しかし，会社が書換えするつもりで株券を受理した以上は，法的には書換えの効果が生じたと解してさしつかえないであろう（河本194頁）。

会社は，株券所持人の無権利について知っているのみならず，そのことを容易

---

21)　河本・前掲20)。
22)　大隅＝今井・上483頁以下，加美206頁，鈴木＝竹内159頁。鈴木＝竹内は，名義書換えの拒絶が明らかに不当な場合には名簿上の記載がなくても株主であることを主張できるとし，明らかに不当な拒絶に該当する場合として，その者の無権利を立証する資料を有しないにもかかわらず無権利であることを理由に名義書換えを拒絶する場合をあげる。

かつ確実に証明しうる証拠方法をもっていたにもかかわらず書換えに応じた場合にのみ免責されないのであって，書換え拒絶の根拠につき不安がある場合には進んで書き換えればよいとも解されている（河本195頁）。また，会社が現に有する証拠で書換え請求者の無権利を立証するために時間を必要とする場合には，ただちに書換えをしなくても不当拒絶にはならないとも解されている。[23]

4 失念株

(1) 意 義

狭義の失念株とは，会社が株主に新株を発行するに際し（募集株式の株主割当て，株式分割，株式・新株予約権の無償割当て等による），株式（旧株）の譲受人（実質的株主）が割当期日までに名義書換えをしなかった（失念した）ため，譲渡人（株主名簿上の名義人，形式的株主）に割り当てられた株式または新株予約権の目的である株式（新株）のことをいう。広義の失念株には，株式譲渡の対象たる株式で，譲受人が所定の期日までに名義書換えをしなかった株式も含まれる。

(2) 実質株主から形式株主に対する権利主張

名義書換えを失念した実質株主（＝失念株主）は，会社に対しては権利を主張できないが，譲渡人に対しては主張できるのであろうか。最判昭和35・9・15民集14巻11号2146頁は，原告Xが被告Y1・Y2名義のA社の株式を証券会社を通じて購入し名義書換えを失念している間に，A社が特定の割当日における株主に当時の新株引受権（現在の「募集株式の割当てを受ける権利」）を付与して新株を発行した事案である。株主名簿上の株主であったY1・Y2が引受権を行使して新株を取得したのに対し，XはY1らがA社に払い込んだ金額と同額の金額と引換えに新株の引渡しを求めた。最高裁はXの株券引渡請求権を否定するにあたり，割当日当日の株主というのは「その日時において実質上株主であるか否かを問わず，会社が法的な立場において株主として処遇することのできる者，すなわち株主名簿に登録されていて会社に対抗できるという意味であるから，失念株主たるXは引受権を取得しない」と判示した。つまり，Y1らは自己の引受権を行使して新株を入手したものと判断したわけである。この点，通説は，この判例は会社に対する関係と譲渡当事者間の関係を混同しており，譲渡当事者間の利

---

[23] 竹内昭夫・会社法講義上255頁（有斐閣，1986）。

益の調和に配慮を欠くと批判している。そして，会社は新株発行にともなう株価の低下による実質的株主の不利益を補う趣旨で株主に新株引受権を付与するのであるから新株引受権は本来的には譲受人に帰属するものと解している（鈴木＝竹内160頁，加美207頁）。

譲渡人・譲受人間の利害調整に関し，通説はさらに不当利得説[24]と準事務管理説[25]に分かれる。不当利得説は，譲渡人は譲受人にその利益の存する限度で返還すべきであると解するものであり，上記の例の場合，「利益の存する限度」とは新株引受権の価格に相当する金額を意味する。この場合「新株引受権の価格」に関しては，具体的には，新株発行直後の株式の時価と払込金との差額を上限とし，いったん時価が下がったときには，その下がった時価と払込金額との差額に限られるとし，差額がいったんゼロまたはマイナスになった後に再度プラスに転じたとしても，その時点では譲受人は譲渡人に対して一切返還請求はできないものと解されている。差額がゼロになった時点で新株引受権の価値は消滅し，以後のプラスは譲渡人が取得した新株を保有し続けていた結果生じた投資利益となるからであり，このように解さなければ，失念株主が名簿上の株主の危険負担において投機することを認めるという不当な結果になるからである。[26]

最判平成19・3・8民集61巻2号479頁は，AがBに株式を譲渡したが，名義書換未了のため，株式分割をした会社が，Aに新株券を交付し，Aがこの株券を第三者に売却した事案である。判決は，AはBに対し，本件新株式の売却代金および配当金の合計金額相当額を不当利得として返還すべき義務を負うとしている。

一方，準事務管理説は，譲渡人は通常自己のためにする意思で新株の引受け・払込みをなすので，事務管理における「他人のために」（民697条1項）という主観的要件を欠くが，準事務管理の成立を認めて事務管理規定を類推適用すべきであると解する。したがって，譲渡人は新株または買得金を譲受人に引き渡す義務を負うとともに（民701条・646条），譲受人に対しては，払込金を含む有益費用

---

[24] 大隅＝今井・上487頁，鈴木＝竹内160頁，北沢250頁，加美207頁以下，前田265頁，竹内260頁。
[25] 高鳥正夫・会社法の諸問題411頁以下（慶應通信，1973），塩田親文「失念株」の問題について(2)」民商30巻4号38頁，西原寛一・会社判例百選（新版）78頁（有斐閣，1970）。
[26] 竹内・判例商法Ⅰ86頁（弘文堂・1976）。

の償還を請求することができるとする（民702条）。

　なお，故意に名義書換えしない者は，名簿上の株主の利得を容認して自己の権利を放棄したものとみなし，この者の請求は否認すべきである。

　なお日本証券業協会の統一慣習規則は，協会員（金融商品取引業者）が自己名義の株式を他の会員に譲渡した後，譲渡人が剰余金の配当や新株式等の割当等を受けた場合に関し，失念株主たる譲受人は譲渡人に対して，名義書換取扱最終日の翌日から起算して6カ月以内に限り，それらの返還を請求しうる旨，および，その際に支払うべき金額の基準などを定めている（株式の名義書換失念の場合における権利の処理に関する規則（昭50）2条3条）。この規則は協会員相互間の取引について適用されるものであるが，一般人が協会員を通じてなす取引に対しても適用される商慣習か否かについては，学説・判例ともに肯定説[27]と否定説[28]に分かれている。前掲最判平成19・3・8は否定説に立っている。

第9節　株式の担保化

1　株券発行会社における株式の担保化

（1）略式株式質

　株式は財産的価値と譲渡性を備えているため，担保の対象となりうる。株式を担保にする方法としては，略式株式質・登録株式質・譲渡担保がある。

　株券発行会社の株式については，まず略式株式質がある。略式株式質とは，株主名簿に記載されないので会社その他の第三者には，質入事実が分からない。これは，質権設定者たる株主が，質権者たる相手方との間で，株券上に質権を設定する旨を合意し，この株券を相手方に交付することで効力が発生する（会146条）。質権者における当該株券の継続的占有が株券発行会社その他の第三者に対する対抗要件となる（会147条2項）。

---

[27]　大阪地判昭和45・2・26判時612号89頁，大阪高判昭和51・7・7判タ344号249頁。高鳥正夫・ジュリスト51年度判例解説99頁，西原・前掲25）79頁。

[28]　東京地判昭和37・4・12下民集13巻4号728頁，東京地判昭和56・6・25判時1028号106頁。鈴木＝竹内165頁，前田264頁。

(2) 登録株式質

これは株券発行会社が，質権設定者たる株主の請求により，株主名簿上に質権者の氏名（名称）・住所を記載・記録するものであり，会社が登録株式質権者に対してする通知・催告は当該登録株式質権者の住所に対してなされる（会150条1項）。登録株式質権者は，会社から直接的に，剰余金配当・残余財産分配その他の物上代位的給付の支払い・引渡しを受ける（会152条～154条等）。

(3) 譲渡担保

1) 総 説

これは，債務者が，債権の担保を目的として，自己の有する株券を債権者（譲渡担保権者）に交付するとともに（会128条1項），債務を履行したときにはこの株券を返還してもらい，期日に履行できない場合には債権者がこの株券により優先弁済をはかることが約束されている場合をいう。単に株券を交付するにとどまる略式型と，株主名簿上，担保権者の名義に書き換える登録型の譲渡担保がある。また，株券の任意売却により優先弁済をはかる処分清算型と，株券の所有権を取得する帰属清算型とがある。

略式質・譲渡担保・通常の株式譲渡は，外形的には区別がつかず，当事者の意思表示でいずれであるかが判断される。質権設定の意思が明白でない場合には，取引慣行および担保権実行の容易さから譲渡担保と推定されてきている（鈴木＝竹内172頁，大隅＝今井・上495頁，北沢252頁）。

2) 譲渡制限株式の譲渡担保

定款による譲渡制限のある株式を譲渡担保に供する場合，従来の多数説・判例（最判昭和48・6・15民集27巻6号700頁）は，譲渡担保の設定にあたり取締役会の承認をえることが必要と解している。しかし，譲渡担保も担保である以上，質権と同様に譲渡の承認を求める必要はなく，譲渡担保権を実行して株式を取得した者が，その時点で会社に対して取得の承認決定を求めればよいと解すべきであろう（会137条）。そうでなければ，取締役会の承認をえて譲渡担保を設定した株主が，受戻しの際に承認を拒否されて株主に戻れなくなるおそれがあるからである（鈴木＝竹内169頁，大隅＝今井・上433頁，龍田250頁）。

2　株券不発行会社における株式の担保化

（1）　振替株式の担保化

　振替株式の質入れは，質権設定者である加入者（株主）の振替申請により，質権者が振替先口座である自己の口座の質権欄に，当該質入れに係る数の増加の記載・記録を受けることにより効力を生ずる（社債株式141条）。振替機関が，発行会社への総株主通知において質権者の申出によりその氏名（名称）・住所も示し，これが株主名簿に記載されれば登録質となるが（同151条3項），質権者がこの申出をしない場合は（匿名性の維持），振替株式における略式質となる。

　振替株式の譲渡担保は，総株主通知に際し，加入者が，直近上位振替機関に対し，当該振替株式につき他の加入者（＝特別株主・譲渡担保権者）を株主として通知することを申し出て，振替機関がこれを振替記載して，総株主通知をする方法によりなされる（同2項1号）。

（2）　振替株式以外の株式の担保化

　株券不発行会社における株式の担保化は，占有移転をなすべき株券がない以上，登録質にするしか方法がない。譲渡担保も，債権者たる譲受人に名義を書き換えて（会130条1項）設定される。

3　株式の質入れの効力

　株式の質権者は，質受した株券に関し，民法上，①留置権（民362条2項・347条），②優先弁済権（民342条），③転質権（民348条），④物上代位権（民362条2項・350条・304条）を有する。そして，会社法上，④の物上代位効力については，会社が以下の行為をした場合，株主が受ける金銭その他の財産に質権の効力が及ぶ（会151条）。すなわち，①取得請求権付株式の取得，②取得条項付株式の取得，③全部取得条項付種類株式の取得，④株式の併合，⑤株式の分割，⑥株式無償割当て，⑦新株予約権無償割当て，⑧剰余金配当，⑨残余財産分配，⑩組織変更，⑪合併（当該会社が消滅する場合に限る），⑫株式交換，⑬株式移転，⑭株式の取得（①②③の行為を除く），である。特別支配株主が株式売渡請求により売渡株式を取得した場合には，売渡株式を目的とする質権は，当該取得により当該売渡株式の株主が受け取ることのできる金銭につき存在する（同2項）。

　登録株式質権者は，この物上代位効力により金銭を受領し，他の債権者に先立

って自己の債権の弁済に充当することができる（会154条1項）。債権の弁済期が未到来のときは，この金銭相当額を会社に供託させ，その供託金上に質権が存在することになる（同2項）。略式株式質権者が，株券発行会社の株式につき，物上代位権を行使するには，原則として，その目的物が会社から質権者に払渡し・引渡しされる前に差し押さえなければならない（民362条2項・350条・304条1項ただし書）。

　株主における「募集株式の割当てを受ける権利」に物上代位権が及ぶかに関しては，規定がないが，株式の交換価値の一部を構成するものとして多数説は肯認する。株主に対し新株予約権無償割当てがなされる場合（会277条）には，略式株式質権者は，効力発生（会279条）前にこれを差し押えて（会151条7号），質権設定者に代り担保を請求する。代り担保が提供されないときは，「その他の財産権」（民執193条）として担保権を実行することが可能とされる（江頭225頁）。

第10節　株式の評価

1　総　説

　株式の価値は，会社の収益力や財務状況等，様々な要因によって定まるが，上場株式の場合には，これらの要因に対する市場の判断によって株価が定まってくる。これに対し，非上場株式の場合には株価を決定する市場がないため，その価値を客観的に定めることは困難である。

2　各場合における評価

（1）　貸借対照表上の評価

　会社が所有する他の会社の株式は，貸借対照表上「資産」として計上される。売買目的有価証券（時価の変動により利益を得ることを目的として保有する有価証券）たる株式は流動資産として計上され（計規74条3項1号ヘ），これを除いた関係会社の株式は「投資その他の資産」として計上される（同4号イ）。資産は原則として取得原価で評価されるが（同5条1項），市場価格のある株式の場合，事業年度末日における時価がその時の取得原価より著しく低く，取得原価まで回復するとは認められない場合には，当該事業年度末日の時価評価が強制される（同5条3

項1号)。市場価格のない株式の場合は，取得原価で評価し，事業年度末日に予測することのできない減損が生じたときは，その時の取得原価から相当の減額をしなければならない（同2号）。

（2） その他の場合

株主が株式買取請求権を行使してきた場合，会社は，その株式を公正な価額で買い取らなければならないが，当事者間の買取価格協議が整わない場合には，当事者の申立てにより裁判所が決定する（会117条2項・470条2項・786条2項・798条2項・807条2項）。

会社が譲渡制限株式の譲渡を承認せず，譲渡株主と指定買取人との間で売買価格協議が整わない場合も，当事者の申立てにより裁判所が決定する（会144条2項）。この場合，非上場株式の評価に際しては，相続税・贈与税の算定にあたり使用される基準で評価される場合が多い。すなわち，類似業種比準方式[29]・収益還元方式[30]・配当還元方式[31]・純資産方式[32]・類似会社比準方式[33]等の単独使用ないし併用である。

第11節　自己株式の取得規制

1　総　説

平成13年の商法改正前においては，いくつかの例外の場合を除き，会社が，自社の発行済株式を取得すること（自己株式の取得）は，原則的に禁止されていた（改前商210条）。その理由は，以下の弊害を防止しようとする政策的理由によるものであった。すなわち，①資本や資本準備金を財源とする自己株式の取得は出

---

[29] 評価の対象となっている非公開会社の事業が類似する複数の上場会社の株価の平均値を比較して，その会社の株式価値を算定する方法。
[30] 1株あたりの予想税引後純利益を一定の資本還元率（割引率）で還元して株式の評価額を算定する方法で，企業の収益力に着目する。
[31] 将来の各事業年度に予想される1株あたりの予想配当金額を，リスクと金利水準を考慮した資本還元率で還元し，現在価値に引き直して，株式価値を算定する方法。
[32] 一定時点における企業の資産・負債の評価差額をもって株式価値を評価する方法。1株あたりの株式価値＝純資産÷発行済株式総数
[33] 業種・規模等が類似する上場会社のビジネス・リスクや成長性に関する市場の見方を反映させて，非公開会社の株式価値を算定する方法。

資の払戻しとなり，資本維持の原則に反する（資本の空洞化），②会社の経営が悪化すると保有する自己株式の価値も下落し，一層の経営悪化を招く（二重の危険），③一部の特定株主からの株式取得は他の売却を望む株主との間に不公平をもたらす（株主平等原則違反），④現経営者の地位保全のために自己株式の取得が悪用されるおそれがある（会社支配の不公正），⑤相場操縦や内部者取引に利用されやすい（株式取引の不公正），⑥M&Aに対抗し，株価が異常に高騰した時点で会社が自己株式を市場で対抗買いしたり，買占派からの「高値肩代わり」の要求に応じると，会社に多額の損害が発生する，などである。

しかし，他面，自己株式の取得には，以下のようなメリットが認められるとも指摘してされてきた[34]。すなわち，①合併・会社分割等の企業再編に際し，新株の発行にかえて保有する自己株式を割り当てることが可能となれば，新株発行に伴う配当負担の増加や既存株主の持株比率の稀釈化を防ぎながら，機動的に組織の再編をはかることができる，②株式の需給関係を調整し，持合株式の解消売りの受け皿として発行会社を利用することにより，株式市場の安定をはかることができる，③株式が敵対的買収者に取得されることを防止できる，というものである。そこで，平成13年の改正商法では，それまでの自己株式の取得に対する原則禁止から，一定の財源・手続規制の下における，原則許容へと大転換がはかられた（金庫株の解禁）。

会社法は，この立場を引き継ぎ，以下のような規制を定めている。

2 自己株式の取得事由

株式会社は，以下の場合に限り，自己の株式を取得できる（会155条1号～13号）。

① 取得条項付株式の取得事由（会107条2項3号イ）が生じた場合，
② 譲渡制限付株式の譲渡不承認の場合の買取請求（会138条1号ハ・2号ハ）があった場合，
③ 株主との合意による有償取得の株主総会決議（会156条1項）があった場合，
④ 取得請求権付株式の取得請求（会166条1項）があった場合，
⑤ 全部取得条項付種類株式取得の総会決議（会171条1項）があった場合，
⑥ 相続人等に対して売渡請求（会176条1項）をした場合，

---

[34] 相沢英之他・一問一答・金庫株解禁等に伴う商法改正7頁（商事法務研究会，2001）。

⑦　単元未満株式の買取請求（会192条1項）があった場合，
⑧　所在不明株主の株式買取事項（会197条3項各号）を定めた場合，
⑨　端数株の買取事項（会234条4項各号）を定めた場合，
⑩　他の会社（外国会社を含む）の事業の全部を譲り受ける場合で，当該他の会社が有する当該株式会社の株式を取得する場合，
⑪　合併後消滅する会社から当該株式会社の株式を承継する場合，
⑫　吸収分割する会社から当該株式会社の株式を承継する場合，
⑬　以上の他，法務省令所定の場合（会規27条）。

3　株主との合意による取得

（1）　事前の総会決議事項

　ここでいう株主との合意による自己株式の取得とは，株主総会で決議された授権枠の範囲内で，すべての株主（種類株式の場合は当該種類株式のすべての種類株主）に，会社に対して株式の譲渡しを申し込む機会を付与して行われる有償取得をいう。

　会社が，株主との合意により自己株式を有償で取得するためには，あらかじめ，株主総会決議により，以下の事項を定めておかなければならない（会156条1項1号～3号）。

①　取得する株式の数（種類株式発行会社の場合は株式の種類・種類ごとの数），
②　株式の取得と引換えに交付する金銭等（当該会社の株式等を除く）の内容および総額，
③　株式の取得期間（1年以下）。

　なお，この定めは，上記**2**の①②④～⑬の場合には適用されない（同2項）。

（2）　そのつどの決定事項

　ついで，会社は，上記の総会決定に従い株式を取得しようとするときは，そのつど，以下の事項を定めなければならない（会157条1項1号～4号）。

①　取得する株式の数（種類株式発行会社の場合は株式の種類・数），
②　株式1株を取得するのと引換えに交付する金銭等の内容・数もしくは額またはこれらの算定方法，
③　株式の取得と引換えに交付する金銭等の総額，
④　株式の譲渡しの申込期日。

以上の事項の決定は、取締役会設置会社においては取締役会決議によらなければならず（同2項），取締役会非設置会社の場合には，取締役が行う（会348条1項）。

上記①～④の取得条件は，その決定ごとに均等に定めなければならない（会157条3項）。

(3) 会社からの通知と株主からの申込み

会社は，株主（種類株式発行会社の場合は取得する株式の種類の種類株主）に対し，上記(2)①～④を通知しなければならないが（会158条1項），公開会社の場合は公告をもってかえることができる（同2項）。

この通知を受けた株主が，株式の譲渡しを申し込もうとするときは，会社に対し，その申込みに係る株式の数（種類株式発行会社の場合は株式の種類・数）を明らかにしなければならない（会159条1項）。

会社は，④の申込期日に，この譲受けを承諾したものとみなされる。株主からの譲渡し申込総数が①の取得総数を超えるときは，取得総数を申込総数で除してえた数に株主の譲渡申込株式数を乗じて得た数（端数は切り捨て）の譲受けを承諾したものとみなされる（同2項）。

4 特定の株主からの取得

(1) 手 続

株式会社は，株主総会の特別決議により，上記3(1)の事前の総会決議（会156条1項）にあわせて，この決議により，株式取得のつど定める自己株式取得条件（上記(2)①～④）の通知（会158条1項）を特定の株主に対して行う旨を定めることができる（会160条1項・309条2項2号）。この場合，この通知は当該特定の株主に対して行えばよい（同5項）。

会社はこの決定をしようとするときは，法務省令所定の時（会156条1項の総会の日の2週間前，会規28条）までに，株主（種類株式発行会社の場合は取得する種類の種類株主）に対し，自己を売主として追加するよう請求できる旨を通知しなければならない（会160条2項）。この株主の売主追加請求権は，特定株主のみに会社への株式の売却機会を認めることは，株主平等の原則に抵触するという配慮から法定されたものである。この通知を受けた株主は，当初の特定株主に自己をも加えたものを，株式取得事項を決定する当該株主総会の議案とすることを，法務省令所定時期（当該総会日の5日前，定款でこれを下回る期間を定めること可，会規29条）

までに，請求することができる（会160条3項）。なお，この場合，会社が取得する株式が市場価格のある株式であり，取得価額が法務省令所定方法（会規30条）で算定される市場価格を超えないときは，上記の通知・請求の規定は適用されない（会161条）。他の株主は市場で売却できるからである。

当該特定の株主は，当該株主総会においては議決権を行使できない。ただし，当該特定株主以外の株主の全部が当該総会において議決権を行使することができない場合は，この限りでない（会160条4項）。

（2） 子会社からの取得

会社が，子会社から自己の株式を取得するときは，上記事前の総会決議事項（会156条1項）を，株主総会（取締役会設置会社の場合は取締役会）で決定するのみで足り，そのつど決定する必要はない（会157条〜160条不適用，会163条）。ただし，後述する財源規制の適用はある。

5　市場取引等による取得

上記した株主との合意による自己株式の取得規制（会157条〜160条）は，株式会社が市場において行う取引または公開買付けの方法（＝市場取引等）（金商27条の2第6項）により当該会社の株式を取得する場合には適用されない（会165条1項）。

会社が市場取引等により自己株式を取得する場合には，すべての株主に平等に株式を譲渡する機会が与えられており，株価も客観的に決まっている。したがって株主平等の原則に反するおそれもなく，会社法が厳しく規制する必要はないからである。

取締役会設置会社においては，市場取引等により当該会社の株式を取得することを，取締役会決議で決定できる旨を，定款で定めることができる（同2項）。この場合には，上記の事前の総会決議事項（会156条1項）は，株主総会または取締役会で決定する（会165条3項）。

6　株主の意思によらずに自己株式を取得する場合

会社が，株主の意思によらずに，自己株式を取得する場合としては，①取得条項付株式・全部取得条項付種類株式を取得する場合，②相続人等から取得する場合，がある。

7　自己株式の保有・消却・処分

（1）　自己株式の保有・保有株式の法的地位

　会社は，適法に取得した自己株式を，期間の制限なく保有し続けることができる。もっとも会社は，自己株式を保有していても，①議決権（会308条2項），②剰余金・残余財産の分配請求権（会453条かっこ書・504条3項かっこ書），③新株・新株予約権の株主割当を受ける権利（会186条2項・202条2項かっこ書・241条2項かっこ書・278条2項）は，認められない。他面，株式の併合・分割の効力が全部またはある種類の株式に一律的に生ずる場合には，保有する自己株式にも効力が及ぶ（会182条・184条）。

（2）　自己株式の消却

　会社は，取締役会設置会社の場合には取締役会決議により（会178条2項），そうでない会社で，取締役が2人以上いる場合には，定款に別段の定めがある場合を除き，取締役の過半数をもって（会348条2項），その有する自己株式を消却することができる。この場合，消却する自己株式の数（種類株式発行会社にあっては自己株式の種類・種類ごとの数）を定めなければならない（会178条1項）。

　改正前商法では，株式の消却として，①保有する自己株式の消却，②資本減少に際しての消却，③定款に基づく配当可能利益による消却を定めていた。しかし，会社法では，①のみを株式の消却と定め，②と③については，会社以外の株主から自己株式を取得して消却するということで，①の場合に包摂させる規制方法を採用している。

（3）　自己株式の処分

　会社がその保有する自己株式を引き受ける者を募集して，これを処分する場合の手続に関しては，募集株式の発行規制（会199条以下・210条）に服する。

8　財源規制

　会社が，以下の事由により自己株式を取得する場合，株主に対して交付する金銭等（当該会社の株式を除く）の帳簿価額の総額は，当該行為が効力を生ずる日における分配可能額を超えてはならない（会461条1項1号～7号）。

　　①　譲渡制限株式の買取請求（会138条1号ハ・2号ハ）に応じて取得する場合，
　　②　総会決議に基づき，子会社から，または，市場取引等により取得する場合

（会156条1項・163条・165条1項），
③ そのつどの決定に基づき，株主との合意により取得する場合（会157条1項），
④ 全部取得条項付種類株式の全部を取得する場合（会173条1項），
⑤ 相続人等に対して売渡請求（会176条1項）をして買い取る場合，
⑥ 所在不明株主の株式を買い取る場合（会197条3項），
⑦ 端数株を買い取る場合（会234条4項各号）。

9 違法な自己株式の取得

会社が自己株式取得規制に違反して自己株式を取得した場合，この取得行為は原則として私法上無効であるが，株式取引の安全の見地から，会社は，善意の譲渡株主に対しては無効を主張できないものと解される（相対的無効説，通説）。また，自己株式の譲渡株主もこの無効を主張できない。[35]

なお，違法な自己株式の取得に関与した取締役・会計参与・監査役・執行役・支配人・使用人等（会960条1項3号～7号）には刑事罰（5年以下の懲役もしくは500万円以下の罰金または併科）が科せられる（会963条5項1号）。

10 取得請求権付株式の取得

取得請求権付株式の株主は，会社に対して，自己の有する取得請求権付株式を取得することを請求できる。この場合，会社が取得対価として自社の社債・新株予約権・新株予約権付社債あるいは株式等（＝株式・社債・新株予約権）以外の財産を交付する場合において，これらの財産の帳簿価額が当該請求日における剰余金配当の分配可能額（会461条2項）を超えているときは，この限りでない（会166条1項）。

会社は，この請求の日にこの取得請求権付株式を取得する（会167条1項）。

11 取得条項付株式の取得

取得条項付株式に関し，「会社が別に定める日が到来すること」をもって「一定の事由が生じた日」と定められている場合には（会107条2項3号ロ），株主総

---

35) 東京高判平成元・2・27判時1309号137頁，通説。江頭258頁以下は，違法取得した会社側が無効を主張することは期待できないとして，会社の違法取得を禁止する立法目的の達成のため，相手方の無効主張を認める。

会（取締役会設置会社の場合は取締役会）の決議により，この日を定めなければならない（定款で別段の定めをすること可）（会168条1項）。会社は，この日を定めた場合，取得条項付株式の株主および登録株式質権者に対して，この日の2週間前までに，この日を通知しなければならない（同2項）。

会社は，原則として「一定の事由が生じた日」に取得条項付株式を取得する（会170条1項）。

12　全部取得条項付種類株式の取得

（1）取　得

全部取得条項付種類株式を発行した会社は，株主総会の特別決議により，この株式の全部を取得することができる。この場合，株主総会では以下の事項を定めなければならない（会171条1項・309条2項3号）。

① 全部取得条項付種類株式の取得と引換えに，金銭等（＝取得対価）を交付するときは，以下の事項，

(イ) 当該取得対価が当該会社の株式であるときは，当該株式の種類・種類ごとの数またはその数の算定方法

(ロ) 当該取得対価が当該会社の社債（新株予約権付社債についてのものを除く）であるときは，当該社債の種類・種類ごとの各社債の金額の合計額またはその算定方法

(ハ) 当該取得対価が当該会社の新株予約権（新株予約権付社債に付されたものを除く）であるときは，当該新株予約権の内容・数またはその算定方法

(ニ) 当該取得対価が当該会社の新株予約権付社債であるときは，当該新株予約権付社債についての(ロ)に規定する事項，および，当該新株予約権付社債に付された新株予約権についての(ハ)に規定する事項

(ホ) 当該取得対価が当該会社の株式等以外の財産であるときは，当該財産の内容・数もしくは額またはこれらの算定方法

② ①の場合には，全部取得条項付種類株式の株主に対する取得対価の割当てに関する事項。この定めは，株主（当該会社を除く）の有する全部取得条項付種類株式の数に応じて取得対価を割り当てることを内容とするものでなければならない（会171条2項）。

③ 会社が全部取得条項付種類株式を取得する日（＝取得日）

取締役は，この株主総会において，全部取得条項付種類株式の全部を取得することを必要とする理由を説明しなければならない（同3項）。

（2）　取得対価等に関する書面等の備置き・閲覧等

全部取得条項付種類株式を取得する株式会社は，次に掲げる日のいずれか早い日から取得日後6ヶ月を経過するまでの間，上記（1）①～③が掲げる事項その他法務省令所定事項（会規33条の2）を記載・記録した書面または電磁的記録を本店に備え置かなければならない（会171条の2第1項）。

(i)　上記株主総会の日の2週間前の日（会社法319条1項の場合には，同項の提案があった日）

(ii)　会社法172条2項による通知の日または同3項の公告の日のいずれか早い日

全部取得条項付種類株式を取得する株式会社の株主は，当該会社に対し，その営業時間内はいつでも，以下の請求をすることができる（会171条の2第2項）。すなわち，①この書面の閲覧，②この書面の謄本・抄本の交付，③この電磁的記録に記録された事項を表示したもの（会規226条7号）の閲覧，④この電磁的記録に記録された事項を電磁的方法であって会社が定めたものにより提供すること，またはその事項を記載した書面の交付，である。

（3）　取得に関する書面等の備置き・閲覧等

株式会社は，取得日後遅滞なく，会社が取得した全部取得条項付種類株式の数その他の取得に関する事項（会規33条の3）を記載・記録した書面・電磁的記録を作成しなければならない（会173条の2第1項）。会社は，取得日から6ヶ月間，この書面・電磁的記録を本店に備え置かなければならない（同2項）。

全部取得条項付種類株式を取得した株式会社の株主または取得日に全部取得条項付種類株式の株主であった者は，当該会社に対し，その営業時間内はいつでも，上記（2）①～④と同様の請求をすることができる（会173条の2第3項）。

（4）　その他

会社が全部取得条項付種類株式を取得することが法令・定款に違反する場合で，株主が不利益を受けるおそれがあるときは，株主は，会社に対して当該取得をやめることを請求できる（会171条の3）。

株主総会が全部取得条項付種類株式の取得事項（会171条1項各号）を定めた場合，以下の株主は，取得日の20日前の日から取得日の前日までの間に，裁判所

に対して，取得価格の決定を申し立てることができる（会172条）。すなわち，①当該総会に先立って全部取得条項付種類株式の取得に反対する旨を会社に通知し，かつ，当該総会において当該取得に反対した株主（当該総会で議決権を行使することができるものに限る），および，②当該総会で議決権を行使することができない株主，である。

13 相続人等に対する売渡請求

会社は，相続その他の一般承継により当該会社の譲渡制限株式を取得した者に対し，当該株式を当該会社に売り渡すことを請求できる旨を定款で定めることができる（会174条）。会社が，この定款の定めに基づき売渡しを請求をしようとするときは，そのつど，株主総会の特別決議により，①売渡しを請求する株式の数（種類株式発行会社にあっては株式の種類・種類ごとの数）と，②この株式を有する者の氏名（名称），を決定しなければならない（会175条1項・309条2項3号）。②の者は，当該株主総会において議決権を行使できない。ただしこの者以外の株主全員が当該総会において議決権を行使することができない場合は，この限りでない（同2項）。

会社は，上記①②を定めたときは，売渡しを請求できるが，相続その他の一般承継があったことを知った日から1年を経過したときはこの限りでない（会176条1項）。この請求にあたっては株式の数（種類株式発行会社にあっては株式の種類と種類ごとの数）を明らかにしなければならない（同2項）。会社は，いつでも，この請求を撤回できる（同3項）。

売買価格の決定は，会社と当該株式を有する者との協議によって定めるのが原則であるが（会177条1項），協議が整わない場合には，会社または相続人は，売渡請求があった日から20日以内に，裁判所に対して売買価格の決定を申し立てることができる（同2項）。裁判所は，売渡請求時における会社の資産状態その他一切の事情を考慮して売買価格を決定しなければならず（同3項），この決定された額が売買価格となる（同4項）。上記20日以内に裁判所に対する申立てがない場合には，当該期間内に協議が整った場合を除き，会社による相続人等に対する請求は，効力を失う（同5項）。

14　株式の消却

株式会社は，自己株式を消却することができる。この場合，消却する自己株式の数（種類株式発行会社においては自己株式の種類・種類ごとの数）を定めなければならない（会178条1項）。取締役会設置会社においては，この決定は取締役会の決議による（同2項）。

第12節　特別支配株主の株式等売渡請求

1　総　説

平成26年の会社法改正では，特別支配株主の株式等売渡請求制度が新設された。これは，議決権の10分の9以上を直接的ないし間接的に保有する株主（＝特別支配株主）においては，いつでも一方的な請求により，金銭を対価として，他の株主の株式を強制的に買い取ることができる制度をいう。このように，金銭を対価として，少数株主を締め出し，会社を100％子会社とすることを，キャッシュアウト（cash out）というが，会社法のもとでは，従来，金銭を対価とする合併や株式交換，全部取得条項付種類株式の取得，株式併合等を利用してこれを行うことが可能であった。しかしそのためには，原則として株主総会の特別決議が必要であり，不便であることから，特別決議を要しないこの制度が創設された。上記他の方法の場合には株式を買い取るのが会社であるのに対し，この制度においては特別支配株主が株式を買い取る点で異なる。

2　株式等売渡請求手続

（1）総　説

株式会社（＝対象会社＝A社）の特別支配株主（＝B）は，対象会社（A社）の株主（対象会社（A社）および当該特別支配株主（B）を除く）の全員に対し，その有する対象会社（A社）の株式の全部を自己（B）に売り渡すことを請求することができる。この場合，特別支配株主（B）とは，対象会社（A社）の総株主の議決権の10分の9（これを上回る割合を定款で定めた場合は，その割合）以上を当該対象会社以外の者（B）および当該者（B）が発行済株式の全部を有する株式会社その他これ

に準ずるものとして法務省令で定める法人（＝特別支配株主完全子法人＝C法人）が有している場合における当該者（B）をいう。なお，この株式売渡請求は，特別支配株主完全子法人（C法人）に対しては，この請求をしないことができる（会179条1項）。

特別支配株主完全子法人としては，①当該者（B）がその持分を全部保有する法人（株式会社を除く），および，②当該者（B）および特定完全子法人（当該者（B）が発行済株式の全部を有する株式会社および①所掲の法人をいう）または特定完全子法人がその持分の全部を有する法人，をいう（会規33条の4）。

また，特別支配株主は，対象会社の新株予約権者（対象会社と当該特別支配株主を除く）の全員に対しても，その有する新株予約権の全部を自己に売り渡すことを請求することが出来る。ただし，特別支配株主完全子法人に対しては，この請求をしないことができる（会179条2項）。なお，特別支配株主が，新株予約権付社債に付された新株予約権につき，上記の新株予約権売渡請求をするときは，あわせて，新株予約権付社債についての社債の全部を自己に売り渡すことを請求しなければならない。ただし，この新株予約権付社債に付された新株予約権につき別段の定めがある場合は，この限りでない（同3項）。

（2） 特別支配株主・対象会社間の通知・承認

特別支配株主は，株式売渡請求を行う旨（あわせて新株予約権売渡請求をする場合にはその旨）（＝株式等売渡請求）に加えて，以下の事項を定めて，それらを対象会社に通知し，その承認を受けなければならない（会179条の2第1項4項・179条の3第1項）。

① 特別支配株主完全子法人に対して株式売渡請求をしないこととするときは，その旨および当該特別支配株主完全子法人の名称，
② 売渡株主に対して売渡株式の対価として交付する金銭の額またはその算定方法，
③ 売渡株主に対する②の金銭の割当てに関する事項，
④ 株式売渡請求にあわせて新株予約権売渡請求（新株予約権が新株予約権付社債に付されたものである場合は，この社債の売渡請求（会179条3項）を含む）をするときは，その旨および以下の事項，
　(イ) 特別支配株主完全子法人に対して新株予約権売渡請求をしないこととするときは，その旨および当該特別支配株主完全子法人の名称，

㋺　売渡新株予約権者に対して売渡新株予約権の対価として交付する金銭の額またはその算定方法，

　　㋩　売渡新株予約権者に対する㋺の金銭の割当てに関する事項，

　⑤　特別支配株主が売渡株式・売渡新株予約権（＝売渡株式等）を取得する日（取得日），

　⑥　その他法務省令所定事項（会規33条の5），である。

　対象会社は，特別支配株主が株式売渡請求にあわせて新株予約権売渡請求をしようとするときは，新株予約権売渡請求のみ承認することはできない（会179条の3第2項）。

　取締役会設置会社においては，取締役会決議によって株式売渡請求を承認するか否かを決定し（同3項），当該決定の内容を特別支配株主に通知しなければならない（同4項）。

（3）　売渡株主等に対する通知・公告・事前情報開示

　対象会社は，株式売渡請求を承認した場合，取得日の20日前までに，以下の事項を所定の者に対して通知または公告しなければならない。すなわち，①売渡株主（特別支配株主が株式売渡請求にあわせて新株予約権売渡請求もする場合には，売渡株主および売渡新株予約権者（＝売渡株主等））に，当該承認をした旨，特別支配株主の氏名（名称）・住所，会社法179条の2第1項1号～5号所掲事項（上記(2)①～⑤）その他法務省令所定事項（会規33条の6），②売渡株式の登録株式質権者（特別支配株主が株式売渡請求にあわせて新株予約権売渡請求もする場合には，売渡株式の登録株式質権者および売渡新株予約権の登録新株予約権質権者）に，当該承認をした旨，である（会179条の4第1項2項）。通知・公告の費用は特別支配株主の負担とされる（同4項）。

　対象会社は，上記通知・公告の日のいずれか早い日から取得日後6ヶ月（公開会社でない場合には取得日後1年）を経過する日までの間，①特別支配株主の氏名・名称・住所，②会社法179条の2第1項各号（上記(2)①～⑥）の事項，③会社法179条の3第1項の承認をした旨，④その他法務省令所定事項（会規33条の7）を記載または記録した書面または電磁的記録をその本店に備え置かなければならない（会179条の5第1項）。

　売渡株主等には，対象会社に対して，その営業時間内いつでも，①上記書面の閲覧請求，②謄抄本の交付請求，③電磁的記録事項の表示物（会規226条9号）の

閲覧請求，④電磁的記録事項の提供請求・この記録事項の記載書面の交付請求が認められる（会179条の5第2項）。

（4） 売渡請求の撤回

特別支配株主は，対象会社の承認を受けた後は，取得日の前日までに対象会社の承諾を得た場合に限り，売渡株式等の全部について株式等売渡請求を撤回することができる（会179条の6第1項）。対象会社が取締役会設置会社の場合は，取締役会の決議によりこの承諾をするか否かを決定し（同2項），対象会社は，特別支配株主に対し，当該決定内容を通知しなければならない（同3項）。

対象会社は，この承諾をしたときは，遅滞なく，売渡株主等に対し，当該承諾した旨を通知または公告しなければならない（同4項5項）。通知・公告の費用は特別支配株主が負担する（同7項）。この通知・公告がなされたときは，株式等売渡請求は，売渡株式等の全部につき，撤回されたものとみなされる（同6項）。

以上の規定は，新株予約権売渡請求のみを撤回する場合について準用される（同8項）。

（5） 売渡株主の救済

1） 売買価格の決定の申立て

株式等売渡請求があった場合，売渡株主等は，取得日の20日前の日から取得日の前日までの間に，裁判所に対し，その有する売渡株式等の売買価格の決定を申し立てることができる（会179条の8第1項）。

2） 取得の差止め

売渡株主および売渡新株予約権者は，以下の場合，それぞれ不利益を受けるおそれがあるときは，特別支配株主に対し，株式等売渡請求に係る売渡株式等の全部の取得をやめることを請求できる。すなわち，①株式売渡請求・新株予約権売渡請求が法令に違反する場合，②対象会社に通知義務（会179条の4第1項1号，株式売渡請求については売渡株主に対する通知，新株予約権売渡請求については売渡新株予約権者に対する通知，に係る部分に限る）または，開示手続（会179条の5）に違反した場合，③対価として交付する金銭の額・算定方法または金銭の割当てに関する事項（会179条の2第1項2号3号4号ロハ）が対象会社の財産の状況その他の事情に照らして著しく不当である場合，である（会179条の7第1項2項）。

3） 売渡株式等の取得の無効の訴え

特別支配株主による売渡株式等の全部の取得の無効は，取得日から6ヶ月以内

（対象会社が非公開会社の場合は当該取得日から1年以内）に無効の訴えをもってのみ主張することができる（会846条の2第1項）。原告は，①取得日において売渡株主（株式売渡請求にあわせて新株予約権売渡請求がされた場合には，売渡株主または売渡新株予約権者）であった者，②取得日に対象会社の取締役・執行役・監査役であった者，または③対象会社の取締役・清算人（同2項）であり，被告は，特別支配株主である（会846条の3）。

　無効原因としては，取得者の持株要件（会179条1項）の不足，対価金銭の違法割当て（会179条の2第3項），対象会社の取締役会・種類株主総会の決議の瑕疵（会179条の3第3項・322条1項1号の2），売渡株主等に対する通知・公告・開示書類の瑕疵・不実記載（会179条の4・179条の5），取得の差止仮処分の命令違反（会179条の7）等の，取得手続違反が該当する。対価金銭の交付の著しい不履行，対価金銭の額の著しい不当，「締出し目的の不当」も無効原因となりうる（江頭282頁）。

第13節　親会社株式の取得・相互保有規制

1　親会社株式の取得

（1）　原則的禁止

　子会社は，原則として，親会社の株式を取得してはならない（会135条1項）。子会社による親会社株式の取得とは，子会社が自己の計算において親会社の株式を取得することを意味し，名義のいかんを問わない。したがって，第三者名義であっても親会社株式の取得の経済的な損益効果が子会社に帰属する場合や，形式的には担保取得であっても，実質的には子会社の計算による親会社株式の取得にあたる場合は禁止される。逆に，子会社の名義であっても，取次的取得や信託的取得の場合のように，他人の計算による取得の場合には禁止されない。

　子会社が親会社の発行する新株予約権や新株予約権付社債を取得すること自体は，親会社に対する債権を取得するにすぎないので禁止されない。しかし，その権利行使は，本条の脱法行為のおそれがあるし，また，以下の取得禁止の例外にはあたらないため許されない。結局，これらの権利は売却せざるをえないことになる。

（2） 取得禁止の例外

以下の場合，子会社による親会社株式の取得は例外的に許容される（同2項1号〜5号）。

① 他の会社（外国会社を含む）の事業の全部を譲り受ける場合において，当該他の会社が有する親会社の株式を譲り受ける場合，
② 合併後消滅する会社から親会社株式を承継する場合，
③ 吸収分割により他の会社から親会社株式を承継する場合，
④ 新設分割により他の会社から親会社株式を承継する場合，
⑤ 以上の他，法務省令（会規23条）が定める場合。

なお，子会社は，相当の時期にその有する親会社株式を処分しなければならない（会135条3項）。子会社が保有している間，親会社株式には議決権は認められない（会308条1項かっこ書・325条，会社則67条・95条5号）。子会社に議決権行使を認めると，親会社が子会社に命じて議決権を行使させるおそれがあり，自己株式に議決権を認める結果となるからである。

（3） 違法な親会社株式の取得

子会社による親会社株式の違法取得の効果については，通説は，当該取得の無効を子会社が主張することによって善意の譲渡人（子会社の相手方）が不測の損害を受けることのないよう，譲渡人において譲受人が子会社であることを取引当時知っていた場合に限り，その取得は無効と解している。つまり，子会社は譲渡人の悪意を立証しない限り，無効を主張しえないと解する。

違法に親会社株式を取得したり，処分を怠ったときは，子会社の取締役・執行役などは過料に処せられる（会976条10号）。

2　株式の相互保有

（1） 総　説

株式の相互保有とは，株式会社間で相互に株式を持ち合うことをいう（持ち合い株）。その形態は2つの会社間で保有し合う場合に限られず，3つ以上の会社間で環状的に保有し合う場合や，マトリックス型に保有し合う場合もあり，多様である。株式の相互保有は，値上がり益や配当収入を得るための「純投資」ではなく，企業グループ内での企業間の結合の強化，企業間の業務・技術の提携，乗っ取り防止のための安定株主工作にとって有効な手段とされており，会社にとって

は，相互に株主となり，暗黙裏に相手会社の経営内容や配当の多寡について干渉し合わないことにすれば，株主利益にとらわれずに長期的展望にたって経営戦略を展開できる意味でも都合がよい（政策保有株ともいわれる）。

　しかし他面，相互保有には以下のような弊害が認められる。一つは，市場支配・競争制限といった独占禁止法上の精神に反する事態の現出である。また，会社法の観点からは，A社がB社の株式を取得するにあたりB社に払い込んだ出資金が，今度はB社がA社の株式を取得する際の払込金に使用される点が無視しえない。資本の裏付けを欠く増資が招来されるからである（資本の空洞化現象）。また，相互保有当事会社の経営者が互いにその地位の維持・強化という個人的目的のために協力し合う弊害（A社の経営者がB社の総会においてB社の経営者を選出し，今度は，B社の経営者がA社の総会においてA社の経営者を再選するなど）もある（議決権行使・会社支配の歪曲化）。さらに，金融商品取引法の観点からは，株式の市場性・流通性の阻害という問題もある。

　近時，上場企業による持ち合い株の売却が加速している。

（2）　相互保有規制

　株式会社（A社）が，他の株式会社（B社）の総株主の議決権の4分の1以上を有しているか，その他の事由を通じて，B社の経営を実質的に支配することが可能な関係にあるものとして法務省令（会規67条・95条5号）が定める株主に該当する場合，B社はその所有するA社の株式につき，A社の株主総会または種類株主総会において議決権を行使することができない（会308条1項かっこ書・325条）。

第14節　株式の併合・分割・無償割当て

1　株式の併合

（1）　意　義

　株式の併合とは，従来の2株を1株とするように，既存の数個の株式を合わせてより少数の株式に変更することをいう。株式の併合においては，株式を増やす株式の分割の場合と違って，株主の持株数が減少するため，株主には，併合前の持株比率を維持できなくなったり，株式譲渡の自由を失うという不利益がある。そこで，平成13年の商法改正前は，株式の併合をなしうる場合が制限されてい

たが，同改正により，会社は原則として自由にこれをなしうることになった（会180条1項）。

株式の併合は資本減少や合併の場合に株式数を減少させる方法として行われる。株式の併合がなされると，発行済株式総数は当然に減少するが，資本減少の一方法としてなされる場合を除き，資本金の額まで減少するものではない。

（2） 手続・効力の発生

株式の併合をしようとするときは，そのつど，①併合の割合，②併合の効力を生ずる日（効力発生日），③種類株式発行会社の場合には，併合する株式の種類，④効力発生日における発行可能株式総数，を株主総会の特別決議（会309条2項4号）により定めなければならない（会180条2項1号〜4号）。④の発行可能株式総数は，効力発生日における発行済株式の総数の4倍をこえることができない。ただし非公開会社の場合はこの限りでない（同3項）。

取締役は，この総会において，株式の併合を必要とする理由を説明しなければならない（同4項）。

会社は，株式併合の効力発生日の2週間前までに，株主（種類株式発行会社の場合には上記③の種類株主，以下同じ）およびその登録株式質権者に対して，上記①〜④の事項を通知するか，公告しなければならない（会181条1項2項）。

株主は，効力発生日に，その前日に有する株式（種類株式発行会社の場合には上記③の種類株式）の数に①の割合を乗じてえた数の株式の株主となる（会182条1項）。会社は，効力発生日に，発行可能株式総数に係る定款を変更したものとみなされる（同2項）。

（3） 情報開示

1） 事前開示

株式併合をする会社においては，①これを決議する株主総会もしくは種類株主総会の日の2週間前の日（会社法319条1項の場合は提案のあった時），または，②株主に対する通知・公告の日のいずれか早い日から株式の併合の効力発生日後6ヶ月を経過するまでの間，株主総会において決議すべき事項（会180条2項）その他法務省令所定事項（会規33条の9）を記載した書面または電子的記録等をその本店に備え置かなければならない（会182条の2第1項）。当該会社の株主は，当該会社に対し，その営業時間内はいつでも，これらの書面等の閲覧等を請求できる（同2項）。

2） 事後開示

株式併合をした会社は，効力発生日後遅滞なく，株式併合の効力発生時における発行済株式（種類株式発行会社の場合は，併合した種類の発行済株式）の総数その他株式の併合に関する事項として法務省令が定める事項（会規33条の10）を記載・記録した書面・電磁的記録を作成し（会182条の6第1項），これを効力発生日から6ヶ月間，本店に備え置かなければならない（同2項）。株主または効力発生日に株主であった者は，当該会社に対しその営業時間内はいつでも，これらの書面等の閲覧等を請求することができる（同3項）。

2　株式の分割

（1）　意　義

株式の分割とは，1株を2株にするように，既存の発行済株式を細分化し，従来よりも多数の株式に変更することをいう。株式の分割においては，新株を無償で発行し，これを既存の株主に対して持株数に応じて分配するため，会社の資産や資本金の額は変化せず，発行済株式総数のみが増加し，1株当たりの純資産額は減少する。

株式の分割は，高騰した株価を引き下げて株式の流通性を高めたり，合併比率の調整のために行われる。平成13年の商法改正前，株式の分割に関しては，いくつかの制限が設けられていたが，同改正によりそれらはすべて削除された（会183条1項）。

（2）　手続・効力の発生

株式の分割をしようとするときは，そのつど，①分割により増加する株式の総数の分割前の発行済株式（下記③の場合には分割する種類の発行済株式）の総数に対する割合および当該株式の分割に係る基準日，②分割が効力を生ずる日，③種類株式発行会社の場合には，分割する株式の種類を，株主総会（取締役会設置会社においては取締役会）の決議で定めなければならない（同2項1号～3号）。会社（現に2つ以上の種類の株式を発行しているものを除く）は，定款変更のための株主総会決議（会466条）によらずに，業務執行機関の決定で，株式の分割の効力発生日における発行可能株式総数を，その日の前日の発行可能株式総数に①の割合を乗じてえた数の範囲内で増加する定款の変更をすることができる（会184条2項）。

基準日において，株主名簿に記載・記録されている株主・種類株主は，基準日

に有する株式・種類株式に①所定の割合を乗じてえた数の株式を，分割の効力発生日に，取得する（同 1 項）。

3 端数の処理

会社が，以下の行為に際して，そこに定める者に当該会社の株式を交付する場合，1 株に満たない端数があるときは，その端数の合計数（この合計数に 1 に満たない端数がある場合は，これを切り捨てる）に相当する数の株式を競売し，これにより得られた代金を，その端数に応じて当該者に交付しなければならない（会 234 条 1 項）。

① 取得条項付株式の取得（会 170 条 1 項）→当該会社の株主，
② 全部取得条項付種類株式の取得（会 173 条 1 項）→当該会社の株主，
③ 株式無償割当て（会 185 条）→当該会社の株主，
④ 取得条項付新株予約権の取得（会 275 条 1 項）→新株予約権者，
⑤ 合併（存続会社に限る）→消滅会社の株主・社員，
⑥ 合併契約に基づく設立時発行株式の発行→消滅会社の株主・社員，
⑦ 株式交換による他の株式会社の発行済株式全部の取得→株式交換をする会社の株主，
⑧ 株式移転計画に基づく設立時発行株式の発行→株式移転をする会社の株主。

会社は，この競売に代えて，(1)市場価格のある株式については市場価格として法務省令（会規 50 条）所定方法により算定される額をもって，また，(2)市場価格のない株式については裁判所の許可をえて競売以外の方法により，売却することができる。この許可の申立ては，取締役が 2 人以上いる場合にはその全員の同意によらなければならない（会 234 条 2 項）。なお，会社は，この売却する株式の全部・一部を買い取ることができる（同 4 項）。会社が，株式の分割・併合により株式の数に 1 株に満たない端数が生ずるときも，会社は，上記と同様，競売により，または，競売に代わる(1)または(2)の方法による売却によりえられた代金を株主に交付しなければならない（会 235 条）。

4　株式無償割当て

（1）意　義

　会社が，株主（種類株式発行会社にあってはある種類の種類株主）に，その持株割合に応じて，払込みなしで株式を割り当てることを株式無償割当てという（会185条）。株式の分割の場合は同一種類の株式数が増加するのに対し，株式無償割当てにおいては，ある種類の種類株主に別の種類の株式を交付することが可能である。また，株式の分割においては自己株式を交付することはないが，株式無償割当てでは自己株式を交付することができる。他面，株式の分割では自己株式も分割の対象となるが，自己株式に対して無償割当てをすることはできない（会186条2項）。

（2）手続・効力の発生

　会社は，株式無償割当てをしようとするときは，そのつど，①株主に割り当てる株式の数（種類株式発行会社の場合には，株式の種類・種類ごとの数）またはその数の算定方法，②無償割当ての効力を生ずる日，③種類株式発行会社の場合には，無償割当てを受ける株主の有する株式の種類を，定めなければならない（会186条1項1号〜3号）。なお，①の定めは，当該株式会社以外の株主・種類株主の数に応じて割り当てることを内容とするものでなければならない（同2項）。

　上記①②③の決定は，株主総会（取締役会設置会社の場合は取締役会）の決議によらなければならないが，定款で別段の定めがある場合はこの限りでない（同3項）。

　割当てを受けた株主は，②の日に①の株式の株主となる（会187条1項）。会社は，②の日の後，遅滞なく株主ないし③の種類株主およびその登録株式質権者に対し，当該株主が割当てを受けた株式の数（種類株式発行会社の場合には，株式の種類・種類ごとの数）を通知しなければならない（同2項）。

第15節　単元株制度

1　総　説

　株式会社は，その発行する株式につき，法務省令所定数（1000および発行済株式総数の200分の1に当たる数，会規34条）を超えない一定数の株式をもって，株主

が株主総会または種類株主総会において1個の議決権を行使することができる1単元の株式とする旨を定款で定めることができる（1単元1議決権，会188条1項2項）。種類株式発行会社の場合には，株式の種類ごとに単元株式数を定めなければならない（同3項）。単元未満株式を有する株主（＝単元未満株主）は，その有する単元未満株式につき，株主総会・種類株主総会において議決権を行使することはできない（会189条1項）。

2　単元未満株主の権利

単元未満株主は，議決権の存在を前提とする権利を除き，原則として，その有する単元未満株式につき，各種の株主権を有する。しかし，以下の権利以外の権利については，その全部または一部を行使できない旨を定款で定めることができる（同2項）。すなわち，①全部取得条項付種類株式の取得対価の交付を受ける権利，②会社による取得条項付株式の取得と引換えに金銭等の交付を受ける権利，③株式無償割当てを受ける権利，④単元未満株式の買取請求権，⑤残余財産分配請求権，⑥その他法務省令所定の権利（会規35条）である。

なお株券発行会社の場合，単元未満株式に係る株券を発行しないことができる旨を定款で定めることができる（会189条3項）。

3　単元未満株式の買取請求と売渡請求

（1）買取請求

単元未満株主は，会社に対して，自己の有する単元未満株式を買い取ることを請求することができる（会192条1項）。この請求は，買取請求に係る数（種類株式発行会社の場合には単元未満株式の種類・種類ごとの数）を明らかにしてしなければならない（同2項）。単元未満株式の買取価格は，それが市場価格のある株式である場合には市場価格で，これ以外の場合には，会社と単元未満株主との協議によって決定される（会193条1項）。協議が調わない場合には，買取請求日より20日以内に，会社または買取請求をした単元未満株主は，裁判所に価格決定の申立てをすることができる（同2項）。裁判所は，この決定をなすにあたり，買取請求時の会社の資産状態その他一切の事情を考慮しなければならない（同3項）。

買取請求をした単元未満株主は，会社の承諾をえた場合に限り，当該請求を撤回できる（会192条3項）。これは，制度の射幸的利用（とりあえず買取請求しておき，

株価が高騰したら撤回する）を排除する趣旨による。

（2） 売渡請求

株式会社は，単元未満株主が，会社に対しその単元未満株式と併せて単元株式となるような単元未満株式を売り渡すことを請求できる旨を定款で定めることができる（会194条1項）。この単元未満株式売渡請求を受けた会社は，請求を受けた時に譲渡すべき数の株式を有していない場合を除き，自己株式を当該単元未満株主に売り渡さなければならない（同3項）。

4　端株制度との関係

端株制度とは，1株に満たない端数を有する者（端株主）に，議決権以外の一定の権利を付与する制度であり，昭和51年の商法改正により，単位株制度（平成13年商法改正で単元株制度となる）とともにわが国に導入された経緯がある。しかし，端株制度は，出資単位の小さい者に議決権以外の一定の権利を付与するという意味では単元株制度と同様であり，また，わが国では端株制度の利用頻度が低かったこともあって，会社法はこの制度を廃止し，単元株制度のみとしている。

第16節　所在不明株主の株式売却制度

1　制度趣旨

株主が所在不明な場合，会社の発する各種の通知や催告が到達しないため，会社としては事務処理上当惑せざるをえない。そこで，平成14年の改正商法は，所在不明株主の株式売却制度を設けて株式実務の合理化をはかるにいたり，この制度は会社法に継承されている。

2　株主に対する通知の省略

株式会社が，株主に対してする通知または催告が，5年以上継続して到達しない場合には，会社は，当該株主に通知・催告をする必要はない（会196条1項）。この場合，この株主に対する会社の義務の履行場所は，会社の住所地とされる（同2項）。これらの定めは登録株式質権者に準用される（同3項）。

3 株式の競売・売却

　会社は，以下の①②いずれにも該当する株式を競売し，その代金をその株主に交付することができる。すなわち，①その株主に対する通知・催告が，5年以上継続して到達していないか（会196条1項），または，無記名式の新株予約権証券が提出されないため（会294条2項），会社から株主に対する通知・催告を要しないものであり，かつ，②その株主が継続して5年間剰余金の配当を受領しなかったことである（会197条1項）。

　会社は，上記の株式につき，市場価格があるときは，市場価格として法務省令が定める方法（会規38条）により算定される額をもって，市場価格がないときは，裁判所の許可を得て，競売以外の方法で売却することができる。この許可の申立ては，取締役が2人以上いるときは，その全員の同意によってしなければならない（会197条2項）。

　登録株式質権者に関しても，①その者に対する通知・催告が5年以上継続して到達していないため，会社からその者に対する通知・催告が不要となり，かつ，②継続して5年間剰余金の配当を受領していない場合には，会社は，当該株式を競売または売却することができる（同5項）。

　会社は，競売・売却するときは，当該株式の株主その他の利害関係人が一定の期間内（3ヵ月以上）に異議を述べることができる旨その他法務省令所定事項（会規39条）を公告し，かつ，当該株式の株主およびその登録株式質権者に対し，各別に催告しなければならない（会198条1項）。

　会社は，①買い取る株式の数（種類株式発行会社にあっては，株式の種類・種類ごとの数），および，②この買取りと引換えに交付する金銭の総額，を定めて，この売却する株式の全部または一部を買い取ることができる（会197条3項）。取締役会設置会社の場合，①②の決定は，取締役会決議による（同4項）。

第5章　株式会社の経営機構

第1節　総説——機関選択の多様性——

　平成18年の現行会社法典施行前におけるわが国の株式会社は，最低限度の必須機関として株主総会・取締役会・代表取締役・監査役を備える従来型の株式会社と，代表取締役・監査役がおかれていない委員会等設置会社に大別された。しかし，現行会社法下では，従来型の株式会社のほか，従来の有限会社が株式会社に包摂された有限会社型の株式会社（特例有限会社とよばれる）もある。委員会等設置会社は平成14年の商法改正により導入されたものであるが，会社法施行時より平成26年の会社法改正までは委員会設置会社とよばれており，平成26年会社法改正で指名委員会等設置会社と改称された。指名委員会等設置会社においては，株主総会と取締役会のほか，代表執行役と執行役とが設けられている。そして取締役会の内部には監査委員会・報酬委員会・指名委員会の3委員会が設けられている。さらに，平成26年の会社法改正により，あらたに監査等委員会設置会社とよばれる類型も新設された。監査等委員会設置会社には監査役はなく，監査等委員会が設けられており，この委員会の過半数は社外取締役から成り立っている。

　一方，これらの種類の株式会社は，全体として「公開会社」と「公開会社でない会社」（非公開会社）とに大別される。ところで，「公開会社」の意義であるが，会社法施行前においては，講学上，「公開会社」とは市場を通じて資本調達をはかり無限に資本規模を拡大しうる資本調達機能を備えた会社（典型例が上場会社）を意味していたのに対し，本来的に現状の資本規模を維持することをもって満足し，定款で全株式につき譲渡制限を定めていて株式市場で自社の株式が取引されていない会社を「閉鎖会社」とよんでいた。これに対し，現行会社法においては，「公開会社」とはその発行する株式の種類のなかに譲渡制限のない株式すなわち株主が自由に譲渡できる種類の株式が1種類以上含まれている株式会社をいうものとされていて（会2条5号），「閉鎖会社」という法律用語はみられない。

さらに，株式会社は，「大会社」と「大会社でない会社」(中小会社)とに大別される。「大会社」とは最終事業年度に係る貸借対照表上の資本金額が5億円以上または負債合計額200億円以上の株式会社をいう(会2条6号)。以上の各種類の株式会社には，それぞれ監査役会・会計参与・会計監査人といった種類の機関も付いていたりいなかったりで，わが国の株式会社は多岐にわたる機関構造を有するものとなっている　なお，「機関」とは，法人の意思決定や業務執行を担当する部局あるいは自然人を意味し，機関の行為は法人の行為とみなされる。

　このように，わが国の株式会社は，法的にみて，まず，(1)公開会社と非公開会社，(2)大会社と中小会社に区分され，(1)と(2)の組み合わせにより，①公開・大会社，②公開・中小会社，③非公開・大会社，④非公開・中小会社の4つに分類される。①〜④の分類に応じて，株式会社を組織する各種の機関の構成も多岐にわたっており，したがって，そこでのガバナンス体制も異なっている。

　すべての株式会社に設置が義務づけられているのは株主総会と取締役のみであり，それ以外にどのような機関を設けるかについては，定款自治に委ねられていて，中小会社においても監査役会や会計監査人を設けることも可能である。このように，会社法上，株式会社の機関設計類型は多様化しているが，現実には，必ずしも多種多様な組み合わせの形態がまんべんなく社会に遍在しているわけではない。

　公開・大会社におけるこれまでの標準的な機関構造の株式会社としては，取締役会と監査役会と会計監査人が設置されている会社と，指名委員会等設置会社とがあげられた。これに対し，非公開会社の標準的な機関構造の株式会社としては，取締役会・監査役設置会社と，取締役会・監査役非設置会社とがある。そして，監査等委員会設置会社は，公開・大会社における標準的な機関構造の1類型に加えられることになる。

　中小会社の場合，それが公開会社である場合には，すべて取締役会を備えており，加えて，任意に監査役・監査役会・3委員会(監査委員会・報酬委員会・指名委員会)・監査等委員会あるいは会計参与のそれぞれを備えるものが存在することになる。しかし中小会社の大半は定款で株式の譲渡制限を定めている非公開会社であるから，実際には，中小会社領域は，取締役会設置会社と取締役会非設置会社とが混在することになり，加えて，監査役・3委員会・監査等委員会・会計参与・会計監査人などが設置されていたりいなかったりというわけで，法律上は，

極めて多岐にわたる機関の組合せが認められる。

第2節　株式会社における業務執行機関

1　執行機関構造の諸類型

（1）　取締役会・監査役会・会計監査人設置会社

　わが国の場合，株式会社であるためには，最低，株主総会があり（会295条），1人または2人以上の取締役がいれば足り（会326条1項），取締役会の設置は原則として任意である（同2項）。しかし，公開会社においては取締役会の設置が強制され（会327条1項1号），取締役会設置会社（監査等委員会設置会社・指名委員会等設置会社を除く）には，監査役の設置が強制される（同2項）。そして，大会社（非公開会社・監査等委員会設置会社・指名委員会等設置会社を除く）には，監査役会と会計監査人の設置が強制される（会328条1項）。

　取締役会設置会社においては，その設置が強制・任意のいかんを問わず，また会社の規模の大小にかかわりなく，取締役は3人以上選任されなければならず（会331条5項），また監査等委員会設置会社・指名委員会等設置会社を除き，監査役も置かなければならない（会327条2項）。他面，監査等委員会設置会社・指名委員会等設置会社の場合は監査役を置くことはできず（同4項），かわりに会計監査人の設置が強制される（同5項）。なお，非公開会社である取締役会設置会社（監査等委員会設置会社・指名委員会等設置会社を除く）が会計参与設置会社の場合には，監査役の設置は強制されない（同2項ただし書）。

　会計監査人設置会社（監査等委員会設置会社・指名委員会等設置会社を除く）には監査役の設置が強制される（会327条3項）。

（2）　指名委員会等設置会社

　この会社においては，監査役はなく，取締役会内部には各々3人以上の取締役で構成される指名委員会・監査委員会・報酬委員会が設けられており（会400条1項2項），各委員会の取締役の過半数は社外取締役でなければならない（同3項）。さらにこの会社には1人または数人の執行役が置かれている（会402条1項）。

　この会社の取締役は，会社法またはこれに基づく命令に別段の定めがある場合を除き，会社の業務を執行できない（会415条）。取締役は，委員会の委員に選任

されている場合には，当該委員会の構成員としての職務を負うが，業務執行取締役として業務を執行することはできない。ただし，執行役と兼務することはできる。この会社では日常の業務執行に関する各種の決定権限の多くが執行役に委ねられているのが特徴的であり，会社の代表権限は代表執行役に帰属している。

　各委員会の詳細については，本書 270 頁以下参照。

（3）　監査等委員会設置会社

　監査等委員会設置会社は，平成 26 年の会社法改正で新設された株式会社の 1 類型であり，取締役会とは別個に，監査等委員会が置かれている。監査等委員会は，取締役である監査等委員 3 人以上で組織されており，その過半数は社外取締役である（会 331 条 6 項）。この会社は，指名委員会等設置会社から指名委員会と監査委員会を除いた形態をとっており，監査役会設置会社と指名委員会等設置会社の中間形態として位置づけられる。

（4）　取締役会・監査役設置会社

　これは，監査等委員会設置会社・指名委員会等設置会社を除く，非公開の大会社および中小会社において採択しうる株式会社であり，従来よりわが国に広く存在する中小規模の株式会社の標準的な類型である。

（5）　非取締役会・監査役設置会社

　これは，かつての有限会社的な実質を有する閉鎖的な小規模の株式会社における類型である。定款に別段の定めがある場合を除き，取締役の各自がそれぞれ会社の業務執行権を有しており（会 348 条 1 項），さらに，他に代表取締役が定められていない場合には，取締役の各自が会社代表権を有している（会 349 条 1 項）。この類型の株式会社における株主総会は，会社法所定事項および株式会社の組織・運営・管理その他株式会社に関する一切の事項について決議することができる万能機関である（会 295 条 1 項）。

　この類型の株式会社には監査役がいないため，株主が直接取締役の業務執行を監査監督しなければならない。したがって，株主における取締役の違法行為の差止請求権については保有期間の定めがなく，取締役が会社の目的外の行為や法令定款違反行為をする場合，またはするおそれがある場合で，これにより会社に著しい損害が生ずるおそれがあるときは，ただちに当該行為をやめることを請求できる（会 360 条 1 項 2 項）。

第 2 節　株式会社における業務執行機関　187

標準的な株式会社の法的組織図

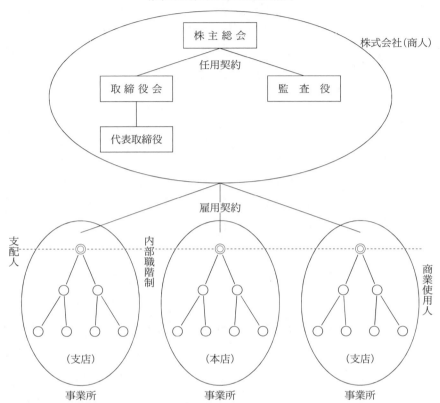

　日常会話で「会社」といえば一般に従業員も含まれて理解されているが，法的にいえば，会社と従業員は別個の法的主体である。従業員（法律上は「商業使用人」とされる）と会社（法律上は「商人」とされる）とは雇用関係にあり，従業員はあくまでも会社にとって外部者とされるが，役員等（＝取締役・監査役・会計参与・執行役・会計監査人）と会社とは委任関係にあり，役員等は会社の内部者とされる。

公開会社の機関構造の一類型

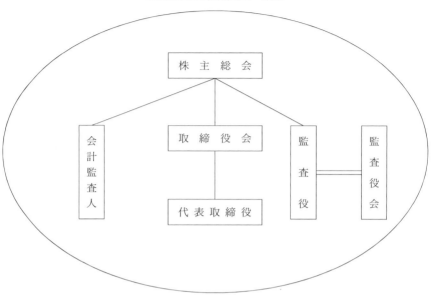

非公開会社の機関構造の一類型

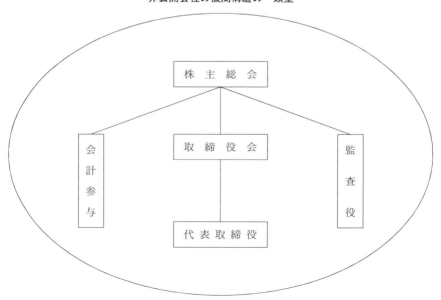

指名委員会等設置会社の機関構造

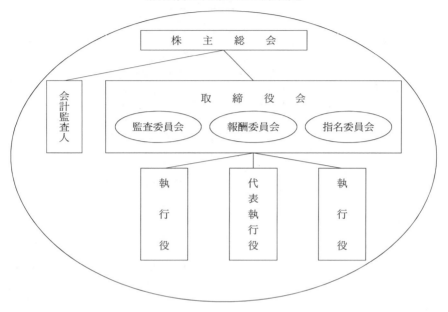

監査等委員会設置会社の機関構造

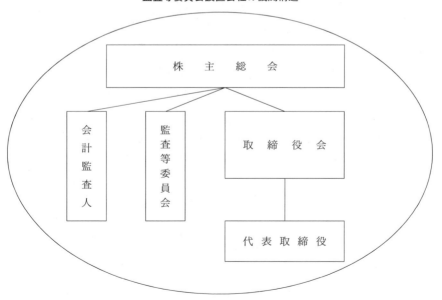

株式会社および機関設計の類型図

	公開会社	公開会社でない会社
大会社	○取締役会・監査役会・会計監査人 ○取締役会・監査役会・会計監査人・会計参与 ○取締役会・三委員会・会計監査人 ○取締役会・三委員会・会計監査人・会計参与 ○取締役会・監査等委員会・会計監査人 ○取締役会・監査等委員会・会計監査人・会計参与	○取締役・監査役・会計監査人 ○取締役・監査役・会計監査人・会計参与 ○取締役会・監査役・会計監査人 ○取締役会・監査役・会計監査人・会計参与 ○取締役会・監査役会・会計監査人 ○取締役会・監査役会・会計監査人・会計参与 ○取締役会・三委員会・会計監査人 ○取締役会・三委員会・会計監査人・会計参与 ○取締役会・監査等委員会・会計監査人 ○取締役会・監査等委員会・会計監査人・会計参与
大会社でない会社（中小会社）	○取締役会・監査役 ○取締役会・監査役・会計参与 ○取締役会・監査役会 ○取締役会・監査役会・会計参与 ○取締役会・監査役・会計監査人 ○取締役会・監査役・会計監査人・会計参与 ○取締役会・監査役会・会計監査人 ○取締役会・監査役会・会計監査人・会計参与 ○取締役会・三委員会・会計監査人 ○取締役会・三委員会・会計監査人・会計参与 ○取締役会・監査等委員会・会計監査人 ○取締役会・監査等委員会・会計監査人・会計参与	○取締役 ○取締役・会計参与 ○取締役・監査役 ○取締役・監査役（会計監査権限のみ） ○取締役・監査役・会計参与 ○取締役・監査役（会計監査権限のみ）・会計参与 ○取締役・監査役・会計監査人 ○取締役・監査役・会計監査人・会計参与 ○取締役会・会計参与 ○取締役会・監査役 ○取締役会・監査役・会計参与 ○取締役会・監査役（会計監査権限のみ） ○取締役会・監査役（会計監査権限のみ）・会計参与 ○取締役会・監査役会 ○取締役会・監査役会・会計参与 ○取締役会・監査役・会計監査人 ○取締役会・監査役・会計監査人・会計参与 ○取締役会・監査役会・会計監査人 ○取締役会・監査役会・会計監査人・会計参与 ○取締役会・三委員会・会計監査人 ○取締役会・三委員会・会計監査人・会計参与 ○取締役会・監査等委員会・会計監査人 ○取締役会・監査等委員会・会計監査人・会計参与

第3節　株主総会

1　総　説

　株主総会は，株主の総意によって会社の意思を決定する，株式会社における最高の必要的機関である。株主総会においては1株1議決権の原則に基づき資本多数決が採用されており，議決権の行使態様は直接行使・代理行使・書面投票・不統一行使など多様である。この株主総会に関しては，実際上，多数派株主の専横・一般投資株主の総会への無関心・中小会社における総会不開催・総会屋の存在などの諸原因が重なり，その形骸化・無機能化が久しく指摘されてきた。これに対し改正前商法は，近時，総会の活性化をはかるための措置として利益供与の禁止・株主提案権・取締役の説明義務などや，総会運営の電子化をはかる措置を設けてきた。さらに会社法は，定款自治の原則を大幅に認め，各会社に効率的な総会の実施・運営を図る途を開いている。

　どのような機関設計の会社であれ，株式会社である以上は，必ず株主総会を設けなければならない。しかし等しく株主総会とはいっても，株主が広く分散している公開会社の株主総会と，小規模な非公開会社の株主総会とでは，自ずとしてその性質・機能に相違がある。そのため，会社法の株主総会関連規定は，取締役会非設置会社用の規定や株主総会全般に適用される規定などに分かれている。

2　株主総会の権限

　平成17年改正前商法下では，株主総会は，同商法または定款所定事項にかぎり，決議できる旨が規定されていた（改前商230条ノ10）。一方，旧有限会社法にはこれに相応する規定はなく，旧有限会社の社員総会では，基本的に何でも決議することができた。

　これに対し，会社法は，一般原則として，株主総会は，会社法所定事項および株式会社の組織・運営・管理その他株式会社に関する一切の事項について決議できるとしている（会295条1項）。しかし，取締役会設置会社の株主総会においては，会社法所定事項および定款所定事項についてしか決議できない（同2項）。また，総会の決議事項につき，取締役・執行役・取締役会その他の株主総会以外の

機関が決定できる旨の定款の定めは無効である（同3項）。

3　株主総会の招集

（1）総　説

　株主総会には，定時総会と臨時総会がある。定時総会は，毎事業年度の終了後一定の時期に招集されなければならず（会296条1項），臨時総会は，必要があるときにはいつでも招集することができる（同2項）。この招集は，下記の少数株主による招集の場合を除き，取締役が行う（同3項）。なお，取締役による総会の招集には，後述するように検査役の報告に基づき裁判所が取締役に命令して行われるものも含まれる（会307条）。

　取締役会設置会社の場合，株主総会の開催・日時・場所・議題などは取締役会が決定し（会298条4項・362条2項1号），これに基づき代表取締役（指名委員会等設置会社の場合は代表執行役）が招集する。したがって，取締役会の決議をへずに代表取締役以外の平取締役が総会を招集し，決議がなされたとしても，法律上の株主総会があったとはいえず，これは単なる集会にすぎない（最判昭和45・8・20判時607号79頁）。これに対し，代表取締役が取締役会の決議に基づかないで招集した総会の決議については，平取締役と異なり招集権限を有する代表取締役によるものであることから，決議不存在ないし無効とはせず，決議取消しの訴えに服せしめるのが通説である。

（2）少数株主による総会の招集

　公開会社の場合，総株主の議決権の100分の3（これを下回る割合を定款で定めた場合には，その割合）以上の議決権を6カ月（これを下回る期間を定款で定めた場合には，その期間）前から引き続き有する株主は，取締役に対し，株主総会の目的である事項（議題）（当該株主が議決権を行使できる事項に限る）および招集の理由を示して，総会の招集を請求することができる（会297条1項）。非公開会社の場合には，6カ月前から引き続き保有している必要はなく，上記の割合を保有する株主であれば，この請求ができる（同2項）。なお，総会の目的事項につき議決権を行使することのできない株主の議決権数は，総株主の議決権数に算入されない（同3項）。

　この請求をした株主は，以下の場合，裁判所の許可をえて，自ら総会を招集することもできる。すなわち，①上記の請求後遅滞なく招集手続が行われない場合，

②上記の請求があった日から8週間（これを下回る期間を定款で定めた場合には，その期間）以内の日を株主総会の日とする株主総会の招集通知が発せられない場合，である（同4項）。

（3） 総会検査役制度に基づく総会の招集

1） 総　説

　総会検査役制度は，株主総会の招集手続・決議方法の公正を担保する制度であるが，改正前商法下，会社にはこの検査役の選任申立権はなく，少数株主にのみこれが認められていた（改前商237条ノ2第1項）。これに対し，会社法は，会社にもこの申立権を法定している。すなわち，①株式会社，および，②総株主（株主総会において決議をすることができる事項の全部につき議決権を行使することができない株主を除く）の議決権の100分の1（これを下回る割合を定款で定めた場合には，その割合）以上の議決権を有する株主は，株主総会に係る招集手続・決議方法を調査させるため，当該総会に先立ち，裁判所に対して，検査役の選任を申し立てることができる（会306条1項）。

　なお，公開会社である取締役会設置会社においては，②の「総株主」からは，当該総会の議題（会298条1項2号）の全部につき議決権を行使できない株主が，除かれるとともに，②の保有割合の議決権を有する株主は，6カ月（これを下回る期間を定款で定めた場合には，その期間）前から引き続き当該議決権を保有していることが必要である。また，非公開会社である取締役会設置会社においても，②の「総株主」からは，当該総会の議題の全部につき議決権を行使できない株主が，除かれる（会306条2項）。

2） 検査役の選任と検査報告

　総会検査役または業務検査役の選任申立てを受けた裁判所は，これを不適法として却下する場合を除き，検査役を選任しなければならず（会306条3項・358条2項），選任にあたっては会社が検査役に支払うべき報酬の額を決定することができる（会306条4項・358条3項）。

　検査役は必要な調査を行い，その結果を記載・記録した書面・電磁的記録（法務省令所定のもの（会規228条4号5号）に限る）を裁判所に提供して報告しなければならない（会306条5項・358条5項）。この裁判所への報告後，総会検査役においては会社（当該会社以外の者が選任申立をした場合には，当該会社とその者）に対し，業務検査役においては当該株式会社および検査役選任の申立てをした株主に

対し，報告書面の写しを交付するか，電磁的記録への記録事項を法務省令所定方法（会規229条4号5号）により提供しなければならない（会306条7項・358条7項）。

3）　裁判所による総会招集決定

検査役の報告を受けた裁判所は，必要があると認めるときは，取締役に対して，以下の措置の全部または一部を命じなければならない。すなわち，①一定の期間内に株主総会を招集すること，および，②検査役の調査結果を株主に通知すること，である（会307条1項・359条1項）。裁判所が，①を命じた場合，取締役は，検査役が裁判所に提出した報告内容をこの総会に開示しなければならない（会307条2項・359条2項）。この場合，取締役（監査役設置会社の場合には取締役と監査役）は，この報告内容を調査し，その結果をこの総会に報告しなければならない（会307条3項・359条3項）。

（4）　総会の招集決定

取締役（少数株主が招集する場合（会297条4項）には当該株主）は，株主総会を招集する場合，以下の事項を決定しなければならない。すなわち，①株主総会の日時・場所，②株主総会の目的事項（議題）があるときは当該事項，③株主総会に出席しない株主が書面によって議決権を行使することができるとするときは，その旨（書面投票），④株主総会に出席しない株主が電磁的方法によって議決権を行使することができることとするときは，その旨（電子投票），⑤その他，法務省令所定事項（会規63条），である（会298条1項）。

株主総会の招集地に関しては，改正前商法上は規定があったが（改前商233条），会社法は，株主の利便性を考慮して，規定を設けていない。したがって，会社は，招集地を自由に決定できる。

（5）　総会の招集通知

取締役は，総会に出席しない株主に書面ないし電磁的方法による議決権行使を認める場合を除き，株主総会の招集通知を，公開会社の場合には，総会の日の2週間前までに，非公開会社の場合には1週間前までに，株主に通知しなければならない。この非公開会社が取締役会設置会社以外の株式会社の場合には，定款で1週間を下回る期間を定めることも可能である（会299条1項）。

（6）　招集通知の方法

会社が，①総会に出席しない株主に書面投票・電子投票を認める場合，および，②会社が取締役会設置会社である場合には，株主総会の招集通知は書面でなさな

ければならない（同2項）。もっとも，取締役は，書面による招集の発出にかえて，政令（会令2条1項2号）の定めるところにより，株主の承諾をえて，電磁的方法で通知を発することもできる[1]（会299条3項）。取締役会非設置会社の場合には，口頭や電話による招集も可能となる。

（7） **議題の記載・記録の要否**

取締役は，書面または電磁的方法で招集通知を発する場合には，そこに，上記（4）①～⑤を記載・記録しなければならない（会299条4項）。したがって，書面および電磁的方法によらずに招集を通知する場合には，議題を通知するか否かは取締役の判断に委ねられる。

（8） **計算書類等の添付**

取締役会設置会社の場合，取締役は，定時株主総会の招集に際しては，法務省令の定めるところにより（会規117条・133条），取締役会の承認を受けた計算書類と事業報告を提供しなければならない。さらに，監査役設置会社の場合または会計監査人設置会社の場合には，監査報告または会計監査報告も提供しなければならない（会437条）。取締役会非設置会社の場合には，定時総会招集通知への計算書類等の添付は不要である。

（9） **参考書類・議決権行使書面の添付**

総会に出席しない株主に書面投票や電子投票を認める場合には，取締役は，総会の招集に際し，法務省令の定めるところに従い（会規65条・66条），議決権行使につき参考となるべき事項を記載した書面（株主総会参考書類）と議決権を行使するための書面（議決権行使書面）（電子投票を認める場合は，株主総会参考書類のみ）を，株主に交付しなければならない（会301条1項・302条1項）。

取締役は，電磁的方法による招集通知を承諾した株主（会299条3項）に対しては，株主総会参考書類・議決権行使書面の交付にかえて，これらの書類の記載

---

1) 電磁的方法には，①電子情報処理組織を使用する方法と，②磁気ディスクその他これに準ずる方法により一定の情報を確実に記録しておくことができる物をもって調整するファイルに情報を記録したものを交付する方法（フロッピー・ディスクやCD-ROMの交付）とがある。①には，(i)送信者の使用に係る電子計算機と受信者の使用に係る電子計算機とを接続する電気通信回線を通じて送信し，受信者の使用に係る電子計算機に備えられたファイルに記録する方法（電子メール）と，(ii)送信者の使用に係る電子計算機に備えられたファイルに記録された情報の内容を電気通信回線を通じて情報の提供を受ける者の閲覧に供し，当該情報の提供を受ける者の使用に係る電子計算機に備えられたファイルに当該情報を記録する方法（インターネットのウェブサイト（ホームページ））とがある（会規222条1項）。

事項を電磁的方法で提供することが可能である。しかし，それでも株主よりこれら書類の請求があったときは，これらの書類を当該株主に交付しなければならない（会 301 条 2 項）。

議決権行使書面には，各議案につき賛否（棄権の欄を設ける場合には棄権も含まれる）を記載する欄（会規 66 条 1 項 1 号）や，この欄に記載がない議決権行使書面が会社に提出された場合における各議案につき賛成・反対・棄権のいずれの意思表示があったものとするかについての取扱いの内容（同 2 号）等が記載される。

(10) 招集手続の省略

株主総会は，株主全員の同意があるときは，招集手続をへないで開催することができる。ただし，総会に出席しない株主に書面ないし電磁的方法による議決権行使を認めた場合は，この限りでない（会 300 条）。

(11) 全員出席総会

招集権者による招集がないにもかかわらず全株主が集合し決議した場合，当該決議の効力はいかに解されるであろうか。古く大審院は，これは単なる株主の会合にすぎず，株主総会決議とは認められないので当然無効である旨を判示した（大判昭和 7・2・12 民集 11 巻 207 頁）。しかし，法定の招集手続は全株主に対し出席の機会や準備時間を与えるためのものである以上，全株主がその利益を放棄して総会の開催に同意する限り，そこで総会の権限に属する事項につき決議がなされた場合にはその効力を否定する理由はなく（通説），最高裁も有効説をとる（最判昭和 60・12・20 民集 39 巻 8 号 1869 頁）。

なお，最高裁は，1 人会社の場合には，1 人の株主が出席すれば株主総会は有効に成立し招集手続は不要であるとも解している（最判昭和 46・6・24 民集 25 巻 4 号 596 頁）。

4 株主総会の運営

(1) 株主総会の成立と議事

株主総会は，議長が，出席株主の資格を調査し，定足数を確認して，その結果を総会に報告した後，開会を宣言して成立する。議事進行方法に関しては，会社法上格別の定めはなく，会議体の一般原則に従うほか，定款または総会の決議をもって適宜に定めることになる。

（2） 議　長

　株主総会の議長は，通常，定款において，社長（社長に事故あるときは，あらかじめ取締役会の定める順序により，他の取締役）があたるなどと定められているが，この種の定めが定款にない場合には，総会において選任されることになる。なお定款で定められた議長が株主でなくても，議長は総会の指揮・運営役にすぎないのでさしつかえないと解される（北沢319頁）。

　議長は，当該総会の秩序を維持し，議事を整理する権限を有するとともに（会315条1項），その命令に従わない者やその他当該総会の秩序を乱す者を退場させることができる（同2項）。

（3） 株主提案権

1） 総　説

　株主提案権には，①議題提案権…一定事項を株主総会の目的事項（議題，例「取締役選任の件」等）とすべきことを請求する権利（会303条），②議案提案権…株主総会の目的事項の内容・具体案（議案，例・取締役選任決議における「Aを取締役の候補者とする」等）を提出することを請求する権利（会304条），③議案要領通知請求権…株主の提案する議案の要領を招集通知に記載・記録することを請求する権利（会305条1項）が含まれる。

　①は，株主が総会の議題を追加的に請求することになるため議題の追加提案権ともいえる。②については，会社側が提案する議題に対して株主が（修正または反対）議案を提案する場合と，株主自らが提案する議題について議案をも提案する場合とがある。

2） 議題提案権

　株主総会の議題や議案は原則として取締役ないし取締役会が定めるが，少数株主にも提案権が認められている。取締役会非設置会社の株主は，取締役に対して，一定事項（当該株主が議決権を行使することのできる事項に限る）を，総会の目的（議題）とするよう請求することができる（会303条1項）。これに対し，取締役会設置会社においては，総株主の議決権の100分の1（これを下回る割合を定款で定めた場合には，その割合）以上の議決権または300個（これを下回る数を定款で定めた場合には，その個数）以上の議決権を6カ月（これを下回る期間を定款で定めた場合には，その期間）前から引き続き有する株主に限って，この議題提案権が付与される（同2項）。この場合，提案される事項につき，議決権を行使できない株主の有す

る議決権の数は，総株主の議決権の数に算入されない（同4項）。

　非公開会社である取締役会設置会社の株主においては，上記の割合・個数を有しているならば，保有期間の制限はなく，ただちにこの請求権の行使が認められる（同3項）。公開会社・非公開会社いずれであれ，取締役会設置会社の場合，議題提案権は，総会の日の8週間（これを下回る期間を定款で定めた場合には，その期間）前までに行使しなければならない（同2項）。

　取締役会非設置会社の場合，株主は単独で，株式の保有期間および行使期限の制限なくして，議題提案権を行使することができる。

3）　議案提案（出）権

　株主は，株主総会において，総会の目的である事項（議題）（当該株主が議決権を行使することができる事項に限る）につき議案を提出することができる（会304条）。ただし，①当該議案が法令・定款に違反する場合，または，②実質的に同一の議案につき株主総会において総株主（当該議案につき議決権を行使することができない株主を除く）の議決権の10分の1（これを下回る割合を定款で定めた場合には，その割合）以上の賛成を得られなかった日から3年を経過していない場合は，この限りでない（同ただし書）。

4）　議案要領通知請求権

　株主は，取締役に対して，総会の8週間（これを下回る期間を定款で定めた場合には，その期間）前までに，総会の目的である事項につき当該株主が提出しようとする議案の要領を株主に通知すること（書面通知には記載し，電磁的方法による通知の場合には記録すること）を請求できる。ただし，取締役会設置会社においては，この請求は，総株主（総会の目的事項につき議決権を行使できない株主が有する議決権の数は算入されない）の議決権の100分の1（これを下回る割合を定款で定めた場合には，その割合）以上の議決権または300個（これを下回る数を定款で定めた場合には，その個数）以上の議決権を6カ月（これを下回る期間を定款で定めた場合には，その期間）前から引き続き有する株主に限って，認められる（会305条1項）。これに対し，非公開会社である取締役会設置会社の株主においては，上記の割合・個数を有しているならば，この保有期間の制限はなく，ただちにこの請求権の行使が認められる（同2項）。

　以上の定め（会305条1項～3項）は，①提案しようとする議案が，法令・定款に違反する場合，②実質的に同一の議案につき株主総会において総株主（当該議

案につき議決権を行使できない株主を除く）の議決権の10分の1（これを下回る割合を定款で定めた場合には，その割合）以上の賛成を得られなかった日から3年を経過していない場合には，適用されない（同4項）。

（4） 質問と説明

取締役・会計参与・監査役・執行役は，総会において株主より特定事項に関し説明を求められた場合，当該事項につき必要な説明をしなければならない。ただし，①当該事項が議題に関係がない場合，②説明することにより株主の共同の利益を著しく害する場合，③その他正当な理由があるとして法務省令が定める場合（会規71条）は，この限りでない（会314条）。

説明は，「合理的な平均的株主が，総会の目的事項を理解し，議決権行使にあたり合理的判断をするのに客観的に必要な範囲」（福岡地判平3・5・14判時1392号126頁）にわたらなければならず，説明義務不履行の状態でなされた総会決議は取消原因となる[2]（通説・判例，会831条1項1号）。

（5） 動議の提出

動議とは，株主総会の場において，一定事項に関し総会の決議を求める株主の意思表示をいうが，①議事進行に関するものと，②決議事項の内容に関するものとがある。①としては，議長の不信任・討議の打切り・休憩・総会の延期・続行などがあり，②としては招集通知に記載された議題から一般的に予見しうる範囲内での，総会招集権者が提出する議案に対する修正動議（＝修正議案の提出）のみである。動議は一般の会議原則に従って処理され，議長はまず，①当該動議につき審議するかどうかについて採決する。そして，②過半数の賛成をえた場合には，当該動議について審議・採決する。しかし，現実には①の採決で否決される場合が多く，また，①を省略して，直截に②に進む場合もある。

（6） 総会提出資料等の調査

総会においては，その決議により，取締役・会計参与・監査役・監査役会・会計監査人が当該総会に提出・提供した資料を，調査する者を選任することができ

---

2) 株主総会の招集通知に添付された参考書類に支給基準の内容が記載されておらず，議場における株主からの取締役の退職慰労金額についての質問に対しても，取締役の説明がなかった総会決議に対し，取消訴訟が提起された事案では，「会社に現実に一定の確定された基準が存在すること，その基準は株主に公開されており周知のものであるか又は株主が容易に知り得ること，及びその内容が前記のようにして支給額を一意的に算出できるものであること等について説明する必要がある」と判示されている（東京地判昭和63・1・28判時1263号3頁（ブリヂストン事件））。

る（会316条1項）。少数株主の請求・招集による株主総会（会297条）においては，その決議により，会社の業務・財産の状況を調査する者を選任することができる（会316条2項）。

（7） 議事録

会社は，総会の議事につき，法務省令の定めるところにより（会規72条），議事録を作成しなければならず（会318条1項），総会の日から10年間，この議事録を本店に備え置かなければならない（同2項）。また会社は，総会の日から5年間，議事録の写しを支店に備え置かなければならないが，議事録が電磁的記録で作成されており，支店においてこの記録事項を法務省令所定方法（会規227条2号）で表示したものの閲覧・謄写する措置がとられている場合にはこの限りでない（会318条3項）。

株主および債権者は，会社の営業時間内は，いつでも，議事録が書面の場合にはその書面またはその写しの閲覧・謄写を請求できる（同4項1号）。議事録が電磁的記録の場合には，記録事項を法務省令所定方法（会規226条17号）により表示したものの閲覧・謄写を請求できる（会318条4項2号）。

株式会社の親会社の社員は，その権利を行使するため必要があるときは，裁判所の許可をえて，議事録につき，その書面ないし電磁的記録事項を表示したものの閲覧・謄写を請求できる（同5項）。

5 株主の議決権

（1） 1株1議決権の原則とその例外

1） 1株1議決権の原則

株主総会においては，各株主は1株につき1個の議決権を有するのが原則である。ただし定款で単元株式数を定めている場合には，1単元の株式につき1個の議決権を有する（会308条1項）。株主は，株主総会に出席して決議に加わる権利すなわち議決権を有しており，これを行使することにより議案につき意思を表示して会社の意思形成に関与する。この議決権の数が，株主の頭数によらずに各自の持株数によって決せられるのは，株式会社の資本団体的性質によるのであり，持分会社とは著しく対照的である。この1株1議決権の原則は，一般に，株主はその有する株式数に応じて平等の取扱いを受けるという株主平等の原則（会109条1項）の議決権の面におけるあらわれと解されているが（前田379頁），法律上，

以下のような例外がみられる。

2） 1株1議決権の原則の例外

（ⅰ） **議決権制限株式** 議決権制限株式においては，議決権行使を制限された事項につき議決権の行使はできない（会115条）。もっとも，種類株主総会（会321条以下）においては議決権制限株式にも議決権行使が認められる場合がある。種類株主総会は株主総会そのものではないからである。

（ⅱ） **自己株式** 会社はその有する自己株式については議決権を有さない（会308条2項）。この自己株式には，他人名義のもので自己の計算で取得したものも含まれる（前田・同頁）。

（ⅲ） **相互保有株式** A会社とB会社が相互に相手方の株式を保有している場合，それらの株式を相互保有株式という。A会社が，B会社の総株主の議決権の4分の1以上を有するかその他の事由を通じてB会社の経営を実質的に支配することが可能な関係にあるものとして法務省令（会規67条）で定める株主である場合，B会社はその所有するA会社の株式については議決権を行使することができない（会308条1項かっこ書）。株式の相互保有は，企業間の協調・株主安定化に役立つ反面，会社財産の裏付けを欠く資本形成により会社債権者を害したり（資本の空洞化），当事会社の経営者同士が相互に相手方を支持しあったり（議決権行使の歪曲化），市場の不当支配・株価操作などを行う弊害があるからである。

ここにいう株式の保有にはその名義いかんをとわず会社の計算において取得するもの一切が含まれる。信託会社が信託財産を運用して保有する株式は，他人の計算によるものであるから，含まれない。

この規制に反して議決権が行使された場合には決議方法の法令違反として決議取消事由に該当する（会831条1項1号）。

（ⅳ） **基準日株主以外の株主が有する株式** 会社が基準日を定めた場合，株主としての権利行使は，基準日において株主名簿に記載・記録されている株主に限定される（会124条1項）。

（ⅴ） **一定の特別利害関係を有する株主の株式** 会社が特定株主より自己株式を買い受ける場合，当該特定株主は，原則として，この売渡請求決議をする総会において議決権を行使することはできない（会160条4項）。また，相続その他の一般承継により譲渡制限株式を取得した者に対する売渡請求を決議する総会に

おいても，この取得者は原則として議決権を行使することができない（会175条2項）。ただし，当該株主以外の全部が当該総会において議決権を行使することができない場合は，この限りでない（会160条4項ただし書・175条2項ただし書）。

（ⅵ） 単元未満株式　単元未満株式には，議決権は認められない（会189条1項）。

（ⅶ） 議決権拘束契約　株主相互間あるいは株主と第三者の間で，一般的にあるいは特定の場合に，株主の議決権を一定方向に行使することを約する議決権拘束契約の効力については，無効説と有効説がある。無効説は議決権は人格権であること，あるいは，決議は参加者の自由な判断によるべきことを理由とする。しかし，多数説は，当該契約の目的・制限態様などが株式会社法の精神や公序良俗に反さない限りは有効と解している。もっとも有効と解しても，裁判上その履行を強制することはできず，当該契約に違反した議決権行使も有効であり，この場合には当該株主が約束の相手方に対して債務不履行責任を負うにとどまる（大隅＝今井・中79頁）。

（2） 株式共有の場合の議決権行使

1） 総　説

1個または数個の株式を数人で共有することは可能である。もっとも，株式は所有権ではなく，株主の地位ないし株主権であるから，正確には準共有であり，これに関しては民法の共有に関する規定が準用される（民264条）。さらに，会社法は，共有者による権利行使に関して特別規定を設けている。株式の共有は，数人が共同して株式を引き受けた場合，株式を数人が共同で相続した場合，組合が株式を所有する場合，などにみられる。

2） 共有株式の権利行使者

株式の共有者は，権利行使者1人を定め，その者の氏名（名称）を会社に通知しなければ，当該株式に関して権利を行使できない。ただし，会社が当該権利を行使することに同意した場合はこの限りでない（会106条）。

この権利行使者においては，剰余金配当請求権，議決権，各種の少数株主権，総会決議の取消し・無効を訴える権利など，株主におけるすべての権利をこの者に限って行使しうることになる。権利行使者は，その単独名義で権利を行使することができ，共有者全員の名でなす必要はない。もっとも，この権利行使者は，あくまでも会社に対する権利関係において権利行使者であるにすぎないのであっ

て，第三者に対する関係では，他の共有者も権利を行使することができる。なお，この権利行使者には，勝手に共有株式を処分する権限はない。
  3） 各種の事例
  （ⅰ） 親権者が自らを権利行使者と指定する行為の有効性
  親権者と未成年者とが株式を共有する場合，親権者が未成年の子を代理して自らを権利行使者と指定する行為は，民法826条の利益相反行為には該当しない（最判昭和52・11・8民集31巻611号847頁）。未成年者の財産は親権者の管理下におかれるのが通常であり，株式の場合も，子の持株については親権者が代理人として株主権を行使できるはずだからである。
  （ⅱ） 株式の共同相続の場合
  株式が相続された場合，株式は，金銭債権と違って，常に可分給付を目的とする債権であるとはいえないので，その分割がなされるまでは，株式全部につき相続分に応じた準共有関係が生ずる（東京高判昭和48・9・17高民26巻3号288頁等）。この場合になされる権利行使者の選定行為は，広汎かつ重要な権限を包括的に委託する財産管理委託行為にあたり，性質上，全員の合意を要する。また，この委託は委託者の1人が何時でも将来に向って解除することができ，このときは，被選定者の代表権は全体として消滅し，このことの会社への効力の発生は，解除権者の通知でたりるとする下級審判例がある（徳島地判昭和46・1・19下民集22巻1・2号18頁，有限会社事例）。
  最判平成2・12・4民集44巻9号1165頁によれば，共同相続人が，準共有社員としての地位に基づき，株主総会や社員総会の決議不存在確認の訴えを提起するには，権利行使者としての指定を受け，その旨を会社に通知することが必要である。この指定・通知を欠くときは，特段の事情がない限り，この訴えについての原告適格は認められない。この場合の「特段の事情」としては，閉鎖的な会社の株式を準共有する相続人の1人が，権利行使者の指定を受けないまま，総会決議不存在確認の訴えを提起する場合などがある。共同相続人間で遺産分割や会社支配をめぐって争いが生ずると，権利行使者を定めることは実際上困難となるため，権利行使者の指定を受けない者に権利行使を認めないと不正を傍観・助長することにもなりかねないからである。
  最判平成3・2・19判時1389号140頁は，共同相続人達が合併当事会社の双方または一方の発行済株式総数の過半数を準共有していた事案であるが，権利行使

者の指定および会社に対する通知を欠く共同相続人の1人が，違法に合併登記がなされたことに関し，合併承認決議不存在確認の訴えを提起した事案である。合併後の被告会社が，原告に関し，権利行使者でないことを理由にその原告適格を否定することは，合併承認の総会決議も権利行使者の指定を受けていない者によってなされたという瑕疵を自認し，自己の立場をも否定することにほかならないとして，「特段の事情」が認められ，この者に原告適格が認められている。会社法106条（改前商203条2項）の規定趣旨を同一訴訟手続内で恣意的に使い分ける行為は，訴訟上の防御権を濫用し著しく信義則に反することになるからである。

(iii) 権利行使者の指定方法

ところで最高裁は，持分の準共有者間において権利行使者を定めるにあたっては，持分の価格に従いその過半数をもって決すればたり，全員一致でなす必要はないと解している（最判平成9・1・28判時1599号139頁）。一方学説は，この指定行為は，一般的には株主権の行使を可能にし，株主全員の利益となるものであって利害の対立を当然に前提とするものではないとして，本判決を支持する過半数決議説[3]と，共同相続人間に対立がある場合には，多数決によって権利行使者の選定を強行するよりも，遺産分割協議を優先すべきであるとする全員一致説[4]に分かれている。過半数決議説は，遺産分割協議は必ずしも短期間で終了せず，その間，一部相続人の反対により，すべての共同相続人につき社員権の行使を不可能とするのは，不当であるとして全員一致説を批判する。これに対し全員一致説は，一部の相続人の反対で株主権の行使ができないような状況下では，過半数決議説により株主権の行使を可能とする途を開くよりは，相続人間の紛争をより根本的に解決するべく裁判上の別個の解決をはかるべきであるとする。

(iv) 権利行使者がいない場合

共有者が権利行使者を定めない限り，共有者は権利行使できないが，会社法106条は，会社の事務処理の便宜を考慮して定められた規定であるから，会社側が共有者全員に権利行使を認めることはさしつかえない。この場合の会社から共有者に対してなす通知または催告は，会社が任意に選定した共有者の1人に対してなせばたり（会126条4項），その効果は全員に及ぶ。

---

3) 片木晴彦「判評」判評466号62頁。
4) 大野正道「判評」判夕975号34頁以下，江頭123頁。

（ⅴ）　権利能力なき社団・民法上の組合の場合

　権利能力なき社団の有する株式が，代表者の個人名義ではなく，社団名義で株主名簿に登載されている場合には，会社の事務処理上は，当該団体の所有であるかのように扱えばよい。株式が民法上の組合名義で株主名簿に登載されている場合には，各組合員の共有として取り扱うことになる（民668条）。したがって，会社法106条に従い，組合所有の株式につき権利行使者を選定して，会社に届けなければならない。

（3）　議決権の代理行使

1）　議決権の代理行使の方法

　議決権は必ずしも株主自身が直接行使する必要はなく，代理人が行使することも可能である（会310条1項）。

　議決権を代理行使する場合，本人または代理人は代理権を証明する書面（委任状）を会社に提出するか，会社の承諾をえて当該書面に記載すべき事項を電磁的方法により提供しなければならない（同3項）。口頭・電報その他株主の署名ないし記名押印のない書面による代理権授与は無効である。しかし，書式については別段定めはなく代理権の存在を知りうる記載があればよい。代理権の授与は各総会ごとになされなければならないが（同2項），株主が制限能力者である場合の法定代理人あるいは公法人・私法人の代表機関などがその権限に基づいて代理行使する場合には委任状は不要である。これらの者はすでに株主の権利行使に関し一般的代理権を有しているからである。

　一方，株主はすでになした代理権授与を後に撤回することができる。したがって，他人に代理権を授与した株主が自ら総会に出席した場合には，先の代理権授与は撤回したものと解されるし，同一株式に関し数人に代理権を授与した場合には，後の代理権授与により先の代理権授与は撤回したものと解される。

　会社は総会の日より3カ月間，代理権を証明する書面および上記の電磁的方法で提供された事項が記録された電磁的記録を本店に備え置かなければならず（同6項），株主は会社の営業時間内はいつでもこれらの閲覧・謄写を請求することができる（同7項）。代理人を複数選任することもさしつかえないが，会社は総会に出席できる代理人の数を制限できる（同5項）。この場合，拒否の理由を明らかにする必要はない。

2） 代理人資格の制限

議決権行使の代理人の資格を制限することは可能であろうか。実際上多くの会社の定款は代理人の資格を当該会社の株主に限定しており，その有効性が問題になる。この点，最判昭和43・11・1民集22巻12号2402頁（関本本店事件）は，会社法310条1項（旧商239条2項）は「議決権を行使する代理人の資格を制限すべき合理的な理由がある場合に，定款の規定により，相当と認められる程度の制限を加えることまでも禁止したものとは解されず，右代理人は株主にかぎる旨の……定款の規定は，株主総会が，株主以外の第三者によって撹乱されることを防止し，会社の利益を保護する趣旨にでたものと認められ，合理的な理由による相当程度の制限ということができ……有効である」と判示している（画一的有効説）。もっとも，最判昭和51・12・24民集30巻11号1076頁（直江津海陸運送事件）は，このような定款規定を有する会社の株主である県・市・株式会社が株主でない職員や従業員に議決権の代理行使をさせた事案では，株主総会が撹乱され会社の利益が害されるおそれがないので，かかる代理行使は定款規定の趣旨に反しないとしている（制限的有効説）。この趣旨に従って，株主でない弁護士による代理人の総会出席は，この種の定款規定に抵触しないとする下級審判例もあるが[5]，逆に，この総会出席を認めない下級審判例もある[6]。この種の定めは現実には総会屋対策として設けられているのであるが，はたしてどれだけの効果があるのかは疑問であり，このような規定を画一的に無効と解する立場もある（田中〔誠〕上514頁等）。

3） 委任状の勧誘

一般の株主には自らあるいは代理人を通じて総会に出席しようとする意欲はとぼしい。そこで会社としては定足数をみたす必要からも招集通知に白紙委任状を同封して株主に送付し，署名のうえ返送された委任状をもとに適当な者（会社の総務部長等）を選び，その者に議決権を行使させる場合が多い。

一方，証券取引規制によれば，上場会社が議決権の代理行使を勧誘するにあた

---

[5] 神戸地尼崎支判平成12・3・28判タ1028号288頁。弁護士は一般に社会的信用が高く，法律知識が豊富なので，違法・不法な行為をしない蓋然性が高いので，総会撹乱のおそれが非常に少ないことを理由とする。

[6] 宮崎地判平成14・4・25金判1159号43頁。総会撹乱のおそれがない者について株主でなくても議決権行使の代理人になれると解するならば，会社は，総会に非株主代理人が来場するつど，その者の職種を個別具体的に検討しなければならず，不都合であることを理由とする。

っては，被勧誘者に一定の参考書類と委任状用紙を提供しなければならず，かつ委任状用紙に議案ごとに被勧誘者が賛否を記載する欄を設けなければならない（別に棄権の欄を設けることを妨げない）（金商 194 条，金商令 36 条の 2 第 5 項，上場株式の議決権の代理行使の勧誘に関する内閣府令 43 条）。もっとも，この規制に違反した勧誘に応じてなされた代理権授与やこれに基づく議決権行使および総会決議は，それぞれ当然には無効となるものではない（多数説）。また，株主から返還された委任状の一部につき，会社が実際には代理人を選任しなかったり，委任状を総会に提出しなくても，代理人選任の媒介契約上の義務違反による責任問題は別として，そのこと自体が当然に総会決議取消事由（会 831 条 1 項 1 号）に該当することにはならないとも解されている。賛否の記載に違反してなされた議決権行使は無効であるが，決議の効力にはただちには影響せず，決議の成立に必要な賛成を欠く場合に決議の取消原因となる（大隅＝今井・中 66 頁）。

（4） 書面または電磁的方法による議決権の行使
1） 総　説

会社は，総会の招集決定にあたり，総会に出席しない株主が書面または電磁的方法により議決権を行使できる旨を定めることができる（会 298 条 1 項 3 号 4 号）。これを定めた場合，総会の招集通知にはその旨を記載・記録し書面または電磁的方法で通知することを要する（会 299 条 2 項〜4 項）。取締役は，株主（株主総会の決議事項の全部につき議決権を行使することのできない株主を除く）の数が 1000 人以上である場合には，株主総会に出席しない株主につき，書面による議決権行使を定めなければならない（ただし，上場株式会社であって法務省令（会規 64 条）が定めるものについてはこの限りでない）（会 298 条 2 項）。

書面による議決権行使制度は，株主総会が現実に開催されることが前提となっている制度であり，総会の開催がない書面決議制度とは異なる。会社が，株主全員に議決権行使書面を送付したうえで，一部の株主に対し議決権行使の委任状を勧誘することは可能である。

2） 株主総会参考書類・議決権行使書面の交付

取締役は，書面投票によりうる旨を定めた場合，総会の招集通知に際し，法務省令（会規 65 条・66 条）に従い，議決権行使につき参考となるべき事項を記載した書類（＝株主総会参考書類）および議決権を行使するための書面（＝議決権行使書面）を株主に交付しなければならない（会 301 条 1 項）。総会の招集通知を電磁的

方法で行うことに承諾した株主に対しては，参考書類・議決権行使書面の記載事項を電磁的方法により提供することも可能であるが，株主の請求があれば，これらの書類を交付しなければならない（同2項）。

　取締役は，電子投票によりうる旨を定めた場合，総会の招集通知に際し，法務省令（会規65条）に従い，株主に株主総会参考書類を交付しなければならない（会302条1項）。総会の招集通知を電磁的方法で発することに承諾した株主に対しては，この参考書類の記載事項を電磁的方法により提供することも可能であるが，株主の請求があれば，参考書類を交付しなければならない（同2項）。また，取締役は，上記の承諾をした株主に対して電磁的方法により招集を通知するに際しては，法務省令（会規66条）に従い，議決権行使書面の記載事項を当該電磁的方法により提供しなければならない（会302条3項）。

　なお，電磁的方法による招集通知に承諾していない株主が，総会日の1週間前までに議決権行使書面記載事項を電磁的方法で提供するよう請求してきた場合，取締役は，法務省令（会規66条）に従い，ただちにこれに応じなければならない（会302条4項）。

3）　議決権の行使

　書面による議決権の行使は，議決権行使書面に必要事項を記載し，法務省令所定の時（会規69条）までに，会社に提出して行う（会311条1項）。このように行使された議決権の数は総会出席株主の議決権の数に算入される（同2項）。会社は，総会日から3カ月間，提出された議決権行使書面を本店に備えおかなければならず（同3項），株主は，会社の営業時間内はいつでも，この閲覧・謄写を請求することができる（同4項）。

　電子投票による議決権の行使は，政令の定めに従い（会令1条），会社の承諾をえて，法務省令所定の時（会規70条）までに議決権行使書面の記載事項を，電磁的方法により会社に提供して行う（会312条1項）。会社は電磁的方法による総会招集通知を承諾した株主による電子投票については，正当な理由なくして，その承諾を拒絶することはできず（同2項），電磁的方法で行使された議決権の数は，出席株主の議決権の数に算入される（同3項）。

　会社は，総会日から3カ月間，株主から提供された電磁的記録を本店に備えおかなければならず（同4項），株主は，会社の営業時間内はいつでも，その電磁的記録事項を法務省令所定方法で表示したもの（会規226条16号）の閲覧・謄写を

請求できる（会312条5項）。

（5） 議決権の不統一行使

1） 不統一行使制度の趣旨

株主は，その有する議決権を統一しないで行使することができる（会313条1項）。議決権の行使は，その性質上1人の株主につき常に1個であると解すれば不統一行使は認められない。しかし，株式が株主から離れて極度に物化し，同一株主の手中にあっても各株式が独立性を保持していることを考慮すれば，不統一行使を否定すべき理由はない。とくに，株式の信託，外国預託証券が発行される場合や株券の振替決済制度が行われる場合のように，名義上の株主と実質上の株主が分かれており後者の指示に従い前者が議決権を行使するのが妥当とされる場合には，議決権の不統一行使を認める必要性が高くなり，昭和41年の商法改正ではこれが原則的に容認されるにいたった。

2） 手　続

取締役会設置会社の場合，議決権の不統一行使をしようとする株主は，総会日の3日前までに，会社に対して議決権を統一しないで行使する旨およびその理由を通知しなければならない（会313条2項）。この通知は特定の総会ごとになす必要はなく，将来の株主総会も含めて包括的になすことが許される。理由の記載のない通知は不適法であり，会社は不統一行使を拒否できるが，会社がこれを認めることは自由であり，その場合には当該議決権行使は有効である。一方，株主が他人のために株式を有する者でないときは，会社は不統一行使を拒絶できる（同3項）。

取締役会非設置会社の場合，事前通知は不要である。

6　総会決議の種類

（1） 普通決議

株主総会の決議は，定款に別段の定めがある場合を除き，議決権を行使できる株主の議決権の過半数を有する株主が出席し（定足数），出席した当該株主の議決権の過半数をもって行われる（会309条1項）。

（2） 特別決議

以下の決議事項に関しては，当該総会で議決権を行使できる株主の議決権の過半数（3分の1以上の割合を定款で定めた場合には，その割合以上）を有する株主が出

席し，出席した当該株主の議決権の3分の2（これを上回る割合を定款で定めた場合には，その割合）以上にあたる多数で行わなければならない。この場合，この決議要件に加えて，一定数以上の株主の賛成を要するなどその他の要件を定款で加えることができる（同2項1号～12号）。

① 会社による譲渡制限株式の買取りまたは買受人指定の決定（会140条2項5項），
② 特定の株主から自己株式を取得する決定（会156条1項・160条1項），
③ 全部取得条項付種類株式の全部取得（会171条1項）および相続人等に対する売渡請求（会175条1項）の決定，
④ 株式の併合の決議（会180条2項），
⑤ 募集株式に関する募集事項の決定（会199条2項），この決定の委任の決定（会200条1項），株主に株式の割当てを受ける権利を付与する場合の所定事項の決定（会202条3項4号），募集株式が譲渡制限株式である場合の割当てに関する決定（会204条2項），譲渡制限株式の総額引受に関する承認（会205条2項），
⑥ 募集新株予約権に関する募集事項の決定（会238条2項），この決定の委任の決定（会239条1項），株主に新株予約権の割当てを受ける権利を付与する場合の所定事項の決定（会241条3項4号），一定の場合における募集新株予約権の割当てを受ける者等の決定（会243条2項），募集新株予約権の総数引受契約の承認（会244条3項），
⑦ 累積投票により選任された取締役（監査等委員である取締役を除く）の解任・監査等委員である取締役・監査役の解任（会339条1項・342条3項～5項），
⑧ 役員の会社に対する責任の一部免除（会425条1項），
⑨ 資本金の額の減少（会447条1項），
⑩ 剰余金の配当（会454条4項），
⑪ 会社法第6章（定款の変更）・第7章（事業の譲渡等）・第8章（解散）の規定により総会決議を要する場合の当該決議，
⑫ 会社法第5編（組織変更・合併・会社分割・株式交換・株式移転）の規定により総会決議を要する場合の当該決議。

（3） 特殊決議

1） その1

種類株式発行会社以外の株式会社における，以下の総会決議に関しては，当該

総会で議決権を行使できる株主の半数以上（これを上回る割合を定款で定めた場合には，その割合以上）であって，当該株主の議決権の3分の2（これを上回る割合を定款で定めた場合には，その割合）以上にあたる多数をもって行わなければならない（会309条3項1号〜3号）。

① その発行する全部の株式の内容として，譲渡による当該株式の取得につき，当該会社の承認を要する旨の定めを定款に設けるための定款変更決議，
② 消滅株式会社等における吸収合併契約等の承認決議（会783条1項）。ただし，合併により消滅する会社または株式交換をする会社が公開会社であり，かつ，当該会社の株主に交付する金銭等の全部・一部が譲渡制限株式等（譲渡制限株式その他これに準ずるものとして法務省令（会規186条）で定めるもの）である場合の当該株主総会に限られる，
③ 消滅株式会社等における新設合併契約等の承認決議（会社804条1項）。ただし，合併または株式移転をする会社が公開会社であり，かつ，当該会社の株主に交付する金銭等の全部・一部が譲渡制限株式等である場合の当該株主総会に限られる。

2） その2

　非公開会社における会社法109条2項による定款の定め（剰余金の配当や残余財産の分配を受ける権利および株主総会の議決権を，株主ごとに異なって取扱う旨の定め）を変更（廃止するものを除く）する株主総会決議は，総株主の半数以上（これを上回る割合を定款で定めた場合には，その割合以上）であって，総株主の議決権の4分の3（これを上回る割合を定款で定めた場合には，その割合）以上にあたる多数で行わなければならない（会309条4項）。

　取締役会設置会社の株主総会においては，株主総会の目的である事項（議題）（会298条1項2号）以外の事項について決議することはできない。ただし，総会へ提出・提供した資料や会社の業務財産状況を調査する者の選任決議（会316条1項2号）または定時総会への会計監査人の出席を求める決議（会398条2項）についてはこの限りでない（会309条5項）。

7　種類株主総会

（1）　総　説

　種類株主総会は，それ自身は独自の株主総会ではなく，ある種類の株主の意思

を決定する集会にすぎないが，株主総会に関する規定がいくつか準用される（会325条）。種類株主総会においては，会社法に規定する事項および定款で定めた事項に限り，決議することができる（会321条）。

（2） ある種類の種類株主に損害を及ぼすおそれのある場合の種類株主総会

種類株式発行会社が以下の行為をなす場合，これがある種類の株式の種類株主に損害を及ぼすおそれがあるときは[7]，別に当該種類株主を構成員とする種類株主総会の決議がなければ，当該行為の効力は生じない。ただし，当該種類株主総会において議決権を行使することができる種類株主が存在しない場合は，この限りでない。なお，この種類株主に係る株式が2種類以上ある場合には，各種類別に区分された種類株主総会の決議が必要となる（会322条1項1号～13号）。

① 株式の種類の追加，株式の内容の変更，発行可能株式総数・発行可能種類株式総数の増加についての定款の変更（会111条1項2項に規定するものを除く）（同1号），

② 特別支配株主の株式等売渡請求に対する承認（同1号の2・179条の3第1項），

③ 株式の併合・分割（同2号），

④ 株式無償割当て（同3号・会185条），

⑤ 株式引受人の募集（会202条1項各号所掲事項を決定する場合に限る）（会322条1項4号），

⑥ 新株予約権を引き受ける者の募集（会241条1項各号所掲事項を決定する場合に限る）（同5号），

⑦ 新株予約権無償割当て（同6号・会277条），

⑧ 合併（会322条1項7号），

⑨ 吸収分割（同8号），

⑩ 吸収分割による他の会社がその事業に関して有する権利義務の全部・一部の承継（同9号），

⑪ 新設分割（同10号），

⑫ 株式交換（同11号），

---

[7] たとえば，①剰余金分配優先株式の内容を縮減する定款変更決議の場合の優先株主，②普通株式の株主に対してのみ株式の割当てを受ける権利を与えて株式を発行する場合の優先株主，③普通株式と剰余金配当についての優先株式とが発行されている場合に，資本金の額を減少するために一律に10株を1株に併合する場合の優先株主，等が該当する（前田116頁）。

⑬ 株式交換による他の株式会社の発行済株式全部の取得（同 12 号），

⑭ 株式移転（同 13 号）。

なお，種類株式発行会社は，ある種類の株式の内容として，上記①〜⑭に関する種類株主総会の決議を要しない旨を定款で定めることができる（同 2 項）。ただし，上記①所定の定款変更（単元株式数についてのものを除く）は，ことの重要性から，この限りでない（同 3 項）。

ある種類の株式の発行後に定款を変更して，当該種類の株式につき，この種類株主総会決議を不要とする定款の定め（同 2 項）を設けようとするときは，当該種類の種類株主全員の同意をえなければならない（同 4 項）。

（3） 種類株主総会の決議を必要とする旨の定めが定款にある場合の種類株主総会

種類株式発行会社において，ある種類の株式の内容として，株主総会（取締役会設置会社においては株主総会または取締役会，清算人会設置会社（会 478 条 8 項）においては株主総会または清算人会）において決議すべき事項につき，当該決議のほか，当該種類株主総会決議も必要とする旨の定めがあるときは，当該事項は，その定款の定めに従い，株主総会・取締役会または清算人会の決議のほか，当該種類株主総会決議もなければ，効力を生じない。ただし，当該種類株主総会において議決権を行使することができる種類株主が存在しない場合はこの限りでない（会 323 条）。

（4） 種類株主総会の決議

1） 普通決議

種類株主総会の決議は，定款に別段の定めがある場合を除き，原則として，当該種類株式の総株主の議決権の過半数を有する株主が出席し，出席した当該株主の議決権の過半数をもって行う（会 324 条 1 項）。

2） 特別決議

以下の決議は，当該種類株主総会で議決権を行使できる株主の議決権の過半数（3 分の 1 以上の割合を定款で定めた場合には，その割合以上）を有する株主が出席し，出席した株主の議決権の 3 分の 2（これを上回る数を定款で定めた場合には，その割合）以上にあたる多数をもって行わなければならない。この場合，当該決議要件に加えて，一定数以上の株主の賛成を要する旨その他の要件を定款で定めることもできる（同 2 項 1 号〜6 号）。

① 会社が総会決議によりある種類の株式を全部取得する旨の定款の定めを設ける場合の当該種類株主総会決議（会111条2項・108条1項7号），
② 募集株式の種類が譲渡制限株式であるときの募集事項の決定（会199条4項），および，この種類の株式の募集事項の決定の委任（会200条4項）に関する種類株主総会決議，
③ 募集新株予約権の目的である株式の種類の全部または一部が譲渡制限株式であるときの募集事項の決定（会238条4項），および，この種類の新株予約権の募集事項の決定の委任（会239条4項）に関する種類株主総会決議，
④ 会社がある種類の種類株主に損害を及ぼすおそれがある会社法322条1項所定の行為をなす場合の種類株主総会決議，
⑤ 種類株主総会で選任された監査役を解任する種類株主総会決議（会347条2項・339条1項），
⑥ 存続会社等が種類株式発行会社である場合における会社法795条4項所定の吸収合併等に際しての，種類株主総会決議（会795条4項）。

3） 特殊決議

以下の決議は，当該種類株主総会で議決権を行使できる株主の半数以上（これを上回る割合を定款で定めた場合には，その割合以上）で，当該株主の議決権の3分の2（これを上回る割合を定款で定めた場合には，その割合）以上にあたる多数をもって行わなければならない（会324条3項1号2号）。

① ある種類の株式の譲渡による取得に会社の承認を要する旨の定款の定めを設ける場合の種類株主総会決議（会社111条2項・108条1項4号），
② 吸収合併消滅株式会社・株式交換完全子会社が種類株式発行会社である場合において，合併対価等の全部・一部が譲渡制限株式等であるとき（会783条3項），および，新設合併消滅株式会社・株式移転完全子会社が種類株式発行会社である場合において，これらの会社の株主に交付する新設合併設立株式会社・株式移転設立完全親会社の株式等の全部・一部が譲渡制限株式等であるとき（会804条3項）の種類株主総会決議。

8　株主総会等の決議の瑕疵

（1）総　説

株主総会・種類株主総会・創立総会・種類創立総会（＝株主総会等）の決議が

有効であるためには，本来，その成立手続および決議内容がすべて法令・定款に適合していなければならない。したがって，いずれかに法的瑕疵が存する場合には，法論理的にいって当該決議は本来的には無効とならざるをえないはずである。しかし，総会決議をめぐっては，その性質上，株主や第三者など多数の利害関係人が関係しており，また，当該決議を前提にして対外的・対内的に多数の法律関係が重畳的に展開してくることにもなるため，法律関係の画一的処理および瑕疵の主張の可及的制限が強く要請されてくる。そのため，会社法では，一般原則にいくつかの修正を加えた特殊な訴訟手続として，決議不存在確認の訴え・決議無効確認の訴え（会830条）および決議取消しの訴え（会831条）を定めている。

（2） 決議不存在・無効確認の訴え

株主総会等の決議については，その決議が存在しないことの確認を訴えをもって請求できる（決議不存在確認の訴え，会830条1項）。また，決議の内容が法令に違反することを理由として，決議が無効であることの確認も訴えをもって請求できる（決議無効確認の訴え，同2項）。

決議不存在の具体例としては，招集通知もれが著しく，招集通知も口頭によるものであった場合（最判昭和33・10・3民集12巻14号3053頁），招集権者の招集によらないで総会が開催された場合（最判昭和45・8・20判時607号79頁），総会が全然開催されていないにもかかわらず議事録および登記簿上決議があったかのように記載されている場合（最判昭和38・8・8民集17巻6号823頁）などがある。

決議の内容が法令に違反する具体例としては，資本減少決議において減資方法が株主平等の原則に反する場合（大判昭和6・7・2民集10巻548頁）などがあるが，決議の内容には瑕疵がなく，単に決議をなす動機ないし目的に公序良俗違反があるにすぎない場合には決議は有効である（最判昭和35・1・12商事167号18頁）。

決議不存在・無効確認の訴えの場合，提訴権者や提訴期間に制限はなく，誰でも，いつでも，訴えの利益が存する限り提起することができる。

（3） 決議取消しの訴え

1） 決議取消しの訴えの原因

（ⅰ） 取消原因

株主総会決議の取消しは，以下の原因が存在するとき，法定の提訴権者において，訴えによってのみ請求することができる。すなわち，株主総会等につき，①招集の手続または決議の方法が法令もしくは定款に違反し，または著しく不公正

な場合，②決議の内容が定款に違反する場合，および，③決議について特別の利害関係を有する者が議決権を行使したことによって，著しく不当な決議がなされたとき，である（会831条1項1号～3号）。

①の招集手続が違法な例としては，一部の株主に対する招集通知もれ（最判昭和42・9・28民集21巻7号1970頁），招集通知期間の不遵守（大判昭和9・10・26民集13巻2012頁），取締役会の決議なしに代表取締役が招集した場合（最判昭和35・3・15判時218号28頁）などがある。また，②の決議方法が違法な例としては，株主またはその代理人でない者が決議に加わった場合（最判昭和30・10・20民集9巻11号1657頁）があり，決議方法が著しく不公正な例としては，会社ゴロを雇い入れ，暴行脅迫をもって株主の議決権行使を妨げた場合（大決昭和4・12・16新聞3082号9頁）や，議題の説明がなく，株主に質疑の機会を与えないまま賛否を拍手に求めたにすぎなかった場合（大阪高判昭和42・9・26高民20巻411頁）などがある。

②の決議内容の定款違反は，昭和56年改正前商法252条では決議無効原因とされていたが，会社内部の自治規則違反にすぎず瑕疵が軽微なことから同年の改正で取消原因に移された経緯がある。

(ⅱ) 特別利害関係株主

ⅰ) 総説

取消原因の③における「特別利害関係株主」に関し，昭和56年改正前商法239条5項は，「総会ノ決議ニ付キ特別ノ利害関係ヲ有スル者ハ議決権ヲ行使スルコトヲ得ズ」と規定していた。これは，このような株主は「株主としての利益」に基づかず，「自己の個人的利益」に基づいて議決権を行使し，他の株主の利益を害するおそれ（議決権行使の公正が疑われるおそれ）があるからであった。しかし，この立法措置に対しては，①共益権は自益権の価値を実現するためのものであり，株主は自己の利益のために自益権を行使できる，②少数株主が決定権を握り，資本多数決の原理をゆるがすことになる，③議決権の事前排除は，特別利害関係株主の範囲を制限的に解する傾向となる，などの疑問がもたれていた。

そこで，同年の改正商法では，特別利害関係株主の議決権を事前に排除する規定が削除され，その者に議決権行使を認めるとともに，議決権行使の結果，著しく不当な決議がなされた場合には決議取消事由として，事後的にその効力を否定する措置へと改正されるにいたった。

ii） 特別利害関係株主の範囲

　昭和56年改正前商法においては，一般に，株主として議決権を行使する正当な利益を有する者が特別利害関係株主として決議から排除されることのないよう，旧239条5項の「特別ノ利害関係」の範囲はできるだけ制限的に解するのが適当と解されていた。その結果，①株主が会社の事業の全部あるいは重要な一部を譲り受ける場合（会467条1項），②株主でもある取締役のおかした任務懈怠責任を免除する場合（会424条）などが該当すると解されていた。これに対し，取締役選任決議の候補者である株主，あるいは，取締役解任決議における当該取締役たる株主（最判昭和42・3・14民集21巻2号378頁）に関しては，その者が当該決議に関して有する利益は，純個人的利益とはいえないので，特別利害関係株主には該当しないと解されていた（多数説）。

　しかし同年の商法改正により，特別利害関係株主であっても議決権が認められることになった結果，現在では，特別利害関係株主の範囲を制限的に解する必要はなく，むしろ広く認める方が適当と解されている。すなわち，株主が，当該決議に対し直接的・間接的に株主たる資格を離れて個人的利害関係を有する場合を広く特別利害関係に含め，実質的に不当な決議が成立した場合には広く救済を認める方が妥当であると解するのである。そして，決議の結果をみて，それが著しく不当と認められる場合には，決議成立の過程にたちかえって，多数株主の個人的利害の有無を検討し，そこに何らかの株主たる資格を離れた個人的利害関係が存在し，多数者の議決権行使がその利益によって導かれたものと認められるときは，本規定による取消原因があると解すべきであるとされている（大隅＝今井・中118頁）。

　したがって，現在の通説的解釈によれば，合併当事会社の一方（＝A社）が他方（＝B社）の株式を有していた場合，A社はB社の合併承認総会に出席して議決権を行使できるかという問題は，A社に議決権があるのは当然として，その決議の結果成立する合併の条件が問題となる。この合併の条件が，B社にとって著しく不利益で，A社にとって著しく有利な場合であって，A社がその合併条件に賛成の投票をした結果，その承認決議が成立した場合には，B社の少数株主は著しい不利益を受けることになるため，特別利害関係株主の議決権行使により著しく不当な決議がなされたものとして，当該決議には取消事由があると解すべきことになる。[8]

（iii） 多数決の濫用の場合

　大株主が株主総会で議決権を濫用する，いわゆる多数決の濫用の場合，当該決議の効果はどうなるのであろうか。この点，従来の学説中には，多数株主が議決権を濫用して自己または第三者の個人的利益を追求し，これにより少数株主または会社の利益を害する場合には，当該決議は公序良俗違反で無効であると解する立場もあったが（田中〔誠〕上 453 頁，松田・概論 200 頁），むしろこのような決議は，決議方法が法律に違反する場合に準じて取消しの訴えに服すべきであるとする解釈もある。そして，特別利害関係株主の決議参加によるという限定つきで，この趣旨が明文により認められていると解されている（大隅＝今井・中 119 頁）。

　したがって，後説においては，①親子会社の合併において，親会社が子会社における合併承認決議に加わり，親会社に有利で，子会社の少数株主には著しく不利な合併条件の合併を成立させたような場合には，多数決の濫用に該当し，決議取消しの訴えを提起すべきことになる。さらに，②大株主が特定の第三者の利益をはかり，一般の株主または会社の利益を害するような著しく不当な決議を成立させた場合や，③多数株主が少数株主を排除するために不当に高い比率の株式併合を決議した場合なども，同様に，多数株主の議決権行使に濫用が認められる限り，そこには多数株主の個人的動機が存在し，ひいては特別利害関係が存在するものとみて，決議取消しの訴えに服すべきものと解している。

2） 決議取消しの訴えの当事者と提訴期間

　決議取消しの訴えは，原則として株主等が，株主総会等の決議の日から 3 カ月以内に，訴えをもって提起できる（会 831 条 1 項）。この場合，株主等とは，原則として，株主・取締役・清算人が該当するが，監査役設置会社の場合は，株主・取締役・監査役・清算人が，指名委員会等設置会社の場合は，株主・取締役・執行役・清算人が該当する（会 828 条 2 項 1 号）。株主総会等が，創立総会・種類創立総会である場合は，株主等・設立時株主・設立時取締役・設立時監査役が提訴権者となる（会 831 条 1 項かっこ書）。

　当該決議の取消しにより，株主（当該決議が創立総会決議の場合は設立時株主）[9]ま

---

[8]　前田 396 頁以下。自社にとって著しく不当な合併比率を定めた合併契約書が相手方会社の議決権行使により承認された場合には取消事由に該当すると解される（鈴木＝竹内 235 頁，河本 431 頁）。

[9]　株主総会決議によるキャッシュ・アウトによって株主の地位を失った者も，決議が取り消されれば株主の地位を回復する可能性があるので，この者も平成 26 年改正で提訴権者に加えられた。

たは取締役（監査等委員会設置会社の場合は，監査等委員である取締役またはそれ以外の取締役）・監査役・清算人となる者も提訴権者となる。当該決議が株主総会・種類株主総会の決議である場合には，留任義務により（会346条1項・479条4項）取締役・監査役・清算人としての権利義務を有する者も含まれる（会831条1項かっこ書）。当該決議が創立総会・種類創立総会の決議である場合には，この取消しにより設立時取締役（設立しようとする会社が監査等委員会設置会社の場合は，設立時監査等委員である設立時取締役またはそれ以外の設立時取締役）・設立時監査役となる者も，提訴権者となる（同かっこ書）。

3） 決議取消しの訴えの手続

提訴期間を経過した場合，もはや決議取消原因たる瑕疵を理由に当該決議の効力を争うことはできない。なお，この期間経過後においても，なお新たな取消原因を追加主張することができるかについては，最高裁は，「新たな取消事由の追加主張を時期に遅れない限り無制限に許すとすれば，会社は当該決議が取り消されるか否かについて予測を立てることが困難となり，決議の執行が不安定になるといわざるを得」ず，「瑕疵のある決議の効力を早期に明確にさせる」という規定趣旨が失われるとして否定的に解していて（最判昭和51・12・24民集30巻11号1076頁（直江津海陸運送事件）），多数説もこれを支持している。一方，最高裁は，決議から3カ月以内に決議無効確認の訴えが提起されたが，3カ月経過後に，決議取消しの訴えに切り替えられた事例では，「決議取消訴訟の原告適格，出訴期間等の要件をみたしているときは，たとえ決議取消の主張が出訴期間経過後にされたとしても，なお決議無効確認訴訟提起時から提起されていたものと同様に扱う」ことができると判示している（最判昭和54・11・16民集33巻709頁（マルチ産業事件））。

4） 決議取消しの訴えの利益と裁量棄却

決議取消しの訴えは形成の訴えであるから，所定の要件をみたす限りは訴えの利益があるのが常態である。しかし，たとえば，役員選任決議の取消しの訴えの係属中にその決議に基づき選任された取締役が任期満了などで退任し，後任者が新たに選任されて当該取締役が現存しなくなったような場合には，「決議取消の訴えは実益なきに帰し，訴えの利益を欠くに至る」ので，訴えは不適法となり却下される（最判昭和45・4・2民集24巻4号223頁）。

総会決議取消しの訴えの提起があった場合において，株主総会等の招集手続ま

たは決議方法が法令・定款に違反するときであっても，裁判所は，①その違反事実が重大でなく（軽微な瑕疵），かつ，②決議に影響を及ぼさないものであると認めるときは，この請求を棄却することができる（会831条2項）。

（4） 担保提供命令

　株主・設立時株主が，総会決議に関し，不存在・無効確認の訴えや取消しの訴えを提起した場合には，裁判所は被告の申立てにより，提訴した株主・設立時株主に対し，相当の担保を立てるべきことを命ずることができる。ただし，当該株主が取締役・監査役・執行役・清算人であるとき，または，当該設立時株主が設立時取締役・設立時監査役であるときは，この限りでない（会836条1項）。これは濫訴防止によるものであり，被告がこの申立てをするには，原告の訴えの提起が悪意によるものであることを疎明しなければならない（同3項）。なお，決議取消しの訴えの被告は当該会社に限られる（最判昭和36・11・24民集15巻10号2583頁）。

（5） 判決の効力

1） 対世的効力

　総会決議の不存在・無効確認の訴えや取消しの訴えに関する請求認容判決は，当事者に対するのみならず，第三者に対しても効力を有する（会838条）。一方，請求棄却判決が確定した場合は，その効力は第三者に及ばない。もっとも実際上，判決確定時には3カ月の提訴期間が経過しているのが通常であろうから，その場

10）　決議取消請求が裁量棄却された最高裁判例としては，①最判昭和30・10・20民集9巻11号167頁（非株主2名に招集通知が発せられ，特別利害関係を有する多数株主が決議に参加したが，賛成票が反対票に比してはるかに多数であった事例），②最判昭和37・8・30判時311号27頁（発行済株式総数80万株中，55万余株を有する出席株主全員一致で成立した決議に関し，定款に反して非株主が2千株の議決権を代理行使し，4千株を有する株主1名に対し招集通知もれがあった事例），③最判昭和55・6・16判時978号112頁（原告である1株主に対する招集通知期間が法定期間より6日足りなかったが，総会開催を熟知了承していたその株主があえて総会に出席しなかった事例〔「判評」石山卓磨・ひろば34巻3号70頁〕）などがある。逆に，裁量棄却されなかった事例としては，④最判昭和31・11・15民集10巻11号1423頁（招集通知には取締役増員の件と記載されていたのに，総会では取締役解任が決議された事例），⑤最判昭和42・9・28民集21巻7号1970頁（7700株の譲渡に基づく名義書換請求を会社が不当拒絶し，20名の株主に招集通知を発せず株主総会を開き，約8万株対2万株の賛成多数で決議が成立した事例），⑥最判昭和44・12・18裁判集民97号799頁（招集通知期間に著しい不足があり，決議の一部に関し招集通知に議題が記載されていなかった事例），⑦最判昭和46・3・18民集25巻2号183頁（発行済株式総数21万200株の会社の臨時総会で，10万6750株の出席株主全員一致で会社解散等が決議されたが，総会の招集を決議した取締役会には取締役総数7名中2名しか出席しておらず，招集通知は法定の招集期間に2日遅れて発送されていた事例（百選［第2版］42事例［岩原紳作］））。決議の結果に対する影響の有無・瑕疵の軽重あるいは両者併用による基準で判断されてきている。

合には他の者が再び提訴する余地はないことになる。

2） 遡及効

総会決議の不存在・無効確認あるいは取消しの判決の効力が，総会決議時に遡及するか否かは重大な問題である。この点，会社法は，会社の組織に関する各種の訴えに関し，遡及効のあるものとないものとを分けて規定しており，総会決議に関する上記判決の効力は一般原則に従い遡及するものとして扱っている[11]（会839条）。

その結果，当該決議に基づいてなされた諸々の行為の効果は，本来的に無効となるため，各種の現実的不都合に対し，既往関係の処理上，いかなる論理的措置を施すべきかが問題となる。通説は，売買・貸借など本来総会決議を有効要件としない行為は決議の無効により何ら影響を受けないが，剰余金配当・定款変更・資本減少・事業譲渡・取締役や監査役の選任などの場合は無効とならざるをえず，外観的事実を信頼した第三者の利益が害されることになるので，この場合には，不実登記規定（会908条2項）をはじめ，その他の善意の第三者保護規定（民109条・110条・112条，会354条等）を適用ないし類推適用して善意の第三者保護をはかるべきものと解している。しかし，それでも既存の法秩序維持は十分ではない[12]ので，取締役の選任に瑕疵があろうとも，①取締役としての外観と，②取締役としての継続的職務執行，の2要件が充足されれば，「公序」すなわちこの場合は「既成事実尊重の理念」に基づきその者を法律上の取締役と同一に扱い，その者がなした各種の対内的・対外的な業務執行行為を有効とする，事実上の取締役理論を適用すべきである[13]。

---

11) 会社法839条は，会社の組織に関する訴えの請求認容判決に関し不遡及（将来効）を規定しているが，総会決議の不存在・無効確認の訴えや取消しの訴えは（会834条16号・17号），除外されている。

総会決議の不存在・無効確認あるいは取消しの判決の効力に関し，逆に遡及効を否定する立場として，石井照久・株主総会の研究127頁以下（有斐閣，1958）があった。株主総会決議を，①それ自体完了的意味を有する個別的事項の決定に関するものと，②当該決議を前提にして諸般の社団的あるいは取引的行為が進展するような内容の決議に区分し，①については取消・無効の効果として遡及効を認めるが，②については「法的確実の要請」なる価値判断に基づき一般的に遡及効を否定する。不遡及を認める根拠に「法的確実の要請」を指摘するのみでは薄弱である。

12) 外観保護規定に依拠して会社側が善意の相手方に対して無効の主張をなすことを禁じても，相手方が無効を主張することまでは禁ずることはできず，法律関係は依然として不安定である。

13) 石山卓磨・事実上の取締役理論とその展開145頁以下（成文堂，1984），同「事実上の取締役の行為の効果の確保」争点Ⅰ146頁。

第4節　役員等その他の種類

1　意　義

　「役員」という言葉には，日常用語として「団体運営や会社経営において責任ある地位にある者」といった意味がある。また，従来より業界あるいは一般社会では，特に取締「役」と監査「役」をさして「役員」と呼び，従業員と区別する習慣があったが，いずれにせよ「役員」は法律用語ではなかった。この点，会社法においては，「役員」は法律用語となっており，取締役・会計参与・監査役が役員とされ（会329条1項），これに執行役と会計監査人とが加わって「役員等」と総称されている（会423条1項）。これら各種の役員等においてもっとも中心的な役割を演ずる者が取締役であることは言うまでもないが，この取締役についても各種の法的あるいは日常的な呼び名が付されている。
　以下，各種の役員等につきその意義と役割を確認することから始めよう。

2　取締役

（1）総　説
　昭和25年の商法改正以来，平成17年制定の会社法が施行されるまで，日本の株式会社の取締役は，株式会社の意思決定機関である取締役会（board of directors）の構成員として，また有限会社の場合には会社の業務執行・代表機関として位置づけられてきた。しかし会社法施行後，株式会社の場合，取締役会の設置は任意となり，有限会社は株式会社に包含されて消滅したため，取締役の地位は変化している。
　会社法施行前，株式会社の取締役は3名以上必要であり，取締役はそのままでは取締役会の構成員にすぎず，取締役会決議により，取締役の中から代表取締役その他の業務執行取締役が選定されていた。したがって，取締役それ自体に会社代表権や業務執行権は備わっておらず，取締役は取締役会が行う会社の業務執行に関する意思決定に参加するにすぎなかった。これに対し，会社法においては，株式会社の取締役は最低1人いれば足りるのであるが，取締役会設置会社の場合には，従来どおり3人以上必要であり，全員が取締役会の構成員としてその決議

に加わらなければならない。

　一方，取締役会非設置会社の場合には，取締役は，定款で別段の定めがある場合を除き，会社の業務執行権を有しており（会348条1項），かつ，他に代表取締役その他会社を代表する者を定めていない限り，会社代表権をも有している（会349条1項）。したがって，取締役会非設置会社の場合，取締役各自は，株式会社の必須的な（会326条1項），業務執行・代表機関である（会348条1項・349条1項）。これに対し，従来型の株式会社である取締役会設置会社，および，監査等委員会設置会社・指名委員会等設置会社の場合には，取締役は，従来どおり取締役会の構成員である。

（2）　取締役の欠格事由・員数・兼任禁止・任期等

1）　欠格事由

　取締役の欠格事由は以下のとおりである（会331条1項）。

　①　法人（同1号），

　②　成年被後見人・被保佐人・外国の法令上これらと同様に取り扱われている者（同2号），

　③　会社法・一般社団法人及び一般財団法人に関する法律（平18法48号）の規定に違反し，または，金融商品取引法197条・197条の2第1号〜10号の3・13号〜15号・198条8号・199条・200条1号〜12号の2・20号・21号・203条3項・205条1号〜6号・19号・20号の罪，民事再生法（平11法225号）255条・256条・258条〜260条・262条の罪，外国倒産処理手続の承認援助に関する法律（平12法129号）65条・66条・68条・69条の罪，会社更生法（平14法154号）266条・267条・269条〜271条・273条の罪もしくは破産法（平16法75号）265条・266条・268条〜272条・274条の罪を犯し，刑に処せられ，その執行を終わり，またはその執行を受けることがなくなった日から2年を経過しない者（会331条1項3号），

　④　上記③所定の法律の規定以外の法令の規定に違反し，禁錮以上の刑に処せられ，その執行を終わるまで，またはその執行を受けることがなくなるまでの者（刑の執行猶予中の者を除く）（同4号），である。

　したがって，一般刑法上の罪を犯して，執行猶予中の者には，取締役の資格が認められる。

2）資格株

公開会社においては，定款で，取締役が株主でなければならない旨を定めることはできない（会331条2項）。これは所有と経営が分離している公開会社にあっては，株主であるなしにかかわらず，取締役としての適任者を広く求めることが妥当だからである。

一方，非公開会社においては，資格株を設けてもかまわない（同2項但書）。したがって，株式の譲渡制限会社の取締役（そして監査役も，会335条1項）に関しては，定款で一定数の資格株の保有を求めることが可能である。

3）員　数

取締役会設置会社の場合，取締役は3人以上でなければならないが（会331条5項），取締役会非設置会社においては，1名でよい。

4）兼任禁止

監査等委員である取締役は，監査等委員会設置会社もしくはその子会社の業務執行取締役・支配人その他の使用人・当該子会社の会計参与（会計参与が法人であるときは，その職務を行うべき社員）もしくは執行役を兼任できない（同3項）。

指名委員会等設置会社の取締役は，当該指名委員会等設置会社の支配人その他の使用人を兼任できない（同4項）。

5）任　期

取締役の任期は，選任後2年（監査等委員会設置会社における監査等委員でない取締役および指名委員会等設置会社の取締役については1年）以内に終了する事業年度のうち最終のものに関する定時株主総会の終結の時までである。もっとも監査等委員である取締役以外の取締役については，定款または株主総会決議によって，この任期を短縮することができる（会332条1項3項4項6項）。

なお，非公開会社（監査等委員会設置会社・指名委員会等設置会社を除く）においては，定款で，この任期を選任後10年以内に終了する事業年度のうち最終のものに関する定時総会の終結の時まで伸張することができる（同2項）。そのため，休眠会社の整理に関わる期間は，「12年」とされる（会472条1項）。[14]

14）休眠会社とは，当該株式会社に関する登記が最後にあった日から12年を経過したものをいう。休眠会社においては，法務大臣が，休眠会社に対して2ヶ月以内に法務省令（会規139条）で定めるところにより本店所在地を管轄する登記所に事業を廃止していない旨の届出をすべき旨を官報に公告した場合で，この届出をしないときは，この2ヶ月の期間満了時に，解散したものとみなされ（会472条1項），登記官が職権で解散登記をする（商登72条）。

（3） 代表取締役

　代表取締役とは，株式会社の業務に関する一切の裁判上または裁判外の行為をする会社代表権を有する会社の代表機関である（会349条1項・4項）。

　取締役会非設置会社の場合，原則として各取締役が業務執行権を有し（会348条1項），かつ各自が会社の代表権（法人内部にあって対外的に法人自身の行為と評価される行為をなしうる権限）を有しているが（会349条1項本文・2項），取締役会設置会社を除く株式会社は，①定款の定め，②定款の定めに基づく取締役の互選，または，③株主総会の決議により，取締役の中から代表取締役を定めることができる（同3項）。一方，取締役会設置会社においては，指名委員会等設置会社は別として，取締役会は取締役の中から代表取締役を選定しなければならない（会362条3項）。指名委員会等設置会社の場合には，執行役が会社の業務を執行し（会418条），代表執行役が会社を代表するので（会420条1項），代表取締役なる者は存在しない。なお指名委員会等設置会社の場合には，一般的に，取締役会の議長が会長とよばれているが，従来わが国では，各会社の内部職階制上，代表取締役社長の上位に象徴的な地位として会長がおかれる場合が少なくない。その場合，当該会社の会長が代表取締役であるか，代表権のない取締役であるのかは会社によって異なる。

（4） 表見代表取締役

1） 意義と機能

　会社法354条によれば，社長・副社長その他会社を代表する権限を有するものと認められる名称を付された取締役のなした行為については，たとえその者が会社代表権を有さない場合といえども，会社は善意の第三者に対してその責任を負わなければならない。この場合の，実際には会社代表権を有していないにもかかわらず，これを有するものと認められる名称を付された取締役のことを表見代表取締役とよぶ。本条の立法趣旨は，外観主義（禁反言則あるいは権利外観理論）に求められる。[15]

2） 登記の一般的効力との関係

　代表取締役の名称は登記事項であるから，商業登記の一般的効力によれば，会社がこれを登記した後は，第三者には，誰が代表取締役であるかについて悪意が擬制されることになる（会908条1項）。にもかかわらず本条によれば，登記を調査しないまま表見代表取締役を真実の代表取締役と信じた善意の第三者が保護さ

れるため，会社法908条1項と会社法354条との関係が問題となる。この点，多数説は，354条の効力は本来908条1項の効力と矛盾するとの認識に立ち，354条を908条1項の例外ないし特別規定と解する（例外規定説）[16]。これに対し，908条1項は登記された事項が事実である場合に限り事実のもつ対抗力が実際には当該事実を知らない第三者にも及ぶことにする規定であるのに対して，354条は事実と異なる外観を信頼した第三者を保護する規定であるから，両者は規制の次元を異にすると解する異次元説[17]，あるいは，354条が適用される場合とは908条1項所定の「正当な事由」に該当すると解する正当事由弾力化説[18]もある。

3） 適用範囲

表見代表取締役制度はあくまでも取引の安全を保護するためのものであるから，原則として取引行為についてのみ適用され，不法行為あるいは訴訟行為（最判昭和45・12・15民集24巻13号2072頁）には適用されない。

4） 適用要件

通説的な解釈によれば，外観法理に基づき，本条の適用要件は，①会社代表権限の存在を示す外観（名称）が存在しており，②この外観作出に対し会社に与因行為があり，かつ，③第三者がこの外観を真実と信頼したこととなる。

（ⅰ） 外観の存在

表見代表取締役に該当する名称としては，会社法354条が例示するもののほか，従来，総裁・副総裁・頭取・副頭取・理事長・副理事長・会長あるいは代表取締役職務代行者（最判昭和44・11・27民集23巻11号2301頁）などがあるとされてきた。なお，行為者自身が表見代表取締役と認められる限り，たとえ他の代表取締

---

15) 会社法354条は，改正前商法262条に相当するが，この規定は昭和13年の商法改正で設けられた。当時は取締役における各自代表・各自執行が原則であったため，本規定は「取締役」なる名称に伴う代表権の外観に適用される外観理論に立脚して「消極的信頼保護機能」をはたすものであった。これに対し，昭和25年の商法改正により取締役会・代表取締役制度が導入され，取締役は本来的に代表権をもたなくなったため，「取締役」なる名称には代表権の外観はなく，したがって，本規定は外観理論の機能を超える「積極的信頼創出機能」を果すことになってしまった（酒巻俊雄・取締役の責任と会社支配108頁（成文堂，1967））。会社法においては，取締役における各自代表・各自執行が原則となっており（会348条1項・349条1項），少なくとも取締役会非設置会社においては昭和13年当時に回帰しており，その限りにおいては本規定は外観理論に立脚しているといえる。

16) 田中〔誠〕上610頁，加美306頁，北沢407頁。

17) 山口幸五郎・新注会(6)184頁，浜田道代「商業登記制度と外観保護規定(3)」民商81巻2号205頁。

18) 服部栄三・商法総則（3版）480頁（青林書院，1983）。

役の名称を表示して行為した場合にも本条の適用がある（最判昭和40・4・9民集19巻3号632頁）。代表取締役には他の代表取締役の名義で代表行為をなす権限もあると解されているからである。

代表権がないにもかかわらず「専務取締役」「常務取締役」の肩書を付された者も表見代表取締役に該当すると解される（江頭407頁）。[19]

（ⅱ）　与因行為

本条が適用されるためには会社側に外観作出に関する与因行為がなければならない。会社側が定款あるいは内規に従い名称使用を許諾している場合は当然として，取締役の任意使用を黙認している場合にも適用がある。しかし，本条の適用を可能とする黙認については，取締役全員の黙認がある場合（最判昭和42・4・28民集21巻3号796頁）は当然として，①取締役の過半数すなわち取締役会の意思を構成しうるにたる数の取締役が当該名称使用を積極的に許諾するか，または，知りつつ放置する場合を含むとする説[20]，②代表権の有無を問わず取締役の1名でも黙認していればよいとする説[21]，③代表取締役以外の取締役が知っているのみではたりず，代表取締役の黙認が必要とする説[22]，など解釈が分かれている。

（ⅲ）　主観的要件

本条の適用を可能とする第三者側の主観的要件に関しては，善意・無重過失を必要と解するのが通説・判例である（最判昭和52・10・14民集31巻6号825頁[23]（明倫産業事件））。会社が責任を免れるためには第三者の悪意を立証しなければならず，第三者は有利な立場にたつので，その分第三者には重過失のないことが要求されるとする。

5）　具体的適用範囲

最高裁が単独代表取締役事例において本条を適用または類推適用した事例[24]としては次のようなものがある。①常務取締役の名称を有する取締役が当該名称を使用してなした手形行為に本条を適用した事例（最判昭和39・6・12手研91号10頁），

---

19)　会社法制定前には「専務取締役」「常務取締役」も会社を代表するものと認められる名称として明規されていた（平17改正前商262条）。
20)　田中〔誠〕上612頁，酒巻・前掲15）100頁。
21)　龍田　節・会社法〔第9版〕102頁（有斐閣，2003），神崎克郎・商法Ⅱ（会社法）〔第3版〕289頁（青林書院，1991）。
22)　山口・前掲17）194頁。
23)　百選〔第2版〕50事例〔道野真弘〕，重要判例72事例。

②常務取締役の名称を有する取締役が他の代表取締役の名称を使用してなした手形行為に本条を適用した事例（前掲最判昭和 40・4・9，最判昭和 42・7・6 金判 67 号 16 頁），③商業使用人が常務取締役の名称を使用してなした手形行為に本条を類推適用した事例（最判昭和 35・10・14 民集 14 巻 12 号 105 頁），④持回り決議で代表取締役代行者に選出された者がなした行為につき本条を適用した事例（前掲最判昭和 44・11・27），⑤代表取締役に対する取締役会招集通知が欠缺したまま開催された取締役会で新たに代表取締役に選出された者のなした取引行為につき本条が類推適用された事例（最判昭和 56・4・24 判時 1001 号 110 頁），などである。

保護される第三者の範囲については，判例は取引の直接の相手方に限定して解しているが（最判昭和 59・3・29 判時 1135 号 125 頁），第三取得者の悪意・重過失が証明されない限り，同人も保護対象に含まれると解する立場もある（江頭 407 頁）。

6） 名板貸責任制度との関係

本条は，本来，当該会社の取締役に適用されることが予定されているものであるが，判例は，上述のように会社の使用人に関しても類推適用している。それでは，会社が第三者に「会社を代表する権限を有するものと認められる名称」を付与した場合にも，本条は類推適用されるのであろうか。これに関しては，A 会社が，その下請業者 B に対し，B 自身が自己の業務遂行上使用すべき名刺の上に，A 社の専務取締役という肩書を使用することを許諾した場合で，B がこの名刺を使って従業員 C を雇い入れた場合，C は，自分は A 社に雇用されるものと信じていたと主張して，A 社に賃金の支払いを請求できるかというような問題がある。これに類似する事案を扱った浦和地判平成 11・8・6 判時 1696 号 155 頁は，「株式会社の取締役ではないが，従業員についても，その者に代表取締役と誤認するような名称を付していた場合には，その者が会社の業務として行った行為についても，同条を類推適用すべきものであるが（最 2 小判昭和 35・10・14 民集 14 巻 12 号 2499 頁参照），取締役でも，従業員でもない外部の者については，取締役あるいは従業員の場合と異なり，そもそも会社の業務に従事しているわけではなく，会社から指揮監督を受ける立場にはないのが通常であるから，その者と会社との

24）　会社法施行前は，共同代表取締役制度が法定されていたので（改前商 261 条 2 項），共同代表取締役中の 1 名が単独で会社代表行為を行った場合，表見代表取締役規定（同 262 条）を類推適用できるかという問題があった。解釈は分かれていて，最高裁判例もあったが（最判昭和 42・4・28 民集 21 巻 3 号 796 頁，最判昭和 43・12・24 民集 22 巻 13 号 3349 頁），会社法は共同代表取締役制度を廃止した。

間に雇用関係に準じた関係が認められる場合は格別，そうでなければ，後に検討する名板貸し責任の有無はともかく，そのような者の行為についてまで，右規定を類推適用して会社の表見責任を認めることはできない」と判示している。結局，A社には名板貸責任（会9条）が認定されているが，「雇用関係に準じた関係」の有無が，換言すれば，名称を付与された者が名称付与者のためではなく「自己の業務遂行上」名称を使用したのか否かが，354条の類推適用を画するメルクマールとなっている。

　（5）　特別取締役

　指名委員会等設置会社を除く取締役会設置会社であって，(1)取締役の数が6人以上であり，かつ，(2)取締役のうち1人以上が社外取締役である場合には，定款の定めにより，①重要な財産の処分および譲受けと，②多額の借財に関する取締役会決議に関しては，あらかじめ3人以上の取締役を選定しておき，これらの者に決定させることができる（会373条1項）。この選定された取締役を特別取締役という。この場合の決議は，議決に加わることのできる者の過半数（これを上回る割合を取締役会で定めた場合には，その割合以上）が出席し，その過半数（これを上回る割合を取締役会で定めた場合には，その割合以上）をもって行う。

　なお，監査等委員会設置会社において，会社法399条の13第5項に規定する場合または同条6項の規定による定款の定めがある場合は，この制度の適用はない（同項かっこ書）。

　（6）　役付取締役

　わが国の株式会社においては，従来より，代表取締役や取締役という法律上の名称に加えて，社長・副社長・会長・頭取・副頭取・専務・常務等，様々な肩書きが使用されてきており，おのおのにおける権限内容は一般人にとって分かりづらいものとなっている。これらの名称は，各会社が独自の内部職階制を採用し，任意に採択している役職名であって，本来的にその権限内容は，各社においてまちまちである。したがって，代表権をともなう専務取締役もいれば，代表権のない専務取締役もいるのであって，この点を正確に知ろうとするならば，登記を見て，誰が代表取締役なのかを確認する必要がある。ただ，「社長」という肩書きを有する者は，ほぼ間違いなく代表取締役でもあるといえるであろう。「会長」については，一般的には社長を退き，会社の象徴的存在として業務執行全般に助言を与える立場ともいえようが，代表権を有する場合とそうでない場合とがあり

うる。実際には，スキャンダルを起こした会社の社長が，引責辞任という体裁で会長に退くケースもあるが，意外にも代表権を保持し続け，そのまま院政をしいている事態が，世間で見落とされていることもある。

　いずれにせよ，これらの役職名は基本的には何らかの業務執行権限を有する者に付与されるのが通常であり，各役付取締役を統括し，彼らを指揮・命令する最上位の業務執行責任者が代表取締役・社長である。もっともこれは従来型の株式会社についての話であって，指名委員会等設置会社の場合には，取締役ではなく執行役にこれらの肩書きが付与されるとともに（代表執行役・社長，執行役・専務等），取締役会の議長につくべき取締役には「会長」という名称が使用されている。

　ところで，近時，わが国においても，CEO（Chief Executive Officer），CFO（Chief Financial Officer），COO（Chief Operational Officer）などの肩書きが見られるようになってきている。これらの名称は，元来，アメリカの各株式会社が任意に構成する役員制度上の名称であるが，従来，アメリカの役員制における肩書きは，President（社長），Vice president（副社長），Secretary（秘書役），Treasurer（会計役）が一般的であった。現在はCEO（最高経営責任者）等の名称の方が一般化しているのであろうが，要するに各会社が好みに応じて任意に使用する肩書きといってよかろう。

（7） 事実上の取締役

　「事実上の取締役（de facto director）」という用語は本来多義的であるが，狭義では，取締役の選任決議に瑕疵があったり，資格要件をみたしていないため，「法律上の取締役（de jure director）」とはいえないが，事実上，取締役として継続的に職務を執行している者をいう。英国会社法は会社法規により，その者の取締役としての行為を有効としており，アメリカの判例法理は，「取締役としての外観」と「取締役としての継続的職務執行」の2要件をみたす者につき，その者の取締役としての行為を有効とし，取締役としての責任を認めている。その根拠は，そう解することが「公序（public policy）」……この場合は，既成事実尊重の理念……にかなうという公序理論による。[25]

　なお，「広義の事実上の取締役」という類型も考えられる。すなわち，取締役として適法に選任されていないが，登記簿上に取締役として表示されることに同

---

25) 石山卓磨・事実上の取締役理論とその展開42頁以下（成文堂，1984年）。

意した者については，「広義の事実上の取締役」として，第三者に対し，その善意・悪意を問わずに損害賠償責任（会429条1項）を課そうとする試みである。[26] 近時，わが国でも「事実上の取締役」を認定する判例が増えてきている。[27]

(8) 影の取締役

影の取締役（shadow director）とは，元来が英国会社法上の概念であり，会社の取締役をして，日常的に，自己の指揮ないし指図に従って行為させている者をいう（英国会社法251条1項）。この者は，法律上の取締役ではないが，英国では，真の取締役に課せられる特定の義務や責任を，この者にも及ぼすことにより，経営者と同様の責任追求を可能とする立法的措置がとられている（同法170条5項）。[28] 経営者として表面には登場しないが，会社経営者を「支配（コントロール）」し，実質的に会社経営を牛耳っている者（親会社・親会社取締役・支配株主・メインバンク等）に，「支配あるところ責任あり」の理念に従い，経営者としての責任追求を可能とする法理論的手段を提供するものとして注目されており，近時は，オーストラリアや韓国の会社法でもこれに類する規定が設けられている。会社経営に対する「支配」の内容として，「経営者が日常的にその者の指揮ないし指図に服していること」という要件は大いに参考になる。

子会社を経営支配している親会社を，子会社の事実上の取締役ないし影の取締役と解するならば，子会社の第三者に対する損害賠償責任を親会社に帰属させることが可能となろう。

(9) 社外取締役と独立取締役

1) 社外取締役

社外取締役とは，当該株式会社の取締役であって，次に掲げる要件のいずれにも該当するものをいう（会2条15号イ～ホ）。すなわち，

(イ) 当該会社またはその子会社の業務執行取締役（会社法363条1項各号所掲の取締役および当該会社の業務を執行したその他の取締役をいう）・執行役・支配人その他の使用人（＝業務執行取締役等）でなく，その就任前10年間当該会

---

26) 前掲25) 269頁以下。
27) 東京地判平成2・9・3判時1376号110頁，大阪地判平成2・1・27労判611号82頁，京都地判平成4・2・5判時1436号115頁，名古屋地判平成22・5・14判時2112号66頁等。
28) 中村信男「親子会社と影の取締役・事実上の主催者の責任」法務研究7号35頁（日大法科大学院，2011年）。石山卓磨「英国法における事実上の取締役と影の取締役との関係」比較会社法研究（奥島還暦）3頁（成文堂，1999年）。

社・その子会社の業務執行取締役等であったことがないこと。
  (ロ) その就任前 10 年内のいずれかの時において当該会社・その子会社の取締役・会計参与（会計参与が法人であるときは，その職務を行うべき社員）・監査役であったことがある者（業務執行取締役等であったことがあるものを除く）にあ

っては，当該取締役・会計参与・監査役への就任前 10 年間当該会社・その子会社の業務執行取締役等であったことがないこと。
  (ハ) 当該会社の親会社等（自然人であるものに限る）または親会社等の取締役・執行役・支配人その他の使用人でないこと。
  (ニ) 当該会社の親会社等の子会社等（当該会社およびその子会社を除く）の業務執行取締役等でないこと。
　　……平成 26 年改正法で，親会社等の関係者は社外取締役になれないことになった。「親会社等」とは，①親会社，または，②株式会社の経営を支配している者（法人であるものを除く）として法務省令（会規 3 条の 2 第 2 号）で定めるもの，のいずれかに該当するものをいう（会 2 条 4 の 2）。「子会社等」とは，①子会社，または，②会社以外の者がその経営を支配している法人として法務省令（会規 3 条の 2 第 1 号）で定める者，をいう（会 2 条 3 の 2）。
  (ホ) 当該会社の取締役・執行役・支配人その他の重要な使用人または親会社等（自然人であるものに限る）の配偶者または 2 親等内の親族でないこと，である。
　　……これも同改正法で新設された。

　公開会社であり大会社の監査役会設置会社でもある有価証券報告書提出会社（金商 24 条 1 項）が，事業年度の末日に社外取締役を置いていない場合には，取締役は，社外取締役を置くことが相当でない理由を，当該事業年度に関する定時株主総会で説明しなければならない（会 327 条の 2）。「置くことが相当でない理由」は事業報告および株主総会参考書類（会規 74 条の 2 第 1 項・124 条 2 項）に記載しなければならない。社外取締役を置かなくても取締役の監視機能が十分機能

していることを説明すれば説明義務は果たされる。虚偽の理由説明は，具体的な法令違反行為であり取締役の任務懈怠責任となり（会423条1項），決議方法の法令違反行為として株主総会の決議取消事由となる（会831条1項1号）。

2）独立取締役

(i) 総説

上場会社の場合，取締役会の監督機能をより強化しようとするならば，会社法が定める社外取締役であるのみならず，より実質的に「独立性」をともなう社外取締役であることが望まれる。この場合の「独立性」とは，会社業務と関係が薄いことを意味するので，独立取締役を社内に求めることは困難である。東京証券取引所の有価証券上場規定は，上場会社においては，一般株主保護のため，独立役員（一般株主と利益相反が生じるおそれのない社外取締役または社外監査役）を「1名以上確保しなければならない」とするとともに（上場規定436条の2），取締役である独立役員を「少なくとも1名以上確保するよう努めなければならない」としている（同445条の4）。

(ii) 独立性の基準

東京証券取引所の「上場管理等に関するガイドライン」によれば，以下の者は，独立役員に該当しない（同ガイドラインⅢ5.(3)の2，平成27年現在）。

- a 当該会社を主要な取引先とする者・その業務執行者，当該会社の主要な取引先・その業務執行者
- b 当該会社から役員報酬以外に多額の金銭その他の財産を得ているコンサルタント，会計専門家，法律専門家（当該財産を得ている者が法人・組合等の団体である場合は当該団体に所属する者）
- c 最近において次の(a)～(c)までのいずれかに該当していた者
  - (a) aまたはbに掲げる者
  - (b) 当該会社の親会社の業務執行者（業務執行者でない取締役を含み，社外監査役を独立役員として指定する場合にあっては，監査役を含む）
  - (c) 当該会社の兄弟会社の業務執行者
- d 次の(a)～(f)までのいずれかに掲げる者（重要でない者を除く）の近親者
  - (a) a～cまでに掲げる者
  - (b) 当該会社の会計参与（社外監査役を独立役員として指定する場合に限る。当該会計参与が法人である場合は，その職務を行うべき社員を含む。以下同じ）

(c) 当該会社の子会社の業務執行者（社外監査役を独立役員として指定する場合にあっては，業務執行者でない取締役・会計参与を含む）

(d) 当該会社の親会社の業務執行者（業務執行者でない取締役を含み，社外監査役を独立役員として指定する場合にあっては，監査役を含む）

(e) 当該会社の兄弟会社の業務執行者

(f) 最近において(b)(c)または当該会社の業務執行者（社外監査役を独立役員として指定する場合にあっては，業務執行者でない取締役）に該当していた者

　上場会社には，独立役員に関して記載した東京証券取引所所定の「独立役員届出書」を東京証券取引所に届け出る義務がある（東証上場規定施行規則436条の2）。

（iii）独立取締役の職務

　独立取締役は，あくまでも社外取締役の一種であるから，その職務は会社法が定める範囲内のものであり，業務執行には関与しない。したがって，取締役会への出席等を通じて，代表取締役その他の業務執行取締役の職務執行を監督することがその職務となる。もっとも，委員会設置会社においては，監査委員会・報酬委員会・指名委員会の各々における委員の過半数は社外取締役でなければならないので，この社外取締役が独立取締役でもある場合には，その限りで，当該独立取締役は所属する委員会の委員としての職務を執行する。

　この職務に違反する限り，取締役としての対会社責任規定（会423条）および対第三者責任規定（会429条）が適用される。

3　監査役

（1）総　説

　監査役・監査役会の設置は，原則として会社の任意である（会326条2項）。そのため，株式会社は監査役設置会社と監査役非設置会社あるいは監査役会設置会社と監査役会非設置会社とにそれぞれ大別される。さらに，監査役設置会社は監査役任意設置会社と監査役強制設置会社に分かれるが，監査役強制設置会社には，監査等委員会設置会社・指名委員会等設置会社を除いた，取締役会設置会社と会計監査人設置会社が該当する。ただし，非公開会社である会計参与設置会社においては，監査役の設置は強制されない（会327条2項・3項）。

（2）監査役の資格等

　監査役の資格については，上述した取締役の資格に関する規定が準用される

（会335条1項・331条1項2項）。そして，監査役は，当該会社・その子会社の取締役・支配人その他の使用人または当該子会社の会計参与（会計参与が法人であるときは，その職務を行うべき社員）もしくは執行役を兼ねることができない（会335条2項）。

この規定は，監査役が弁護士でもある場合に，当該監査役が，会社から特定訴訟事件につき委任を受けて会社の訴訟代理人になることを禁止するものではない（最判昭和61・2・18民集40巻1号32頁）。弁護士としての行動は，会社の指揮・命令に従うものではなく，その職業倫理にもとづき自らの責任において行われるからである。

（3） 社外監査役

社外監査役とは，当該株式会社の監査役であって，次に掲げる要件のいずれにも該当するものをいう（会2条16号イ〜ホ）。すなわち，

- ㈠ その就任前10年間当該会社・その子会社の取締役・会計参与（会計参与が法人であるときは，その職務を行うべき社員。ロ)において同じ）・執行役・支配人その他の使用人であったことがないこと，
- ㈡ その就任前10年内のいずれかの時において当該会社・その子会社の監査役であったことがある者にあっては，当該監査役への就任前10年間当該会社・その子会社の取締役・会計参与・執行役・支配人その他の使用人であったことがないこと，

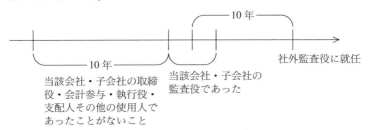

- ㈢ 当該会社の親会社等（自然人であるものに限る）または親会社等の取締役・監査役・執行役・支配人その他の使用人でないこと，
- ㈣ 当該会社の親会社等の子会社等（当該会社およびその子会社を除く）の業務執行取締役等でないこと，
- ㈤ 当該会社の取締役・支配人その他の重要な使用人または親会社等（自然人であるものに限る）の配偶者または2親等内の親族でないこと，である。

監査役である旨および社外監査役である旨は，登記事項である（会911条3項17号18号）。

（4）員　数

監査役の員数に関しては，会社法上原則として制限はなく，1人以上でたり，定款で員数を自由に定めることができる。ただし，監査役会設置会社においては，3人以上で，そのうち半数以上は，社外監査役でなければならない（会335条3項）。

（5）任　期

監査役の任期は，原則として，選任後4年以内に終了する事業年度のうち最終のものに関する定時株主総会の終結の時までである（会336条1項）。しかし，非公開会社については，定款で，選任後10年以内に終了する事業年度のうち最終のものに関する定時総会の終結の時まで伸張することができる（同2項）。

4　会計参与

（1）　会計参与の意義と設置

　会計参与とは，会社法の施行にともない，わが国で初めて導入された株式会社の機関であり，株式会社は，その規模・公開・非公開のいかんを問わず，定款の定めにより任意にこれを置くことができる（会326条2項）。会計参与を設置する会社を会計参与設置会社といい（会2条8号），会計監査人・監査役・会計参与の併存も可能である。

　昭和49年の商法改正により，株式会社の大会社（資本金5億円以上の会社。現在は，負債総額が200億円以上の会社も含まれる）には会計監査人による会計監査が強制されたが，平成18年の会社法施行まで，中小の株式会社における計算書類の作成やそのチェックに職業的会計専門家が関わる制度が欠けていた。会社法の施行に伴い，公認会計士あるいは税理士による会計参与制度が導入されたが，実際には，大会社の分野は会計監査人に，中小会社の分野は会計参与に，住み分けられている。

　会計参与は，取締役（指名委員会等設置会社においては執行役）と共同して，計算書類・その附属明細書・臨時計算書類・連結計算書類を作成し，あわせて会計参与報告を作成することを職務とする（会374条1項前段6項）。

　取締役会設置会社（指名委員会等設置会社を除く）は，監査役を置かなければならないが，非公開会社である会計参与設置会社の場合は，この限りでない（会

327 条 2 項)。

(2) 資格・任期等

会計参与は，公認会計士・監査法人・税理士または税理士法人でなければならない（会 333 条 1 項）。

会計参与に選任された監査法人または税理士法人は，その社員の中から会計参与の職務を行うべき者を選定し，これを会社に通知しなければならない。ただし，以下の者を選定することはできず，以下の者は会計参与になることができない（同 2 項・3 項）。

① 当該会社・その子会社の取締役・監査役・執行役・支配人その他の使用人，
② 業務停止処分を受け，その停止期間を経過しない者，
③ 税理士法 43 条により同法 2 条 2 項に規定する税理士業務を行うことができない者，である。

会計参与の員数については定めはなく，1 名で足りるが，会社の規模により複数選ぶことも可能である。

会計参与の任期については，取締役の任期に関する会社法 332 条（4 項 5 項を除く）が準用される（会 334 条 1 項）。会社が会計参与を設置する旨の定款の定めを廃止する定款の変更をした場合には，会計参与の任期は，当該定款の変更の効力が生じた時に満了する（会 334 条 2 項）。

5 執行役

指名委員会等設置会社は 1 人または 2 人以上の執行役を置かなければならず（会 402 条 1 項），執行役と会社との関係は委任に関する規定に従う（同 3 項）。その任期は，選任後 1 年以内に終了する事業年度のうち最終のものに関する定時株主総会の終結後最初に招集される取締役会の終結の時までであるが，定款で短縮することができる（同 7 項）。

執行役は，①取締役会の決議により委任された会社の業務執行を決定し（会 418 条 1 号），②会社の業務を執行する（同 2 号）。

6 代表執行役

(1) 意義

代表執行役は，指名委員会等設置会社の代表機関であり，会社の業務に関する

一切の裁判上・裁判外の行為をする権限を有し，この権限に加えた制限は，善意の第三者に対抗できない（会420条3項・349条4項5項）。

（2） 表見代表執行役

指名委員会等設置会社において，代表執行役以外の執行役に，社長・副社長その他会社を代表する権限を有するものと認められる名称を付した場合には，会社は，当該執行役の行った行為につき，善意の第三者に対してその責任を負わなければならない（会421条）。この執行役を表見代表執行役という。

7　会計監査人

会計監査人は，会計の職業的専門家として，株式会社の計算書類・その附属明細書・臨時計算書類・連結計算書類を監査し，会計監査報告を作成しなければならず（会396条1項），公認会計士または監査法人でなければならない（会337条1項）。そして，会計監査人に選任された監査法人は，その社員の中から会計監査人の職務を行うべき者を選定し，これを株式会社に通知しなければならない（同2項）。会計監査人の員数に関しては特に規制はなく，その任期は選任後1年以内に終了する事業年度のうち最終のものに関する定時株主総会の終結の時である（会338条1項）。なお，会計監査人は，この定時株主総会において別段の決議がなされなかったときは，その総会において再任されたものとみなされる（同2項）。

大会社は，公開会社・非公開会社を問わず，会計監査人を置かなければならない（会328条）。公開会社である大会社（監査等委員会設置会社・指名委員会等設置会社を除く）は会計監査人のほか監査役会も置かなければならない（同1項）。非公開会社である大会社（監査等委員会設置会社・指名委員会等設置会社を除く）の場合は，会計監査人が置かれるため，監査役も置かなければならない（会327条3項）。なお監査等委員会設置会社・指名委員会等設置会社は，大会社であると否とを問わず，会計監査人を置かなければならない（同5項）。

8　役員等の権利義務者

①役員（取締役・会計参与・監査役，会329条1項）が欠けた場合（＝当該種類の役員がまったくいなくなってしまった場合），または，②会社法または定款所定の役員の員数が欠けた場合（当該種類の役員の一部がいなくなってしまった場合）には，会社

としては本来遅滞なく後任の役員を補充しなければならず、この選任手続きを怠った関係者には過料の制裁が定まっている（会976条22号）。しかし、補充手続きには当然多少なりとも時間がかかるため、任期満了または辞任により退任した役員に限り、後任者として「新たに選任された役員」が就任するまでの間、なお当該役員としての権利義務が認められている（会346条1項）。すなわち役員としての地位に留任するわけであり、これを留任義務という。また留任している役員は「役員の権利義務者」ともよばれている。「新たに選任された役員」には、後述する一時役員も含まれる（会346条1項カッコ書）。

この留任義務は、代表取締役または清算人が欠けた場合または定款所定の員数が欠けた場合および指名委員会等設置会社における各委員会の委員の員数が欠けた場合で、それぞれ任期満了または辞任による場合にも認められる（会351条1項・401条2項・479条4項）。

9 一時（仮）役員等

役員が、任期満了または辞任により退任した場合でも、病気や他の役員との対立といった事情により、事実上、その者がその地位に留任することが困難な場合もある。このような場合、裁判所は、利害関係人の申立てにより、必要があると認めるときは、一時役員の職務を行うべき者を選任することができる（会346条2項）。この「一時役員の職務を行うべき者」は、後任の役員が選任されるまでの間は、本来の適法な役員におけると同一の権利と義務を有する者であり、いわゆる「法律上の役員」である。この者は、規定文言上「一時役員」（一時取締役・一時会計参与・一時監査役）とよばれたり、あるいは、仮処分により選任される「職務代行者」と区別して、従来の一般的な用語法に従い、「仮役員」（仮取締役・仮会計参与・仮監査役）とよばれる。一時代表取締役・一時委員・一時清算人もある（会351条2項・401条3項・479条4項）。

会計監査人が欠けた場合または定款所定の会計監査人の員数が欠けた場合において、遅滞なく会計監査人が選任されないときには、監査役（監査役会設置会社においては監査役会）、監査等委員会設置会社における監査等委員会、または指名委員会等設置会社における監査委員会において、「一時会計監査人」を選任しなければならない（会346条4項6項～8項）。

10　取締役の職務代行者

　株主総会による取締役の選任決議に対し無効確認・取消の訴えが提起されたにもかかわらず，当該取締役にそのまま取締役の職務を執行させては不適当な場合がある。そこで，民事保全法（平元法91号）上の仮処分制度に基づき（民保23条2項・24条），訴えの提起後または訴えの提起前であっても急迫な事情があるときには，裁判所は当事者の申立により，取締役の職務執行を停止し，さらに職務代行者を選任することができる。

　仮処分命令により選任された取締役・代表取締役の職務代行者は，仮処分に別段の定めがある場合を除き，株式会社の常務に属しない行為をするには，裁判所の許可を得なければならない（会352条1項）。これに違反して職務代行者が行った行為は無効であるが，会社はこれをもって善意の第三者に対抗できない（同2項）。

　最高裁は，会社の「常務」を「会社として日常行われるべき通常の業務をいう」とし，取締役の解任を目的とする臨時株主総会の招集行為はこれにあたらないと解している（最判昭50・6・27民集29巻6号879頁）[29]。

第5節　会社役員等の選任・選定・解任・解職・辞任

1　取締役の選任

　株式会社の取締役の選任は，設立時取締役の場合は別として，会社成立後は，株主総会の普通決議によってなされる（会329条1項）。会社設立の場合には，発起設立にあっては発起人が，募集設立にあっては創立総会が選任する（会38条1項・88条）。取締役の選任はもっぱら株主の意思によるべきものとするのが法の趣旨であるから，定款や総会決議により，これを取締役会など他の機関や第三者に委ねたり，選任決議の効力を知事や労働組合など第三者の同意にかからしめることはできない。取締役の選任をなす株主総会は定時総会たると臨時総会たるとを問わない。

　同一の総会において2人以上の取締役を選任する場合には，取締役の選任につ

---

[29]　百選〔第2版〕49事例〔石山卓磨〕。

き議決権を行使できる株主は，定款に別段の定めがあるときを除き，会社に対して累積投票の方法により選任すべきことを請求できる（会342条1項）。この場合の選任決議においては，各株主は1株または1単元株につき選任する取締役の数と同数の議決権を有し，株主はその議決権の全部を1人の候補者に集中して投票することも，適宜分散させて数人に投票することもでき，多数の得票を得た者から順次取締役に選任される（同3項4項）。この請求は総会の日の5日前までになすことを要する（同2項）。

この制度は，少数株主でもその代表者を取締役会に送りこめるようにするとの配慮のもと，昭和25年の商法改正によりアメリカ法より導入されたものであるが，多数派株主と少数派株主の対立が取締役会内部に持ち込まれ円滑な業務運営が阻害される欠点もある。そこで，実際には大多数の会社において，定款の定めによりこの制度を排除しているのがわが国の実情である（失敗した立法例）。

取締役選任の効果が生ずるためには，総会の選任決議のほか，被選任者の承諾が必要であり，会社は代表機関を通じて被選任者に就任の申込をなす必要がある。取締役が選任された場合には，会社はその登記をなさねばならず，その変更があった場合も同様である（会911条3項13号・915条1項）。

指名委員会等設置会社の取締役も，会社成立後は，株主総会で選任されるが（会329条1項），取締役候補者等，議案の内容は指名委員会が決定する（会404条1項）。

会社（指名委員会等設置会社・公開会社を除く）が，取締役選任権付種類株式を発行した場合には，取締役は，種類株主総会で選任される（会108条1項9号）。

2　代表取締役の選定・解職

取締役会設置会社（指名委員会等設置会社を除く）の場合，代表取締役は，取締役会決議により取締役の中から選定され，かつ，解職される（会362条2項3号）。取締役会非設置会社の場合，代表取締役は，①定款，②定款の定めにもとづく取締役の互選，または，③株主総会決議により定められる（会349条3項）。代表取締役は取締役会の構成員でもあり，その員数は1人でも数人でもよいが，実際には，定款で社長・副社長等を設置し，これらの者を代表取締役とするのが通例である。

3　会計参与・監査役・会計監査人の選任

　会計参与・監査役・会計監査人も，株主総会の通常決議により選任される（会329条1項）。

　会計参与は，株主総会において，会計参与の選任・解任・辞任について意見を述べることができる（会345条1項）。会計参与を辞任した者は，辞任後最初に招集される株主総会に出席して，辞任した旨およびその理由を述べることができる（同2項）。取締役は，会計参与を辞任した者に対し，この株主総会を招集する旨および総会の日時・場所を通知しなければならない（同3項）。

　監査役設置会社においては，株主総会に提出する会計監査人の選任・解任・不再任に関する議案の内容は，監査役が（監査役が2人以上あるときは，その過半数で）決定する（会344条1項2項）。監査役会設置会社の場合は，監査役会が決定する（同3項）。

4　執行役の選任・代表執行役の選定・解職

　指名委員会等設置会社の執行役は，取締役会決議により選任される（会402条2項）。執行役が複数いる場合には，代表執行役は取締役会決議により，その中から選定される。執行役が1人のときは，その者が代表執行役に選定されたものとされる（会420条1項）。

　代表執行役は，いつでも，取締役会決議により解職することができる（同2項）。

5　補欠役員の選任

　株主総会において取締役（監査等委員会設置会社の場合，監査等委員である取締役およびそれ以外の取締役）・監査役・会計参与を選任する場合には，①役員が欠けた場合，および，②会社法または定款所定の役員の員数を欠くことになる場合に備えて，補欠の役員を選任することができる（会329条3項）。

　補欠監査役の任期に関しては，定款により，退任した監査役の任期の満了時までとすることができる（会336条3項）。

6　役員・会計監査人の解任

　株主総会は，いつでもまた理由のいかんを問わず，役員（取締役・会計参与・監

査役) および会計監査人を解任することができる (会339条1項)。解任された者は, 解任につき正当な理由がある場合を除き, その会社に対し, 解任によって生じた損害の賠償を請求することができる (同2項)。

7　役員の選任・解任決議の要件

役員を選任または解任する株主総会の決議は, 議決権を行使できる株主の議決権の過半数 (3分の1以上の割合を定款で定めた場合には, その割合以上) を有する株主が出席し (=定足数), 出席した当該株主の議決権の過半数 (これを上回る割合を定款で定めた場合には, その割合以上) (=議決数) で行われなければならない (会341条)。ただし, 監査役および累積投票で選任された取締役 (監査等委員である取締役を除く)・監査等委員である取締役の解任の場合は, 特別決議事項となる (会309条2項7号・343条4項)。

8　役員の解任の訴え

役員の職務の執行に関し, 不正の行為または法令もしくは定款に違反する重大な事実があったにもかかわらず, ①当該役員の解任議案が株主総会において否決されたとき, または, ②解任決議が種類株主総会の決議がないため効力を生じないときは, 以下の株主には, 当該総会日から30日以内に当該役員の解任の訴えを提起することができる (会854条1項)。ただし, 非公開会社の場合には, この保有期間の制限はない (同2項)。

①　総株主の議決権の100分の3 (定款でこれを下回る割合を定めた場合は, その割合) 以上の議決権を6ヶ月 (定款でこれを下回る期間を定めた場合は, その割合) 前から引き続き有する株主。ただし, (イ)当該解任議案につき議決権を行使できない株主と, (ロ)当該請求に係る役員である株主は, 除かれる。

②　発行済株式の100分の3 (これを下回る割合を定款で定めた場合は, その割合) 以上の株式を6ヶ月 (これを下回る期間を定款で定めた場合は, その期間) 前から引き続き有する株主。ただし, (イ)当該株式会社である株主と, (ロ)当該請求に係る役員である株主は, 除かれる。

上記「重大な事実があったにもかかわらず」の意義に関しては, 当該役員の解任を議案とする株主総会の招集通知あるいは開催までに生じた解任事由に限られるのか, それとも株主総会で否決されるまでに生じた事由も含まれるのかという

問題がある。判例は，前説（徳島地阿南支決平 18・10・10 金判 1265 号 26 頁）と後説（高松高決平成 18・11・27 金判 1265 号 14 頁）に分かれている。

9　役員等の辞任

会社と役員・執行役・会計監査人の関係は委任に関する規定に従うので（会 330 条・402 条 3 項），各当事者はいつでもこの関係を解除することができる（民 651 条 1 項）。したがって，会社はいつでも役員等を解任でき，役員等はいつでも辞任できる。ただし，当事者が，やむを得ない事由がないにもかかわらず，相手方に不利な時期にこの関係を解除した場合には，相手方に対し損害賠償義務を負う（同 2 項）。

10　会計参与・監査役・会計監査人の選任・解任・辞任等に関する意見陳述権

会計参与は，株主総会において，会計参与の選任・解任・辞任について意見を述べることができ（会 345 条 1 項），会計参与を辞任した者は，辞任後最初に招集される株主総会に出席して，辞任した旨およびその理由を述べることができる（同 2 項）。取締役は，この辞任した者に対し，この株主総会を招集する旨および総会の日時・場所を通知しなければならない（同 3 項）。これは会計参与の地位の独立性を確保するための規定である。

以上の規定は，監査役についても準用される（同 4 項）。監査役は，候補者が自分以外の者であるときのみならず，自分が再任されない場合にも意見を述べることができる。

会計監査人は，株主総会において，会計監査人の選任・解任・不再任・辞任について，株主総会に出席して，意見を述べることができる。会計監査人を解任された者または辞任した者は，解任後または辞任後最初に招集される株主総会に出席して，辞任した旨およびその理由または解任についての意見を述べることができる（同 5 項）。取締役は，この者に対し，この株主総会を招集する旨および総会の日時・場所を通知しなければならない（同 3 項 5 項）。

第6節　株式会社の業務執行

1　取締役の業務執行

（1）総　説

　取締役会非設置会社の場合，定款に別段の定めがある場合を除き，会社の業務は各取締役が執行する（会348条1項）。もっとも，指名委員会等設置会社の取締役の場合は，会社法またはこれに基づく命令に別段の定めがある場合を除き，会社の業務を執行することはできない（会415条）。

　取締役が2人以上いる場合，会社の業務は取締役の過半数をもって決定するが，定款に別段の定めを置くことは可能である（会348条2項）。このように複数の取締役がいる場合，以下の決定を，各取締役に委任することはできない（同3項）。

　① 　支配人の選任・解任（同1号），
　② 　支店の設置・移転・廃止（同2号），
　③ 　株主総会・種類株主総会の招集事項（会298条1項・325条）の決定（会348条3項3号），
　④ 　取締役の職務の執行が法令・定款に適合することを確保するための体制その他株式会社の業務ならびに当該株式会社およびその子会社から成る企業集団の業務の適正を確保するために必要なものとして法務省令（会規98条）で定める体制（＝内部統制システム）の整備（会348条3項4号），
　⑤ 　定款の定めに基づく役員等の会社に対する損害賠償責任（会423条1項）の免除（会426条1項）（会348条3項5号）。

　　　④は，内部統制システムの構築にかかわる決定であるが，大会社の場合には，この決定をなすことが取締役に義務づけられている（会348条4項）。

（2）株式会社の代表

　取締役は株式会社を代表する（会349条1項）。取締役が2人以上いる場合には，取締役各自が会社を代表する（同2項）。したがって，取締役の各自代表・各自執行という原則が認められることになるが，これは昭和25年の商法改正前の制度に回帰することになる。ただし，他に代表取締役その他株式会社を代表する者を定めた場合はこの限りでない（同1項但書）。取締役会設置会社においては代表取

締役が選定されるので（会362条2項3号），単なる取締役（平取締役）に代表権限はない。

2 代表取締役の業務執行

（1） 総　説

　代表取締役とは，文字どおり株式会社を代表する取締役であるが，会社法上は，代表取締役でなくても会社代表権を有する取締役あるいはその他の者も存在する。すなわち取締役は株式会社を代表するが（会349条1項本文），「他に代表取締役その他株式会社を代表する者を定めた場合」は，この限りでない（同項ただし書）。したがって，取締役が複数いる取締役会非設置会社の場合には，原則として取締役各自がそれぞれ会社代表権を有している。これに対し，「他に代表取締役……を定めた場合」には，①取締役会非設置会社が数人の取締役の中から会社を代表する取締役（特定代表取締役）を定めた場合（会349条3項），そして，②取締役会設置会社が代表取締役を選定した場合（会362条2項3号3項）が該当する。「その他の会社を代表する者を定めた場合」には，③裁判所が一時代表取締役を定めた場合（会351条2項）と，④裁判所が代表取締役職務代行者を定めた場合（会352条1項），などが該当する。

　代表取締役その他の会社を代表する者は，代表権限の基礎として業務執行権限をも有している。業務執行は対内的なものと対外的なものに区別されるが，会社を代表するとは，会社の業務執行権限を行使する一環として第三者となした行為の効果が会社に帰属することをとらえた観念であり，会社の代表権とは，会社機関による対外的な業務執行が会社の行為とされる権限をいう。したがって，部分的な代表権限（会社・取締役間訴訟における監査役の会社代表権限，会386条1項）を有している者も，その限りにおいて，業務執行権限（たとえば訴訟の準備・遂行に必要な各種の業務執行権限）を有している。

　一方，業務執行権限を有しているが代表権限を付与されていない取締役も存在しうる。いわゆる業務担当取締役であり，専務取締役・常務取締役等の名称を付与されながら代表権限を有さない者が該当する。

　代表取締役は，会社の業務に関する一切の裁判上・裁判外の行為をする権限を有する（会349条4項）。会社の事業に関する行為であれ，それ以外の行為であれ，会社業務に関する一切の権限を包括的に有するのであって，内部的に設けた制限

は善意の第三者には対抗できない（同5項）。代表取締役は，包括的不可制限的な会社代表権限を有するといわれる所以である。

（2）代表取締役の専断的行為と権限濫用行為

代表取締役の専断的行為とは，株主総会あるいは取締役会の法定専属決議事項に関し，代表取締役が当該決議に違反して，あるいは決議をへることなく独断で執行行為をなすことをいう。この種の行為の効果に関しては，最高裁は，民法93条但書を類推適用して，原則として有効ではあるが，決議をへていないことを相手方が知りまたは知ることができたときは無効であると解している（心裡留保，最判昭40・9・22民集19巻6号1656頁）。しかし，多数説は，心裡留保説に対し，①代表権の濫用の場合には，代表者には会社に効果を帰属させる意思があるので，表示行為と真意に不一致はない，②取引の安全のために付与された代表取締役の包括的代表権を排除してまで，民法上の心裡留保と同じ規制をする必然性は乏しい，③会社・取締役間の利益相反取引においては軽過失のある第三者でも保護される（相対的無効説）のに，権限濫用の場合には，軽過失ある第三者との関係においても無効とするのは均衡を失する，などと批判している（江頭428頁等）。そして，代表取締役は代表権限の範囲内では有効に会社を代表して行為しうるのであり，会社の内部的意思決定手続にすぎない取締役会決議を欠いてもその効力に影響はないが，会社は，このことに関し悪意の相手方に対しては，信義則あるいは権利濫用法理に基づき当該行為の無効を対抗しうる（権利濫用説），あるいは，この場合には一般悪意の抗弁を対抗しうる（一般悪意の抗弁説），と解している。

代表取締役の権限濫用行為とは，客観的には代表取締役の決定権限内の行為ではあるが，主観的には会社外の利益をはかろうとする背信的意図に基づく行為をいう。最高裁はこの場合の行為の効果に関しても心裡留保説に立っているが（最判昭38・9・5民集17巻8号909頁），学説はこの場合も権利濫用説あるいは一般悪意の抗弁説によっている。

3 取締役会の業務執行

（1）意　義

取締役会とは，取締役全員よりなる合議体であり（会362条1項），取締役会設置会社の，①会社の業務執行の決定，②取締役の職務の執行の監督，③代表取締

役の選定・解職，という職務を行う（同2項）。なお，取締役会なる語には，この機関そのものを意味する場合と，この機関が権限を行使するために開催する現実の会議（取締役会会議）を意味する場合とがある。

（2） 取締役会の権限

1） 業務執行の決定

　取締役会が決定する会社の業務執行とは，会社業務に関する対内的・対外的な諸般の事務を処理することをいうが，この決定権限は，法令・定款により株主総会の決定権限とされている事項には及ばない。他面，法律上取締役会において決すべきものとされている事項については必ず取締役会自身が決定しなければならず，定款をもってしても下位の機関にその決定を委ねることはできない。

　取締役会は，以下の事項その他の重要な業務執行の決定を取締役に委任することはできない（一般的専属事項）（会362条4項）。なお指名委員会等設置会社・監査等委員会設置会社の取締役会の権限については，別に記す。

① 　重要な財産の処分・譲受け（同1号），
② 　多額の借財（同2号），
③ 　支配人その他の重要な使用人の選任・解任（同3号），
④ 　支店その他の重要な組織の設置・変更・廃止（同4号），
⑤ 　募集社債の総額（会676条1号），その他の社債を引き受ける者の募集に関する重要事項として法務省令が定める事項（会362条4項5号），
⑥ 　取締役の職務の執行が法令・定款に適合することを確保するための体制，その他株式会社の業務ならびに当該会社・その子会社から成る企業集団の業務の適正を確保するために必要なものとして法務省令（会規100条）で定める体制（＝内部統制システム）の整備（会362条4項6号），
⑦ 　定款の定めに基づく取締役会による役員等の会社に対する損害賠償責任（会423条1項）の免除（会426条1項）（会362条4項7号）。
　　なお大会社である取締役会設置会社の場合，取締役会は⑥に掲げる事項を決定しなければならない（会362条5項）。

　①の「財産」には動産・不動産・金銭などが含まれ，その「処分」には，売却・出資・寄付・貸与・担保の提供・債権の放棄・債務の免除などが含まれる。「重要」であるか否かは，会社の規模・事業の性質・財産の状況等に照らして相対的・具体的に決定される。②の「借財」には金銭の借入・債務保証・質入など

が含まれ，「多額」か否かは，会社の規模・資産状況・収益力などに照らして判断される。③の「その他の重要な使用人」に該当するか否かは，会社の規模・経営組織・職制・業務態様などによって異なるが，通常は支店長・本店の部課長・工場長・研究所長などが含まれる。④の「重要な組織の設置・変更」には，本店の重要な組織機構の変更・事業部制の採用・変更・改組・課制の廃止などが含まれる。「その他の重要なる業務執行」に該当するか否かは，会社の利害状況に応じて個別的に判断せざるをえない。

以上の一般的専属事項に加えて，会社法は，以下のような重要事項を取締役会の個別的専属事項として規定している。

① 譲渡制限株式の譲渡・取得の承認（会139条1項），不承認の場合の指定買取人の指定（会140条5項）（定款で別段の定めを置くこと可），
② 子会社からの自己株式の取得（会163条），
③ 取得条項付株式の取得日・取得する取得条項付株式の決定（定款で別段の定めを置くこと可）（会168条1項・169条2項），
④ 消却する自己株式の種類（会178条2項），
⑤ 株式の無償割当てに関する事項の決定（定款で別段の定めを置くこと可）（会186条3項），
⑥ 所在不明株主の株式の買取りに関する事項の決定（会197条4項），
⑦ 公開会社における募集株式の発行等に関する事項の決定（会201条1項），
⑧ 取得条項付新株予約権の取得日の決定（定款で別段の定めを置くこと可）（会273条1項・274条2項），
⑨ 株主総会の招集事項の決定（会298条4項），
⑩ 取締役会の招集権者の指定（定款で別段の定めを置くこと可）（会366条1項但書），
⑪ 代表取締役の選定・解職（会362条2項3号），
⑫ 取締役の競業取引・利益相反取引の承認（会365条1項），
⑬ 計算書類等の承認（会436条3項），
⑭ 会計監査人設置会社の定款の定めにもとづく自己株式の有償取得・準備金の額の減少・剰余金の処分・剰余金配当事項の決定等（会459条1項），
⑮ 中間配当（会454条5項），
⑯ 取締役・会社間訴訟における会社代表者の決定（会364条）。

2）業務監査

　取締役会には取締役の職務の執行を監督する権限がある（会362条2項2号）。すなわち，取締役会は，代表取締役その他の業務執行取締役および各取締役が，法令・定款を遵守しつつ（適法性監査），かつ妥当に（妥当性監査），職務を執行しているか否かを監査する権限を有しており，これは義務でもある。この実効性をはかるため，代表取締役および業務執行取締役には，3カ月に1回以上，自己の職務の執行状況を取締役会に報告すべき義務が課せられている（会363条2項）。

3）内部統制システムの構築

(i) 総　説

　上述のように，取締役会非設置会社における取締役，および，取締役会設置会社における取締役会の職務権限として，会社法は，「取締役の職務の執行が法令及び定款に適合することを確保するための体制その他株式会社の業務ならびに当該株式会社およびその子会社から成る企業集団の業務の適正を確保するために必要なものとして法務省令で定める体制の整備」を規定している（会348条3項4号・362条4項6号）。

　この体制は，一般に，「内部統制システム（internal control system）」とよばれているが，企業会計審議会が平成19年2月15日に公表した「内部統制報告基準」・「実施基準」に示された「内部統制の基本的枠組み」によれば，内部統制とは，「基本的に，業務の有効性及び効率性，財務報告の信頼性，事業活動に関わる法令等の遵守並びに資産の保全の四つの目的が達成されているとの合理的な保証を得るために，業務に組み込まれ，組織内のすべての者によって遂行されるプロセスをいい，統制環境，リスクの評価と対応，統制活動，情報と伝達，モニタリング（監視活動）及びIT（情報技術）への対応の六つの基本的要素から構成される」と定義されている。しかし，会社法は，内部統制のすべてについて規定しているわけではなく，「業務の適正を確保する体制」について規定しているのに対し，金融商品取引法は財務報告に係る内部統制を主眼として規定している。

(ii) 監査役設置会社における「業務の適正を確保するための体制」

　取締役会設置会社の場合，法務省令は，「業務の適正を確保するための体制」に関し，以下の体制を規定している（会規100条1項）。すなわち，

　　① 当該会社の取締役の職務の執行に係る情報の保存および管理に関する体制（＝情報保存管理体制），

② 当該会社の損失の危険の管理に関する規程その他の体制（＝リスク管理体制），
③ 当該会社の取締役の職務の執行が効率的に行われることを確保するための体制（＝効率的職務執行体制），
④ 当該会社の使用人の職務の執行が法令・定款に適合することを確保するための体制（＝コンプライアンス体制），
⑤ 次に掲げる体制その他の当該会社ならびにその親会社および子会社からなる企業集団における業務の適正を確保するための体制（＝グループ会社管理体制），である。
　(イ) 当該会社の子会社の取締役・執行役・業務を執行する社員・法人が業務執行社員である場合のその職務を行うべき者（会598条1項）その他これらの者に相当する者（以下のハ・ニにおいて「取締役等」という）の職務の執行に係る事項の当該会社への報告に関する体制，
　(ロ) 当該会社の子会社の損失の危険の管理に関する規定その他の体制，
　(ハ) 当該会社の子会社の取締役等の職務の執行が効率的に行われることを確保するための体制，
　(ニ) 当該会社の子会社の取締役等および使用人の職務の執行が法令・定款に適合することを確保するための体制。

　①は，取締役の業務執行ぶりを事後的に検証可能とするための配慮にもとづく体制であり，会社には，取締役会議事録・稟議決裁書・契約書・その他の職務関連情報（取締役職務規程・文書管理規定・情報取扱規程等の社内規則）を適切に保存・管理するシステムが構築されていなければならない。

　②は，リスク管理・対処方法システムの構築に関係するものである。企業は，製品の安全性，地域・環境問題，従業員の就業問題，情報管理，自然災害，技術開発，市場問題，販売活動，原料調達，財務処理，法令遵守，行政規制等の広範な局面において，各種のリスクに関わっている。会社においては，日々，自社特有のリスクに関する情報の収集・分析に努めなければならず，リスク管理規定・危機対応要領を作成し，重要なカテゴリーごとに責任部署を定めたうえで，企業全体のリスクの網羅的・統括的な管理システムを構築しなければならない。また，不測の事態を想定した危機管理プログラムの策定や，関係者に対する定期的な教育訓練，取締役会や内部監査部門による定期的な統制状況の点検・是正・改善が必要である。

③は，会社業務の決裁体制等，効率性の確保に関わる。会社は，取締役会上程基準，業務執行者の専決事項，取締役会付議事項等を明確に定めて，会社業務に関する意思決定のスピード・アップを図ったり，特別取締役による取締役会決議制度（会373条）の導入，あるいは，取締役と使用人との間の職務分掌・役割分担・指揮命令系統に関する規定の作成を試みなければならない。

④は，使用人における法令・定款・社内規則等違反あるいは反社会的行動の防止をはかるシステムの構築に関わる。法令遵守マニュアルの作成・相互チェック体制の構築が含まれ，使用人が，仲間内・上司・役職者あるいは会社の活動においてこれらの活動があることを知ったときに通報・相談する内部通報システムの完備も含まれる。

⑤は，グループ企業間における監査体制の連携をはかる試み（グループ監査役会等）に関わる。

(ⅲ) 監査役設置会社以外の場合

監査役設置会社以外の株式会社の場合，上記会社法施行規則100条1項所定の体制には，取締役が株主に報告すべき事項の報告をするための体制も含まれる（会規100条2項）。

(ⅳ) 監査役設置会社における付加的体制

監査役設置会社（監査役の監査の範囲を会計に関するものに限定する旨の定款の定めがある会社を含む）の場合には，上記1項所定の体制には，以下の体制が含まれる（同3項）。

① その監査役がその職務を補助すべき使用人を置くことを求めた場合における当該使用人に関する事項，
② ①の使用人の当該会社の取締役からの独立性に関する事項，
③ 当該会社の監査役の①の使用人に対する指示の実効性の確保に関する事項，
④ 次に掲げる体制その他の当該会社の監査役への報告に関する体制，
　(イ) 当該会社の取締役・会計参与・使用人が当該会社の監査役に報告するための体制，
　(ロ) 当該会社の子会社の取締役・会計参与・監査役・執行役・業務を執行する社員・法人が業務を執行する社員である場合のその職務を行うべき者（会598条1項）その他これらの者に相当する者・使用人またはこれらの者から報告を受けた者が当該会社の監査役に報告をするための体制，

⑤ ④の報告をした者が当該報告をしたことを理由として不利な取扱いを受けないことを確保するための体制，

⑥ 当該会社の監査役の職務の執行について生ずる費用の前払・償還の手続その他の当該職務の執行について生ずる費用・債務の処理に係る方針に関する事項，

⑦ その他当該会社の監査役の監査が実効的に行われることを確保するための体制。

取締役会非設置会社についても，上記100条1項・3項と同様の規定が設けられている（会規98条1項4項）。

4）内部統制構築義務に関する判例

（ⅰ）大阪地判平成12・9・20判時1721号3頁（大和銀行ニューヨーク支店事件）

「リスク管理体制」・「内部統制システム」等の言葉は，現在，わが国の企業社会における最大の関心事の一であるが，これが，司法において正面から取り上げられた嚆矢的判例が，本件である。

本件は，A銀行（大和銀行）の米国ニューヨーク支店勤務の従業員Bが11年間にわたり無断かつ簿外で米国財務証券取引を行い，会社に約11億ドルという巨額の損失をもたらした事案である。取締役12人に，A銀行に対し1人あたり7億7500万ドル（約829億円）から7000万ドル（約75億円）の損害賠償が命じられたが，判決中，内部統制構築義務につき，以下のように判示している。

「健全な会社経営を行うためには，目的とする事業の種類，性質等に応じて生じる各種のリスク，例えば，信用リスク，市場リスク，流動性リスク，事務リスク，システムリスク等の状況を正確に把握し，適切に制御すること，すなわちリスク管理が欠かせず，会社が営む事業の規模，特性等に応じたリスク管理体制（いわゆる内部統制システム）を整備することを要する。そして，重要な業務執行については，取締役会が決定することを要するから（改正前商260条2項＝会362条4項），会社経営の根幹に係わるリスク管理体制の大綱については，取締役会で決定することを要し，業務執行を担当する代表取締役及び業務担当取締役は，大綱を踏まえ，担当する部門におけるリスク管理体制を具体的に決定するべき職務を負う。この意味において，取締役は，取締役会の構成員として，また，代表取締役又は業務担当取締役として，リスク管理体制を構築すべき義務を負い，さらに，代表取締役及び業務担当取締役がリスク管理体制を構築すべき義務を履行してい

るか否かを監視する義務を負うのであり，これもまた，取締役としての善管注意義務及び忠実義務の内容をなすものというべきである。監査役は，商法特例法22条1項の適用を受ける小会社を除き，業務監査の職責を担っているから，取締役がリスク管理体制の整備を行っているか否かを監査すべき職務を負うのであり，これもまた，監査役としての善管注意義務の内容をなすものと言うべきである」。

「証券取引業ではその危険性を配慮し，証券ディーリング業務担当者の不正行為を未然に防止し，またその損害の拡大を最小限にとどめるために，証券売買部門（トレーダー）と資金決済，事務管理部門（バックオフィス）を完全に分離するなどのチェック体制を整えることが必要不可欠である。担当取締役，担当外取締役及び監査役のいずれにとっても，金融機関である大和銀行の基本的な組織運営のあり方に関わる問題として，前示チェック体制ないし内部統制システムに常に関心を払い，業務執行対象ないし監査対象とすべき事柄であった」。

（ⅱ）　大阪高判平成18・6・9資料版商事268号74頁（ダスキン事件）

本件は，A株式会社（＝ダスキン）が，食品衛生法に違反する添加物を含む「大肉まん」を販売し，この事実が新聞報道されたことによって，フランチャイジーB（＝ミスタードーナッツ）の加盟店に対して補償等による多額の出捐（105億6100万円）を余儀なくされた事案である。A社は，無認可添加物混入事実を指摘してきた者（N）に対し多額の口止料を支払っていた。株主Xが代表取締役会長兼社長のY1をはじめとする取締役らと監査役に対し，株主代表訴訟を提起したのに対し，会社としては内部統制を構築していたので，この点に関しては経営陣に善管注意義務違反はないと判示された。しかし，社長等特定の取締役に関しては，違法な食品添加物の混入事実を公表しないとする決定を下した点につき，以下のように判示して，善管注意義務違反が認定されている。

「一審被告らは，……N側からマスコミへ情報が提供された場合にA社が受けるおそれのある打撃の重大さや，それへの積極的な対応策の可能性の検討を併せて行っておく必要があったのに，一審被告Y1らは，その必要性を軽視したまま『自ら積極的には公表しない』というあいまいな決定で，事態を成り行きに任せることにしたものである。」

「……しかし，……『自ら積極的に公表しない』ということは『消極的に隠ぺいする』という方針と言い換えることもできるのである。……公表した後に予想さ

れる社会的な非難の大きさにかんがみ，隠せる限りは隠そうということにしたもので，現に予想されたマスコミ等への漏洩や，その場合に受けるであろうより重大で致命的な損害の可能性や，それを回避し最小限度に止める方策等についてはきちんと検討しないままに，事態を成り行きに任せることにしたのである。それは，経営者としての自らの責任を回避して問題を先送りしたに過ぎないというしかない。」

(iii) 最判平成 22・12・3 資料版商事 323 号 11 頁（ヤクルト事件）

本件は，乳製品を製造・販売する会社の内部に，デリバティブ取引を含む金融商品取引部門が設置され，ハイリスクな取引により会社が多額な損害を被った事案である。この取引を担当しない取締役においては原則的に内部統制構築義務を負うのみであるが，この取引を担当する取締役においては，会社が特に定めるハイリスク取引に関する内部的行動規範・取扱規程を遵守しなければならない。担当取締役がこれを遵守していても会社に多額な損害が生じそうな場合には，他の取締役・監査役においても各種の監視・監督権限を行使して，損害を最小限にくいとめるべき措置を講じなければならない。

（3） 取締役会の招集

取締役会は常時ではなく必要に応じて開かれ，招集権者が会日の 1 週間（これを下回る期間を定款で定めた場合には，その期間）前までに各取締役（監査役設置会社にあっては取締役と監査役）に通知して招集される（会 368 条 1 項）。なお，取締役（監査役設置会社においては取締役と監査役）の全員の同意があるときは招集手続を省略して開催することもできる（同 2 項）。

取締役会は，取締役において招集するが，定款または取締役会決議で，招集権を有する取締役（招集権者）を定めることも可能である（会 366 条 1 項）。招集通知は書面に限らず口頭でもよく，通知には日時・場所を示さなければならないが，必ずしも取締役会の目的事項（議題）を示す必要はない。招集権者が定められている場合には，それ以外の取締役は，招集権者に対して，議題を示して，取締役会の招集を請求できる（同 2 項）。この請求をした日から 5 日以内に，当該請求日から 2 週間以内の日を会日とする取締役会の招集通知が発せられない場合，この請求をした取締役は，自ら取締役会を招集することができる（同 3 項）。

取締役会設置会社（監査役設置会社・監査等委員会設置会社・指名委員会等設置会社を除く）の場合，株主は，取締役が会社の目的の範囲外の行為その他法令・定款

に違反する行為をし、または、これらの行為をするおそれがあると認めるときは、取締役会の招集を請求できる（会367条1項）。この請求は、取締役（招集権者が定まっている場合には招集権者）に対し、取締役会の目的事項（議題）となるべき事項を示して行わなければならない（同2項）。この請求をした日から5日以内に、当該請求日から2週間以内の日を会日とする取締役会の招集通知が発せられない場合、この請求をした株主は、自ら取締役会を招集することができる（同3項・366条3項）。この株主は当該取締役会に出席して意見を述べることができる（会367条4項）。この株主による総会の招集手続は、平成26年改正により、中小会社におけるコーポレート・ガバナンスの強化を目的として定められたものである。

(4) 取締役会の決議

1) 総　説

取締役会決議は、適法に開催された取締役会の決議でなければならず、議決に加わることのできる取締役の過半数が出席し（定足数）、その過半数（議決数）をもって行われる。もっとも、定足数および議決数に関しては、定款で、それぞれ過半数を上回る割合を定めることも可能である（会369条1項）。定足数は討議・議決の全過程を通じてみたされていなければならない（最判昭41・8・26民集20巻6号1289頁）。「可否同数の場合には議長の決するところによる」旨の定款規定に関しては、業務執行を迅速・的確に決定する必要があることと株主総会におけるほど各構成員の議決権の平等は強く要請されないことを理由として、有効と解するのが多数説である。

2) 特別利害関係取締役

取締役会決議に特別の利害関係を有する取締役は、議決に加わることができない（同2項）。特別利害関係とは、取締役の公正な任務遂行を矛盾・衝突する個人的な利害関係をいい、会社との委任関係あるいは忠実義務に矛盾するような利害関係をいう。一般に、取締役の競業取引・自己取引を取締役会が承認する場合（会356条・365条）の利害関係取締役、あるいは、取締役会が代表取締役を解任する場合の当該代表取締役（最判昭44・3・28民集23巻3号645頁）などが特別利害関係人に該当すると解されてきた。代表取締役の解任に関しては、当該代表取締役が私心をすて会社に対する忠実義務に従い公正に議決権を行使することは期待できないというのが判例・従来の多数説の解釈である。

これに対し、現在の多数説は、代表取締役の解職は、その選定の場合と同様、

忠実義務と矛盾する個人的関係は認められず、特別利害関係には当たらないと解している[30]。

特別利害関係人に該当する取締役は、議決権を行使できないだけでなく、この議題の審議にも参加できないのであろうか。参加否定説（多数説）と参加肯定説[31]に分かれるが、実質的には両説に大差は生じない。参加肯定説においても、利害関係のない取締役の過半数が当該利害関係取締役に対し退席を求めることができるし、参加否定説においても取締役会が退席する必要がないと判断するならば、当該取締役は席に留まることができるからである[32]。

特別利害関係取締役は、当該議題の審議にあたり議長となることができるか。参加否定説によれば当然に否定される（東京高判平成8・2・8資料版商事151号142頁）。参加肯定説においては、議長になることも可能とする説もあるが、議事の公正を期して不可能と解する説が有力である[33]。

3）決議方法

決議に関しては、原則として、書面や電話による決議あるいは持回り決議は認められない。ただし、取締役会設置会社においては、取締役が取締役会の議題である事項について提案した場合で、当該提案につき取締役（当該事項について議決に加わることができる者に限る）の全員が書面または電磁的記録により同意の意思表示をしたときは（監査役設置会社においては監査役が当該提案につき異議を述べたときを除く）、当該提案を可決する旨の取締役会決議があったものとみなす旨を、定款で定めることができる（書面決議・みなし取締役会決議）（会370条）。しかし、この場合も議事録の作成は必要である。なお、この書面決議は、監査役会・指名委員会等設置会社の各委員会・特別取締役会（商373条4項）においては認められない。

（5）取締役会への報告の省略

取締役・会計参与・監査役または会計監査人が、取締役（監査役設置会社の場合

---

30) 8会社法コンメンタール294頁〔森本　滋〕。
31) 昭和56年改正前商法は、特別利害関係取締役は議決権を行使しない旨規定していた。同改正商法260条ノ2第2項は、特別利害関係取締役は取締役会決議に「参加スルコトヲ得ズ」とし、この参加できない取締役の数は、決議要件との関係において取締役の数に算入しない旨を規定していた。そのため、多数説は、特別利害関係取締役は、審議にも参加できないと解していた。
32) 前掲30) 297頁。
33) 同上298頁。

には取締役および監査役）の全員に対して取締役会に報告すべき事項を通知したときは，当該事項を取締役会に報告する必要はない（会372条1項）。しかし，業務執行取締役が3ヶ月に1回以上行うべき自己の職務執行状況の報告に関しては，この省略は許されない（同2項・363条2項）。

（6） **議事録**

取締役会の議事については，法務省令（会規101条）の定めるところにより，議事録を作成することを要する。議事録が書面で作成された場合には出席した取締役と監査役がこれに署名または記名押印しなければならない（会369条3項）。議事録が電磁的記録の場合には，法務省令所定の署名・記名押印にかわる措置（電子署名，会規225条1項6号）をとらなければならない（会369条4項）。

取締役会決議に参加した取締役であって，議事録に異議をとどめないものは，その決議に賛成したものと推定される（同5項）。

取締役会設置会社は，取締役会の日（上記した取締役会決議の省略が認められる場合の決議があったものとみなされる日を含む）から10年間，取締役会決議の議事録または取締役会決議の省略が認められる場合の取締役提案の議題に対する全員の同意の意思表示を記載・記録した書面・電磁的記録（＝議事録等）を本店に備え置かなければならない（会371条1項）。

株主は権利行使のため必要があるときは，株式会社の営業時間内は，いつでも，①議事録等が書面で作成されているときは，当該書面の閲覧・謄写を，また，②議事録等が電磁的記録で作成されているときは，記録事項を法務省令所定方法で表示したもの（記録事項を紙面・映像面に表示する方法，会規226条19号）の閲覧・謄写を，請求することができる（会371条2項）。ただし，監査役設置会社・監査等委員会設置会社・指名委員会等設置会社の場合には，「株式会社の営業時間内は，いつでも」ではなく，「裁判所の許可を得て」閲覧・謄写を請求することができる（同3項）。

取締役会設置会社の債権者においては，役員・執行役の責任を追及するため必要があるとき，また，この親会社の社員においては，その権利を行使するために必要があるときには，裁判所の許可をえて，この議事録等の閲覧・謄写を請求できる（同4項5項）。以上の許可を求められた裁判所は，当該閲覧・謄写により当該会社またはその親会社・子会社に著しい損害を及ぼすおそれがあると認めるときは，許可することができない（同6項）。

第 6 節　株式会社の業務執行　259

（ 7 ）　取締役会決議の無効

　取締役会の決議は，招集手続・決議方法あるいは決議内容に瑕疵がある場合に無効になる。取締役会決議の無効の主張方法については，会社法上特に規定はない。したがって，この無効は，一般原則に従い，誰でもいつでもどんな方法によっても主張することができ，抗弁によることも無効確認の訴えによることも可能である。

　無効な決議にもとづき，あるいは決議が不存在のままなされた会社の行為の効力に関しては一般的な明文規定がなく，個別的に判断しなければならない。この場合，基本的には，取締役会の決議を要求する法の趣旨と取引の安全保護の要請とを比較考量して決せられるが，一般的には，無効な決議にもとづき会社がなした善意の第三者との取引行為は有効とされ，第三者が関係しない会社内部の行為は無効と解されている。

（ 8 ）　特別取締役会

　取締役会設置会社（指名委員会等設置会社を除く）で，①取締役の数が 6 人以上であり，かつ，②取締役のうち 1 人以上が社外取締役である場合には，取締役会は，①重要な財産の処分・譲受けと，②多額の借財に関する取締役会決議に関しては（会 362 条 4 項 1 号 2 号・399 条の 13 第 4 項 1 号 2 号），あらかじめ選定した 3 人以上の取締役（＝特別取締役）のうち，議決に加わることができるものの過半数（これを上回る割合を取締役会で定めた場合には，その割合以上）が出席し，その過半数（これを上回る割合を取締役会で定めた場合には，その割合以上）をもって行うことができる旨を定めることができる（会 373 条 1 項）。

　ただし，取締役の過半数が社外取締役である監査等委員会設置会社の取締役会が，重要な業務執行の決定（会 399 条の 13 第 5 項ただし書各号所掲事項を除く）を取締役に委任することができる旨を決議している場合（同 5 項本文）または，監査等委員会設置会社の定款が，取締役会は重要な業務執行（同項ただし書各号所掲事項を除く）の決定の全部・一部を取締役に委任することができる旨を定めている場合（同 6 項），はこの限りでない（会 373 条 1 項かっこ書）。

4　監査役の業務執行

（ 1 ）　職　務

　監査役は取締役（会計参与設置会社の場合，取締役と会計参与）の職務の執行を監

査し，法務省令の定めるところにより（会規105条），監査報告を作成しなければならない（会381条1項）。取締役の職務には，一般的な業務執行と計算書類の作成があるので，監査役には業務監査権限と会計監査権限とが備わっていることになる。もっとも，非公開会社（監査役会設置会社・会計監査人設置会社を除く）においては，監査役の監査の範囲を会計に関するものに限定する旨を定款で定めることができる（会389条1項）。これは，中小企業においては業務監査と会計監査とを合わせて行える適切な人材が確保しにくいことを考慮しての措置である。

（2） 職務上の権限と義務

監査役には，以下の職務権限・義務および各種の訴訟提起権がある。

① 取締役の職務執行監査権……監査役は取締役（会計参与設置会社においては取締役・会計参与）の職務執行を監査し，法務省令（会規105条）で定めたところにより，監査報告を作成しなければならない（会381条1項）。

② 事業報告請求権……監査役はいつでも取締役・会計参与・支配人その他の使用人に対して，事業の報告を求めることができる（同2項）。

③ 業務・財産調査権……監査役はいつでも会社の業務・財産の状況を調査することができる（同2項）。

④ 子会社調査権……監査役は，その職務を行うため必要があるときは，子会社に対して事業の報告を求め，その子会社の業務・財産の状況を調査することができる（同3項）。

⑤ 取締役会報告義務……監査役は，取締役が不正の行為をし，もしくは，不正の行為をするおそれがあると認めるとき，または，法令・定款に違反する事実もしくは著しく不当な事実があると認めるときは，遅滞なく，その旨を取締役（取締役会設置会社の場合には取締役会）に，報告しなければならない（会382条）。

⑥ 取締役会出席・意見陳述義務……監査役は取締役会に出席し，必要があると認めるときは，意見を述べなければならない（会383条1項）。監査役が2人以上いる場合で，特別取締役による決議の定めがある場合（会373条1項）には，監査役の互選により，特別取締役会に出席する監査役を定めることができる（会383条1項）。

⑦ 株主総会における説明義務……監査役は，株主総会において株主から説明を求められた特定の事項に関し，必要な説明をしなければならない（会314条）。

⑧　株主総会に対する報告義務……監査役は，取締役が株主総会に提出しようとする議案・書類・その他法務省令が定めるもの（電磁的記録その他の資料，会規 106 条）を調査しなければならず，法令・定款に違反し，または著しく不当な事項があると認めるときは，その調査の結果を株主総会に報告しなければならない（会 384 条）。

⑨　違法行為差止請求権……監査役は，取締役が会社の目的の範囲外の行為その他法令・定款に違反する行為をし，またはこれらの行為をするおそれがある場合で，当該行為により会社に著しい損害が生ずるおそれがあるときは，当該取締役に対し，当該行為をやめることを請求することができる（会 385 条 1 項）。

⑩　会社・取締役間の訴訟等に関する会社代表権……以下の場合，当該訴えについては，監査役が会社を代表する（会 386 条 1 項 1 号～3 号）。
 (i) 監査役設置会社が取締役（取締役であった者を含む。以下同じ）に対し，または取締役が会社に対して訴えを提起する場合，
 (ii) 株式交換等完全親会社である監査役設置会社がその株式交換等完全子会社の取締役・執行役（執行役であった者を含む）・清算人（清算人であった者を含む）の責任（会 847 条の 2 第 1 項各号所掲行為の効力が生じた時までにその原因となった事実が生じたものに限る）を追及する訴えを提起する場合，
 (iii) 最終完全親会社等である監査役設置会社がその完全子会社等である株式会社の取締役・執行役・清算人に対して特定責任追及の訴えを提起する場合，

⑪　各種の請求・通知等受領権……以下の場合，監査役は会社を代表する（会 386 条 2 項）。
 (i) 監査役設置会社が会社法 847 条 1 項・847 条の 2 第 1 項 3 項・847 条の 3 第 1 項による，取締役の責任を追及する訴え（株主による責任追及等の訴え等）の提起の請求を受ける場合（同 1 号），
 (ii) 監査役設置会社が同 849 条 4 項の訴訟告知（取締役の責任を追及する訴えに係るものに限る）・850 条 2 項による通知・催告（取締役の責任を追及する訴えに係る訴訟における和解に関するものに限る）を受ける場合，
 (iii) 株式交換等完全親会社である監査役設置会社が，同 847 条 1 項による請求（⑩(ii)の訴えの提起の請求に限る）をする場合または 849 条 6 項による通

知（その株式交換等完全子会社の取締役・執行役・清算人の責任を追及する訴えに係るものに限る）を受ける場合，

(iv) 最終完全親会社等である監査役設置会社が，同847条1項による請求（⑩(iii)の特定責任追及の訴えの提起の請求に限る）をする場合，または，849条7項の通知（その完全子会社等である株式会社の取締役・執行役・清算人の責任を追及する訴えに係るものに限る）を受ける場合，

⑫ 監査費用請求権……監査役は，その職務の執行に関し，監査役設置会社（監査役の監査の範囲を会計に関するものに限定する定款の定めがある会社を含む）に対し，①監査費用の前払い，②支出した費用・支出日以後におけるその利息の償還，③負担した債務の債権者に対する弁済（当該債務が弁済期にない場合には相当の担保の提供），を請求できる（会388条）。

⑬ 取締役・執行役の責任の一部免除に対する同意権……取締役が，以下の行為をする場合，監査役（2人以上いる場合には各監査役）の同意が必要である（会425条3項）。すなわち，

(i) 取締役の会社に対する責任の免除に関する議案を株主総会に提出する場合（同項1号），

(ii) 取締役の過半数の同意または取締役会決議により取締役・執行役の会社に対する責任の一部を免除する旨の定款規定を設けるための定款変更議案を株主総会に提出する場合（会426条2項），

(iii) 上記(i)の責任免除のための取締役の同意を得る場合（同項），

(iv) 上記(i)の責任免除のための議案を取締役会に提出する場合（同項），

(v) 会社は非業務執行取締役等と責任限定契約を締結できる旨の定款規定を設けるための定款変更議案を株主総会に提出する場合（会427条3項），

⑭ 計算書類等の監査権限……監査役は監査役設置会社（監査役の監査の範囲を会計に関するものに限定する旨の定款の定めがある会社を含む。会計監査人設置会社を除く）の計算書類等[34]を監査しなければならない（会436条1項）。

---

34) 計算書類等とは，計算書類・事業報告・これらの附属明細書をいい，計算書類は，貸借対照表・損益計算書・株主資本等変動計算書・個別注記表からなる（会435条2項，会規116条2号，計規59条1項）。この監査にもとづき，各監査役は「監査報告」を作成し（計規122条），監査役会設置会社の場合，監査役会は，この報告にもとづき「監査役会監査報告」を作成しなければならない（計規123条）。

(3) 取締役会の業務監査権限と監査役の業務監査権限

①取締役会の取締役に対する業務監査権限と，②監査役の取締役に対する業務監査権限とはどう違うか。①の業務監査権限には，取締役の業務執行行為が適法であるか否かを監査する適法性監査権限と適法な業務執行行為ではあるが妥当であるか否かを監査する妥当性監査権限の双方が含まれると解することに解釈上異論はない。②の業務監査権限については，適法性監査に限定されるのか，妥当性監査にまで及ぶのかで解釈が分かれている。

第1説（適法性説）は，監査役の監査は適法性監査に限られると解する（かつての通説）。取締役会設置会社では，代表取締役や業務担当取締役の業務執行の妥当性については取締役会に監査させる建て前をとっており，監査役にも妥当性監査をさせると，経営の円満を害することになり，これは監査役の会社経営に対する不当な容喙であり，監査役にとっても加重な負担を強いられることになると解する。

第2説（消極的妥当性説）は，積極的に妥当性を監査することは取締役会の任務であるが，一定事項が不当か否かを指摘する消極的かつ防止的な妥当性監査は，監査役の任務に属すると解する（田中〔誠〕上723頁）。その根拠として，①会社法381条は適法性監査に限定していないが，かといって積極的な妥当性監査は取締役や取締役会の活動を不当に干渉することになる。また，②一方，監査役には，取締役が株主総会に提出しようとする議案等に「著しく不当な事項」があるときは，総会にその調査結果を報告する義務があるので（会384条），消極的妥当性監査権限に限られるとする。これに対し，第1説は「著しく不当」は「違法」の範疇に入り適法性監査の対象になると反論する。しかし，「違法」ではないが「著しく不当」な場合もあるという趣旨で条文上明規されているといえよう。

第3説（限定的妥当性説）は，取締役の職務執行の不当性が著しく高い場合，すなわち「誰がみても不当」と認めるであろう場合に限って，それを指摘することまでを監査役の職務と解する。業務執行の妥当性は微妙な問題であり，経営にあたらない者が的確な判断を下すことは極めて難しく，それを敢えて行わせれば一貫した方針に基づく会社の経営はなりたちがたいことを理由とする。[35]

第4説（妥当性説）は妥当性一般にも及ぶと解するもので，①妥当性監査とい

---

35) 竹内昭夫・新注会(6) 446頁，鈴木＝竹内314頁。

っても取締役会と監査役とでは目的・任務を異にし重複しない，②監査役が単に不当と判断したにすぎない場合には，取締役は取締役会の判断に従って行動すればよいのであって会社経営の統一性は害されない，③平取締役も業務監査をなしうる以上，経営にあたらない監査役が業務監査をなすのも困難ではない，などを理由とする[36]。しかし，ここで論じている監査役の権限とは同時に義務でもあり，業務権限のない監査役に妥当性一般に関する監査義務まで課すのは酷である。したがって，消極的妥当性監査までは監査役の善管注意義務の範囲内であるが，積極的妥当性監査は，監査役の権限ではあるが，義務ではないと解したい。

（4） **株式会社・取締役間の訴訟における会社の代表者**

会社が取締役（取締役であった者を含む）に対し，または取締役が会社に対して訴えを提起する場合には，株主総会は当該訴訟につき会社を代表する者を定めることができる（会353条）。この定めがない場合は，代表取締役が代表する。もっとも監査役設置会社の場合には，監査役が会社を代表することになる（会386条1項）。

監査等委員会設置会社の場合については，後述参照。

（5） **企業不祥事感知の場合の監査役の対応**

監査役が，企業不祥事の兆候（黄色信号）を感知した場合，具体的にはどのような行動をとるべきなのであろうか。以下の事項に関して，その対応策が検討されなければならない[37]。

(i) 情報の共有・収集……①他の監査役（特に社外監査役）との情報共有，②執行部門への通知・勧告・話し合い等，③会計監査人からの情報の共有・情報収集等，④弁護士等外部専門家への相談，⑤取締役会への報告

(ii) 調査……①監査役自らの調査，②執行部門による調査，③調査委員会等を設置しての調査，④調査結果等を踏まえた行動

(iii) 調査結果をふまえた行動……①不祥事に関連した取締役会付議議案への対処，②監査報告等での対応，③内部通報の取扱い

---

36) 新山雄三「監査制度の法構造と機能」現代の企業172頁（法セ増刊，1980），森淳二郎「監査役の権限」民商85巻5号773頁。
37) 「重大な企業不祥事の疑いを感知した際の監査役の対応に関する提言……コーポレート・ガバナンスの一翼を担う監査役に求められる対応について……」（平成24年9月27日，日本監査役協会（ケース・スタディ委員会）公表）。

5　監査役会の権限・運営等

　監査役会は，すべての監査役で組織され，以下の職務を行う（会390条1項2項）。すなわち，①監査報告の作成，②常勤の監査役の選定・解職，③監査の方針，監査役会設置会社の業務・財産状況の調査方法その他の監査役の職務執行に関する事項の決定，である。

　監査役会は，監査役の中から常勤の監査役を選定しなければならない（同3項）。監査役は，監査役会の求めがあるときは，いつでもその職務の執行状況を監査役会に報告しなければならない（同4項）。

　監査役会は，各監査役が招集する（会391条1項）。監査役は，招集にあたり，監査役会の会日の1週間（これを下回る期間を定款で定めた場合は，その期間）前までに，各監査役に対してその通知を発しなけらばならないが（会392条1項），監査役全員の同意があるときは，招集手続を経ることなく開催できる（同2項）。

　監査役会の決議は，監査役の過半数をもって行う（会393条1項）。監査役会の議事については議事録を作成し（同2項），監査役会設置会社は，監査役会の日から10年間，この議事録を本店に備え置かなければならない（同394条1項）。決議に参加した監査役であって議事録に異議をとどめないものは，その決議に賛成したものと推定される（会393条4項）。

6　会計参与の業務執行

（1）　会計参与の権限

　会計参与は，取締役（指名委員会等設置会社の場合は執行役）と共同して，計算書類・その附属明細書・臨時計算書類・連結計算書類，そして法務省令（会規102条）の定めるところにより，会計参与報告を作成しなければならない（会374条1項6項）。

　会計参与は，いつでも，以下のものの閲覧・謄写をし，または取締役・支配人その他の使用人に対して会計に関する報告を求めることができる（会374条2項）。

　① 　会計帳簿またはこれに関する資料が書面をもって作成されているときは，当該書面（同1号），
　② 　会計帳簿またはこれに関する資料が電磁的記録をもって作成されているときは，これに記録された事項を法務省令所定方法（電磁的記録に記録された事

項を紙面または映像面に表示する方法，会規 226 条 20 号）により表示したもの（会 374 条 2 項 2 号）。

　会計参与は，その職務を行うため必要があるときは，子会社に対して会計に関する報告を求め，会社・子会社の業務・財産状況を調査することができる（同 3 項）。

(2) 会計参与の義務
1) 株主総会における義務

　会計参与は，株主総会において，株主から特定の事項につき説明を求められた場合には，当該事項につき必要な説明をしなければならない。ただし，①当該事項が総会の目的事項に関しないものである場合，②その説明をすることにより株主の共同の利益を著しく害する場合，③その他正当な理由がある場合として法務省令（会規 71 条）が定める場合は，この限りでない（会 314 条）。

2) 計算書類の保存義務

　会計参与は，会社が備えるものとは別に，以下のものを，所定期間，法務省令で定めるところにより，当該会計参与が定めた場所（会計参与報告等備置場所）に備え置かなければならない（会 378 条 1 項）。会計参与は，公認会計士・監査法人・税理士・税理士法人等の事務所の場所の中から，会計参与報告等備置場所を定めなければならない（会規 103 条 2 項）。

① 各事業年度に係る計算書類・その附属明細書・会計参与報告については，定時株主総会の日の 1 週間（取締役会設置会社の場合は 2 週間）前の日（会 319 条 1 項（総会決議の省略）の場合には，議題提案があった日）から 5 年間（会 378 条 1 項 1 号），

② 臨時計算書類・会計参与報告については，臨時計算書類を作成した日から 5 年間（同 2 号）。

3) 計算書類の開示義務

　会計参与設置会社の株主および会社債権者は，会社の営業時間内（会計参与が請求に応ずることが困難な場合として法務省令で定める場合…業務時間外…（会規 104 条）を除く）は，いつでも，会計参与に対し，上記各書面・その電磁的記録の記録事項を表示したものの閲覧および謄本・抄本等の交付を請求できる（会 378 条 2 項）。

(3) 会計参与の責任

　会計参与は，その任務を懈怠したときは，会社に対する損害賠償責任を負う

（会423条1項）。この責任は総株主の同意がなければ免除できず（会424条），株主代表訴訟の対象となる（会847条）。会計参与には，他の役員等におけると同様，会社に対する損害賠償責任に関し，総会決議による一部免除（会425条），定款の定めによる一部免除（会426条），責任限定契約の締結（会427条）の諸制度が適用される。なお，会社法は，違法な剰余金配当がなされた場合には，業務執行取締役等に損害賠償責任を課しているが（会462条），この責任は会計参与には課せられておらず，会計参与は上記の一般的な任務懈怠責任を負うのみである。剰余金の配当は，経営判断事項であり，会計参与にとっては権限外の事柄であるからである。

　会計参与は，その職務を行うにつき悪意または重大な過失があったときは，これにより第三者に生じた損害を賠償する責任を負う（会429条1項）。また，計算書類・その附属明細書・臨時計算書類・会計参与報告に記載・記録すべき重要な事項についての虚偽の記載・記録により第三者がこうむった損害についても損害賠償責任を負う。ただし，注意を怠らなかったことを立証した場合（無過失の場合）はこの限りでない（同2項2号）。

（4） 会計参与の行動指針

　会社法は会計参与の行動につき具体的な指針を定めていない。そこで，日本公認会計士協会と日本税理士会連合会は，共同で，「会計参与の行動指針」を公表している。

7　会計監査人の業務執行

（1） 会計監査人の権限

　会計監査人は，会計の職業的専門家として，株式会社の計算書類・その附属明細書・臨時計算書類・連結計算書類を監査しなければならず，法務省令の定め（会規110条）に従い，会計監査報告を作成しなければならない（会396条1項）。会計監査人は，期中・期末を通じて，試査・照合・実査・立会・確認・質問・勘定分析等の手法を用いて，会社の会計監査業務にあたるが，充実した監査の実現のために，会社法は会計監査人に各種の権限を付与している。

1）　会計帳簿等の閲覧・謄写権，会計報告請求権

　会計監査人は，いつでも，以下のものを閲覧・謄写することができる（会396条2項）。

① 会計帳簿またはこれに関する資料が書面のときは，当該書面（同1号），
② 会計帳簿またはこれに関する資料が電磁的記録のときは，そこに記録された事項を法務省令所定の方法（記録事項を紙面または映像面に表示する方法，会規226条24号）で表示したもの（同2号）。

また，会計監査人は，いつでも，会計監査人設置会社の取締役・執行役・会計参与・支配人その他の使用人に対し，会計に関する報告を求めることができる（同2項6項）。

2）業務・財産状況調査権，子会社調査権

会計監査人は，その職務を行うため必要があるときは，子会社に対して会計に関する報告を求めることできる。また，会社もしくは子会社の業務および財産の状況を調査することができる（同3項）。子会社は，正当な理由があるときは，この報告・調査を拒むことができる（同4項）。

(2) 会計監査人における意思疎通義務

会計監査人は，その職務を適切に遂行するために，以下の者との意思疎通をはかり，情報の収集および監査の環境の整備につとめなければならない。ただし，このことは，会計監査人が公正不偏の態度および独立の立場を保持することができなくなるおそれのある関係の創設および維持を認めるものと解してはならない（会規110条2項）。

すなわち，①当該会社の取締役・会計参与・使用人，②子会社の取締役・会計参与・執行役・業務執行社員・法人が業務執行社員である場合に当該法人が選任した職務執行者（会598条1項）その他これらの者に相当する者および使用人，③その他会計監査人が適切に職務を遂行するにあたり意思疎通をはかるべき者，である。

第7節　指名委員会等設置会社の機関構造

1　総説

平成14年の商法改正により，当時の商法特例法上の大会社およびみなし大会社においては，従来型の株式会社経営機構とは別に，定款の定めにより「委員会等設置会社」とよばれる新型の経営機構を選ぶことができるようになった（旧商

特1条の2第3項)。この委員会等設置会社においては，取締役会内部に各々3人以上の取締役で構成されその過半数が社外取締役でなければならない指名委員会・監査委員会・報酬委員会を設け，さらに1人または数人の執行役を置かなければならなかった（同21条の5第1項)。なお，委員会等設置会社は，基本的にはアメリカ型の業務執行体制を範とするものであったが，アメリカではどのような委員会を設けるかは会社の任意であるのに対し，わが国の場合は設置委員会の種類が法定されているなど，両国の規制内容には相違点が少なくない。

この新制度導入の趣旨は，委員会等設置会社においては，会社業務の執行とその監督を，別個の機関に行わせることにより，会社経営の効率性と健全性を一層高めようとすることにあった。すなわち，業務執行機関は代表執行役および執行役であって，監督機関は取締役会であって，監査役は存在しない。なお，近年わが国で普及してきた執行役員は，本来は代表取締役の指揮命令下におかれた会社使用人ないし受任者であって，法定の制度とされているわけではなく，ここにいう執行役とはまったく異なる。[38] 取締役が執行役員を兼任する場合もある。

会社法は，この委員会等設置会社を「委員会設置会社」と呼称して基本的に承継しているが，会社の規模にかかわらず，すべての株式会社において選択できるものとしている（会326条2項)。

平成26年の会社法改正により，「委員会設置会社」は，「指名委員会等設置会社」と改称されるにいたった。

2 委員の選定等と解職等

（1） 選定等

指名委員会等設置会社は，指名委員会・監査委員会・報酬委員会（＝指名委員会等）を置く会社をいい（会2条12号)，各委員会は，委員3人以上で組織される（会400条1項)。

各委員会の委員は，取締役の中から，取締役会決議により選定される（同2項)。各委員会の委員の過半数は，社外取締役でなければならない（同3項)。

監査委員会の委員（＝監査委員）は，当該会社もしくはその子会社の執行役・業務執行取締役またはその子会社の会計参与（会計参与が法人であるときは，その職

---

38) 石山卓磨「執行役制度について」法学新報109巻9・10号（加美古稀）21頁。

務を行うべき社員）・支配人その他の使用人，を兼ねることができない（同4項）。

（2） 解職等

各委員会の委員は，いつでも，取締役会の決議により解職することができる（会401条1項）。

各委員会の委員の員数（定款で4人以上の員数を定めたときは，その員数）が欠けた場合には，任期の満了または辞任により退任した委員は，新たに選定された委員（一時委員を含む）が就任するまで，なお委員としての権利義務を有する（留任義務）（同2項）。この場合，裁判所は，必要があると認めるときは，利害関係人の申立てにより，一時委員の職務を行うべき者（一時委員・仮委員）を選任することができる（同3項）。この選任をした場合，裁判所は，指名委員会等設置会社がその者に支払う報酬の額を定めることができる（同4項）。

3　各種の委員会

（1） 指名委員会

指名委員会は，株主総会に提出する取締役（会計参与設置会社にあっては取締役・会計参与）の選任・解任に関する議案の内容を決定する（会404条1項）。

（2） 監査委員会

1） 職　務

監査委員会の職務は，①執行役・取締役（会計参与設置会社にあっては執行役・取締役・会計参与）（＝執行役等）の職務の執行の監査および監査報告の作成，および，②株主総会に提出する会計監査人の選任・解任ならびに再任しないことに関する議案の内容の決定，である（同2項）。

監査委員会による執行役等に対する監査の方法は，監査役設置会社における監査役の監査手法とは異なる。監査役の場合は，自ら直接的に会社の業務・財産を調査するのが常態であるが，監査委員は，取締役会が設ける内部統制部門を通じての監査となる。したがって，内部統制システムが適切に構成・運営されているかを監視し，必要に応じて内部統制部門に対し具体的指示をなすことが任務となる。常勤監査役（会390条3項）に相当するものの設置は義務づけられていないが，実務ではこれを設置する場合が多い（江頭560頁以下）。

監査の範囲に関しては，監査役の場合は業務執行の妥当性に限られると解するのが通説的であるが，監査委員会が行う監査は，業務執行の適法性にまで及ぶと

解するのが通説である（江頭562頁）。監査委員の場合には，取締役として取締役会に出席しうる立場にあるからである。

2）報告徴収・調査権限

監査委員会が選定する監査委員は，いつでも，執行役等・支配人その他の使用人に対し，その職務の執行に関する事項の報告を求め，または会社の業務および財産の状況の調査をすることができる（会405条1項）。この監査委員は，監査委員会の職務を執行するため必要があるときは，会社の子会社に対して事業の報告を求め，またはその子会社の業務・財産の状況の調査をすることができる（同2項）。子会社は，正当の理由があるときは，この報告・調査を拒絶できる（同3項）。この監査委員は，上記の報告の徴収または調査に関する事項についての監査委員会の決議があるときは，これに従わなければならない（同4項）。

3）取締役会への報告義務

監査委員は，執行役または取締役が不正の行為をし，もしくは不正行為をするおそれがあると認めるとき，または，法令・定款に違反する事実もしくは著しく不当な事実があると認めるときは，遅滞なく，その旨を取締役会に報告しなければならない（会406条）。

4）差止請求権

監査委員は，執行役または取締役が会社の目的の範囲外の行為その他法令・定款に違反する行為をし，またはこれらの行為をするおそれがある場合において，当該行為によって会社に著しい損害が生ずるおそれがあるときは，当該執行役または取締役に対し，当該行為をやめることを請求できる（会407条1項）。この場合，裁判所が仮処分をもってこの執行役・取締役に対し，その行為をやめることを命ずるときは，担保を立てさせないものとされる（同2項）。

5）会社と取締役・執行役との間の訴訟における会社の代表者

会社が執行役（執行役であった者を含む）もしくは取締役（取締役であった者を含む）に対し，または，執行役・取締役が会社に対して訴えを提起する場合には，以下の者が会社を代表する（会408条1項1号2号）。

① 監査委員が当該訴えに係る訴訟の当事者である場合には，取締役会が定める者（株主総会が当該訴えについて会社を代表する者を定めた場合には，その者）。

② 上記①に掲げる場合以外の場合には，監査委員会が選定する監査委員。

取締役・執行役が会社に対して訴えを提起する場合には，監査委員（当該訴え

を提起する者であるものを除く）に対してなされた訴状の送達は，当該会社に対して効力を有する（同2項）。

6） その他の場合の会社の代表者

以下の場合，監査委員会が選定する監査委員が会社を代表する。

① 指名委員会等設置会社である株式交換等完全親会社が，その株式交換等完全子会社の取締役・執行役・清算人の責任（会847条の2第1項各号所掲の行為の効力が生じた時までにその原因となった事実が生じたものに限る）を追及する訴えを提起する場合（会408条3項1号），

② 指名委員会等設置会社である最終完全親会社等（会847条の3第1項）が，その完全子会社等である株式会社の取締役・執行役・清算人に対する特定責任追及の訴えを提起する場合（会408条3項2号），

③ 指名委員会等設置会社である株式交換等完全親会社が会社法847条1項（株主による責任追及の訴え）の請求をする場合（①の訴えの提起の請求に限る）（会408条4項1号），

④ 指名委員会等設置会社である最終完全親会社等が会社法847条1項の請求をする場合（②の訴えの提起の請求に限る）（会408条4項2号）。

以下の場合，監査委員が会社を代表する。

① 指名委員会等設置会社が，会社法847条1項・847条の2第1項3項・847条の3第1項により，執行役・取締役の責任を追及する訴えの提起の請求を受ける場合（当該監査委員が当該訴えに係る訴訟の相手方となる場合を除く）（会408条5項1号），

② 指名委員会等設置会社が，執行役・取締役の責任を追及する訴えに係る訴訟告知（会849条4項）および，執行役・取締役の責任を追及する訴訟の和解に関する通知・催告（会850条2項）を受ける場合（当該監査委員がこれらの訴えに係る訴訟の当事者である場合を除く）（会408条5項2号），

③ 株式交換等完全親会社である指名委員会等設置会社が，会社法849条6項による通知（その株式交換等完全子会社の取締役・執行役・清算人の責任を追及する訴えに係るものに限る）を受ける場合（会408条5項3号），

④ 最終完全親会社等である指名委員会等設置会社が，会社法849条7項の通知（その完全子会社等である株式会社の取締役・執行役・清算人の責任を追及する訴えに係るものに限る）を受ける場合（会408条5項4号）。

（3） 報酬委員会

　報酬委員会は，執行役等の個人別の報酬等の内容を決定する。執行役が会社の支配人その他の使用人を兼ねているときは，当該支配人その他の使用人の報酬等の内容についても決定する（会404条3項）。報酬委員会は，執行役等の個人別の報酬等の内容に係る決定に関する方針を定めなければならず（会409条1項），執行役等の個人別の報酬等の内容を決定するにあたっては，この方針に従わなければならない（同2項）。

　報酬委員会は，以下に従って報酬内容を定めなければならない（同3項1号～3号）。

　① 額が確定しているものについては，個人別の額，
　② 額が確定していないものについては，個人別の具体的な算定方法，
　③ 金銭でないものについては，個人別の具体的な内容。

　会計参与の個人別の報酬等は，①に掲げるものでなければならない（同3項本文ただし書）。

4　指名委員会等の運営

（1）招　集

　指名委員会等（＝指名委員会・監査委員会・報酬委員会）は，当該委員会の各委員が招集する（会410条）。委員は，委員会の日の1週間（これを下回る期間を取締役会で定めた場合には，その期間）前までに，当該委員会の各委員に対して招集通知を発しなければならない（会411条1項）。委員会は，委員全員の同意があるときは，招集手続を経ることなく開催できる（同2項）。

　執行役等は，委員会の要求があったときは，当該委員会に出席し，当該委員会が求めた事項について説明をしなければならない（同3項）。

（2）決　議

　委員会の決議は，議決に加わることのできる委員の過半数（これを上回る割合を取締役会で定めた場合には，その割合以上）が出席し，その過半数（これを上回る割合を取締役会で定めた場合には，その割合以上）をもって行う（会412条1項）。この決議に特別の利害関係を有する委員は，この議決に加わることができない（同2項）。

　委員会の議事については，法務省令（会規111条）で定めるところにより，議事録を作成し，これが書面をもって作成されているときは，出席した委員はこれに署名または記名押印しなければならない（会412条3項）。議事録が電磁的記録

で作成されているときは，その記録事項については法務省令で定める署名・記名押印にかわる措置（電子署名，会規225条1項9号）がとられなければならない（会412条4項）。

委員会の決議に参加した委員であって，議事録に異議をとどめないものは，その決議に賛成したものと推定される（同5項）。

（3）　議事録

会社は，委員会の日から10年間，議事録を本店に備え置かなければならない（会413条1項）。会社の取締役は，議事録につき，これが，①書面の場合は当該書面の，②電磁的記録の場合は，法務省令所定方法（会規226条26号）で表示されたものの，閲覧または謄写をすることができる（会413条2項1号2号）。株主は，その権利を行使するために必要があるときは，裁判所の許可をえて，議事録につき，①②の閲覧・謄写を請求することができる（同3項）。会社の債権者が，委員の責任を追及するために必要があるとき，および，親会社社員がその権利を行使するために必要があるときにも，同様である（同4項）。裁判所は，この閲覧・謄写をすることにより会社・その親会社・子会社に著しい損害を及ぼすおそれがあると認めるときは，許可することができない（同5項）。

（4）　報告の省略

執行役・取締役・会計参与または会計監査人が，委員の全員に対して，指名委員会等に報告すべき事項を通知したときは，当該事項を指名委員会等へ報告することを要しない（会414条）。

5　指名委員会等設置会社の取締役（会）の権限等

（1）　取締役の権限と職務

指名委員会等設置会社の取締役は，会社法および会社法に基づく命令に別段の定めがある場合を除き，会社の業務を執行することができない（会415条）。

取締役は，取締役会構成員そして委員会の委員に選任されている場合には，委員会構成員としての職務を負うが，監査役設置会社におけると異なり，業務執行取締役として業務を執行することはできない。ただし，執行役と兼務することは可能である。しかし，取締役会議長（＝会長）と代表執行役（＝社長）とが同一人物である場合，はたして監督機能と執行機能を制度上分離させようという制度趣旨が全うできるのかどうか疑わしい。

（2） 取締役会の権限
1） 職務権限

　指名委員会等設置会社の取締役会における決定権限の範囲は，監査役設置会社と比べれば少なく，たとえば，重要な財産の処分・譲受けなどは，監査役設置会社では取締役会の決定を要するが（会362条4項1号），指名委員会等設置会社では不要である。指名委員会等設置会社では業務執行に関する各種の決定権限の多くが執行役に委ねられている点が特徴的である。

　指名委員会等設置会社の取締役会は，以下の職務を行う（会416条1項）。
　① 以下の事項，その他会社の業務執行の決定（同1号イ〜ホ），
　　㈲ 経営の基本方針，
　　㈹ 監査委員会の職務の執行のため必要なものとして法務省令で定める事項（会規112条1項），
　　㈻ 執行役が2人以上いる場合における執行役の職務の分掌および指揮命令の関係その他の執行役相互の関係に関する事項，
　　㈼ 執行役からの取締役会の招集請求（会417条2項）を受ける取締役，
　　㈯ 執行役の職務の執行が法令・定款に適合することを確保するための体制，その他会社の業務ならびに当該会社およびその子会社から成る企業集団の業務の適正を確保するために必要なものとして法務省令（会規112条2項）で定める体制（内部統制システム）の整備，
　② 執行役等の職務の執行の監督（会416条1項2号）。
　　取締役会は，①所掲事項のすべてを決定すべき義務を負う（同2項）。取締役会は，①②の職務執行を取締役に委任することができない（同3項）。

2） 取締役会の専決事項

　取締役会は，その決議により，会社の業務執行の決定を執行役に委任できるが，以下の決定は委任できない（同4項1号〜20号）。
　① 譲渡制限株式の譲渡承認についての決定（会136条・137条1項）の承認および指定買取人の指定（会140条4項），
　② 株式取得に関する事項の決定（会165条3項・156条1項各号），
　③ 譲渡制限新株予約権の譲渡の承認について（会262条・263条1項）の決定，
　④ 株主総会の招集事項の決定（会298条1項各号），
　⑤ 株主総会に提出する議案（取締役・会計参与・会計監査人の選任・解任および

会計監査人を再任しないことに関するものを除く）の内容の決定，
⑥　取締役・執行役がなそうとする競業取引・利益相反取引（会 365 条 1 項・356 条 1 項・419 条 2 項）の承認，
⑦　取締役会を招集する取締役（会 366 条 1 項ただし書）の決定，
⑧　委員の選定（会 400 条 2 項）・解職（会 401 条 1 項），
⑨　執行役の選任（会 402 条 2 項）・解任（会 403 条 1 項），
⑩　会社と執行役・取締役との間の訴訟における会社代表者の決定（会 408 条 1 項 1 号），
⑪　代表執行役の選定（会 420 条 1 項前段）・解職（同 2 項），
⑫　役員等の会社に対する損害賠償責任の免除（会 426 条 1 項・423 条 1 項），
⑬　計算書類等（会 436 条 3 項）・臨時計算書類（会 441 条 3 項）・連結計算書類（会 444 条 5 項）の承認，
⑭　中間配当に関する事項（会 454 条 5 項・1 項）の決定，
⑮　事業譲渡等（会 467 条 1 項各号）所掲の契約（当該会社の株主総会決議による承認を要しないものを除く）の内容の決定，
⑯　合併契約（当該会社の株主総会決議による承認を要しないものを除く）の内容の決定，
⑰　吸収分割契約（当該会社の株主総会決議による承認を要しないものを除く）の内容の決定，
⑱　新設分割計画（当該会社の株主総会決議による承認を要しないものを除く）の内容の決定，
⑲　株式交換契約（当該会社の株主総会決議による承認を要しないものを除く）の内容の決定，
⑳　株式移転計画の内容の決定。

（3）　取締役会の運営

　指名委員会等設置会社の取締役会は，招集権者が定められていても，指名委員会等がその委員の中から選定する者において，招集することができる（会 417 条 1 項）。
　執行役は，取締役会の招集請求を受ける取締役（会 416 条 1 項 1 号ニ）に対し，取締役会の目的である事項（＝議題）を示して，取締役会の招集を請求できる。当該請求があった日から 5 日以内に，当該請求があった日から 2 週間以内の日を

取締役会の日とする取締役会の招集の通知が発せられないときは，当該執行役は，取締役会を招集することができる（会417条2項）。

　委員会がその委員の中から選定する者は，遅滞なく，当該委員会の職務の執行の状況を取締役会に報告しなければならない（同3項）。

　執行役は，3カ月に1回以上，自己の職務の執行の状況を取締役会に報告しなければならない。執行役は代理人（他の執行役に限る）によりこの報告をすることができる（同4項）。

　執行役は，取締役会の要求があったときは，取締役会に出席し，取締役会が求めた事項について説明しなければならない（同5項）。

6　執行役の選任・任期・解任

（1）選任等

　指名委員会等設置会社には，1人または2人以上の執行役を置かなければならない（会402条1項）。執行役は，取締役会の決議によって選任する（同2項）。会社と執行役との関係は委任に関する規定に従う（同3項）。取締役の欠格事由を定める会社法331条1項は執行役に準用される（同4項）。株式会社は，執行役が株主でなければならない旨を定款で定めることができない。ただし，公開会社でない指名委員会等設置会社についてはこの限りでない（同5項）。執行役は，取締役を兼ねることができる（同6項）。

　執行役の任期は，選任後1年以内に終了する事業年度のうち最終のものに関する定時株主総会の終結後最初に招集される取締役会の終結の時までであるが，定款で，この任期を短縮することができる（同7項）。会社が委員会を置く旨の定款の定めを廃止する定款の変更をした場合には，執行役の任期は，この変更の効力が生じたときに満了する（同8項）。

（2）解　任

　執行役は，いつでも，取締役会決議により解任できる（会403条1項）。解任された執行役は，その解任につき正当な理由がある場合を除き，会社に対して，解任によって生じた損害の賠償を請求できる（同2項）。仮委員に関する会社法401条2項～4項は，執行役に準用される（一時執行役）（同3項）。

7 執行役の業務執行

　執行役は指名委員会等設置会社の業務執行機関であるが（会418条2号），それ自体としては会社の代表機関ではない。指名委員会等設置会社においては，取締役会を構成する取締役のほかに執行役を置かなければならず，取締役会が執行役の業務執行を監督する基本構造となっている。しかし，取締役と執行役との兼任が認められていることから（会402条6項），両者の分離は不完全・不徹底な法制となっている。

　執行役の基本的権限は，①取締役会決議により委任された会社業務の執行の決定（会418条1号）と，②業務の執行である（同2号）。取締役会は，以下の事項は自ら決定しなければならず，それ以外の事項なら執行役に委任することができる。

(i) 以下の事項，その他指名委員会等設置会社の業務執行の決定（会416条1項1号），

　(イ) 経営の基本方針，

　(ロ) 監査委員会の職務の執行のため必要なものとして法務省令（会規112条1項）で定める事項，

　(ハ) 執行役が2人以上ある場合における，執行役の職務の分掌および指揮命令の関係その他の執行役相互の関係に関する事項，

　(ニ) 執行役が取締役会の招集を請求する場合に（会417条2項），この請求を受ける取締役，

　(ホ) 執行役の職務の執行が法令・定款に適合することを確保するための体制その他会社の業務ならびに当該会社およびその子会社から成る企業風団の業務の適正を確保するために必要なものとして法務省令（会規112条2項）で定める体制[39]（＝内部統制システム）の整備，

(ii) 執行役等の職務の執行の監督（会416条1項2号）。

8 執行役の権限と義務

(1) 執行役の権限

　執行役の職務権限は，①取締役会の決議により委任された（会416条4項）会社の業務の執行を決定し，②会社の業務を執行することである（会418条1号2号）。

（2） 執行役の義務等

執行役は，会社に著しい損害を及ぼすおそれのある事実を発見したときは，ただちに，当該事実を監査委員に報告しなければならない（会419条1項）。なお，指名委員会等設置会社の場合，取締役が会社に著しい損害を及ぼすおそれのある事実を発見した場合の株主あるいは監査役への報告義務を定める会社法357条は，適用されない（会419条3項）。

執行役は会社に対して忠実義務を負う（会419条2項・355条）。

執行役は，以下の場合，取締役会において，当該取引につき重要な事実を開示し，その承認を受けなければならない（会419条2項・356条1項）。

① 執行役が，自己または第三者のために会社の事業の部類に属する取引をしようとするとき，
② 執行役が，自己または第三者のために会社と取引をしようとするとき，
③ 会社が執行役の債務を保証すること，その他，執行役以外の者との間において会社と当該執行役との利益が相反する取引をしようとするとき。

執行役は，①②③の各取引後，遅滞なく，当該取引についての重要な事実を取締役会に報告しなければならない（会419条2項・365条2項）。

（3） 執行役と会社の決算・配当

指名委員会等設置会社の場合，代表執行役が計算書類等を作成し，取締役会の承認を受ける前に，監査委員会および会計監査人の監査を受けなければならない（会436条2項）。そして，会計監査人が無限定適正意見を表明し，監査委員会がこの意見を相当としたときには，取締役会の承認決議により，決算の確定と利益処分の効力が発生する旨が定款で定められているのが常態であり（会459条1項4号2項，計規155条），決算の確定と利益処分の発効は株主総会への報告事項とな

---

39) ①当該会社の執行役の職務の執行に係る情報の保存および管理に関する体制，②当該会社の損失の危険の管理に関する規定その他の体制，③当該会社の執行役の職務の執行が効率的に行われることを確保するための体制，④当該会社の使用人の職務の執行が法令・定款に適合することを確保するための体制，⑤次に掲げる体制その他の当該会社ならびにその親会社・子会社から成る企業集団における業務の適性を確保するための体制，(イ)当該会社の子会社の取締役・執行役・業務を執行する社員，会社法598条1項の職務を行うべき者その他これらの者に相当する者（＝取締役等）の職務の執行に係る事項の当該会社への報告に関する体制，(ロ)当該会社の子会社の損失の危険の管理に関する規定その他の体制，(ハ)当該会社の子会社の取締役等の職務の執行が効率的に行われることを確保するための体制，(ニ)当該会社の子会社の取締役等・使用人の職務の執行が法令・定款に適合することを確保するための体制，が該当する（会規112条2項）。

る。違法な剰余金配当に関し，執行役が議案を作成し，これが取締役会を通って実施された場合には，当該行為に関する職務を行った取締役あるいは執行役は，会社に対して連帯して，交付した金銭等の帳簿価額相当額の支払義務を負うが（会462条1項柱書），これは過失責任である（同2項）。

9　代表執行役・表見代表執行役

　取締役会は，執行役の中から代表執行役を選定しなければならない。執行役が1人のときは，その者が代表執行役に選定されたものとされる（会420条1項）。代表執行役は，いつでも，取締役会の決議によって解職することができる（同2項）。

　代表執行役は，会社の業務に関する一切の裁判上・裁判外の行為をする権限を有し，この権限に加えた制限は，善意の第三者に対抗することができない（同3項・会349条4項5項）。

　会社は，代表執行役以外の執行役に社長・副社長その他会社を代表する権限を有するものと認められる名称を付した場合には，当該執行役（表見代表執行役）が行った行為について，善意の第三者に対してその責任を負う（会421条）。

10　（代表）執行役代行者と仮（代表）執行役

　仮処分命令により選任された執行役代行者・代表執行役代行者は，仮処分命令に別段の定めがある場合を除き，会社の常務に属しない行為をするには，裁判所の許可を得なければならない（会420条3項・352条1項）。これらの代行者が，この定めに違反してなした行為は無効であるが，会社は，このことを善意の第三者に対して対抗できない（会420条3項・352条2項）。

　執行役・代表執行役には，取締役・代表取締役におけると同様，留任義務がある（会420条3項・401条2項）。

　一時執行役・一時代表執行役を選任する制度もある（会420条3項・401条3項4項）。

11　株主による執行役の行為の差止め

　6カ月（これを下回る期間を定款で定めた場合には，その期間）前から引き続き株式を有する株主は，執行役が指名委員会等設置会社の目的の範囲外の行為その他法令もしくは定款に違反する行為をし，またはこれらの行為をするおそれがある場合において，当該行為によって当該会社に回復することができない損害が生ずる

おそれがあるときは，当該執行役に対し，この行為をやめることを請求することができる（会422条1項）。なお，公開会社でない指名委員会等設置会社の場合には，上記の株式保有期間の制限はなく，株主であればただちに請求できる（同2項）。

第8節　監査等委員会設置会社

1　総　説

　監査等委員会設置会社は，取締役会とは別に，監査等委員会を置く株式会社である。監査等委員会は，取締役である監査等委員3人以上で組織されており，その過半数は社外取締役でなければならない（法331条6項）。この会社は，指名委員会等設置会社から指名委員会と報酬委員会が除かれ，監査委員会が監査等委員会として取締役会から独立した形態をとっており，監査役会設置会社と指名委員会等設置会社の中間形態として位置づけられる。監査等委員会設置会社には，会計監査人の設置が強制される（会327条5項）。

2　監査等委員

（1）総　説

　監査等委員である取締役は，株主総会において，それ以外の取締役と区別して選任され（会329条2項），その解任には，株主総会の特別決議が必要である（会344条の2第3項，309条2項7号）。また，監査等委員以外の取締役の任期は，1年が基準であるのに対し（会332条3項），監査等委員である取締役の任期は2年が基準になっている（会332条4項）。監査等委員の報酬も他の取締役と区別して定款または株主総会決議で定められる（会361条2項）。

　監査等委員である取締役は，株主総会における監査等委員である取締役の選任・解任・辞任についての意見陳述権（会342条の2第1項）を有する。

（2）監査等委員の職務・権限・義務

1）監査等委員の場合

　監査等委員は以下の権限を有し，義務を負う。

　　① 株主総会において，監査等委員である取締役の選任・解任・辞任について意見を述べることができる（会342条の2第1項）。

②　取締役が不正行為をし，もしくは不正行為をするおそれがあると認めるとき，または，法令・定款に違反する事実もしくは著しく不当な事実があると認めるときには，遅滞なく，その旨を取締役会に報告しなければならない（会399条の4）。

③　取締役が株主総会に提出しようとする議案・書類その他法務省令所定のもの（電磁的記録その他の資料，会規110条の2）につき法令・定款違反または著しく不当な事項があると認めるときには，その旨を株主総会に報告しなければならない（法399条の5）。

④　取締役が会社の目的の範囲外の行為その他法令・定款違反行為をし，または，これらの行為をするおそれがある場合で，当該行為により会社に著しい損害が生ずるおそれがあるときには，当該取締役に対して当該行為をやめることを請求できる（法399条の6第1項）。この場合，裁判所が，仮処分により，この差止めを命ずるときは，担保をたてさせないものとされている（同2項）。これは，事態の緊急性を考慮して，監査等委員会ではなく，監査等委員に認められた権限である。

⑤　監査等委員会の職務の執行に関し，会社に対して，(i)費用の前払の請求，(ii)支出した費用および支出日以後の利息の償還の請求，(iii)負担した債務の債権者に対する弁済（当該債務が弁済期にない場合には，相当の担保の提供）の請求，をすることができる。ただし，会社が，当該請求に係る費用・債務が当該監査等委員の職務の執行に必要でないことを証明した場合は，この限りでない（法399条の2第4項）。

2）　監査等委員会が選定する監査等委員の場合

監査等委員会が選定する監査等委員は，以下の権限を有し，義務を負う。

①　株主総会において，監査等委員である取締役以外の取締役の選任・解任・辞任について監査等委員会の意見を述べることができる（会342条の2第4項）。

②　株主総会において，監査等委員である取締役以外の取締役の報酬等について監査等委員会の意見を述べることができる（会361条6項）。

③　取締役（会計参与設置会社にあっては取締役・会計参与）・支配人その他の使用人に対し，いつでも，その職務の執行に関する事項の報告を求め，または会社の業務・財産状況を調査することができる（会399条の3第1項）。

④　監査等委員会の職務を執行するため必要があるときは，その子会社に対し

て事業の報告を求め，または，その子会社の業務・財産の状況の調査をすることができる（同2項）。

3 監査等委員会

監査等委員会の職務は，①取締役（会計参与設置会社にあっては取締役・会計参与）の職務の執行の監査および監査報告の作成（会399条の2第3項1号），②株主総会に提出する会計監査人の選任・解任・再任しないことに関する議案の内容の決定（同2号），③監査等委員である取締役以外の取締役の選任・解任・辞任およびその報酬に関し，株主総会において述べる監査等委員会の意見を決定すること（同項3号），である。

監査等委員会が，監査等委員以外の取締役の自己取引・利益相反取引（会356条1項2号3号）につき承認を与えた場合には，会社に損害が生じた場合の任務懈怠の推定規定（会423条3項）の適用はない（同4項）[40]。

4 監査等委員会設置会社の取締役会の権限

(1) 監査等委員会設置会社の取締役会の権限

① 監査等委員会設置会社の取締役会は，以下の事項その他会社の業務の執行を決定する（会399条の13第1項）。
　(イ) 経営の基本方針，
　(ロ) 監査等委員会の職務の執行のため必要なものとして法務省令（会規110条の4第1項）で定める事項，
　(ハ) 取締役の職務の執行が法令・定款に適合することを確保するための体制その他会社の業務ならびに当該会社・その子会社からなる企業集団の業務の適正を確保するために必要なものとして法務省令（同2項）で定める体制の整備，
② 取締役の職務の執行の監督，
③ 代表取締役の選定・解職。

---

[40] 監査等委員会には，監査役会・監査委員会と異なり，利益相反の監督機能があることが規制理由とされているが，監査等委員会設置会社の利用勧奨策の要素が大きいとされている（江頭580頁）。

(2) 監査等委員会設置会社の取締役会の決定事項

① 上記(イ)(ロ)(ハ)に掲げる事項の決定（同2項），
② 取締役（監査等委員である取締役を除く）の中から代表取締役を選定すること（同3項），
③ 以下の事項その他の重要な業務執行の決定（同4項1号〜6号），
　(i) 重要な財産の処分・譲受け，
　(ii) 多額の借財，
　(iii) 支配人その他の重要な使用人の選任・解任，
　(iv) 支店その他の重要な組織の設置・変更・廃止，
　(v) 募集社債に関する事項（会社676条1号）その他の社債の引受人の募集に関する重要な事項として法務省令（会規110条の5）で定める事項，
　(vi) 取締役の対会社責任の免除（会426条1項・423条1項），
④ 取締役の過半数が社外取締役である場合，取締役会は，以下の事項を除き，重要な業務執行の決定を取締役に委任することができる（会399条の13第5項1号〜17号）。
　(i) 譲渡制限株式に関し，その譲渡・取得の承認についての決定および指定買取人の指定（会136条・137条1項・140条4項），
　(ii) 自己株式の取得事項の決定（会165条3項・156条1項各号），
　(iii) 譲渡制限新株予約権に関し，その譲渡・取得の承認についての決定（262条・263条1項），
　(iv) 株主総会の招集事項の決定（298条1項各号），
　(v) 株主総会に提出する議案（会計監査人の選任・解任・会計監査人を再任しないことに関するものを除く）の内容の決定，
　(vi) 取締役の競業・利益相反取引の承認（会365条1項・356条1項），
　(vii) 取締役会を招集する取締役の決定（366条1項ただし書），
　(viii) 監査等委員会設置会社・取締役間の訴訟における会社代表者の決定（会399条の7第1項1号），
　(ix) 役員等の会社に対する責任の免除（会399条の13第5項9号・4項6号・426条1項・423条1項），
　(x) 計算書類等の承認（会436条3項・441条3項・444条5項），
　(xi) 中間配当事項の決定（会454条1項5項），

(xii) 事業譲渡等の契約（総会決議による承認を要しないものを除く）の内容の決定（会467条1項各号），
　　(xiii) 合併契約（株主総会決議の承認を要しないものを除く）の内容の決定，
　　(xiv) 吸収分割契約（株主総会決議の承認を要しないものを除く）の内容の決定，
　　(xv) 新設分割計画（株主総会決議の承認を要しないものを除く）の内容の決定，
　　(xvi) 株式交換契約（株主総会決議の承認を要しないものを除く）の内容の決定，
　　(xvii) 株式移転計画の内容の決定，
　⑤　監査等委員会設置会社は，取締役会の決議により重要な業務執行（上記④(i)～(xvii)を除く）の決定の全部または一部を取締役に委任することができる旨を定款で定めることができる（会399条の13第6項）。[41]

(3) 監査等委員会設置会社と取締役との間の訴訟における会社代表者

監査等委員会設置会社と取締役との間の訴訟においては，以下の場合に応じて，所定の者が会社を代表する（会399条の7第1項）。

　①　監査等委員が当該訴えに係る訴訟当事者である場合……取締役会が定める者（株主総会が当該訴えについて会社代表者を定めた場合には，その者）。
　②　上記①以外の場合……監査等委員会が選定する監査等委員。

取締役が監査等委員会設置会社に対して訴えを提起する場合，監査等委員（当該訴えを提起する者であるものを除く）に対してされた訴状の送達は，当該会社に対して効力を有する（同2項）。

5　監査役・監査委員・監査等委員の比較

会社法においては，監査役・監査委員・監査等委員と類似の名称がみられることから，ここで，これらの比較をしておこう。

監査役会設置会社における監査役会は，3人以上の監査役のすべてにより組織され，その半数以上は社外監査役でなければならない（会335条3項・390条1項）。監査役の選任・解任は株主総会決議で行われ，その定足数は原則として当該総会で議決権を行使できる株主の議決権の過半数であり，決議数は原則として

---

41) 監査等委員会は，委員以外の取締役の選解任・辞任・報酬につき総会における意見陳述権を有すること，委員以外の取締役の任期は1年として総会のチェックを受けることになっていること，モニタリング・モデルからすると，取締役会は業務執行の監督や代表者の選解任等に専念すべきであることから，代表取締役への大幅な権限委任が認められている（岩原紳作「『会社法制の見直しに関する要綱案』の解説(1)」商事法務1975号9頁）。

出席株主の議決権の過半数である（会329条1項・339条1項・341条）。ただし監査役の解任決議は特別決議となる（会309条2項7号）。監査役の任期は，選任後4年以内に終了する事業年度のうち最終のものに関する定時株主総会の終結の時までであるが（会336条1項），非公開会社の場合は，定款で，選任後10年以内に終了する事業年度のうち最終のものに関する定時総会の終結の時まで伸張することができる（同2項）。

指名委員会等設置会社における監査委員会は，取締役の中から取締役会決議で選定される3人以上の委員で組織され（会400条1項），その過半数は社外取締役でなければならない（同3項）。監査委員の解職も取締役会決議による（会401条1項）。監査委員の任期は，前提としての取締役の任期であり，選任後1年以内に終了する事業年度のうち最終のものに関する定時株主総会の終結の時まで（定款または総会決議により短縮すること可）（会332条1項6項）である。

監査等委員会設置会社の監査等委員会は，3人以上の監査等委員からなりたち，その過半数は社外取締役でなければならず（会331条6項），株主総会決議でそれ以外の取締役と区別して選任される（会329条2項）。任期は，選任後2年以内に終了する事業年度のうち最終のものに関する定時株主総会の終結の時までであり（会332条1項），解任は株主総会の特別決議による（会344条の2第3項，309条2項7号）。

第9節　会社役員等の一般的義務と行為規制

1　役員等の一般的義務

取締役を含む会社役員（他に会計参与・監査役，会329条）および会計監査人と株式会社とは委任関係にある（会330条）。したがって，取締役およびこれらの者は，会社に対し，受任者として善良なる管理者の注意をもって業務を執行する義務（＝善管注意義務）を負う（民644条）。また，取締役は，株式会社に対し，法令・定款・株主総会決議を遵守し，会社のために忠実にその職務を行うべき義務（＝忠実義務）を負う（会355条）。さらに，取締役は，株式会社に著しい損害を及ぼすおそれのある事実があることを発見したときは，直ちに，当該事実を株主（監査役設置会社にあっては監査役，監査役会設置会社にあっては監査役会）に報告すべき

義務(報告義務)を負う(会357条1項2項)。

2 善管注意義務

(1) 総　説

　取締役らの善管注意義務の意義は必ずしも明確ではないが,一般に,平均人が当該取締役らの地位に就いた場合に,はたすべきことが期待される客観的な注意深さをもって,当該職務を遂行すべき義務であり,この注意を欠いた場合には抽象的過失(=行為者の年齢・職業・地位・立場等に属する標準的な人(通常人・合理人)であれば払うであろう注意の程度を基準にして判断される過失)があるものと解されている。

　しかし,現代の会社経営は高度に複雑・専門化している面が多く,取締役の中には,弁護士・公認会計士・税理士・弁理士・建築士・医師・薬剤師等,各種の職業的専門家としての資格を備えている者も少なくない。したがって,上記のように通常人の注意で足りるとすれば,高度の知識を有する職業的専門家としては,取締役としての職務執行においては手抜き仕事をしても責任を問われないということになり不合理である。そこで,私見としては,取締役は,英国会社法174条が規定するように,合理的に慎重な者が,①当該取締役の職務を遂行する者に合理的に期待される一般的な知識・技量・経験(客観的基準)と,②当該取締役が個人的に有する知識・技量・経験(主観的基準)とをつくして,職務を遂行すべきであって,善管注意義務の内容もこのように解すべきであると考えている。したがって弁護士資格を有する者が取締役となった場合には,通常の弁護士ならばはらうべき注意深さで取締役としての職務を遂行すべきであろう。

　さらに注意すべきは,委任関係は本来が無償契約であるということである(民643条)。受任者は報酬の有無にかかわらずこの善管注意義務を負わなければならないのであって,報酬の額が少ないから,それに見合った程度の注意しか払わないという理屈は通らない。[42]

(2) 経営判断の原則

1) 総　説

　取締役が会社経営を行う場合,時には冒険心をふるいリスク覚悟で打って出ることもある。この場合,通常なら収益が見込まれるところ,予想外の情勢変化等により,当初の予想が裏目に出ることもあり,このような場合,誠実に行動して

いた取締役に対し，善管注意義務違反を問うことは，結果として取締役の経営意欲を萎縮させてしまうことになりかねない。また，経営の専門家ではない裁判官が後知恵により事後的な法的評価を下すことにも問題がある。さらに，株主が取締役を選任して経営を委ねている以上，会社が収益をあげた場合に配当を受けるだけではなく，反対に経営に失敗した場合には，株主にもある程度のリスクを負担させる方が衡平にかなうとも解される。そこで，アメリカでは，経営判断の原則（business judgment rule）として，以下のような判例法理が確立している。すなわち，裁判所は，株主が取締役に対して会社に損害賠償すべきことを訴求した場合，①取締役・会社間に利害対立がないことと，②取締役の意思決定過程に不合理がないことのみを審査し，この2要件がみたされるならば，③取締役の経営判断の内容の合理性については，一切実質審理に踏み込まずに，訴えを却下する，というものである。[43] もっとも経営上の判断すべてにこの原則が適用されるわけではなく，不作為による行為や重過失による行為あるいは忠実義務違反に関しては適用されないともいわれており，今後も検討すべき点は少なくない。

2） わが国おける経営判断の原則

わが国においても近時，取締役の経営判断に関しては，以下のように判例法理が定式化されてきており，一般にこれがわが国の経営判断の原則といわれている。

---

[42] 善管注意義務違反等が認定された事例
　これには，①株主優待乗車券の交付事例としての高松高判平成2・4・11金商859号3頁（土佐電鉄事件），②株式投資の失敗事例としての東京地判平成5・9・21判時1480号154頁（日本サンライズ事件），③関税法・外為法違反の取引事例としての東京地判平成8・6・20判時1572号27頁（日本航空電子工業事件），③総会屋への利益供与事例としての神戸地判平成14・4・4商事1626号52頁（神戸製鋼所事件），④自社株譲受け対価の供与と利益供与の成否等に関する最判平成18・4・10民集60巻4号1273頁（蛇の目ミシン事件），⑤銀行の不正融資事例としての最判平成20・1・28判タ1262号69頁（拓銀カブトデコム事件）・最判平成20・1・28民集62巻1号128頁（拓銀ミヤシタルート事件）・最判平成20・1・28判タ1262号63頁（拓銀・栄木不動産事件）・最判平成21・11・27判タ1313号119頁（四国銀行事件），⑥コンサルティング契約の締結事例としての東京地判平成18・11・9判タ1239号309頁，⑦リスクの高い取引における取締役の責任事例としての最判平成22・12・3資料版商事323号11頁（ヤクルト本社事件），⑧グループ会社の救済事例としての大阪高判平成10・1・20金法1531号59頁（ネオ・ダイキョウ自動車学院事件），⑨事業再生スキームの実行に関する事例としての東京地判平成19・9・27判時1986号146頁（カネボウ事件），⑩剰余金配当に係る会計処理事例としての東京高判平成18・11・29判タ1275号245頁（日本長期信用銀行事件），⑪損害賠償請求の不提訴事例としての東京地判平成16・7・28判タ1228号269頁（第1事件）・東京地判平成17・3・10同（第2事件）等がある。

[43] 「コーポレート・ガバナンスの原理：分析と勧告」（『コーポレート・ガバナンス－アメリカ法律協会「コーポレート・ガバナンスの原理：分析と勧告」の研究－』22頁以下（日本証券経済研究所，1994年）。

しかし，その内容は，裁判所が実質審理において取締役の善管注意義務違反を認定しなかった場合の要件がまとめられたものであって，アメリカにおける経営判断の原則とは異なる。[44]

① 取締役には経営者として広範な裁量権限がある。
② 取締役の経営判断における過失の有無は，当該判断がなされた時点を基準にして，当該判断そのものにつき検討されなければならない。
③ 取締役の経営判断につき無過失が認定されるためには，以下の要件がみたされなければならない。
　(i) 取締役は，当該経営判断に関する前提事実に関し，必要かつ十分な情報を収集しており，その結果としての事実認識において著しい不合理がないこと，
　(ii) 当該経営判断に関し，適法に決定手続がふまれており，その決定内容において著しい不合理がないこと，
④ 「著しい不合理」とされるか否かは，当該業界における通常の経営者の判断を基準にして判定される，というものである。

(i)の要件をみたすため，取締役においては，リスク分析・シミュレーションの実施・専門家への照会等が必要となる。取締役において十分情報収集がなされており，その検討機関が設置されていて，そこで情報の検討がなされているならば，経営判断の前提事実に重要な事実の欠如はなく，この前提事実にもとづく行為の選択・決定に著しい不合理はないことが事実上推認される。

新規事業への進出にあたっての経営者における留意点としては，①法令違反の

---

44) 経営判断の原則に関する裁判例
　これには，①株式投資の損失補填事例としての東京地判平成5・9・16判時1469号25頁（野村證券・TBS事件），②新規事業への進出に関する事例としての岐阜地判平成9・1・16資料版商事155号146頁（大日本土木事件）・東京地判平成16・9・28判時1886号111頁（そごう事件），③子会社・関連会社の支援・救済事例としての東京地判平成17・3・3（日本信販事件）・福岡高判昭和55・10・8高民集33巻4号341頁（福岡県魚市場事件）・名古屋地決平成7・9・22資料版商事139号208頁（東海銀行事件）・東京地判平成8・2・8資料版商事144号111頁（セメダイン事件）・東京高判平成8・12・11資料版商事161号161頁（東京都観光汽船事件），大阪地判平成14・2・20判タ1109号226頁（コスモ証券代表訴訟事件）・東京高決平成8・9・5資料版商事150号181頁（ミネベア事件）・東京地決平成16・9・23金判1213号61頁（三菱自動車事件）・東京地判平成17・3・3判タ1256号179頁（日本信販事件），④取引先への融資事例としての名古屋地判平成9・1・20判時1600号144頁（中京銀行事件），⑤株式の購入価格の決定事例としての大阪地判平成11・5・26判時1710号153頁（朝日新聞事件）・東京高判平成20・10・29金判1304号28頁（アパマンショップ事件）等がある。

チェック，②会社の利益のために行われるのか否かのチェック，③新規事業に関する十分な情報の収集とその調査，④投資計画・資金計画・収支計画・市場調査・事業シミュレーション等の検討，⑤事業計画の立案・方針決定が社内の適正な決定手続を経ていること，⑥必要に応じて外部の専門家に意見を求めていること，⑦通常の企業経営者が合理的と判断する内容のものであること，などがあげられる。

親会社の取締役が，経営の悪化した子会社を救済する場合には，①自社の経営上特段の負担とならない限度での支援でなければならず，②回収不能になる危険が具体的に予見できる状況ではなく，③子会社再建の実現可能性が，客観的に高く認められなければならない。

A社がグループの事業再編計画の一環として，B社を完全子会社とするために，B社の株主からA社の株式を購入するにあたって，その購入価格が不当に高額であるか否かが争われた事案で，最判平成22・7・15金判1347号12頁（アパマンショップ事件）は，以下のように判示している。すなわち，「このような事業再編計画の策定は，完全子会社とすることのメリットの評価を含め，将来予測にわたる経営上の専門的判断にゆだねられていると解される。そして，この場合における株式取得の方法や価格についても，取締役において，株式の評価額のほか，取得の必要性，参加人の財務上の負担，株式の取得を円滑に進める必要性の程度等をも総合考慮して決定することができ，その決定の過程，内容に著しく不合理な点がない限り，取締役としての善管注意義務に違反するものでない」と。

（3） 信頼の原則

会社内において情報収集・調査・検討に関する体制が十分に整備されているならば，取締役は，経営上の判断をなすにあたり，この体制の判断結果に依拠して意思決定をすればよく，善管注意義務を履行したことになる。ただし，当該業務を担当する取締役・使用人が行った情報収集・調査・分析等に関し，これに依拠して意思決定することに躊躇を感ずるような不備・不足がある場合はこの限りでない（東京地判平成14・4・25判時1793号140頁（長銀初島事件），東京地判平成16・12・16資料版商事250号233頁・東京高判平成20・5・21資料版商事291号116頁（ヤクルト本社事件））。弁護士・公認会計士・技師その他の専門家の知見を信頼した場合も，原則として，善管注意義務違反とはならない。

他の取締役・使用人の業務執行を監視・監督する場合も，リスク管理体制が十

分に整備されているならば，他の取締役・使用人の業務執行に問題があることを知るかまたは知ることが可能であるなどの特段の事情がない限り，この体制を信頼することにより，善管注意義務違反を免れることができる（大阪地判平成12・9・20資料版商事199号248頁（大和銀行事件））。

3 忠実義務

（1） 総 説

取締役は，法令および定款ならびに株主総会の決議を遵守し，株式会社のために忠実にその職務を行わなければならない（会355条）。この規定は，昭和25年の商法改正で新設されたものであるが（昭25改正商254条ノ2，昭56改正商254条ノ3），本条の解釈については善管注意義務（会330条，民644条）との関係をめぐり見解が対立してきた。

（2） 忠実義務と善管注意義務との異同

判例（最判昭45・6・24民集24巻6号625頁〔八幡製鉄政治献金事件〕）および従来の多数説は，会社法355条は善管注意義務の内容を敷衍し，具体的・注意的に規定することにより，善管注意義務を一層明確にしたにとどまるものであって，通常の委任関係に伴う善管注意義務と別個の高度な義務を規定したものではないと解してきた（同質説）。この立場によれば，任意法規としての民法644条が定める善管注意義務が，本条により強行法規化されている点に意義がある。

一方，昭和25年の商法改正当時より，英米会社法の研究をふまえて，これら二つの義務はまったく異なるものであると解する立場（異質説）も有力である。すなわち，忠実義務とは，本来，英米契約法上の信認（信任）関係（fiduciary relationship……一方の当事者が他方の当事者を全面的に信頼・依存している関係……）にある当事者間において認められるものであり，信任を受けた受託者（取締役）は信任した受益者（会社）の利益を犠牲にして自己または第三者の利益をはかってはならない義務（duty of loyalty）をいうと解する。そして，会社法355条はこれを継受したものであって，この一般的な忠実義務に立脚して，取締役の競業避止義務・自己取引規制（会356条1項）が具体的に規定されていると解する。

同質説は，異質説に対し，善管注意義務からも取締役は会社の利益を犠牲にして自己の利益を図ってはならないという義務内容が導きだされると批判するが，昭和25年の商法改正が，アメリカの占領当局の主導によりなされたものであり，

同改正により取締役会制度をはじめアメリカ会社法における重要な諸制度が導入された経緯をみれば，この忠実義務も継受法解釈の原理に従い，英米法的に解釈するのが自然であろう。したがって，善管注意義務は，取締役が職務の執行にあたり尽くすべき注意深さの程度に関する規範であるのに対し，忠実義務は，取締役がその地位を悪用して，自己または第三者の個人的利益をはかり会社の利益を犠牲にすることを禁ずる規範と解される。

もっとも，異質説に立つといっても，英米会社法上の忠実義務に関する法理を，すべてそのまま，現時点において，わが国に導入して適用することには問題がある。一般に，英米における注意義務（duty of care）は過失責任であるが，忠実義務は無過失責任であり，注意義務違反者は被害者に対して損害賠償責任を負うのに対して，英米会社法上，忠実義務違反者は得た利益の吐き出し責任を負うとも解されている。わが国における忠実義務の適用に関しては今後も検討が必要である。

（3） 忠実義務関連事例

1） 会社の機会の奪取

英米の判例法理では，取締役が，会社が進出を考えている新規事業の機会を先回りして自己の事業にしてしまうことを，「会社の機会（corporate opportunity）の奪取」とよんで，会社に対する忠実義務違反事例として扱っている。

2） 従業員の引抜き行為

取締役が，退職にあたり有能な部下を道連れにして退職させ，新たな事業を興すといったケースは少なくない。この場合，会社側は退職した元取締役に対し会社法上の忠実義務・善管注意義務違反や民法上の不法行為を理由にして損害賠償を請求する事案がよくみられる。判例は，一般に，取締役在職中から退職を勧誘していた場合には忠実義務・善管注意義務違反を認定し，退職後に勧誘していた場合には不法行為責任を認定している（東京高判平成元・10・26金判835号23頁（日本整備事件），東京地判平成3・2・25金商878号24頁（メディアトレーディング事件））。取締役の従業員引抜行為に関しては，これをただちに忠実義務違反とする立場と，単なる転職の勧誘にとどまらず，諸般の事情を考慮して社会的相当性を欠く背信的な引抜行為の場合に忠実義務を認定する立場とがある（江頭437頁）。

（4） 競業避止義務と利益相反取引規制

1） 総　説

取締役は，①取締役が自己または第三者のために株式会社の事業の部類に属す

る取引をしようとするとき、②取締役が自己または第三者のために会社と取引をしようとするとき、③会社が取締役の債務を保証すること、その他取締役以外の者との間において会社と当該取締役との利益が相反する取引をしようとするときには、株主総会において、当該取引につき重要な事実を開示し、その承認を受けなければならない（会356条1項1号・2号・3号）。ただし、取締役会設置会社の場合には、株主総会ではなく取締役会の承認をえなければならず（会365条1項）、これらの取引をなした取締役は、当該取引後、遅滞なく当該取引についての重要な事実を取締役会に報告しなければならない（同2項）。この報告を怠ったり、虚偽の報告をした取締役は100万円以下の過料に処せられる（会976条23号）。

①は競業避止義務、②は直接取引、③は間接取引に関する規定である。直接取引は自己取引といわれ、直接取引と間接取引を合わせて利益相反取引ともいう。

2）競業避止義務
（i）意　義

上記①は競業避止義務に関する規定である。取締役は会社の業務執行の決定に参画している立場上、事業上の機密に精通しており、これに会社との競業を自由に行わせておくと会社の利益を犠牲にして自己または第三者の利益をはかるおそれがある。そこで、取締役が自己または第三者のために会社の事業の部類に属する取引をなすには、株主総会（取締役会設置会社においては取締役会）において当該取引につき重要な事実を開示し、その承認を受けなければならないとされている。この義務の本質に関しては、取締役の忠実義務を具体化するところの、忠実義務の派生的ないし分肢的義務と解する立場と、善管注意義務の一内容もしくはその特殊形態と解する立場とに分かれている。

（ii）競業禁止の範囲
i）「株式会社の事業の部類に属する取引」の意義

「株式会社の事業の部類に属する取引」とは、株式会社の事業の目的たる事業を基準にして、それより広くこれと同種または類似の商品や役務を対象とする取引で、会社と競争関係が生ずるおそれのあるもの、換言すれば、顧客が競合するおそれのあるものをいう。定款所定の会社の目的たる事業すべてではなく、会社が実際に行っている事業およびすでに準備に着手していたり、一時的に休止している事業をいう。会社が進出を企図して市場調査等を進めていた地域において同一商品を販売する行為も、この取引に含まれる（東京地判昭和56・3・26判時1015

号27頁)。一方,会社が準備をまったくしていない事業や完全に廃止した事業はたとえ定款に記されていても除かれる(通説)。なお,会社の主たる事業にとって不可欠な各種の付帯事業も事業の部類に属する事業に含まれるが(最判昭24・6・24民集3巻7号235頁),主たる事業の維持便益のためになされる補助的行為は含まれない(通説)。

ii) 「自己または第三者のために」の意義

「自己または第三者のために」の意義に関しては,「自己または第三者の名において」(=自己または第三者が権利主体となって)と解する形式説と,「自己または第三者の計算において」(=自己または第三者が実質的な損益の帰属主体となって)と解する実質説に分かれるが,会社の利益保護の範囲を拡大させる意味で実質説が妥当である。[45] したがって,取締役が会社の名においてなした取引であっても,その経済的効果が自己または第三者に帰属する場合には競業避止義務規制に服する。

甲社の取締役Aが,乙社の代表取締役を兼任している場合に,乙社が甲社の事業の部類に属する取引をなす場合には,甲社にとってAは第三者乙社のために競業行為をなすことになるので,甲社の株主総会ないし取締役会の承認が必要である。ただし,乙社におけるA以外の代表取締役が当該行為をなし,Aがこれにまったく関与していない場合には,特段の事情がない限り,この限りでない。なお,甲社と乙社の間に競業関係があっても,乙社が甲社の完全子会社である場合には,両社間に利害の衝突はないので,競業避止義務規制は及ばない。

会社法制定前には,会社の承認のない競業取引が,「自己(=取締役)のために」なされた場合には,会社の決定により当該取引を会社のためになされたものとみなす規定があった(介入権,平成17改正前商264条3項4項)。しかし,その効果は損害額の推定による賠償責任(会423条2項)とさほど異ならないので,会社法制定にあたり削除された。

iii) 競業取引の承認

取締役が株主総会ないし取締役会から承認をえるにあたっては,その取引につき「重要な事実」を開示しなければならない。「重要な事実」とは,取引の内容中会社の利益と対立するような重要部分,たとえば,取引の相手方・目的物・数量・価額・取引期間・利益などが該当するが,加えて,取締役が忠実義務に違反

---

45) 江頭434頁,北村雅史・8会社法コンメンタール69頁。

していないか否かの判断資料となる事実も含まれるとする解釈もある。この承認は必ずしも個々の取引につき個別的になされる必要はなく同種の定型的な取引を反復する場合には包括的な承認でよい。承認決議における当該取締役は特別利害関係人に該当するので，この決議に加わることはできない（会369条2項）。

iv）競業避止義務違反の行為の効果

取締役が競業避止義務に違反して競業取引をしても，相手方がこの違反事実を知っているか否かをとわず，取引の効力は有効である。無効とすれば規制の対象外である取引の相手方の利益を害するからである。もっとも，会社は，当該取締役に対しては損害賠償を請求することができる（会423条1項）。この義務違反は株主総会による取締役解任の正当事由（会339条2項）となり，少数株主による取締役解任の訴えの事由にもなる（会854条）。

なお，取締役が競業避止義務に違反して取引した場合，これにより当該取締役または第三者がえた利益の額は会社に生じた損害額と推定される（会423条2項）。[46]

3）利益相反取引規制

（i）直接取引

i）総　説

取締役あるいは執行役が自己または第三者のために株式会社と直接的に取引しようとするときは，株主総会または取締役会設置会社の場合には取締役会の承認を受けることが必要である（会356条1項2号・365条1項・419条2項）。この承認が得られた場合には，自己契約・双方代理を禁止している民法108条は適用されない（会356条2項）。

「自己または第三者のために」の意義に関しては，競業避止義務について述べたところが基本的にあてはまる。取締役・執行役が，「自己のために」会社と直接取引した場合には，無過失の対会社責任を負うことになるが（会428条1項），これを得た利益の吐き出し義務と解するならば，実質説が妥当である。[47]

会社と取締役との直接的な取引を直接取引あるいは自己取引というが，これを自由に認めると取締役が会社の利益を犠牲にして自己または第三者の利益をはか

---

46) この場合の「えた利益」が，売上総利益・営業利益・経常利益・純利益等いずれの利益を意味するのか，必ずしも明らかでない。
47) 前掲45) 北村81頁。

るおそれがあるための措置である。ここにいう取引とは取締役と会社との間のすべての財産上の法律行為をいうが，本条の立法趣旨にかんがみれば，会社に不利益の及ぶおそれのない取引についてはこの承認は不要である。たとえば，電力供給・運送・保険・預金契約などのように普通取引約款による定型的取引や，取締役が会社に対してなす無償贈与（大判昭13・9・28民集17巻1895頁）・債務の履行（大判大9・2・20民録26輯184頁）・相殺（大判昭5・2・22法律新報213号14頁），そして，株式の引受・現物出資・会社財産の競落などについても，この承認は不要である。もっともある取引が会社との間に利害の衝突をもたらすものか否かの判定は必ずしも容易なことではなく，従来の判例は当該行為の一般的・抽象的性質に従って判定していた。しかし近時は行為を個別的・具体的に検討し，実質的に考察する判例も現われている。会社に対する取締役の無利息・無担保の金銭貸付行為は，特別の事情がない限り，会社にとって利益にこそなれ不利益ではないので，この承認は不要である（最判昭38・12・6民集17巻12号1664頁，最判昭50・12・25金法780号33頁）。具体的取引が会社にとって「公正かつ合理的」であり，事実上会社に何ら損害を及ぼさないときは，この承認は不要と解すべきであろう。

　この承認を要する直接取引をなす取締役は代表取締役に限られず，すべての取締役が含まれ，留任義務を有する退任取締役・仮取締役・取締役代行者も含まれる。

　Aが甲・乙両社の取締役を兼任している場合，両社間の取引に関し，①Aが両社の代表取締役である場合には，両社の承認が必要であり，②Aが甲社の代表取締役であって乙社の平取締役である場合には，乙社側の承認だけでよい。③Aが両社の代表取締役を兼任していても，両社ともにA以外の代表取締役がそれぞれ会社を代表して当該取引にあたり，Aがまったく関与していない場合には，特段の事情がない限り，両社の承認は不要である。④甲社の取締役Aが乙社の代表取締役として甲社と取引する場合であっても，乙社が甲社の完全子会社である場合には，両社間に利害衝突はないのでこの承認は必要ない。

ii）手形行為との関係

　会社法356条1項2号が手形行為にも適用されるかについては，適用説と非適用説とが対立している。非適用説は手形行為自体は金銭支払のための手段的行為つまり債務の履行的行為にすぎず，これ自体に利益相反関係はないとするが，適用説（通説，最判昭46・10・13民集25巻7号900頁）は，手形行為は単に実質的な

取引手段としてのみなされるのではなく，簡易・有効な信用手段としても広範になされており，手形行為者は原因行為とは別個の新たな債務を負担しているとする。もっとも，実際には，本条違反行為の効力につき後述する無効説をとる立場が非適用説にたち，有効説ないし相対的無効説をとる立場が適用説をとる関係上，善意の第三者保護に関してはさほどの差はみられない。

(ⅱ) 間接取引

株式会社が取締役の債務を保証すること，その他取締役以外の者との間において，会社と当該取締役との利益が相反する取引をしようとするときには，株主総会（取締役会設置会社の場合には取締役会）の承認が必要である（会356条1項3号・365条1項）。甲社の代表取締役Aが個人的にBから融資を受け，甲社が保証した場合，保証契約の当事者は甲社とBであり，Aは契約当事者ではない。しかし，Aとしては代表取締役たる地位を利用して会社の利益を犠牲にし，自己の個人的利益をはかろうとして甲社を代表して当該保証契約を締結することが多分に予想されるため，このような間接取引についても会社側の承認が必要とされるのである。

なお，通説・判例は従来より，取締役個人の債務につきその者が甲社を代表して債務引受（最判昭43・12・25民集22巻13号3511頁）あるいは連帯保証（最判昭45・3・12判時591号88頁）をする場合，また甲乙両社の代表取締役を兼任する者が乙社の債務につき甲社を代表して保証する場合（最判昭45・4・23民集24巻4号364頁）に，甲社の承認を必要としている。

取締役会の承認を要する間接取引は代表取締役に関する場合のみならず，平取締役に関する場合も該当し，当該取締役が会社を代表してこの取引をなす場合であると否とを問わない。また取締役が第三者のためにその代理人または代表者として負担した債務について会社が保証する場合も，規定のうえでは明らかでないが，取締役が忠実義務に違反するおそれがあるため，取締役会の承認が必要と解されている。他面，Aが甲社の取締役でかつ乙社の代表取締役の場合で，乙社を代表して当該債務を負担していない場合には，甲社が債務保証をすることにつき本規定の適用はないものと解されている。

甲社の取締役Aが乙社の全株を保有している場合，A以外の乙社の代表取締役が甲社と取引するにあたっては，乙社はAの分身とみられるので，甲社側の承認が必要である（名古屋地判昭58・2・18判時1079号99頁）。甲社が，①その代

表取締役Aが過半数の株式を保有している乙社の債務を保証する場合や，②このAの妻Bが負担する債務を保証する場合の，承認の要否に関しては見解が分かれている。肯定説はAと乙社あるいはBとの間の経済的一体性ないし緊密性を根拠とする。一方，否定説は，間接取引であることが外形的に明らかでないことから，肯定するとかえって承認を要する場合が不明瞭になると懸念し，一般的な忠実義務違反問題として扱おうとする。つまり，甲社を代表して代表取締役Aがこのような保証をなすこと自体が忠実義務に違反すると解するのである。

間接取引には，普通保証・連帯保証・共同保証・手形保証など各種の保証，併存的債務引受や免責的債務引受，そして抵当権設定・根抵当権設定・質権設定・譲渡担保権設定などの各種の物上保証などが該当する。

(ⅲ) 株主総会・取締役会の承認

株主総会あるいは取締役会に承認を求めるべき取締役とは，①競業取引をなす取締役，②直接取引の場合には会社と当該取引をなす取締役，③間接取引の場合には会社を代表して取引する取締役，である（通説）。原則として，この承認は個別的・具体的になされなければならず，抽象的・概括的なものは許されない。しかし，同種同型の取引が反復してなされる場合には包括的な承認でよかろう。取締役会における承認決議においては，当該取締役は特別利害関係人となるので，決議に加わることができない（会369条2項）。なお，通説は事後の承認（追認）を肯定する。

判例は，株主全員の合意がある場合には，取締役会の承認を経ていなくても，利益相反取引は有効と解している（最判昭和49・9・26民集28巻6号1306頁・東京地判平成18・5・29判時1965号155頁（パシフィック・メディア事件））。

(ⅳ) 取締役会への報告

取締役会設置会社の場合，競業取引・直接取引・間接取引をした取締役は，遅滞なく，当該取引についての重要な事実を取締役会に報告しなければならない（会365条2項）。この報告は事前承認の有無にかかわらずなさなければならない。包括的承認をえている場合は定期的な報告で足りるが，承認を受けるに際して開示した事実に重要な変更が生じた場合には，あらためて取締役会に対してその旨を報告・開示して承認をえなければならない。直接取引の場合の報告義務者は取引の相手方たる取締役が該当する。間接取引の場合には，①会社を代表して取引した者と解する立場と，②会社と利益相反関係にたつ取締役と解する立場とが対

立している。①説は「取引をした取締役」という法文を根拠とし、②説は利益相反取締役が取引について最もよく知っていることを根拠とする。

（ⅴ）　利益相反取引規制違反の行為の効果
ⅰ）　相対的無効説

会社法に違反して、株主総会あるいは取締役会の承認がないままなされた直接取引・間接取引の効果に関しては法規定がないため、会社の利益と取引の安全のうちいずれを優先させるかで解釈が分かれている。古い判例は会社の利益を重視して厳格に解し、取消説（会社は当該取引を取り消し、善意の第三者にもこれを対抗しうるとする説）、絶対的無効説（当該取引は無効であり善意の第三者にも対抗しうるとする説）あるいは効力浮動説（当該取引は無効であるが取締役会の追認があれば有効になるとする説）などに分かれていた。

しかし、近時は取引の安全を重視する立場から緩和的な解釈が普及しており、通説・判例（最判昭43・12・25民集22巻13号3511頁、最判昭46・10・13民集25巻7号900頁）は相対的無効説に立っている。すなわち、本条違反の取引は会社と取引の相手方たる取締役または第三者との間では無効であるが、善意の第三者との間では有効と解するものである。したがって、取締役会の承認なくして会社から取締役に振り出された約束手形や会社財産を、当該取締役が第三者に譲渡した場合には、会社は当該第三者が取締役会の承認がなかったことにつき悪意であったことを立証するのでなければ、この者に対して譲渡の無効を主張することはできない。もっとも会社は善意の第三者に重過失があることを立証すれば、無効を対抗できるとする立場も多い。

ⅱ）　無効の主張

当該取引の効果を無効と解した場合、誰がその無効を主張しうるかという問題がある。判例においては、違法な直接取引に関しては、①会社が当該利益相反取締役に対して無効を主張することの可否、②当該利益相反取締役が会社に対して無効を主張することの可否、③第三者がこの無効を主張することの可否、について、また、違法な間接取引に関しては、④第三者が間接取引の当事者たる他の第三者に対して無効を主張することの可否、について問題となってきた。①が可能であることは当然であるが、②に関しては不可としている（最判昭48・12・11民集27巻11号1529頁）。③に関しては、原則として、第三者は違法な直接取引の無効を主張しえないとされているが（札幌地判昭44・6・27判時576号80頁、広島高判

昭41・5・12高民集19巻3号262頁，東京地判昭47・9・28判時683号122頁），第三者が保証人の場合，以下のように無効の主張を可とする判例もある。

　名古屋高金沢支判昭和42・4・28高民集20巻2号210頁は，取締役会の承認なしに甲社に融資した同社取締役Xが，その担保として同社監査役Yからその個人名義で約束手形の振出を受けていた事例である。XのYに対する支払請求に対し「Yのように，会社が取締役に対して負担した債務について担保義務を負担した者は，その担保義務を履行したときには，会社に対して求償できるわけであるが，その際，会社から，その取締役に対して負担した負債が法律上無効なものであり，したがってその担保義務の履行も，法律上無効な義務の履行であり，会社に対する求償権は発生しないと主張されるおそれがあるわけであるから，第三者ではあるが，……（Yは）無効を主張しうる」と判示されている。もっとも，この事案では，当初YがXに対して甲社への融資を依頼していたので，結果的にはYの無効主張は信義則に反するということで，Xの請求が認容されている。一方，第三者の無効主張を不可とするものに，札幌地判昭和44・6・27判時576号80頁があり，「商法265条（＝会356条1項2号）は会社の利益を保護することを目的とする規定であるから，会社が自ら無効を主張しない場合もしくは無効を主張しえない場合……には，会社以外の第三者」は無効を主張しえないと判示している。

　④につき第三者は他の第三者（＝間接取引当事者）に無効を主張しうるとするものに，東京地判昭和50・9・11金法785号36頁がある。甲社はY銀行に対し定期預金債権を有しており，Xは甲社に対して金銭債権を有していた。甲社が期限後も弁済しないので，Xはこの定期預金債権につき差押・転付命令を得て，Y銀行に支払請求をしたが，Y銀行は，この定期預金債権にはY銀行の乙社に対する貸付債権のために質権が設定されており，すでに質権実行済みであるから，甲社にはもはや定期預金債権はないと主張した。この質権設定は乙社の代表取締役であり，かつ，甲社の取締役でもあるAが，甲社の代表取締役Bに依頼して，Bが甲社の取締役会の承認を得ないで行ったものであった。Xは，この定期預金債権の支払いをY銀行に請求するにあたり，この質権設定の無効を主張し，これが認められて勝訴している。本判例は，違法な間接取引は，当該会社の相手方当事者（Y銀行）が悪意または重過失の場合は無効であり，この無効は正当な会社債権者においても主張しうるとするものである。

一方，第三者が他の第三者に対して無効の主張をなすことを不可とするものに，東京高判昭和59・6・11判時1128号123頁がある。これは，取締役個人の第三者Xに対する債務に関し，会社が取締役会の承認がないまま会社の有するYに対する売買代金債権を代物弁済としてXに譲渡した事案である。XがYに対して支払請求したところ，Yはこの債権譲渡を無効と主張した。本判決は「商法265条（＝会356条1項3号）は取締役個人と会社との利害が相反する場合に取締役個人の利益を図り，会社に不利益な行為がみだりに行われることのないようにこれを防止しようとするにほかならないから，会社に対し売買代金債務を負担している買主たる債務者（Y）の側から右債権譲渡の無効を主張する利益ないし利害関係はない」としている。

このように，第三者による無効の主張の可否については解釈が分かれているが，学説中には，第三者において無効を主張することに何らかの具体的な利益を有しており，少なくとも会社が内部において取引の無効を主張することを決めている場合には，当該第三者は自己の利益のためにこの無効を援用できるとする解釈もある。[48]

4 取締役の報告義務

（1）総説

取締役は，株式会社に著しい損害を及ぼすおそれのある事実があることを発見したときは，直ちに，当該事実を，①監査役非設置会社の場合には株主に（会357条1項），②監査役設置会社の場合は監査役に（同項かっこ書），③監査役会設置会社の場合は監査役会に（同2項），そして④監査等委員会設置会社の場合は監査等委員会に（同3項），報告しなければならない。なお，取締役が監査役の全員に対して監査役会に報告すべき事項を通知したときは，当該事項を監査役会に報告する必要はない（会395条）。

（2）適用要件

「株式会社に著しい損害を及ぼすおそれのある事実」とは，会社の重要な取引先や投資先の倒産，工場・営業所等の火災・地震等の罹災，会社財産の大口盗難・横領等により，会社に著しい損害が発生した場合は当然のこととして，重要

---

[48] 今井 宏「代表権の制限と取引の安全」民商93巻臨時増刊(1)59頁（1986年）。

な取引先や投資先における資金繰り悪化による倒産のおそれ，あるいは，会社商品の欠陥発生による信用失墜等により，会社に著しい損害が生ずる危険性のある事実をいう。

　規定上，「著しい損害」の場合に報告義務が生ずるのであって，単なる「損害」には報告義務は生じない。しかし，その区別はケース・バイ・ケースで具体的に判断しなければならず，必ずしも容易ではない。「著しい損害」であればよく，「回復することができない損害」である必要もない。そして株式会社に「著しい損害」を及ぼすおそれのある事実であればそれが取締役の違法あるいは不当な行為にもとづくものであるか否かは関係ない。また，会社の受ける損害には，現在の会社財産に対する有形的損害に限らず，うべかりし利益を喪失したり，会社の信用が失墜する場合も含まれる。

（3）　報告義務者

　報告義務のある取締役としては，上記の事実を発見した取締役は当然として，この取締役から当該事実を知らされ，かつ，いまだ発見した取締役が報告をしていないことを知っている取締役も該当する。発見した取締役が監査役ないし監査役会に報告するに先だって，取締役会に報告したが，取締役会に監査役が出席していなかったときは，取締役会に出席した取締役全員が監査役・監査役会に報告義務を負うものと解される。

（4）　報告の方法

　報告の方法については特に定めはなく，口頭によるも書面によるも，あるいは，電磁的方法によるも取締役の自由である。ただし，報告を受けた側が適切に事態に対応できるよう，取締役はえた情報を可及的に十分報告すべきであろう。

　株主あるいは監査役が複数いる場合，誰に報告すべきかについても規定はない。すべての者に報告する必要はなく，当該取締役が相当と認めた1人に報告すれば足り，あとは，報告を受けた者が，他の者にも報告する等，どのように対応すべきかの問題となろう。

（5）　報告義務違反の効果

　取締役が，この報告義務をはたさないことは任務懈怠であり，会社に対して損害賠償責任を負う（会423条1項）。また，第三者に対する損害賠償責任も生ずる（会430条）。

（6） 報告を受けた者の対応
1） 検査役の選任の申立て
　取締役から会社に著しい損害を及ぼすおそれのある事実の報告を受けた株主は、まず事実の有無を確認しなければならない。この場合、株式会社の業務の執行に関し、不正の行為また法令・定款に違反する重大な事実があることを疑うに足りる事由があるときは、①総株主（株主総会において決議することができる事項の全部につき議決権を行使できない株主を除く）の議決権の100分の3（これを下回る割合を定款で定めた場合には、その割合）以上の議決権を有する株主、および、②発行済株式（自己株式を除く）の100分の3（これを下回る割合を定款で定めた場合には、その割合）以上の議決権を有する株主には、当該会社の業務および財産の状況を調査させるため、裁判所に対し、検査役の選任を申し立てることができる（会358条1項）。

2） 差止請求
　6ヶ月（これを下回る期間を定款で定めた場合には、その期間）前から引き続き株式を有する株主においては、取締役が、①会社の目的の範囲外の行為その他法令・定款違反行為をし、またはこれらの行為をするおそれがあり、かつ、②取締役の当該行為により会社に「著しい損害」（監査役設置会社・監査等委員会設置会社・指名委員会等設置会社の場合は、「回復することができない損害」）が生ずるおそれがあるときには、当該取締役に対し、当該行為をやめることを請求できる（会360条1項3項・422条1項）。非公開会社の場合は、この保有期間の要件はなく、株主は即この権利を行使できる（会360条2項）。
　執行役に対しても取締役にはこの差止請求権が認められているが、この場合は、「回復することができない損害」についてである（会422条1項）。
　取締役から本条の報告を受けた監査役・監査役会あるいは監査等委員会においては、まず事実の有無を確認しなければならない。この場合、監査役は、取締役が不正の行為をし、もしくは当該行為をするおそれがあると認めるとき、または、法令・定款違反の事実もしくは著しく不当な事実があると認めるときは、遅滞なく、その旨を取締役（取締役会設置会社にあっては、取締役会）に報告しなければならない（会382条）。また、監査役は、取締役が会社の目的の範囲外の行為その他法令・定款違反行為をし、またはこれらの行為をするおそれがある場合で、当該行為により会社に著しい損害が生ずるおそれがあるときには、当該取締役に対し、当該行為をやめることを請求できる（会385条1項）。この場合、裁判所が仮処分

により差止命令を発するときは，担保をたてさせないものとされている（同2項）。

　監査役には，取締役会出席義務・意見陳述義務（会383条1項），そして取締役会招集請求権および取締役会招集権もあるので（同2項3項），状況に応じて，これらの権利や義務を適宜に行使したり履行することも，その職務として当然に必要となる。

5　社外取締役の義務と責任

　近時，社外取締役の有効活用が立法の眼目となってきているが，会社法上，社外取締役とそれ以外の取締役の義務と責任に関してどのような違いがあるのかは判然としていない。そこで，日本取締役協会あるいは日本弁護士連合会等が，社外取締役の職務に関しそれぞれ提言を公表している。

　日本取締役協会は，「モニタリング・モデル」[49]に立脚して，「社外取締役・取締役会の主たる職務は，経営（業務執行）の意思決定ではなく，経営者（業務執行者）の『監督』である。」と解し，「『監督』の中核は，経営者が策定した経営戦略・計画に照らして，その成果が妥当であったかを検証し，最終的には現在の経営者に経営を委ねることの是非について判断することである。」としている（「社外取締役・取締役会に期待される役割について」平成26・3・7公表）。

　日本弁護士連合会は，社外取締役に対し，それぞれの経歴や専門性を背景に，内部統制を含めたガバナンスや法令遵守等経営全般のモニタリングを行い，また業務執行に関与しない範囲でアドバイスを行うことを期待している。社外取締役にも取締役としての善管注意義務が課され，経営判断の原則・信頼の原則の適用があり，善管注意義務の程度，他の取締役に対する監視義務の水準は一般の取締役と異ならないが，社外者であることと業務執行に関与しない立場であることが考慮されるとしている。そして，社外取締役の職務は，取締役会の権限事項を，会議体である取締役会の一員として行うことであり，社外取締役は，一般の取締

---

[49]　「モニタリング・モデル」とは，取締役会の主たる機能を，経営の意思決定ではなく，経営者の監督に求める考え方をいう。一般的には，取締役会を構成する取締役の一定数（比率）を社外（独立）取締役が占め，この社外（独立）取締役が，取締役会において，または取締役会内部の各種の委員会（監査委員会・報酬委員会・指名委員会，監査等委員会）において，経営者を監視するという形式をとっている。「モニタリング・モデル」は，1970年代後半に米国で誕生して以来，米国の上場企業の多くで採用され，1990年代以降はヨーロッパ諸国にも広がってきた。そして今や，日本を除く，先進諸国で広く一般化しているが，その形式の厳格さにおいては差異がある。

役におけると同様に，法的責任と経営責任を負うとしている。法的責任とは忠実義務・善管注意義務違反による損害賠償責任等であり，法的効果に基づくものであるが，経営責任は，経営の結果に対する責任であり，法的な効果は伴わず，この経営責任の取り方としては，その職務・期待される役割に応じて，退任・辞任・報酬の返上・減額等があるとしている（「社外取締役ガイドライン」（平成25・2・14公表））。

第10節　役員の報酬

1　取締役の報酬

（1）　報酬の決定方法
1）　総　説

　会社と役員との関係は委任関係にあり，民法上委任は無償委任が原則であるところから（民643条），役員は当然には，会社に対し，報酬請求権を有するものではない（通説）[50]。

　指名委員会等設置会社以外の株式会社においては，取締役が，その報酬・賞与その他の職務執行の対価として会社から受ける財産上の利益（＝報酬等）に関し，以下の事項を定款で定めることができるが，この定めがない場合には株主総会決議で定めなければならない（会社361条1項）。すなわち，報酬等のうち，①額が確定しているものについてはその額（同1号），②額が確定していないものについてはその具体的な算定方法（同2号），③金銭でないものについてはその具体的な内容（同3号），についてである。①としては現金報酬あるいは公正な価額によるストック・オプションが，②としてはインセンティブ報酬など，③としては現物給付，退職年金受給権，保険金請求権，ストック・オプション，擬似ストック・オプション（＝自己新株予約権による報酬支給）などが該当する。

　なお，②③所定の事項を定めたり，これを改定する議案を株主総会に提出した取締役は，総会において，当該事項を相当とする理由を説明しなければならない

---

50)　取締役無償委任説は，株式会社の所有と経営が一致していた時代の考えであって，現代では時代錯誤であるとする指摘がなされて久しい。取締役有償委任説（少数説）が妥当であろう。

(同4項)。

　同条の立法趣旨に関しては，政策規定説と非政策規定説に分かれている。前者は取締役の報酬決定は業務執行行為として本来は代表取締役や取締役会の権限に属する事項ではあるが，「お手盛り」防止のために政策的に株主総会の権限事項になっていると解する。一方，後者は取締役の選任権者たる株主総会が併せてその報酬額を決定するのは当然と解するのであるが，通説・判例は前説に立つ。

　取締役の報酬は，実際には，株主総会において報酬総額のみを決定し，取締役会にその配分を一任する場合が多い。この場合，各取締役が取締役会決議における特別利害関係人に該当しないかという問題があるが，一般に該当しないと解されている。取締役会がこの配分決定をさらに代表取締役に一任することは適法かという問題もあるが，判例は適法としている（最判昭31・10・5裁判集民23巻409頁）。株主の利益を害するような高額の報酬が株主のまったく関知しえない状況下で決定されることを防ぐのが本条の趣旨と解するならば，判例の解釈でよいかもしれないが，代表取締役の一存による恣意的な決定が危惧される。

　取締役会は，個々の取締役につき相当な報酬額が決定される方向で，その監督権限（会362条2項2号）を行使しなければならず，不相当な報酬額の決定や，不当な減額を実施するために不当な配置換え・不合理な降格人事を実施した場合（派閥争いにおける敗者に対する制裁等）には，取締役会の構成員には任務懈怠責任が問われることもありえよう。

　取締役においては，定款または株主総会の決議によって報酬の金額が定められなければ，具体的な報酬請求権は発生せず，取締役が会社に対して報酬を請求することはできない（最判平15・2・21金判1180号29頁（丸屋ハウジング事件））。

2） 監査等委員会設置会社の場合

　監査等委員会設置会社においては，監査等委員である取締役とそれ以外の取締役の報酬は，区別して定めなければならない（会361条2項）。監査等委員である各取締役の報酬等について定款の定めまたは株主総会決議がないときは，当該報酬は，会社法361条1項所定の報酬等の範囲内において，監査等委員である取締役の協議（＝全員一致）によって定められる（同3項）。監査等委員である取締役は，株主総会において，監査等委員である取締役の報酬等について意見を述べることができる（同5項）。監査等委員会が選定する監査等委員は，株主総会において，監査等委員である取締役以外の取締役の報酬等について監査等委員会の意見

を述べることができる(同6項)。

3) 指名委員会等設置会社の場合

指名委員会等設置会社における取締役・会計参与・執行役(=執行役等)の報酬等の個人別の内容は,報酬委員会によって決定される。執行役が支配人その他の使用人を兼ねているときは,当該支配人その他の使用人の報酬等の内容についても,同様である(会404条3項)。

報酬としてストック・オプションを付与するにしても,相当な報酬の支給を決定することが求められるので,報酬委員会が相当性を欠く報酬の支給を決定した場合には,取締役の任務懈怠責任(会423条1項)を問われることもありうる。

(2) 報酬の意義

ここでいう取締役の「報酬」とは,取締役の職務執行の対価として受ける給付を意味する。この実質を有する限り,俸給・給与・功労金・住宅手当など名称のいかんも,また,年俸・月俸・現物給付など支給形式のいかんも問わない。ただし,交通費や交際費のような実費支給は報酬に該当しない。

賞与(ボーナス)[51]は,当該事業年度の成果に基づき,この成果獲得に貢献した取締役に支給される職務執行の対価であるから,任期途中に退任したり死亡した者にも支給されるべきものである。もっとも,定時総会における賞与支給決議において「賞与は現任取締役のみに支給する」等の条件が付されている場合は,この限りでない。なお,死亡役員への賞与の支給方法は報酬の場合と同様であり,会社法361条が適用され,定款に基づく支給規定があればこれに従う。実際には,この支給額を弔慰金という名目で支給するのが一般的である。

(3) 報酬の減額

通常の場合,株主総会では取締役全員に対する報酬総額が決議され,各取締役に対する具体的な報酬配分額の決定は,取締役会に一任される。このようにして決定された各取締役の報酬額は,取締役任用契約の内容として,会社と各取締役とを拘束し,取締役の同意をえないかぎり,会社が一方的に変更することはできない(最判昭和31・10・5裁判集民23号409頁)。もっとも,総会決議で一方的に増

---

[51] 従来,賞与は,定時総会における利益処分の一環として分配可能額から剰余金の処分として支給決議されるのが実務上の慣行であった。しかし,好成績をあげた会社がその見返りとして支給するならば,そこには職務執行に対する対価という性質も備わっており,業績連動型報酬と同性質といえなくもない。そこで,会社法は賞与も報酬の一種類として扱っている。

額することは，取締役に不利益をもたらすわけではなく，取締役からの反対も考えられないので，可能と解される。

　取締役の役職や勤労態様に変更が生じた場合（役付取締役が当該役職から解職されたり，常勤取締役が非常勤取締役にかわったような場合）はどうなるであろうか。通常の場合，報酬額は役職や勤務態様に応じて定められているので，これらに応じて報酬額には差異が生ずる。もっとも，同じ役職者であっても在職年数等によって差があることもある。判例は，「役職に応じて報酬額に差を設ける定め方が慣行化している会社においては，役職変更による報酬額減額について，任用契約上明文がなくても，当事者においては任期中の役職変更に伴い減額がありうることを認識したうえで取締役に就任したものと解されるので，そこには減額に関する合意（黙示の合意）があるものとみな」している（東京地判平2・4・20判時1350号138頁）。常勤取締役が非常勤取締役になった場合の報酬減額についても同旨の判例がある（大阪地判昭58・11・29判タ515号162頁）。

　このような黙示の合意が認められない場合，つまり役職に応じて報酬額に差を設ける定め方が慣行化していない会社の場合において，任期途中で職務内容に著しい変更のあった取締役の報酬に関し，株主総会は，本人の同意なくして一方的に将来に向け，報酬額を減額したり無報酬とすることを決定できるであろうか。判例は，「取締役の報酬額が具体的に定まっている場合，この報酬額は会社・取締役間の契約内容となって両者を拘束するので，その後，株主総会が無報酬とする旨を決議したとしても，当該当事者においてはこれに同意しないかぎり，当初の額の報酬請求権を失わず，このことは，たとえ職務内容に著しい変更があって総会決議がなされたとしてもかわらない」としている（最判平4・12・18民集46巻9号3006頁（協立倉庫事件））。[52]

（4）　退職慰労金の支給

1）　報酬規制と退職慰労金との関係

　取締役の退職慰労金の支給決定と会社法361条との関係については解釈が分かれていたが，判例・多数説は，退職慰労金を在職中の職務執行の対価すなわち「後払い報酬」と解して，適用肯定説に立つ。一方学説中には，退職慰労金を功労金（＝贈与）と解したり地位喪失の補償と解する立場もあるが，いずれにせよ

---

52)　百選［第2版］63事例〔甘利公人〕。

「お手盛り」防止のため，本条の適用ないし類推適用を必要とするのが大勢である。それでは，株主総会は退職慰労金の金額・支給時期・支給方法などの決定を取締役会に一任できるであろうか。この点，最判昭和39・12・11民集18巻10号2143頁（名古屋鉄道事件）[53]は，①会社の業績・退職役員の勤続年数・担当業務・功績の軽重などから割り出した一定の支給基準により決定する慣例が確立しており，②これに従って定めるべきことを明示的もしくは黙示的に決議している場合には，この一任決議を有効と解した。ついで，最判昭和44・10・28判時577号92頁は，これらの要件に加えて，③この支給基準が株主らにも推知できる状況にあることを加えている[54]（同旨・最判昭和48・11・26判時722号94頁（関西電力弔慰金事件））。なお，総会の一任決議を受けて取締役会がこの決定を代表取締役に一任する決議も有効と解されている（最判昭58・2・22判時1076号140頁）。

2）　退職慰労金の支給請求の可否

会社側がいっこうに退職金の支給手続きをとらない場合や，支給された額が予想に反して少額な場合，退任取締役の方から一般的な支給基準にのっとって退職慰労金を算定し，会社に支払い請求することは可能であろうか。判例は，わが法制上退職慰労金の支給は定款または株主総会決議で決定されることになっているので，裁判所は，特段の事情がないかぎり，その多寡の実質的当否につき，株式会社あるいは株主総会の判断に介入してはならないとして否定説にたつ（東京地判平19・6・14判時1982号149頁）。

一方，退職慰労金支給規定（内規）ないし支給慣行がある場合には，この支給を取締役任用契約の一内容と解して，支給請求の権利性を認め，支給決定がなくても，債務不履行あるいは不法行為にもとづく損害賠償請求や，支給決議をなすべき請求を認める解釈もある。

（5）　使用人兼務取締役の報酬

取締役が同時に支配人や部長・課長などの使用人を兼ねている場合，使用人として受ける給料の額については株主総会の決議は不要である。他方，取締役としての報酬部分に関する株主総会決議に関しては，会社内に使用人の給与体系が明確に確立しており，かつ提案する報酬の額には使用人給与部分は含まれていない

---

[53]　百選［第2版］62事例〔鳥山恭一〕。
[54]　現在は，株主総会参考書類において役員報酬に関し開示することが法定されており（会規82条以下），この要件に対応する措置がとられている。

旨が明示されている場合には，取締役の報酬の増額改定決議は，改正前商法269条1項（＝会361条1項）の脱法行為にはあたらないとされている（最判昭60・3・26裁判集民144号247頁（シチズン時計事件））。もっとも，取締役が使用人としての給与を受けることは自己取引となるので，原則的に取締役会の承認が必要となる（最判昭43・9・3金判129号7頁）。

（6） 株主総会決議がない場合

株主総会における取締役報酬の支給決議がない場合，取締役の利益はどこまで保護されるのであろうか。この点，従来の判例は，総会決議がない以上，報酬請求権は認められないと解してきた（大阪高判昭和43・3・14金判102号12頁，最判平成15・2・21金判1180号29頁（丸屋ハウジング事件）[55]など）。しかし，小規模な株式会社においては，本来は役員報酬が支給されるべきなのに現実には会社がこれを支給しない場合や，逆に，事実上支給しておきながら，後に総会決議がなかったことを理由に，会社が支給総額の返還を求めるという事態が少なくない。この場合，判例がとる救済法理としては，①大株主や株主全員の同意があった場合に株主総会決議があったものと擬制する解釈（東京地判平22・3・17LEX/DB25471312，東京地判平25・8・5金判1437号54頁，東京高判平成15・2・24金判1167号33頁），②会社側が返還を請求することは衡平の原則・信義則・権利濫用法理等の一般法理に反するとする解釈などがある（大阪地判昭46・3・29判時645号102頁，京都地判平4・2・27判時1429号133頁，東京高判平15・2・24金判1167号33頁，最判平21・12・18判時2068号151頁）。

学説においても，①総会が放置している場合には裁判所が報酬額を決定できるとする解釈，②取締役には報酬決議請求権があり，この決議をしない場合には，債務不履行に基づく損害賠償請求が認められるとする解釈，③報酬支給を総会に付議しないのは代表取締役の義務違反であり，会社に対し不法行為に基づく損害賠償を請求できるとする解釈，④不当利得返還請求権により会社に対し報酬相当額を請求できるとする解釈，⑤会社法429条1項にもとづき取締役に責任追及できるとする解釈等，各説がみられる。

---

55) 重要判例99事例。

2 ストック・オプション制度

（1）総説

ストック・オプション制度とは，株式会社が役員や従業員に対して，将来の一定期間（権利行使期間）においてあらかじめ定められた価額（権利行使価額）で当該会社の株式を取得することのできる権利すなわち新株予約権を付与し，取得した役員や従業員が将来株価が上昇した時点でこの権利を行使して，取得した株式を売却することにより，株価上昇分の利益を得るという一種の報酬制度をいう。報酬額が会社の業績向上による株価の上昇と直接連動していて，役員や従業員における会社の業績向上に対する意識が高まるため，業績連動型のインセンティブ報酬といわれる。

ストック・オプションとは，本来は新株予約権と同義であるが，特に「ストック・オプション」と表記された場合には，上記の意義をともない，わが国では譲渡制限を付した新株予約権を用いることにより現金報酬を補完して利用されている。精勤に向けたインセンティブとして付与されるストック・オプションにも「職務執行の対価」としての性質が認められるため，この制度には，新株予約権規制と役員の報酬規制の双方が適用される。

（2）ストック・オプションの付与手続

会社役員に対するストック・オプションの付与は，会社法が定める募集新株予約権の発行手続に沿って実施される。すなわち，公開会社の場合には，「特に有利な条件」による募集でない限り，そのつど取締役会決議により，また非公開会社の場合は，そのつど株主総会の特別決議により，募集事項を決定し，新株予約権を発行する。なお，公開会社において，①新株予約権と引換えに金銭の払込みを要しないこととすることが当該者に特に有利な条件であるとき，および，②払込金額が当該者に特に有利な金額であるときには，株主総会の特別決議が必要である（会238条1項2項3項・240条1項・309条2項6号）。この場合，一定の法定事項のみ定めて，それ以外の募集事項の決定を取締役会に委任することも可能である（会239条1項）。

（3）ストック・オプションの発行方法

これには，①相殺方式と，②現物方式とがある。①は，新株予約権の払込金額を，新株予約権の「公正価額」と同額またはこれより低額に定めたうえで，払込

期日を定めずに，総会の特別決議をへずにこの新株予約権を取締役に発行し，その行使期間の初日の前日までに，払込義務と取締役の会社への報酬請求権とを相殺する方式である（報酬債権との相殺による有償発行方式）。②は，新株予約権の払込みを不要として，新株予約権を発行する無償発行方式である。

（4）　株主総会における報酬決議

ストック・オプションを発行する場合には，それが「職務執行の対価」としての性質を有する以上，有利発行手続きをへるか否かにかかわらず，株主総会における報酬決議が必要である（会361条1項）。ストック・オプションは，その発行時（権利付与時）に，その公正価額を算定することが可能である。「額」が確定している（同項1号）とは，上限額が定まっているという意味であり，ストック・オプションの上限額も総会で決議しなければならないが，他の報酬等の上限と包括的に決議することもできる。確定額の上限を定めない場合には，「その具体的な算定方法」（同2号）の決議が必要である。さらに，ストック・オプションは金銭ではないから，「具体的な内容」（同3号）の決議も必要である。「内容」に関しては，新株予約権の内容（会236条1項）を確定的・網羅的に定める必要はなく，お手盛り防止の観点から，必要な程度の具体性で足りるが，この内容に関する事項を相当とする理由が総会で説明されなければならない（会361条4項）。この提案理由は株主総会参考書類に記載されなければならない（会規73条1項2号）。

（5）　その他の業績連動型報酬

近時の公開会社においては，業績連動型の報酬を採用しつつ各社各様の報酬基準が策定されている。そこでは，基本報酬額に加えて，年次インセンティブ（今期の企業成長に対する貢献の評価）・中長期インセンティブ（中長期の企業価値の向上への貢献の評価）・定性評価（今期業績に反映されない将来のための施策（人材育成・組織活性化等）に対する評価）等の各部分を統合した報酬体系が構築されつつある。

また，上述のストック・オプション以外の業績連動型報酬として，特に米国では，新たな形態の業績連動型報酬が登場しており，わが国の上場企業もこれらにならう例が少なくない。

　①　リストリクテッド・ストック（Restricted Stock）……一定期間の譲渡制限を

56）　改正前商法下では，ストック・オプションは報酬にはあたらないとの認識のもと，新株予約権を無償で発行するにあたっては，新株予約権の有利発行としてその年ごとに総会の特別決議が必要とされていた（旧商280条ノ21）。

付して，役職員に自社株を譲渡するもの。
② 株式報酬型ストックオプション……1株あたりの行使価額を1円とする譲渡制限新株予約権を付与するもの。会社が破綻しない限り株価が行使価額を下回ることはないので，いつか必ず行使されて株式となる。
③ 株式取得目的報酬（株式取得型報酬）……使途を自社株の取得に限定して金銭報酬を支給するもの。俸給に上乗せしてこれを支給し，これを役員持株会に拠出させて，自社株を取得させる。
④ 日本版ESOP……米国のESOP（Employee Stock Ownership Plan：従業員株式所有計画）にならうもので，①持株会型ESOPと，②株式付与型ESOPがある。①は，発行会社の設定した信託が，発行会社の保証により借り入れた資金で自社株を市場または発行会社から一括して取得し，これを従業員持株会に安定的・継続的に譲渡する仕組みであり，②は，発行会社の設定した信託が，発行会社が拠出した資金で自社株を市場または発行会社から取得し，これをあらかじめ設定した要件を満たす従業員等に付与するか，または換金のうえ支給する仕組みである。
⑤ S・A・R（Stock Appreciation Right）……米国において，ストック・オプションの代替手段として導入された株価連動報酬であり，付与時と行使時の時価の差額に相当する金銭の支給を受ける請求権を付与するもの。
⑥ ファントム・ストック（Phantom Stock）……金銭の支給により，あたかも株式を付与したような経済的効果をもたらそうとするもの。付与された者においては，株式を保有しているかのように配当が支給され，退任・死亡等の権利確定事実の発生までこの権利を保有し，権利確定日現在の株価で算出された評価差益の支給を受ける。実質的には議決権その他の共益権のない譲渡制限株式に類似している。
⑦ 有償ストック・オプション……会社役員等に，公正な評価額による払込金を支払わせた上でストックオプションを発行するもの。公正な評価額を払い込む新株予約権の発行であるため，有利発行規制や報酬規制を受けず，取締役会決議で実施できる。

3 会計参与・監査役の報酬

指名委員会等設置会社以外の株式会社における会計参与と監査役の報酬等の支

給手続はほぼ同様である。すなわち，定款にその額が定められていないときは，株主総会決議で定められる（会379条1項・387条1項）。そして，会計参与または監査役が2人以上いる場合には，会計参与・監査役の報酬等につき定款の定めまたは株主総会の決議がないときは，総会が定めた報酬等の範囲内において，会計参与・監査役の協議（＝全員一致）により定められる（会379条2項・387条2項）。会計参与（会計参与が監査法人または税理士法人である場合には，その職務を行うべき社員）および監査役は，株主総会において，会計参与・監査役の報酬等につき意見を述べることができる（会379条3項・387条2項）。

4 会計監査人の報酬

取締役が，会計監査人または一時会計監査人の職務を行うべき者の報酬等を定める場合には，監査役（2人以上いる場合には，その過半数）の同意が必要である（会399条1項）。監査役会設置会社の場合には監査役会の同意（同2項），監査等委員会設置会社の場合には監査等委員会の同意（同3項），指名委員会等設置会社の場合には監査委員会の同意（同3項）が必要である。

5 役員報酬の開示

株主総会で取締役の報酬等に関する議案を決議する場合には，株主総会参考書類において以下の事項を記載しなければならない（会規82条1項）。

① 会社法361条1項各号に掲げる事項の算定基準。すなわち，報酬等のうち，
  (i) 額が確定しているものについては，その額，
  (ii) 額が確定していないものについては，その具体的な算定方法，
  (iii) 金銭でないものについては，その具体的な内容，である。
② 議案がすでに定められている①の各事項を変更するものであるときは，変更の理由。
③ 議案が2人以上の取締役についての定めであるときは，その定めに係る取締役の員数。
④ 議案が退職慰労金に関するものであるときは，退職する各取締役の略歴。
⑤ 監査等委員会設置会社の場合には，会社法361条6項所定の監査等委員会の意見があるときは，その意見の内容の概要。

会社役員中に社外役員がいる場合には，その報酬等についても，別途所定事項

につき開示が必要とされる（同124条1項5号以下）。

公開会社の場合，取締役の一部が社外取締役であるときは，上記①(i)～(iii)における社外取締役に関するものは，株主総会参考書類において，それ以外の取締役と区別して記載しなければならない（82条3項）。公開会社の事業報告においても，「会社役員に関する事項」として，役員報酬等につき，所定事項を開示しなければならない（同121条4号）。

なお，金融商品取引法上の開示規制として，企業内容等の開示に関する内閣府令は，上場会社に対し，その有価証券報告書において，連結報酬等（提出会社および主要な連結子会社の役員としての報酬等を含む）の総額が1億円以上である役員につき，各人ごとの報酬等の総額およびこの総額の種類別（基本報酬，ストック・オプション，賞与，退職慰労金等）の額を記載しなければならないものとしている。

第11節　役員等の責任

1　役員等の会社に対する責任

(1)　任務懈怠責任

役員等（取締役・会計参与・監査役・執行役・会計監査人）は，その任務を怠った場合，会社に対して損害賠償責任を負う（会423条1項）。この場合の任務懈怠とは，会社との委任契約上の不完全履行に該当し，会社に対する善管注意義務・忠実義務違反を意味する。任務懈怠責任が生ずるためには，①役員等が任務を懈怠したこと（＝債務の本旨に従った履行をしないこと＝職務の遂行にあたり善管注意義務を尽くさなかったこと），②役員等の責めに帰すべき事由（＝故意または過失）があること，③役員等の任務懈怠により会社に損害が生じたこと，④任務懈怠と損害との間に因果関係があること，が必要である。もっとも，①を違法性の要件，②を帰責性の要件として，両者を別個の要件ととらえる説（二元説）[57]と，①と②の要件を区別しない説（一元説）[58]とがある。

---

[57] 相澤　哲＝石井裕介「株主総会以外の機関」立案担当者による新・会社法の解説〔別冊商事法務295号〕117頁。
[58] ①の役員等が債務の本旨に従った履行をしなかったことの証明は，同時に，②の役員等に故意または過失があった（＝注意義務違反があった）ことの証明になるとする（江頭466頁④）。

取締役の任務には、法令を遵守して職務を行うことが含まれるが（会355条）、この「法令」に関しては、①会社・株主の利益保護を目的とする具体的な規定（会156条〜160条・199条・356条等）に限定されるとする限定説と、①に加え、②公益保護を目的とする規定（刑法、独占禁止法等）のすべてを含むとする非限定説（最判平成12・7・7民集54巻6号1767頁・野村證券損失填補事件）とがある。

また、同条の下では、具体的な法令違反の場合とそれ以外の善管注意義務違反の場合とで、責任の判断構造を分けずに考察する説（一元説，上記の一元説とは別）と、分けてとらえる説（二元説，上記の二元説とは別）とがある。一元説によれば、具体的な法令違反も、それが善管注意義務違反と評価される場合にはじめて任務懈怠となる。

役員等がこの賠償責任を負う場合において、他の役員等もこの損害賠償責任を負うときは、これらの者は連帯債務者となる（会430条）。

（2）競業取引責任

取締役または執行役が、株主総会または取締役会の承認をえないで、競業取引（会356条1項1号）をした場合には、上記（1）の任務懈怠責任を負う。この場合、当該取引により取締役・執行役・第三者がえた利益の額は、会社の損害額と推定される（会423条2項）。会社は、競業の承認を得ないで取引した取締役に、当該取引により同人または第三者が得た額につき損害賠償を請求できる。この任務懈怠責任は総株主の同意がなければ免除できない（会424条）。ただし、後述するように、この任務懈怠責任に関しては一部免除制度が法定されている。

（3）利益相反取引責任

会社との直接取引・間接取引（会356条1項2号3号）により会社に損害が生じたときは、以下の取締役・執行役は、その任務を怠ったものと推定され、会社に対して任務懈怠の損害賠償責任を負う。すなわち、①会社法356条1項所定の取引を行った取締役・執行役、②会社が当該取引をすることを決定した取締役・執行役、③当該取引に関する取締役会の承認の決議に賛成した取締役（指名委員会等設置会社においては、当該取引が会社と取締役との間の取引または会社と取締役との利益が相反する取引である場合に限る）である（会423条3項）。

なお、取締役または執行役が、自己のために、会社と直接取引をした場合には、当該取締役・執行役の責めに帰することのできない事由により任務を怠ったとしても、会社に対して損害賠償責任を負う（無過失責任）（会428条1項）。この責任

については一部免除（会425条〜427条）は認められない（会428条2項）。

（4） 剰余金配当等に関する責任

会社が違法な剰余金の配当等（会461条1項各号）をした場合，①当該行為により金銭等の交付を受けた者，②当該行為に関する職務を行った業務執行者（業務執行取締役・執行役・その他当該業務執行取締役の行う業務の執行に職務上関与した者として法務省令で定める者（会規116条15号，計規159条））、および，③株主総会や取締役会に分配可能額を超える配当等の議案を提案した取締役・執行役は，会社に対して，連帯して，当該金銭等の受領者が交付を受けた金銭等の帳簿価額に相当する金銭の支払義務を負う（会462条1項）。ただし，無過失を立証したときは，この限りでない（同2項）。

（5） 違法な利益供与に関する責任

株式会社は，何人に対しても，株主の権利・当該会社に係る適格旧株主（会847条の2第9項）の権利または当該会社の最終完全親会社等（会847条の3第1項）の株主の権利の行使に関し，当該会社またはその子会社の計算において，財産上の利益を供与してはならない（会120条1項）。会社が，①特定の株主に対して無償で財産上の利益を供与したとき，あるいは，②特定の株主に対して有償で財産上の利益を供与した場合で，当該会社またはその子会社の受けた利益が，当該財産上の利益に比して著しく少ないときは，会社は株主の権利の行使に関して，財産上の利益を供与したものと推定される（同2項）。

利益供与を受けた者も，当該会社またはその子会社に対して，その返還義務を負う。この場合，当該会社またはその子会社に対して当該利益と引換えに給付したものがあるときは，その返還を受けることができる（同3項）。

当該利益供与に関与した取締役・執行役として法務省令（会規21条）で定める者は，会社に対して連帯して，供与利益価額相当額の支払義務を負う。ただし，当該利益供与をした取締役を除くその他の関与取締役においては，無過失を立証した場合はこの限りでない（会120条4項）。

この法規制は，総会屋の撲滅を主眼として昭和56年の商法改正で設けられたが，取締役等が自分の財産を供与することまでは禁じていない。株主の権利の行使に関し，影響を及ぼす意図でなされる会社資産の浪費を防止する趣旨である。[59] 取締役のみならず広範囲の者が罰則の適用を受けることになる。[60]

（6） 買取請求に応じて株式を取得した場合の責任

会社が反対株主の株式買取請求（会116条1項）に応じて株式を取得する場合，請求株主に支払った金銭の額が支払日における分配可能額を超えるときは，当該取得に関する職務を行った業務執行者は，会社に対して，連帯して超過額を支払う義務を負う。ただし，無過失を立証した場合はこの限りでない（会464条1項）。したがって，買取価格が分配可能額を超過しそうなときは，株式買取請求の原因となる定款変更等はさけるべきこととなる。

（7） 期末欠損てん補責任

剰余金の配当等の行為をした場合に，株主に交付した金銭等の帳簿価額の総額等が，当該行為をした日の属する事業年度に係わる計算書類につき定時総会の承認を受けた時における分配可能額を超えるときは，当該行為に関する職務を行った業務執行者は，会社に対して，連帯して，超過額を支払う義務を負う。ただし，無過失を立証した場合はこの限りでない（会465条1項）。

（8） 資本充実責任

会社設立および募集株式発行の場合に現物出資として給付された財産等の価額が，定款に記載・記録された価額に著しく不足する場合，発起人・設立時取締役および募集に関する職務を行った業務執行取締役等は，会社に対して，連帯して不足額の支払義務を負う（会52条・213条）。この不足額てん補責任は，発起設立の場合および募集株式発行の場合は，過失の推定される過失責任であるが（会52条2項2号・213条2項2号），募集設立の場合の発起人・設立時取締役は無過失責任（会103条1項）である。募集設立の場合も過失責任とすると，無過失で責任がない場合，設立時募集株式の引受人の出資との間に不公平が生ずるからである

59） 株式の譲渡自体は，この場合の「株主の権利の行使」には該当しないが，特定株主が経営陣に対し敵対的な議決権行使をなすことを阻止する目的で，会社側が，この株主から株式を買い受ける者に対して対価を供与する行為は，「株主の権利の行使に関して」利益を供与する行為にあたる（最判平成18・4・10金商1240号12頁）。

60） 取締役・会計参与・監査役・執行役，取締役・監査役・執行役の職務代行者，一時取締役（監査等委員会設置会社にあっては監査委員である取締役またはそれ以外の取締役）・会計参与・監査役・代表取締役・委員（指名委員会・監査委員会・報酬委員会の委員をいう）・執行役・代表執行役の職務を行うべき者，支配人，その他の会社の使用人につき，利益供与罪（会970条1項），受供与罪・第三者供与罪（同2項）・供与要求罪（同3項）として3年以下の懲役または300万円以下の罰金。威迫受供与罪・第三者供与罪・供与要求罪として5年以下の懲役または500万円以下の罰金（同4項）。併科（同5項），1項の罪には自首による刑の減軽・免除の措置あり（6項）。

(江頭110頁)。

2 責任の一部免除・限定

（１）総会決議による責任の一部免除
１）総説
　役員等の会社に対する任務懈怠責任（会423条1項）に関しては，その一部免除制度が法定されている。すなわち，当該役員等が，職務を行うにつき善意かつ重大な過失がないときは，賠償責任額から以下に掲げる額の合計額（最低責任限度額）を控除してえた額を限度として，株主総会の特別決議により免除することができる（会309条2項8号・425項1項）。なお，この場合の株主総会とは，当該会社に最終完全親会社等（会847条の3第1項）がある場合で，当該責任が特定責任（同4項）であるときは，当該会社および当該最終完全親会社等の株主総会をいう（会425条1項かっこ書）。すなわち，
　① 当該役員等がその在職中に職務執行の対価として，会社から受け，または受けるべき財産上の利益の1年間あたりの額に相当する額として法務省令で定める方法により算定される額（会規113条）に，以下に示す所定の数を乗じてえた額，である。
　　(イ) 代表取締役・代表執行役の場合は，6，
　　(ロ) 代表取締役以外の取締役（業務執行取締役等である者に限る）・代表執行役以外の執行役の場合は，4，
　　(ハ) 取締役（(イ)・(ロ)に掲げるものを除く）・会計参与・監査役・会計監査人の場合は，2。
　② 当該役員等が，会社の募集新株予約権と引き換えに，(a)金銭の払込みを要しないとすることが，当該者に特に有利な条件であるとき，および，(b)募集新株予約権と引換えに払い込む金額が，当該者に特に有利な金額であるとき（会社法238条3項各号の場合）には，当該会社の新株予約権を引き受けた場合における，当該新株予約権に関する財産上の利益相当額として法務省令（会規114条）が定める方法により算定される額（会425条1項2号かっこ書）。
　この総会決議をなすにあたり，取締役は，(ア)責任原因事実・賠償責任額，(イ)免除可能限度額・その算定根拠，(ウ)責任免除理由・免除額，を開示しなければなら

ない（会425条2項）。なお，この場合の取締役とは，当該会社に最終完全親会社等がある場合（会847条の3第1項）で，免除しようとする責任が特定責任（同項）であるときは，当該会社および当該最終完全親会社等の取締役をいう（会425条2項かっこ書）。

2） 議案への同意

監査役設置会社・監査等委員会設置会社・指名委員会等設置会社の場合，取締役は，取締役（監査等委員・監査委員であるものを除く）・執行役の任務懈怠責任の免除に関する議案を株主総会に提出するに際しては，①監査役設置会社の場合には監査役（2人以上いる場合には各監査役），②監査等委員会設置会社の場合には各監査等委員，③指名委員会等設置会社の場合には各監査委員の，同意を得なければならない（同3項）。なお，この同意を得なければならない取締役とは，これらの会社に最終完全親会社等がある場合で，免除しようとする責任が特定責任であるときは，当該会社および当該最終完全親会社等の取締役をいう（会425条3項かっこ書）。

3） 免除決議後の取扱い

総会で一部免除の決議があった後，会社が当該役員等に退職慰労金その他法務省令（会規115条）が定める財産上の利益を与えるときには，総会の承認を受けなければならない。この役員等が，上記1）②の新株予約権を当該決議後に行使し，または譲渡するときも同様である（会425条4項）。

総会で上記一部免除の決議があった場合で，当該役員等が上記新株予約権を表示する新株予約権証券を所持するときには，この役員等は，遅滞なく，この新株予約権証券を株式会社に預託しなければならず，この新株予約権の譲渡につき上記の総会承認を受けた後でなければ，この新株予約権証券の返還を求めることができない（同5項）。

（2） 定款の定めによる責任の一部免除

役員等の会社に対する任務懈怠責任（会423条1項）に関しては，取締役が2人以上いる監査役設置会社および監査等委員会設置会社・指名委員会等設置会社においては，当該役員等が職務を行うにつき善意かつ無重過失の場合において，責任原因事実の内容・当該役員等の職務執行状況その他の事情を勘案して特に必要と認めるときは，上記（1）1）により免除できる額を限度として取締役（当該責任を負う取締役を除く）の過半数の同意（取締役会設置会社においては取締役会決議）

により，この責任を免除できる旨を定款で定めることができる（会426条1項）。

　上記**(1)2)**の定め（会425条3項）は，①定款を変更して，取締役（監査等委員・監査委員であるものを除く）および執行役の責任を免除することができる旨の定めを設ける議案を株主総会に提出する場合，②定款の定めに基づき取締役（監査等委員・監査委員であるものを除く）および執行役の責任を免除することにつき取締役の同意をえる場合，③当該責任免除に関する議案を取締役会に提出する場合，に準用される（会426条2項）。ただし，会社法425条3項かっこ書の適用はなく，当該監査役設置会社・監査等委員会設置会社・指名委員会等設置会社の取締役は，それぞれ各監査役・各監査等委員・各監査委員らに同意を求めることになる。

　この定款の定めに基づいて役員等の責任を免除する旨の同意（取締役会設置会社の場合は取締役会決議）があったときは，取締役は，遅滞なく，上記**(1)1)**の(ア)(イ)(ウ)および責任を免除することに異議がある場合には1カ月を下らない一定の期間内に当該異議を述べるべき旨を公告し，または株主に通知しなければならない（会426条3項）。ただし，非公開会社の場合は，公告は不要であり，株主に通知しなければならない（同4項）。

　最終完全親会社等がある場合で，特定責任の免除に係るものについてこの公告・通知がなされたときは，当該最終完全親会社等の取締役は，遅滞なく，上記**(1)1)**の(ア)(イ)(ウ)および責任を免除することに異議がある場合には1カ月を下らない一定の期間内に当該異議を述べるべき旨を公告し，または株主に通知しなければならない（同5項）。ただし，非公開会社の場合は，公告は不要であり，株主に通知しなければならない（同6項）。

　総株主（損害賠償責任を負う役員等であるものを除く）の議決権の100分の3（これを下回る割合を定款で定めた場合には，その割合）以上の議決権を有する株主がこの期間内にこの異議を述べたときは，会社は上記会社法426条1項所定の定款に基づく免除をしてはならない（同7項）。

　株式会社に最終完全親会社等があり，上記定款の定めに基づき特定責任を免除しようとする場合には，当該会社の総株主の（損害賠償責任を負う役員等であるものを除く）の議決権の100分の3（これを下回る割合を定款で定めた場合には，その割合）以上の議決権を有する株主または当該最終完全親会社等の総株主（損害賠償責任を負う役員等であるものを除く）の議決権の100分の3（これを下回る割合を定款で定めた場合には，その割合）以上の議決権を有する株主が，上記の期間内に異議を述

べたときも，会社はこの定款に基づく免除をしてはならない（同7項）。

（3） 責任限定契約

株式会社は，取締役（業務執行取締役等であるものを除く）・会計参与・監査役・会計監査人（＝非業務執行取締役等）の会社に対する任務懈怠責任（会423条1項）につき，当該非業務執行取締役等が職務を行うにつき善意かつ無重過失のときは，定款所定額の範囲内であらかじめ会社が定めた額と最低責任限度額とのいずれか高い額を限度とする旨の契約を，非業務執行取締役等と締結することができる旨を定款で定めることができる（会427条1項）。この契約を締結した非業務執行取締役等が当該会社の業務執行取締役等に就任したときは，当該契約は，将来に向かって失効する（同2項）。

上記(1) 2)の定め（会425条3項）は，会社が，定款を変更して，取締役（監査等委員・監査委員であるものを除く）とこの責任限定契約を締結することができる旨の定款の定め（会427条1項）を設ける議案を株主総会に提出する場合に準用される。ただし，会社法425条3項かっこ書の適用はなく，「取締役」において同意を求めることになる（会427条3項）。

この責任限定契約を締結した会社が，当該契約の相手方である非業務執行取締役等が任務を怠ったことにより損害を受けたことを知ったときは，その後最初に招集される株主総会（当該会社に最終完全親会社等がある場合で，当該損害が特定責任に係るものであるときは，当該会社および当該最終完全親会社等の株主総会）において以下の事項を開示しなければならない（同4項1号～3号）。すなわち，①責任の原因となった事実・賠償責任額（会425条2項1号），免除額の限度・その算定の根拠（同2号），②当該契約の内容，当該契約の締結理由，③任務懈怠により会社に生じた損害（会423条1項）のうち，当該非業務執行取締役等が賠償責任を負わないとされた額，である。

非業務執行取締役等が，この責任限定契約によって，所定限度を超える部分につき損害賠償責任を負わないとされた場合には，上記(1) 3)の定め（会425条4項5項）が準用される（会427条5項）。

3 役員等の第三者に対する損害賠償責任

（1） 会社法 429 条 1 項の法意
1） 総　説

　役員等がその職務を行うにつき悪意または重大な過失があったときは，当該役員等は，これによって第三者に生じた損害を賠償する責任を負う（会429条1項）。

　この規定の前身である改正前商法266条ノ3第1項（取締役の第三者に対する責任規定）は，戦後，わが国の特に中小会社の取締役に対して多く適用されてきたが，その法的性格に関しては解釈が分かれていた。1つは，不法行為特則説であり，本項を民法上の不法行為責任の特則と解していた。すなわち，民法709条が不法行為者の故意・過失（重過失と軽過失を含む）を主観的要件とするのに対し，本項は，軽過失による加害の場合には取締役を免責させる規定であって，取締役の責任軽減を意図していると解する。したがって，民法上の不法行為責任との競合はなく，悪意・重過失はあくまでも第三者（＝被害者）に対する加害について存することが必要とされ，役員等の不法行為により生ずる直接損害に限定して適用されることになる。

　これに対し，判例（最判昭和44・11・26民集23巻11号2150頁等）・通説は，特別法定責任説にたってきた。すなわち，本項は会社に賠償資力がない場合の会社債権者保護の見地から政策的に定められた規定であり，不法行為責任規定とは違うと解する。第三者における損害には役員等の任務懈怠から直接的にもたらされた直接損害のほか，この任務懈怠によりまず会社に損害が生じ，その結果，第三者も被るにいたった間接損害も含まれ（両損害包含説），取締役における悪意・重過失は，直接損害・間接損害いずれにおいても，会社に対する自己の任務懈怠について存すればたりると解する。そして不法行為責任との競合を認める。

　もっとも，株主が被る間接損害の救済については，代表訴訟によるべきなので，本項の第三者には株主は含まれないとする解釈も有力である（前田454頁，龍田96頁，東京地判平成8・6・20判時1578号131頁，東京高判平成17・1・18金判1209号10頁）。①会社が損害を回復すれば株主の持分も回復する，②取締役が株主に賠償しても会社に対する責任が残るのでは取締役は二重の責任を負うことになる，③逆に，取締役が株主に賠償すれば会社に対する責任がその分減少すると解すると，責任免除に総株主の同意を要すること（会424条）と矛盾する，からである。

しかし，特に閉鎖会社の場合には原告株主が代表訴訟に勝訴しても，はたして会社が強制執行するかどうかは疑わしく，本条には株主を含めるべき必要もある（江頭505頁）。その方向で条文や解釈を整理すべきであろう。

2）　監視義務違反

本項は多く間接損害事例に適用されてきた。典型例としては，取締役会が設置されている会社において，日頃，代表取締役が経営を独断専行している状況下，この者が放漫経営により会社を倒産させた場合に，会社債権者がそれまで経営にまったく関与していなかった平取締役に対し，代表取締役に対する監視義務違反を理由にして，本項による損害賠償を請求するというものである。

取締役の監視義務とは，取締役が他の取締役または使用人の職務違反行為を防止するために，これらの者の職務行為を監視・監督すべき義務をいう。これに関しては，①代表取締役は他の代表取締役の職務違反行為について，また，②代表取締役は商業使用人や平取締役の職務違反行為について，あるいは，③平取締役は代表取締役の職務違反行為について，それぞれ監視義務を負うかという問題がある。いずれについても最高裁は結果として改正前商法266条ノ3第1項の適用を肯定してきた。とりわけ，③に関しては，取締役会は代表取締役の業務執行を監督する立場にあるので（改前商260条1項＝会362条2項2号），これを構成する取締役は取締役会の構成員として，会社に対し取締役会上程事項のみならず，代表取締役の業務執行一般につき監視義務を負担すると解している（最判昭和48・5・22民集27巻5号655頁）。[61]

平取締役に対し，代表取締役への監視義務の履行を厳しく求める最高裁の姿勢は，基本的には正当であるが，現実論として，代表取締役に対して従属的な立場にある平取締役にまでこの履行を求めることは酷な場合もあり，事案に応じて柔軟に解釈する必要がある。

3）　表見的取締役の責任

本規定は，従来，わが国の中小会社に多く見られたいわゆる看板取締役に対し頻繁に適用されてきた。看板取締役は，名目的取締役と表見的取締役（表見取締役ともいう）に分かれる。前者は取締役としての選任手続をへた法律上の取締役

---

[61]　石山卓磨「代表取締役の業務執行についての取締役の監視義務」商法の判例と論理（倉澤還暦）235頁（日本評論社，1994）。

であり，会社業務に関与していない者であるが，法律上の取締役である以上，本項の適用を受けるのは当然である。後者は登記簿上は取締役として表示されていながらその選任手続をへていない者をいい，法律上の取締役ではないことから本規定の適用いかんが問題となる。この点，判例は，自己の取締役就任登記に承諾を与えた者は会社法908条2項（改前商14条）所定の不実登記の出現に加功した者であるから，まず同項を類推適用することにより，自己が取締役でないことを善意の第三者に対抗できなくさせたうえで，会社法429条1項の責任を課している（最判昭和47・6・15民集26巻5号984頁）。この点，筆者は，商業登記制度の重要性を考慮したうえで，表見的取締役と会社債権者のうちいずれに責任を帰属させるのが衡平にかなうかという利益衡量に基づき，このような表見的取締役を広義の事実上の取締役の一類型と認定し，会社法908条2項を媒介することなく，したがって相手方の善意・悪意に関係なく，会社法429条1項を直接適用すべきものと解している。

4） 退任登記未了の辞任取締役

取締役辞任の意思を会社に伝えたにもかかわらず，会社側が退任登記手続をとらないため，依然として登記簿上は取締役として表示されている者についても会社法429条1項が適用されるのであろうか。この点，判例は，原則として本項の適用はないが，ただし，当該辞任取締役が，①辞任後も積極的に取締役として活動を続けていたり，あるいは，②会社に対し，自己の辞任登記を申請しないで不実登記を残存させることにつき明示的に承諾を与えたなどの特段の事情が存する場合には，会社法908条1項（改前商12条）や同2項を媒介として，本項を適用してきた（最判昭和37・8・28裁判集民62号273頁，最判昭和62・4・16判時1248号127頁）[62]。

会社と取締役との関係が委任関係である以上，原則として取締役はいつでも代表取締役に辞意を伝えて会社を退くことができる。これに対し会社側にはすみや

---

62) 中小会社の場合，取締役の後任者を見つけるのが難しい場合があり，社長が，辞任希望の取締役に対し，辞任後も後任者が決まるまで，事実上従来通り仕事を手伝ってほしい，あるいは変更登記をしばらく待ってほしいと懇請し，やむなく好意で社長の要望に応じる場合がある。その好意が仇となる悲劇が生じる原因の一つは，従来，取締役会の最低員数が3人となっていたことにある。この点，会社法の場合，取締役は1人でもよいことになったので，後任者を見つけることができない場合は，定款を変更して取締役会非設置会社にかえればよい。近年このような悲劇は少なくなったようである。

かに後任者を選出し登記手続を履践すべき義務があり，会社側の義務不履行の咎を会社を去った者に転嫁することは基本的に許されない。しかし，①においては狭義の事実上の取締役が，②においては広義の事実上の取締役が認定されるので，会社法908条1項や2項を媒介としないで，これらの場合には会社法429条1項の直接適用を認めたいと思う。

（2） 不実の情報開示責任

以下の者が，以下の行為を行うにつき悪意または重過失があったときも，これにより第三者に生じた損害を賠償する責任を負う。ただし，当該行為をするにあたり注意を怠らなかったことを証明したときはこの限りでない（会429条2項1号〜4号）。

1） 取締役および執行役

① 株式・新株予約権・社債・新株予約権付社債の引受人を募集する際，通知すべき重要事項について虚偽の通知，または，当該募集のための当該会社の事業その他の事項に関する説明に用いた資料についての虚偽の記載・記録，

② 計算書類・事業報告・これらの附属明細書・臨時計算書類に記載・記録すべき重要事項についての虚偽の記載・記録，

③ 虚偽の登記，

④ 虚偽の公告（定時総会後の電磁的方法による貸借対照表の内容情報の提供（会社440条3項）を含む）。

2） 会計参与

計算書類・その附属明細書・臨時計算書類・会計参与報告に記載・記録すべき重要事項についての虚偽の記載・記録。

3） 監査役・監査等委員・監査委員

監査報告に記載・記録すべき重要事項についての虚偽の記載・記録。

4） 会計監査人

会計監査報告に記載・記録すべき重要事項についての虚偽の記載・記録。

4　役員等の連帯責任

役員等が，株式会社または第三者に損害賠償責任を負う場合で，他の役員等も当該損害賠償責任を負うときは，これらの者は連帯債務者となる（会430条）。

5　役員等の責任の消滅時効期間

　会社がその事業としてする行為およびその事業のためにする行為は商行為である（会5条）。したがって、会社と取引した相手方が、会社に対して債務不履行責任を負う場合には、損害賠償債務は取引上の債務が変形したものとして、会社にとっては商行為により取得した債権となり、その消滅時効期間は商事消滅時効期間（商522条）の5年となる（最判昭和47・5・25判時671号83頁）。では、取締役の対会社責任あるいは対第三者責任の消滅時効期間も5年となるのであろうか。

　この点、最高裁は、取締役の会社に対する損害賠償責任（会423条1項（改前商266条1項5号））に関し、この責任は、「取締役がその任務を懈怠して会社に損害を被らせることによって生ずる債務不履行責任であるが、法によってその内容が加重された特殊な責任であって、商行為たる委任契約上の債務が単にその態様を変じたものにすぎないということはできない。……商事取引における迅速決済の要請は妥当しない」と判示して、この消滅時効期間は民法167条1項により10年になると解している（最判平20・1・28判時1995号151頁）。

　取締役の対第三者責任（会429条1項）に関しては、これが不法行為責任における3年の短期消滅時効（民724条）にかかるか否かが問題となる。この点、最高裁は、民法724条の短期消滅時効の立法趣旨を、通常の場合、不法行為責任は未知の当事者間における予期しない偶然の事故により発生するものであるため、加害者においては、賠償請求を受けるか否か、いかなる範囲まで賠償義務を負うか等で不安定な立場におかれるため、その加害者を保護することにあると解したうえで、特別法定責任説の立場から、「取締役は、不法行為の加害者がおかれる……ような不安定な立場に立たされるわけではないから、取締役の責任に民法724条を適用すべき実質的論拠はなく、……民法167条1項を適用すべきである」と解している（最判昭和49・12・17民集28巻10号2059頁）。

第12節　役員等の違法行為に対する措置

1　業務執行に関する検査役の選任

　株式会社の業務執行に関し、不正の行為または法令・定款に違反する重大な事

実があることを疑うにたりる事由があるときは，①総株主（総会の決議事項の全部につき議決権を行使できない株主を除く）の議決権の100分の3（これを下回る割合を定款で定めた場合には，その割合）以上の議決権を有する株主，および，②発行済株式（自己株式を除く）の100分の3（これを下回る割合を定款で定めた場合には，その割合）以上の数の株式を有する株主は，会社の業務・財産状況を調査させるため，裁判所に対して検査役の選任を申し立てることができる（会358条1項）。

この申立て後，会社が新株を発行したため上記法定の議決権割合を欠くにいたった場合，会社がこの申立ての妨害目的で新株を発行したなどの特段の事情がない限り，この申立ては不適法となり却下される（最判平18・9・28民集60巻7号2634頁）。

裁判所は，この申立てを不適法として却下する場合を除き，検査役を選任しなければならず（同2項），会社が当該検査役に支払うべき報酬の額を定めることができる（同3項）。

検査役の裁判所に対する検査報告およびこれに対する裁判所の対応については前述（本書194頁）を参照のこと。

2 株主による取締役の行為の差止め

取締役が株式会社の目的の範囲外の行為その他法令・定款に違反する行為をし，またはこれらの行為をするおそれがある場合で，当該行為によって会社に「著しい損害」が生ずるおそれがあるときには，6カ月（これを下回る期間を定款で定めた場合には，その期間）前から引き続き株式を有する株主は，当該取締役に対し当該行為をやめることを請求することができる（会360条1項）。

なお，非公開会社の場合，株式の保有期間については定めがなく，株主はただちに請求できる（同2項）。また，監査役設置会社・監査等委員会設置会社・指名委員会等設置会社の場合には，上記「著しい損害」は，「回復することができない損害」となる（同3項）。

3 監査役による取締役の行為の差止め

取締役が，監査役設置会社の目的の範囲外の行為その他法令・定款に違反する行為をし，またはこれらの行為をするおそれがある場合で，当該行為によって会社に「著しい損害」が生ずるおそれがあるときは，監査役は，当該取締役に対し

当該行為をやめることを請求することができる（会385条1項）。裁判所が仮処分をもってこの取締役に差止命令を発するときは，担保をたてさせないものとされる（同2項）。

4 株主による役員解任の訴え

役員（取締役・会計参与・監査役）の職務の執行に関し，不正の行為または法令・定款に違反する重大な事実があったにもかかわらず，当該役員を解任する旨の議案が株主総会において否決されたとき，または，当該役員を解任する旨の株主総会の決議が，種類株主総会決議も必要なため（会323条），その効力を生じないときは，以下の株主は，この総会の日から30日以内に，訴えをもって当該役員の解任を請求することができる（会854条1項1号2号）。[63]

① 総株主（以下の株主を除く）の議決権の100分の3（これを下回る割合を定款で定めた場合には，その割合）以上の議決権を6カ月（これを下回る期間を定款で定めた場合には，その期間）前から引き続き有する株主（以下の株主を除く），

　(イ) 当該役員を解任する旨の議案について議決権を行使することができない株主，

　(ロ) 当該請求に係る役員である株主，

② 発行済株式（以下の株主が有する株式を除く）の100分の3（これを下回る割合を定款で定めた場合には，その割合）以上の数の株式を6カ月（これを下回る期間を定款で定めた場合には，その期間）前から引き続き有する株主（以下の株主を除く），

　(イ) 当該株式会社である株主，

　(ロ) 当該請求に係る役員である株主。

なお，非公開会社の株主の場合には，株式の保有期間に関する制限はなく，保有株式数・割合の要件をみたせば請求できる（同2項）。また，この訴えは，会社と役員との間の委任関係の解消を目的とする形成の訴えであり，当該会社と当該役員とを被告としなければならない（会855条）。

なお，取締役・監査役選任権付種類株式（会108条1項9号）を発行している会

---

[63] 総会で解任議案が否決される場合としては，総会の定足数不足により流会になる場合も含まれる。そう解さないと，多数派が総会に欠席し，この訴えをできなくしてしまうおそれがあるからである（前田411頁）。

社の場合には，この規制には，種類株主総会の決議の場合が含まれる（会854条3項4項）。

第13節　株主代表訴訟

1　総説

会社法は，株主が，株式会社に対して，以下の責任追及等の訴えを提起するよう請求し，会社がこれに応じない場合には，株主自らがその提訴をする，株主代表訴訟制度を設けている。この責任追及等の訴えとしては，以下の訴えが該当する（会847条1項）。すなわち，

① 発起人・設立時取締役・設立時監査役・役員等（取締役・会計参与・監査役・執行役・会計監査人）・清算人（＝発起人等）の責任を追及する訴え，

② 払込みを仮装した設立時募集株式の引受人の支払を求める訴え（会102条の2第1項），

③ 不公正な払込金額で募集株式を引き受けた者への支払を求める訴え（会212条1項），

④ 不公正な払込金額で新株予約権を引き受けた者への支払を求める訴え（会285条1項），

⑤ 株主の権利行使に関して得た違法な供与利益の返還を求める訴え（会120条3項），

⑥ 出資の履行を仮装した募集株式の引受人への支払・給付を求める訴え（会213条の2第1項），

⑦ 新株予約権に係る払込み等を仮装した新株予約権者等への支払・給付を求める訴え（会286条の2第1項），である。

なお，後述するように，株主代表訴訟の原告株主は，株主代表訴訟の係属中に株式移転等が行われ，完全親会社の株主になった後も，完全子会社の取締役になった被告取締役に対する関係で，原告たる地位を失わないが（会851条1項），会社の株主は，最初から自社の完全子会社や完全親会社の取締役等に対し原告適格を有するものではない（東京地判平成19・9・27判時1992号134頁，完全子会社の取締役に対する事例）。

2 会社への提訴請求

　6か月（これを下回る期間を定款で定めた場合には，その期間）前より引き続き株式を有する株主は，まず，会社に対して書面その他の法務省令所定の方法（会規217条）により，取締役等に対する「責任追及等の訴え」を提起するよう請求することができる。ただし，この訴えが当該株主もしくは第三者の不正な利益をはかり，または，当該会社に損害を加えることを目的とする場合は，この限りでない（会847条1項）。

　会社法施行規則は，この請求方法として，①被告となるべき者，②請求の趣旨および請求を特定するのに必要な事実，を記載した書面の提出または当該事項の電磁的方法による提供を規定している（会規217条）。この保有期間をみたす株主であれば1株しか有していない者でもこの制度が適用されるが，公開会社でない会社においては，この保有期間の制限はなく，株主であれば，即時，会社に対して提訴を請求できる（会847条2項）。

　なお，定款で，この提訴請求権の行使を否定されている単元未満株主（会189条2項）は，この提訴請求をすることができない（会847条1項かっこ書）。

3 株主の提訴

　会社が株主から提訴請求を受けてから60日（熟慮期間）以内に「責任追及等の訴え」を提起しないときは，当該請求をした株主は，株式会社のために，「責任追及等の訴え」を提起することができる（同3項）。

　なお，この期間の経過により会社に「回復することができない損害」が生ずるおそれがある場合には，会社に提訴請求した株主は，会社のために，直ちに「責任追及等の訴え」を提起することができる。ただし，この訴えが当該株主もしくは第三者の不正な利益をはかり，または，当該会社に損害を加えることを目的とする場合は，この限りでない（会847条1項・5項）。

　責任追及等の訴えは，株式会社・株式交換等完全子会社（＝株式会社等）の本店所在地を管轄する地方裁判所の管轄に専属する（会848条）。

　監査役設置会社の場合，会社を代表して株主からの提訴請求を受けるのも，訴えを提起するのも監査役であるが（会386条1項2項1号），60日間の熟慮期間中，監査役は，提訴請求した株主が主張する事実および訴訟を維持するに足りる証拠

方法の存否等について考慮して，提訴すべきか否かを判断することになる。

4 不提訴理由の通知

　会社は，株主の提訴請求の日から60日以内に責任追及等の訴えを提起しない場合で，当該請求をした株主または責任追及の対象となった発起人等から請求を受けたときは，当該請求をした者に対して，遅滞なく，「責任追及等の訴え」を提起しない理由を，書面その他の法務省令で定める方法により通知しなければならない（会847条4項）。

　会社法施行規則は，この通知方法として，①会社が行った調査の内容（次の②の判断の基礎とした資料を含む），②被告となるべき者の責任・義務の有無についての判断，③この者に責任・義務があると判断した場合において，責任追及等の訴えを提起しないときは，その理由，を記載した書面の提出または当該事項の電磁的方法による提供を定めている（会規218条）。

　不提訴理由の通知制度は，会社法において新設されたものであり，その趣旨は，「提訴請求をした株主等が株式会社に対して調査の結果やそれを前提として訴えを提起しないこととした株式会社の判断プロセスの開示を請求することを認めることにより，役員間のなれ合いで提訴しないような事態が生じないように牽制するとともに，株主等が代表訴訟を遂行するうえで必要な訴訟資料を収集することを可能にする」ことにある。[64]

5 担保の提供

　株主が「責任追及等の訴え」を提起したときは，裁判所は，被告の申立てにより，当該株主に対して，相当の担保を立てるべきことを命ずることができる（会

---

64) 相澤　哲編著・一問一答・会社法261頁（商事法務，2005）。
　　以下の条件がみたされれば，この立法趣旨が具現化したと評価されるといわれている（小林秀之・新会社法と会社訴訟の実務146頁〔髙橋　均〕（新日本法規，2006）。①提訴請求を受領した監査役が，法定の考慮期間内に，中立的第三者（提訴請求に関与していない弁護士・公認会計士・学者等）を活用した調査体制を確立し，効率的かつ客観的な調査を工夫する。②監査役が，取締役には責任はないと判断した場合，調査結果の要点を的確に記載した不提訴理由書を作成し通知する。③原告となる株主または当該取締役は，不提訴理由書の記載を真摯に検討し，その後の行動に反映させる。④裁判所は，訴訟提起が正式になされた場合には，不提訴理由書の調査結果およびその根拠を十分に検討し，訴訟却下・棄却を含めた具体的判断に反映させること，である。

847条の4第2項)。被告がこの申立てをするには、「責任追及等の訴え」の提起が悪意によるものであることを疎明しなければならない（同3項)。この担保とは、代表訴訟が不法行為を構成する場合に被告が取得する損害賠償請求権の担保を意味する（東京地判平2・5・25判時1383号139頁、東京地判平10・5・25判時1660号80頁)。

「悪意」は、①提訴株主の請求に理由がなく、同人がそのことを知りつつ提訴した場合（不当訴訟要件）と、②提訴株主が代表訴訟を手段として不法不当な利益をえようとする場合（不法不当目的要件）に認められている。①の「請求に理由がない」という意味は、請求原因の主張自体が失当なこと、立証の見込みが低いこと、あるいは、被告の抗弁成立の蓋然性が高いこと、などを意味する（東京高決平7・2・20判夕895号252頁、大阪高決平9・11・18判時1628号133頁)。②としては、総会屋の提訴（東京地決平8・6・26金法1457号40頁）や、政治的・社会的目的の達成を目的とした市民運動的な提訴（名古屋高決平7・11・15判夕892号121頁）などが該当する。

6 代表訴訟の対象となる取締役の責任の範囲

取締役において代表訴訟の認められる責任が発生した場合には、取締役が退任した後でも追及しうることは当然であり、通説によれば取締役になる以前に負担していた債務についても提訴することができる。なお、原告株主は取締役の責任発生当時株主である必要はない。

この訴訟で追及しうる取締役の責任の範囲に関しては、①取締役が会社に対して負うすべての債務に及ぶとする全債務説（非限定説)、②すべてではないが取引上の債務まで含まれるとする取引債務包含説、③取締役としての地位にもとづく会社法所定の各種の責任に限定されるとする限定債務説、等に別れている。通説は、この制度趣旨を、取締役間の特殊性にもとづく会社による責任追及の懈怠可能性の防止に求めて非限定説にたっているが、最判平21・3・10金商1315号46頁[65]は、取締役の地位に基づく責任のほか、取締役の会社に対する取引債務についての責任も含まれるとしている。

---

65) 会社における真正な登記名義の回復のため、取締役に対して所有権の移転登記をなすよう求めることも、「取締役の会社に対する取引債務についての責任追及」にあたるとして、株主代表訴訟の対象になるとする。判評・石山卓磨・金判1332号2頁。

第14節　旧株主による責任追及の訴え

1　旧株主による訴え提起の請求

　以下の①または②の行為の効力が生じた日の6ヶ月（これを下回る期間を定款で定めた場合には，その期間）前から当該日まで引き続き株式会社の株主であった者（＝旧株主，非公開会社の場合は，①または②の行為の効力が生じた日に株主であった者。定款の定めによりその権利を行使できない単元未満株主であった者を除く）は，①②所定のときには，当該株式会社の株主でなくなった場合でも，当該株式会社（②の場合には吸収合併存続株式会社）（＝株式交換等完全子会社）に対し，書面その他の法務省令所定方法（会規218条の2）により，責任追及等の訴え（①②に定める行為の効力が生じたときまでにその原因となった事実が生じた責任または義務に係るものに限る）の提起を請求することができる。ただし，この訴えが，当該旧株主もしくは第三者の不正な利益をはかり，または，当該株式交換等完全子会社もしくは①②の完全親会社（特定の株式会社の発行済株式の全部を有する株式会社その他これと同等のものとして法務省令（会規218条の3）で定める株式会社）に損害を加えることを目的とする場合は，この限りでない（会847条の2第1項1号2号2項）。
　①　当該株式会社の株式交換・株式移転の場合……これにより当該会社の完全親会社の株式を取得し，引き続き当該株式を有するとき，
　②　当該会社が吸収合併消滅会社となる吸収合併の場合……これにより吸収合併存続会社の完全親会社の株式を取得し，引き続き当該株式を有するとき。
　この制度は，株式交換等完全子会社が当該訴えを提起しないときには，当該旧株主自らがこの訴えを提起することができるとするものである。
　旧株主は，①②の完全親会社の株主でなくなった場合でも，以下の(i)または(ii)のときには，株式交換等完全子会社に対し，書面その他の法務省令所定方法（会規218条の2）により，責任追及等の訴えの提起を請求することができる。ただし，この訴えが，当該旧株主もしくは第三者の不正な利益をはかり，または，当該株式交換等完全子会社もしくは(i)または(ii)の株式を発行している株式会社に損害を加えることを目的とする場合は，この限りでない（会847条の2第3項）。
　(i)　当該完全親会社の株式交換・株式移転により当該完全親会社の完全親会社

の株式を取得し，引き続き当該株式を有するとき．
　(ii)　当該完全親会社が消滅会社となる合併により，設立する株式会社・合併後存続する株式会社もしくはその完全親会社の株式を取得し，引き続き当該株式を有するとき．

　旧株主においては，完全親会社においてその後も株式交換等や合併がくりかえされ，旧株主が当該完全親会社の株主でなくなっても，2回目以降の株式交換等により当該完全親会社の完全親会社の株式を取得したときは，株式交換等完全子会社に対し，責任追及等の訴えの提起を請求することができる（同3項～5項）。

2　旧株主による訴提起

　株式交換等完全子会社が，提訴請求日から60日以内に責任追及等の訴えを提起しない場合には，当該提訴請求をした旧株主は，株式交換等完全子会社のために，責任追及等の訴えを提起することができる（同6項）。

　株式交換等完全子会社は，提訴請求日から60日以内に責任追及等の訴えを提起しない場合で，提訴請求をした旧株主または被告となることとなる発起人等から請求を受けたときは，当該請求者に対して，この訴えを提起しない理由を書面その他の法務省令所定方法（会規218条の4）により通知しなければならない（不提訴理由の通知）（会847条の2第7項）。

3　責任免除との関係

　上記により提訴請求できる旧株主（＝適格旧株主）がいる場合で，会社法847条の2第1項1号2号所掲の行為（上記1①②）の効力が生じたときまでにその原因となった事実が生じた責任・義務を株式交換等完全子会社が免除する場合には，以下の責任・義務につき，総株主の同意に加えて，適格旧株主全員の同意も必要とされる（同9項）。

　①　会社法55条所定の責任（出資財産価額の不足，出資仮装・関与等の場合の発起人・設立時取締役等の責任），
　②　同102条の2第2項所定の義務（払込みを仮装した設立時募集株式の引受人が負う義務），
　③　同103条3項所定の義務（払込仮装に関与した発起人・設立時取締役が負う義務），
　④　同120条5項所定の義務（株主等の権利行使に関し財産上の利益供与をした取

締役が負う義務），

⑤ 同213条の2第2項所定の義務（出資履行を仮装した募集株式の引受人が負う義務），

⑥ 同286条の2第2項所定の義務（新株予約権に係る払込み等を仮装した新株予約権者等が負う義務），

⑦ 同424条所定の責任・同条を準用する同486条4項所定の責任（任務懈怠による役員等・清算人の損害賠償責任（同423条1項・486条1項）），

⑧ 同462条3項ただし書所定の義務（剰余金の配当等に関して業務執行者等が負う義務），

⑨ 同464条2項所定の義務（買取請求に応じて株式を取得した業務執行者が負う義務），

⑩ 同465条2項所定の義務（欠損が生じた場合に業務執行者が負う義務）。

第15節　多重代表訴訟制度

1　総　説

　多重代表訴訟とは，親会社の株主が当該親会社を代位して，直接，子会社の「発起人等」の責任を追及する株主代表訴訟であり，平成26年改正で新たに会社法に導入された制度である。改正法は，この多重代表訴訟を「特定責任追及の訴え」と定義している。このうち直接の親会社の株主が当該親会社を代位して子会社の役員等に「特定責任追及の訴え」を行う場合を二段階代表訴訟ともいう。

　この場合，「発起人等」とは，発起人・設立時取締役・設立時監査役・役員等（＝取締役・会計参与・監査役・執行役・会計監査人）・清算人をいう（会847条1項）。

　親会社を支配株主とする子会社の場合（特に完全親子会社の場合）には，子会社の取締役や監査役が親会社の出身者であることが多く，その仲間意識等，親密な関係から親会社による責任追及がなされにくい側面がある（提訴懈怠可能性）。そこで，代表訴訟のもつ損害回復機能や任務懈怠防止機能の実効性を高める趣旨で，この制度が新設されるにいたった。この訴訟の手続は，一般の株主代表訴訟におけるとほぼ同様であるが，原告となりうる株主の範囲や責任追及の対象となりうる発起人等の範囲については一定の要件が法定されているため，この訴えの対象

となるケースは，金融持株会社や，大きな事業会社を傘下に収める持株会社等に限定される。

この訴訟が，完全親子会社関係の場合に限定されて立法化されたのは，子会社に少数株主が存在する場合には，この者による子会社役員の責任追及が期待できるからである。

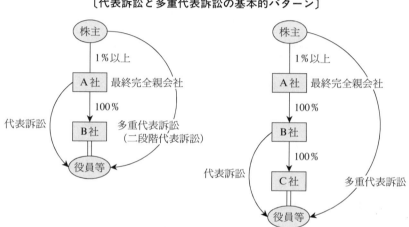

〔代表訴訟と多重代表訴訟の基本的パターン〕

2　最終完全親会社等への提訴請求

6ヶ月（これを下回る期間を定款で定めた場合は，その期間）前から引き続き，①株式会社の「最終完全親会社等」（当該株式会社の「完全親会社等」であって，その完全親会社等がないものをいう）の総株主（株主総会の決議事項の全部につき議決権を行使できない株主を除く）の議決権の100分の1（これを下回る割合を定款で定めた場合は，その割合）以上の議決権を有する株主，または，②当該最終完全親会社等の発行済株式（自己株式を除く）の100分の1（これを下回る割合を定款で定めた場合は，その割合）以上の数の株式を有する株主は，当該会社に対し，書面その他の法務省令（会規218条の5）所定の方法により，「特定責任」に係る責任追及等の訴え（＝特定責任追及の訴え）の提起を請求することができる。ただし，次のいずれかに該当する場合は，この限りでない（会847条の3第1項）。すなわち，

①　特定責任追及の訴えが，当該株主もしくは第三者の不正な利益をはかり，

または，当該会社もしくは当該最終完全親会社等に損害を加えることを目的とする場合，

② 当該特定責任の原因となった事実によって当該最終完全親会社等に損害が生じていない場合，である。

「最終完全親会社等」と認定される場合としては，①子会社の株式全部を直接保有する場合と，②子会社の株式全部を間接保有する場合とがある。②の場合，中間に存在する完全子会社等は株式会社に限られないが，「完全親会社等」および訴えの対象となっている子会社は株式会社でなければならない。

3 完全親会社等

この場合，「完全親会社等」とは，以下の株式会社をいう（同2項）。すなわち，

① 完全親会社，

② 株式会社の発行済株式の全部を他の株式会社およびその完全子会社等（株式会社がその株式または持分の全部を有する法人をいう）または他の株式会社の完全子会社等が有する場合における当該他の株式会社（完全親会社を除く），である。

なお，他の株式会社およびその完全子会社等または他の株式会社の完全子会社等が他の法人の株式または持分の全部を有する場合における当該他の法人は，当該他の株式会社の完全子会社等とみなされる（同3項）。

「完全親会社」とは，特定の株式会社の発行済株式の全部を有する株式会社その他これと同等のものとして法務省令（会規218条の3）で定める株式会社をいう（会847条の2第1項かっこ書）。「その他これと同等のもの」とは，ある株式会社および当該ある株式会社の完全子会社（当該ある株式会社が発行済株式の全部を有する株式会社）または当該ある株式会社の完全子会社が会社法847条の2第1項所定の特定の株式会社の発行済株式の全部を有する場合における当該ある株式会社をいう（会規218条の3第1項）。

なお，ある株式会社およびその完全子会社または当該ある株式会社の完全子会社が他の株式会社の発行済株式の全部を有する場合における当該他の株式会社は，完全子会社とみなされる（同2項）。

〔完全親会社等の例〕

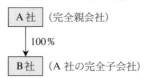

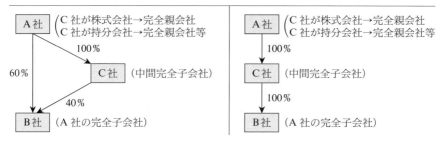

4 発起人等の特定責任

「特定責任」とは，当該株式会社の「発起人等」の責任の原因となった事実が生じた日において最終完全親会社等およびその完全子会社等における当該株式会社の株式の帳簿価額が当該最終完全親会社等の総資産額として法務省令（会規218条の6）で定める方法により算定される額の5分の1（これを下回る割合を定款で定めた場合にはその割合）を超える場合における当該発起人等の責任をいう（会847条の3第4項）[66]。

これは，多重代表訴訟による責任追及の対象を，親会社の取締役等に相当しうるような重要な子会社（重要子会社）の取締役に限定する趣旨であり，この重要性の判断基準は，簡易組織再編規制におけると同様（会784条2項等），「責任の原因となった事実が生じた日において親会社が直接保有あるいは間接保有する子会社の株式の帳簿価額が当該親会社の総資産額の5分の1を超えている場合」となっている。

なお，最終完全親会社等（＝A）が，発起人等の責任の原因となった事実が生じた日における最終完全親会社等（＝B）を完全子会社等としたものである場合

---

[66] 「特定責任」となるためには，責任原因事実が発生した時点で完全親子会社関係が成立していることが必要であり，この点は，通常の株主代表訴訟においては行為時株主原則がとられていない点と異なる。

には，上記重要性の判断基準の適用については，Bが最終完全親会社等とみなされ（会847条の3第5項），特定責任追及の訴えの対象となるか否かが判断される。

5 特定責任追及の訴えの手続

特定責任追及の訴えの手続は，株主代表訴訟の手続に準じて定まっている。この訴えを提起しようとする最終完全親会社等の株主は，まず，当該完全子会社等に対して特定責任追及の訴えを提起するよう請求し（会847条の3第1項），当該会社が請求日から60日以内に訴えを提起しない場合に，この株主において，この訴えを提起することができることになる（同7項）。当該完全子会社等は，この60日以内に訴えを提起しない場合で，請求者たる株主あるいは訴えの被告となるべき発起人等から請求された場合には，当該請求者に対し遅滞なく，特定責任追及の訴えを提起しない理由を書面その他の法務省令（会規218条の7）所定方法により通知しなければならない（同8項）。

なお，この60日の経過により当該会社に回復することができない損害が生ずるおそれがある場合には，上記株主は当該会社に提訴請求することなくただちにこの訴えを提起することができる（同9号）。

その他，訴訟費用（会847条の4第1項）・担保提供命令（同2項・3項）・訴えの管轄（会848条）等についても，株主による責任追及等の訴えと同じ規定が適用される。また，訴訟の対象となった子会社に対する訴訟告知（会849条4項），子会社における訴訟告知を受けた旨の公告・通知（同5項），子会社における最終完全親会社等に対する訴訟告知を受けた旨の通知（同7項），通知を受けた最終完全親会社等における株主に対する通知（同10項2号），などについても規定が設けられている。

株式会社に最終完全親会社がある場合，特定責任は，当該会社の総株主および最終完全親会社等の総株主の同意がなければ免除できない（会847条の3第10項）。

第16節　訴訟参加

1　総　説

　株主等（＝株主・適格旧株主・最終完全親会社等の株主，会847条の4第2項）または株式会社等（＝株式会社・株式交換等完全子会社，会848条）は，共同訴訟人として，または当事者の一方を補助するために，「責任追及等の訴え」に係る訴訟に参加することができる（会849条1項）。この場合の「責任追及等の訴え」は，適格旧株主にあっては会社法847条の2第1項各号所掲行為の効力が生じた時（＝株式交換等の効力が生じた時）までにその原因となった事実が生じた責任・義務に係るものに限られ，最終完全親会社等の株主にあっては特定責任追及の訴えに限られる（同項かっこ書）。なお，不当に訴訟手続を遅延させることになるとき，または，裁判所に過大な事務負担を及ぼすことになるときは，この訴訟参加はできない（同項ただし書）。

2　その他の訴訟参加者

　株式交換等完全親会社および最終完全親会社等は，株式会社等の株主でない場合であっても，当事者の一方を補助するため，それぞれ，株式交換等完全親会社の適格旧株主および最終完全親会社等の株主が提起した，責任追及等の訴えに係る訴訟に参加することができる（同2項1号2号）。

3　訴訟参加への同意

　株式会社等・株式交換等完全親会社・最終完全親会社等が，当該株式会社等・当該株式交換等完全親会社の株式交換等完全子会社・当該最終完全親会社等の完全子会社等である株式会社の取締役（監査等委員・監査委員を除く）・執行役・清算人ならびにこれらの者であった者を補助するため，「責任追及等の訴え」に係る訴訟に参加するには，以下の者の同意を得なければならない（同3項）。

　① 　監査役設置会社の場合→監査役（監査役が2人以上いるときは，各監査役），
　② 　監査等委員会設置会社の場合→各監査等委員，
　③ 　指名委員会等設置会社の場合→各監査委員。

第17節　株主でなくなった者の訴訟追行

「責任追及等の訴え」を提起したか，共同訴訟人としてこの訴えに係る訴訟に参加した株主は，当該訴訟の係属中に株主でなくなっても，①株式交換・株式移転により完全親会社の株主となったとき，または，②この株主が合併の消滅会社の株主であるため，新設会社・存続会社もしくはその完全親会社の株主となったときには，訴訟を追行することができる（会851条1項）。

さらに，①における当該完全親会社の株主になった者が訴訟継続中に株主でなくなっても，株式交換・株式移転により新たな完全親会社の株主になった場合には，また，②における株主が，新設会社・存続会社もしくはその完全親会社がさらなる合併の消滅会社となり，訴訟継続中に株主でなくなっても，さらに新設会社・存続会社もしくはその完全親会社の株主になった場合には，訴訟を追行することができる（同2項・3項）。

一方，株式移転により完全親会社の取締役になった者が，完全子会社の取締役時代に完全子会社に損害を加えていた場合，完全親会社の株主は代表訴訟によりこの取締役に対し，完全親会社への損害賠償を請求できるかという問題では，東京地判平20・3・27判時2005号80頁は，以下のように判示して，これを否定している。すなわち，

「株式移転においては，既存の株式会社の法人格は，完全子会社となった後も維持されるため，既存の株式会社の有する債権債務関係が，当然に完全親会社に承継されるわけではない。そうだとすると，株式移転により完全子会社となった会社の取締役であった者は，完全子会社の取締役として行った過去の違法行為について，依然として完全子会社に対して責任を負うのであって，株式移転後に完全親会社の取締役に就任したとしても，完全子会社において行った過去の違法行為を理由に，完全親会社に対して責任を負うことは特段の事情が存在しない限りない」と。

第18節　会社役員賠償責任保険

1　総　説

　すでに述べたように，アメリカでは，取締役や役員（officer）を厳しい経営責任の追及から免れさせる司法上の措置として，「経営判断の原則（ビジネス・ジャジメント・ルール）」とよばれる判例法理が展開されてきた。しかし，このルールは，単純な過失行為に関してのみ適用され，重過失行為や不作為あるいは忠実義務違反行為に関しては適用されていないとされている。そこで，経営判断の原則が適用されない種類の過失行為に関して，経営者の責任軽減をはかる目的でまず普及したのが「補償制度」であり，次の段階として普及してきたのが取締役・役員向けの賠償責任保険制度（D&O保険，Directors'and Officers' Liability Insurance）である。これは，経営者が通常の経営過程において会社や第三者から責任追及訴訟を提起された場合に，彼らに課せられた損害賠償金・訴訟費用・弁護士報酬・罰金などを，保険者が一定の条件下で支払う損害保険制度である。

2　わが国のD&O保険

　わが国では，平成2年6月に，すでにアメリカを中心にして販売されていた英文約款が，認可され発売されたが，これはわが国の企業の海外子会社たる現地法人において役員が責任追及される場合を想定してできあがっていたものであり，わが国の法制度からみて問題とされる条項もあった。とりわけ，保険料を会社が負担することの適法性について議論が対立してきた。その後，平成5年12月に，国内用の会社役員賠償責任保険が認可された。そして，平成22年4月1日より，新保険法が施行されたことにより，新しい約款が使用されるにいたった。
　わが国のD&O保険は，会社を保険契約者，会社のすべての役員を被保険者とするものであり，したがって会社が保険料を支払うが，株主代表訴訟担保特約条項にもとづく損害賠償責任に関する補償部分については役員が保険料を負担する仕組みとなっている。この保険には保険事故が発生しても保険金が支払われないことを定める免責条項も少なくないので注意する必要がある。

第6章 計　算

第1節　総　説

1　企業会計

　企業を営む者が，営利を目的として合理的な経営を持続するためには，その財務状態と営業成績を正確に把握する必要がある。そこで経営者に企業内部の財務情報を提供するために発生した会計が「管理会計」である。一方，株式会社など，営利事業の継続を望む経済主体（継続企業　going concern）が，その財務状態と営業成績とを定期的に明らかにする会計を「企業会計」といい，会計処理・会計表示・会計監査等からなっている。なお，企業の外部者に対し当該企業に関する財務情報の提供を目的とする会計を「財務会計」という。

　「企業会計法」ないし「株式会社会計法」には，①株主への剰余金配当限度額を適正に算定し，第一次的には現在および将来の株主間において，第二次的には現在・将来の株主と会社債権者との間の利害調整をはかることを目的とする剰余金配当規制と，②現在・将来の株主および会社債権者に対し利害関係の判断資料として提供すべき情報に関する開示規制，とが含まれる。

2　企業会計法の法源

　まず，制定法外の会計規範の一つとして，企業会計原則[1]がある。これは，企業会計審議会が作成した現代会計実務の行為規範であり，同原則の前文によれば，「企業会計の実務の中に慣習として発達したもののなかから，一般に公正妥当と認められたところを要約したものであって，必ずしも法令によって強制されなくても，すべての企業がその会計を処理するに当たって従わなければならない基

---

[1] 法令ではなく，元来は，昭和24年，当時の経済安定本部企業会計制度対策調査会が中間報告として公表したもの。後に，大蔵大臣の諮問機関である企業会計審議会により修正が重ねられてきた（現在は，内閣府金融庁の諮問機関である企業会計審議会が所管する）。

準」である。そして，「公認会計士が，公認会計士法および証券取引法にもとづき財務諸表の監査をなす場合において従わなければならない基準」であって，「将来において，商法・税法等の企業会計に関係ある諸法令が制定改廃される場合において尊重されなければならない」ものである。

その他，実際の会計実務にとっては，企業会計基準委員会が企業会計に関する個別問題に関して公表する各種の企業会計基準[2]，あるいは，日本公認会計士協会の各種委員会が公表する報告書等が，重要な行動指針となっている。

次に，制定法上の会計規範の一つとして，会社法がある。会社法は，改正前商法における変遷をへたのち[3]，後述するように，会計に関する詳細な規程を設けている。また，会社法に委任されて会社の計算に関する必要事項を定める法務省令

---

[2] 平成13年設立の財団法人財務会計基準機構が運営する委員会。

[3] 昭和37年の商法改正前における商法の計算規定は，著しく少なく，発達した会計学の立場から見て極めて不備不適正なものであった。そのため，実務では，商法規定を無視して企業会計原則や財務諸表等規則に則った会計処理が行われていた。そこで，同改正は，計算規定の目的を会社債権者保護とする財産法の立場から投資家保護を目的とする損益法へと移行させ，計算規定に関し各種の改正を施した。財産法では債権者にとっての担保である企業財産の評価は時価でなされるところ（時価主義・交換価値主義），損益法では，企業の特定営業年度における収益力の表示が目標とされるため，財産の評価は原価で行われることになる（原価主義・取得価額主義）。同改正では，資産評価は原則として原価主義となった。

昭和49年の商法改正では，株式会社が大・中・小会社に区分され，大会社に関しては会計監査人による事前監査が必須となった。この事前監査の対象となる商法上の計算書類と，従前から行われている証券取引法による公認会計士の事後監査の対象となる財務諸表とが別個の基準によって作成されることから，その間の矛盾をさけるために，商法総則中に「公正な会計慣行を斟酌すべし」（改前商32条2項）という規定が設けられるにいたった。これにより，商法上の計算規定の解釈に際しても，公正な会計慣行の主たるものである企業会計原則を尊重すべき体制が整ったのである。さらに長期間当初のまま放置されていた商法総則の商業帳簿に関する規定（商法第1編第5章）も，同年改正された株式会社の計算規定にそって全面的に改正された。その後も，各種の修正・改正がはかられ，

平成11年の商法改正では，一部の資産（市場価格のある金銭債権・社債・株式等）につき時価による評価が認められるにいたった。また，平成13年の商法改正では，会社関係書類の電子情報化の一環として，会計帳簿・計算書類などの書面も電磁的に記録化することが可能となった。現在，各国の企業会計は国際的な統一・調和の流れにあるが，わが国の企業会計もその影響下にあって，トライアングル体制内部の乖離現象の解消といった課題にも直面し，極めて重大な局面を迎えている。

そこで，商法会計も，企業会計基準や証券取引法会計の動向に即応できるよう，平成14年より，従来は商法規定であった資産評価規定や一部の配当規制などが法務省令化され，商法施行規則で定められることになった。これは頻繁になされる会計基準の変更に応じて迅速に会計規定を改正するためには，法律より省令に規定しておいた方が適当であるとの考慮によるものであり，このような経緯をへて，平成18年の会社法施行となった。

同年には会社計算規則が施行され，会計帳簿，計算関係書類，この監査・公告，計算に係る計数等につき，詳細な規定が定められている。

としての会社計算規則（平18・5・1施行）も大部な内容を擁している。一方，内閣総理大臣に有価証券報告書を届け出るとともに，有価証券の募集・売出しのときに投資者に目論見書等を交付する上場会社等は，金融商品取引法上の規制として，「財務諸表等の用語，様式及び作成方法に関する規則」（財務諸表規則）や「財務諸表等の監査証明に関する内閣府令」に従って貸借対照表等の財務諸表を作成し，公認会計士または監査法人による監査証明を受けなければならない（金商193条・193条の2）。財務諸表規則は，「この規則において定めのない事項については，一般に公正妥当と認められる企業会計の基準に従うものとする」としており（財務規1条1項後段2項），この場合の基準は企業会計原則と解されている。さらに，企業の課税所得の算出に際しては，法人税法・同法施行令・同法施行規則および通達等が定める会計規制（税務会計）に従わなければならない。

第2節　会計帳簿と計算書類

1　会計の原則

　会社法は，「株式会社の会計は，一般に公正妥当と認められる企業会計の慣行に従うものとする」との包括規定を設けている（会431条[4]）。会社法やそのもとで制定される法務省令が定める計算規定は必ずしも網羅的ではない。そこで，この規定は，会社法制の立法趣旨に反しない限り，実務上認められている公正妥当な会計慣行をも尊重すべきである旨を規定している。「従わなければならない」ではなく，「従うものとする」として訓辞的規定の表現がとられているので，従わなくても直ちに違法となるわけではなく，会社法の下においても，条理にもとづいて会計処理を行うことができる余地があると解されている[5]。「公正妥当」とは，会社の財産と損益の状況を明らかにすることに適していることを意味する。「慣行」といえるためには，本来，ある程度すでに実施されていることが必要である

---

[4]　会社計算規則3条は，「この省令の用語の解釈及び規定の適用に関しては，一般に公正妥当と認められる企業会計の基準その他の企業会計の慣行をしん酌しなければならない」と規定する。「しん酌しなければならない」とは，公正な会計慣行によらない特別な事情がない限り，これによらなければならないという趣旨である（鈴木＝竹内・会社法（第3版）330頁）。
[5]　弥永真生・コンメンタール会社計算規則・改正商法施行規則91頁（商事法務，2006）。

が、これから反復・継続される相当の見込みがある場合には、1回目に適用された時点で「慣行」であると考えてよかろう。[6]

「一般に公正妥当と認められる企業会計の慣行」としては、企業会計審議会が公表する「企業会計原則」をはじめとする会計基準が一応それにあたると推定されるが、網羅的に定まっているわけではなく、これを唯一の慣行と解すべき理由はない。会計参与設置会社の場合には、「中小企業の会計に関する指針」[7]もある。個々の会社にとっての「一般に公正妥当と認められる企業会計の慣行」の内容は、最終的には裁判所が決定すべきものである（江頭629頁）。

2　会計帳簿と計算書類

（1）　会計帳簿の作成・保存

株式会社は、法務省令（会規116条1項，計規4条～56条）で定めるところにより、適時に、正確な会計帳簿を作成し（会432条1項）、この会計帳簿とその事業に関する重要な資料を、会計帳簿の閉鎖の時から10年間保存しなければならない（同2項）。会社は、財産や取引を記録するために会計帳簿を備え、この会計帳簿に継続的に記録された会計記録をもとに計算書類を作成しなければならない（誘導法）。会社の会計帳簿とは、一定の時期における会社の取引その他財産に影響を及ぼすべき事項を、継続的・組織的に記載または記録する帳簿をいい、仕訳帳・総勘定元帳・補助記入帳（現金出納帳・仕入帳・売上帳・受取手形記入帳・支払手形記入帳等）・補助元帳（商品在高帳・売掛元帳・買掛元帳等）などが該当する。

（2）　計算書類の作成・保存

株式会社は、法務省令（会規116条2号，計規58条）で定めるところにより、その成立日における貸借対照表を作成し、かつ、法務省令（会規116条2号，計規59条3項）で定めるところにより、各事業年度に係る計算書類と事業報告ならびにこれらの附属明細書を作成しなければならない（会435条1項2項）。会社は、これらを電磁的記録をもって作成することもでき（同3項）、当該計算書類とその附属明細書をその作成時から10年間、保存しなければならない（同4項）。

計算書類とは、①貸借対照表、②損益計算書、③株主資本等変動計算書、④個

6）　弥永・前掲5) 88頁。
7）　会計参与制度導入を機に、平成17年に日本公認会計士協会・日本税理士連合会・日本商工会議所・企業会計基準委員会が共同して作成し公表したもの。以後、逐次改正されている。

別注記表からなりたっている（会435条2項，計規59条1項）。

貸借対照表とは，一定時点における企業の財政状態を示す一覧表であり，損益計算書とは，一定期間における企業が得た利益または被った損失を算定する過程を収益と費用として計算表示するものであって，企業の経営成績を明らかにするものである。

株主資本等変動計算書とは，会社法が1年に何回でも剰余金を配当することができるようにしたこと，および，剰余金配当や資本の部の計数変動の決定が取締役会に委ねられる場合もあることに対応して，導入された計算書類の一種であり，損益計算書を経由しない資本取引による，資本金・準備金・剰余金等の計数変動を示す明細表である。

事業報告とは，一定事業年度における会社または会社とその子会社からなる企業集団の事業状況の概要を文書の形で記載した報告書である。附属明細書とは，計算書類と事業報告の記載を補足する重要事項の詳細を記録した文書をいい，記載事項は法務省令（会規117条以下）が定めている。

3　会計帳簿の閲覧請求

①総株主（総会の決議事項の全部につき議決権を行使できない株主を除く）の議決権の100分の3（これを下回る割合を定款で定めた場合は，その割合）以上の議決権を有する株主，または，②発行済株式（自己株式を除く）の100分の3（これを下回る割合を定款で定めた場合は，その割合）以上の数の株式，を有する株主は，株式会社の営業時間内は，いつでも，会計帳簿・これに関する資料またはこれらの電磁的記録の表示物の閲覧・謄写を請求することができる。この場合，当該請求の理由を明らかにしなければならない（会433条1項，会規226条27号）[8][9]。

株式会社の親会社の社員においても，その権利を行使するために必要があるときは，裁判所の許可をえて，会計帳簿またはこれに関する資料につき，請求理由を明らかにして，上記の請求ができる（会433条3項）[10]。

---

8)　「請求の理由は，具体的に記載されなければならないが，……請求するための要件として，その記載された請求の理由を基礎付ける事実が客観的に存在することについての立証を要すると解すべき法的根拠はない。」（最判平成16・7・1民集58巻5号1214頁）（百選〔第2版〕79事例〔西山芳喜〕。）

9)　特例有限会社の場合は，「総株主の議決権の10分の1以上の議決権を有する株主」となる（整備法26条1項）。

なお，株主が閲覧請求をしていない場合であっても，裁判所は，申立てにより，または職権で，訴訟当事者に対し，会計帳簿の全部・一部の提出を命ずることができる（会434条）。

株主の閲覧権の対象となる会計帳簿・資料の範囲に関しては，会計監査人・監査役において閲覧可能とされる会計帳簿・資料（会389条4項・396条2項）と同様に解し，会社の会計に関する限り一切の帳簿・資料が含まれるとする非限定説[11]と，会計帳簿とは，計算書類およびその附属明細書の作成の基礎となる帳簿（仕訳帳・総勘定元帳・各種の補助簿等）を意味し，「これに関する資料」とはこの会計帳簿作成の材料となった資料（伝票・受取証・契約書・信書等）を意味すると限定的に解する限定説[12]に分かれている。後者によれば，損益計算書や会計帳簿を材料にして作成される法人税確定申告書の「控え」や「案」は該当しない（東京地決平元・6・22判時1315号3頁，大阪地判平11・3・24判時1741号150頁，名古屋地決平24・8・13判時2176号65頁）。しかし，「会計帳簿又はこれに関する資料」という文言を会計監査人・監査役の場合と株主の場合とで別異に解すべき理由は特に見あたらない（江頭700頁）。非限定説に立ったうえで，株主の知る権利と企業秘密の確保の調和は，閲覧理由の記載と閲覧拒否の次元で考慮すべきであろう。

4 会計帳簿の提出拒絶事由

(1) 総　説

以下の場合，会社は，会計帳簿の閲覧等の請求を拒むことができる（会433条2項1号～5号）。すなわち，請求者が，

① その権利の確保または行使に関する調査以外の目的で請求したとき，

② 当該会社の業務の遂行を妨げ，株主の共同の利益を害する目的で請求したとき，

③ 当該会社の業務と実質的に競争関係にある事業を営み，またはこれに従事

---

10) 会社法433条3項は，親会社社員の権利行使要件を明示していないが，この場合も，同条1項におけると同様，親会社において①または②の要件をみたす株主に限られるものと解される（江頭698頁）。なお，特例有限会社の親会社社員による会計帳簿閲覧請求の要件は，「親会社社員であって当該会社の総株主の議決権の10分の1以上を有するもの」である（整備法26条1項）。

11) 田中〔誠〕下915頁，江頭635頁。

12) 鈴木＝竹内387頁，東京地決平成元・6・22判時1315号3頁，横浜地判平成3・4・19判時1397号114頁（百選〔第2版〕78事例〔豊岳信昭〕）。

④ 会計帳簿またはこれに関する資料の閲覧・謄写によって知りえた事実を利益をえて第三者に通報するため請求したとき，
⑤ 過去2年以内において，会計帳簿またはこれに関する資料の閲覧・謄写によって知りえた事実を利益をえて第三者に通報したことがあるものであるとき，である。

（2） 請求者の「権利」の意義

①における請求者の「権利」に自益権が含まれるか，特に，自己の株式の売却のために時価を算定する目的で会計帳簿の閲覧を請求できるかという問題がある。(i)自益権・共益権に関係なく広く株主に閲覧権を認める立場や，(ii)共益権のみが該当し，権利行使の効果が当該株主にのみ生じ，会社全体に及ばないようなものは含まれない（株式売却のための時価算定目的の閲覧請求は認められない）とする立場，(iii)会社との取引や労働契約に基づく権利のように，株主の地位と無関係な権利は除外されるが，株式買取請求権は議決権行使と密接な関係があるので，これを除外するのは妥当でないとする立場等に分かれる。最判平成16・7・1民集58巻5号1214頁（ポーラ化粧品グループ事件）は，譲渡制限会社の株主が，適正な価格で譲渡しようとして，会計帳簿等の閲覧を請求することは，特段の事情がない限り，株主の権利の確保・行使に関して調査することにあたるとして，①には該当しないと解している。

（3） 「競争関係」の意義

③の趣旨は，競業者等が会計帳簿・書類を閲覧して，会社の秘密を探り，自己の競業に利用したり他の競業者に知らせることを許すと，会社に甚大な被害がもたらされるおそれがあるので，一般予防的観点から，このような危険を未然に防止しようとするものである。

③に該当する場合には，請求者の事業と相手会社の業務とが競争関係にある場合のみならず，請求者（完全子会社）がその親会社と一体的に事業を営んでいると評価できる場合において，当該事業が相手方会社の業務と競争関係にある場合も含まれる。また「競争関係」とは，現に競争関係にある場合のほか，近い将来において競争関係にたつ蓋然性が高い場合も含まれる（東京高決平成19・6・27金判1270号52頁，楽天対TBS事件）。

閲覧請求をめぐり係争中に，対象会社または請求者が事業を拡大した結果，競

業関係が生じたとしても，意図的になしたという特段の事情がない限り，実質的競争関係にあるとは解すべきではない。そうでないと，閲覧請求がなされた後に，競争関係を作出し，請求を拒絶することが可能となり，会計帳簿閲覧制度の趣旨が没却されてしまうからである。

　③に該当するためには，請求者において閲覧制度を不当に利用しようとする意図が必要か否かに関し，通説は，主観的要件不要説にたつ。規定文言上，請求者に閲覧請求の具体的意図は求められておらず，会社が請求者の不当目的を立証することは困難だからである。[13]

5　計算書類の確定手続

(1)　計算書類の作成・保存
上記 347 頁参照。

(2)　計算書類等の監査等

①　監査役設置会社（監査役の監査の範囲が会計に限定されている会社を含み，会計監査人設置会社を除く）は，計算書類・事業報告・これらの附属明細書につき，法務省令（会規 116 条 3 項，計規 121 条）の定めるところにより，監査役の監査を受けなければならない（会 436 条 1 項）。

②　監査役（会計監査人設置会社の監査役を除く）は，計算関係書類（＝会社成立日における貸借対照表・各事業年度に係る計算書類とその附属明細書・臨時計算書類・連結計算書類，計規 2 条 3 号三）を受領したときは，「監査役監査報告」を作成しなければならない（計規 122 条 1 項）。

③　監査役会（会計監査人設置会社の監査役会を除く）は，「監査役監査報告」に基づき，「監査役会監査報告」を作成しなければならない（計規 123 条 1 項）。

④　会計監査人設置会社は，法務省令（会規 116 条 3 項，計規 121 条）の定めるところにより，(イ)計算書類とその附属明細書については，監査役（監査等委員会設置会社の場合は監査等委員会，指名委員会等設置会社の場合は監査委員会）と会計監査人の，(ロ)事業報告とその附属明細書については，監査役（監査等委員会設置会社の場合は監査等委員会，指名委員会等設置会社の場合は監査委員会）の，監査を受けなければならない（会 436 条 2 項 1 号 2 号）。

---

13)　ほかに，主観的要件必要説，主観的意図推定説などがある。新注会(9) 221 頁。

会計監査人設置会社の計算関係書類を作成した取締役（指名委員会等設置会社の場合は執行役）は，会計監査人に計算関係書類を提供しようとするときは，監査役（監査等委員会設置会社にあっては監査等委員会が指定した監査等委員，指名委員会等設置会社にあっては監査委員会の指定した監査委員）に対しても計算関係書類を提供しなければならず（計規125条），これを受領した会計監査人は「会計監査報告」を作成しなければならない（同126条）。
⑤　指名委員会等設置会社の場合，監査委員会は，計算関係書類と「会計監査報告」を受領したときは，「監査報告」を作成しなければならない。この場合，監査委員は，当該事項に係る監査報告の内容が当該監査委員の意見と異なる場合には，その意見を監査報告に付記することができる（会規129条1項）。
⑥　取締役会設置会社の場合，計算書類・事業報告・これらの附属明細書（監査を要するものは監査済みのもの）は，取締役会の承認を受けなければならない（会436条3項）。

（3）　計算書類等の株主への提供

取締役会設置会社の場合，取締役は，定時株主総会の招集の通知に際し，法務省令（会規116条4項，計規133条）の定めに従い，株主に対して，取締役会の承認を受けた計算書類と事業報告（監査報告・会計監査報告がある場合にはこれらも含む）を提供しなければならない（会437条）。取締役会非設置会社の場合には，総会招集通知に計算書類等を添付する必要はない。

（4）　計算書類等の定時総会への提出等

取締役は，下記の計算書類と事業報告を定時株主総会に提出・提供しなければならない（会438条1項1号～4号）。
①　監査役設置会社（取締役会設置会社を除く）の場合は，監査役の監査を受けた計算書類・事業報告，
②　会計監査人設置会社（取締役会設置会社を除く）の場合，上記(2)④の監査を受けた計算書類・事業報告，
③　取締役会設置会社の場合，上記(2)⑥の承認を受けた計算書類・事業報告，
④　上記①～③以外の株式会社の場合には，計算書類・事業報告。

（5）　定時総会の承認

1）　取締役による事業報告の内容の定時総会への報告

上記(4)において定時総会に提出・提供された計算書類は，当該定時総会の承

認を受けなければならず（会438条2項），その場合，取締役は，定時総会に提出・提供された事業報告の内容を，この定時総会に報告しなければならない（同3項）。

2） 会計監査人設置会社の特則

会計監査人設置会社の場合，取締役会の承認を受けた計算書類（会436条3項）が，法令・定款に従い会社の財産・損益の状況を正しく表示しているものとして法務省令（会規116条5号，計規135条）所定の要件に該当する場合には，定時総会の承認は不要である。この場合，取締役は，当該計算書類の内容を定時総会に報告しなければならない（会439条＝承認特則規定）。

この総会の承認が不要とされる場合とは，以下のいずれにも該当する場合をいう（計規135条1号～5号）。

① 承認特則規定に規定する計算関係書類についての会計監査報告の内容に「無限定適正意見」（計規126条1項2号イ）が含まれていること，

② 上記①の会計監査報告に係る監査役・監査役会・監査等委員会または監査委員会の監査報告（監査役会設置会社の場合は監査役会監査報告）の内容として，会計監査人の監査の方法または結果を相当でないと認める意見がないこと，

③ 会社計算規則128条2項後段・128条の2第1項後段または129条1項後段の規定により，①の会計監査報告に係る監査役会・監査等委員会または監査委員会の監査報告に付記された内容が，②の意見でないこと，

④ 承認特則規定に規定する計算関係書類が，通知すべき日までに特定監査役が監査報告の内容を通知しなかったため，計算関係書類が監査役（監査等委員会設置会社の場合は監査等委員会，指名委員会等設置会社の場合は監査委員会）の監査を受けたものとみなされたもの（計規132条3項），でないこと，

⑤ 取締役会を設置していること。

6 連結計算書類の作成

① 会計監査人設置会社は，法務省令（会規116条8号，計規65条～69条）で定めるところにより，各事業年度に係る連結計算書類（＝当該会計監査人設置会社とその子会社からなる企業集団の財産・損益の状況を示すために必要かつ適当なものとして法務省令（会規116条8号，計規2条2項19号・61条）で定めるもの）を作成することができる（電磁的記録による作成可）（会444条1項2項）。

② 事業年度の末日において大会社で有価証券報告書を内閣総理大臣に提出しなければならないものは（金商24条1項），当該事業年度に係る連結計算書類を作成しなければならない（会444条3項）。

③ 連結計算書類は，法務省令（会規116条8号，計規121条）で定めるところにより，監査役（監査等委員会設置会社の場合は監査等委員会，指名委員会等設置会社の場合は監査委員会）および会計監査人の監査を受けなければならない（同4項）。

④ 会計監査人設置会社が取締役会設置会社である場合，上記監査を受けた連結計算書類は，取締役会の承認を受けなければならず（同5項），取締役は，法務省令（会規116条8号，計規134条）で定めるところにより，この承認済みの連結計算書類を，定時株主総会の招集通知に際し株主に提供しなければならない（会444条6項）。

⑤ 以下の会計監査人設置会社においては，取締役は，以下の連結計算書類を定時株主総会に提出または提供し，その内容および監査の結果を定時株主総会に報告しなければならない（同7項1号2号）。

  (i) 取締役会設置会社である会計監査人設置会社については，取締役会の承認を受けた連結計算書類，
  (ii) (i)以外の会計監査人設置会社については，③の監査を受けた連結計算書類。

7　計算書類等の公告・備置き・閲覧等

(1)　計算書類の公告

株式会社は，法務省令（会規116条6号，計規136条）で定めるところにより，定時総会の終結後遅滞なく，貸借対照表（大会社の場合は，貸借対照表と損益計算書）を公告しなければならない（会440条1項）。この公告方法が官報または時事に関する事項を掲載する日刊新聞紙による場合（会939条1項1号2号），会社は貸借対照表の要旨を公告することで足りる（会440条2項）。

会社は，法務省令（会規116条6号，計規147条）で定めるところにより，定時総会の終結後遅滞なく，貸借対照表の内容である情報を，定時総会の終結の日の後5年を経過する日までの間，継続して電磁的方法により不特定多数の者が提供を受けることができる状態に置く措置（ホームページ等）をとることができる。この場合，上記の公告は不要となる（同3項）。

なお，有価証券報告書を内閣総理大臣に提出しなければならない会社（金商24

条1項）については，以上の公告規制の適用はない（金商法上より詳細な内容が開示されるから）（会440条4項）。

（2） 臨時決算制度

　会社法には，事業年度ごとの通常の決算制度のほかに，臨時決算制度が導入されている。これは，最終事業年度の直後の事業年度に属する一定の日（臨時決算日）における会社の財産状況を把握するため，法務省令（会規116条7項，計規2条2項17号）で定めるところにより，①臨時決算日における貸借対照表，および，②臨時決算日の属する事業年度の初日から臨時決算日までの期間に係る損益計算書（臨時計算書類）を作成する制度である（会441条1項）。

　監査役設置会社または会計監査人設置会社においては，臨時計算書類も，監査役または会計監査人（監査等委員会設置会社の場合は監査等委員会と会計監査人，指名委員会等設置会社の場合は監査委員会と会計監査人）の監査を受けなければならない（同2項，会規116条7号，計規121条）。

　取締役会設置会社においては所定の監査を受けた臨時計算書類は，取締役会の承認をも受けなければならない（会441条3項）。

　①監査役設置会社または会計監査人設置会社（いずれも取締役会設置会社を除く）においては，上記の監査を受けた臨時計算書類につき，②取締役会設置会社においては，上記の取締役会の承認を受けた臨時計算書類につき，③これら以外の会社においては，作成された臨時計算書類につき，それぞれ株主総会の承認を受けなければならない。ただし，臨時計算書類が法令・定款に従い会社の財産・損益の状況を正しく表示しているものとして法務省令で定める要件（上記**5（5）2）**①～⑤，会規116条7項，計規135条）に該当する場合は，この限りでない（会441条4項）。

（3） 計算書類等の備置き・閲覧等

1） 備置き義務

　株式会社は，以下の計算書類等を，所定の期間，本店に備え置かなければならない（会442条1項1号2号）。

　① 各事業年度に係る計算書類・事業報告・これらの附属明細書（監査報告・会計監査報告がある場合（会436条1項2項）はこれらを含む）については，定時株主総会の日の1週間（取締役会設置会社にあっては，2週間）前の日から5年間，

　② 臨時計算書類（監査報告・会計監査報告がある場合（会441条2項）はこれら

を含む）については，その作成日より5年間。
　株式会社は，以下の計算書類等の写しを，以下に定める期間，その支店に備え置かなければならない。ただし，計算書類等が電磁的記録で作成されている場合であって，支店における，株主・債権者・親会社社員からの閲覧請求に応じる措置がとられている場合は（会規227条3号），この限りでない（会442条2項1号2号）。
　　①の計算書類等については，定時総会の日の1週間（取締役会設置会社にあっては，2週間）前の日（会社法319条1項の場合は同項の提案があった日）から3年間，
　　②の計算書類等については，臨時計算書類の作成日から3年間。
2） 閲覧・交付請求
　株主・債権者は，会社の営業時間内は，いつでも，計算書類等の書面・その写しの閲覧，この書面の謄本・抄本の交付，電磁的記録事項を表示したものの閲覧・提供・書面交付を請求をすることができる（会442条3項1号～4号）。
　株式会社の親会社社員は，権利行使のために必要があるときは，裁判所の許可をえて，会社所定の費用を支払い，当該会社の計算書類等につき，上記の各請求をすることができる（同4項）。

（4） 計算書類等の提出命令
　裁判所は，申立てにより，または職権で，訴訟当事者に対し，計算書類およびその附属明細書の全部・一部の提出を命ずることができる（会443条）。

第3節　剰余金の処分と配当

1　会社財産の払戻しに対する統一的・横断的規制

（1） 総　説
　会社法は，会社債権者と株主との利害調整を統一的にはかる趣旨から，以下にみる各種の会社財産の株主に対する払戻し方法につき，横断的に「剰余金の配当」として整理して，統一的な財源規制を課している[14]。

（2） 分配可能額を超える支払いの禁止（財源規制）
　株式会社が，以下の行為により株主に交付する金銭等（当該会社の株式を除く）の帳簿価額の総額は，当該行為の発効日における，分配可能額を超えてはならない（会461条1項）。

① 譲渡等承認請求がなされた株式（会138条1号ハ2号ハ）を，買い取る場合（会461条1項1号），
② 会社法156条1項所定の決定に基づき，子会社から（会163条）または市場取引等（会165条1項）で自己株式を取得する場合（会461条1項2号），
③ 株主との合意により自己株式を取得する場合（会157条1項）（会461条1項3号），
④ 全部取得条項付種類株式を取得する場合（会173条1項）（会461条1項4号），
⑤ 相続人に売渡請求をして自己株式を買い取る場合（会176条1項）（会461条1項5号），
⑥ 所在不明株主の株式を買い取る場合（会197条3項）（会461条1項6号），
⑦ 端数株処理にあたり自己株式を取得する場合（会234条4項・235条2項）（会461条1項7号），
⑧ 会社が剰余金を配当する場合（会461条1項8号）。

（3） 分配可能額を超える支払いが禁止されない場合

1） 反対株主の株式買取請求に応じて自己株式を取得する場合

会社が，会社法116条1項または182条の4第1項により，反対株主の株式買取請求に応じて自己株式または端数株を取得する場合，支払日の分配可能額を超過して金銭を支払ったときは，当該株式取得に関する職務を行った業務執行者は，会社に対して連帯して超過額を支払う義務を負う。ただし，その者が無過失を立証した場合はこの限りでない（会464条1項）。また，総株主の同意があればこの義務は免除される（同2項）。

2） 超過額の支払義務を負わない場合

事業譲渡等（会469条）・吸収合併等（会785条・797条）・新設合併等（会806条）など，会社の基礎的変更に際し，反対株主が株式買取請求をする場合には，上記の財源規制はない。また，当初から株主の権利として買取請求権が認められてい

---

14) 平成13年の商法改正前，会社財産の払戻し方法としては，利益配当（改前商290条）・中間配当（同293条ノ5）・資本減少に伴う払戻し（同375条）・利益処分による金銭等の支払い（同281条）があったが，同改正では，新たに，取締役会決議による自己株式の買受け（同210条）・準備金の減少に伴う払戻し（同289条）が加えられ，さらに，平成15年の商法改正では，定款の定めによる取締役会決議による自己株式の買受けが可能となった（同211条ノ3）。このように，会社財産の払戻し方法は多様化の一途をたどってきたが，会社債権者の立場からみれば，株主に対して会社財産が払い戻され，責任財産が減少するという点で，これらの行為は同一の意義を有している。

る単元未満株式の買取請求についても財源規制はない（会192条）。

2　分配可能額の算定方法

(1)　剰余金の額

剰余金の分配可能額を算定するにあたっては，まず，以下の方法で剰余金の額を算出することから始まる。剰余金の額は，以下の①～④の合計額から⑤～⑦の合計額を減じてえた額となる（会446条1号～7号）[15]。

① 最終事業年度の末日における資産額と自己株式の帳簿価額の合計額から，負債額と資本金および準備金の額の合計額および法務省令所定の各勘定科目（会規116条10号，計規149条）に計上した額の合計額を減じてえた額，

② 最終事業年度の末日後に自己株式の処分をした場合における，当該自己株式の対価の額から当該自己株式の帳簿価額を控除してえた額，

③ 最終事業年度の末日後に資本金の額を減少した場合における当該減少額（当該減少額の全部または一部を準備金とする場合におけるその準備金とする額（会447条1項2号）を除く），

④ 最終事業年度の末日後に準備金の額を減少した場合における当該減少額（当該減少額の全部または一部を資本金とする場合におけるその資本金とする額（会448条1項2号）を除く），

⑤ 最終事業年度の末日後に自己株式を消却した場合（会178条1項）における当該自己株式の帳簿価額，

---

[15] 会社法施行前，商法における利益配当の分配可能額は，貸借対照表上の純資産額から資本の額・資本準備金および利益準備金の合計額・当期に積み立てるべき利益準備金の額・法務省令所定額，を控除する方式で決定されていた（改前商290条等）。しかし，平成11年の商法改正で「株式等評価差額金」項目の資本の部への直接計上が認められるとともに，平成13年から15年にかけての商法改正では，自己株式の取得額が資本の部からの控除額として計上されることになったり，分配可能な剰余金として「その他資本準備金」の計上が認められるようになったりで，資本の部の構成が複雑化してきた。そして平成14年の商法改正により財産評価規程を含む計算関係規程の多くが省令に移されたことから，配当可能利益の算出方法としての従来の控除方式は合理的ではなく，また，期中における随時払戻しを認める場合には，「分配することができる額」から「分配した額」を控除する形式の方が，分配可能額を計算するうえで簡便であると認識されるようになった。

会社法は，分配財源の具体的な範囲は，従来と実質を異にはしないものの，分配可能額は，従来の純資産額を基準にして増減する方式ではなく，留保利益を基準にした「積み上げ方式」で計算することにしている。そして，分配可能額の算定基準時に関しても，従来の決算期基準から計算書類の確定時基準に移っている。

第3節 剰余金の処分と配当 359

⑥ 最終事業年度の末日後に剰余金を配当した場合における，以下に掲げる額の合計額，

　(イ) 配当財産の帳簿価額の総額（会454条1項1号，ただし，同4項1号所定の金銭分配請求権を行使した株主に割り当てた当該配当財産の帳簿価額を除く），

　(ロ) 金銭分配請求権（会454条4項1号）を行使した株主に交付した金銭の額の合計額，

　(ハ) 基準未満株式（会456条）[16]の株主に支払った金銭の額の合計額，

⑦ 上記のほか，法務省令所定の各勘定科目（会規116条10号，計規150条）に計上した額の合計額。

（2）分配可能額

分配可能額とは，下記①と②の合計額から③〜⑥に掲げる額の合計額を減じた額をいう（会461条2項1号〜6号）。

① 剰余金の額，

② 臨時計算書類につき株主総会の承認（会441条4項）[17]または取締役会の承認（同3項）を受けた場合における以下の額，

　(イ) 臨時決算日の属する事業年度の初日から臨時決算時までの期間の利益の額として法務省令所定（会規116条14号，計規156条）の各勘定科目に計上した額の合計額，

---

[16] 配当財源が金銭以外の財産である場合，会社は総会決議により，一定数（基準株式数）以上の株式を有する株主に対してしか配当財産を割り当てないことを定めることができる（会454条4項2号）。この場合，会社は，基準未満株式を有する株主には，基準株式数の株式を有する株主が割当てを受けた配当財産の価額として定めた額に当該基準未満株式の数の基準株式数に対する割合を乗じて得た額に相当する金銭を支払わなければならない（会456条）。

[17] 以下の株式会社の場合，それぞれの臨時計算書類は，株主総会の承認を受けなければならない。ただし，臨時計算書類が，法令・定款に従い株式会社の財産・損益の状況を正しく表示しているものとして法務省令で定める要件（会規116条7号，計規135条）に該当する場合は，この限りでない（会441条4項1号〜3号）。
　① 監査役設置会社（監査役の監査の範囲を会計に関するものに限定する旨の定款の定めがある株式会社を含み，会計監査人設置会社を除く（会436条1項））または会計監査人設置会社（いずれも取締役会設置会社を除く）の場合は，監査役または会計監査人（監査等委員会設置会社の場合は監査等委員会および会計監査人，指名委員会等設置会社の場合は，監査委員会および会計監査人）の監査を受けた臨時計算書類。
　② 取締役会設置会社の場合は，取締役会の承認を受けた臨時計算書類。
　③ 上記①②所掲以外の株式会社の場合は，ⅰ）臨時決算日における貸借対照表，および，ⅱ）臨時決算日の属する事業年度の初日から臨時決算日までの期間に係る損益計算書（会441条1項1号2号）。

(ロ)　上記(イ)の期間内に自己株式を処分した場合における当該自己株式の対価の額，
　③　自己株式の帳簿価額，
　④　最終事業年度の末日後に自己株式を処分した場合における当該自己株式の対価の額，
　⑤　上記(イ)の期間内の損失の額として法務省令（会規116条14号，計規157条）所定の各勘定科目に計上した額の合計額，
　⑥　上記③〜⑤のほか，法務省令（会規116条14号，計規158条）所定の各勘定科目に計上した額の合計額。

なお，会社の純資産額が300万円を下回る場合には，剰余金があっても配当できない（適用除外）（会458条）。

3　剰余金配当等手続

(1)　原　則

会社は，原則として，いつでも株主総会の普通決議をへて，剰余金の配当をすることができる（会453条・454条）。また，会社は，金銭以外の財産で配当することも可能であるが（例，子会社の有する資産（孫会社株式等）の親会社への引渡し），この場合，株主に金銭分配請求権を付与しない場合には，総会の特別決議が必要である（会309条2項10号かっこ書・454条1項4項）。

(2)　取締役会決議による剰余金配当等

株式会社において，①会計監査人設置会社であること，②取締役（監査等委員会設置会社の場合には監査等委員以外の取締役）の任期の末日が，選任後1年以内に終了する事業年度のうち最終のものに関する定時株主総会の終結の日を超えないこと，③監査役会設置会社・監査等委員会設置会社・指名委員会等設置会社のいずれかであること，の3要件をみたす場合には，定款で，取締役会は以下の事項を定めることができる旨を定めることができる。すなわち，剰余金の処分権限を取締役会に授権することができる（分配特則規定，会459条1項1号〜4号）。

　①　株式の取得事項（会156条1項各号，特定株主からの取得の場合（会160条1項）を除く），
　②　準備金の額の減少（会449条1項2号に該当する場合における会448条1項1号3号所掲事項），

③　剰余金の処分の額等（会452条後段の事項）
　④　剰余金の配当事項（会454条1項各号4項各号所掲事項）。ただし，配当財産が金銭以外の財産であり，かつ，株主に金銭分配請求権を与えないこととする場合を除く。

　なお，この定款の定めは，最終事業年度に係る計算書類が法令・定款に従い会社の財産・損益状況を正しく表示しているものとして法務省令（会規116条12号，計規155条）が定める以下の要件に該当する場合に限り有効である（会459条2項＝分配特則規定）。

　この要件とは，ⅰ）分配特則規定に規定する計算書類についての会計監査報告の内容に無限定適正意見（計規126条1項2号イ）が含まれており，ⅱ）上記ⅰ）の会計監査報告に係る監査役会・監査等委員会または監査委員会の監査報告の内容として，会計監査人の監査の方法または結果を相当でないと認める意見がないこと，ⅲ）上記ⅰ）の会計監査報告に係る監査役会・監査等委員会または監査委員会の監査報告に付記された内容（計規128条2項後段・128条の2第1項後段・129条1項後段）がⅱ）の意見でないこと，ⅳ）分配特則規定に規定する計算関係書類が，特定監査役が通知すべき日までに監査報告の内容を通知しなかったため，計算関係書類が監査役・監査委員会の監査を受けたものとみなされた（計規132条3項）ものでないこと，である。

（3）定款授権にもとづく自己株式の取得

　取締役会設置会社の場合，市場取引および公開買付けによる自己株式の取得については，定款の授権にもとづき取締役会決議でこれを決定することができる（会165条2項）。

（4）中間配当

　取締役会設置会社においては，1事業年度の途中において1回に限り，取締役会決議により剰余金配当（金銭配当に限る）（＝中間配当）をすることができる旨を定款で定めることができる（会454条5項）。

4　剰余金の配当等に関する取締役等の責任

（1）総説

　会社が会社法461条1項に違反して，同項各号所掲の行為（上記**1（2）**①〜⑧の行為）をした場合，①当該行為により金銭等の交付を受けた者，および，②当該

行為に関する職務を行った業務執行者（業務執行取締役（指名委員会等設置会社の場合は執行役）その他当該業務執行取締役の行う業務の執行に職務上関与した者（業務執行関与者）として法務省令（会規116条15号，計規159条）で定める者），③当該行為が下記所掲のものである場合における各所定の者は，当該会社に対して，連帯して，当該金銭等の交付を受けたものが受領した金銭等の帳簿価額に相当する金銭の支払義務を負う（会462条1項本文）。

もっとも，上記②③の該当者は，無過失を立証した場合にはこの金銭支払義務を負わないが（同2項），支払義務を負う場合には，この支払義務を免除することはできない。ただし，当該行為時における分配可能額を限度としてこの義務を免除することについて，総株主の同意がある場合は，この限りでない（同3項）。

（2） 会社法所定の責任を負うべき者

会社法が定める，上記(1)③の該当者とは以下に定める者をいう（会462条1項1号〜6号）。

(i) 会社法461条1項2号所掲行為（＝会社法156条1項の決定による自己株式の取得）の場合……会社法156条1項の株主総会決議または取締役会決議があった場合（決定された交付金銭等の総額が当該決議日における分配可能額を超える場合に限る）の，総会議案提案取締役（当該総会に議案を提案した取締役として法務省令で定める者（会規116条15号，計規160条）），または，取締役会議案提案取締役（当該取締役会に議案を提案した取締役（指名委員会等設置会社の場合は，取締役または執行役））として法務省令で定める者（会規116条15号，計規161条）（会462条1項1号イロ），

(ii) 会社法461条1項3号所掲行為（＝会社法157条1項による決定（取得価格等についてのそのつどの決定）にもとづく自己株式の取得）の場合……会社法157条1項における株主総会決議または取締役会決議（決定された交付金銭等の総額が当該決議日における分配可能額を超える場合に限る）の，総会議案提案取締役または取締役会議案提案取締役（会462条1項2号），

(iii) 会社法461条1項4号所掲行為（＝全部取得条項付種類株式の取得行為（会173条1項））の場合……会社法171条1項の株主総会（決議された取得対価の総額が当該決議日における分配可能額を超える場合における当該総会に限る）の，総会議案提案取締役（会462条1項3号），

(iv) 会社法461条1項6号所掲行為（＝競売株式の買取り（会197条3項後段））

の場合……会社法 197 条 3 項後段の株主総会決議または取締役会決議（その決議によって定められた買取りと引換えに交付する金銭の総額が当該決議日における分配可能額を超える場合に限る）の，総会議案提案取締役または取締役会議案提案取締役（会 462 条 1 項 4 号），

(v) 会社法 461 条 1 項 7 号所掲行為（＝売却株の買取り行為（会 234 条 4 項））の場合……会社法 234 条 4 項後段の株主総会決議または取締役会決議（その決議によって定められた買取りと引換えに交付する金銭の総額が当該決議日における分配可能額を超える場合に限る）の，総会議案提案取締役または取締役会議案提案取締役（会 462 条 1 項 5 号），

(vi) 会社法 461 条 1 項 8 号所掲行為（＝剰余金の配当）の場合……会社法 454 条 1 項の株主総会決議または取締役会決議があった場合（当該決議により定められた配当財産の帳簿価額が当該決議日における分配可能額を超える場合に限る）の，総会議案提案取締役または取締役会議案提案取締役（会 462 条 1 項 6 号）。

上記(**2**)(ⅰ)所定の総会議案提案取締役には，以下の者が該当する（計規 160 条）。

ⅰ) 株主総会に議案を提案した取締役，

ⅱ) ⅰ)の議案の提案の決定に同意した取締役（取締役会設置会社の取締役を除く），

ⅲ) ⅰ)の議案の提案が取締役会決議にもとづく場合は，この決議に賛成した取締役。

上記(**2**)(ⅰ)所定の取締役会議案提案取締役・執行役とは，取締役会に議案を提案した取締役および執行役をいう（計規 161 条）。

(3) 違法な剰余金配当に関し法務省令が定める責任を負う者

法務省令が定める上記(**1**)②の業務執行関与者は，以下のとおりである（計規 159 条 8 号）。

(イ) 剰余金の配当による金銭等の交付に関する職務を行った取締役・執行役，

(ロ) 会社法 454 条 1 項による剰余金の配当の決定に係る株主総会において剰余金の配当に関する事項について説明をした取締役・執行役，

(ハ) 会社法 454 条 1 項による剰余金の配当の決定に係る取締役会において剰余金の配当に賛成した取締役，

(ニ) 分配可能額の計算に関する報告を監査役または会計監査人が請求したとき

は，当該請求に応じて報告をした取締役・執行役。

(4) 株主の責任

違法な剰余金配当等を受けた株主は，会社に対し，交付された金銭等の帳簿価額に相当する金銭の支払義務を負う（会462条1項）。これは，金銭配当の場合は受け取った配当金と同額の金銭の支払義務であり，現物配当の場合には，当該現物ではなく，その帳簿価額に相当する金銭の支払義務である。

しかし，交付された金銭等の帳簿価額の総額が，剰余金配当の効力発生日における分配可能額を超えることにつき善意の株主は，会社法462条1項所定の金銭を支払った業務執行者および同項各号所定の者（上記 4(2)(i)〜(vi)）からの求償請求に応ずる義務はない（会463条1項）。業務執行者等が自ら違法行為をしておきながら善意の株主に対しても求償しうるとするのは不合理だからである。

会社の債権者は，違法な剰余金配当を受けた株主に対し，交付された金銭等の帳簿価額（この額が当該債権者の会社に対して有する債権額を超える場合には，当該債権額）に相当する金銭を自己に対して支払わせることができる（同2項）。

(5) 違法配当の効力

会社法施行前，財源規制に違反してなされた剰余金配当の効力は，当然無効と解することに異論はなかった。株主における会社に対する支払義務に関する規定はなく，資本充実の原則に違反するからである。したがって，株主は会社に対して不当利得返還義務（民703条・704条）を負うものとされていた。ところが，会社法施行後，立法担当者が，財源規制違反の剰余金配当といえども有効と説明していることから[18]，論議が生じている。しかし，そもそも会社法461条1項の強行法規違反である違法な剰余金配当を有効と解する基本的思考には問題があり，無効と解すべきであろう[19]。また，株主総会決議の欠缺等，手続き違反の剰余金配当

---

18) 相澤 哲＝岩崎友彦「新会社法の解説(10)株式会社の計算等」商事法務1746号39頁。会社法463条1項が「当該行為がその効力を生じた日」としていて当該行為が有効であることを表現していることを理由とする。また，実質的な根拠として，分配可能額違反の自己株式の取得の場合，会社と株主の間では双方の不当利得返還請求権が同時履行の関係に立ち，株主が会社に交付した株式の返還があるまでは，株主が受領した金銭等を返還しないという不都合が生ずることを指摘する。しかし，この不都合が，違法な剰余金配当決議をもって株主総会決議の無効原因（会830条2項）の典型例としてきた長年にわたる異論なき解釈を覆すほどの不都合である，とはいえない（前田631頁）。ア・プリオリに有効と解した上で，このように条文化し，それを形式的根拠にして有効と主張することは問題である。

19) 学界の通説。龍田 節・会社法大要406頁（有斐閣，2007），前田631頁，加美499頁，弥永436頁，神田305頁等。

の効力に関しても，会社法上規定はなく，これも無効と解すべきである。金銭等の交付を受けた株主は，会社に返還しなければならない（民703条・704条）。

第4節　資本金・準備金の計数変動

1　資本金と準備金の額

　会社法は，貸借対照表における資本金・準備金・剰余金等の計数につき，原則として，会社はいつでも株主総会決議によりその額を変更できるとしている。

　株式会社の資本金の額とは，会社法に別段の定めがある場合を除き，会社の設立または株式の発行に際して株主となる者が，会社に払込みまたは給付した財産の額をいう（会445条1項）。[20]

　会社は，この払込み・給付額の2分の1を超えない額につき，資本金として計上しなくてもよいが（同2項），資本金に計上しないこととした額は，資本準備金として計上しなければならない（同3項）。

　会社が剰余金の配当をする場合には，法務省令（会規116条9号，計規22条）の定めるところにより，当該剰余金配当により減少する剰余金の額に10分の1を乗じて得た額を資本準備金または利益準備金として計上しなければならない（会445条4項）。この点，改正前商法では，「資本の4分の1に達するまで」という制限が付されていたが（改前商288条1項），会社法ではこの制限は撤廃された。

　改正前商法では，会社に過度の準備金の積立てを認めると株主へ払い戻す財源が減少するということで，法が限定列挙した準備金の積立てしか認めていなかった。しかし，企業会計上はそれ以外の準備金項目も認められており，会社法は，合併・吸収分割・新設分割・株式交換・株式移転に際して資本金あるいは準備金として計上すべき額については法務省令に規制を委任し（会445条5項，会規116条9号，計規4条），柔軟に対応している。

---

[20]　改正前商法は，資本の額を，商法に別段の定めがある場合を除き，発行済株式の発行価額の総額と規定していた（改前商284条ノ2第1項）。しかし，資本金の額は現に会社に払い込まれた額を基準とすべきであり，株式募集にあたっての基準の額にすぎない発行価額を基準にすべきでないとの認識から，会社法は払込額を基準にしている。

2　資本金の増加

　会社は，準備金の額を減少させてその全部または一部を資本金の額とすることができる（会448条1項2号）。この準備金の資本組入れは，株主総会の普通決議による。ただし，会社が株式の発行と同時に準備金の額を減少する場合において，当該準備金の額の減少の効力が生ずる日の後の準備金の額が当該日前の準備金の額を下回らないときは，取締役の決定（取締役会設置会社の場合には取締役会決議）による（同3項）。

　会社は剰余金の額を減少して，資本金の額を増加することもできる。この場合，総会の普通決議により，①減少する剰余金の額，②資本金の額の増加が効力を生ずる日，を定めなければならない（会450条1項2項）。①の額は，②の日における剰余金の額を超えてはならない（同3項）。総会は定時総会・臨時総会いずれでもかまわない。

3　資本金の減少

　会社は株主総会決議により，資本金の額を減少することができる。この決議では，①減少する資本金の額，②減少する資本金の額の全部または一部を準備金とするときは，その旨，および準備金とする額，③資本金の額の減少が効力を生ずる日，について定めなければならない（会447条1項1号～3号）。この場合，①の額は，③の日における資本金の額を超えてはならない（同2項）。

　減資に際しての総会決議は，株主の利害に重大な影響を及ぼすため，原則として特別決議でなければならない（会309条2項9号）。ただし，定時総会で減資決議をし，減少額が法務省令所定方法（会規68条）で算定される欠損額以下であるときは普通決議でたりる（会309条2項9号かっこ書）。この場合は，欠損てん補のための減資であって，分配可能額が生じないことから会社財産の流出はなく，株主に不利益が生じないからである。また欠損額の正確な把握を期して，計算書類の確定時，すなわち定時総会の時に限られる。

　また，新株発行と同時に行う資本金の減少であり，減資発効日後の資本金額が減資発効日前の資本金額を下回らない場合には，取締役の決定（取締役会設置会社では取締役会の決議）でたりる（会447条3項）。これは経営不振の企業が資本を減少させ従来の株主との関係を清算した上で，新たなスポンサーの出資により，心

機一転，出直しを図るような場合を想定した規定であり，迅速な決定・実行を実現しようとする趣旨による。

減少する資本金の額の全部・一部は準備金に計上することができる（会447条1項2号）。

会社法では最低資本金制度が廃止されているので，資本金減少額の上限規制はない。

4 準備金の増加

会社は，剰余金の額を減少させて，準備金の額を増加させることもできる。この場合には，①減少する剰余金の額と，②準備金の額の増加の発効日を，株主総会の普通決議で決定しなければならない（会451条1項2項）。①の額は，②の発効日における剰余金の額を超えてはならない（同3項）。

5 準備金の減少

会社は総会の普通決議により準備金の額を減少させることができる。その際，①減少する準備金の額，②減少する準備金の額の全部・一部を資本金とするときは，その旨及び資本金とする額，③準備金の額の減少が効力を生ずる日，について定めなければならない（会448条1項1号～3号）。

改正前商法下では，会社は，総会決議により，資本準備金と利益準備金の合計額より資本の4分の1に相当する額を控除した額を限度として，資本準備金または利益準備金を減少することができたが（改前商289条2項），会社法は，この資本金の4分の1という準備金の減少額の上限規制を撤廃している[21]。

6 債権者保護手続

株式会社が，資本金または準備金（＝資本金等）の額を減少する場合（減少する準備金の額の全部を資本金とする場合を除く），当該会社の債権者は，当該会社に対し，資本金等の額を減少することについて異議を述べることができる。ただし，

---

[21] 改正前は，資本の4分の1を超える額を取り崩したいときは，まず資本を減少しなければならなかったが，資本を保護すべき予防的な計数である法定準備金の減少を保護して，保護されるべき資本を先に減少させなければならないのは，資本制度による債権者保護の考え方に沿わないので改正された（「会社法制の現代化に関する要項試案補足説明」より）。

準備金の額のみを減少する場合で，以下のいずれにも該当するときはこの限りでない。すなわち，①定時総会で準備金の減少に関する事項（会448条1項各号）を定めること，そして，②減少する準備金の額が①の定時総会の日（会計監査人と取締役会を設置する会社で，定時総会による計算書類の承認手続が不要とされる場合（会439条前段）には，取締役会の承認（会436条3項）があった日）における欠損の額として法務省令（計規151条）所定の方法により算定される額を超えないこと，である（会449条1項）。

この場合の債権者異議申立制度は会社法が新設したものであるが，減少する準備金の額の全部を資本金とする場合は，準備金の資本組入れであり，債権者保護手続は不要である（会449条1項本文かっこ書）。

会社債権者が異議を述べることができる場合，会社は，以下の事項を官報に公告し，かつ，知れている債権者に各別にこれを催告しなければならない。すなわち，①当該資本金等の額の減少の内容，②当該会社の計算書類に関する事項として法務省令（計規152条）で定めるもの，③債権者が一定の期間（1ヵ月以上）内に異議を述べることができる旨，である（会449条2項1号～3号）。なお，会社が，官報のほか時事に関する事項を掲載する日刊新聞紙または電子公告により公告する場合（会939条1項2号3号）には，知れている債権者に対する各別の催告は必要ない（会449条3項）。

会社債権者が③の期間内に異議を述べなかったときは，当該債権者は，当該資本金等の額の減少を承認したものとみなされる（同4項）。債権者が，この期間内に異議を述べたときは，会社は，当該債権者に対し，弁済するか，相当の担保を提供するか，当該債権者に弁済を受けさせることを目的として信託会社等に相当の財産を信託しなければならない。ただし，当該資本金等の額の減少をしても当該債権者を害するおそれがないときは，この限りでない（同5項）。

7　剰余金についてのその他の処分

株式会社は，株主総会の決議により，損失の処理・任意積立金の積立てその他の剰余金の処分[22]をすることができる（ただし，資本金・準備金の額の増加等（会450

---

[22] 剰余金の配当とは，株主に対し会社の財産（配当財産）を分配する行為をいうが，剰余金の処分とは，剰余金の額を減少させる分だけ資本金・資本準備金を増加させたり（会450条・451条），剰余金の項目間の計数を変更させて社内に留保することをいう。

条・451条)・剰余金の配当その他会社の財産を処分するものを除く)。この場合には，当該剰余金の処分の額その他法務省令（会規116条11号，計規153条）所定事項を定めなければならない（会452条）。

第7章　資金調達

第1節　募集株式の発行

1　総説

（1）募集株式の意義

株式会社は，各種の資金調達の必要性に直面した場合，適宜に，①特定人あるいは特定金融機関から個別的に融資を受ける，②新規に株式を発行する，③保有している自己株式を処分する，④新株予約権を発行する，⑤社債を発行する，などの方法で対処する。

新株発行とは，広義では，会社が新たに株式を発行することをいい，これには無償の新株発行（株式の無償割当て等）と有償の新株発行（狭義の新株発行）とが含まれる。有償の新株発行は，会社設立の場合と設立後に行われるものとに分かれる。

会社は，その取得した自己株式を消却することも保有して随時利用することも任意であり，資金調達の一方法として，これを有償で他者に売却処分することもある。

会社法は，狭義の新株発行および自己株式の売却処分の場合につき，募集に応じた申込者に割り当てられる株式を「募集株式」と呼ぶ。募集株式の発行（募集新株の発行）に関し，会社法は，その発行・処分手続につき統一的な規制を設けている。

（2）募集株式の発行形態

募集株式の発行形態は，発行する相手の違いにより，①既存株主（当該会社を除く）に「株式の割当てを受ける権利」（＝他の者に優先して募集株式の割当てを受ける権利）を付与して発行する方法（＝株主割当て），②既存株主であるなしにかかわらず，特定の第三者に「株式の割当てを受ける権利」を付与して発行する方法（＝第三者割当て），③募集株式を引き受ける者を広く一般から募集する方法（＝公募）に分かれるが，会社法は，それぞれの形態に応じて手続規制を異にしている。

（3）　募集株式の発行と既存株主の利益保護

　会社が募集株式を発行すると，既存の株主は，①株価下落による経済的損失と，②議決権比率の低下という経営支配面での不利益を被る[1]。この場合，既存の株主に「株式の割当てを受ける権利」が付与されるならば（＝株主割当て），株主がこの権利を行使する限りにおいて①と②の利益を保護することができる。そこで，会社法施行前は，株式譲渡制限会社の株主には，原則として，新株引受権（他に優先して株式の割当てを受ける権利）が法定されていたが（改前商280条ノ5ノ2第1項本文），会社法はこのような措置を講じていない。

　現行法下，会社が既存株主の経済的利益を守ろうとするならば，株主に「株式の割当てを受ける権利」を付与して募集株式を発行するか（会202条1項），払込金額を時価以上にして発行し，発行後の時価の下落を防げばよい。しかし，会社法は，必ずしも既存株主の経済的利益を常に優先しているわけではなく，会社は，時価より低い払込金額で募集株式を発行することもできる。ただし，そこには条件が定められており，公開会社の場合には，原則として，取締役会に株式の募集事項を決定させてはいるが，株式の払込金額が募集株式を引き受ける者にとって「特に有利な金額」である場合には，株主総会の特別決議が必要とされている（会199条2項3項・201条1項・309条2項5号）。一方，非公開会社の場合は，「特に有利な金額」であるなしにかかわらず，元来，募集新株の募集事項は株主総会の特別決議で決定される（会199条2項・309条2項5号）。したがって，特別決議を求める限りにおいて既存株主の利益が保護されているものの，この決議に反対する少数株主は不利益を甘受せざるをえず，その分，会社の資金調達という利益が重視されている。

　会社が既存株主における議決権比率を維持しようとする場合には，既存の株主にその持株数に応じて「株式の割当てを受ける権利」を付与して募集すればよい。そこで，会社法は，株主割当ての場合には，公開会社・非公開会社ともに，株主総会の特別決議を要せずに募集事項を決定できる便宜を供している（会202条5項）。これに対し，公開会社が公募する場合には，そもそも公開会社における

---

[1]　募集新株が発行され，発行済み株式総数が増加すれば，既存株主に持株数の増加がない場合，当然にその保有割合は低下する。また，たとえば，時価1万円の株式を1万株発行している会社において，1株あたり5000円の発行価格で新株を1万株発行した場合には，1株あたりの経済的価値は7500円に下落する計算となる。

個々の株主が有する総株主の議決権に対する議決権比率はそれほど大きくないので，会社法は，これをどうしても保護しなければならない利益とはみなさず，株主の利益保護よりも，会社の資金調達の便宜性の方を重視し，原則として取締役会で募集新株の公募を決定できるものとしている（会201条1項）。非公開会社が公募する場合には，株主総会の特別決議が必要とされ，この限りにおいて株主の利益保護がはかられている。

2　募集株式の発行手続

(1)　募集事項の決定

1)　募集事項

株式会社は，新規に株式を発行する場合または保有する自己株式を処分しようとする場合，募集株式につき，以下の事項を定めなければならない（会199条1項1号～5号）。

① 募集株式の数（種類株式発行会社の場合には，その種類・数），
② 募集株式の払込金額（1株と引換えに払い込む金銭または給付する金銭以外の財産の額）またはその算定方法，
③ 金銭以外の財産を出資の目的とするときは，その旨・当該財産の内容・価額，
④ 募集株式と引換えにする金銭の払込みまたは財産の給付の期日またはその期間，
⑤ 株式を発行するときは，増加する資本金および資本準備金に関する事項。

2)　決定機関

(i)　原　則

上記募集事項の決定は，原則として，株主総会の特別決議でなされる（同2項・309条2項5号）。なお，②の払込金額が，募集株式を引き受ける者にとって「特に有利な金額」である場合には，取締役は，この株主総会において，当該払込金額でその者を募集することを必要とする理由を説明しなければならない（会199条3項）。

(ii)　例　外

i)　取締役（取締役会）への決定委任

会社は，株主総会の特別決議により，募集事項の決定を取締役（取締役会設置会社の場合には取締役会）に委任できる。この場合，この委任に基づき決定できる

募集株式の数の上限および払込金額の下限を定めなければならない（会200条1項・309条2項5号）。

この払込金額の下限が募集株式を引き受ける者にとって「特に有利な金額」である場合には，取締役は，この株主総会において，当該払込金額でその者の募集をすることを必要とする理由を説明をしなければならない（会200条2項）。

この委任決議は，当該決議の日から1年以内の日が払込期日または払込期間の末日である募集についてのみ有効である（同3項）。

ⅱ）　種類株式発行会社において，募集株式の種類が譲渡制限株式である場合

この場合，上記(1)1)の募集事項を決定する総会決議は，当該種類株主を構成員とする種類株主総会の決議もなければ，効力を生じない。ただし，この種類株主総会の決議を不要とする定款の定めがある場合，および当該種類株主総会において議決権を行使できる種類株主が存しない場合は，この限りでない（会199条4項）。

ⅲ）　公開会社の場合

この場合，上記(1)1)の募集事項の決定は，取締役会で行う。ただし，募集株式の払込金額が，募集株式を引き受ける者にとって「特に有利な金額」である場合は（会199条3項），株主総会の特別決議が必要である（会201条1項[2]）。

取締役会決議で募集事項を定める場合で，市場価格のある株式を引き受ける者を募集する場合には，払込金額またはその算定方法（会199条1項2号）にかえて，公正な価額による払込みを実現するために適当な払込金額の決定方法（数式の利用等）を定めることができる（会201条2項）。

取締役会決議によって募集事項を定めたときは，会社は，払込期日（または払込期間の初日）の2週間前までに，株主に当該募集事項（払込金額の決定方法（同項）を含む）を通知するか，公告しなければならない（同3項・4項）。ただし，会社が，この払込期日の2週間前までに金融商品取引法4条1項から3項までの届出をしている場合その他の株主の保護に欠けるおそれがないものとして法務省令（会規40条）で定める場合には，この限りでない（会201条5項）。

3)　「特に有利な金額」の意義
（ⅰ）　「公正な発行価額」の意義

募集株式の払込金額が，引き受ける者にとって「特に有利な金額」である場合，公開会社においては株主総会の特別決議により，この募集を決定しなければなら

ず，公開会社・非公開会社いずれの場合にも，取締役は，総会において，当該払込金額でその者を募集することを必要とする理由を説明しなければならない（会199条2項3項・201条1項・309条2項5号）。この「特に有利な金額」の意義に関しては，会社法施行前の商法下，「特に有利なる発行価額」（改前商280条ノ2第2項）の意義として，判例上変遷がみられる。

　一般論として，会社は，第三者に「公正な発行価額」で募集株式を発行しなければならないが，発行価額は必ずしも時価そのものでなければならないというものではない。発行価額の決定時から引受人が新株を入手するまでの間に株価が下がる可能性もあるので，時価をある程度下回る価額であってもなお「公正な価額」と認められる。なぜなら，引受人において時価より高い発行価額を払い込むことは期待できないし，募集新株の発行にあたっては，「既存株主の利益保護」もさることながら「資金調達目的の達成可能性」も考慮しなければならないからである。

　上場株式の「公正な発行価額」の意義につき，判例は，「発行額決定前の当該

---

2) 昭和25年改正前商法は，株主における新株引受権の有無については明定せず，そのかわり新株引受権を付与すべき者とその権利の内容については，定款に定めがない場合であっても，増資に関する株主総会決議で定めうるものとしていた（昭25改正前商348条4号）。昭和25年改正商法も，株主の新株引受権の有無については明定せず，各会社が，原始定款または定款変更決議において，会社が発行する株式の総数につき必ず株主の新株引受権の有無または制限を定めるべきものとした（昭30改正前商166条1項5号・347条2項）。しかし，この新株引受権に関する定款の記載方法をめぐっては種々の論議がかわされ，実務界にも混乱が生じたため，昭和30年の商法改正では，新株引受権に関する定めが定款の絶対的記載事項から削られ，新株引受権を与えるべき者（昭和41年の改正後は，株主に新株引受権を与える旨）につき，定款に定めのないときは新株発行決議で定めるものとされた（昭30改正前商166条1項5号・347条2項削除，昭41改正前商280条ノ2第1項5号追加）。

　昭和30年の改正法は，昭和25年改正法が特定の第三者に新株引受権を付与するときはその旨を定款に定めておけば，新株発行決議で適宜に新株引受権を付与しうるとしていた点を改正し，株主以外の者に新株引受権を付与するには，定款にこれに関する定めがあるときでも，個別的に株主総会の特別決議を要するものとした（昭41改正前商280条ノ2第2項追加）。

　昭和30年改正商法の280条ノ2第2項以下では，第三者に新株引受権を付与して新株を発行するときは，発行価額のいかんを問わずに，常に理由を開示して総会の特別決議をえることを必要とした。そのため発行会社が証券会社と買取引受契約を締結して新株を発行する場合にも，総会の特別決議が必要であるとする判例（最判昭和40・10・8民集19巻7号1745頁など）が出るに及び，学界・実務界の論議をよんだ。そこで，昭和41年の改正商法は，それまで株主以外の者に新株引受権を付与する場合には総会の特別決議を必要とした点を改め，新株引受権を付与すると否とを問わず，株主以外の者に対して「特に有利な発行価額」をもって新株を発行する場合には総会の特別決議を要するものとした。その結果，買取引受は，発行価額が特に有利なものでない限り，総会の特別決議を要しないことが明らかになった。

会社の株式価格，右株価の暴落修正，売買出来高の実績，会社の資産状況，収益状態，配当状況，発行済株式数，新たに発行される株式数，株式市況の動向，これらから予測される新株の消化可能性等の諸事情を総合し，旧株主の利益と会社が有利な資金調達を実現するという利益との調和の中に求められるべき」（最判昭和50・4・8民集29巻4号350頁（横河電機事件））であり，「新株の発行により企図される資金調達の目的が達せられる限度で旧株主にとり最も有利な価額」（東京高判昭和46・1・28高民24巻1号1頁）であるとしている。学説では，「発行価額の決定の時から払込期日までの間の株式の時価の下落の結果，新株発行による資金調達の目的の達成が不可能になることを回避するために必要な限度で時価より低い発行価額で定められた発行価額は『特に有利な金額』に該当せず，それに該当するのは，その必要な限度を超えて時価より低い発行価額を指す」とも解されている（前田285頁）。

（ⅱ）　近時の判例動向

募集新株の第三者割当ては，本来は会社が資本調達の必要上その一方法として行うべきものであるが，実際には，敵対的企業買収の対抗策として，現経営陣の支配権維持のためになされる場合も少なくない。買収者が株式の買占めを進めても，その持株比率が増加しないよう，会社が友好的な第三者に安価で新株を発行し発行済株式総数を増加させようとするのである。この場合，会社側が株主総会の特別決議をへずに取締役会の決定のみで実施しようとするため（株主総会を開催すればすでに相当数の株式を獲得している買占側の反対で新株発行ができなくなる可能性が高いため），買占側の株主から「特に有利な金額」であるとのクレームがつき，新株発行の差止請求や，募集新株の発行無効確認の訴えが提起されることが少なくない。この場合，どの時点の時価をもって，「特に有利な金額」の判断基準とすべきかが問題となる。[3]

東京地決平成元・7・25判時1317号28頁（忠実屋・いなげや事件）[4]においては，「株式が株式市場で投機の対象となり，株価が著しく高騰した場合にも，市場価格を基礎とし，それを修正して公正な発行価額を算定しなければならない。なぜなら，株式市場での株価の形成には，株式を公開市場における取引の対象としている制度からみて，投機的要素を無視することはできないため，株式が投機の対象とされ，それによって株価が形成され高騰したからといって，市場価格を，新株発行における公正な発行価額の算定基礎から排除することはできない」からで

あると判示された。もっとも，傍論として「株式が市場においてきわめて異常な程度にまで投機の対象とされ，その市場価格が企業の客観的価値よりはるかに高騰し，しかも，それが株式市場における一時的現象に止まるような場合に限っては，市場価格を，新株発行における公正な発行価額の算定基礎から排除することができる」ともされており，この点については，東京地決平成元・9・5商事1193号41頁（宮入バルブ事件）[5]でも，「新株発行決議以前に投機等により株価が急騰し，かつ急騰後決議時までに短期間しか経過していないような場合には，右株価は当該株式の客観的価値を反映したものとはいいがたいから，株価急騰前の期間を含む相当期間の平均株価をもって，発行価額とすることも許される」と判断されている。

---

3) ① ソニー・アイワ事件……昭和44年に，アイワがソニーとの提携を強める目的で，資本金6億円を倍額増資して，増資分6億円をソニーに割り当てた事案。取締役会決議により1株の発行価額が前日の時価145円の約半額70円で割り当てられた。アイワ株の時価はソニーとの事業提携の見込みが反映して高騰した結果であり，発行価額が，企業の提携に影響されない時期の市場価額ないし企業の客観的価値を基準にして適正に定められている限り，不公正な発行価額ではないと判断された（東京地判昭和47・4・27判時679号10頁，東京高判昭和48・7・27判時715号100頁）。

② タクマ事件……昭和62年，タクマが同社の発行済株式総数の約32パーセントを保有するコスモポリタンに対抗するため，1600万株を680円の発行価額で金融機関等15社に割り当てて発行した事案。直前の時価が1520円であったことから，コスモポリタンが裁判所に発行差止の仮処分を申請した。タクマの時価はコスモポリタンの買占めにより急騰した値であり，このような価額は公正な価額の決定基準にはなりえないということで仮処分は否認された（大阪地決昭和62・11・18判時1290号144頁）。

4) 大手不動産会社の秀和が，中堅スーパーの忠実屋といなげやの株式買占めをはかったのに対し，両社が連合して対抗した事案。両社の資本・業務提携強化を理由に，両社が取締役会決議により相互に第三者割当増資を行おうとした。そこで，秀和は裁判所に両社の新株発行差止めの仮処分を申請し，仮処分命令が下された。忠実屋の場合，3000円以上の株価が1年5カ月，4000円以上の株価が1年間続いた状況下，これを無視して算定された1株1120円の発行価額につき，本文引用の理由により，公正な発行価額ではないとされた。いなげやに関しても，3000円以上の株価が1年間，3650円以上の状態が10カ月以上続いている状況下，1580円という発行価額は当時の市場価格からはるかに乖離したものであり，特に有利な発行価額に該当すると判断された。

5) バルブ製造メーカーの宮入バルブが，自社の株式を買い占め，5割弱を支配するにいたった高橋産業に対抗して，関連会社・金融機関・主要取引先に対して新株の割当て・発行をなすことを，取締役会で決定した事案。宮入バルブの株価は，平成元年7月21日までは700円台の後半から900円台を推移しており，同月末頃からは1000円を越え，同8月4日から新株発行決議があった同月21日までは最低で1300円，最高1700円となっていた。会社側は，証券業界の自主ルールに従い，同年2月20日から同年8月18日までの終値平均に0.9を乗じて850円を発行価額と決定した。高橋産業は新株発行差止めの仮処分を申請。裁判所は，本文引用の理由により，当該発行価額に「合理性がないとはいえない」として，申請を却下した。

(2) 株主割当て

1) 総説

会社が，株主割当てを行う場合には，募集事項（会199条1項）に加えて，①株主に対し，募集株式の引受けを申し込むことにより，当該会社の募集株式（種類株式発行会社にあっては当該株主の有する種類株式と同一の種類のもの）の割当てを受ける権利を与える旨，②この募集株式の引受申込期日，をも定めなければならない（会202条1項1号2号）。これに従い，株主はその有する株式数に応じて募集株式の割当てを受ける権利を有するが，当該株主が割当てを受ける募集株式の数に1株に満たない端数があるときは，これは切り捨てられる（同2項）。

会社は，上記①②を定めた場合，②の期日の2週間前までに，①の株主（当該会社を除く）に対し，(i)募集事項，(ii)当該株主が割当てを受ける募集株式の数，(iii)引受申込期日を，通知しなければならない（同4項1号～3号）。

なお，株主割当ての場合，会社法199条2項～4項，200条・201条は適用されない（同5項）。

2) 決定方法

株主割当ての場合，募集事項および上記1)①②の事項は，以下の方法で決定される（会202条3項1号～4号）。

① これらの事項を取締役の決定によって定めることができる旨の定款の定めがある場合は，取締役の決定（取締役会設置会社の場合を除く），

② これらの事項を取締役会の決議によって定めることができる旨の定款の定めがある場合は，取締役会の決議（次の③の場合を除く），

③ 会社が公開会社の場合は，取締役会の決議，

④ 以上の場合以外は，株主総会の特別決議（会309条2項5号）。

3) 募集株式の割当てを受ける権利の譲渡方法

募集株式の割当てを受ける権利に譲渡性を認める場合には，株主に新株予約権を無償で発行し，新株予約権証券の交付により譲渡させることになる。近時は，新株予約権無償割当て（会277条）の方法で，実質的に株式の割当てを受ける権利を譲渡しうるとする「ライツ・イシュー」とよばれる措置が勧奨されている（江頭738頁）。

3　募集株式の募集・申込み・割当て

(1)　総説

会社は，募集株式の引受けの申込みをしようとする者に対して，①会社の商号，②募集事項，③金銭の払込みをなすべきときは，払込取扱場所，④その他法務省令所定事項（発行可能株式総数・発行株式の内容等，会規41条），を通知しなければならない（会203条1項1号～4号）。

この通知方法は適宜の方法によるが，申込者は，①その氏名（名称）・住所，②引き受けようとする募集株式の数，を記載した書面を会社に交付しなければならない（会203条2項）。会社の承諾をえて，電磁的方法により提供することも可能である（同3項）。

会社は，申込者の中から募集株式の割当てを受ける者を定め，その者が引き受けようとする募集株式の数の範囲内で，割当数を定める。この場合，申し込まれた数より減少することもできる（割当自由の原則）（会204条1項）。割当てを決定するのは，会社を代表する取締役または執行役であるが，募集株式が譲渡制限株式である場合には，定款に別段の定めがない限り，株主総会（取締役会設置会社にあっては取締役会）の決議によらなければならない（同2項）。会社は，払込期日または払込期間の初日の前日までに，申込者に対して割当数を通知しなければならない（同3項）。

株主割当ての場合，引受申込期日までに引受けを申し込まない株主は，割当てを受ける権利を失う（同4項）。

(2)　総額引受の場合

以上の会社法203条と204条は，引受人が募集株式の総数の引受契約を締結する場合は適用されない（会205条1項）。これは証券会社などが発行会社との契約で総数を引き受ける場合であり（総額引受け），申込みや割当ての手続を行う必要はない。

募集株式が譲渡制限株式のときは，会社は，株主総会（取締役会設置会社の場合は，取締役会）の決議により，この総額引受契約の承認を受けなければならないが，定款に別段の定めがある場合はこの限りでない（同2項）。

(3)　募集株式の引受け

申込者は，会社の割り当てた募集株式の数につき，また，総額引受契約により

募集株式の総数を引き受けた者は，引き受けた募集株式の数につき，募集株式の引受人となる（会206条）。

募集株式の，①引受けの申込み，②割当て，③総額引受契約（会205条），に係る意思表示に関しては，民法93条（心裡留保）ただし書・94条（虚偽表示）1項は適用されない（会211条1項）。また，引受人が株主となった日から1年を経過した後，または，その株式について権利を行使した後は，錯誤を理由とした株式引受けの無効の主張や詐欺・強迫を理由とした引受けの取消しをなすことはできない（同2項）。

（4） 公開会社における募集株式の割当て等の特則

平成26年改正は，支配株主の異動をともなう募集株式の発行につき，株主総会の承認を必要とする以下の規定を設けた。会社の支配権の所在の決定を取締役会が行うのは，株式会社の機関の権限分配秩序に照らして不合理であり，この決定は経営者ではなく株主が行うべきだからである。

公開会社においては，募集株式の引受人につき，①当該引受人（その子会社を含む）がその引き受けた募集株式の株主となった場合に有することになる議決権の数の，②当該募集株式の引受人の全員がその引き受けた募集株式の株主となった場合における総株主の議決権の数，に対する割合が，2分の1を超える場合には，払込・給付の期日（または期間の初日（会199条1項4号））の2週間前までに，株主に対して，当該引受人（＝特定引受人）の氏名・名称および住所，当該特定引受人についての①の数その他法務省令（会規42条の2）所定事項を通知しなければならない。ただし，当該特定引受人が当該会社の親会社等である場合または当該会社が株主に株式の割当てを受ける権利を付与した場合（会202条）は，この限りでない（会206条の2第1項）。この通知は公告で代えることができる（会206条の2第2項，通知が不要とされる場合（同3項））。

この通知・広告に対し，総株主（当該株主総会で議決権を行使できない株主を除く）の議決権の10分の1（これを下回る割合を定款で定めた場合には，その割合）以上の議決権を有する株主が，通知・公告の日から2週間以内に特定引受人（その子会社等を含む）による募集株式の引受けに反対する旨を会社に通知したときは，会社は，上記払込・給付の期日の前日までに，株主総会の普通決議により，当該特定引受人に対する募集株式の割当て，または，当該特定引受人との間の総額引受契約の承認を受けなければならない。ただし，会社の財産の状況が著しく悪化し

ている場合において，会社の事業の継続のため緊急の必要があるときは，この承認決議は不要である（同4項）。なお，この総会の承認決議については，定款で，定足数を株主の議決権の3分の1以上にすることも，また，議決数を出席株主の議決権の過半数を上回る割合を定めることも可能である（同5項）。

4　出資の履行

（1）総　説

募集株式の引受人は，払込期日または払込期間内に，①金銭出資の場合には，会社が定めた銀行等の払込取扱場所に，払込金額の全額を払い込まなければならず（全額払込制度）（会208条1項），②現物出資の場合には，それぞれの募集株式の払込金額の全額に相当する現物出資財産を給付しなければならない（同2項）。

引受人は自己の会社に対する債権を自動債権として，会社に対する金銭の払込み・現物出資の給付（＝出資の履行）をなすべき債務とを相殺することはできない（同3項）。

引受人は，払込期日に，または，払込期間内における出資を履行した日に，出資を履行した募集株式の株主となる（会209条1項）。会社法213条の2第1項各号所掲の場合，出資の履行を仮装した引受人においては，支払・給付等の責任を果たした後でなければ，出資を仮装した募集株式につき，株主の権利を行使できない（同2項）。なお出資仮装の募集株式を譲り受けた者は，悪意または重過失がない限り，当該株式につき株主の権利を行使できる（同3項）。

（2）現物出資の場合の特則

1）総　説

募集株式の発行にあたり，現物出資（会199条1項3号）がなされる場合，会社は，募集事項の決定後遅滞なく，現物出資財産の価額調査のため，裁判所に対し，検査役の選任を申し立てなければならない（会207条1項）。これに対し，裁判所は，これを不適法として却下する場合を除き，検査役を選任しなければならないが（同2項），選任した場合には，会社が支払うべき報酬額を定めることができる（同3項）。

検査役は，必要な調査をし，調査結果を記載・記録した書面または電磁的記録（会規228条2号）を裁判所に提出して報告するとともに（会207条4項），会社に対し，この書面の写しまたは電磁的記録に記録された事項を法務省令所定方法

(会規229条2号）により提供しなければならない（会207条6項）。

　裁判所は，上記報告を受けた場合，会社法199条1項3号の価額（検査役の調査をへていないものを除く）を不当と認めたときは，これを変更する決定をしなければならない（同7項）。募集株式の引受人は，この決定により現物出資財産の価額の全部または一部が変更された場合，当該決定確定後1週間以内に限り，募集株式の引受けの申込みまたは総額引受契約（会205条1項）に係る意思表示を取り消すことができる（会207条8項）。

2）　検査役の選任が不要な場合

　以下に掲げる事項については，検査役の選任は不要である（同9項1号～5号）。

① 　引受人に割り当てる株式の総数が発行済株式総数の10分の1を超えない場合……給付する現物出資財産の価額について，

② 　現物出資財産につき定められた価額の総額（会199条1項3号）が500万円を超えない場合……当該現物出資財産の価額について，

③ 　現物出資財産のうち市場価格のある有価証券につき定められた価額（同号）が当該有価証券の市場価格として法務省令（会規43条）所定方法により算定されるものを超えない場合……当該有価証券についての現物出資財産の価額について，[6]

④ 　現物出資財産につき定められた価額（会199条1項3号）が相当であることにつき，弁護士・弁護士法人・公認会計士・監査法人・税理士または税理士法人の証明（現物出資財産が不動産である場合には当該証明および不動産鑑定士の鑑定評価）を受けた場合……当該証明を受けた現物出資財産の価額について，

⑤ 　現物出資財産が会社に対する弁済期が到来している金銭債権であって，当該金銭債権につき定められた価額（同項）が，当該金銭債権に係る負債の帳簿価額を超えない場合……当該金銭債権についての現物出資財産の価額について。

　なお，以下のものは，④に規定する証明をすることができない（同10項1号～4号）。

6）　(i)価額決定日における当該有価証券を取引する市場における最終の価格（当該価額決定日に売買取引がない場合または当該価額決定日が当該市場の休業日にあたる場合には，その後最初になされた売買取引の成立価格），および，(ii)価額決定日において当該有価証券が公開買付け等の対象であるときは，当該価額決定日における当該公開買付け等に係る契約における当該有価証券の価格，のうちいずれか高い額（会規43条）。

(i)　取締役・会計参与・監査役・執行役・支配人その他の使用人，
　(ii)　募集株式の引受人，
　(iii)　業務の停止処分を受け，その停止の期間を経過しない者，
　(iv)　弁護士法人・監査法人・税理士法人であって，その社員の半数以上が(i)または(ii)所掲の者のいずれかに該当するもの。

　⑤が規定されることにより，デット・エクイティ・スワップ（Debt Equity Swap）（会社の債権者が会社に当該債権を現物出資する手法）が全面解禁されたことになる。

5　違法な新株発行に対する対応策

（1）　募集株式の発行等の差止請求

　募集株式の発行または自己株式の処分が，(1)法令または定款に違反する場合，または，(2)著しく不公正な方法により行われる場合で，(3)株主が不利益を受けるおそれがあるときは，株主は，会社に対して，当該募集に係る株式の発行または自己株式の処分をやめることを請求できる（会210条1号2号）。

　(1)の法令違反の場合とは，具体的な法規違反を意味し，①法定期間（会124条3項・201条3項・202条4項）の不遵守の場合，②株主総会や取締役会の決議をへていない場合（会199条2項・201条1項），③第三者に対する有利価額発行につき株主総会の特別決議がないか，有利発行を必要とする理由の説明がないか説明が不十分な場合（会199条2項3項），④募集事項が不均等な場合（会199条5項），⑤新株発行の通知・公告を欠く場合（会201条3項4項），⑥株主に株式の割当てを受ける権利を与えた旨の通知がないか通知が不適法な場合（会202条4項），⑦現物出資財産の調査手続が懈怠された場合（会207条），などがある。定款違反の場合としては，①定款所定の発行可能株式総数を超過したり（枠外発行），所定の種類を無視して発行する場合，②定款所定の株主の株式の割当てを受ける権利が無視された場合，などが該当する。

　(2)の著しく不公正な方法による発行・処分とは，①善管注意義務（会330条，民644条）や忠実義務（会355条）といった抽象的な法規に違反する場合，②取締役やその縁故者の利益をはかったり，取締役の支配的地位を強化するために，これらの者に不当に多数の株式を割り当てる場合（東京地決昭和33・4・28商事175号36頁），③会社に資金的需要がないのに新株を発行し，特定株主の持株比率を低

下させる場合，などがある。

　差止請求の方法は，必ずしも訴えによる必要はなく，会社に対して口頭または書面で直接請求することも可能である。訴えによる場合は，発行差止の仮処分を求めることになる（民保23条1項）。差止請求は，新株発行の効力が生ずる日（会209条）以前になさなければならず，請求株主において，法令・定款違反があること，または著しく不公正な方法によるものであること，そして株主に不利益が生ずることを立証しなければならない。

　差止の原因に関しては，新株がいまだ市場に流通していないので，取引の安全を考慮することなく，広く解することができる。

　法令・定款違反の新株発行に対しては，株主に会社法210条・360条（株主による取締役の違法行為の差止め）のうちいずれか一方あるいは双方の差止請求権が認められる。

（2）「主要目的ルール」をめぐる諸判例

　かつては一般に会社に資金調達の現実的な必要があり，かつ新株割当ての相手方が取締役一派の者でない場合には，たとえ新株発行により反対派の勢力低下を欲する取締役の希望が実現されるとしても不公正発行にはあたらないと解されていた。（鈴木＝竹内422頁，大隅＝今井・中653頁，新潟地判昭和42・2・23判時493号53頁）[7]。しかし近時の判例は，会社に資金調達目的があっても，経営者側に会社支配の強化・維持の目的がある場合には，「主要な目的」[8]を基準にして不公正発行にあたるか否かを判定している。

　前出の忠実屋・いなげや事件決定（本書312頁以下参照）は，「株式会社においてその支配権につき争いがある場合に，従来の株主の持株比率に重大な影響を及ぼすような数の新株が発行され，それが第三者に割り当てられる場合，その新株

---

[7]　「会社に真に資金調達の必要がある以上，その調達の方法は取締役の裁量にゆだねられているものと解するのが相当であるから，新株発行が他の資金調達の方法に比して著しく不利であるとか，新株発行後短期間内に会社が引受先から買い戻す計画があるとか，あるいは新株割当てが形式にすぎず引受先に対し会社が払込金について資金的援助を与えるとかいうようなその合理性を疑わしめる特段の事情が認められない限り，新株発行は，会社の（反主流派株主の）少数支配に対する排斥の意図とは一応無関係になされたものと認めるのが相当である」と判示している。

[8]　「不当な目的を達成するため新株を発行する場合と言うためには，少なくとも，取締役会が新株発行を行うに至った種々の動機のうち，不当な目的を達成するという動機が，他の動機よりも優先し，それが主要な主観的要素であると認められる場合をいう」大阪地堺支判昭和48・11・29判時731号85頁。ほかに，東京地決昭和52・8・30金判533号22頁，大阪地決昭和62・11・18判時1290号144頁，大阪高決昭和62・11・24民商100巻1号30頁，等。

発行が特定の株主の持株比率を低下させ現経営者の支配権を維持することを主要な目的としてされたものであるときは、その新株発行は不公正発行にあたるというべきであり、また、新株発行の主要な目的が右のところにあるとはいえない場合であっても、その新株発行により特定の株主の持株比率が著しく低下されることを認識しつつ新株発行がされた場合は、その新株発行を正当化させるだけの合理的な理由がない限り、その新株発行もまた不公正発行にあたる」としている[9]。

新株発行を正当化する合理的な主たる目的としては、会社側の資金需要のほか、企業提携・企業結合の強化の必要性などがあるが、しかし、これらの積極的な理

---

[9] 近時の「主要目的ルール」に関する主な事例をみてみよう。
① 東京地決平成16・7・30金判1201号9頁、東京高決平成16・8・4金判1201号4頁(ベルシステム24事件)は、会社支配権をめぐる紛争が生じた後、1000億円強の事業計画を開始し、業務提携先に発行済株式総数を超える新株を割り当てて、基準日後の株主である割当先に、定時総会における議決権を付与しようとした事案である。支配権争奪の相手方が持株比率が39.2%から19%に低下することになるとして新株発行差止めの仮処分を申し立てた。経営陣の一部が、反対派の持株比率を低下させ、支配権を維持する意図を持っていたとは推認しうるが、事業計画のために新株を発行する必要があり、事業計画自体に一応の合理性があるので、支配権維持が新株発行の主要目的とは認められないとして、申立は却下されている。
② さいたま地決平成19・6・22金判1270号55頁(日本精密事件)は、日本精密の大株主と韓国会社である株主との間で取締役の選任その他をめぐり支配権争いが生じたところ、株主総会の16日前に突然、会社側が発行済み株式済株式総数の約50%にあたる新株の第三者割当てを決定した事案である。この決定の14日後を払込期日とするとともに、当該引受人に総会での議決権行使を認めることとし、当該引受人が推薦する者を取締役候補者とした。「本件新株発行については、特段の資金調達の必要性が認められない限り、現在の経営陣が自らの支配権を確保することを主要な目的として発行するものというべきである」と認定されて、差止請求が認容されている。
③ 東京地決平成20・6・23金判1296号10頁(クオンツ新株発行差止事件)は、会社との支配権争奪戦の相手方ではない第5順位の者の持株比率が、1.71%から1.43%に低下する事案である。仮処分の申立人の主張である新株発行の不当目的性につき、被申立人である会社側に新株発行の必要性・合理性についての立証責任を課したうえで、この立証を不十分として、「不当目的性」が認定されたが、以下のように判示されている。「会社法210条2号に規定される『著しく不公正な方法』による新株の発行とは、不当な目的を達成する手段として新株の発行が利用される場合をいうと解されるところ、会社の支配権につき争いがあり、既存の株主の持株比率に重大な影響を及ぼすような数の新株が発行され、それが第三者に割り当てられる場合に、その新株の発行が既存の株主の持株比率を低下させ現経営者の支配権を維持することを主要な目的としてされたものであるときは、不当な目的を達成する手段として新株の発行が利用される場合に当たるというべきである。……
本件新株発行は、会社の支配権につき争いがある状況下で、既存の株主の持株比率に重大な影響を及ぼすような数の新株が発行され、それが第三者に割り当てられる場合であって、かつ、それが、成否の見通しが必ずしもつかない反対派取締役の解任が議案となっている株主総会の直前に行われ、しかも、予め反対派取締役を解任する旨の会社提案に賛成することを表明している割当先に会社法124条4項に基づき議決権を付与することを予定しているというのであるから、他にこれを合理化できる特段の事情がない限り、本件新株発行は、既存の株主の持株比率を低下させ現経営者の支配権を維持することを主要な目的としてされたものであると推認できる……」と。

由付けがない場合であっても，不公正な新株発行にはあたらないとされる場合もある。たとえば，真に会社経営に参加する意思・能力を有さない者が，取得した株式の株価をつり上げて高値で会社に買い取らせること（高値買取り）を目的として株式を買い集めている場合に，取締役が忠実義務に基づく判断として友好的な取引先に新株を発行して防戦を試みるような場合である（大隅＝今井・中654頁）。

（3）　不公正な払込金額で株式を引き受けた者等の責任

募集株式の引受人は，会社に対して以下の支払い義務を負う（会212条1項1号2号）。すなわち，①取締役（指名委員会等設置会社の場合は取締役または執行役）と通じて「著しく不公正な払込金額」で募集株式を引き受けた場合には，当該払込金額と当該募集株式の公正な価額との差額に相当する金額，②募集株式の株主となった時（会209条1項）に給付した現物出資財産の価額が，募集事項として定められた価額（会199条1項3号）に著しく不足する場合には，当該不足額，である。ただし，引受人において，この著しく不足することにつき善意かつ無重過失であれば，募集株式の引受けの申込みまたは総額引受契約（会205条1項）に係る意思表示を取り消すことができる（会212条2項）。これらの責任追及の訴えに関しては株主代表訴訟が認められる（会847条1項）。

①の責任は，取締役との通謀を要件とするため一種の不法行為に基づく損害賠償責任と解するのが通説であるが，②の場合には通謀は必要とされない。いずれも実質的には公正な発行価額との差額の支払いを内容としているので追加出資義務の性質を有しており，株主有限責任の原則の例外となる（①に関し，鈴木＝竹内424頁，大隅＝今井・中661頁）。このような追加出資義務たる性質が認められるため，会社は支払義務を免除したり，支払金額を返還することはできず，引受人が支払いにつき相殺をもって会社に対抗することも認められない（会208条3項の類推適用）と解される。

①の責任は，取締役と株式引受人との間に通謀がある場合でなければ生じない。取締役会が引受人と通謀してこの種の発行価額を決議する場合と代表取締役が引受人と通謀してこの種の発行価額で割当てをなす場合などがあるが，通謀の事実は，引受人に対し責任を追及する者が立証しなければならない。引受人がこの責任を負う場合には，取締役も会社に対して任務懈怠責任を負い（会423条1項），両者の責任は不真正連帯債務の関係となる。

①の「著しく不公正な払込金額」とは，会社に払い込む実際の発行価額（割当

価額・引受価額）が，旧株の時価を基準とする公正な価額を下回る不当に安い発行価額をいう。取締役会決議で定められる発行価額は発行予定価額であり，実際の割当てはその価額またはそれ以上の価額でなされるが，取締役会で定められた発行価額が不公正な価額であっても，実際の割当価額が公正な額であれば，通謀引受人の責任は生じない（大隅＝今井・中659頁）。これに対し，引受人が取締役会に「著しく不公正な発行価額」の新株発行を決議させそれを引き受ける場合や，取締役会に現物出資の目的物を著しく過大に評価させて新株を引き受ける場合のように，取締役会の決定した発行価額も実際の発行価額もともに著しく不公正な額の場合に，通謀引受人にこの責任が課せられるのは当然である。

（4）　出資の履行を仮装した引受人等の責任

出資の履行を仮装した募集株式の引受人は，会社に対し，①仮装した払込金額の全額の支払い，または，②給付を仮装した現物出資財産の給付（会社が当該現物出資財産の価額に相当する金銭の支払いを請求した場合は，当該金銭の全額の支払い），をなす義務を負う（会213条の2第1項）。この義務は総株主の同意がなければ免除できない（同2項）。

この引受人が出資の履行を仮装することに関与した取締役（指名委員会等設置会社にあっては執行役を含む）として法務省令（会規46条の2）で定める者も，①②の支払義務を負う。ただし，その者（当該出資の履行を仮装した者を除く）が無過失を立証した場合は，この限りでない（会213条の3第1項）。

以上の支払義務を負う引受人と取締役は連帯債務者となる（同2項）。

（5）　募集新株の発行無効の訴え

1）　総　説

募集新株の発行の効力がいったん生じても，各種の法的瑕疵によりこれを無効とせざるをえない場合がある。しかし，一般原則に委ねて無効を判定することは株式会社をめぐる法律関係の画一的確定，瑕疵の主張の可及的制限および無効の遡及効阻止の必要からみて妥当でない。そこで，会社法は，「会社の組織に関す

---

10) ①出資の履行の仮装に関する職務を行った取締役・執行役。②仮装が取締役会決議に基づく場合は，当該決議に賛成した取締役，取締役会に当該仮装に関する議案を提案した取締役・執行役。③当該仮装が株主総会決議に基づく場合は，総会に当該仮装に関する議案を提案した取締役，当該議案の提案の決定に同意した取締役（取締役会設置会社の取締役を除く）。当該議案の提案が取締役会決議に基づく場合は，当該取締役会の決議に賛成した取締役。株主総会において当該仮装に関する事項について説明した取締役・執行役（会規46条の2）。

る行為の無効の訴え」の一つとして，募集新株の発行無効の訴えを設けている（会828条1項2号2項2号）。すなわち，当該会社の株主等（株主・取締役・監査役・執行役・清算人）は株式発行の効力が生じた日から6カ月以内（非公開会社の場合には1年以内）に限り，募集新株の発行に対し，その無効の訴えを提起できる。もっとも，いかなる瑕疵が無効原因となるかについては規定がなく，新株発行の際に遵守すべき法令・定款の規定の趣旨を勘案しつつ，解釈により決定しなければならない。

2） 無効原因

すでに新株が発行されてしまった場合，無効原因はなるべく少ない方が望ましい。代表取締役が会社を代表して新株を発行した以上は，これを引き受けまたは譲り受ける者は当然に有効に発行されたものと信頼するわけであり，取引の安全が要請されるからである。

① 発行可能株式総数を超える発行（枠外発行）……無効である。発行された新株の一部分がこの株式数を超える場合も，どの株式がこれに該当するかは特定できないので全部の新株発行が無効となる。定款変更により発行可能株式総数が増加すれば，この瑕疵は治癒される（北沢538頁）。

② 定款に定めのない種類の株式の発行……無効である。特定回の新株発行の一部分が定款の認めない種類の株式であるときには，その部分の新株発行のみが無効となるが，定款を変更してこの種の株式の発行を許容することにより瑕疵を治癒することができる（北沢539頁）。

③ 必要な決議を欠く発行……必要とされる株主総会決議あるいは取締役会決議を欠いたまま，代表取締役がなした募集新株の発行の効力に関しては，従来，解釈が分かれていた。

(i)有効説（最判昭和36・3・31民集15巻3号645頁（ズノー光学事件），最判昭和46・7・16集民103号407頁（東急不動産事件）等）は，授権資本制度下における新株発行を，社債の売出発行と同様に，取引的行為に近いものと解し，新株発行に関する取締役決議は会社内部の意思決定にすぎず，株式申込人はこの決議の存否を容易に知りえないのであるから，取引安全の見地から，新株の発行自体は有効と解する（河本268頁，龍田303頁）。(ii)無効説は，授権資本制度下においても新株の発行は会社の人的・物的基礎を拡大する組織法上の行為であって，社債発行のような取引法上の行為とは同視できないとして，有効説に立てば，代表取締役が権

限を濫用していつでも自己に有利に新株を発行して会社支配を確立することを懸念する（大隅＝今井・中 664 頁以下，田中〔誠〕下 1008 頁以下，加美 410 頁）。(iii)相対的部分的無効説は，原則的には有効説にたちながら，取引の安全に対する考慮が必要とされない場合，すなわち当初の引受人またはその者からの悪意の譲受人のもとにとどまっている新株については，新株発行を無効と解する。[11]この場合には，悪意の引受人の有する株式に関し募集新株発行無効の訴えを提起し，その株式について処分禁止の仮処分を求めることが考えられる（民保 23 条 1 項・24 条）。

　横浜地判平成 21・10・16 判時 2092 号 148 頁（東山インベストメント事件）は，非公開会社が，株主総会決議を経ないでその代表取締役に新株を発行した事案であるが，「（非公開会社では）株主に対して新株の募集事項の通知または公告をしなければならない旨の規定がなく，株主総会以外に，株主が新株の発行をやめることの請求をする機会が十分に保障されていないこと」をあげて，特別の事情がない限り，この場合の発行を無効と判示している。そして，最判平成 24・4・24 民集 66 巻 6 号 2908 頁（全国保証株式会社事件）[12]も，非公開会社における新株発行に関し，①原則として株主総会決議によって募集事項を決定することになっていること，②新株発行無効の訴えの提訴期間が公開会社の 6 箇月に対し 1 年になっていることに鑑みるならば，非公開会社の既存株主においては会社支配権に関わる持株比率の維持に係る既存株主の利益保護が重視されており，その意思に反する株式の発行は株式発行無効の訴えによって救済するのが法の趣旨であると判示している。

　④　新株発行事項の公示を欠く発行……募集新株発行事項の公示（会 201 条 3 項 4 項）を欠いたままされた新株発行の効力については，判例・学説上解釈が分かれてきた。(i)有効説（東京高判平成 7・10・25 判時 1639 号 127 頁，河本 269 頁）は，新株が不特定多数人間を流通することから法律関係の安定をはかるべきことを根拠とする。(ii)無効説（東京高判昭和 47・4・18 高民 25 巻 2 号 182 頁，東京地判平成元・9・26 判時 1333 号 156 頁，田中〔誠〕下 975 頁）は，この公示を欠くと株主が新株発行差止請求権を行使する機会を不当に奪うことになり事後的救済のみでは不十分であることを根拠とする。(iii)折衷説（最判平成 9・1・28 民集 51 巻 1 号 71 頁[13]

---

11)　鈴木＝竹内 428 頁，北沢 542 頁，洲崎博史「不公正な新株発行とその規制」第三者割当増資（企業金融と商法改正 2）146 頁（有斐閣，1991）。
12)　吉本健一「判批」金判 1327 号 2 頁，判例講義 124 事例〔仮屋広郷〕。

(丸友青果事件))は，株主が差止請求権を行使したとしても他に差止事由がないため差止が認められない場合まで，公示の欠缺を理由に新株発行を無効とするのは単に手段にすぎない公示を絶対視するもので行き過ぎであるから，会社が差止事由が存在しないことを立証した場合には例外として無効とはならないとする。

なお，支配株主の異動をともなう募集株式の割当ての通知・公告（会206条の2第1項2項）を欠く場合についても，ここでの論議があてはまる。

⑤ 新株発行の差止めを無視した発行……新株発行差止めの仮処分に違反してなされる新株発行が無効原因になるかに関しても解釈が分かれている。(i)無効説は，ⅰ)訴訟外で口頭または書面をもって差止請求がなされた場合は無効原因にはならないが，差止めの仮処分または判決に違反して新株が発行された場合も効力に影響がないとすれば，差止請求は単に取締役の注意を喚起する事実上の行為と大差なく，差止請求権を1つの権利として認めた立法趣旨が没却される，ⅱ)公権力で認められた差止命令には，法秩序尊重という公共の目的から充分に実効性をもたせなければならない，と解する（最判平成5・12・16民集47巻10号5423頁（明星自動車事件），大隅＝今井・中657頁，田中〔誠〕下1008頁，龍田302頁）。もっとも，この仮処分が差止めの理由（会210条1号2号）なしになされたことを会社側が立証するときは新株発行の無効は回避されると解する（大隅＝今井・中658頁）。(ii)有効説は，新株発行による法律関係の安定・取引の安全を根拠にし，さらに以下のような理由をあげる。(a)差止請求権は，それだけでは新株発行の無効原因とはなりえない程度の瑕疵があるにすぎない場合にも，その発行により不利益をうけるおそれのある個々の株主の個人的権利として創設されているのに対し，募集新株発行無効の訴えはこの無効を一体として画一的に確定するための会社組織法上の訴えとして創設されたものであり，制度の趣旨を異にする，(b)登記などの公示方法のない仮処分命令の効力を仮処分手続の当事者以外の者にまで及ぼすことは第三者への権利保護に配慮を欠くことになる，(c)株主が募集新株発行差止めの仮処分命令をえたとしても，会社の当該新株発行権限を対世的に制約する法律状態を形成するものではない，(d)新株発行の効力は，より実質的な無効原因の有無により決せられるべきである，などである。

---

13) 百選［第2版］28事例〔戸川成弘〕，重要判例34事例，判例講義119事例〔志谷匡史〕。
14) 百選［第2版］100事例〔砂田太士〕，重要判例33事例，判例講義120事例〔志谷匡史〕。

⑥　著しく不公正な方法による発行……この場合の典型例としては，取締役が株主総会における自己の支配力の維持・強化のため自己もしくは自己の関係者に多数の新株を発行する場合が該当する。この場合の新株発行の効力については，取引の安全を理由に有効と解するのが通説・判例（釧路地判昭和38・2・26商事273号10頁）であった。しかし，近時は，傍論として「会社において資金調達の必要が，全く無いのに，ただ，反対派株主の持株比率を減少して，自派の会社支配を確固たるものにする目的のために，意を通じた第三者に新株の割当をするなど，株式会社制度の本質にもとり，取締役会に与えられた新株発行権の濫用にわたるような特段の事情が」存する場合には，新株発行の無効事由になるとするものも現れていた（大阪高判昭和63・12・22判時1311号128頁，同旨大阪高判平成3・9・20判時1410号110頁）。ところが，最高裁は，代表取締役が新株を発行した以上，取締役会の新株発行決議がない場合であっても，当該発行は有効であり，このことは，新株が著しく不公正な方法によって発行された場合であっても異ならない。そして，発行された新株が当該会社の取締役の地位にある者によって引き受けられ，その者が現にこれを保有していても，あるいは発行会社が小規模な閉鎖会社であっても，この結論に影響しない旨を判示している（最判平成6・7・14集民172号771頁1512号178頁（マンリー藤井事件））。判例は，著しく不公正な方法による新株発行の効力については，閉鎖的な会社であることのみをもって無効とするのではなく，事実上，閉鎖型のタイプの会社にのみ生ずる事項を無効事由と認めることで，問題の解決をはかっているものと推測されている（江頭773頁）。

　⑦　株主の「株式の割当てを受ける権利」を無視した発行……定款あるいは取締役会決議などにより株主に「株式の割当てを受ける権利」（会社法施行前は新株引受権）が付与されている場合に，これを無視して新株が発行された場合については，解釈が分かれている。

　(i)全部無効説（田中〔誠〕下1007頁，加美414頁）は，この権利が重大な経済的意味と議決権付与の意味を有することを理由に，全面的に無効と解する。(ii)有効説は，この権利は新株割当の優先的請求権にすぎず，また，定款で付与される新株引受権は株主の固有権ではないので新株発行は無効とならず，取締役の賠償責任

---

15)　最判平成5・12・16の少数意見，河本269頁，北沢544頁，鈴木＝竹内428頁，前田300頁。
16)　判例百選〔第2版〕101事例〔山下友信〕，重要判例35事例，判例講義118事例〔志谷匡史〕。

問題（会423条1項・429条）が生ずるにすぎないと解する。(iii)折衷説は、この権利の「一般的な無視」または「全部または大部分の無視」があった場合には、新株発行は無効となるが、僅少な一部分が無視されたにすぎない場合には無効とならず、取締役の賠償責任問題にとどまると解する（多数説、鈴木＝竹内428頁・大隅＝今井・中664頁・北沢539頁）。

同族的・閉鎖的な会社の場合、譲渡制限付きの募集株式の割当てを受ける権利の無視は、軽微かつ偶発的に生じたものでない限り、原則として無効と解すべきであろう（江頭771頁）。

なお、株主以外の者の「株式の割当てを受ける権利」が無視されて新株が発行されても、会社の契約違反責任が生ずるのみで、株式の発行自体は有効である。

⑧　発行価額未満の発行……取締役会が定めた発行価額未満の新株発行の効力については解釈が分かれる。1つは、一部の株式についてのみ発行価額未満で発行された場合には無効原因とはならないが、新株の全部または大部分が発行価額未満で発行された場合は無効とする説であり（大隅＝今井・中665頁）、他は、新株発行は無効とならず、取締役の損害賠償責任と通謀引受人の差額支払責任によって資本充実の欠缺をてん補すべきであるとする説（鈴木＝竹内425頁、北沢540頁）である。

⑨　新株予約権の発行・行使に瑕疵がある場合

違法な新株予約権の行使に基づき発行された新株の効力に関しては、①無効原因説（会社法828条1項2号類推適用説）、②当然無効説、③不存在確認訴訟説がある。①は、提訴期間が限定されているので新株予約権の行使による株式発行における法律関係の安定が相当程度にはかられることを理由とする。②は、新株予約権の行使が権利者によりまちまちに行われた場合、各場合につき新株発行無効の訴えが提起されることになり煩雑であることを理由とする。③は、新株発行不存在確認訴訟（会829条1号）の対象とすべきとする。なお、判例は①説に立つ（前

---

17)　①定款で株主に「株式の割当てをうける権利」を付与しておきながら、会社がこれを無視して募集新株を発行した場合（定款違反）、②株主総会決議で募集事項を定めなければならない会社において、取締役または取締役会に決定を委任する決議がないまま、取締役・取締役会がこれを定めて発行する場合（法令違反）、③募集事項を決定する機関が株主割当てを決定したのに、別の方法で発行した場合、等に無効原因を認めるものとして、龍田303頁。
18)　野津　務・新会社法概論273頁（朝倉書房、1951）、伊沢孝平「新株発行の手続」講座Ⅳ1230頁。

出・最判平成 24・4・24）。

3） 訴えの手続

　募集新株発行の無効は，株式発行・自己株式の処分の発効日から 6 カ月（非公開会社の場合は 1 年）以内に限り，訴えをもってのみ主張することができる（会 828 条 1 項 2 号 3 号）。提訴権者は株主等（＝株主・取締役・清算人。監査役設置会社の場合は監査役も，指名委員会等設置会社の場合は執行役も加わる）に限られる（同 2 項 1 号）。募集新株発行差止の訴えを，これを本案とした新株発行差止の仮処分の違反を理由とする新株発行無効の訴えに変更するにあたり，この変更が 6 カ月の提訴期間経過後になされた事案において，両訴が同一の経済的利益を追求する同一性のある基礎に立脚する請求であることから，後者の訴えは前者の訴えの提起時に提起されたと同視しうる特段の事情があるとして，提訴期間は遵守されたものとして扱われている（前出・最判平成 5・12・16）。

　提訴権者たる株主は，新株発行当時の株主である必要はない。新株発行後に株式を譲り受けた株主でもよく，また，従来から存する旧株の株主あるいは無効の訴えの対象となっている新株の株主，いずれでもかまわない。なお，新株発行無効の訴えの提起後，6 カ月の提訴期間が経過した後に新たな無効事由を追加して主張できるかについては解釈が分かれているが，最高裁は，出訴期間制限の趣旨は，「新株発行に伴う複雑な法律関係を早期に確定することにある」として，これを否定している（最判平成 6・7・18 集民 172 号 967 頁）。

　この訴えは，被告会社の本店の所在地を管轄する地方裁判所の管轄に専属する（会 835 条 1 項）。

4） 無効判決の効力

　新株発行の無効判決が確定すると，法律関係の画一的処理の要請から，当事者以外の第三者にも判決の効力が及び（対世的効力），何人もこれを争うことはできなくなる（会 838 条）。また，取引の安全のため遡及効が否定され（不遡及効），新株は将来に向ってのみその効力を失う（会 839 条）。この結果，判決確定時までになされてきた剰余金配当・株主総会の招集・総会での議決権行使・株式譲渡などは影響を受けない。

19）　この場合，新株発行の無効を対世的に確定するため，関係者は，株主総会決議不存在確認の訴えの訴権を被保全権利として，会社が株式を発行することの執行停止を求める仮の地位を定める仮処分を申請することになろうとするものに，江頭 803 頁。

5） 無効判決後の処理

　会社は，無効判決が確定したときは，当該株式に係る株主に対し，払込みを受けた金額または給付を受けた財産の給付時における価額に相当する金銭を支払わなければならない。株券発行会社である場合には，会社は当該株主に対し，当該金銭の支払いと引換えに当該株式に係る旧株券（効力を失った株式に係る株券）の返還を請求できる（会840条1項）。

　この金銭の金額が，判決確定時における会社財産の状況に照らして著しく不相当であるときは，裁判所は，会社または株主の申立てにより，当該金額の増減を命ずることができる（同2項）。これは，無効になった新株の株主も判決確定時までは会社事業に参加していたことを考慮して，会社の損益に参加させようとする措置である。この申立ては，判決確定日から6カ月以内にしなければならない（同3項）。

　新株の発行が無効になると，新株を目的とする質権の物上代位的効力は，会社が支払う金銭に及び（同4項），登録株式質権者は，会社からこの金銭を受領し，他の債権者に先立って自己の債権の弁済に充当できる（同5項）。債権の弁済期が到来していないときは，登録株式質権者は，会社に対してこの金銭に相当する金額を供託させることができ，この供託金について質権が存在する（同6項）。

（6） 新株発行等不存在確認の訴え

　新株発行等無効の訴えは，法律上は無効であるが，外形上新株発行等と認めうる事実が存在する場合に関する訴訟である。これに対し，新株発行等の実体が全く存在せず，単に新株発行の変更登記がなされたにすぎないような場合は新株発行等自体が不存在となる。この場合には，一般原則により，誰でも何時でもどのような方法によってでもこの不存在を主張することができるし，また，必要に応じて，新株発行等不存在確認の訴えを提起することもできる。この訴訟類型については，従来，規定がなく，判例上認められていたのであるが（最判平成9・1・28民集51巻1号40頁），会社法は規定を新設している。すなわち，①会社の成立後における株式の発行，②自己株式の処分，③新株予約権の発行についての，不存在確認の訴えの類型である（会829条）。

　なお，株式および新株予約権の発行についての無効あるいはその不存在を確認する判決の確定は，嘱託登記事項である（会937条1項1号ロハ）。

第2節　新株予約権の発行

1　意義と利用目的

（1）　意　義

　新株予約権とは，それを株式会社に対して行使することにより，当該会社の株式の交付を受けることができる権利をいう（会2条21号）。この権利を有する新株予約権者は，あらかじめ定められた行使期間内に，あらかじめ定められた権利行使価額を会社に払い込むことにより，会社から一定数の新株もしくは保有する自己株式を受けることができる。新株予約権者は，払込金額より株価が高い場合には，取得した株式を転売して利益をえることができるし，株価が低い場合には，権利を行使しなければよい。したがって，新株予約権を有償で取得した場合も，その対価の額を超えて損をすることはない。

　新株予約権とは，株式の発行会社自身が生み出す株式のコール・オプション（call option，買付選択権。これに対し，売付選択権をプット・オプション（put option）という。）であるが，1981年の改正商法が導入した新株引受権付社債における新株引受権（warrant，ワラント）部分や，1994年・1997年の改正商法が定めた取締役や従業員のストック・オプション（stock option）も，これに該当した。2001年11月の改正商法は，新株引受権という名称を変更し，上記のコール・オプションを一括して新株予約権という制度を導入するとともに，これを誰に対しても発行でき，譲渡も可能なものとした。会社法は，新株予約権を株式に準ずるものとして扱い，新株予約権者に会社に対するこの買取請求権を認めたり，募集新株予約権あるいは新株予約権付社債に関する詳細な法規制を設けている。

（2）　利用目的

　新株予約権は，以下のような目的で利用される。

　①　インセンティブ報酬　　新株予約権は，従来のストック・オプションと同様，業績連動型インセンティブ報酬として用いられる。当該会社の経営者のみならず広く従業員や関係会社の役員・従業員にも発行できる。付与された者は，職務に精励し会社の業績を上昇させて株価を上昇させたうえで，この新株予約権を行使し，発行された新株を売却したり，新株予約権そのものを売却して，利得を

② 取引の相手方の確保　知名度がまだ低いベンチャー企業などは，金融機関その他の取引の相手方に新株予約権を発行して，取引関係を構築することができる。相手方はベンチャー企業の成長が見込まれる段階になってから株金を払い込めば，投資リスクを回避できる。

③ 資金の調達　株式会社は資金調達の一手段として新株予約権を有償で発行することもできる。

④ 社債の甘味剤　社債と組み合わせれば，従来の転換社債や新株予約権付社債と同種のものとなり，会社は社債の発行を促進できる。

⑤ 旧株の値下がり分の回収手段　株主に募集新株予約権の割当てを受ける権利（会241条1項）を付与するならば，株主は，この新株予約権を行使するか譲渡して，旧株の値下がり分を回収できる。

⑥ 敵対的企業買収に対する防衛策　平時導入型の防衛策として，いわゆるアメリカにおけるポイズン・ピルないしライツ・プランとして利用されている。取得条項付新株予約権（会236条1項7号）を使用し，一定事由の発生を条件として，会社が強制取得し，対価として会社の株式を交付して，発行済株式総数を増やすことなどが考えられる。状況によっては有事導入型の新株予約権の無償割当ても使われる。

2　新株予約権の内容

株式会社が新株予約権を発行するときは，その内容として以下の事項を定めなければならない（会236条1項1号～11号）。

① 当該新株予約権の目的である株式の数（種類株式発行会社の場合には，株式の種類・種類ごとの数）またはその数の算定方法，

② 当該新株予約権の行使に際して出資される財産の価額またはその算定方法，

③ 当該新株予約権の行使に際して金銭以外の財産を出資するときは，その旨・当該財産の内容・価額，

④ 当該新株予約権を行使することができる期間，

⑤ 当該新株予約権の行使により株式を発行する場合の，増加する資本金・資本準備金に関する事項，

⑥ 譲渡による当該新株予約権の取得につき，当該株式会社の承認を要するこ

ととするときは，その旨，
⑦ 一定事由の発生を条件として会社が当該新株予約権を取得することができることとするときは（取得条項付新株予約権を発行するときは），以下の事項，
　(イ) 一定事由の発生日に会社が当該新株予約権を取得する旨・その事由，
　(ロ) 会社が別に定める日の到来をもって(イ)の事由とするときはその旨，
　(ハ) (イ)の事由が生じた日に(イ)の新株予約権の一部を取得することとするときは，その旨・取得する新株予約権の一部の決定の方法，
　(ニ) (イ)の新株予約権の取得と引換えに，当該新株予約権者に会社の株式を交付するときは，当該株式の数（種類株式発行会社にあっては，株式の種類・種類ごとの数）またはその算定方法，
　(ホ) (イ)の新株予約権の取得と引換えに，当該新株予約権者に会社の社債（新株予約権付社債についてのものを除く）を交付するときは，当該社債の種類・種類ごとの各社債の金額の合計額またはその算定方法，
　(ヘ) (イ)の新株予約権の取得と引換えに，当該新株予約権者に会社の他の新株予約権（新株予約権付社債に付されたものを除く）を交付するときは，当該他の新株予約権の内容・数またはその算定方法，
　(ト) (イ)の新株予約権の取得と引換えに，当該新株予約権者に会社の新株予約権付社債を交付するときは，当該新株予約権付社債についての(ホ)に規定する事項，および，当該新株予約権付社債に付された新株予約権についての(ヘ)に規定する事項，
　(チ) (イ)の新株予約権の取得と引換えに，当該新株予約権者に会社の株式等（株式・社債・新株予約権（会107条2項2号ホ））以外の財産を交付するときは，当該財産の内容・数もしくは額またはこれらの算定方法，
⑧ 当該会社が以下の行為をする場合に，当該新株予約権者に以下の会社の新株予約権を交付することとするときは，その旨およびその条件，
　(イ) 合併（当該会社が消滅する場合に限る）の場合には，存続会社または設立会社，
　(ロ) 吸収分割の場合には，吸収分割をする会社がその事業に関して有する権利義務の全部または一部を承継する会社，
　(ハ) 新設分割の場合には，設立会社，
　(ニ) 株式交換の場合には，株式交換をする会社の発行済株式の全部を取得す

る会社，
　㈺　株式移転の場合には，設立会社，
⑨　新株予約権を行使した新株予約権者に交付する株式の数に1株に満たない端数がある場合で，これを切り捨てるものとするときは，その旨，
⑩　当該新株予約権（新株予約権付社債に付されたものを除く）に係る新株予約権証券を発行することとするときは，その旨，
⑪　上記⑩の場合で，新株予約権者が，記名式と無記名式の新株予約権証券との間の転換請求（会290条）の全部または一部をすることができないこととするときは，その旨．

　新株予約権付社債に付された新株予約権の数は，当該新株予約権付社債についての社債の金額ごとに，均等に定めなければならない（会236条2項）。

3　新株予約権の発行手続

（1）募集による発行

1）募集事項

　新株予約権を引き受ける者を募集する手続は，おおむね新株発行手続と同様であり，会社は，募集のつど，以下の募集事項を定めなければならない（会238条1項1号～7号）。

①　募集新株予約権の内容・数，
②　募集新株予約権と引換えに金銭の払込みを要しないこととする場合には，その旨，
③　上記②以外の場合には，募集新株予約権の払込金額（募集新株予約権1個と引換えに払い込む金銭の額）またはその算定方法，
④　募集新株予約権の割当日，
⑤　募集新株予約権と引換えにする金銭の払込みの期日を定めるときは，その期日，
⑥　募集新株予約権が新株予約権付社債に付されたものである場合には，会社法676条各号所掲事項（募集社債の募集事項），
⑦　上記⑥の場合，募集新株予約権の買取請求方法（会118条1項・179条2項・777条1項・787条1項・808条1項）につき別段の定めをするときは，その定め．

以上の募集事項は、募集ごとに均等に定めなければならない（会238条5項）。

2）決定機関

（ⅰ）総説

上記の募集事項は、非公開会社の場合は株主総会の特別決議により（会238条2項・309条2項6号）、公開会社の場合は取締役会決議により決定する（会240条1項）。公開会社の取締役会決議により募集事項を定めた場合、会社は、割当日の2週間前までに、株主に対して当該募集事項を通知しなければならない（同2項）。

ただし、公開会社にあっては、以下の場合には、株主総会の特別決議で定めなければならず、公開・非公開を問わず、株式会社の取締役は、この株主総会において、以下の条件・金額で募集新株予約権を引き受ける者を募集することを必要とする理由を説明しなければならない（会238条3項1号2号）。

① 上記（1）1）②の場合に、金銭の払込みを要しないこととすることが当該者に特に有利な条件であるとき、

② 上記（1）1）③の場合に、その払込金額が当該者に特に有利な金額であるとき。

種類株式発行会社において、募集新株予約権の目的である株式の種類の全部または一部が譲渡制限株式であるときは、当該募集新株予約権に関する募集事項の決定は、当該譲渡制限株式の種類株主総会の決議がなければ、その効力を生じない（この決議を要しない旨の定款の定めがある場合を除く）。ただし、当該種類株主総会において議決権を行使することができる種類株主が存しない場合はこの限りでない（同4項）。

募集事項の決定は、株主総会の特別決議により、取締役（取締役会設置会社の場合は取締役会）に委任することができる。この場合には、以下の事項を定めなければならない（会239条1項1号～3号・309条2項6号）。

① その委任に基づいて募集事項を決定できる募集新株予約権の内容・数の上限、

② この募集新株予約権につき金銭の払込みを要しないこととする場合には、その旨、

③ 上記②以外の場合には、募集新株予約権の払込金額の下限。

（ⅱ）取締役会への決定委任の可否

非公開会社の場合、株主総会は、新株予約権の行使条件につき取締役会にその

決定を委任することはできるであろうか。また，一任された取締役会が一旦決定した行使条件につき，後日これを変更する決議をなすことは可能であろうか。この点，最判平成24・4・24（本書388頁）は，以下のように判示している。すなわち，「株主総会は，当該会社の経営状態や社会経済状況等の株主総会当時の諸事情を踏まえて新株予約権の発行を決議するのであるから，行使条件の定めについての委任も，別途明示の委任がない限り，株主総会当時の諸事情の下における適切な行使条件を定めることを委任する趣旨のものであり，一旦定められた行使条件を新株予約権の発効後に適宜実質的に変更することまで委任する趣旨のものであるとは解されない」。そして，「そのような委任がないときは，当該新株予約権の発行後に上記行使条件を取締役会決議によって変更することは原則として許されず，これを変更する取締役会決議は，上記株主総会決議による委任に基づき定められた新株予約権の行使条件の細目的な変更をするにとどまるものであるときを除き，無効と解するのが相当である」と。

3）割当・発行
（ⅰ）株主割当て

　これは，既存の株主に持株数に比例して新株予約権の割当てを受ける権利を付与する方法である。株主としては，新株予約権を引き受け，これを行使することにより，持株比率の低下や旧株の値下がりによる不利益を回避できるし，また，新株予約権を他に譲渡することにより，旧株の値下がり損をてん補することも可能である。

　会社は，新株予約権の引受人を募集するにあたり，株主に，この割当てを受ける権利を付与することができるが，この場合には，上記募集事項のほか，①株主に対し，引受けの申込みをすることにより，当該会社の募集新株予約権（種類株式発行会社にあっては，その目的である株式の種類が当該株主の有する種類の株式と同一の種類のもの）の割当てを受ける権利を付与する旨（会241条1項1号），②この募集新株予約権の引受けの申込期日（同2号），を定めなければならない。この割当てを受ける株主（当該株式会社を除く）は，持株数に応じて募集新株予約権の割当てを受けるが，1に満たない端数の募集新株予約権は切り捨てられる（同2項）。

　当該募集事項および上記①②所定の事項の決定は，(1)これらの事項を取締役が決定できる旨の定款の定めがある場合（取締役会設置会社の場合を除く）には，取締役が決定し，(2)これらの事項を取締役会決議で決定できる旨の定款の定め

がある場合（以下の(3)の場合を除く）には，取締役会決議で決定する。また，(3)公開会社の場合は，取締役会決議により，(4)これら以外の場合は，株主総会決議で決定する（同3項）。会社は，上記の申込期日の2週間前までに，①募集事項，②当該株主が割当てを受ける募集新株予約権の内容・数，③引受けの申込期日を，株主に通知しなければならない（同4項）。

(ⅱ) 通常の募集

　会社は，募集新株予約権の募集に応じてこの引受けの申込みをしようとする者に対し，①会社の商号，②募集事項，③新株予約権の行使に際して金銭の払込みをすべきときは払込みの取扱場所，④その他法務省令所定事項（発行可能株式総数（種類株式発行会社の場合は各種類株式の発行可能種類株式総数を含む）等，会規54条)，を通知しなければならない（会242条1項）。さらに，公開会社が，取締役会決議により募集事項を定めた場合には，割当日の2週間前までに，当該募集事項を株主に対して通知または公告しなければならない（会240条2項3項）。もっとも，会社が割当日の2週間前までに，金融商品取引法4条1項から3項までの届出をしているか，その他，株主の保護に欠けるおそれがないものとして法務省令（会規53条）で定める場合は，この限りでない（会240条4項）。

　募集に応じて引受けの申込みをする者は，①申込者の氏名（名称）・住所，②引き受けようとする募集新株予約権の数，を書面に記載して会社に交付しなければならない（会242条2項，電磁的方法による提供可（同3項））。

　会社は，募集新株予約権の総額引受の場合を除き，申込者の中から募集新株予約権の割当てを受ける者，そして，その者に割り当てる数を定めなければならない（申込数より少なく割り当てること可，会243条1項，244条1項）。この決定は，①募集新株予約権の目的である株式の全部または一部が譲渡制限株式である場合，および，②募集新株予約権が譲渡制限新株予約権（譲渡による当該新株予約権の取得につき株式会社の承認を要する旨の定めがあるもの）である場合には，取締役会非設置会社においては株主総会の特別決議により，取締役会設置会社の場合は取締役会の決議によらなければならない。ただし，定款に別段の定めがある場合は，この限りでない（同2項・309条2項6号）。

　なお，募集新株予約権の割当てを受けた者および総額引受をした者は，有償であれ，無償であれ，割当日にその新株予約権者となり（会245条1項），新株予約権付社債の場合には，募集新株予約権者となる者は当該社債の社債権者ともなる

（同2項）。なお，払込期日までに会社が定めた銀行等の払込取扱場所に払込金額の全額の払込みをしない新株予約権者は，新株予約権を行使できない（会246条1項3項）。

（iii）　総額引受の場合

募集新株予約権または募集新株予約権付社債を引き受けようとする者が，その総数または総額の引受契約を締結する場合には，会社法242条・243条は適用されない（会244条1項）。この場合で，①募集新株予約権の目的である株式の全部または一部が譲渡制限株式であるとき，または，②募集新株予約権が譲渡制限新株予約権であるときは，会社は，株主総会（取締役会設置会社の場合は，取締役会）の決議により，当該契約の承認を受けなければならない（同3項）。

（iv）　公開会社における割当て等の特則

公開会社の場合，募集新株予約権の割当てを受けた申込者またはこの総数を引き受けた者（＝引受人）につき，①当該引受人（その子会社等を含む）がその引き受けた募集新株予約権に係る交付株式の株主となった場合に有することとなる最も多い議決権の数の，②その場合における最も多い総株主の議決権の数に対する割合が，2分の1を超える場合には（この場合の引受人を「特定引受人」という），割当日の2週間前までに，株主に対して，当該特定引受人の氏名・名称および住所，当該特定引受人についての①に掲げる数その他法務省令（会規55条の2）所定事項を通知しなければならない。ただし，当該特定引受人が当該公開会社の親会社等である場合または株主に新株予約権の割当てを受ける権利を付与した場合（会241条）は，この限りでない（会244条の2第1項）。

総株主（当該総会で議決権を行使できない株主を除く）の議決権の10分の1（これを下回る割合を定款で定めた場合には，その割合）以上の議決権を有する株主が，通知・公告の日から2週間以内に特定引受人（その子会社等を含む）による募集新株予約権の引受けに反対する旨を公開会社に通知したときは，会社は，割当日の前日までに，株主総会の決議により，当該特定引受人に対する割当て，または，これとの総額引受契約の承認を受けなければならない。ただし，当該会社の財産の状況が著しく悪化している場合において，会社の事業の継続のため緊急必要があるときは，この限りでない（同5項）。

この場合の総会の承認決議は，議決権を行使できる株主の議決権の過半数（定款で3分の1以上の割合を定めた場合は，その割合以上）を有する株主が出席し，出席

株主の議決権の過半数（定款でこれを上回る割合を定めた場合は，その割合以上）をもって行なわれる（同6項）。

（ⅴ）第三者に対する有利発行

以下の場合，取締役は，株主総会において，下記(1)の条件または(2)の金額で募集新株予約権を引き受ける者の募集をすることを必要とする理由を説明しなければならない（会238条3項）。

① 上記3（1）1）②の場合において，金銭の払込みを要しないこととすることが当該者に「特に有利な条件」であるとき，

② 上記3（1）1）③の場合において，払込金額が当該者に「特に有利な金額」であるとき。

「特に有利な条件」・「特に有利な金額」に該当するか否かは，ブラック・ショールズ・モデル等の算式を利用して新株予約権自体の価値を算出し，これを基準にして判断されている。ブラック・ショールズ・モデルで算定した価額で発行する場合は，「特に有利な価額」にはあたらない。

（2）募集によらない発行

1）新株予約権の無償割当て

新株予約権の無償割当ては，株主全員に新株予約権を無償で割り当てることによる増資手法であるが（ライツ・オファリング，ライツ・イッシューとも呼ばれる），株式会社は，株主（種類株式発行会社にあっては，ある種類の種類株主）に対して，新たに払込みをさせないで，新株予約権を割り当てることができる（会277条）。会社は，当該新株予約権無償割当てをしようとするときは，そのつど，以下の事項を定めなければならない（会278条1項1号〜4号）。

① 株主に割り当てる新株予約権の内容・数またはその算定方法，

② 当該新株予約権が新株予約権付社債に付されたものであるときは，当該新株予約権付社債についての社債の種類・各社債の金額の合計額またはその算定方法，

③ 当該新株予約権無償割当ての効力発生日，

④ 会社が種類株式発行会社である場合には，当該新株予約権無償割当てを受ける株主の有する株式の種類（同4号）。

①と②の定めは，当該会社以外の株主（種類株式発行会社の場合は，④の種類の種類株主）の有する株式（種類株式発行会社の場合は，④の種類の株式）の数に応じて，

①の新株予約権および②の社債を割り当てることを内容とするものでなければならない（同2項）。

　以上の決定は，株主総会（取締役会設置会社にあっては取締役会）の決議によらなければならないが，定款に別段の定めがある場合は，この限りでない（同3項）。

　新株予約権の割当てを受けた株主は，③の効力発生日に，①の場合は新株予約権者，②の場合は，新株予約権者および社債権者となる（会279条1項）。

　会社は③の効力発生日の後，遅滞なく，株主（種類株式発行会社の場合には，④の種類株主）およびその登録株式質権者に対し，当該株主が割当てを受けた新株予約権の内容・数（②の社債の種類・各社債の金額の合計額を含む）を通知しなければならない（会279条2項）。

　この通知がなされた場合，割り当てられた新株予約権の行使期間（会236条1項4号）の末日が，当該通知の日から2週間を経過する日の前に到来するときは，この行使期間はこの通知の日から2週間を経過する日まで延長されたものとみなされる（会279条3項）。[20]

　なお，通常の新株予約権の発行手続における株主割当ての方法で，これを無償発行することも可能であるが（会238条1項2号），その場合には，会社が株主に通知し，株主が申し込み，会社が割り当てることになる（会242条1項〜3項，245条1項1号）。これに対し，新株予約権の無償割当てによれば，発行決議さえあれば，株主による申込み・会社の割当ての手続きなくして，効力発生日に株主は新株予約権者になる（会279条1項）。

2）その他

　株式会社は，取得請求権付株式や取得条項付株式などを取得するときに，自己株式取得の対価として新株予約権を株主に発行する場合もある。あるいは，合併の存続会社や株式交換をする会社が，消滅会社や完全子会社の株主に，対価として，新株予約権を発行する場合もある。

---

[20] これは，ライツ・オファリングのために実務上必要とされる期間を短縮するために平成26年改正法が定めた措置である。従来は，実務的な準備作業（割当通知・印刷・封入等）に必要な時間を行使期間の開始前に見込まなければならなかったが，改正後は，新株予約権の行使期間中に割当通知の印刷・郵送等の業務を行うことが可能となり，実務上必要となる期間が短縮されることになった。

4 新株予約権の譲渡・質入れ・取得・消却

(1) 新株予約権の譲渡

新株予約権は譲渡することができる（会254条1項）。ただし，新株予約権付社債については，この社債が消滅したときを除き，新株予約権のみを譲渡することはできない（同2項）。新株予約権が，証券発行新株予約権（新株予約権（新株予約権付社債に付されたものを除く）であって，当該新株予約権に係る新株予約権証券を発行する旨の定めのあるもの（会249条3号ニ））である場合，新株予約権の譲渡は新株予約権証券を交付しなければ，効力を生じない。ただし，自己新株予約権（会社が有する自己の新株予約権）の処分による証券発行新株予約権についてはこの限りでない（会255条1項）。

新株予約権証券を発行する旨の定めのない新株予約権の譲渡は，意思表示によりなされるが，その取得者の氏名（名称）・住所を新株予約権原簿に記載または記録することが，会社その他の第三者に対する対抗要件となる（会257条1項）。記名式の新株予約権証券が発行されている証券発行新株予約権および記名式の新株予約権付社債券が発行されている証券発行新株予約権付社債に付された新株予約権の譲渡の場合は，新株予約権原簿への記載・記録は，会社に対する対抗要件となる（同2項）。以上の規定は，無記名新株予約権および無記名新株予約権付社債に付された新株予約権については適用されない（同3項）。つまり，無記名式の場合には，氏名等の新株予約権原簿への記載・記録という制度はない（会260条3項）。

(2) 新株予約権の譲渡の制限

会社は，新株予約権の譲渡による取得につき，会社の承認を要する旨を定めることができる（会236条1項6号）。この譲渡制限新株予約権を譲渡しようとする新株予約権者（発行会社を除く）またはその取得者は，会社に対して，この取得を承認するか否かを決定することを請求することができる（会262条・263条1項）。会社は，株主総会（取締役会設置会社の場合は取締役会）の決議により承認するか否かを決定するが，新株予約権の内容として別段の定めがある場合はこの限りでない（会265条1項）。会社は，この決定をした場合，譲渡等承認請求者に対し，当該決定の内容を通知しなければならない（同2項）。

承認請求の日から2週間（これを下回る期間を定款で定めた場合は，その期間）以内

に，会社がこの通知をしなかった場合には，会社は，新株予約権者からのまたは取得者からの承認請求を承認したものとみなされる。ただし，会社と承認請求をした者との合意により別段の定めをしたときは，この限りでない（会266条）。

譲渡制限新株予約権の譲渡に関しては，譲渡制限株式におけると異なり，買取人の指定制度（140条4項参照）はなく，会社が承認しなければ有効な譲渡はできない。

（3） 新株予約権証券
1） 発行義務

株式会社は証券発行新株予約権を発行した日以後，遅滞なく，これに係る新株予約権証券を発行しなければならない（会288条1項）。ただし，新株予約権者から請求がある時までは，発行しないことができる（同2項）。

2） 記名式と無記名式との相互転換

証券発行新株予約権の新株予約権者は，いつでも記名式の新株予約権証券を無記名式とし，無記名式の新株予約権証券を記名式とすることを請求できる。ただし，それを不可とする定め（会236条1項11号）があるときはこの限りでない（会290条）。

（4） 新株予約権の質入れ

新株予約権者は，その有する新株予約権に質権を設定することができる（会267条1項）。ただし，新株予約権付社債については，この社債が消滅したときを除き，新株予約権のみに質権を設定することはできない（同2項）。証券発行新株予約権の質入れは，当該証券発行新株予約権に係る新株予約権証券を交付しなければ，効力を生じない（同4項）。

新株予約権の質入れは，その質権者の氏名（名称）・住所を新株予約権原簿に記載または記録しなければ，株式会社その他の第三者に対抗することができない（会268条1項）。なお，証券発行新株予約権の質権者は，継続して当該新株予約権証券を占有しなければ，その質権をもって株式会社その他の第三者に対抗することができない（同2項）。

新株予約権証券が記名式の場合，質権設定者は，会社に対して，①質権者の氏名（名称）・住所，②質権の目的である新株予約権，を新株予約権原簿に記載・記録することを請求できる（会269条1項2項）（新株予約権の登録質）。

新株予約権原簿に①②が記載・記録された質権者（＝登録新株予約権質権者）は，

会社に対し，①②の事項を記載した書面または記録した電磁的記録の交付または提供を請求できる（会270条1項4号）。

会社が登録新株予約権質権者に対してなす通知・催告は，新株予約権原簿に記載・記録されたこの者の住所（この者が別に通知・催告を受ける場所・連絡先を会社に通知した場合にはその場所・連絡先）にあてて発すればたり（会271条1項），通常到達すべきであった時に到達したものとみなされる（同2項）。

株式会社が，①新株予約権の取得，②組織変更，③合併（当該株式会社が消滅会社である場合に限る），④吸収分割，⑤新設分割，⑥株式交換，⑦株式移転，をした場合，新株予約権を目的とする質権は，当該行為によって新株予約権者が受けることのできる金銭等について存在する（物上代位的効力）（会272条1項1号～7号）。

(5) 振替制度による譲渡

新株予約権の発行決定の際，振替制度の適用を受ける旨が定められた振替新株予約権は，譲渡人または質権設定者である加入者の振替申請により，譲受人または質権者が自己の口座の保有欄・質権欄に増加の記載・記録を受けることにより効力を生ずる（社債株式振替174条・175条・190条）。

(6) 自己新株予約権の取得と消却

1) 総　説

株式会社は，新株予約権者から自己の新株予約権を任意に取得し，これを消却することができる。消却する場合には，消却する自己新株予約権の内容と数を定めなければならず，取締役会設置会社においては，取締役会決議でこれを定める（会276条1項2項）。

なお，会社は自己新株予約権を行使できない（会280条6項）。

2) 取得条項付新株予約権の発行

会社は，発行した新株予約権の行使期間の満了前にこれを強制取得する必要があることを想定し，新株予約権の一内容として，取得条項付新株予約権の発行を決定することができる（会236条1項7号）。この場合，取得事由が生じたときには，所定の対価（株式・社債・他の新株予約権・新株予約権付社債その他の財産（同号ニ～チ））を交付して，自己新株予約権を取得することになる。取得条項付新株予約権が新株予約権付社債に付されたものである場合には，会社は新株予約権を取得すべき一定事由が生じた日に（会236条1項7号イ），当該新株予約権付社債の

社債も取得する（会275条2項）。

会社が会社法293条1項所定の行為（特別支配株主の新株予約権売渡請求についての承認（会179条の3第1項）・取得条項付新株予約権の取得・組織変更・合併・吸収分割・新設分割・株式交換・株式移転）をなし新株予約権を強制取得しようとする場合で，同項各号所定の新株予約権証券（あるいは新株予約権付社債券）が発行されている場合には，会社は，当該行為の発効日（＝新株予約権証券提出日）までに，当該証券を会社に提出しなければならない旨を，この日の1カ月前までに公告し，かつ当該新株予約権者およびその登録新株予約権質権者には個別に通知しなければならない（会293条1項）。

5　新株予約権の行使

新株予約権の行使は，その行使期間内に，①その行使に係る新株予約権の内容・数と，②新株予約権を行使する日，を明らかにしてしなければならない（会280条1項1号2号）。証券発行新株予約権を行使するときは，当該証券発行新株予約権に係る新株予約権証券を会社に提出しなければならない。ただし，当該新株予約権証券が発行されていないときはこの限りでない（同2項）。新株予約権行使に際しての出資目的が金銭のときは，新株予約権者は，②の日に会社が定めた銀行等の払込取扱場所において権利行使価額（会236条1項2号）の全額を払い込まなければならず（会281条1項），金銭以外の財産のときは，当該財産を給付しなければならない（同2項）。

新株予約権を行使した新株予約権者は，当該行使日に，当該新株予約権の目的である株式の株主となる（会282条1項）。ただし，新株予約権に係る払込等を仮装した新株予約権者においては，会社法286条の2第1項各号所定の支払・給付または286条の3第1項による支払がなされた後でなければ，払込・給付が仮装された新株予約権の目的である株式につき株主の権利を行使できない（会282条2項）。この株式を譲り受けた者は，当該株式につき株主の権利を行使できるが，悪意・重過失があるときはこの限りでない（同3項）。新株予約権の行使による変更登記は，毎月末日現在により，当該末日から2週間以内になせばたりる（会915条3項1号）。

新株予約権の行使により，新株予約権者に交付する株式の数に，1株に満たない端数があるときは，会社は，①市場価格のある株式の場合には，当該1株の市

場価格として法務省令で定める方法（会規58条）により算定される額，②それ以外の場合には1株あたりの純資産額，にその端数を乗じてえた額に相当する金銭を交付しなければならない。ただし，あらかじめこの端数を切り捨てる旨が定められている場合は，この限りでない（会283条・236条1項9号）。

6　新株予約権の買取請求

会社が以下の定款変更を行う場合，新株予約権者は，会社に対して，自己の有する以下の各新株予約権を公正な価格で買い取ることを請求できる（会118条1項）。すなわち，①発行する全部の株式の内容として，譲渡による当該株式の取得につき当該会社の承認を要する旨の定め（会107条1項1号）を設ける定款の変更の場合は（譲渡制限株式とする場合），全部の新株予約権（同1号），②ある種類の株式の内容として，譲渡による当該種類の株式の取得につき当該会社の承認を要する旨の定め（会108条1項4号），または，当該種類の株式につき当該会社が株主総会決議によりその全部を取得する旨の定め（同7号），を設ける定款の変更の場合（全部取得条項付種類株式とする場合）は，当該種類の株式を目的とする新株予約権（会118条1項2号），である。

新株予約権付社債に付された新株予約権の新株予約権者が，上記の新株予約権買取請求をなすときは，あわせて新株予約権付社債の社債をも買い取ることを請求しなければならない。ただし，この新株予約権につき別段の定めがある場合はこの限りでない（同2項）。

7　違法な新株予約権の発行に対する対応策

（1）　新株予約権の発行の差止め

会社が，(i)法令または定款に違反して新株予約権を発行する場合か，(ii)当該新株予約権の発行が著しく不公正な方法により行われる場合で，これらにより株主が不利益を受けるおそれがあるときは，株主は，会社に対してその発行をやめることを請求することができる（会247条1号2号）。

法令違反の場合としては，ⅰ）法定の決定機関の決定をへていない場合（会238条2項4号・240条1項・241条3項・243条2項），ⅱ）公開会社が，株主総会の特別決議をへずに，引受人にとって特に有利な条件または金額で，募集新株予約権を第三者割当てまたは公募する場合（会240条1項），ⅲ）募集事項が均等でない場

合（会238条5項），iv）株主の新株予約権の割当てを受ける権利が無視される場合（会241条2項），v）株主に割当てられる募集新株予約権の内容・数を株主に通知（同4項）しない場合などがある。

(ii)の著しく不公正な場合としては，会社支配権の争奪戦において取締役が議決権の過半数を獲得する手段として新株予約権を発行する場合（東京高決平成17・3・23金判1214号6頁（ライブドア事件））や，敵対的企業買収に対する平時導入型ライツプランとして上場会社の株主に対して新株予約権を無償割当てする場合（東京高決平成17・6・15金判1219号8頁（ニレコ事件））などがある。もっとも，敵対的企業買収のターゲットとされた会社が，自社の株主達に差別的行使条件・差別的取得条項付新株予約権を無償割当てして，買収を試みる投資ファンドに対抗した事案では，企業価値を守るための措置であって，著しく不公正な場合にあたらないとされている（最高決平成19・8・7金判1273号2頁（ブルドックソース事件））。[21]

（2）　新株予約権の発行の無効・不存在に関する訴訟

違法な新株予約権の発行に関しては，新株予約権（これが新株予約権付社債に付されたものである場合には当該新株予約権付社債についての社債を含む）の発行無効の訴えが法定されている（会828条1項4号）。提訴権者は，当該会社の株主等（株主・取締役・清算人，監査役設置会社の場合は監査役，指名委員会等設置会社の場合は執行役も加わる）と新株予約権者であり（同2項1号4号），新株予約権発行の効力発生日から6カ月以内（非公開会社においては1年以内）に，発行会社を被告として（会828条1項4号・834条4号），提訴しなければならない。この請求を認容する確定判決には対世効（会838条）と不遡及効（会839条）が法定されている。

無効事由については，募集株式の発行の場合と同様に考察されており，①種類株式発行会社が，株主総会・種類株主総会の決議をへないで譲渡制限株式を目的とする新株予約権を発行した場合（会238条2項4項），②会社が，株主に付与された新株予約権の割当てを受ける権利（会241条）を無視して新株予約権を発行した場合，③公開会社が，募集事項を通知・公告（会240条2項3項）しないで新株予約権を第三者割当てまたは公募で発行した場合，④新株予約権の発行差止仮処分に違反して新株予約権を発行した場合，などが該当する。これに対し，⑤新株予約権の目的である株式数が会社の交付可能株式数を超過する場合，⑥上記①

---

21)　石山卓磨「ブルドックソース事件の検討」民事法情報257号31頁。

〜④以外の発行手続上の法令違反，⑦募集新株予約権に係る払込金額が引受人にとって特に有利な金額であるにもかかわらず株主総会の特別決議（会240条1項・238条3項）がない場合，⑧新株予約権が著しく不公正な方法により発行された場合（会247条2号）等は，無効事由にあたらないと解されている（江頭802頁）。

新株予約権の発行に関しては不存在確認の訴もある（会829条3号）。

（3） 著しく不公正な払込条件・金額等の場合の責任

新株予約権を行使した新株予約権者は，以下の場合には，会社に対し，所定の金額の支払義務を負う（会285条1項1号〜3号）。すなわち，

（i） 取締役（指名委員会等設置会社においては取締役または執行役）と通じて，募集新株予約権を引き受けた新株予約権者に関し，ⅰ）募集新株予約権につき金銭の払込みを不要とすること（会238条1項2号）が著しく不公正な条件であるときには，当該新株予約権の公正な価額（会285条1項1号），ⅱ）著しく不公正な払込金額で新株予約権を引き受けたとき（会238条1項3号）は，当該払込金額と当該新株予約権の公正な価額との差額に相当する金額（会285条1項2号），である。

（ii） 新株予約権を行使して株主となった時（会282条1項），給付した現物出資財産の価額が，新株予約権の内容として定められた現物出資財産の価額（会236条1項3号）に著しく不足するときは，当該不足額（会285条1項3号），である。この場合，新株予約権者においてその価額の著しい不足につき善意でかつ重過失がない場合には，新株予約権の行使に係る意思表示を取り消すことができる（会285条2項）。この場合，以下の取締役らは，会社に対しその不足額を支払う義務を負う（会286条1項1号〜3号）。ⅰ）当該新株予約権者の募集に関する職務を行った業務執行取締役（指名委員会等設置会社にあっては執行役）その他当該業務執行取締役の行う業務の執行に職務上関与した者として法務省令（会規60条）で定めるもの[22]，ⅱ）現物出資財産の価額の決定に関する株主総会決議があったときは，当該総会に議案を提案した取締役として法務省令（会規61条）で定めるもの[23]，ⅲ）現物出資財産の価額の決定に関する取締役会の決議があったときは，当該取

---

[22] 現物出資財産の価額の決定に関する職務を行った取締役・執行役，および，この決定に関する株主総会決議があったときは，総会においてこの価額に関する事項につき説明をした取締役・執行役。この決定に関する取締役会決議があったときは，当該決議に賛成した取締役（会規60条）。

[23] 株主総会に現物出資財産の価額の決定に関する議案を提案した取締役，この議案提案の決定に同意した取締役（取締役会設置会社の取締役を除く），および，総会への当該議案提案が取締役会決議に基づく場合には，当該取締役会決議に賛成した取締役（会規61条）。

締役会に議案を提案した取締役（指名委員会等設置会社にあっては取締役または執行役）として法務省令（会規62条）で定めるもの，である。

以上の支払いを求める訴えは，株主代表訴訟の対象となる（会847条1項）。

（4） 払込み等を仮装した新株予約権者等の責任

新株予約権を行使した新株予約権者で，以下に該当する者は，会社に対して，以下に定める行為をする義務を負う。

① 募集新株予約権に係る払込み（会246条1項）または払込みにかえてする金銭以外の財産の給付（同2項）を仮装した場合，または，払込みが仮装されたことを知ってもしくは重過失により知らないで募集新株予約権を譲り受けた者は，会社に対し，仮装された払込金額全額の支払い，または，当該財産の給付（会社が当該給付に代えて当該財産の価額に相当する金銭の支払を請求した場合には当該金銭の全額の支払）の義務を負う（会286条の2第1項1号）。

② 新株予約権の行使に際しての払込み（会281条1項・2項後段）を仮装した者は，仮装した金銭の全額の支払い，給付（同2項前段）を仮装した者は，仮装した金銭以外の財産の給付（会社が当該給付に代えて当該財産の価額に相当する金銭の支払を請求した場合には当該金銭の全額の支払）の義務を負う（会286条の2第1項2号3号）。

①②において新株予約権者が負う義務は，総株主の同意がなければ免除することができない（同2項）。

新株予約権者が①②の義務を負う場合，当該払込み・給付の仮装に関与した取締役（指名委員会等設置会社にあっては執行役を含む）として法務省令（会規62条の2）で定める者も，①②の支払義務を負う。ただし，その者（当該払込み・給付を仮装した者を除く）が無過失を立証した場合は，この限りでない（会286条の3第1項）。

以上の支払義務を負う新株予約権者と取締役・執行役は連帯債務者となる（同2項）。

---

24) 取締役会に現物出資財産の価額決定に関する議案を提案した取締役・執行役（会規62条）。
25) ①払込等の仮装に関する職務を行った取締役・執行役。②仮装が取締役会決議に基づく場合は，当該決議に賛成した取締役，取締役会に仮装に関する議案を提案した取締役・執行役。③仮装が株主総会決議に基づく場合は，仮装に関する議案を総会に提案した取締役，当該議案の提案の決定に同意した取締役（取締役会設置会社の取締役を除く）。総会への議案の提案が取締役会決議に基づくときは，当該取締役会決議に賛成した取締役。当該総会において当該仮装に関する事項について説明した取締役・執行役（会規62条の2）。

第3節　社　債

1　社債の意義

（1）　社債の概念と法規制

　社債とは，一般の事業会社が発行する債券を意味する。債券とは，国・地方公共団体・企業などが，投資家からまとまった資金を調達するために発行する証券であり，あらかじめ支払う金利や満期日が定まっていて，債券を取得した投資家は定期的に金利を受け取ることができ，満期には元本が償還される。債券には国債・社債・外国債券等があり，これらはさらに各々において多くの種類を含んでいて，多様な投資ニーズに対応している。

　社債の定義については，従来，公衆に対する起債によって生じた株式会社に対する多数に分割された債権であって，これについて有価証券（社債券）が発行されるものをいう，と解されてきた。しかし，1人に対する発行も可能であるし，社債券を発行しない登録社債もある。そこで，会社法は，社債を，「この法律の規定により会社が行う割当てにより発生する当該会社を債務者とする金銭債権であって，第676条各号に掲げる事項（＝募集事項）についての定めに従い償還されるものをいう」と定義している（会2条23号）。会社法施行前，旧有限会社法は社債の発行を明文上，禁止していて，合名会社・合資会社についても，解釈上，社債の発行はできないものと解されていた。しかし，会社法においては，すべての種類の会社においてこれを発行できる趣旨を明らかにするため，社債に関する規定を第4編に設けている。相互会社も社債を発行できる（保険業61条）。

　社債は集団的・大量的・長期的・公衆的なものであるので，集団的な起債のための特別な技術的処理・社債権者の利益保護・社債権者の団体的取扱い・有価証券面からの規制，などに適する特別な法規制（＝社債法）が必要とされる。この点，会社法上の社債規定は社債法の一般法であり，特別法として，社債の募集・売出に関する投資者保護のための金融商品取引法上の諸規定のほか，担保付社債信託法（明38法52号）や短期社債に関する「社債，株式等の振替に関する法律」（社債株式振替法）（平13法75号）等がある。

（2） 社債と株式の異同
1） 社債と株式の違い

　社債と株式は，ともに公衆の有する遊休資本を大量的に集め，これを企業資産ないし活動の基礎とするための手段として利用され，流通性が強められている点では類似している。しかし，社債はあくまでも会社に対する債権であり，これを有する者は社債権者とよばれるのに対し，株式は株主たる地位であってここから生ずる株主権により，株主は会社の管理運営そして利益に参加することができる。その結果，両者間には以下のような相違が認められる。すなわち，(1)株主は剰余金配当可能額と総会の配当決議がある場合に不確定な配当を受けるのに対し，社債権者は，配当可能利益の有無にかかわらず確定額の利息（会676条3号）（ただし利率が変動する変動利付債もある）の支払を受ける，(2)株主は原則として株金の払戻しを受けることはできないが，社債権者は償還期間中償還を受けることができる（同4号），(3)会社の解散に際しては，株主は会社債権者に対する弁済後の残余財産につき分配を受けるにすぎないが，社債権者は株主に先立ち通常の会社債権者と同順位で元本と利息に限り弁済を受けることができる，(4)株主は総会の議決権および経営に対する各種の監督是正権を有しているが，社債権者はこれらの権利を全く有していない。

2） 株式と社債の接近化現象

　株式と社債は法律上は性質を異にするものの，実際上は接近している面があり，法律上も両者の中間形態が案出されている。一般の株主においては，特に大規模会社の場合には会社経営に関心を持たず，自ら議決権を行使することもまれな場合が多い。一方，会社は，任意準備金を積み立てておき，経営業績があまりよくない場合でも利益配当が平均的に行えるように配当平均積立金を備えているのが常態である。そのため，株式と社債の経済的・社会的機能は著しく接近してきており（株式と社債の接近化現象），配当優先株（とりわけ非参加的・累積的優先株）においては投下資本の回収面において，また完全無議決権株式においては経営参加の面において，株式の社債化現象が認められる。他方，株式的性質が加味された特殊の社債として，新株予約権付社債がある。

2 社債の態様

（1） 普通社債

　普通社債とは，新株予約権の付かない単純な社債をいう（ストレート・ボンド（straight bond：SB）とも呼ばれる）[26]。この発行会社は，社債権者との間で，定期的（通常は年2回）に利息を支払い，期限までに元本を償還する旨を約定する。券面額からいくら割り引いて発行するか（割引発行），券面額にいくら割増しして償還するか（割増償還），利率を年何％とするかなどが社債の発行条件として約定される。普通社債は，無担保社債と担保付社債とに分かれる。

（2） 新株予約権付社債

　新株予約権付社債（ワラント付社債，エクイティ・リンク債とも呼ばれる）とは，新株予約権を付した社債をいう（会2条22号）[27]。これには，(1)新株予約権の行使にあたり払込みをして株式を交付してもらう一方，社債が満期まで存続するものと（社債存続型），(2)新株予約権を行使するときに社債の満期が繰上がり，その償還金が株式の払込みに充当されるもの（転換社債型）とがあり，(2)の方が歴史が長く普及している。(1)においては，資本金と会社資産が増加し，(2)においては，資本金が増加し，会社資産は増加せず，負債は減少する。

　新株予約権付社債は，新株予約権と社債のいずれか一方が消滅するまで，一体として存続する。一方が存在しているのに，他方のみを譲渡したり，他方のみに質権を設定することはできない（会254条2項3項・267条2項3項）。

　無記名式の社債券を発行する旨の定めがある新株予約権付社債を証券発行新株予約権付社債という（会249条2号）。この場合，新株予約権付社債券の交付が，当該新株予約権付社債の譲渡・質入れの効力要件となり（会255条2項・267条5項），当該社債券の継続的占有が，質権の会社・第三者に対する対抗要件となる

---

[26] 普通社債のうち，電力会社が発行するものを「電力債」，NTT が発行するものを「NTT債」と呼び，一般の会社が発行する「一般事業債」と区別されている。

[27] 昭和56年の商法改正では，普通社債に新株引受権が付された新株引受権付社債が設けられ，これには新株引受権と社債とを分離して流通させることのできる分離型と両者を分離させることのできない非分離型とがあった。平成13年の商法改正では，新株予約権自体の発行が認められるにいたり，それまでの新株引受権付社債は，非分離型のもののみが，新株予約権付社債として再構成され，それまでの分離型のものは，普通社債と新株予約権とが同時に発行されるものとして扱われるようになった。

（会268条3項）。証券発行新株予約権付社債に付された新株予約権の行使方法であるが，社債存続型の場合は，同証券を会社に提示し，会社は新株予約権が消滅した旨を記載することになる（会280条3項）。社債消滅型（転換社債型）の場合，新株予約権の行使により社債も同時に消滅するが，社債権者は，この権利の消滅する同証券を発行会社に提出しなければならない（同4項）。

　社債券の発行されない新株予約権付社債は振替新株予約権付社債となり（社債株式振替193条1項），その譲渡や質入れは振替口座簿による。加入者は，この新株予約権の行使にあたっては，当該振替新株予約権付社債に関し，抹消を申請しなければならない（社債株式振替220条）。その後は振替社債のみが残ることになる。

　近年，資金の調達能力の乏しい企業（新興企業・低格付け企業等）が資金調達手段として採用しているものに，転換価格修正条項付新株予約権付社債（Moving Strike Convertible Bond, MSCB）[28]がある。

（3）　担保付社債

　担保付社債とは，社債に物上担保が付されているものをいう。担保付社債における社債の規制は基本的に会社法が適用されるが，担保付であることから，必要な特則を定めた担保付社債信託法が特別法として適用される[29]。

　社債に物上担保を設定する場合には，物上担保の目的である財産を有する者と信託会社との間で信託契約を締結しなければならない。この目的財産の所有者が社債発行会社である場合と発行会社以外の者であるときがあるが，後者の場合には，発行会社の同意により信託契約が締結される（担信2条1項）。担保付社債の受託会社になるためには内閣総理大臣の免許を受ける必要があり（同3条)，この免許を受けた信託会社は，社債権者のために社債の管理をしなければならない（同2条2項）。信託会社は社債管理者の役割を担っており，信託事務を処理する

---

[28]　新株への転換価格が，随時，修正時前の株式時価に対して一定のディスカウント率をもって下方修正される新株予約権付社債。株価下落時には転換価格が下方修正されるため，転換株数が増大し，株式の希薄化が促進される。資金調達目的のほか，役職員に対するインセンティブ付与目的としてのストックオプションとして，あるいは，敵対的企業買収への対抗策としてのライツプランとして利用される。

[29]　公共事業を営む特殊会社（電力会社の九社・日本航空株式会社・国際電信電話株式会社・電源開発株式会社）に発行が認められている一般担保付社債（general mortgage債，ゼネモ債）は，社債権者に民法の一般先取特権に次ぐ先取特権が付与されているものであって（電気37条等），人的・物的担保は付いておらず，担保付社債信託法上の担保付社債ではない。

にあたっては，善管注意義務を負うが，信託行為に別段の定めがあるときは，その定めるところの注意をもって行う（同8条，信託29条2項）。

担保付社債信託法上の物上担保以外の担保がついた社債としては，第三者が人的に社債の支払を保証する保証社債がある（政府保証債等）。

（4） 短期社債

短期社債とは，(1)各社債の金額が1億円を下回らず，(2)元本の償還につき，社債の総額の払込みのあった日から1年未満の日とする確定期限の定めがあり，分割払いの定めがなく，(3)利息の支払期限を元本の償還期限と同じ日とする定めがあり，(4)担保付社債信託法の規定により担保が付されるものでないものをいう（社債株式振替66条1号）。短期社債は振替社債であり（同条柱書），社債券の発行は禁止され（同67条1項），社債原簿の作成は不要である（同83条2項）。また，短期社債に新株予約権を付することはできず（同1項），社債権者集会の制度もない（同3項）。短期社債は，信用力のある企業が，短期資金を市場において直接集めるために，CP（コマーシャル・ペーパー）のペーパーレス化の実現手段として利用されている。

（5） 劣後債

劣後債とは，一般無担保社債に比べて，元本・利息の支払順位が低い社債をいう。投資家は発行会社が破綻したときは一般社債よりも高いリスクを負うが，その分，一般社債よりも高い金利をえることができ，銀行が発行することが多い。

（6） その他の社債

利付債　満期まで一定期間（通常は半年）ごとに利息が支払われる社債。

割引債　社債の発行価額を社債の金額（満期に償還される金額）より低額とし（割引発行），利息を支払わない社債。

インデックス債・リンク債　株式指標（日経平均株価等）や為替・原油等の商品の相場の変動によって償還額や利率が変動する債券。

仕組債　通常の社債（債券）に，デリバティブ等，何らかの金融工学的要素が組み込まれた債券。債券本来がもつ信用リスク・為替リスク・価格変動リスク以外の種々のリスクが組み込まれており，一般投資家の犠牲を伴う場合もある。他社株転換社債（Exchageable Bond）など。

永久債　会社の清算時をもって償還期限とするなど，確定的な償還期限のない社債。

信託社債　　信託の受託者が信託財産のために発行する社債。
金融債　　政府系金融機関が発行する社債。
円建て債　　日本円で元本の払込みや利息の支払いをする社債。海外企業が日本投資家向けに発行するのは「サムライ債」，日本以外の投資家にも発行するのは「グローバル債」とよばれる。

3　社債の発行

（1）　各種の制限の廃止

　社債の発行に関しては，従来，各種の制限が設けられていたが，近時，廃止されてきている。平成5年の商法改正では，社債発行総額規制が廃止され，かわりに社債管理会社の設置が強制されることになった。また，各社債の券面額を20円以上とする下限規制も廃止された。ほかに，会社は前に募集した社債総額の払込みをさせた後でなければ，さらに社債を募集することはできないという再募集の制限や，同一種類の各社債の金額は均一または最低額の倍数でなければならないという制限，さらに，社債権者に償還すべき金額が券面額を超えるべきことが定められた場合には（割増償還），その超過額は各社債につき同率でなければならない，などの制限も廃止されている。

（2）　社債の発行方法

1）　総額引受け

　これは起債会社（社債発行会社）と特定人（引受人）との引受契約により，後者が社債総額を包括的に引き受ける方法をいう（会680条2号）。この方法では引受契約により社債が成立するので，起債会社はただちに所要金額を入手することができる。私募債の場合に利用される。金融取引業者のみならず，特定人が分売を目的とせず投資目的で総額引受けをなすことも可能であり，会社法679条はこの場合を予定している。

2）　公　募

　これは起債会社が一般公衆から募集する方法であるが，起債会社が自ら募集事務を行う直接募集は実際上少なく，金融取引業者に募集事務を委託する委託募集（間接募集）が多い。委託募集は，受託会社が自己の名において起債会社の計算において募集事務を代行するものであって，受託会社が社債金額の支払いを受け，起債会社の社債券を交付する。委託募集において，応募者がたりない場合には応

募額の不足分を受託者である金融取引業者が引き受ける旨の残額引受契約が締結される場合を引受募集（請負募集）という。現行法下，社債を発行するには社債管理会社の設置が原則的に強制され，その資格が銀行（または信託会社）に限定されている関係上，起債会社は銀行に社債の管理を委託し（社債管理委託契約），金融取引業者に募集の取扱いを委託して残額を引き受けさせることになる（募集の取扱いおよび残額引受契約）。

社債の総額を確定せず，一定の売出期間を定め，その期間内に発行会社が随時さみだれ式に公衆に対して個別的に債券を売り出す方法を売出発行という。この方法は長期信用銀行等の金融債で認められている（長銀11条2項）。

3） 合同発行

社債は，複数の会社が合同して発行することもでき，各会社は，合同発行した社債の総額につき連帯債務を負う（商503条1項・511条1項）。社債を合同発行する場合には，社債申込証に合同発行する旨と各会社の負担部分を記載しなければならない（会規162条2号）。

（3） 募集社債の募集手続

1） 募集社債事項の決定

会社は，その発行する社債を引き受ける者の募集をしようとするときは，そのつど，以下の事項を定めなければならない。なお，この募集に応じて当該社債の引受けの申込みをした者に対して割り当てる社債を募集社債という（会676条1号～12号）。

① 募集社債の総額，
② 各募集社債の金額，
③ 募集社債の利率，
④ 募集社債の償還の方法・期限，
⑤ 利息支払の方法・期限，
⑥ 社債券を発行するときは，その旨，
⑦ 社債権者が会社法698条（記名式・無記名式社債券の間の転換）による請求の全部または一部をすることができないこととするときは，その旨，
⑧ 社債管理者が社債権者集会の決議によらずに会社法706条1項2号所掲の行為（訴訟行為等）をすることができることとするときは，その旨，
⑨ 各募集社債の払込金額もしくはその最低金額またはこれらの算定方法，

⑩　募集社債と引換えにする金銭の払込みの期日,

⑪　一定の日までに募集社債の総額について割当てを受ける者を定めていない場合において,募集社債の全部を発行しない(=打ち切り発行をしない)こととするときは,その旨およびその一定の日,

⑫　以上の他,法務省令所定事項(会規162条)。

2) 募集社債の申込み

会社は,募集社債の引受けを申し込もうとする者に対し,(1)会社の商号,(2)当該募集に係る上記1)①～⑫,(3)法務省令所定事項(社債管理者を定めたときは,その名称・住所,社債原簿管理人を定めたときは,その氏名・名称・住所,会規163条),を通知しなければならない(会677条1項)。ただし,会社がこれらの事項を記載した目論見書(金商2条10項)を申込みをしようとする者に交付している場合,その他募集社債の引受けの申込みをしようとする者の保護に欠けるおそれがないものとして法務省令(会規164条)で定める場合は,この限りでない(会677条4項)。

募集社債の引受けの申込みをする者は,①申込みをする者の氏名・名称・住所,②引き受けようとする募集社債の金額・金額ごとの数,③会社が上記1)⑨の最低金額を定めたときは,希望する払込金額,を記載した書面を会社に交付しなければならない(会677条2項)(会社の承諾をえて,電磁的方法で提供すること可,同3項)。会社が申込者に通知・催告する場合には,①の住所(申込者が別に通知・催告を受ける場所または連絡先を会社に通知した場合は,その場所・連絡先)にあてて発すればたりる(同6項)。この通知・催告は,通常到達すべきであった時に,到達したものとみなされる(同7項)。

なお,会社法施行前は,申込人に社債申込証の作成が求められていたが(社債申込証主義,改正前商301条1項),会社法はこれを廃止した。

3) 募集社債の割当て・払込み

会社は,申込者の中から募集社債の割当てを受ける者を定め,かつ,その者に割り当てる募集社債の金額・金額ごとの数を定めなければならない。この場合,会社は,当該申込者に割り当てる募集社債の金額ごとの数を,申込者が引き受けようとする金額ごとの数(会677条2項2号)よりも減少することができる(会678条1項)。会社は,金銭の払込期日(会676条10号)の前日までに,申込者に対し,割り当てる募集社債の金額・金額ごとの数を通知しなければならない(会678条2項)。以上の677条・678条の規制は,申込者が総額引受契約を締結する

場合には適用されない（会679条）。

　申込者は，会社の割り当てた募集社債につき，また，総額引受契約により募集社債の総額を引き受けた者は，その引き受けた募集社債につき社債権者となる（会680条）。

　募集社債の払込みに関しては，株式の場合（会208条3項）と異なり，相殺の禁止規定はない。社債発行会社が社債権者に対して有する金銭債権を自動債権とし，社債を受動債権として相殺することは可能である（最判平成13・12・18判時1773号13頁）。

4　社債の流通

（1）社債券

　社債には社債券が発行されるものと発行されないものがあり，社債券には記名式と無記名式とがある。社債券は，社債の募集事項に定めがある場合にのみ発行されるが（会676条6号），振替社債については社債券は発行されない。社債発行会社は，社債券を発行する旨の定めがある社債を発行した日以後遅滞なく，当該社債に係る社債券を発行しなければならない（会696条）。社債券には，①社債発行会社の商号，②当該社債券に係る社債の金額，③当該社債券に係る社債の種類，を記載し，会社代表者が署名または記名押印しなければならない（会697条1項1号〜3号）。社債券には利札を付することができる（同2項）。

　社債券が発行されている社債の社債権者は，記名式社債と無記名式社債の間の相互転換を請求できるが，募集事項においてこの請求の全部または一部をすることができない旨が定まっている場合はこの限りでない（会698条・676条7号）。

　喪失された社債券は公示催告手続（非訟100条）により無効とされ（会699条1項），社債券を喪失した者は，除権決定（非訟106条1項）をえた後でなければ，再発行を請求できない（会699条2項）。

　現実に社債券が発行されている社債を，実務上，現物債（または本券）というが，現実には登録債がきわめて多い。[30]

---

[30]　債券の発行にあたり本券が発行されず，登録機関に所有者の名義が登録される債券をいう。債券の銘柄名・額面・証券番号等が登録されており，債券の所有者には「登録済通知書」が発行される。

（2） 社債原簿

1） 記載事項

会社は，社債を発行した日以後遅滞なく，社債原簿を作成し，所定の社債原簿記載事項を記載または記録しなければならない（会681条1号〜7号）。

2） 社債原簿管理人

会社は，社債原簿管理人（会社にかわって社債原簿の作成・備置きその他の社債原簿に関する事務を行う者）を定め，会社にかわって社債原簿の作成・備置きその他の社債原簿に関する事務を委託することができる（会683条）。

3） 社債原簿記載事項を記載した書面の交付

社債権者（無記名社債の社債権者を除く）は，当該社債につき社債券を発行する旨の定めがない場合には，社債発行会社に対し，当該社債権者についての社債原簿に記載・記録された社債原簿記載事項を記載した書面の交付または記録した電磁的記録の提供を請求することができる（会682条1項4項）。

4） 社債原簿の備置き・閲覧等

社債発行会社は，社債原簿をその本店（社債原簿管理人がある場合には，その営業所）に備え置かなければならない（会684条1項）。

社債権者その他の法務省令所定の者（社債権者その他の社債発行会社の債権者・株主・社員，会規167条）は，会社の営業時間内は，いつでも，請求の理由を明らかにして，社債原簿が，①書面の場合にはその閲覧・謄写を，②電磁的記録の場合はこの記録事項を法務省令所定方法（会規226条31号）により表示したものの閲覧・謄写を，請求できる（会684条2項）。

社債発行会社は，以下の場合を除き，この請求を拒むことができない（同3項1号〜3号）。(1)請求者がその権利の確保または行使に関する調査以外の目的で請求を行ったとき，(2)請求者が社債原簿の閲覧・謄写によって知りえた事実を利益をえて第三者に通報するため請求を行ったとき，(3)請求者が，過去2年以内において，社債原簿の閲覧・謄写によって知りえた事実を利益をえて第三者に通報したことがあるものであるとき，である。

社債発行会社が株式会社である場合，親会社の社員は，その権利を行使するため必要があるときは，裁判所の許可をえて，当該社債発行会社の社債原簿について上記①②の閲覧・謄写請求をすることができる。この場合，当該請求の理由を明らかにしてしなければならない（同4項）。裁判所は，この親会社社員において

上記拒絶事項(1)(2)(3)のいずれかがあるときは，許可することができない（同5項）。

5） 社債権者に対する通知等

社債発行会社が社債権者に対してする通知・催告は，社債原簿に記載・記録した当該社債権者の住所（当該社債権者が別に通知・催告を受ける場所または連絡先を会社に通知した場合にあっては，その場所・連絡先）にあてて発すればたりる（会685条1項）。この通知・催告は，それが通常到達すべきであった時に，到達したものとみなされる（同2項）。

社債が2以上の者に共有されている場合，共有者は，社債発行会社が社債権者に対してする通知・催告を受領する者1人を定め，当該会社に対してその氏名（名称）を通知しなければならない（同3項）。この共有者の通知がない場合，会社は共有者のうちの1人に対して通知・催告をすればたりる（同4項）。

5　社債の管理

（1）　社債管理者

社債は会社にとって長期の借入れであり，会社と社債権者との関係は長期にわたり継続する。また，社債は小口の単位に細分化されて多数発行されるが，一般の社債権者は，その内の比較的少数しか保有していない。そこで，多数の社債を集団的に処理して会社の事務処理上の便宜と社債権者の利益とをはかるために，会社法は，社債管理者と社債権者集会の制度を定めている。

1）　社債管理者の強制設置と資格

会社は，社債を発行する場合には，社債管理者を定め，社債権者のために，弁済の受領・債権の保全その他の社債の管理を行うことを委託しなければならない（会702条）。銀行・信託会社・その他これらに準ずるものとして法務省令（会規170条）で定める者（担保付社債の受託会社になる免許を受けた会社・各種協同組織の金融機関・保険会社等）が社債管理者となることができる（会703条）。社債発行会社のメイン・バンクがこれに就任する場合が多い。ただし，①各社債の金額（最低券面額）が1億円以上である場合，②その他社債権者の保護に欠けるおそれがないものとして法務省令で定める場合（ある種類の社債の総額を当該種類の各社債の金額の最低額で除してえた数が50を下回る場合，会規169条）はこの限りでない（会702条）。

最低券面額1億円以上の大口社債を取得する者は，自力で利益保護をはかれる

専門的な機関投資家等であるため、社債管理者を置く置かないは自由である。一方、50口未満の場合は、社債管理者を置くまでもないと判断されている。

2） 社債管理者の権限

社債管理者は、社債権者のために社債に係る債権の弁済を受け、または社債に係る債権の実現を保全するために必要な一切の裁判上・裁判外の行為をする権限を有する（会705条1項）。

社債管理者が上記の弁済を受けた場合、社債権者は、社債管理者に対し、社債の償還額および利息の支払いを請求できる（この請求権は10年の消滅時効にかかる（同3項））。この場合、社債券を発行する旨の定めがあるときは、社債権者は、社債券と引換えに当該償還額の支払いを、利札と引換えに利息の支払いを請求しなければならない（同2項）。

社債管理者は、社債権者集会の決議によらなければ、以下の行為をしてはならない（会706条1項1号2号）。

① 当該社債の全部についてするその支払いの猶予、その債務の不履行によって生じた責任の免除・和解（②の行為を除く）、

② 当該社債の全部についてする訴訟行為・破産手続・再生手続・更生手続・特別清算に関する手続に属する行為（705条1項の行為を除く）。ただし、社債権者集会の決議によらずに②の行為をすることができる旨の定め（会676条8号）がある場合は、この限りでない（会706条1項ただし書）。

社債管理者は、その管理の委託を受けた社債に関し、上記705条1項・706条1項（上記①②）の行為をするために必要があるときは、裁判所の許可をえて、社債発行会社の業務・財産の状況を調査することができる（会705条4項・706条4項）。

3） 社債管理者の義務と責任

（ⅰ） 義　務

社債管理者は、社債権者のために、公平かつ誠実に社債の管理を行わなければならず（公平・誠実義務、会704条1項）、社債権者に対し、善良な管理者の注意をもって社債の管理を行わなければならない（同2項）。メインバンクが社債発行会社の社債管理会社となり、社債発行会社が発行する複数の種類の社債を管理する場合には、各種類の社債権者を公平に取り扱わなければならない。また、社債管理者は、誠実義務を負う以上、社債に優先して自身の債券回収を行うような利益

相反行為をしてはならない。

（ⅱ）責　任

　社債管理者は，会社法または社債権者集会の決議に違反する行為をしたときは，社債権者に対し，連帯して，これによって生じた損害の賠償責任を負う（会710条1項）。

　社債管理者は，社債発行会社が社債の償還や利息の支払を怠ったり，社債発行会社につき支払の停止があった後，またはその前3カ月以内に，以下の行為をしたときは，社債権者に対して損害賠償責任を負う。ただし，社債管理者において誠実になすべき社債の管理を怠らなかったこと，または，当該損害が当該行為によって生じたものでないことを証明したときはこの限りでない（同2項1号〜4号）。

(1)　当該社債管理者の債権に係る債務について社債発行会社から担保の供与または債務の消滅に関する行為を受けること，

(2)　当該社債管理者と法務省令所定の特別の関係[31]がある者に対して，当該社債管理者の債権を譲り渡すこと（当該特別関係者が当該債権に係る債務について社債発行会社から担保の供与または債務の消滅に関する行為を受けた場合に限る），

(3)　当該社債管理者が社債発行会社に対する債権を有する場合において，契約によって負担する債務を専ら当該債権をもってする相殺に供する目的で，社債発行会社の財産の処分を内容とする契約を社債発行会社との間で締結し，または，社債発行会社に対して債務を負担する者の債務を引き受けることを内容とする契約を締結し，かつ，これにより社債発行会社に対し負担した債務と当該債権とを相殺すること，

(4)　当該社債管理者が社債発行会社に対して債務を負担する場合において，社債発行会社に対する債権を譲り受け，かつ，当該債務と当該債権とを相殺すること。

　社債権者と社債管理者との利益が相反する場合において，社債権者のために裁判上・裁判外の行為をする必要があるときは，裁判所は，社債権者集会の申立て

---

31)　(1)法人の総社員または総株主の議決権の2分の1を超える議決権を有する者（支配社員）と当該法人（被支配法人）との関係，および，(2)被支配法人とその支配社員の他の被支配法人との関係（会規171条1項）。支配社員と被支配法人が合わせて他の法人の総社員・総株主の議決権の2分の1を超える議決権を有する場合には，当該他の法人も当該支配社員の被支配法人とみなされて，1項が適用される（同2項）。

により，特別代理人を選任しなければならない（会707条）。

4）社債管理者の行為の方式

社債管理者またはその特別代理人が社債権者のために裁判上・裁判外の行為をするときは，個別の社債権者を表示することを要しない（会708条）。

5）社債管理者が2以上の場合の特則

2以上の社債管理者があるときは，これらの者が共同して，その権限に属する行為をしなければならない（会709条1項）。この場合，社債管理者が，社債に係る債権の弁済（会705条1項）を受けたときは，社債管理者は，社債権者に対し，連帯して，当該弁済の額を支払う義務を負う（会709条2項）。

6）社債管理者の辞任・解任

社債管理者は，社債発行会社および社債権者集会の同意をえて辞任することができる。この場合，他に社債管理者がないときは，当該社債権者は，あらかじめ，事務を承継する社債管理者を定めなければならない（会711条1項）。

この定めにかかわらず，社債管理者は，会社との社債管理委託契約（会702条）に定めた事由があるときも，辞任することができる。ただし，当該契約に事務を承継する社債管理者に関する定めがないときは，この限りでない（会711条2項）。

社債管理者は，やむをえない事由があるときも，裁判所の許可をえて，辞任することができる（同3項）。

裁判所は，社債管理者がその義務に違反したとき，その事務処理に不適任であるときその他正当な理由があるときは，社債発行会社または社債権者集会の申立てにより，当該社債管理者を解任することができる（会713条）。

7）社債管理者の事務の承継

社債管理者が，以下のいずれかに該当することになり，他に社債管理者がないときは，社債発行会社は，事務を承継する社債管理者を定め，社債権者のために，社債の管理を行うことを委託しなければならない。この場合，会社は，社債権者集会の同意をえるために，遅滞なくこれを招集し，かつ，その同意をえることができなかったときは，その同意に代わる裁判所の許可を申し立てなければならない（会714条1項1号～4号）。すなわち，①会社法703条各号に掲げる者（銀行・信託会社等）でなくなったとき，②会社法711条3項の規定により辞任したとき，③会社法713条により解任されたとき，④解散したとき，である。

社債発行会社は，社債管理者を定めなければならない場合（会714条1項前段）

で，①〜④のいずれかに該当することになった日以後2カ月以内に，上記の社債権者集会の招集をせず，または，裁判所への申立てもしなかったときは，当該社債の総額について期限の利益を喪失する（同2項）。すなわち，償還期日の約定は無効となり，ただちに償還しなければならない。

なお，この社債管理者を定めなければならない場合で，やむをえない事由があるときは，利害関係人は，裁判所に対して，事務を承継する社債管理者の選任を申し立てることができる（同3項）。

社債発行会社は，同項前段により，事務を承継する社債管理者を定めた場合（社債権者集会の同意をえた場合を除く），または，同3項による事務を承継する社債管理者の選任があった場合には，遅滞なく，その旨を公告し，かつ，知れている社債権者に，各別にこれを通知しなければならない（同4項）。

（2） 社債権者の権利

社債権者は，所定の利息の支払いを受ける権利を有する。記名社債の場合は，社債原簿の記載・記録にしたがって，各社債権者に利息が支払われる。無記名社債の場合は，社債券に利札（クーポン）が付されており，利払期に利札を呈示した者に対して利息を支払う。社債の利息請求権の消滅時効期間は5年である（会701条2項）。

社債権者は，償還期限には社債の償還（元本の返済）を受ける権利を有する。社債発行会社が償還期限前に社債を買い取って消却することもできる（買入消却）。償還の時期・方法は社債契約で定められる。満期に社債金額の全額を償還する方法（一括償還），社債発行後一定期間を据置期間とし，その後，一定期日までに随時償還するか，定期的に一定額以上を抽選で償還し，一定期日に全部の償還を終える方法などがある。[32]

社債の償還請求権の消滅時効期間は10年である（同1項）。

（3） 社債権者集会

1） 総　説

社債権者は，社債の種類ごとに社債権者集会を組織する（会715条）。社債権者集会は，会社法所定事項および社債権者の利害に関係する事項について決議する

---

32) 社債の一部・全部が償還期限より前に償還される繰上償還，あるいは，社債契約上，償還金額が社債金額より高く定められる割増償還が実施される場合もある。

ことができる（会716条）。

2） 社債権者集会の招集

社債権者集会は，必要がある場合には，いつでも，招集することができる（会717条1項）。社債権者集会は，下記718条3項により招集される場合を除き，社債発行会社または社債管理者が招集する（同2項）。

ある種類の社債の総額（償還済みの額を除く）の10分の1以上にあたる社債を有する社債権者は，社債発行会社または社債管理者に対し，社債権者集会の目的である事項および招集の理由を示して，社債権者集会の招集を請求することができる（会718条1項）。この総額には，社債発行会社が有する自己の当該種類の社債の金額の合計額は算入されない（同2項）。

この請求をした社債権者は，以下の場合，裁判所の許可をえて，社債権者集会を招集することができる（同3項1号2号）。

① この請求後遅滞なく招集の手続きが行われない場合，
② この請求があった日から8週間以内の日を社債権者集会の日とする社債権者集会の招集の通知が発せられない場合，である。

上記718条1項による招集請求または同3項による招集をしようとする無記名社債の社債権者は，その社債券を社債発行会社または社債管理者に提示しなければならない（同4項）。

3） 社債権者集会における招集事項の決定

社債権者集会の招集者は，この集会を招集する場合，以下の事項を定めなければならない（会719条1号～4号）。

①社債権者集会の日時・場所，②社債権者集会の目的である事項，③社債権者集会に出席しない社債権者が電磁的方法によって議決権を行使することができることとするときは，その旨（電子投票），④その他，法務省令所定事項（会規172条）。

4） 社債権者集会の招集通知

社債権者集会を招集するには，招集者は，この集会の日の2週間前までに，知れている社債権者・社債発行会社および社債管理者がある場合には社債管理者に対して，書面をもって通知を発しなければならない（通知を受けるべき者の承諾をえて，電磁的方法により発すること可）（会720条1項2項）。この通知には，上記（3）3）①～④を記載・記録しなければならない（同3項）。

なお，社債権者集会で延期・続行の決議があった場合には，上記719条・720

条は適用されない（会730条）。

無記名式の社債券を発行している社債発行会社が社債権者集会を招集する場合には、招集者は、この集会の日の3週間前までに、社債権者集会を招集する旨および上記3）①〜④を公告しなければならない（会720条4項）。この公告は、社債発行会社における公告の方法によりしなければならない。ただし、招集者が社債発行会社以外の者である場合で、招集方法が電子公告であるときは、この公告は、官報に掲載する方法でなければならない（同5項）。

招集者は、この通知に際し、法務省令（会規174条）で定めるところにより、知れている社債権者に対して、議決権の行使について参考となるべき事項を記載した書面（＝社債権者集会参考書類）および社債権者が議決権を行使するための書面（＝議決権行使書面）を交付しなければならない（会721条1項）。

招集者は、電磁的方法による通知を発するときは、社債権者集会参考書類および議決権行使書面の交付にかえて、これらの書類に記載すべき事項を電磁的方法で提供することができる。ただし、社債権者の請求があったときは、これらの書類を当該社債権者に交付しなければならない（同2項）。招集者は、上記公告をした場合において、社債権者集会の日の1週間前までに無記名社債の社債権者の請求があったときは、ただちに、社債権者集会参考書類および議決権行使書面を当該社債権者に交付しなければならない（社債権者の承諾を得て、電磁的方法により提供すること可）（同3項4項）。

招集者は、電子投票を定めた場合、電磁的方法による通知を承諾した社債権者に対し、この方法により通知するに際し、法務省令（会規174条1項）で定めるところにより、議決権行使書面に記載すべき事項を当該電磁的方法により提供しなければならない（会722条1項）。

招集者は、この電子投票を定めた場合において、電磁的方法による通知を承諾していない社債権者から社債権者集会の日の1週間前までに議決権行使書面に記載すべき事項の電磁的方法による提供の請求があったときは、法務省令（会規174条1項）所定の方法で、ただちに、当該社債権者に対し、当該事項を電磁的方法により提供しなければならない（会722条2項）。

5）　社債権者集会の議決権の額等

社債権者は、社債権者集会において、その有する当該種類の社債の金額の合計額（償還済みの額を除く）に応じて、議決権を有する（会723条1項）。ただし、社

債発行会社は，その有する自己の社債については議決権を有しない（同2項）。議決権を行使しようとする無記名社債の社債権者は，社債権者集会の日の1週間前までに，その社債券を招集者に提示しなければならない（同3項）。

6）　社債権者集会の決議

社債権者集会の可決決議は，出席した議決権者（議決権を行使できる社債権者をいう）の議決権の総額の2分の1を超える議決権を有する者の同意による（会724条1項）。ただし，以下の事項の可決には，議決権者の議決権の総額の5分の1以上で，かつ，出席した議決権者の議決権の総額の3分の2以上の議決権を有する者の同意がなければならない（同2項1号2号）。すなわち，①会社法706条1項各号に掲げる行為に関する事項，②会社法706条1項・736条1項・737条1項ただし書・738条により社債権者集会の決議を必要とする事項，である。

社債権者集会では，その集会の目的事項（会719条2号）以外の事項については，決議できない（会724条3項）。

7）　議決権の行使・不統一行使

社債権者は，代理人によって議決権を行使できる。この場合，当該社債権者または代理人は，代理権を証明する書面を招集者に提出しなければならない（会725条1項）（招集者の承諾をえて電磁的方法により提供すること可，同3項）。この代理権の授与は社債権者集会ごとにしなければならない（同2項）。

社債権者集会に出席しない社債権者は，書面によって議決権を行使できる（会726条1項）。この行使は，議決権行使書面に必要事項を記載し，法務省令所定の時（書面による議決権の行使期限，会規175条）までに当該記載をした議決権行使書面を招集者に提出して行う（同2項）（招集者の承諾を得て電磁的方法により提供すること可，会727条）。

社債権者は，その有する議決権を統一しないで行使することができる。この場合，社債権者集会の日の3日前までに，招集者に対してその旨およびその理由を通知しなければならない（会728条1項）。招集者は，この社債権者が他人のために社債を有する者でないときは，この不統一行使を拒むことができる（同2項）。

8）　社債発行会社の代表者の出席等

社債発行会社または社債管理者は，その代表者もしくは代理人を社債権者集会に出席させ，または書面により意見を述べることができる。ただし，社債管理者においては，その社債権者集会が会社法707条所定の特別代理人の選任について

招集されたものであるときは，この限りでない（会729条1項）。社債権者集会または招集者は，必要があると認めるときは，社債発行会社に対し，その代表者・代理人の出席を求めることができる。この場合，社債権者集会において，これをする旨の決議をへなければならない（同2項）。

9）　議事録

　社債権者集会の招集者は，法務省令（会規177条）の定めに従い，その議事録を作成しなければならず（会731条1項），社債発行会社は，社債権者集会の日から10年間，この議事録を本店に備え置かなければならない（同2項）。

　社債管理者および社債権者は，社債発行会社の営業時間内は，いつでも，議事録が，①書面の場合には当該書面の，②電磁的記録の場合にはその記録事項を法務省令（会規226条32号）所定方法で表示したものの，閲覧・謄写を請求できる（会731条3項1号2号）。

10）　社債権者集会の決議の認可・不認可・その公告

　社債権者集会の決議があったときは，招集者は，当該決議があった日から1週間以内に，裁判所に対して，当該決議の認可を申し立てなければならない（会732条）。

　裁判所は，以下のいずれかに該当する場合には，この認可をすることができない（会733条1号〜4号）。すなわち，①社債権者集会の招集手続・決議方法が，法令または社債募集（会676条）のための当該社債発行会社の事業その他の事項に関する説明に用いた資料に記載・記録された事項に違反するとき，②決議が不正の方法によって成立するに至ったとき，③決議が著しく不公正であるとき，④決議が社債権者の一般の利益に反するとき，である。

　社債発行会社は，社債権者集会の決議の認可・不認可の決定があった場合，遅滞なく，その旨を公告しなければならない（会735条）。

11）　社債権者集会の決議の効力

　社債権者集会の決議は，裁判所の認可を受けなければ，その効力を生じず（会734条1項），この決議の効力は，当該社債を有するすべての社債権者に及ぶ（同2項）。

12）　代表社債権者の選任・解任等

　社債権者集会においては，その決議により，当該種類の社債の総額（償還済みの額および当該社債発行会社が有する自己の当該種類の社債の金額の合計額を除く）の

1000分の1以上にあたる社債を有する社債権者の中から，1人または2人以上の代表社債権者を選任し，これに社債権者集会で決議する事項についての決定を委任できる（会736条1項2項・718条2項）。

代表社債権者が2人以上ある場合で，社債権者集会において別段の定めを行わなかったときは，この事項についての決定は，過半数をもって行う（会736条3項）。

社債権者集会においては，その決議により，いつでも，代表社債権者もしくは決議執行者を解任し，またはこれらの者に委任した事項を変更することができる（会738条）。

6　その他

(1)　期限の利益の喪失

社債発行会社が社債の利息の支払いを怠ったとき，または，定期に社債の一部を償還しなければならない場合においてその償還を怠ったときは，社債権者集会の決議に基づき，当該決議を執行する者は，社債発行会社に対し，一定の期間内（2ヵ月を下ること不可）にその弁済をしなければならない旨および当該期間内にその弁済をしないときは当該社債の総額について期限の利益を喪失する旨を書面により通知することができる（会739条1項）。

この決議の執行者は，この書面による通知に代えて，政令（会令1条1項14号）で定めるところにより，社債発行会社の承諾をえて，この通知事項を電磁的方法により提供することができる。この場合には，当該書面による通知をしたものとみなされる（会739条2項）。

社債発行会社が，上記期間内に弁済をしなかったときは，当該社債の総額につき期限の利益を喪失する（同3項）。

(2)　債権者の異議手続の特則

株式会社の資本金の額の減少（会449条），持分会社の資本金の額の減少（会627条），合同会社の持分払戻し（会635条），清算持分会社の財産処分（会670条），株式会社・持分会社の組織変更（会779条・781条2項），株式会社・持分会社の吸収合併等（会789条・793条2項・799条・802条2項），株式会社・持分会社の新設合併等（会810条・813条2項）においては，社債権者に異議申立権が認められる。

社債権者が異議を述べるには，社債権者集会の決議によらなければならず，こ

の場合，裁判所は，利害関係人の申立により，社債権者のために異議を述べることができる期間を伸長することができる（会740条1項）。

以上の定めにかかわらず，社債管理者は，社債権者のために，異議を述べることができる。ただし，社債管理委託契約（会702条）に別段の定めがある場合は，この限りでない（会740条2項）。

（3） 社債管理者の報酬等

社債管理者・代表社債権者・決議執行者に対して与えるべき報酬・その事務処理のために要する費用およびその支出の日以後における利息・その事務処理のために自己の過失なくして受けた損害の賠償額は，社債発行会社との契約に定めがある場合を除き，裁判所の許可をえて，社債発行会社の負担とすることができる（会741条1項）。この場合の，許可の申立ては，社債管理者・代表社債権者または決議執行者がする（同2項）。

社債管理者・代表社債権者・決議執行者は，上記の報酬・費用・利息ならびに損害賠償額に関し，会社法705条1項（737条2項において準用する場合を含む）の弁済を受けた額について，社債権者に先立って弁済を受ける権利を有する（同3項）。

（4） 費用負担

社債権者集会に関する費用は，社債発行会社が負担する（会742条1項）。

社債権者集会の決議の認可の申立て（会732条）に関する費用は，社債発行会社が負担する。ただし，裁判所は，社債発行会社その他の利害関係人の申立てにより，または職権で，当該費用の全部または一部につき，招集者その他の利害関係人の中から別に負担者を定めることができる（会742条2項）。

第8章　定款の変更

第1節　定款変更の意義と内容

　定款の変更とは，会社の組織・活動の根本規則を変更することを意味する。定款という語には，①この根本規則を意味する実質的意義（規則定款）と，②この根本規則を記載・記録した書面ないし電磁的記録を意味する形式的意義（書面定款・電磁定款）とがあるが，定款の変更とは，①の変更を意味する。

　定款の変更には，既存規定の修正・変更・削除と，新規定の追加とがある。規則内容の変更・規定の順序や形式の変更・字句の訂正・句読点の変更も定款の変更に含まれるが，規則定款の内容に影響しない書面定款・電磁定款の単なる変更，すなわち，新用紙への書換，縦書から横書への変更，当用漢字の採用や，事実自体の変更（本店・支店所在地の地名変更，公告掲載新聞紙のタイトルの変更）にともなう定款の変更は，ここでの定款の変更に含まれない。

　変更する定款の規定は，絶対的記載事項，相対的記載事項，任意的記載事項のいずれでもよいが，会社の本質や強行規定に反する変更あるいは株主の固有権を侵害したり株主平等の原則に反する変更は許されない。

第2節　定款変更の手続

　定款の変更には，原則として，株主総会の特別決議が必要である（会466条・309条2項11号）。例外として，会社が発行する全部の株式に譲渡制限を定める定款変更にあたっては，当該総会で議決権を行使できる株主の過半数（これを上回る割合を定款で定めた場合は，その割合以上）で，当該株主の議決権の3分の2（これを上回る割合を定款で定めた場合は，その割合）以上による特殊決議が必要である（会309条3項1号）。

　さらに例外的措置として，株式会社（現に2以上の種類株式を発行しているものを除く）においては，株主総会決議によらないで，株式分割の発効日における会社

の発行可能株式総数を，その前日の発行可能株式総数に分割割合を乗じてえた数の範囲内で増加させる定款変更をすることができる（会184条2項）。また，取締役の決定（取締役会設置会社の場合には取締役会決議）によって，単元株式数を減少させたり，単元株式数についての定款の定めを廃止することもできる（会195条1項）。

　なお，定款変更がある種類の株主に損害を及ぼすおそれがあるときは，株主総会決議は，当該種類株主の種類株主総会（株式が2種類以上の場合には，種類別に区分された各種類株主総会）の決議もなければ，効力を生じない。ただし，当該種類株主総会で議決権を行使できる種類株主が存しない場合はこの限りでない（会322条1項）。

第9章 解 散

第1節 解散の意義

　解散とは，会社の法人格の消滅をきたすべき原因となる法律事実をいい，清算とは，解散に続いて法律関係の後始末をなす手続をいう。会社の法人格は，合併の場合を除き，解散によってただちには消滅せず，清算手続の結了により消滅する。清算の目的は，会社の一切の権利義務を処理して残余財産を株主に分配することにあり，会社はもはや事業活動を継続することはできない。清算中の会社も従前の会社も同一の人格者であるが，清算中の会社の権利能力の範囲は清算の目的の範囲内に縮減される。

第2節 解散の原因

1　解散事由

（1）　総　説

株式会社は以下の事由によって解散する（会471条1号〜6号）。

① 定款で定めた存続期間の満了，
② 定款で定めた解散の事由の発生，
③ 株主総会の決議，
④ 合併（当該会社が消滅する場合に限る），
⑤ 破産手続開始の決定，
⑥ 解散を命ずる裁判（会824条1項・833条1項）。

　株式会社は，強行法規や株式会社の基本的性質に反しない限り，定款で会社の存立時期や解散事由を適宜に定めることができる。これらの事由は客観的・具体的でなければならず，登記事項である（会911条3項4号）。株式会社は，株主総会の特別決議により，いつでも解散できる（会309条2項11号）。

新設合併の場合には，すべての合併当事会社が，また，吸収合併の場合には消滅会社が解散する。なお，解散後の会社が消滅会社となる合併をなす場合には（会474条1号参照），この合併があらためて解散原因となるのではなく，清算手続が不要となるのみである（北沢773頁）。

会社は，支払不能または債務超過により破産手続開始の決定を受けると解散する（破15条・16条・30条）。解散後の会社が破産すると，破産が解散原因となるのではなく，清算手続から破産手続へと移行することになる（破35条）。

（2） 解散を命ずる裁判

これには，解散命令と解散判決とがある。

解散命令とは，裁判所が，公益を確保するため当該会社の存立を許すことができないと認めるときに，法務大臣または株主・社員（持分会社の場合）・債権者その他の利害関係人の申立てにより，これを解散させるために決定する命令であり，以下の場合に認められる（会824条1項1号～3号）。すなわち，①会社の設立が不法な目的に基づいてされたとき（定款所定の目的が適法でも，実質的目的が不法な場合を含む），②会社が正当な理由がないのに成立の日から1年以内にその事業を開始せず，または引き続き1年以上その事業を休止したとき，③業務執行取締役・執行役・業務執行社員が，法令・定款で定める会社の権限を逸脱しもしくは濫用する行為または刑罰法令に触れる行為をした場合において，法務大臣から書面による警告を受けたにもかかわらず，なお継続的にまたは反復して当該行為をしたとき，である。

解散判決とは，以下の場合において，やむをえない事由があるときに，裁判所が，総株主（株主総会の決議事項の全部につき議決権を行使することができない株主を除く）の議決権の10分の1（これを下回る割合を定款で定めた場合には，その割合）以上の議決権を有する株主または発行済株式（自己株式を除く）の10分の1（これを下回る割合を定款で定めた場合には，その割合）以上の数の株式を有する株主が訴えをもって会社の解散を請求した場合に下す，会社を解散させる判決をいう（会833条1項1号2号）。すなわち，①会社が業務の執行において著しく困難な状況に至り（取締役間の深刻な内部対立等），当該会社に回復することができない損害が生じ，または生ずるおそれがあるとき，②会社の財産の管理または処分が著しく失当で

---

1) 平成16年改正破産法前は，破産宣告とよばれていた。

（取締役による会社財産の不当流用等），会社の存立を危うくするとき，である。株主は，会社を被告として，会社の本店の所在地を管轄する地方裁判所に対して請求する（会834条20号・835条1項）。

　なお，持分会社の社員は，やむをえない事由がある場合には，訴えをもって会社の解散を請求できる（会833条2項）。

2　休眠会社のみなし解散

　休眠会社とは，商業登記簿上は存在するものの，すでに営業を廃止して実体のない会社を意味し，昭和49年の商法改正により導入された概念である。会社法は，株式会社であって，当該会社に関する登記が最後にあった日から12年を経過したものをいうとしている（会472条1項かっこ書）。法務大臣が，休眠会社に対して，2カ月以内に法務省令（会規139条）で定めるところによりその本店所在地を管轄する登記所に，事業を廃止していない旨の届出をすべき旨を官報に公告した場合において，この届出をしないときは，休眠会社は，この2カ月の期間満了時に解散したものとみなされる。ただし，この期間内に当該休眠会社に関する登記がされたときは，この限りでない（会472条1項）。この公告があった場合，登記所は，休眠会社に対して，その旨の通知を発しなければならない（同2項）。

3　特別法上の原因

　特別法により，事業免許の取消が解散原因とされている場合もある（銀行40条，保険業152条3項2号）。

第3節　解散の効果

　解散により，会社の権利能力の範囲は縮減され，清算の目的の範囲内においてのみ存続する。事業能力は失われ，それまでの会社の代表・業務執行機関は権限を失い，かわって清算人が会社の代表執行者となる。株式会社が，会社法471条1号～3号または641条1号～4号により解散したときは，本店の所在地において2週間以内に，解散の登記をしなければならない（会926条）。

第4節　株式会社の継続

　会社の継続とは，いったん解散した会社が，将来に向かって解散前の状態に復帰し，存立中の会社として存続することをいう。すなわち，株式会社は，①定款で定めた存続期間の満了，②定款で定めた解散事由の発生，③株主総会の決議，によって解散した場合（会471条1号～3号），および，④休眠会社のみなし解散の場合には，清算が結了するまでならば（休眠会社のみなし解散の場合は，解散したものとみなされた後，3年以内に限る），株主総会の特別決議によって株式会社を継続することができる（会473条・309条2項11号）。

　会社が継続したときは，2週間以内に，本店所在地において継続の登記をしなければならない（会927条）。

第5節　解散した会社の合併等の制限

　解散した会社は，清算目的の範囲内でしか権利能力を有さないので，①合併（当該会社が存続会社となる場合に限る），および，②吸収分割による他の会社がその事業に関して有する権利・義務の全部または一部の承継，をすることはできない（会474条1号2号）。

　これに対し，解散会社が合併消滅会社あるいは吸収分割会社になることは可能である。

第10章　通常清算

第1節　清算の意義

　会社の清算とは，会社が合併および破産以外の原因で解散した場合に，会社の法律関係につき後始末をすることをいう。清算は，多数株主の横暴を防ぎ，かつ会社債権者の利益を害さないために，必ず法定手続に従って行われなければならない（法定清算）。この点は，社員間に人的信頼関係があり，解散後も債権者に責任を負う社員のいる合名会社と合資会社の場合に任意清算が認められている（会668条）のと異なる。法定清算には，その遂行に支障があるか債務超過のおそれがある場合に裁判所の監督下で行われる特別清算と，そうでない通常清算とがある。

　通常清算は，倒産による債務整理手続とは違い，合併および破産を除く解散事由の生じた会社が，財産を処分して負債を返済し，会社を消滅させる手続をいう。

第2節　清算の開始原因

　株式会社は，①解散した場合（合併により会社が消滅する場合（会471条4号），および，破産手続開始の決定により解散した場合であって破産手続が終了していない場合，を除く），②設立無効判決が確定した場合，③株式移転無効判決が確定した場合には，清算しなければならない（会475条1項1号〜3号）。

第3節　清算中の会社

1　清算中の会社の法的性質と能力

　清算手続中の会社を清算中の会社（清算会社）という。清算する株式会社（＝清算株式会社）は，清算の目的の範囲内において，清算が結了するまでは，なお存

続するものとみなされる（会476条）。清算中の会社の法的性質に関しては，(1)清算会社という一種特別な会社が生ずるとする説，(2)会社は解散によって消滅するが，法の擬制によって存続するとする説，(3)解散前の会社と同一の法人格を有する会社が存続するとする説（同一会社説）とがあるが，(3)説が多数説である（北沢779頁）。別種の会社が生まれるとする根拠がないからであり，法人の構成基礎がそのまま継続するからである（田中〔誠〕下1118頁）。

(3)説は，清算中の会社の権利能力の範囲に関してさらに解釈が分かれており，(i)同一会社説に立って，清算中の会社の権利能力の範囲は，清算の目的の範囲に制限・縮減され，清算中の会社はもっぱら会社の法律関係を結了し，財産を整理して株主に残余財産を分配することになると解する立場（能力制限肯定説）（多数説）と，(ii)清算中の会社に清算の目的による能力の制限を認めない立場（能力制限否定説）とがある。判例は，同一会社説にたっており（大判大正5・3・4民録22輯513頁），清算会社の権利能力の範囲に関しても多数説に立っている[1]。したがって，清算会社は，解散前と同様に，当然に貸付を継続して行えるものではない（最判昭和42・12・15判時505号61頁）。しかし合理的な理由があれば，募集株式や募集社債を発行することができる（会487条2項1号・489条6項5号）。

清算会社は事業を前提としていないので，事業を前提とする制度は認められず，取締役は地位を失い，清算人がこれにかわる。また，株主も剰余金の配当は受けずに残余財産の分配を受ける。これに対し，事業を前提にしていない制度は認められ，株主総会や監査役は存続する。少数株主の検査役選任請求権（会358条1項）も認められるし（大判大正13・7・28民集3巻381頁），株式の流通も認められる。清算中の会社に関する法規定は，準用規定が多いが（会478条8項・491条），逆に準用が明示されていない規定はすべて適用がないと解すべきではなく，会社法総則および株式会社に関する規定については，清算の目的と相容れない規定以外はすべて適用があるものと解される（田中〔誠〕下1162頁）。

---

[1] 大判大正2・7・9民録19輯619頁。清算会社の株主総会が，役員・使用人・功労者に対して慰労金の贈呈を決議した事案。①清算会社の株主総会は清算目的外の事項を決議できない，②清算の目的の範囲は，清算人の当然の職務範囲を定めた現会社法649条の規定のみならず，法文全体の趣旨より推測すべきである，③功労者への慰労金贈呈は，会社の目的たる事業または清算事務を遂行するに必要な行為である旨を判示している。

2　株主総会以外の機関の設置

① 清算株式会社には，1人または2人以上の清算人をおかなければならない（会477条1項）。
② 清算株式会社には，定款の定めにより，清算人会・監査役または監査役会をおくことができる（同2項）。
③ 監査役会をおく旨の定款の定めがある清算株式会社は，清算人会をおかなければならない（同3項）。
④ 会社法475条各号（清算の開始原因）所掲の場合に該当することになった時に，公開会社または大会社であった清算株式会社は，監査役をおかなければならない（同4項）。
⑤ 会社法475条各号所掲の場合に該当することとなった時に，監査等委員会設置会社であった清算株式会社であって，④の適用があるものにおいては，監査等委員である取締役が監査役となる（同5項）。
⑥ 会社法475条各号所掲の場合に該当することとなった時に，指名委員会等設置会社であった清算株式会社であって，④の適用があるものにおいては，監査委員が監査役となる（同6項）。
⑦ 会社法第2編第4章第2節（株主総会以外の機関の設置）の規定は，清算株式会社には適用されない（同7項）。

第4節　清算人

1　清算人の就任・解任

（1）　清算人の就任

　会社が通常清算手続に入ると，取締役はその地位を失い，清算人がかわって清算事務を遂行することになる。清算人は原則として，①取締役（②③に掲げる者を除く）（＝法定清算人）（会478条1項1号），②定款で定める者（同2号），③株主総会決議によって選任された者（同3号）がなる。もっとも，①の適用については，清算株式会社が監査等委員会設置会社であった場合には，監査等委員である取締役以外の取締役が，また，指名委員会等設置会社であった場合には，監査委員以

外の取締役が清算人になる（同5項6項）。

　監査等委員会設置会社・指名委員会等設置会社であった清算株式会社である監査役会設置会社においては，監査役は3人以上で，そのうち半数以上は，以下に掲げる要件のいずれにも該当するものでなければならない（同7項1号～3号）。すなわち，

　① その就任前10年間，当該監査等委員会設置会社・指名委員会等設置会社またはその子会社の取締役（社外取締役を除く）・会計参与（会計参与が法人であるときはその職務を行うべき社員）もしくは執行役・支配人その他の使用人であったことがないこと，

　② その就任前10年内のいずれかの時において，当該監査等委員会設置会社・指名委員会等設置会社またはその子会社の社外取締役・監査役であったことがある者にあっては，当該社外取締役・監査役への就任前10年間，当該監査等委員会設置会社・指名委員会等設置会社またはその子会社の取締役（社外取締役を除く）・会計参与・執行役・支配人その他の使用人であったことがないこと，

　③ 会社法2条16号ハ～ホまでの所掲要件，である。

　以上により清算人となる者がいないときは，裁判所は，利害関係人（株主・監査役等）の申立てにより，清算人を選任する（同2項）。解散を命ずる裁判（会471条6号）による解散の場合は，裁判所が，利害関係人もしくは法務大臣の申立てにより，または職権で，清算人を選任する（会478条3項）。設立無効判決・株式移転無効判決が確定した場合（会475条2号3号）は，裁判所が，利害関係人の申立てにより，清算人を選任する（会478条4項）。裁判所は，以上の場合に清算人を選任した場合には，清算株式会社が当該清算人に支払う報酬の額も定めることができる（会485条1項）。

　会社法330条（会社と役員との関係）・331条1項（取締役の資格等）は清算人について，同5項（取締役会の員数）は清算人会設置会社について準用される（会478条8項）。したがって清算人会の清算人は3人以上でなければならない。

（2）　清算人の解任

　清算人（裁判所が選任した者（会478条2項～4項）を除く）は，いつでも，株主総会の普通決議により解任することができる（会479条1項）。重要な事由があるときは，裁判所は，以下の株主の申立てにより清算人を解任できる（同2項1号2号）。

① 総株主（以下の株主を除く）の議決権の100分の3（これを下回る割合を定款で定めた場合には，その割合）以上の議決権を6カ月（これを下回る期間を定款で定めた場合には，その期間）前から引き続き有する株主（以下の株主を除く），
  (イ) 清算人を解任する旨の議案につき議決権を行使できない株主，
  (ロ) 当該申立てに係る清算人である株主，
② 発行済株式（以下の株主の有する株式を除く）の100分の3（これを下回る割合を定款で定めた場合には，その割合）以上の数の株式を6カ月（これを下回る期間を定款で定めた場合には，その期間）前から引き続き有する株主（以下の株主を除く），
  (イ) 当該清算株式会社である株主，
  (ロ) 当該申立てに係る清算人である株主。

なお，公開会社でない清算株式会社の場合，①②における株式保有期間の制限はなく，持株数の条件をみたした株主は，ただちに裁判所に清算人の解任を申し立てることができる（同3項）。

2 監査役の退任

清算株式会社の監査役は，当該会社が以下の定款変更をした場合には，当該変更の効力が生じたときに退任する（会480条1項1号2号）。
① 監査役をおく旨の定款の定めを廃止する定款の変更，
② 監査役の監査の範囲を会計に関するものに限定する旨の定款の定めを廃止する定款の変更。

清算株式会社の監査役については，会社法336条（監査役の任期）が適用されないので（会480条2項），その任期は清算結了時までである。

3 清算人の職務等

(1) 清算人の職務

会社法は，清算人の職務として，①現務の結了，②債権の取立ておよび債務の弁済，③残余財産の分配，をあげているが（会481条1号～3号），これらのほか当然に，財産の換価もなしうる。

現務の結了とは，解散前から継続している各種の事務を完了させることをいう。販売用物品で残存しているものを売却処分したり，締結済売買契約の履行のため

に新たに物品を仕入れるような事務をさす。提起されている訴訟の処理も含まれる。

債権の取立てには，債務の弁済の受領のほか，担保付債権の担保権の実行，代物弁済の受領，債権の譲渡による対価の回収，和解などが含まれる。

債務の弁済とは，会社が負担している債務を弁済することであり，そのために必要であれば，財産の換価もなしうる。財産の換価方法として事業の全部または重要な一部の譲渡をなすにあたっては，株主総会の特別決議を要する（会467条1項・309条2項11号）。

（2） 業務の執行

清算人は，清算株式会社（清算人会設置会社を除く）の業務を執行する（会482条1項）。

清算人が2人以上いる場合には，清算株式会社の業務は，定款に別段の定めがある場合を除き，清算人の過半数をもって決定する（同2項）。この場合，清算人は，以下の事項の決定を各清算人に委任することができない（同3項1号～4号）。

① 支配人の選任・解任，
② 支店の設置・移転・廃止，
③ 会社法298条1項各号（325条で準用する場合を含む）所掲事項（株主総会の招集決定事項），
④ 清算人の職務の執行が法令・定款に適合することを確保するための体制その他清算株式会社の業務の適正を確保するために必要なものとして法務省令（会規140条）で定める体制の整備。

なお，会社法353条（会社・取締役間の訴えにおける会社の代表）・354条（表見代表取締役）・355条（忠実義務）・356条（競業・利益相反取引の制限）・357条（3項を除く）（取締役の報告義務）・360条（株主による取締役の行為の差止め）・361条1項4項（取締役の報酬等）は，清算人（裁判所が選任した者（会478条2項～4項）を除く）について準用される（会482条4項）。

（3） 清算株式会社の代表

清算人は，清算株式会社を代表するが，他に代表清算人その他この会社を代表する者を定めた場合は，この限りでない（会483条1項）。清算人が2人以上いる場合には，各自，清算株式会社を代表する（同2項）。

清算株式会社（清算人会設置会社を除く）は，定款・定款の定めに基づく清算人

（裁判所が選任した者（会478条2項〜4項）を除く）の互選または株主総会の決議によって，清算人の中から代表清算人を定めることができる（会483条3項）。取締役が清算人となる場合（会478条1項1号）において，代表取締役を定めていたときは，当該代表取締役が代表清算人となる（会483条4項）。裁判所が清算人を選任する場合には（会478条2項〜4項），その清算人の中から代表清算人を定めることができる（会483条5項）。

代表取締役の代表権に関する規定（会349条4項5項），および，代表取締役に欠員が生じた場合の措置規定（会351条）は代表清算人に，また（代表）取締役職務代行者の権限に関する規定（会352条）は（代表）清算人職務代行者に，それぞれ準用される（会483条6項）。

4 清算株式会社についての破産手続の開始

清算株式会社の財産がその債務の完済をするのに足りないことが明らかになったときは，清算人はただちに破産手続開始の申立てをしなければならない（会484条1項）。清算人は，清算株式会社が破産手続開始の決定を受けた場合において，破産管財人にその事務を引き継いだときは，その任務を終了したものとされる（同2項）。この場合，清算株式会社がすでに債権者に支払い，または株主に分配したものがあるときは，破産管財人はこれを取り戻すことができる（同3項）。

5 清算人の損害賠償責任

（1） 清算株式会社に対する損害賠償責任

清算人は，その任務を怠ったときは，清算株式会社に対し，これによって生じた損害を賠償する責任を負う（会486条1項）。清算人が違法に競業取引（会356条1項1号・482条4項）をしたときは，当該取引により清算人または第三者がえた利益の額はこの損害の額と推定される（会486条2項）。清算人が違法に清算株式会社と自己取引あるいは利益相反取引（会356条1項2号3号・482条4項）をして，会社に損害が生じたときは，①当該取引を行った清算人（会356条1項・482条4項），②清算株式会社が当該取引をすることを決定した清算人，③当該取引に関する清算人会の承認決議に賛成した清算人には，任務懈怠が推定される（会486条3項1号〜3号）。

（2） 第三者に対する損害賠償責任

清算人がその職務を行うについて悪意または重大な過失があったときは，当該清算人は，これによって第三者に生じた損害を賠償する責任を負う（会487条1項）。

清算人が以下の行為をしたときも同様であるが，当該清算人が無過失を立証したときは，この限りでない（同2項1号～4号）。すなわち，①株式・新株予約権・社債・新株予約権付社債を引き受ける者の募集をする際に通知しなければならない重要な事項につき，虚偽の通知または当該募集のための当該清算株式会社の事業その他の事項に関する説明に用いた資料についての虚偽の記載・記録，②財産目録等（会492条1項）・貸借対照表・事務報告・これらの附属明細書（会494条1項）に記載・記録すべき重要な事項についての虚偽の記載・記録，③虚偽の登記，④虚偽の公告，である。

（3） 清算人・監査役の連帯責任

清算人または監査役が清算株式会社または第三者に生じた損害の賠償責任を負う場合，他の清算人または監査役も当該損害の賠償責任を負うときは，これらの者は連帯債務者となる（会488条1項）。

第5節　清算人会

1　清算人会の権限等

清算人会は，すべての清算人で組織され（会489条1項），①清算人会設置会社の業務執行の決定，②清算人の職務の執行の監督，③代表清算人の選定・解職，を行う（同2項1号～3号）。清算人会は，他に代表清算人がいないときは，清算人の中から代表清算人を選定しなければならず（同3項），その選定した代表清算人および会社法483条4項により代表清算人となった者を解職することができる（同4項）。ただし，裁判所が代表清算人を定めたときは（会483条5項），清算人会は，代表清算人を選定・解職することができない（同5項）。

清算人会は，以下の事項その他の重要な業務執行の決定を清算人に委任することができない（同6項1号～6号）。

　　①　重要な財産の処分・譲受け，

　　②　多額の借財，

③　支配人その他の重要な使用人の選任・解任，
④　支店その他の重要な組織の設置・変更・廃止，
⑤　募集社債の総額（会676条1号）その他の社債を引き受ける者の募集に関する重要な事項として法務省令（会規141条）で定める事項，
⑥　清算人の職務の執行が法令・定款に適合することを確保するための体制その他清算株式会社の業務の適正を確保するために必要なものとして法務省令（会規142条）で定める体制の整備。

①代表清算人，②代表清算人以外の清算人であって，清算人会の決議によって清算人会設置会社の業務を執行する清算人として選定されたものは，清算人会設置会社の業務を執行する（同7項1号2号）。

会社法363条2項（取締役の取締役会への報告）・364条（会社・取締役間の訴えにおける会社の代表）・365条（取締役の競業・利益相反取引の規制）は清算人会設置会社に準用される（会489条8項）。

2　清算人会の運営

清算人会は，各清算人が招集するが，清算人会を招集する清算人（＝招集権者）を定款または清算人会で定めたときは，その者が招集する（会490条1項）。この招集権者以外の清算人は，招集権者に対し，清算人会の目的である事項を示して，清算人会の招集を請求できる（同2項）。この請求があった日から5日以内に，その請求があった日から2週間以内の日を清算人会の日とする清算人会の招集通知が発せられない場合には，この請求をした清算人は清算人会を招集することができる（同3項）。会社法367条（株主による取締役会の招集請求）・368条（取締役会の招集手続）は清算人会設置会社における清算人会の招集について準用される（同4項）。

3　取締役等に関する規定の適用

清算株式会社については，会社法第2編第2章（株式）（155条を除く）・第3章（新株予約権）・第4章第1節（株主総会・種類株主総会）・335条2項（監査役の資格等）・343条1項2項（監査役の選任に関する監査役の同意等）・345条3項4項（会計参与等の選任等についての意見の陳述）・359条（裁判所による株主総会招集等の決定）・同章第7節（監査役）・第8節（監査役会）・第7章（事業の譲渡等）の規定中，取締

役・代表取締役，取締役会・取締役会設置会社に関する規定は，それぞれ清算人・代表清算人・清算人会・清算人会設置会社に関する規定として適用される（会491条）。

第6節　財産目録等

1　財産目録等の作成等

　清算人（清算人会設置会社の場合は代表清算人等の業務を執行する清算人（会489条7項各号））は，その就任後遅滞なく，清算株式会社の財産の現況を調査し，法務省令（会規144条・145条）で定めるところにより，清算開始原因事由（会475条各号）に該当することになった日における財産目録と貸借対照表（＝財産目録等）を作成しなければならない（会492条1項）。清算人会設置会社においては，財産目録等は，清算人会の承認を受けなければならない（同2項）。清算人は，財産目録等（清算人会設置会社の場合は清算人会の承認を受けたもの）を，株主総会に提出・提供し，その承認を受けなければならない（同3項）。清算株式会社は，財産目録等を作成した時から，本店所在地における清算結了の登記の時までの間，当該財産目録等を保存しなければならない（同4項）。

　裁判所は，申立てによりまたは職権で，訴訟の当事者に対し，財産目録等の全部・一部の提出を命ずることができる（会493条）。

2　貸借対照表等の作成・保存

　清算株式会社は，法務省令（会規146条・147条）で定めるところにより，各清算事務年度（清算開始原因事由（会475条各号）に該当することとなった日の翌日またはその後毎年その日に応答する日（応答する日がない場合には，その前日）から始まる各1年の期間）に係る貸借対照表・事務報告・これらの附属明細書を作成しなければならない（会494条1項，電磁的記録による作成可（同2項））。清算株式会社は，この貸借対照表を作成した時から，本店所在地における清算結了の登記の時までの間，当該貸借対照表とその附属明細書を保存しなければならない（同3項）。

3 貸借対照表等の監査

監査役設置会社（監査役の監査の範囲を会計に関するものに限定する旨の定款の定めがある株式会社を含む）においては，上記の貸借対照表・事務報告・これらの附属明細書は，法務省令（会規148条）で定めるところにより，監査役の監査を受けなければならない（会495条1項）。清算人会設置会社の場合は，この貸借対照表・事務報告・これらの附属明細書（監査役設置会社の場合には，監査役の上記監査を受けたもの）は，清算人会の承認を受けなければならない（同2項）。

4 貸借対照表等の備置き・閲覧等

清算株式会社は，各清算事務年度に係る貸借対照表・事務報告・これらの附属明細書（監査役設置会社の場合は監査報告を含む）（＝貸借対照表等）を，定時株主総会の日の1週間前の日（総会決議の省略の場合（会319条1項）は同項の議題提案があった日）から本店所在地における清算結了登記の時までの間，本店に備え置かなければならない（会496条1項）。

株主および債権者は，清算株式会社の営業時間内は，いつでも，以下の請求ができる。ただし，②と④については，会社所定の費用を支払わなければならない（同2項1号〜4号）。

① 貸借対照表等が書面をもって作成されているときは，当該書面の閲覧請求，
② ①の書面の謄本・抄本の交付請求，
③ 貸借対照表等が電磁的記録で作成されているときは，記録事項を法務省令所定方法（会規226条29号）で表示したものの閲覧請求，
④ ③の電磁的記録に記載された事項を会社所定の電磁的方法で提供することの請求またはその事項の記載書面の交付の請求。

清算株式会社の親会社社員は，その権利を行使するため必要があるときは，裁判所の許可をえて，この会社の貸借対照表等につき上記①〜④所掲の請求をすることができる。ただし，②または④の請求をするには，会社所定の費用を支払わなければならない（同3項）。

5 貸借対照表等の定時株主総会への提出等

以下に掲げる清算株式会社においては，清算人は，以下に掲げる貸借対照表・

事務報告を定時株主総会に提出または提供しなければならない（会497条1項1号～3号）。
① 会社法495条1項所定の監査役設置会社（清算人会設置会社を除く）→同項の監査を受けた貸借対照表・事務報告，
② 清算人会設置会社→会社法495条2項の承認を受けた貸借対照表・事務報告，
③ ①②以外の清算株式会社→会社法494条1項の貸借対照表・事務報告。

上記の提出・提供された貸借対照表は，定時株主総会の承認を受けなければならず（同2項），清算人は，提出・提供された事務報告の内容を，定時株主総会に報告しなければならない（同3項）。

貸借対照表等の公告は不要である。

6 貸借対照表等の提出命令

裁判所は，申立てによりまたは職権で，訴訟の当事者に対し，会社法494条1項の貸借対照表およびその附属明細書の全部・一部の提出を命ずることができる（会498条）。

第7節 債務の弁済等

1 債権者に対する公告等

清算株式会社は，清算開始原因（会475条各号）に該当することになった場合，遅滞なく，当該会社の債権者に対し，一定の期間内（2カ月を下ること不可）にその債権を申し出るべき旨を官報に公告し，かつ，知れている債権者には，各別にこれを催告しなければならない（会499条1項）。この公告には，当該債権者が当該期間内に申出をしないときは清算から除斥される旨を付記しなければならない（同2項）。

2 債務の弁済の制限

清算株式会社は，上記の一定期間内は，債務の弁済をすることができない。この場合，清算株式会社は，その債務の不履行によって生じた責任を免れることが

できない（会500条1項）。この定めにかかわらず，清算株式会社は，上記の一定期間内であっても，裁判所の許可をえて，少額の債権，清算株式会社の財産につき存する担保権によって担保される債権その他これを弁済しても他の債権者を害するおそれがない債権に係る債務につき，その弁済をすることができる。当該許可の申立ては，清算人が2人以上あるときは，その全員の同意によってしなければならない（同2項）。

3 条件付債権等に係る債務の弁済

清算株式会社は，条件付債権・存続期間が不確定な債権その他その額が不確定な債権に係る債務を弁済することができる。この場合には，これらの債権を評価させるため，裁判所に対し，鑑定人の選任を申し立てなければならない（会501条1項）。この選任手続に関する費用および当該鑑定人による鑑定のための呼出し・質問に関する費用は，会社の負担となる（同3項）。当該会社は，この鑑定人の評価に従いこの債権に係る債務を弁済しなければならない（同2項）。

4 債務の弁済前における残余財産の分配の制限

清算株式会社は，その債務の弁済後でなければ，その財産を株主に分配できない。ただし，その存否または額について争いのある債権に係る債務について，その弁済をするために必要と認められる財産を留保した場合は，この限りでない（会502条）。

5 清算からの除斥

清算株式会社の債権者（知れている債権者を除く）であって，公告等の期間内（会499条1項）にその債権の申出をしなかったものは，清算から除斥される（会503条1項）。この除斥された債権者は，分配されていない残余財産に対してのみ，弁済を請求できる（同2項）。会社の残余財産を株主の一部に分配した場合，当該株主の受けた分配と同一の割合の分配を当該株主以外の株主に対してするために必要な財産は，2項の残余財産から控除される（同3項）。

第8節　残余財産の分配

1　残余財産の分配に関する事項の決定

　清算株式会社は，残余財産の分配をしようとする場合，清算人の決定（清算人会設置会社の場合は，清算人会の決議）によって，①残余財産の種類，②株主に対する残余財産の割当てに関する事項，を定めなければならない（会504条1項）。なお，残余財産の分配につき内容の異なる2以上の種類株式を発行しているときは，清算株式会社は，当該種類株式の内容に応じて，上記②に関し，ⅰ）ある種類の株式の株主に対して残余財産の割当てをしないこととするときは，その旨および当該株式の種類，ⅱ）上記ⅰ）のほか残余財産の割当てについて株式の種類ごとに異なる取扱いを行うこととするときは，その旨および当該異なる取扱いの内容，を定めることができる（同2項）。

　②に関する事項についての定めは，株主（当該清算株式会社および上記ⅰ）の種類の株式の株主を除く）の有する株式の数，（上記ⅱ）の定めがある場合は，各種類の株式の数）に応じて残余財産を割り当てることを内容とするものでなければならない（同3項）。

2　残余財産が金銭以外の財産である場合

　残余財産が金銭以外の財産である場合，株主は，金銭分配請求権（＝当該残余財産にかえて金銭を交付することを清算株式会社に対して請求する権利）を有する（会505条1項）。この場合，会社は，清算人の決定（清算人会設置会社の場合は，清算人会の決議）により，①金銭分配請求権の行使期間，②一定の数（＝基準株式数）未満の数の株式を有する株主に対して残余財産の割当てをしないこととするときは，その旨およびその数，を定めなければならない（同項1号2号）。会社は，①の期間の末日の20日前までに，株主に対して，①を通知しなければならない（同2項）。

　清算株式会社は，金銭分配請求権を行使した株主に対し，当該株主が割当てを受けた残余財産に代えて，当該残余財産の価額に相当する金銭を支払わなければならない。この場合，(1)当該残余財産が市場価格のある財産である場合には，当該財産の市場価格として法務省令（会規149条）で定める方法により算定され

る額が，(2)これ以外の場合には，清算株式会社の申立てにより裁判所が定める額が，当該残余財産の価額とされる（会505条3項）。

3 基準株式数を定めた場合の処理

上記の基準株式数を定めた場合には，清算株式会社は，基準株式数に満たない数（＝基準未満株式）を有する株主に対し，上記 **2**(1)(2)に従い，基準株式数の株式を有する株主が割当てを受けた残余財産の価額として定めた額に当該基準未満株式の数の基準株式数に対する割合を乗じて得た額に相当する金銭を支払わなければならない（会506条）。

第9節 破産手続・特別清算開始の申立て

清算株式会社の財産が，その債務を完済するのに足りないことが明らかになった場合，清算人は，ただちに破産手続開始の申立てをしなければならない（会484条1項）。清算人は，清算株式会社につき破産手続開始の決定があり，破産管財人にその事務を引き継いだときは，その任務を終了したものとされる（同2項）。破産手続開始の決定がある場合において，清算株式会社がすでに債権者に支払い，または，株主に分配したものがあるときは，破産管財人は，これを取り戻すことができる（同3項）。

清算人は，清算株式会社に債務超過の疑いがあるときは，特別清算開始の申立てをしなければならない（会511条2項）。

第10節 清算事務の終了等

1 決算報告の承認

清算株式会社は，清算事務が終了したときは，遅滞なく，法務省令（会規150条）で定めるところにより，決算報告を作成しなければならない（会507条1項）。清算人会設置会社における決算報告は，清算人会の承認を受けなければならない（同2項）。

清算人は，決算報告（清算人会設置会社の場合は，清算人会の承認を受けたもの）を

株主総会に提出または提供し，その承認を受けなければならない（同3項）。この承認があった場合，清算人の職務の執行に関し不正があったときを除き，清算人の任務懈怠による損害賠償責任は免除されたものとみなされる（同4項）。

2　清算の結了

　株主総会で決算報告が承認されると，清算は結了し，会社の法人格が消滅する。たとえ清算事務が終了しても，株主総会による決算報告の承認がなければ，会社の法人格は消滅しない（最判昭和59・2・24刑集38巻4号1287頁）。清算株式会社は，株主総会が決算報告を承認した日から2週間以内に，本店所在地において，清算結了の登記をしなければならない（会929条1号）。清算結了登記には，設立登記と異なり，会社登記の一般的効力しかなく，創設的効力はない。したがって，清算結了登記がなされても現務が結了していなければ，会社の法人格は消滅しない（最判昭和36・12・14民集15巻11号2813頁）。

3　帳簿資料の保存

　清算人（清算人会設置会社の場合は，代表清算人等の業務を執行する清算人（会489条7項各号））は，本店所在地における清算結了登記の時から10年間，清算株式会社の帳簿とその事業および清算に関する重要な資料（＝帳簿資料）を保存しなければならない（会508条1項）。裁判所は，利害関係人の申立てにより，この清算人にかわって帳簿資料を保存する者を選任することができる（同2項～4項）。この資料に対する謄写・閲覧請求に関する規定はない。この点については，清算結了後も当該会社や第三者の営業秘密等を秘匿する必要性を考慮して，会社の利害関係人であるということだけでは，清算株式会社の帳簿資料に対する閲覧・謄写請求権はないものと解されている（最判平成16・10・4民集58巻7号1771頁）。

第11章　特別清算

第1節　意　義

　特別清算とは，清算中の株式会社において，清算の遂行に著しい支障を来すべき事情あるいは債務超過の疑いがある場合に，裁判所の厳重な監督のもとに行われる特殊な清算手続をいう。この清算手続は，財産状態の不良な会社につき，破産手続における出費と時間を節約するために，原則として債権者の多数決により清算方法が定められ，従来の清算人が自治的かつ簡易迅速に手続を進める合理的な方法といえる。以下，手続の概要を瞥見する。

第2節　特別清算開始の申立てと開始命令

1　特別清算の申立人

　特別清算の開始を申し立てることのできる者は，債権者・清算人・監査役または株主である（会511条1項）。清算人においては，清算株式会社に債務超過（＝清算株式会社の財産がその債務を完済するのに足りない状態，会510条2号かっこ書）の疑いがあるときは，特別清算の開始を申し立てなければならず（会511条2項），これを怠ると過料の制裁を受ける（会976条27号）。

2　特別清算開始前の中止命令等

　裁判所は，特別清算開始の申立てがあった場合において，必要があると認めるときは，債権者・清算人・監査役もしくは株主の申立てによりまたは職権で，特別清算開始の申立てにつき決定があるまでの間，以下の手続・処分の中止を命ずることができる（会512条1項1号～3号）。すなわち，①清算株式会社についての破産手続，②清算株式会社の財産に対してすでにされている強制執行・仮差押え・仮処分の手続（一般の先取特権その他一般の優先権がある債権に基づくものを除

く)，③外国租税滞納処分（＝共助対象外国租税（租税条約等実施特例法11条1項）の請求権に基づく国税滞納処分の例によってする処分），である。①は破産手続開始の決定がされていない場合に限られる。②③はその手続の申立人である債権者またはその処分を行う者に不当な損害を及ぼすおそれがない場合に限られる。

3　特別清算開始の原因

裁判所は，清算株式会社に，①清算の遂行に著しい支障を来すべき事情があるか，または，②債務超過の疑いがあると認める場合には，会社法514条（特別清算開始の命令）に基づき，申立てにより，特別清算の開始を命ずる（会510条・511条1項）。「債務超過の疑いがある」場合には「債務超過である」場合も含まれると解される。実務上は，解散時の貸借対照表において債務超過であれば，特段の事情がない限り，「債務超過である」ものとして扱われている。

ただし，以下の場合，裁判所は，特別清算の開始を命ずることができない（会514条1号～4号）。すなわち，①特別清算の手続の費用の予納がないとき，②特別清算によっても清算を結了する見込みがないことが明らかであるとき，③特別清算によることが債権者の一般の利益に反することが明らかであるとき，④不当な目的で特別清算開始の申立てがされたとき，その他申立てが誠実にされたものでないとき，である。②としては，協定や和解の見込みがないときや，清算株式会社に優先債権や公租公課を弁済するに足りる資産のないことが明らかな場合などが該当する。③としては，破産手続によれば実現が見込まれる清算価値の予想値と特別清算の場合のそれとの比較において，前者が後者を上回ることが明らかな場合などが該当する。

4　特別清算開始の効力

特別清算開始の命令があった場合，清算株式会社には，協定債権者（＝協定債権を有する債権者，会517条1項）に対する，その債権額の割合に応じた弁済義務が生ずる（会537条1項）。この場合，破産手続開始の申立て，清算株式会社の財産に対する強制執行・仮差押え・仮処分もしくは外国租税滞納処分または財産開示手続（民執197条1項の申立てによるものに限る）の申立てをすることはできなくなり，破産手続（破産手続開始の決定がされていないものに限る），清算株式会社の財産に対してすでにされている強制執行・仮差押え・仮処分の手続・外国租税滞納

処分ならびに財産開示手続は中止となる。ただし、一般の先取特権その他一般の優先権がある債権に基づく強制執行・仮差押え・仮処分または財産開示手続については、この限りでない（会515条1項）。

裁判所は、特別清算開始の命令があった場合、債権者の一般の利益に適合し、かつ、担保権の実行の手続等（清算株式会社の財産につき存する担保権の実行の手続、企業担保権の実行の手続、清算株式会社の財産に対してすでにされている一般の先取特権その他一般の優先権がある債権に基づく強制執行の手続）の申立人に不当な損害を及ぼすおそれがないものと認めるときは、清算人・監査役・債権者・株主の申立てにより、または職権で、相当の期間を定めて、担保権の実行の手続等の中止を命ずることができる（会516条）。

なお、協定債権者は、特別清算開始後に、清算株式会社に対して債務を負担したときなど一定の場合には、相殺することを禁止される（会517条1項1号〜4号）。

第3節　特別清算開始後の諸手続

1　裁判所による監督

特別清算開始の命令があると、清算株式会社の清算は、裁判所の監督に属することになる（会519条1項）。裁判所は、必要があると認めるときは、清算株式会社の業務を監督する官庁に対して、この会社の特別清算の手続について意見の陳述を求め、調査を嘱託することができる（同2項）。

2　裁判所による調査

裁判所は、いつでも、清算株式会社に対し、清算事務・財産の状況の報告を命じ、その他清算の監督上必要な調査をすることができる（会520条）。

特別清算開始の命令があった場合、清算株式会社は、株主総会が財産目録等を承認（会492条3項）した後遅滞なく、この財産目録等（電磁的記録の場合は、その記載事項を記録した書面）を裁判所に提出しなければならない（会521条）。

3　調査命令

裁判所は、特別清算開始後において、清算株式会社の財産の状況を考慮して必

要があると認めるときは，清算人・監査役・債権の申出をした債権者その他清算株式会社に知れている債権者の債権の総額の10分の1以上にあたる債権を有する債権者もしくは総株主（株主総会において決議をすることができる事項の全部につき議決権を行使することができない株主を除く）の議決権の100分の3（これを下回る割合を定款で定めた場合は，その割合）以上の議決権を6カ月（これを下回る期間を定款で定めた場合は，その期間）前から引き続き有する株主もしくは発行済株式（自己株式を除く）の100分の3（これを下回る割合を定款で定めた場合には，その割合）以上の数の株式を6カ月（これを下回る期間を定款で定めた場合には，その期間）前から引き続き有する株主の申立てによりまたは職権で，以下の事項につき，調査委員による調査を命ずる処分（＝調査命令）をすることができる（会522条1項1号〜6号）。

すなわち，①特別清算開始にいたった事情，②清算株式会社の業務および財産の状況，③清算株式会社の財産に関する保全処分（会540条1項）の必要性，④役員等の財産に対する保全処分（会542条1項）の必要性，⑤役員等責任査定決定（会545条1項）の必要性，⑥その他特別清算に必要な事項で裁判所の指定するもの，である。

裁判所は，調査命令をする場合には，当該調査命令において，1人または2人以上の調査委員を選任し，調査委員が調査すべき事項および裁判所に対して調査の結果の報告をすべき期間を定めなければならない（会533条）。

4 清算の監督上必要な処分等

裁判所は，特別清算開始の命令があった場合で，清算の監督上必要があると認めるときは，以下の処分をすることができる。すなわち，(1)債権者・清算人・監査役・株主の申立てによりまたは職権で，①清算株式会社の財産の処分禁止の仮処分その他の必要な保全処分を命じたり（会540条1項），②清算株式会社が株主名簿記載事項を株主名簿に記載・記録することを禁止したり（会541条1項），③対象役員等の責任の免除の禁止の処分をすること（会543条)，および，(2)清算株式会社の申立てによりまたは職権で，④発起人・設立時取締役・設立時監査役・役員等・清算人（＝対象役員等）の責任にもとづく損害賠償請求権につき，当該対象役員等の財産に対する保全処分をすること（会542条1項)，などである。

5 役員等の責任の免除の取消し

特別清算開始の命令があったとき，清算株式会社は，特別清算開始の申立てがあった後またはその前1年以内にした対象役員等の責任の免除を取り消すことができる。不正の目的によってした対象役員等の責任の免除についても同様である（会544条1項）。

6 役員等責任査定決定

裁判所は，特別清算開始の命令があった場合において，必要があると認めるときは，清算株式会社の申立てによりまたは職権で，対象役員等の責任に基づく損害賠償請求権の査定の裁判（＝役員等責任査定決定）をすることができる（会545条1項）。裁判所は，職権で役員等責任査定決定の手続を開始する場合には，その旨の決定をしなければならない（同2項）。役員等責任査定決定の手続（この決定があった後のものを除く）は，特別清算が終了したときは終了する（同4項）。

第4節　清算人

1 清算人の義務

特別清算が開始された場合，清算人は，債権者・清算株式会社および株主に対し，公平かつ誠実に清算事務を行う義務を負う（会523条）。この点は，通常清算の清算人が，清算株式会社に対して善管注意義務と忠実義務を負う（会478条8項＝330条，482条4項＝355条）のと異なる。

2 清算人の解任等

裁判所は，清算人が清算事務を適切に行っていないとき，その他重要な事由があるときは，債権者もしくは株主の申立てによりまたは職権で，清算人を解任できる（会524条1項）。裁判所は，清算人が欠けたときに清算人を選任することができるが（同2項），清算人がいる場合でも，必要があると認めるときには，さらに清算人を選任することができる（同3項）。

3 清算人代理

清算人は，必要があるときは，その職務を行わせるため，自己の責任で，裁判所の許可をえて，1人または2人以上の清算人代理を選任することができる（会525条1項2項）。

4 清算人の報酬等

清算人および清算人代理は，費用の前払および裁判所が定める報酬を受けることができる（会526条1項2項）。

第5節　清算株式会社の行為の制限等

1 財産の処分等の制限

特別清算開始の命令があった場合，清算株式会社が，①財産の処分（会社法536条1項各号（事業譲渡の制限等）所掲行為を除く），②借財，③訴えの提起，④和解・仲裁合意（仲裁2条1項），⑤権利の放棄，⑥その他裁判所の指定する行為をするには，裁判所の許可をえなければならない（会535条1項）。ただし，会社法527条1項により監督委員が選任されているときは，これにかわる監督委員の同意をえなければならない（同項ただし書）。

もっとも，①〜⑤の行為について，(1)最高裁判所規則が定める額以下の価額を有するものに関するとき，および，(2)このほか裁判所が許可を要しないものとしたものに関するときは，この許可は不要である（同2項1号2号）。

裁判所の許可またはこれにかわる監督委員の同意をえないでした行為は無効である。ただし，これをもって善意の第三者に対抗することはできない（同3項）。

2 事業の譲渡の制限

特別清算開始の命令があった場合，清算株式会社が以下に掲げる行為をするには，裁判所の許可をえなければならない（会536条1項1号〜3号）。すなわち，①事業の全部の譲渡，②事業の重要な一部の譲渡（当該譲渡により譲り渡す資産の帳簿価額が当該清算株式会社の総資産額として法務省令（会規152条）で定める方法により算

定される額の5分の1（これを下回る割合を定款で定めた場合にあっては，その割合）を超えないものを除く），③その子会社の株式・持分の全部・一部の譲渡（次のいずれにも該当する場合における譲渡に限る）。(イ)当該譲渡により譲り渡す株式・持分の帳簿価額が当該清算株式会社の総資産額として法務省令（会規152条）で定める方法により算定される額の5分の1（これを下回る割合を定款で定めた場合にあっては，その割合）を超えるとき，(ロ)当該清算株式会社が，当該譲渡がその効力を生ずる日において当該子会社の議決権の総数の過半数の議決権を有しないとき，である。

3 債務の弁済の制限

特別清算開始の命令があった場合，清算株式会社は，協定債権者に対して，その債権額の割合に応じて弁済しなければならない（会537条1項）。これにかかわらず，清算株式会社は，裁判所の許可をえて，少額の協定債権，清算株式会社の財産につき存する担保権によって担保される協定債権その他これを弁済しても他の債権者を害するおそれがない協定債権に係る債務について，債権額の割合を超えて弁済をすることができる（同2項）。

第6節　監督委員

1　監督委員の選任と監督

裁判所は，1人または2人以上の監督委員を選任し，この者に対して，上記の会社法535条1項の許可にかわる同意をする権限を付与することができる（会527条1項）。法人も監督委員となることができる（同2項）。

裁判所は，監督委員を監督し（会528条1項），監督委員が清算株式会社の業務・財産の管理の監督を適切に行っていないとき，その他重要な事由があるときは，利害関係人の申立てによりまたは職権で，監督委員を解任することができる（同2項）。

2　監督委員の職務

監督委員が2人以上あるときは，共同してその職務を行う。ただし，裁判所の許可をえて，それぞれ単独にその職務を行い，または職務を分掌することができ

る（会529条）。

　監督委員は，いつでも，清算株式会社の清算人・監査役・支配人その他の使用人に対し，事業の報告を求め，または清算株式会社の業務・財産の状況を調査することができる（会530条1項）。監督委員は，その職務を行うため必要があるときは，清算株式会社の子会社に対し，事業の報告を求め，またはその子会社の業務・財産の状況を調査することができる（同2項）。

3　監督委員の注意義務

　監督委員は，善良な管理者の注意をもって，その職務を行わなければならず（会531条1項），この注意を怠ったときは，利害関係人に対し，連帯して損害賠償責任を負う（同2項）。

4　監督委員の報酬等

　監督委員は，費用の前払および裁判所が定める報酬を受けることができる（会532条1項）。監督委員は，その選任後，清算株式会社に対する債権または清算株式会社の株式を譲り受け，または譲り渡すには，裁判所の許可をえなければならない（同2項）。監督委員がこの許可をえないでこれらの行為をしたときは，費用・報酬の支払を受けることができない（同3項）。

第7節　債権者集会

1　債権者集会の招集

　債権者集会は，特別清算の実行上必要がある場合には，いつでも招集することができる（会546条1項）。債権者集会は，下記①②の場合に協定債権者が招集する場合を除き，清算株式会社が招集する（同2項）。なお，債権の申出をした協定債権者その他清算株式会社に知れている協定債権者の協定債権の総額の10分の1以上にあたる協定債権を有する協定債権者は，清算株式会社に対し，債権者集会の目的である事項および招集の理由を示して，債権者集会の招集を請求することができる（会547条1項）。この場合，協定債権の額には，担保権を有する協定債権者が，その担保権（特別の先取特権，質権，抵当権，会社法・商法の規定による留

置権に限る（会522条2項））の行使によって弁済を受けることができる協定債権の額は，算入されない（会547条2項）。

　債権者集会の招集請求をした上記の協定債権者は，以下の場合には，裁判所の許可をえて，債権者集会を招集することができる。すなわち，①上記債権者集会の招集の請求後遅滞なく招集の手続が行われない場合，および，②請求があった日から6週間以内の日を債権者集会の日とする債権者集会の招集の通知が発せられない場合，である（同3項）。

　債権者集会の招集者は，招集するにあたり，以下の事項を定めなければならない（会548条1項1号～4号）。①債権者集会の日時・場所，②債権者集会の目的である事項，③債権者集会に出席しない協定債権者が電磁的方法によって議決権を行使することができることとするときは，その旨，④その他，法務省令（会規153条）所定事項。

　清算株式会社が債権者集会を招集する場合には，当該会社は，各協定債権について債権者集会における議決権の行使の許否およびその額を定めなければならない（会548条2項）。清算株式会社以外の者が債権者集会を招集する場合には，招集者は清算株式会社に対して，①～④の事項を定めることを請求しなければならず，この請求があったときは，会社は当該事項を定めなければならない（同3項）。

　招集者は，債権者集会の日の2週間前までに，債権の申出をした協定債権者その他清算株式会社に知れている協定債権者および清算株式会社に対して，書面をもってその通知を発しなければならない（会549条1項）。この招集通知に際しては，会社法548条2項3項所定事項および議決権行使についての参考事項を記載した書類（＝債権者集会参考書類）と議決権行使書面を交付しなければならない（会550条1項）。

2　債権者集会の指揮等と決議方法

　債権者集会は，裁判所が指揮する（会552条1項）。債権者集会を招集しようとするときは，招集者は，あらかじめ債権者集会の招集事項等に関する会社法548条1項各号所掲事項および同条2項・3項所定事項を裁判所に届け出なければならない（同2項）。

　債権者集会における決議事項の可決には，①出席した議決権者（＝議決権を行使できる協定債権者）の過半数の同意，および，②出席した議決権者の議決権の総

額の2分の1を超える議決権を有する者の同意，のいずれもが必要である（会554条1項）。

協定債権者は，代理人によって議決権を行使することができる（会555条1項）。この場合には，当該協定債権者または代理人は，代理権を証明する書面を招集者に提出しなければならないが（同項），政令（会令1条）で定めるところにより，招集者の承諾をえて当該記載事項を電磁的方法により提供することも可能である（会555条3項）。代理権の授与は債権者集会ごとにしなければならない（同2項）。

債権者集会に出席しない協定債権者には，書面または電磁的方法による議決権の行使が認められており（会556条・557条），議決権の不統一行使に関する規定（会558条）もある。

債権者集会の招集者は，集会の議事につき，法務省令（会規158条）に従い，議事録を作成しなければならない（会561条）。

3 債権者集会に対する報告

特別清算開始の命令があった場合において，清算人が清算株式会社の財産の現況についての調査を終了して財産目録等を作成したときは（会492条1項），清算株式会社は，遅滞なく，債権者集会を招集し，当該債権者集会に対して，清算株式会社の業務・財産の状況の調査の結果ならびに財産目録等の要旨を報告するとともに，清算の実行の方針および見込みに関して意見を述べなければならない。ただし，債権者集会に対する報告・意見の陳述以外の方法によりこの報告すべき事項と当該意見の内容を債権者に周知させることが適当であると認めるときは，この限りでない（会562条）。

第8節　協　定

1　協定の申出と協定の条項等

清算株式会社は，債権者集会に対し，協定の申出をすることができる（会563条）。

協定においては，協定債権者の権利（会522条2項所定の担保権を除く）の全部・

一部の変更に関する条項を定めなければならない（会564条1項）。協定債権者の権利の全部・一部を変更する条項においては，債務の減免・期限の猶予その他の権利の変更の一般的基準を定めなければならない（同2項）。協定による権利の変更の内容は，協定債権者の間では平等でなければならない。ただし，不利益を受ける協定債権者の同意がある場合，または少額の協定債権について別段の定めをしても衡平を害しない場合，その他協定債権者の間に差を設けても衡平を害しない場合は，この限りでない（会565条）。

2 協定の可決等

債権者集会における協定の可決には，①出席した議決権者の過半数の同意，および，②議決権者の議決権の総額の3分の2以上の議決権を有する者の同意，のいずれもが必要である（会567条1項）。

3 協定の認可・不認可の決定

清算株式会社は，協定が可決されたときは，遅滞なく，裁判所に対し，協定の認可を申し立てなければならない（会568条）。この申立てがあった場合，裁判所は，以下の場合を除き，協定の認可の決定をする（会569条1項）。

裁判所は，以下のいずれかに該当する場合には，協定の不認可の決定をする（同2項1号～4号）。すなわち，①特別清算の手続または協定が法律の規定に違反し，かつ，その不備を補正することができないものであるとき。ただし，特別清算の手続が法律の規定に違反する場合において，当該違反の程度が軽微であるときは，この限りでない。②協定が遂行される見込みがないとき，③協定が不正の方法によって成立するにいたったとき，④協定が債権者の一般の利益に反するとき，である。

4 協定の効力発生の時期・効力範囲・内容の変更

協定は，認可の決定の確定により，その効力を生ずる（会570条1項）。

協定は，清算株式会社およびすべての協定債権者のために，かつ，それらの者に対して効力を有する（会571条1項）。協定は，会社法522条2項所定の債権者が有する同項所定の担保権，協定債権者が清算株式会社の保証人その他この会社とともに債務を負担する者に対して有する権利およびこの会社以外の者が協定債

権者のために提供した担保には影響を及ぼさない（同2項）。

協定は，その実行上必要があるときは，その内容を変更することができる（会572条）。

第9節　特別清算の終了

1　終結決定

裁判所は，特別清算開始後，①特別清算が結了したとき，もしくは，②特別清算の必要がなくなったときには，清算人・監査役・債権者・株主または調査委員の申立てにより，特別清算終結の決定をする（会573条）。

2　破産手続開始の決定

裁判所は，特別清算開始後，①協定の見込みがないとき，②協定の実行の見込みがないとき，または，③特別清算によることが債権者の一般の利益に反するときにおいて，清算株式会社に破産手続開始の原因となる事実があると認めるときは，職権で，破産法に従い，破産手続開始の決定をしなければならない（会574条1項1号～3号）。

裁判所は，特別清算開始後，①協定が否決されたとき，もしくは，②協定の不認可の決定が確定したときにおいて，清算株式会社に破産手続開始の原因となる事実があると認めるときは，職権で，破産法に従い，破産手続開始の決定をすることができる（同2項）。

第4編　持分会社

第1章 総　説

　会社法施行前，商法が定めるわが国の会社は，株式会社・有限会社・合名会社・合資会社の4種類であったが，会社法が定める会社は，まず株式会社と持分会社とに大別される。なお株式会社の中には従来の有限会社が包摂されており（特例有限会社）[1]，持分会社の中には，合名会社と合資会社に加えてあらたに合同会社（日本版LLC，Limited Liability Company）が加わっている。会社法は，合名会社・合資会社・合同会社を個別的に規制するのではなく，3社を持分会社として横断的・統一的に規制している。

---

1) 会社法の施行にともない，有限会社法は廃止されたが，会社法施行時点で存在していた有限会社については，株式会社への定款変更をしなければそのまま商号に「有限会社」という文字を用いた株式会社として存続することになった。この特例有限会社においては，旧有限会社の定款・社員・持分・出資一口は，それぞれ新たな株式会社の定款・株主・株式1株とみなされるとともに，施行日における発行可能株式総数および発行済株式総数は，旧有限会社の資本の総額をその出資1口の金額で除して得た数とされている（整備法2条）。特例有限会社の存続期間については定めはない。特例有限会社においては，商号を変更し（同45条1項），特例有限会社については解散登記をし，商号変更後の株式会社については設立登記をすることで，通常の株式会社に移行できる。

第2章　合名会社・合資会社・合同会社

第1節　合名会社

　合名会社は，無限責任社員のみによって構成されている。無限責任社員は，会社に対して一定の出資義務を負うほか，会社財産をもって会社の債務を完済しえない場合には，他の社員と連帯してその債務を弁済すべき直接・連帯・無限の責任を負担している（会580条1項）。合名会社の起源は，中世のイタリアやドイツなどの商業都市において家父の遺事業を子供達が共同相続して行う企業形態に発しており[1]，わが国においては，明治23年の旧商法によってヨーロッパから導入された。合名会社という名称は，社員全員の氏名が商号中に表示されていることを意味するフランス語（societe en nom collectif）に由来しており，旧商法は，合名会社の商号中に，総社員またはその内の1人もしくは数人の者の氏名を示すべきことを求めていた（旧商75条1項）。しかし，現行法下，商号中に社員の氏名を用いるべき必要はないので，合名会社という名称には実体は備わっていない。

　合名会社では，すべての社員が会社債権者に対し直接・連帯・無限の重い責任を負担していることに対応し，各社員は，法律上，原則として，当然に会社の業務執行機関かつ代表機関となっており（会590条1項・599条1項），企業の所有と経営が一致している。また，合名会社においては，内部関係および対外関係において社員の個性が強く影響しており，定款の変更には，原則として総社員の同意が必要であり（会637条），社員の持分譲渡に際しては他の社員全員の承諾が必要である（会585条1項）。このように合名会社は，誰が社員かという人的要素が重視される人的会社の典型例であって，社団法人ではあるがその実質は組合と解されている。

　合名会社は，限られた少数の者達が個人的信頼関係によって結ばれた共同企業

---

1) イタリアでは，すでに13世紀，この種の団体が compagnia または societas ad unum panem et vinum とよばれて存在していた（大隅＝今井・上60頁）。

たる同族会社であるのが通常であり，比較的少額の資本でたりるため，臨機応変の処置が求められる商品販売業に最適の企業形態とされている。

第2節　合資会社

　合資会社は，無限責任社員と有限責任社員によって組織されている（会576条3項）。無限責任社員は合名会社の社員と同様の法的地位を有しており，有限責任社員は，会社債権者に対し，その出資価額（既に持分会社に対して履行した出資の価額を除く）を限度として，弁済責任を負担する（会580条2項）。合資会社は，経済的には，無限責任社員の事業に有限責任社員が資本参加する企業形態をとっている点で匿名組合（商535条）と共通しているが，法的形態としては，有限責任社員が存在する点を除けば，合名会社と大差ない。

　合資会社は，10世紀頃より中世の地中海沿岸で行われ始めた資本家と企業家の結合であるコンメンダ（commenda）契約に起源を発しており，わが国へは，明治23年の旧商法により導入された（旧商136条以下）。しかし当時の合資会社は，原則として社員全員が有限責任であり，現在のような合資会社は明治32年の商法典により成立した。旧商法下の合資会社はその後も法的には存続したが，昭和25年の商法改正で廃止された。

　合資会社は，無限責任社員の経営する事業に対し，有限責任社員が出資者として事業利益の分配にあずかる企業形態を備えている。合資会社においては，会社債権者に対して直接・無限の連帯責任を負う無限責任社員が，原則として当然に会社の業務執行機関となり，かつ，代表機関となるのに対し，有限責任社員は，業務執行権および代表権を持たず，損益の分配にのみあずかる。無限責任社員においては企業の所有と経営が一致しているが，有限責任社員においてはこれが分

2）　大隅＝今井・前掲1)。
3）　コンメンダ契約においては，当初，資本家（commendator）が商品や金銭を企業家（tractator）に委託し，企業家は自己の名をもって貿易をし，報酬として利益の分配にあずかっていた。後に企業家も資本を一部醵出する場合が生じ，これはcollegantiaまたはsocietasとよばれるようになる。そして，コンメンダは組合的性質を帯びるようになり，15世紀になると，collegantiaは，資本家が共同企業者として外部に現れる場合とそうでない場合に分化するようになった。前者がaccommandiaとよばれて合資会社の起源となり，後者がparticipatioとよばれて匿名組合の起源となる（大隅＝今井・上130頁）。

離している。合資会社は，個性の重視される無限責任社員が存在するため人的会社に属するが，有限責任社員も存在しているため典型的な人的会社とはいえない。

合資会社においても，定款変更については，原則として，総社員の同意が必要である（会637条）。なお，無限責任社員の持分譲渡には有限責任社員を含む他の社員全員の承諾が必要であるが（会585条1項），業務を執行しない有限責任社員の持分譲渡には業務執行社員全員の承諾があればたりる（同2項）。

第3節　合同会社

現在，世界の企業活動においては，アイデア・ノウハウ・ブランド・経営戦略・特許・実用新案・商標権といった無形資産・知的財産を，IT（information technology）を利用して社会に提供し，その優劣を争う競争が激化している。そして，社会的意識においては，一面において，従来の株主重視・物的資産重視から人的資産重視への移行，そのための内部自治の柔軟性の重視という変化も認められる。したがって，出資者全員の責任が有限責任でありながら，会社内部の規律に関しては組合と同様，広く定款自治・契約自由の原則が適用される営利法人の類型が求められても不思議はない。加えて，1990年代以降，わが国では，企業の開業率より廃業率が上昇するようになり，経済の低迷状態が続いてきたため，経済活動を活性化させるためにも，中小企業の一層の起業を促す必要性が感じられてきた。[4]

この要請に応えるべき企業形態は，本来は有限会社なのであるが，株式会社法制の度重なる改正に対応して，有限会社法制も強行法化の度合いを増す方向で改正されてきたため，新たに柔軟性に富んだ企業形態として登場したのが，合同会社（日本版LLC）と有限責任事業組合（日本版LLP）である。[5]そこには，法人課税を行わずに構成員課税（パススルー課税）を実現して，中小企業者から二重課税による税負担を免れさせたいという意図もあったが，結局，合同会社におけるパススルー課税は実現していない。[6]

---

[4]　近年わが国では，中小企業の事業活動の促進に向けて，中小企業経営革新支援法・中小企業の創造的事業活動の促進に関する臨時措置法・新事業創出促進法等が制定されてきた。これらは，平成11年3月31日，「中小企業の新たな事業活動の促進に関する法律」として統合され，創業の促進・経営革新の促進・新連携の促進・新たな事業活動の促進等のための基盤が整備されてきた。

これに対し，有限責任事業組合の場合は構成員課税となっている。合同会社とは，法人格の下にあって，社員全員が間接有限責任を負う営利法人であるのに対し，有限責任事業組合の場合は，法人格がなく，組合員が直接有限責任を負っている点が基本的に異なる。

---

5) イギリスでは2001年より有限責任組合法（Limited Liability Partnership Act 2000）が施行されている。このLLPは登記により法人格を取得するので，わが国の合同会社に似ている。
　アメリカでは，1977年にワイオミング州で制定法化されて以来，各州で有限責任カンパニー（Limited Liability Company, LLC）が普及しているが，法人格はない。1988年よりLLCに対するパススルー税制（構成員課税（パートナーシップ課税））が実施されている。1997年には，構成員課税を選ぶか法人課税を選ぶかの選択権付与制度（check the box 制度）が導入されている。
　イギリスのLLPは専門職（特に弁護士・会計士・コンサルタント等の事務所）に，アメリカのLLCは，特に不動産・金融・保険事業や投資ファンド等に，多くみられる。
　わが国では，2003年11月，経済産業省が「人的資産を活用する新しい組織形態に関する提案……日本版LLC制度の創設に向けて……」を公表した後，2005年8月1日，「有限責任事業組合契約に関する法律」が施行された。
6) パススルー課税に関しては，会社法案に対する国会の付帯決議において，会社の状況・運用実態等をふまえ，必要があるならば対応措置を検討するとされるに留まっている。

第3章　持分会社規制

第1節　持分会社の設立

1　定款の作成

　合名会社・合資会社・合同会社を設立するには，社員になろうとする者が定款を作成して，全員で署名または記名押印をしなければならない（電磁的記録により作成することも可）（会575条1項2項）。

　定款の記録または記載事項としては，①目的，②商号，③本店の所在地，④社員の氏名（名称）・住所，⑤社員が有限責任社員・無限責任社員のいずれであるかの別，⑥社員の出資の目的（有限責任社員は金銭等に限る）・その価額または評価の基準，がある（会576条1項1号～6号）。

　⑤に関しては，合名会社を設立する場合には，社員の全部を無限責任社員とする旨を（同2項），合資会社を設立する場合には，その社員の一部を無限責任社員とし，その他の社員を有限責任社員とする旨を（同3項），合同会社を設立する場合には，その社員の全部を有限責任社員とする旨を（同4項），記載・記録する必要がある。⑥により，有限責任社員には，信用出資・労務出資は認められない（無限責任社員の出資目的には制限がなく，信用出資・労務出資も可）。

　持分会社の定款には，この法律の規定により定款の定めがなければ効力を生じない事項，その他この法律の規定に違反しない事項を記載・記録できる（会577条）。

2　設立時の出資の履行

　合同会社を設立する場合，社員になろうとする者は，定款の作成後，設立登記をする時までに，その出資に係る金銭の全額を払い込み，または，金銭以外の財産の全部を給付しなければならない。ただし，合同会社の社員になろうとする者全員の同意があれば，登記・登録その他権利の設定・移転を第三者に対抗するた

めに必要な行為は，合同会社の成立後にしてもかまわない（会578条）。

3　持分会社の成立

持分会社は，本店所在地において設立登記をすることにより成立する（会579条）。

第2節　持分会社の社員の責任

1　原　則

持分会社の，社員は，①持分会社の財産でその債務を完済できない場合と，②持分会社の財産に対する強制執行がその功を奏しなかった場合（社員が持分会社に弁済資力があり，かつ，強制執行が容易であることを証明した場合を除く）には，連帯して，会社の債務を弁済する責任を負う（会580条1項1号2号）。ただし，有限責任社員は，その出資の価額（すでに持分会社に対して履行した出資価額を除く）を限度として，会社の債務の弁済責任を負うにとどまる（同2項）。

社員が持分会社の債務の弁済責任を負う場合，社員は，持分会社が主張できる抗弁をもって会社債権者に対抗できる（会581条1項）。会社がその債権者に対して相殺権・取消権・解除権を有するときは，社員は，当該債権者に対して債務の履行を拒むことができる（同2項）。

2　社員の出資に係る責任

社員が金銭を出資する場合，出資を怠ったときは，当該社員は，その利息の支払いのほか，損害も賠償しなければならない（会582条1項）。社員が債権を出資する場合，当該債権の債務者が弁済期に弁済しなかったときは，当該社員が，その弁済責任を負い，利息の支払いに加え，損害賠償責任も負う（同2項）。

3　社員の責任を変更した場合の特則

①持分会社の有限責任社員が無限責任社員となった場合，この者は，無限責任社員となる前に生じた持分会社の債務についても，無限責任社員として弁済責任を負う（会583条1項）。また，②有限責任社員（合同会社の社員を除く）[1]が出資の

価額を減少した場合でも，当該有限責任社員は，その旨の登記をする前に生じた持分会社の債務については，従前の責任の範囲内で弁済責任を負う（同2項）。③無限責任社員が有限責任社員となった場合でも，当該有限責任社員は，その旨の登記をする前に生じた持分会社の債務については，無限責任社員として当該債務の弁済責任を負う（同3項）。

上記②③の責任は，当該登記後2年以内に請求または請求の予告をしない持分会社の債権者に対しては，当該登記後2年を経過したときに消滅する（同4項）。

4　無限責任社員となることを許された未成年者の行為能力

持分会社の無限責任社員となることを許された未成年者は，社員の資格に基づく行為に関しては，行為能力者とみなされる（会584条）。

5　誤認行為と社員責任

合資会社の有限責任社員が自己を無限責任社員であると誤認させる行為をしたときは，当該有限責任社員は，その誤認に基づいて合資会社と取引した者に対し，無限責任社員と同一の責任を負う（会588条1項）。

合資会社・合同会社の有限責任社員が，その責任の限度を誤認させる行為（上記1項の行為を除く）をしたときは，当該有限責任社員は，その誤認に基づいて合資会社・合同会社と取引した者に対し，その誤認させた責任の範囲内で会社の債務を弁済する責任を負う（同2項）。

合名会社・合資会社の社員でない者が自己を無限責任社員であると誤認させる行為をしたときは，この者は，その誤認に基づいて会社と取引した者に対し，無限責任社員と同一の責任を負う（会589条1項）。

合資会社・合同会社の社員でない者が，自己を有限責任社員であると誤認させる行為をしたときは，この者は，その誤認に基づいて会社と取引した者に対し，その誤認させた責任の範囲内で会社の債務を弁済する責任を負う（同2項）。

1）　合同会社の社員は，みな間接有限責任社員なので，第三者に責任を負うことはない。

第3節　持分の譲渡

1　持分の譲渡

　持分会社の持分（社員たる地位）は，株式会社の場合（持分複数主義）と異なり，社員ごとに1個とされる（持分単一主義・頭数主義）。持分会社の社員は，原則として，他の社員の全員の承諾がなければ，その持分の全部または一部を他人に譲渡することはできない（会585条1項）。ただし，業務を執行しない有限責任社員については，業務を執行する社員の全員の承諾でたりる（同2項）。業務を執行しない有限責任社員の持分の譲渡に伴い，定款変更が必要となる場合には，業務執行社員全員の同意によって定款を変更することになる（同3項）。もっとも，以上の会社法585条各項所定の規定については，定款で別段の定めをすることができる（同4項）。

　持分会社は，その持分の全部または一部を譲り受けることはできず（自己持分の取得禁止）（会587条1項），持分会社が取得した自己持分は，その取得時に消滅する（同2項）。

2　持分譲渡に係る社員の責任

　持分の全部を他人に譲渡した社員は，その旨の登記をする前に生じた持分会社の債務について，従前の責任の範囲内でこの弁済責任を負う（会586条1項）。この責任は，当該登記後2年以内に請求または請求の予告をしない会社債権者に対しては，当該登記後2年を経過したときに消滅する（同2項）。

---

2)　社員Aが社員Bに持分を全部譲渡すると，Aは退社し，Bの財産的権利（持分）はAの分だけ増加するが，共益権は従来どおり1個である。社員Aが社員Bに持分の一部を譲渡すると，Aの財産的権利はその分減り，Bの財産的権利はその分増加するが，A・B各自の共益権に変化はなく，いずれも1個の共益権を有する。社員Aが非社員Bに持分を全部譲渡すると，Aは退社し，BがAの地位を承継して入社する。社員Aが非社員Bに持分の一部を譲渡すると，Aの財産的権利はその分減少するが，共益権は減少せず従来どおり1個であり，Bは入社して財産的権利と1個の共益権とを取得する。

第4節　持分会社の管理

1　持分会社の業務の執行

　持分会社の社員は，定款に別段の定めがある場合を除き，持分会社の業務を執行する（会590条1項）。社員が2人以上いる場合，持分会社の業務は，定款に別段の定めがある場合を除き，社員の過半数をもって決定する（同2項）。もっとも持分会社の常務は，各社員において単独で行うことができるが，その完了前に他の社員が異議を述べた場合には，この限りでない（同3項）。

2　業務執行社員を定款で定めた場合の特則

（1）　業務執行の決定

　定款で業務を執行する社員（以下，業務執行社員と記す）を定めた場合において，この業務執行社員が2人以上いるときは，持分会社の業務は，定款に別段の定めがある場合を除き，業務執行社員の過半数をもって決定する。もっとも持分会社の常務は，各業務執行社員において単独で行うことができるが，その完了前に他の業務執行社員が異議を述べた場合は，この限りでない（会591条1項・590条3項）。

　定款で業務執行社員を定めた場合においても，支配人の選任・解任は，社員の過半数をもって決定しなければならない。ただし，定款で別段の定めをすることができる（会591条2項）。業務執行社員を定款で定めた場合において，業務執行社員全員が退社したときは，当該定款の定めは効力を失う（同3項）。

（2）　業務執行社員の辞任・解任

　業務執行社員を定款で定めた場合，当該業務執行社員は，正当な事由がなければ，辞任できない（同4項）。業務執行社員は，正当な事由がある場合に限り，他の社員の一致によって解任することができる（同5項）。もっとも，上記4項・5項については定款で別段の定めをすることができる（同6項）。

（3）　社員の業務・財産状況調査権

　業務執行社員を定款で定めた場合，各社員（有限責任社員・無限責任社員いずれも）は，持分会社の業務執行権を有しないときでも，持分会社の業務・財産の状

況を調査することができる（＝監視権，会592条1項）。これに関しては，定款で別段の定めをすることができるが，社員が事業年度の終了時または重要な事由があるときにこの調査をすることを制限する旨を定めることはできない（同2項）。

3 業務執行社員と持分会社との関係

業務執行社員は，その業務執行にあたり，会社に対して善管注意義務（会593条1項）と忠実義務（同2項）を負う。

業務執行社員は，会社または他の社員の請求があるときはいつでもその職務の執行の状況を報告し，その職務が終了した後は，遅滞なくその経過と結果を報告しなければならないが（同3項），定款で別段の定めをすることもできる（同5項）。

業務執行社員と持分会社との関係には，委任関係の規定（民646条～650条）が準用されるが（会593条4項），定款で別段の定めをすることもできる（同5項）。

4 競業の禁止

業務執行社員は，当該社員以外の社員の全員の承認を受けなければ，以下の行為をしてはならない。ただし，定款に別段の定めがある場合は，この限りでない（会594条1項1号2号）。すなわち，①自己または第三者のために持分会社の事業の部類に属する取引をすること，②持分会社の事業と同種の事業を目的とする会社の取締役・執行役または業務執行社員となること，である。

業務執行社員が，違法に①の行為をしたときは，当該行為によって当該業務執行社員または第三者がえた利益の額は，持分会社に生じた損害の額と推定される（同2項）。

5 利益相反取引の制限

業務執行社員は，以下の場合，当該取引につき，当該社員以外の社員の過半数の承認を受けなければならない。ただし，定款に別段の定めがある場合はこの限りでない（会595条1項1号2号）。すなわち，

① 業務執行社員が自己または第三者のために持分会社と取引をしようとするとき，

② 持分会社が業務執行社員の債務を保証すること，その他社員でない者との間において持分会社と当該社員との利益が相反する取引をしようとするとき，

である。

なお，民法108条（自己契約・双方代理）は，上記の承認を受けた①の取引については適用されない（同2項）。

6 業務執行社員の持分会社に対する損害賠償責任

業務執行社員は，その任務を怠ったときは，持分会社に対し，連帯して，これによって生じた損害を賠償する責任を負う（会596条）。

業務を執行する有限責任社員が，その職務を行うにつき悪意または重大な過失があったときは，当該有限責任社員は，連帯して，これによって第三者に生じた損害を賠償しなければならない（会597条）。

7 法人が業務執行社員である場合の特則

法人が業務執行社員である場合，当該法人は，当該業務執行社員の職務を行うべき者（職務執行者）を選任し，その者の氏名・住所を他の社員に通知しなければならない（会598条1項）。

会社法593条〜597条は，この選任された社員の職務を行うべき者に準用される（同2項）。

8 持分会社の代表

業務執行社員は，持分会社を代表する。ただし，他に会社を代表する社員その他会社を代表する者を定めた場合は，この限りでない（会599条1項）。業務執行社員が2人以上いる場合には，業務執行社員の各自が会社を代表する（同2項）。

会社は，定款または定款の定めに基づく社員の互選によって，業務執行社員の中から会社の代表社員を定めることができる（同3項）。会社の代表社員は，会社の業務に関する一切の裁判上または裁判外の行為をする権限を有する（同4項）。この権限に加えた制限は，善意の第三者に対抗できない（同5項）。

会社は，その代表社員その他の代表者がその職務を行うにつき第三者に加えた損害を賠償する責任を負わなければならない（会600条）。

9 持分会社と社員との間の訴え

持分会社が社員に対し，または社員が持分会社に対して訴えを提起する場合，

当該訴えにつき会社を代表する者（当該社員を除く）が存しないときは，当該社員以外の社員の過半数をもって，当該訴えにつき持分会社を代表する者を定めることができる（会601条）。

社員が会社に対して社員の責任を追及する訴えの提起を請求した場合において，会社が当該請求日から60日以内に当該訴えを提起しないときは，当該請求をした社員が，当該訴えにつき会社を代表することができる（この点は，株主代表訴訟（会847条）の場合と異なり，会社自身が原告となる）。ただし，当該訴えが当該社員もしくは第三者の不正な利益をはかりまたは当該会社に損害を加えることを目的とする場合は，この限りでない（会602条）。

10 業務執行社員の職務代行者

仮処分命令（民保56条）により業務執行社員または代表社員の職務を代行する者は，仮処分命令に別段の定めがある場合を除き，会社の常務に属しない行為をするには，裁判所の許可をえなければならない（会603条1項）。これに違反して行った業務執行社員・代表社員の職務代行者の行為は，無効である。ただし，会社は，これをもって善意の第三者には対抗できない（同2項）。

第5節　社員の加入・退社

1 社員の加入

持分会社は，新たに社員を加入させることができ（会604条1項），この加入の効力は，当該社員に係る定款の変更をした時に生ずる（同2項）。なお，合同会社が新たに社員を加入させる場合において，新たに社員になろうとする者が，当該定款変更時にその出資に係る払込みまたは給付の全部または一部を履行していないときは，その者は，当該払込みまたは給付を完了した時に，社員となる（同3項）。

持分会社の成立後に加入した社員は，その加入前に生じた持分会社の債務についても，これを弁済する責任を負う（会605条）。

2　社員の退社

（1）意　義

広義の退社においては、持分の譲渡および死亡（相続のある場合）による社員資格の喪失（相対的喪失）も含まれるが、通常、狭義で退社という場合には、会社の存続中に特定社員が社員資格を喪失して、社員の地位（社員権）を絶対的に消滅させてしまうことをいう。

（2）任意退社

持分会社の存続期間を定款で定めなかった場合またはある社員の終身の間持分会社が存続することを定款で定めた場合には、各社員は、事業年度の終了時において退社できる。この場合、各社員は、6カ月前までに会社に退社の予告をしなければならない（会606条1項）。しかし、上記に関しては、定款で別段の定めをすることができる（同2項）。

各社員は、やむをえない事由があるときは、いつでも退社できる（同3項）。

（3）法定退社

社員は、会社法606条（任意退社）・609条（持分の差押債権者による退社）1項・642条（持分会社の継続）2項・845条（持分会社設立の無効・取消し）の場合のほか、以下の事由により退社する（会607条1項1号～8号）。すなわち、①定款所定事由の発生、②総社員の同意、③死亡、④合併（合併により当該法人である社員が消滅する場合に限る）、⑤破産手続開始の決定、⑥解散（④⑤による場合を除く）、⑦後見開始の審判を受けたこと、⑧除名、である。

会社は、⑤～⑦の事由の全部・一部によっては退社しない旨を定めることができる（同2項）。

3　相続・合併の場合の特則

持分会社は、その社員が死亡した場合または合併により消滅した場合における、当該社員の相続人その他の一般承継人が当該社員の持分を承継する旨を定款で定めることができる（会608条1項）。この定款の定めがある場合、上記一般承継人（社員以外の者に限る）は、持分を承継した時に、当該持分を有する社員となる（同2項）。この定款の定めがある場合、持分会社は、一般承継人が持分を承継した時に、当該一般承継人に係る定款の変更をしたものとみなされる（同3項）。

一般承継人（相続により持分を承継したものであって，出資に係る払込み・給付の全部・一部を履行していないものに限る）が2人以上ある場合，各一般承継人は，連帯して当該出資に係る払込み・給付を履行する責任を負う（同4項）。

一般承継人（相続により持分を承継したものに限る）が2人以上ある場合，各一般承継人は，承継した持分についての権利を行使する者1人を定めなければ，当該持分についての権利を行使できない。ただし，持分会社が当該権利の行使に同意した場合はこの限りでない（同5項）。

4 持分の差押債権者による退社

社員の持分を差し押さえた債権者は，事業年度の終了時において当該社員を退社させることができる。この場合，当該債権者は，6カ月前までに持分会社と当該社員にその予告をしなければならない（会609条1項）。この予告は，当該社員が，当該債権者に対して，弁済または相当の担保を提供したときは，その効力を失う（同2項）。この予告をした債権者は，裁判所に対して，持分払戻し請求権の保全に関し，必要な処分をすることを申し立てることができる（同3項）。

5 退社に伴う持分の払戻し

退社した社員は，その出資の種類を問わず，その持分の払戻しを受けることができる。ただし，当該社員の一般承継人が社員となった場合（会608条1項2項）はこの限りでない（会611条1項）。退社した社員と持分会社との間の計算は，退社時における持分会社の財産状況に従って行われ（同2項），退社した社員の持分は，その出資の種類を問わず，金銭で払い戻すことができる（同3項）。

6 退社した社員の責任

退社した社員は，退社登記をする前に生じた持分会社の債務につき，従前の責任の範囲内でこれを弁済する責任を負う（会612条1項）。この責任は，この登記後2年以内に請求または請求の予告をしない持分会社の債権者に対しては，この登記後2年を経過した時に消滅する（同2項）。

7 商号変更の請求

持分会社が商号中に退社した社員の氏・氏名・名称を用いているときは，当該

退社した社員は，持分会社に対して，その氏・氏名・名称の使用をやめることを請求することができる（会613条）。

第6節　持分会社の計算等

1　会計の原則

持分会社の会計は，一般に公正妥当と認められる企業会計の慣行に従うものとされる（会614条）。

2　会計帳簿

持分会社は，法務省令（会規159条1号，計規4条～56条）で定めるところにより，適時に，正確な会計帳簿を作成しなければならない（会615条1項）。持分会社は，会計帳簿の閉鎖の時から10年間，その会計帳簿およびその事業に関する重要な資料を保存しなければならない（同2項）。

裁判所は，申立てにより，または，職権で，訴訟の当事者に対し，会計帳簿の全部・一部の提出を命ずることができる（会616条）。

3　計算書類

持分会社は，法務省令（会規159条2号，計規70条・71条）で定めるところにより，その成立の日における貸借対照表，および，各事業年度に係る計算書類（貸借対照表その他持分会社の財産の状況を示すために必要かつ適切なものとして法務省令で定めるもの[3]）を作成しなければならない（電磁的記録で作成すること可）（会617条1項2項3項）。

会社は，計算書類をこの作成時より10年間保存しなければならない（同4項）。

持分会社の社員は，会社の営業時間内は，いつでも，計算書類が，①書面の場合は，当該書面の閲覧・謄写の請求，②電磁的記録の場合は，これに記録された事項を法務省令（会規226条30号）で定める方法により表示したものの閲覧・謄

---

[3]　合名会社・合資会社の場合は，損益計算書・社員資本等変動計算書・個別注記表の全部または一部を作成すると定めた場合にはこれらのもの。合同会社の場合は，損益計算書・社員資本等変動計算書・個別注記表。

写の請求，をすることができる（会618条1項）。この定めに関しては，定款で別段の定めをすることができるが，定款によっても，社員が事業年度の終了時に，①②に掲げる請求をすることを制限する旨を定めることはできない（同2項）。

裁判所は，申立てによりまたは職権で，訴訟当事者に対して計算書類の全部・一部の提出を命ずることができる（会619条）。

4 資本金の額の減少

持分会社は，損失のてん補のために，資本金の額を減少することができる（会620条1項）。この減少額は，損失の額として法務省令（会規159条3号，計規162条）で定める方法により算定される額を超えることはできない（会620条2項）。

5 利益の配当

社員は，持分会社に対して，利益の配当を請求できる（会621条1項）。持分会社は，利益配当の請求方法その他利益配当に関する事項を定款で定めることができる（同2項）。社員の持分の差押えは，利益配当請求権に対しても，効力を有する（同3項）。

定款に，社員の損益分配の割合について定めがないときは，その割合は，各社員の出資の価額に応じて定められる（会622条1項）。利益または損失の一方についてのみ分配の割合について定款で定めた場合には，その割合は利益・損失の分配に共通のものと推定される（同2項）。

持分会社が利益配当により，有限責任社員に対して交付した金銭等の帳簿価額（＝配当額）が当該利益配当をする日における利益額（持分会社の利益額として法務省令（会規159条4号，計規163条）で定める方法により算定される額）を超える場合には，当該利益配当を受けた有限責任社員は，会社に対して，連帯して，当該配当額に相当する金銭を支払う義務を負う（会623条1項）。この場合，有限責任社員は，その出資の価額（既に持分会社に対し履行した出資の価額を除く）および利益配当額が利益額を超過する額（上記の会社に対する金銭支払義務を履行した額を除く）の合計額を限度として，持分会社の債務を弁済する責任を負う（同2項）。

6 出資の払戻し

社員は，持分会社に対して，既に出資として払込みまたは給付した金銭等の払

戻し（＝出資の払戻し）を請求できる。この場合，当該金銭等が金銭以外の財産であるときは，当該財産の価額に相当する金銭の払戻しを請求してもかまわない（会624条1項）。会社は，出資の払戻しを請求する方法その他の出資の払戻しに関する事項を定款で定めることができる（同2項）。

社員の持分の差押えは，出資の払戻請求権に対しても効力を有する（同3項）。

7　合同会社の計算等に関する特則

（1）　計算書類の閲覧に関する特則

合同会社の債権者は，会社の営業時間内は，いつでも，その計算書類（作成した日から5年以内のものに限る）につき，当該書面または電磁的記録を表示したものの閲覧・謄写を請求できる（会625条）。

（2）　出資・持分の払戻しを行う場合の資本金の額の減少

合同会社は，損失てん補のため（会620条1項）のほか，出資または持分の払戻しのために，資本金の額を減少することができる（会626条1項）。この減少する資本金の額は，出資払戻額（会632条2項）または持分払戻額（会635条1項）から出資または持分の払戻しをする日における剰余金額を控除してえた額を超えてはならない（会626条2項3項）。この場合，剰余金額とは，資産の額から負債・資本金の額と法務省令（会規159条5号，計規164条）所定額の合計額を減じた額をいう（会626条4項）。

（3）　債権者の異議

合同会社が資本金の額を減少する場合，会社債権者は，会社に対し，資本金の額の減少について異議を述べることができる（会627条1項）。会社は，①当該資本金の額の減少の内容，②債権者が一定の期間内（1ヵ月以上）に異議を述べることができる旨，を官報に公告し，かつ，知れている債権者に，各別にこれを催告しなければならない（同2項）。ただし公告を，官報のほか，定款の定め（会939条1項）に従い，時事に関する事項を掲載する日刊新聞紙または電子公告により行う場合には，各別の催告をする必要はない（同3項）。

債権者がこの期間内に異議を述べなかったときは，減資を承認したものとみなされる（同4項）。債権者がこの期間内に異議を述べたときは，会社は，当該債権者に対して，弁済するか，相当の担保を提供し，または当該債権者への弁済を目的とした信託会社等に対する相当の財産の信託，をしなければならない。ただし，

減資をしても当該債権者を害するおそれがないときはこの限りでない（同5項）。資本金の額の減少は，以上の手続が終了した日に，発効する（同6項）。

（4） 利益配当の制限

合同会社は，利益配当により社員に対して交付する金銭等の帳簿価額（＝配当額）が，配当する日における利益額を超える場合には，利益配当をすることができない（会628条）。

（5） 利益配当に関する責任

合同会社が会社法628条（利益配当の制限）に違反して利益を配当した場合，当該利益配当に関する業務を執行した社員は，会社に対して，配当を受けた社員と連帯して，当該配当額に相当する金銭を支払う義務を負う。ただし，当該業務を執行した社員が，その職務を行うにつき無過失を証明した場合は，この限りでない（会629条1項）。この義務は，免除できないが，配当した日における利益額を限度として，当該義務の免除につき総社員の同意がある場合は，この限りでない（同2項）。

（6） 社員に対する求償権の制限等

合同会社の場合，違法配当を受けた社員は，配当額が配当日における利益額を超えることにつき善意であるときは，当該業務を執行した社員からの求償請求に応ずる義務はない（会630条1項）。違法配当の場合，合同会社の債権者は，利益配当を受けた社員に対し，配当額（配当額が会社債権者の債権額を越える場合には当該債権額）に相当する金銭を支払わせることができる（同2項）。合同会社の社員には，会社法623条2項は適用されない（同3項）。

（7） 欠損が生じた場合の責任

合同会社が利益配当をした場合，利益配当日の属する事業年度の末日に欠損額（会規159条6号，計規165条）が生じたときは，当該配当に関する業務を執行した社員は，会社に対して，配当を受けた社員と連帯して，その欠損額（欠損額が配当額を超えるときは当該配当額）を支払う義務を負う。ただし，この業務執行社員がその職務を行うことにつき無過失を証明したときはこの限りでない（会631条1項）。この義務は，総社員の同意がなければ免除できない（同2項）。

（8） 出資の払戻しの制限

合同会社の社員は，定款を変更してその出資の価額を減少する場合を除き，出資の払戻し（624条1項）を請求することはできない（会632条1項）。

合同会社が出資の払戻しにより社員に交付する金銭等の帳簿価額（＝出資払戻額）が，払戻し請求日における剰余金額（減資（会626条1項）をした場合には，減資後の剰余金額）または上記出資価額の減少額のいずれか少ない額を超える場合には，当該出資の払戻しをすることはできない（同2項）。

合同会社が上記に違反して出資を払い戻した場合，当該払戻しに関する業務を執行した社員は，会社に対して，払戻しを受けた社員と連帯して，当該払戻額に相当する金銭を支払う義務を負う。ただし，当該業務を執行した社員が，その職務を行うにつき無過失を証明した場合は，この限りでない（会633条1項）。この義務は，免除できないが，払戻日における剰余金額を限度として，当該義務の免除につき総社員の同意がある場合は，この限りでない（同2項）。

(9) 社員に対する求償権の制限等

違法な出資の払戻しを受けた社員は，払戻額が払戻日における剰余金額を超えることにつき善意であるときは，業務執行社員からの求償請求に応ずる義務はない（会634条1項）。違法な払戻しの場合，合同会社の債権者は，出資の払戻しを受けた社員に対し，出資払戻額（払戻額が会社債権者の合同会社に対する債権額を越える場合には当該債権額）に相当する金銭を支払わせることができる（同2項）。

(10) 退社に伴う持分の払戻しに関する特則

１) 債権者の異議

合同会社が持分の払戻しにより社員に対して交付する金銭等の帳簿価額（持分払戻額）が，払戻日における剰余金額を超える場合には，会社債権者は，会社に対して，当該持分の払戻しにつき，異議を述べることができる（会635条1項）。この場合，会社は，①当該剰余金額を超える持分の払戻しの内容，②債権者が一定の期間内に異議を述べることができる旨，を官報に公告し，かつ，知れている債権者に，各別にこれを催告しなければならない。この一定期間は1カ月（持分払戻額が当該会社の純資産額として法務省令（会規159条7号，計規166条）所定方法により算定される額を超える場合は2カ月）を下ることができない（会635条2項）。この公告が，官報のほか，定款の定めに従い時事に関する事項を掲載する日刊新聞紙または電子公告による場合（会939条1項2号3号）は，各別の催告は不要である。ただし，持分払戻額が会社の純資産額として法務省令（会規159条7号，計規166条）所定方法により算出される額を超える場合はこの限りでない（会635条3項）。

債権者がこの期間内に異議を述べなかったときは，当該債権者は，当該持分の

払戻しについて承認したものとみなされる（同4項）。債権者がこの期間内に異議を述べたときは，会社は，当該債権者に対し，弁済・相当の担保提供または当該債権者への弁済を目的とした信託会社等に対する相当の財産の信託，をしなければならない。ただし，当該持分払戻額が会社の純資産額として法務省令（会規159条7号，計規166条）所定方法により算定される額を超えない場合において，当該持分の払戻しをしても当該債権者を害するおそれがないときはこの限りでない（会635条5項）。

2）業務執行社員の責任

会社が，違法な持分の払戻しをした場合，これに関する業務を執行した社員は，会社に対して，当該持分の払戻しを受けた社員と連帯して，当該持分払戻額に相当する金銭を支払う義務を負う。ただし，この業務を執行した社員がその職務を行うにつき無過失を証明した場合はこの限りでない（会636条1項）。この義務は，免除できないが，持分を払戻した時における剰余金額を限度として当該義務の免除につき総社員の同意がある場合は，この限りでない（同2項）。

第7節 定款の変更

持分会社は，定款に別段の定めがある場合を除き，総社員の同意によって，定款を変更することができる（会637条）。改正前商法では，合名会社・合資会社間の会社の種類の変更は，組織変更として扱われていたが（改前商113条・163条），会社法では，社員の入・退社または責任の変更となる定款の変更として扱われている。

定款の変更により持分会社の種類が変更したときは（会638条），変更の登記をすることが必要である（会919条）。

第8節 解散・継続

持分会社は，以下の事由により，解散する（会641条1号〜7号）。すなわち，①定款所定の存続期間の満了，②定款所定の解散事由の発生，③総社員の同意，④社員が欠けたこと，⑤合併（合併により当該持分会社が消滅する場合に限る），⑥破産手続開始の決定，⑦解散を命ずる裁判，である。⑦には解散命令（会824条1項）

と解散判決がある。持分会社の社員は，やむをえない事由がある場合，訴えをもって持分会社の解散を請求することができる（会833条2項）。

　持分会社が，上記①〜③の事由により解散した場合には，清算が結了するまでならば，社員の全部または一部の同意によって，持分会社を継続することができる（会642条1項）。この場合，持分会社の継続に同意しなかった社員は，会社が継続することとなった日に，退社する（同2項）。

　持分会社が解散した場合，当該会社は，①合併（合併により当該会社が存続する場合に限る），②吸収分割による他の会社がその事業に関して有する権利義務の全部・一部の承継，をすることはできない（会643条1号2号）。

第9節　清　算

1　任意清算

　持分会社（合名会社と合資会社に限る）が，①定款所定の存続期間の満了，②定款所定の解散事由の発生，③総社員の同意，により解散した場合には，会社は，定款または総社員の同意によって，当該会社の財産の処分方法を定めることができる（会668条1項）。これを任意清算といい，この財産の処分方法を定めた会社には，会社法646条〜667条の規定は適用されない（同2項）。

　この財産処分方法を定めた持分会社が，上記①〜③の事由により解散した場合には，清算持分会社（合名会社と合資会社に限る）は，解散の日から2週間以内に，法務省令（会規160条）で定めるところにより，解散の日における財産目録と貸借対照表を作成しなければならない（会669条1項）。この財産処分方法を定めていない持分会社が，①〜③の事由により解散し，解散後に財産の処分方法を定めたときは，清算持分会社は，この決定の日から2週間以内に，法務省令（会規160条）の定めるところにより，解散の日における財産目録と貸借対照表を作成しなければならない（同2項）。

　持分会社が上記の財産処分方法を定めた場合には，解散後の清算持分会社の債権者は，当該会社に対して，当該財産の処分方法について異議を述べることができる（会670条1項）。この財産の処分方法を定めた場合において，社員の持分を差し押さえた債権者があるときは，解散後の清算持分会社がその財産を処分する

には，その債権者の同意をえなければならない（会671条1項）。

2 法定清算

(1) 清算の開始原因

持分会社は，①解散した場合（合併（当該持分会社が消滅する場合に限る）により解散した場合および破産手続開始決定により解散した場合で当該破産手続が終了していない場合を除く），②設立無効の訴えおよび設立取消しの訴えの請求認容判決が確定した場合，には清算しなければならない（会644条1号〜3号）。

清算持分会社は，清算の目的の範囲内において，清算が結了するまでは，なお存続するものとみなされる（会645条）。

(2) 清算人

1) 選任・解任

清算持分会社には，1人または2人以上の清算人を置かなければならず（会646条），以下の者が，清算人となる（会647条1項1号〜3号）。すなわち，①業務を執行する社員（以下の②③の者を除く），②定款で定める者，③社員（定款で業務を執行する社員を定めた場合には，その社員）の過半数の同意によって定める者，である。これらの者がいないときは，裁判所は，利害関係人の申立てにより，清算人を選任する（同2項）。

会社法641条4号（社員が欠けたこと）・7号（解散を命ずる裁判）により解散した清算持分会社については，裁判所は，利害関係人もしくは法務大臣の申立てによりまたは職権で，清算人を選任する（会647条3項）。会社法644条2号・3号（設立無効・取消しの訴えの請求認容判決の確定）による場合は，裁判所は，利害関係人の申立てにより，清算人を選任する（同4項）。裁判所は，清算人を選任した場合（会647条2項〜4項），会社がその者に支払う報酬の額を定めることができる（会657条）。

清算人（裁判所が選任した者（会647条2項〜4項）を除く）は，いつでも，解任することができる（会648条1項）。この解任は，定款に別段の定めがある場合を除き，社員の過半数をもって決定する（同2項）。裁判所は，重要な事由があるときは，社員その他利害関係人の申立てにより，清算人を解任することができる（同3項）。

2） 職務・代表

清算人は，清算持分会社の業務執行権を有しており（会650条1項），職務として，①現務の結了，②債権の取立て・債務の弁済，③残余財産の分配，を行う（会649条1号～3号）。

清算人が2人以上いる場合，清算持分会社の業務は，定款に別段の定めがある場合を除き，清算人の過半数をもって決定する（会650条2項）。しかし，社員が2人以上いる場合は，会社の事業の全部・一部の譲渡は，社員の過半数をもって決定する（同3項）。

清算人は，清算持分会社を代表する（会655条1項）。ただし，他に会社を代表する清算人その他会社を代表する者を定めた場合はこの限りでない（同項ただし書）。清算人が2人以上いる場合には，清算人は，各自，会社を代表する（同2項）。

清算持分会社は，定款または定款の定めに基づく清算人（裁判所が選任した者（会647条2項～4項）を除く）の互選によって，清算人の中から会社を代表する清算人を定めることができる（会655条3項）。

業務執行社員が清算人となる場合で（会647条1項1号），持分会社を代表する社員を定めていたときは，当該代表社員が代表清算人となる（会655条4項）。

清算持分会社の財産が，その債務を完済するのにたりないことが明らかになったときは，清算人は，ただちに破産手続開始の申立てをしなければならない（会656条1項）。

3） 清算人と会社・第三者との関係

清算人と清算持分会社との関係は，委任に関する規定に従う（会651条1項）。清算人が，その任務を怠ったときは，会社に対し，連帯して，これによって生じた損害を賠償する責任を負う（会652条）。

清算人が，その職務を行うにつき，悪意または重大な過失があったときは，当該清算人は，連帯して，これによって第三者に生じた損害を賠償する責任を負う（会653条）。

4） 清算事務

（ⅰ） **財産目録等の作成・提出義務**　清算人は，その就任後遅滞なく，清算持分会社の財産の現況を調査し，法務省令（会規160条）で定めるところにより，清算開始原因の各場合（会644条各号）に該当することとなった日における財産

目録と貸借対照表（＝財産目録等）を作成し，各社員にその内容を通知しなければならない（会658条1項）。会社は，この財産目録等を，その作成時より，本店所在地における清算結了登記時までの間，保存しなければならない（同2項）。会社は，社員の請求により，毎月，清算の状況を報告しなければならない（同3項）。

裁判所は，申立てによりまたは職権で，訴訟の当事者に対し，財産目録等の全部・一部の提出を命ずることができる（会659条）。

（ⅱ）**債務の弁済と債権者への公告等**　清算持分会社（合同会社に限る）は，清算開始原因の各場合（会644条各号）に該当することとなった後，遅滞なく，会社の債権者に対して，一定の期間内（2ヵ月以上）にその債権を申し出るべき旨を官報に公告し，かつ，知れている債権者に，各別にこれを催告しなければならない（会660条1項）。この公告には，当該債権者が当該期間内に申し出なければ清算から除斥される旨を付記しなければならない（同2項）。

清算持分会社は，この申出期間内は，債務の弁済をすることができない。この場合，会社は，その債務の不履行によって生じた責任を免れることができない（会661条1項）。

会社は，この申出期間内であっても，裁判所の許可をえて，少額の債権，会社の財産につき存する担保権によって担保される債権その他これを弁済しても他の債権者を害するおそれがない債権に係る債務については，弁済することができる。この許可の申立ては，清算人が2人以上いるときは，全員の同意によって行う（同2項）。

（ⅲ）**残余財産の分配**　清算持分会社は，会社の債務を弁済した後でなければ，その財産を社員に分配することができない。ただし，その存否または額について争いのある債権に係る債務についてその弁済をするために必要と認められる財産を留保した場合は，この限りでない（会664条）。

残余財産の分配の割合について，定款に定めがないときは，その割合は，各社員の出資の価額に応じて定める（会666条）。

（ⅳ）**清算事務の終了等**　清算持分会社は，清算事務が終了したときは，遅滞なく，清算に係る計算をして，社員の承認を受けなければならない（会667条1項）。社員が1ヵ月以内にこの計算について異議を述べなかったときは，社員は，当該計算を承認したものとみなされる。ただし，清算人の職務の執行に不正の行為があったときは，この限りでない（同2項）。

5）清算結了登記等

　清算が結了したときは，清算持分会社は，以下に定める日から，2週間以内に，本店所在地において，清算結了の登記をしなければならない（会929条2号3号）。

　　① 合名・合資会社の場合は，清算に係る計算を社員が承認した日（会667条1項）（会社が財産の処分方法を定めた任意清算の場合（会668条1項）は，その財産の処分を完了した日），

　　② 合同会社の場合は，清算に係る計算を社員が承認した日（会667条1項）。

　清算人（会社が財産の処分方法を定めた任意清算の場合は，会社を代表する社員）は，清算持分会社の本店の所在地における清算結了登記の時から10年間，会社の帳簿ならびにその事業と清算に関する重要な資料（＝帳簿資料）を保存しなければならない（会672条1項）。定款または社員の過半数をもって帳簿資料を保存する者を定めた場合には，その者は，会社の本店所在地における清算結了登記の時から10年間，帳簿資料を保存しなければならない（同2項）。裁判所は，利害関係人の申立てにより，清算人または以上の者に代わって帳簿資料を保存する者を選任することができる（同3項）。

6）社員の責任の消滅時効

　社員の責任（会580条）は，清算持分会社の本店所在地おいて解散登記をした後5年以内に請求または請求の予約をしない会社債権者に対しては，その登記後5年を経過した時に消滅する（会673条1項）。この期間経過後であっても，社員に分配していない残余財産があるときは，会社債権者は，会社に対して弁済を請求できる（同2項）。

第5編　組織再編

第1章 総 説

　資本主義経済の下，日々，国内外を通じて激烈な企業競争が展開されている現在，企業は，経営の効率化を追求して適宜に組織の再編をはかろうとする。これに対応して商法においては，平成9年改正では合併手続の簡素化がはかられるとともに，平成11年改正では株式交換・株式移転制度が，そして平成12年改正では会社分割制度が導入されてきた。会社法では，これまでのように各種の会社ごとに会社再編規定を設ける規制方法を改め，横断的な規制方式をとっている。また，株式会社と持分会社との間でも組織変更を可能とし，かつ，株式会社・合名会社・合資会社・合同会社間の合併も，原則的に可能としている。

　会社法上，組織再編の種類としては，①組織変更，②合併（吸収合併・新設合併），③会社分割（吸収分割・新設分割），④株式交換・株式移転，の4つに分類されている。しかし，当事会社の数，新法人の設立の有無，手続の類似性などに着目して，①組織変更，②吸収型再編（吸収合併・吸収分割・株式交換），③新設型再編（新設合併・新設分割・株式移転），の3つに分類されてもいる。

第2章　組織変更

第1節　意　義

　会社の組織変更とは，会社が同一の法人格を保持しつつ，他の種類の会社に変更することをいう。このほうが会社がいったん解散して消滅してからあらためて他の種類の会社を設立するよりも，法律上，法人格の一体性が保持されるので，企業維持の要請にかなうことになる。会社法は，株式会社が持分会社になる組織変更と，持分会社が株式会社になる組織変更とを認めている（会2条26号）。会社が組織変更をする場合には，組織変更計画を作成しなければならない（会743条）。なお持分会社内の変更は，持分会社内の種類の変更にすぎず，組織変更には含まれない。組織変更の登記については会社法920条が規定している。

第2節　株式会社の組織変更

1　株式会社の組織変更計画における決議事項

(1)　一般的決議事項

　株式会社が組織変更をする場合には，組織変更計画において，以下の事項を定めなければならない（会744条1項1号～9号）。

① 組織変更後の持分会社（＝組織変更後持分会社。以下，「変更後持分会社」と略記）が合名会社・合資会社・合同会社のいずれであるかの別，

② 「変更後持分会社」の目的・商号・本店所在地，

③ 「変更後持分会社」の社員についての次に掲げる事項，

　(イ)　当該社員の氏名・名称・住所，

　(ロ)　当該社員が無限責任社員か有限責任社員のいずれであるかの別，

　(ハ)　当該社員の出資の価額，

④ 上記②③のほか，「変更後持分会社」の定款で定める事項，

⑤ 「変更後持分会社」が，組織変更に際して，組織変更をする株式会社の株主にその株式にかわる金銭等（「変更後持分会社」の持分を除く。以下⑤⑥において同じ）を交付するときは，当該金銭等についての以下の事項，

　(イ)　当該金銭等が「変更後持分会社」の社債であるときは，当該社債（会107条2項2号ロ所定の社債＝取得請求権付株式と引換えに交付される社債）の種類・種類ごとの各社債の金額の合計額またはその算定方法，

　(ロ)　当該金銭等が「変更後持分会社」の社債以外の財産であるときは，当該財産の内容・数もしくは額またはこれらの算定方法，

⑥ 上記⑤の場合，組織変更をする株式会社の株主（組織変更をする株式会社を除く）に対する⑤の金銭等の割当てに関する事項，

⑦ 組織変更をする株式会社が新株予約権を発行しているときは，「変更後持分会社」が組織変更に際して当該新株予約権者に対して交付する当該新株予約権にかわる金銭の額またはその算定方法，

⑧ 上記⑦の場合，組織変更をする株式会社の新株予約権者に対する金銭の割当てに関する事項，

⑨ 組織変更が効力を生ずる日（効力発生日）。

(2) その他の決議事項

上記③(ロ)の事項につき，「変更後持分会社」が合名会社であるときは，社員全部を無限責任社員とする旨を，合資会社であるときは，社員の一部を無限責任社員とし，その他の社員を有限責任社員とする旨を，合同会社であるときは，社員全部を有限責任社員とする旨を，定めなければならない（同2項～4項）。

2 組織変更手続

(1) 組織変更計画に関する書面等の備置き・閲覧等

組織変更をする株式会社は，組織変更計画備置開始日から組織変更の効力発生日までの間，組織変更計画の内容その他法務省令所定事項（会規180条）を記載・記録した書面または電磁的記録を本店に備え置かなければならない（会775条1項）。

組織変更計画備置開始日とは，以下①～③が掲げる日のいずれか早い日をいう。すなわち，①組織変更計画について組織変更をする株式会社の総株主の同意を得た日，②この会社が新株予約権を発行しているときは，新株予約権者に対する組

織変更をする旨の通知または公告（会777条3項4号）の日のいずれか早い日，③債権者異議手続における公告または催告の日（会779条2項）のいずれか早い日，である（会775条2項1号～3号）。

　組織変更をする株式会社の株主および債権者は，会社に対して，その営業時間内は，いつでも，①組織変更計画に関する上記書面の閲覧請求，②この書面の謄本・抄本の交付請求，③上記電磁的記録への記録事項を法務省令（会規226条33号）所定の方法で表示したものの閲覧請求，④上記電磁的記録への記録事項を，電磁的方法であって会社が定めたものにより提供することの請求またはその事項の記載書面の交付請求，をすることができる。ただし，②・④を請求する場合には，会社が定めた費用を支払わなければならない（会775条3項）。

（ 2 ）　組織変更計画の承認等

　組織変更をする株式会社は，効力発生日の前日までに，組織変更計画について会社の総株主の同意をえなければならない（会776条1項）。会社は，効力発生日の20日前までに，その登録株式質権者・登録新株予約権質権者に対し，組織変更をする旨を通知しなければならない（公告に代えること可，同2項3項）。

（ 3 ）　新株予約権買取請求

　組織変更をする会社の新株予約権者は，会社に対して，自己の有する新株予約権を公正な価格で買い取るよう請求できる（＝新株予約権買取請求，会777条1項）。新株予約権付社債に付された新株予約権の新株予約権者が，この買取請求をする場合には，あわせて，新株予約権付社債についての社債の買取りを請求しなければならない。ただし，この新株予約権につき別段の定めがある場合はこの限りでない（同2項）。

　この会社は，効力発生日の20日前までに，この新株予約権者に対し，組織変更をする旨を通知しなければならない（公告にかえること可，同3項4項）。

　新株予約権買取請求は，効力発生日の20日前の日から効力発生日の前日までの間に，この請求に係る新株予約権の内容・数を明らかにしてしなければならない（同5項）。

　新株予約権証券または新株予約権付社債券が発行されている新株予約権につき，新株予約権買取請求をしようとする新株予約権者は，組織変更をする会社に対し，新株予約権証券・新株予約権付社債券を提出しなければならない。ただし新株予約権証券・新株予約権付社債券につき公示催告の申立て（非訟114条）をした者

についてはこの限りでない（同6項7項）。

　買取請求をした新株予約権者は，組織変更をする会社の承諾を得た場合に限り，この請求を撤回できる（同8項）。組織変更を中止したときは，新株予約権買取請求は失効する（同9項）。

（4）　新株予約権の価格の決定等

　新株予約権買取請求があった場合で，新株予約権（新株予約権付社債につき社債の買取請求があったときは当該社債を含む）の価格決定について新株予約権者と組織変更をする会社（効力発生の後は組織変更後持分会社）との間に協議が調ったときは，会社は，効力発生日から60日以内にこの支払をしなければならない（会778条1項）。価格決定につき効力発生日から30日以内に協議が調わないときは，新株予約権者または組織変更後持分会社は，この期間満了日後30日以内に，裁判所に対して，価格の決定を申し立てることができる（同2項）。効力発生日から60日以内にこの申立てがないときは，新株予約権者は，この期間の満了後はいつでも，新株予約権買取請求を撤回できる（同3項）。

　組織変更をする会社は，新株予約権の価格の決定があるまでは，新株予約権者に対し，当該会社が公正な価格と認める額を支払うことができる（同5項）。新株予約権の買取りは，効力発生日に，効力を生ずる（同6項）。

　組織変更をする会社は，新株予約権証券が発行されている新株予約権につきこの買取請求があったときは，この証券と引換えに代金を支払わなければならない（同7項）。新株予約権付社債券が発行されている場合に新株予約権の買取請求があったときは，この社債券と引換えに代金を支払わなければならない（同8項）。

（5）　債権者保護手続

　組織変更をする株式会社の債権者は，当該会社に対し，組織変更について異議を述べることができる（会779条1項）。会社は，以下の事項を官報に公告し，かつ知れている債権者には，各別にこれを催告しなければならない。すなわち，①組織変更をする旨，②この会社の計算書類（会435条2項所定のもの）に関する事項として法務省令（会規181条）で定めるもの，③債権者が一定の期間内（1ヵ月以上）に異議を述べることができる旨，である（会779条2項1号～3号）。ただし，会社が，官報のほか，公告に関する定款の定めに従い（会939条1項），時事に関する事項を掲載する日刊新聞紙または電子公告で公告した場合には，各別の催告は不要である（会779条3項）。

会社債権者が，上記の申立期間内に異議を述べなかったときは，これを承認したものとみなされる（同4項）。逆に異議を述べた場合には，会社は，当該債権者に対して，弁済・相当の担保提供または当該債権者に弁済を受けさせるための信託会社等への相当の財産の信託，のいずれかをしなければならない。ただし，組織変更をしても当該債権者を害するおそれがないときは，この限りでない（同5項）。

(6) 効力発生日の変更

組織変更をする会社は，効力発生日を変更できるが，その場合には，変更前の効力発生日（変更後の効力発生日が変更前の効力発生日前の日である場合は，当該変更後の効力発生日）の前日までに，変更後の効力発生日を公告しなければならない（会780条1項2項）。

3　効力発生日における各種の効力の発生

組織変更をする株式会社は，効力発生日に，持分会社となり（会745条1項），上記1(1)②～④に係る定款変更をしたものとみなされる（同2項）。組織変更をする会社の株主は，効力発生日に，組織変更後持分会社の社員（同3項）あるいは社債権者（同4項）となる。組織変更をする株式会社の新株予約権は，効力発生日に消滅する（同5項）。

以上の効力規定は，債権者保護手続（会779条）が終了していない場合または組織変更を中止した場合には適用されない（会745条6項）。

第3節　持分会社の組織変更

1　持分会社の組織変更計画における決議事項

持分会社が組織変更をする場合には，当該会社の組織変更計画において，以下の事項を定めなければならない（会746条1項1号～9号）。

　①　組織変更後株式会社の目的・商号・本店所在地・発行可能株式総数，
　②　上記①のほか，組織変更後株式会社の定款で定める事項，
　③　組織変更後株式会社の取締役の氏名，
　④　以下の区分に応じた所定事項，

(イ) 組織変更後株式会社が会計参与設置会社である場合→この会計参与の氏名・名称，

(ロ) 組織変更後株式会社が監査役設置会社（監査役の監査の範囲を会計に関するものに限定する旨の定款規定がある会社を含む）である場合→この監査役の氏名，

(ハ) 組織変更後株式会社が会計監査人設置会社である場合→この会計監査人の氏名・名称，

⑤ 組織変更をする持分会社の社員が，組織変更に際して取得する組織変更後株式会社の株式の数（種類株式発行会社にあっては，株式の種類・種類ごとの数）またはその数の算定方法，

⑥ 組織変更をする持分会社の社員に対する⑤の株式の割当てに関する事項，

⑦ 組織変更後株式会社が，組織変更に際して組織変更をする持分会社の社員に対してその持分に代わる金銭等（組織変更後株式会社の株式を除く。以下⑦⑧において同じ）を交付するときは，当該金銭等についての以下の事項，

(イ) 当該金銭等が組織変更後株式会社の社債（新株予約権付社債についてのものを除く）であるときは，当該社債の種類・種類ごとの各社債の金額の合計額またはその算定方法，

(ロ) 当該金銭等が組織変更後株式会社の新株予約権（新株予約権付社債に付されたものを除く）であるときは，当該新株予約権の内容・数またはその算定方法，

(ハ) 当該金銭等が組織変更後株式会社の新株予約権付社債であるときは，当該新株予約権付社債についての(イ)に規定する事項および当該新株予約権付社債に付された新株予約権についての(ロ)に規定する事項，

(ニ) 当該金銭等が組織変更後株式会社の社債等（＝社債および新株予約権）以外の財産であるときは，当該財産の内容・数もしくは額またはこれらの算定方法，

⑧ 上記⑦の場合，社員に対する⑦の金銭等の割当てに関する事項，

⑨ 効力発生日。

組織変更後株式会社が監査等委員会設置会社である場合，③は，監査等委員である取締役とそれ以外の取締役とを区別して定めなければならない（会746条2項）。

2　持分会社の手続

　組織変更をする持分会社は，定款に別段の定めがない限り，効力発生日の前日までに，組織変更計画について当該持分会社の総社員の同意を得なければならない（会781条1項）。組織変更をする株式会社に関する債権者保護手続規定（会779条（2項2号を除く））および効力発生日の変更に関する規定（会780条）は，組織変更をする持分会社について準用される（会781条2項）。

3　効力発生日における各種の効力の発生

　組織変更をする持分会社は，効力発生日に，株式会社となり（会747条1項），上記1①②に係る定款の変更をしたものとみなされる（同2項）。組織変更をする持分会社の社員は，効力発生日に，上記1⑥所掲の定めに従い同⑤の株式の株主になる（同3項）。

　以下の場合，組織変更する持分会社の社員は，効力発生日に，上記1⑧の定めに従い，以下に定める者となる（会747条4項1号～3号）。すなわち，上記1⑦イ）の定めがあるときは，イ）の社債の社債権者，同ロ）の定めがあるときは，ロ）の新株予約権の新株予約権者，同ハ）の定めがあるときは，ハ）の新株予約権付社債についての社債の社債権者および当該新株予約権付社債に付された新株予約権の新株予約権者。

　以上の規定は，債権者保護手続（会781条2項・779条（2項2号を除く））が終了していない場合または組織変更を中止した場合には適用されない（会747条5項）。

第3章　事業の譲渡等

第1節　総　説

　企業結合の最も完全な形態は合併であり，複数の当事会社は法律上完全に合体して一体化する。しかし，事業譲渡などによっても，実質的には合併におけると同様，企業結合の目的を達成することができる。特に事業の全部譲渡の場合には，当然には法人格の一体化はないものの，事業譲渡会社が譲渡後解散すれば，譲渡会社と譲受会社との法人格は事実上一体化する。そこで会社法は，①事業の全部の譲渡，②事業の重要な一部の譲渡，③その子会社の株式・持分の全部・一部の譲渡，④他の会社（外国会社その他の法人を含む）の事業の全部の譲受け，⑤事業の全部の賃貸，事業の全部の経営の委任，他人と事業上の損益の全部を共通にする契約その他これらに準ずる契約の締結・変更・解約，⑥事後設立に関する契約，につき，合併におけると同様，株主総会の特別決議による承認を必要とするとともに（会467条1項1号～5号・309条2項11号），反対株主には株式買取請求権を認めている（会469条以下）。なお独占禁止法も事業の譲受けにつき，同様の規制を設けている（独禁16条）。

　他面，①～⑤を「事業譲渡等」とよび，一定の要件の下，株主総会の特別決議を不要とする略式事業譲渡等（会468条1項）および簡易事業譲渡等（同2項）の制度もある。事業譲渡等の場合には，合併の場合のような債権者保護手続は定まっていないが，会社法は，事業の譲受会社が，(1)譲渡会社の商号を続用する場合や（会22条1項），(2)譲渡会社の商号を引き続き使用しない場合でも，譲渡会社の事業によって生じた債務を引き受ける旨を広告した場合（会23条1項）には，譲受会社も譲渡会社の債務につき弁済責任を負うものとしている。この場合，譲渡会社の責任は，(1)の場合は，事業譲渡の日の後，2年以内に，(2)の場合は，広告のあった日の後，2年以内に，請求または請求の予告をしない債権者に対しては，この期間を経過したときに消滅する（会22条3項・23条2項）。

　なお，「事業譲渡」は，改正前商法上は「営業譲渡」として規定されていたが，

会社法は，他の法人法制における一般的な用語法に従い「営業」を「事業」に改めた[1]。しかし，実質的な変更はなく，営業概念をめぐる判例法理がそのまま事業概念に承継される。

第2節　規制対象の行為

1　事業の全部の譲渡

　株式会社は，その事業あるいはその子会社の株式・持分の全部または重要な一部を譲渡する場合には，原則として，その効力発生日の前日までに，株主総会の特別決議により，当該行為に係る契約の承認を受けなければならない（会467条1項・309条2項11号）。

　株主総会の特別決議が必要とされる事業の全部の譲渡（会467条1項1号）における「事業譲渡」の意義に関しては解釈が分かれている。第1説は，事業譲渡（判決では営業譲渡）とは，譲渡会社が，①一定の営業目的のために組織化され有機的一体として機能する財産（得意先関係等の経済的価値のある事実関係を含む）（＝事業財産，有機的一体性基準）を譲渡することにより，②この財産によって営んでいた営業的活動を譲受人に受け継がせるとともに（＝事業活動の承継），③譲渡会社がその譲渡の限度に応じて会社法21条（改前商24条）に定める競業避止義務を負うもの，と解する（最判昭和40・9・22民集19巻6号1600頁，富士林産工業事件）[2]。第2説は，事業譲渡とは，「一定の事業目的のため組織化され，有機的一体として機能する財産」の譲渡（いわゆる「ゴーイング・コンサーン」の譲渡）を意味し，事業活動の承継や競業避止義務などの要件は不要と解する[3]。第3説は，上記最判昭和40・9・22における少数意見の立場であり，原則的には，第2説と共通

---

[1]　個人商人の場合は，1個の営業に1個の商号を使用し，複数の営業に複数の商号を使用できるが，会社の場合は，1個の商号で複数の営業を行わざるをえない。会社法は，1個の商号しか持てない会社が行うビジネスの総体を「営業」と区別して「事業」とよんでいる。

[2]　本判決後，最判昭和41・2・23民集20巻2号302頁，最判昭和46・4・9判時635号149頁も，同旨の解釈を示しており，最高裁の立場は固まっている。この立場として，田中〔誠〕上481頁以下，前田756頁。もっとも，最高裁の多数意見に再検討をせまる下級審判例も出ており（東京地判昭和62・7・31判時1264号123頁），現在は従来の論議を克服する次の段階にあるともいわれている（山下眞弘「営業譲渡・譲受における株主保護と取引安全」特別講義商法Ⅰ（竹内編）163頁（有斐閣，1995））。

するが，重要工場の重要な機械のような事業用財産の譲渡であっても，それが組織的財産が機能を発揮するうえで極めて重要なものであれば事業譲渡（＝事業の重要な一部の譲渡）に含まれると解する。[4]

　これらの解釈は，株主総会の特別決議を要する場合にそれを欠いたときには，事業譲渡は無効になると解したうえで，第1説においては，事業活動の承継と競業避止義務の負担を不可欠の要件とすることで，法律関係の明確性と取引の安全（動的安全）の確保をはかろうとするのに対し，他説は，譲渡会社の株主の保護（静的安全）をはかろうとする。

　会社法21条以下の規定は事業の譲受人や事業上の債権者・債務者の保護を目的としているのに対し，会社法467条1項は，会社特に株主の利益保護を意図する規定であり，その適用に関し，譲受人による営業活動の承継や競業避止義務の負担を要件に加えるべき本来的な理由はない。また第3説は字義に離れており，第2説を支持したい。

　有機的一体としての組織的財産であるか否かは，経済的にまたは経営技術的に組織化された財産（独立経営の基礎となりうる組織的財産）であるかどうか，換言すれば，それを構成する各個の財産物件の価値の総和よりも高い価値（組織体としての価値）を有するかどうかを基準にして判断することになる。[5]

　事業譲渡は，特別決議をへなければ元来無効であるが，会社は善意・無重過失の譲受人にはその無効を対抗できないものと解される。[6] この場合の善意・無重過失とは，特別決議が必要であることを知らず，かつ知らなかったことに重大な過失もないことを意味する。つまり，譲受人において，事業譲渡契約の対象が有機的一体性の基準に合致する会社の全財産または重要な一部であることの認識を欠いており，かつ，通常一般人においてもこの事実は容易に認識しえない場合が該当する。善意・無重過失は，その利益を享受する譲受人において立証責任を負担

---

3) 大隅＝今井・中101頁，竹内昭夫・判例商法Ⅰ158頁，田村諄之輔・会社の基礎的変更の法理23頁以下（有斐閣，1993），落合誠一「営業の譲渡と特別決議」商法の判例と法理（倉沢還暦）173頁（日本評論社，1994），江頭950頁。

4) 松田二郎＝鈴木忠一・條解株式會社法(上)225頁以下（弘文堂，1951），喜多川篤典・法学教室（第1期）5号156頁（有斐閣，1962）。

5) 大隅＝今井・中102頁は，この基準により機能的・組織的財産の存在が認められるかぎり，得意先関係・仕入先関係・営業上の秘訣のような事実関係の移転をともなわない工場や事業場の移転も，ここにいう営業の一部に属すると解する。

6) 鈴木176頁，鈴木＝竹内249頁，北沢746頁。

することになるが，通常の商取引と異なり，事業譲渡の場合は，譲受人側が買収対象会社に対して実地調査をすることが常態となっているので，善意・無重過失の立証は困難であろう。

2　事業の重要な一部の譲渡

　事業の「重要な一部」に該当するか否かは，量的と質的な側面から判断される。量的には，規定上，譲渡する資産の帳簿価額が当該会社の総資産額として法務省令（会規134条）所定の方法で算出される額の5分の1（これを下回る割合を定款で定めた場合には，その割合）以上という基準が示されている（会467条1項2号かっこ書）。他の量的基準としては売上高・従業員数・利益等がある。質的基準は，量的には少額でも，企業イメージ・信用等に大きな影響が及ぶものか否か等で判断される。以上を総合的に勘案してみて「重要な一部」と認められても，上記「5分の1」基準以下であれば，株主総会の特別決議は不要である。また，たとえ量的基準を超える資産の移転があっても，譲渡される事業が質的に重要なものでなければ，やはり「事業の重要な一部」の譲渡には該当しない。[7]

3　子会社の株式・持分の譲渡

　親会社が子会社の株式または持分の全部または一部を譲渡する場合で，以下のいずれにも該当するときにも，株主総会の特別決議が必要である（同項2号の2）。すなわち，

　　(イ)　当該譲渡により譲り渡す株式・持分の帳簿価額が当該会社の総資産額として法務省令（会規134条）で定める方法により算定される額の5分の1（定款でこれを下回る割合を定めた場合には，その割合）を超えるとき，

　　(ロ)　当該会社が，効力発生日において当該子会社の議決権の総数の過半数の議決権を有しないとき，である。

　親会社にとって子会社は事業の一部であるから，これは，親会社が子会社の株式・持分の全部・一部を譲渡し，結果として，子会社の支配権を失う場合は，事業譲渡に等しい影響が親会社にもたらされることに対する措置である。

---

[7]　千問の道標660頁。

4 他の会社の事業の全部の譲受け

　他の会社（外国会社その他の法人を含む）の事業の譲受けに関しては，その全部の譲受けに限り株主総会の特別決議が必要である（会 467 条 1 項 3 号）。会社が譲り受ける資産に当該会社の株式が含まれるときは，取締役は，この株主総会において，当該株式に関する事項を説明しなければならない（同 2 項）。

　事業の全部か否かは経済的見地から判断されるべきであり，経済的に全部と評価できるならば，若干の財産が譲渡会社に留保される場合であっても，株主総会の特別決議が必要である（大隅＝今井・中 106 頁）。

5 事業の全部の賃貸・経営の委任，他人と事業上の損益全部を共通にする契約その他これに準ずる契約の締結・変更・解約

　「事業の全部の賃貸」（同 1 項 4 号）とは，会社がその事業を一括して他人に賃貸することをいい，民法上の賃貸借契約に準ずる一種の混合契約である（大隅＝今井・中 105 頁）。賃借人が事業全部につき，自己の名において，かつ，自己の計算で，使用・収益をなし，賃貸人に賃料を支払うものであって，賃貸借期間中は事業の管理・経営権は賃借人に帰属する。

　「事業の全部の経営の委任」とは，会社がその事業の経営を他人に委託する契約（経営委任契約）であり，受託者は委託会社の名義で経営をなすが，事業上の損益が委託者に帰属する場合（経営管理契約）と，受託者に帰属する場合（狭義の経営委任契約）とに分かれる。前者は，通常の委任ないし準委任契約であり，受託者は委託会社のために経営を行い，委託会社から報酬を受ける。後者の実質は事業の賃貸借に近く，受託者は委託会社から広汎な包括代理権を与えられ，自己のために自己の裁量に従って経営を行い，委託会社に対して賃料相当の報酬を支払うか，配当保証を約するものである（大隅＝今井・中 106 頁）。

　「他人と事業上の損益の全部を共通にする契約」とは，会社が他人と一定の計算期間内における事業上の全損益を合算（共同計算）し，各自それを成績のいかんを問わずあらかじめ定めた割合で分配する契約をいう（利益共同契約）。

　「その他これらに準ずる契約」には，一方の会社が他人のために賃金をえて労務に服する労働契約，会社が自己の営業を他人の計算において経営することを引き受ける契約（利益供与契約），販売価格の維持・引上げあるいは販売の割当て・

6　事後設立

発起設立または募集設立により設立された株式会社が，その成立後2年以内に，その成立前から存在する財産であってその事業のために継続して使用するものを取得する場合で，以下の(イ)の額の(ロ)の額に対する割合が5分の1（定款でこれを下回る割合を定めた場合には，その割合）を超える場合には，株主総会の特別決議による承認が必要である（同5号）。

(イ)　当該財産の対価として交付する財産の帳簿価額の合計額，

(ロ)　当該株式会社の純資産額として法務省令（会規135条）所定方法により算定される額。

この事後設立規制は，本来，株式会社の設立に際しての，現物出資・財産引受規制（会28条1号2号）の脱法行為を防ぐ対策として規定されたものである。

第3節　総会決議が不要の場合

1　略式事業譲渡

A株式会社がB会社に事業譲渡等をする契約を締結する場合で，B社がA社（＝従属会社）の「特別支配会社」であるときは，A社の株主総会決議による当該譲渡等の承認は不要である（会468条1項）。この場合，「特別支配会社」とは，B社が自ら，または，その完全子会社（B社が発行済株式の全部を有するC株式会社）その他これに準ずるものとして法務省令（会規136条）で定める法人を通じて，A社の総株主の議決権の10分の9（これを上回る割合をA社の定款で定めた場合にはその割合）以上を有している場合の，B社をいう。これは，被支配会社であるA社においては，あえて総会決議をはかるまでもなく，その結果は明白なので，迅速かつ簡易に事業譲渡を行わせる趣旨による立法措置である。

2　簡易事業譲渡

A株式会社がB会社（外国会社その他の法人を含む）の事業の全部を譲り受けるにあたり，その対価として交付するA社の財産の帳簿価額の合計額が，A社の

純資産額として法務省令（会規137条1項）所定方法により算定される額の5分の1（A社の定款でこれを下回る割合を定めた場合にはその割合）を超えない場合には，A社の株主総会の特別決議は不要である（会468条2項）。これは，この程度の対価ならば譲受会社の財産に及ぶ影響は軽微であるため，迅速かつ簡易に事業譲渡等を行わせる趣旨による立法措置である。

なお，簡易事業譲渡は，本来の事業譲渡等には該当しないので，反対株主に株式買取請求権は認められていない。

3 株主の反対により総会決議が必要となる場合

事業譲渡等の通知・公告（会469条3項4項）の日から2週間以内に，法務省令（会規138条）所定数の株式（事業譲渡等を承認する株主総会で議決権を行使できるものに限る）を有する株主から会社に対し，他の会社の事業の全部の譲受けに反対する旨の通知があったときは，会社は，効力発生日の前日までに，株主総会決議により，当該契約の承認を受けなければならない（会468条3項）。

第4節 反対株主の株式買取請求

1 手　続

会社の存在基盤に重大な変革をもたらす事業譲渡等に関して多数株主と見解を異にする株主を，社内に強制的に留めておくことは，円滑な会社経営にとっても，また，反対株主の利益にとっても望ましいことではない。そこで，会社法は，一

---

8) 以下の数のうち，いずれか小さい数とされる。
①特定株式（事業譲渡等の承認に係る株主総会で議決権を行使できる株式）の総数に2分の1（定款で当該総会の定足数として特定株式の議決権総数の一定割合以上を定めている場合には，当該一定割合）を乗じて得た数に3分の1（定款で当該総会の議決数として当該総会出席特定株主の有する議決権の総数の一定割合以上を定めている場合には，1から当該一定割合を減じて得た割合）を乗じて得た数に1を加えた数，②事業譲渡等に係る株主総会の議決数として一定数以上の特定株主の賛成を要する旨の定款の定めがある場合において，特定株主の総数から会社に当該事業譲渡等に反対する旨の通知をした特定株主の数を減じて得た数が，当該一定の数未満となるときにおける，当該行為に反対する旨の通知をした特定株主の有する特定株式の数，③当該事業譲渡等に係る株主総会の議決数として，①②以外の定款の定めがあり，当該事業譲渡等に反対する旨の通知をした特定株主の全部がこの総会において反対したとすれば当該決議が成立しないときは，この反対通知をした特定株主の有する特定株式の数，④定款で定めた数。

定の要件下，反対株主に株式買取請求権を認めている。

　会社が事業譲渡等をする場合，反対株主は，以下の①②の場合を除き，譲渡会社に対し，自己の有する株式を「公正な価格」で買い取ることを請求できる（＝株式買取請求）。すなわち，①株主総会で事業の全部譲渡の決議（会467条1項1号）と同時に会社の解散も決議（会471条3号）されたとき，および，②簡易事業譲渡の場合（会468条2項，同3項の場合を除く）である（会469条1項）。

　この場合，反対株主とは，(i)事業譲渡等をするために株主総会（種類株主総会を含む）の決議を要する場合には，(イ)当該総会決議に先立って当該事業譲渡等に反対する旨を会社に通知し，かつ，当該総会において当該事業譲渡等に反対した株主（当該総会において議決権を行使できるものに限る），および(ロ)当該総会において議決権を行使することができない株主をいい，(ii)上記(i)以外の場合は，すべての株主（略式事業譲渡における特別支配会社を除く）をいう（同2項）。

　事業譲渡等をしようとする株式会社は，効力発生日の20日前までに，その株主（略式事業譲渡における当該特別支配会社を除く）に対し，事業譲渡等をする旨を通知しなければならないが（同3項），当該会社が，(i)公開会社である場合，または，(ii)総会決議（会467条1項）により事業譲渡等の契約の承認を受けた場合には，公告をもって代えることができる（会469条4項）。

　株式買取請求は，効力発生日の20日前の日から効力発生日の前日までの間に，その買取請求に係る株式の数（種類株式発行会社にあっては，株式の種類・種類ごとの数）を明らかにしてしなければならず（同5項），株券発行会社の株式の場合には会社に株券を提出しなければならない（同6項）。

　株式買取請求に係る株式については，名義書換規定（会133条）の適用はない（会469条9項）。株式の買取りは，事業譲渡等の効力発生日に発効する（同6項）。株式買取請求をした株主は，事業譲渡等をする株式会社の承諾をえた場合に限り，この請求を撤回できる（同7項）。事業譲渡等を中止したときは，株式買取請求は効力を失う（同8項）。

2　買取価格の決定

　株式の買取請求がなされ，株式の価格決定につき株主と会社との間で協議が調ったときは，会社は効力発生日から60日以内に，支払わなければならない（会470条1項）。

効力発生日から30日以内に協議が調わないときは，株主または会社は，この期間満了日後30日以内に，裁判所に対して，価格の決定を申し立てることができる（同2項）。会社は，この決定があるまでは，株主に対して，当該会社が公正な価格と認める額を支払うことができ（＝仮払制度）（同5項），当該支払をした額に対する支払後の利息を支払う義務を免れる[9]。

　効力発生日から60日以内にこの申立てがないときは，この期間満了後，株主はいつでも株式買取請求を撤回できる（同3項）。

---

9)　本書570頁参照。

第4章　合　併

第1節　合併の意義

1　意　義

　合併とは，会社法上の規定に基づき，2つ以上の会社が，契約により1つの会社に合体することをいう。当事会社間の合併契約に基づき当事会社の1部または全部が消滅し，その財産は清算手続をへることなく包括的に存続会社または新設会社に移転する。従来，合併においては，消滅会社の社員に存続会社・新設会社の株式が交付されることになっていて，消滅会社の社員が当然に存続会社・新設会社の社員となる効果をともなっていた。しかし，会社法は，合併対価の柔軟化をはかった結果，存続会社の株式以外のもの（金銭等）を消滅会社の株主に交付することができるようになったため，当然には株主地位の承継は生じなくなった。

　会社法は，「会社は，他の会社と合併することができる」（会748条）と規定しており，「会社」に特段の制約がないので，株式会社同士の合併はもちろん，株式会社と持分会社との間の合併も可能である。合併においては，消滅会社の権利義務の全部が存続会社・新設会社に包括的に承継されるため，消滅会社は，清算手続をへないまま消滅する。

　合併は経済的には企業結合の典型的な形態であり，企業規模の拡大・競争力強化・競争回避・市場占拠率拡大などの目的でなされる。経済的苦境に陥った一方の会社が，倒産を免れるために，経済的に有力な他方の会社に吸収合併される場合もある。現実の合併の態様としては，①親子会社間または系列企業間の合併，②同一市場で同種の商品・役務を提供していて競争関係にある会社間の水平的合併，③原料や製品を供給する会社とこの原料で製造をするかこの製品の販売をする会社との間の垂直合併，④水平・垂直いずれにも属さない多角的合併ないしコングロマリット合併などがある。さらに，会社更生法により，更生会社が合併により会社組織・構造を変更して，再建をはかる場合もある（会更180条・181条）。

ところで，当事会社の全部が各自の事業の全部を現物出資して新会社を設立した後に解散したり，当事会社の一方が他方の会社にその事業の全部を現物出資した後に解散して，清算手続をへることによっても，同様の効果をえることができる。しかし，合併とは会社法上の特別な簡易手続により事業の承継がなされる点で，これらの「事実上の合併」とは異なる。また，1つの会社が解散し，その事業全部を他の会社に譲渡し，その対価として金銭を受領して清算するいわゆる買収合併も，本来の合併とは異なる。

2　合併と事業譲渡との違い

　事業の全部・一部を出資または譲渡して，企業の維持や企業規模の拡大をはかる点では，合併と事業譲渡には共通点がある。合併・事業譲渡ともに，株主総会の特別決議が必要とされ，反対株主に株式買取請求権が付与されている点では共通するが，合併が団体法上の契約であるのに対し，事業譲渡は通常の取引上の契約である点で異なる。合併の場合，財産移転は包括承継であり，各個の財産に関し個別的な移転行為をなすことは不要である反面，財産の一部を移転から除外することはできない。合併の場合には，消滅会社は当然に解散し，かつ通常の解散の場合と異なり，清算手続を要しないままただちに消滅することと相容れないからであり（大隅＝今井・下Ⅱ33頁），消滅会社の全財産は包括的に存続・新設会社に承継される。このように，合併の場合には，消滅会社の債務は当然に，存続・新設会社に承継されるが，事業譲渡の場合には，譲渡会社の債務は債権者の承諾がない限り譲受会社に承継されない。したがって，合併の場合と違って，事業譲渡の場合には債権者保護手続は法定されていない。

　事業譲渡の場合，譲渡会社はこれにより当然に消滅するものではなく，事業の同一性を害さない範囲で，財産の一部を譲渡対象から除外することも可能である。そして，事業の移転行為は各個の権利義務につき個別的になされる。事業譲渡の場合には，譲渡会社は当然には解散せず，事業を全部譲渡した場合でも，目的を変更して存続することも可能である。合併においては，存続・新設会社から消滅会社の社員に対して直接合併の対価が与えられるのに対し，事業譲渡の場合には，譲渡対価は譲渡会社自体に帰属し，これを譲渡会社の社員に分配するためには，譲渡会社を解散させ，清算手続において残余財産として分配しなければならない。

　事業譲渡は通常の債権契約であって，その無効・取消しの主張は民法の一般原

則に従うが，合併は特殊の団体法上の行為であり，その無効の主張は合併無効の訴えによる（会828条1項7号8号）。

3 吸収合併と新設合併

合併の会社法上の形式としては，吸収合併と新設合併がある。吸収合併とは，「会社が他の会社とする合併であって，合併により消滅する会社の権利義務の全部を合併後存続する会社に承継させるもの」をいう（会2条27号）。新設合併とは，「2以上の会社がする合併であって，合併により消滅する会社の権利義務の全部を合併により設立する会社に承継させるもの」をいう（同28号）。従来より吸収合併の方が圧倒的に多いが，その理由は，新設合併を行うと，①当事会社が受けていた事業の許認可をあらためて受けなければならない，②当事会社が上場していた場合にはあらためて上場手続をとらなければならない，③登録免許税が高くつく（吸収合併の場合には合併による資本の増加額が基礎となるのに対し，新設合併の場合には新設会社の資本金額が基礎となる，（登税・別表1二十四㈠ホ・ヘ）），などである。

4 合併の法的性質

(1) 学 説

合併の法的本質（合併本質論）に関しては，従来より学説が分かれている。人格合一説（通説）は，合併は2つ以上の会社が1つの会社に合一する組織法上の特殊な契約であり，合併により合一するのは法人たる会社自身であって，会社財産の移転はむしろその結果にすぎないと解する[1]。しかし，これは合併の現象を説明するにすぎないため，現物出資説は，合併の本質を，消滅会社の営業全部を現物出資する存続会社の資本増加（吸収合併の場合）または新会社の設立（新設合併の場合）と解する（大隅＝今井・下Ⅱ39頁）。しかし，会社が現物出資するとしても，必ずしも新しい株式が発行されるわけではなく，また対価をえるのは会社ではなくその株主である点で，本来の現物出資とは異なる。そこで，現物出資説に修正を加え，合併の本質は，消滅会社の全株主がその株式を存続会社に現物出資することにあると解する社員現物出資説も登場した[2]。しかし株主が株式を現物出

---

[1] 松本烝治・日本会社法論84頁（巖松堂，1929）。

資するとなぜ会社の資産全体が移転することになるのか，また，この会社はなぜ当然に消滅するのかなどの疑問が呈されていた。また，合併対価として当然に消滅会社の株式が交付されるわけでもない現会社法下において，従来の議論がそのまま適用できるとも思われない。現在，合併本質論は，さほど実益のある議論ではなく，どの説にたっても合併に関する各種の解釈問題において結論に差異は生じないとされている。

(2) 債務超過会社の吸収合併

債務超過会社が消滅会社となる吸収合併は許されるであろうか。この場合の債務超過が単に決算貸借対照表のうえで形式的に債務超過になっているのではなく，会社の積極財産の総額（のれんの計上や固定資産の評価替えなどをしたうえでの総額）が債務の総額にみたない実質的な債務超過を意味するならば，はたして消極財産の出資は可能かが問題となる。従来，学説においては，現物出資説では理論的に，人格合一説においては政策的理由から，ともにこの種の合併を否定しており，登記実務でも，マイナス財産を受け入れて新株を発行することは資本充実の原則に反するということで，この場合の合併登記を受理してこなかった。そのため，救済合併を行うために，債務超過会社が存続会社となる逆さ合併や，債務超過会社である消滅会社が存続会社の完全子会社（100％子会社）である場合に新株を発行しない無増資合併が行われていた。

しかし，会社法のもとでは，合併対価が柔軟化し新株を発行しない合併が認められる結果，従前の登記実務の縛りはなくなったため，債務超過会社の吸収合併も不可能ではない。[3] 会社法は，帳簿価格ベースで債務超過の消滅会社を吸収合併することを認めたうえで，取締役に株主総会における説明義務を課している（会795条2項1号）。もっとも，このような合併の結果，存続会社の株主や第三者の利益が害されることもあり，その場合には，取締役等に対する責任追求や合併無効の訴え（会828条1項7号8号）といった事態もおこりうる。このような合併は，債務超過会社とのシナジー効果を期待した戦略的合併として実行されよう。

---

2) 服部栄三・株式の本質と会社の能力216頁（有斐閣，1964）。
3) 千問の道標673頁。江頭870頁は，完全親会社が存続会社となる場合のように，存続会社が合併対価を交付しないのであれば，認めてさしつかえないとする。

5　合併対価の柔軟化と三角合併

　改正前商法では，合併・会社分割・株式交換・株式移転に際し，消滅会社の株主・分割会社またはその株主・完全子会社となる会社の株主に対して交付される対価は，原則として，存続会社・設立される会社・承継会社・完全親会社となる会社の株式に限定されていた。しかし，近年，組織再編に伴う事業の再構築の必要性や企業買収・事業統合を含む企業活動の国際化が高まるなか，組織再編行為の対価を存続会社等の株式に限定することなく，金銭その他の財産をも対価としうる法制度への転換が国内外から求められるようになってきた。会社法はこの要請に応えて，合併対価の柔軟化・多様化をはかる立法を実現している。そのため，合併対価として金銭や社債を交付された者は，株主の地位を完全に失うこととなる。金銭を対価とする合併はキャッシュ・アウト・マージャー（cash out merger, 現金追い出し合併）とよばれる。

　子会社が他の会社を吸収合併する場合に，その親会社の株式を対価として交付する合併を三角合併（triangular merger）という。合併は国内の会社同士でなければできないことから，外国会社が日本の会社と吸収合併したい場合には，まず日本に子会社を設立し，この子会社が親会社株式を対価として，ターゲット会社を吸収合併することで実質的に同じ結果を達成することができる。

第2節　合併の手続

1　合併契約書の内容の決定

　合併手続は，当事会社の代表者が合併契約を締結することから始まり，まず当事会社間において法定の内容を記載した合併契約書が作成されなければならない。合併契約書は当事会社の代表者（代表取締役・代表執行役等）によって作成されるが（会748条・749条・753条），その内容の決定は，取締役会設置会社の場合には，「重要な業務執行の決定」（会362条4項本文）あるいは「重要な財産の処分及び譲受け」（同1号）に該当するので，取締役会の承認決議が必要である。指名委員会等設置会社の場合には，執行役が合併契約書を作成するが，内容の決定は，株主総会の決議による承認を要しない場合（略式合併・簡易合併）を除き，執行役に委

ねることはできず，取締役会が行う（会416条4項16号）。

ところで，合併契約書の作成・合併契約の締結に先立ち，当事会社間では合併覚書を交換する場合が少なくない。これは合併に関する基本的事項あるいは合併契約書に記載されない重要事項が記された書類であり，通常，以下の事柄に関する了解事項が記載されている。すなわち，①合併目的，②合併形態（吸収合併か新設合併か），③合併後の商号，④合併条件（合併比率・合併対価等），⑤合併後の役員人事，⑥従業員の引継問題，⑦合併承認総会の期日，⑧合併の効力発生日，などである。合併覚書の交換は法定手続ではないので，当事会社の代表者間で契約的拘束力を有しつつ交わされるのか，それとも，道義的効力しかないのかは，具体的状況によって異なる。

実際上，会社代表者が取締役会に合併契約書の内容を示してその承認を求めることになるが，両当事会社の代表取締役が同一人物の場合や，一方当事会社の代表取締役が他方当事会社の取締役を兼ねている場合には，合併契約の締結は取締役・会社間の取引となるので，株主総会または取締役会の承認が必要となる（会356条1項2号・365条1項）。しかし，合併契約書承認の取締役会決議があれば，この取引も承認したものとみなすことができるので，あらためて承認決議をえる必要はない。

2　合併契約に関する書面等の備置き・閲覧等

(1) 備置き

吸収合併消滅株式会社は吸収合併契約備置開始日から吸収合併の効力発生日まで，吸収合併存続株式会社は同備置開始日から同効力発生日後6カ月を経過する日までの間，吸収合併契約の内容その他法務省令（会規182条・191条）所定事項を記載・記録した書面または電磁的記録を，各々の本店に備え置かなければならない（会782条1項・794条1項）。

新設合併消滅株式会社は，新設合併契約備置開始日から新設合併設立会社の成立日まで，新設合併契約の内容その他法務省令（会規204条）所定事項を記載・記録した書面または電磁的記録を本店に備え置かなければならない（会803条1項）。

吸収・新設合併契約備置開始日とは，以下のいずれか早い日をいう（会782条2項・803条2項）。

① 合併承認総会（種類株主総会を含む）の日の2週間前の日（総会決議の省略が可能な時（会319条1項）は、議題提案日），
② 株主に対する合併の通知日・公告日（会785条3項4項・806条3項4項）のいずれか早い日，
③ 新株予約権者に対する合併の通知日・公告日（会787条3項4項・808条3項4項）のいずれか早い日，
④ 債権者異議申立手続に係る公告日・催告日（会789条2項・810条2項）のいずれか早い日，である。

吸収合併存続株式会社・新設合併設立株式会社は，その効力発生日後または成立後，遅滞なく，その承継した消滅会社の権利義務その他の吸収・新設合併に関する事項として法務省令（会規200条・211条）で定める事項を記載・記録した書面または電磁的記録を作成しなければならない（会801条1項・815条1項）。そして，吸収合併存続株式会社においては，この書面または電磁的記録を，新設合併設立株式会社においてはこの書面・電磁的記録と新設合併契約の内容その他法務省令（会規213条）所定事項を記載・記録した書面・電磁的記録を，その効力発生日またはその成立の日から6カ月間，本店に備え置かなければならない（会801条3項1号・815条3項1号）。

(2) 閲　覧

吸収合併の消滅・存続株式会社および新設合併の消滅・設立株式会社の株主と債権者は，各々の会社に対して，その営業時間内はいつでも，①上記備置書面の閲覧請求，②同書面の謄本・抄本の交付請求，③上記備置きの電磁的記録事項を法務省令（会規226条34号36号38号40号）所定方法で表示したものの閲覧請求，④同電磁的記録事項を消滅会社・設立会社所定の電磁的方法で提供することの請求または当該事項の記載書面の交付請求，をなすことができる。この場合，②または④の請求をするには，消滅会社所定の費用を支払わなければならない（会782条3項・794条3項・803条3項・815条4項）。

3　合併契約書の記載事項

(1)　存続会社が株式会社である場合の吸収合併契約の法定記載事項

1）　一般的記載事項

吸収合併における存続会社が株式会社（＝吸収合併存続株式会社。以下「存続株式

会社」と略記）である場合には，吸収合併契約において，以下の事項を定めなければならない（会749条1項1号～6号）。

① 「存続株式会社」および吸収合併消滅会社（以下，「消滅会社」と略記）の商号・住所，
② 「存続株式会社」が吸収合併消滅株式会社（以下，「消滅株式会社」と略記）の株主または吸収合併消滅持分会社（以下，「消滅持分会社」と略記）の社員に対して，その株式・持分に代わる金銭等を交付するときは，以下の事項，
　(イ) 当該金銭等が「存続株式会社」の株式であるときは，当該株式の数（種類株式発行会社にあっては，株式の種類・種類ごとの数）またはその数の算定方法，ならびに，「存続株式会社」の資本金・準備金の額に関する事項，
　(ロ) 当該金銭等が「存続株式会社」の社債（新株予約権付社債についてのものを除く）であるときは，当該社債の種類・種類ごとの各社債の金額の合計額またはその算定方法，
　(ハ) 当該金銭等が「存続株式会社」の新株予約権（新株予約権付社債に付されたものを除く）であるときは，当該新株予約権の内容・数またはその算定方法，
　(ニ) 当該金銭等が「存続株式会社」の新株予約権付社債であるときは，当該新株予約権付社債についての(ロ)に規定する事項および当該新株予約権付社債に付された新株予約権についての(ハ)に規定する事項，
　(ホ) 当該金銭等が「存続株式会社」の株式等以外の財産であるときは，当該財産の内容・数もしくは額またはこれらの算定方法，
③ 上記②に規定する場合には，「消滅株式会社」の株主（「消滅株式会社」・「存続株式会社」を除く）または「消滅持分会社」の社員（「存続株式会社」を除く）に対する②の金銭等の割当てに関する事項，
④ 「消滅株式会社」が新株予約権を発行しているときは，「存続株式会社」が，吸収合併に際して，この新株予約権者に交付する当該新株予約権に代わる「存続株式会社」の新株予約権または金銭についての以下の事項，
　(イ) 「存続株式会社」の新株予約権を交付するときは，当該新株予約権の内容・数またはその算定方法，
　(ロ) 上記(イ)の「消滅株式会社」の新株予約権が新株予約権付社債に付されたものであるときは，「存続株式会社」が当該新株予約権付社債についての

社債に係る債務を承継する旨ならびにその承継に係る社債の種類・種類ごとの各社債の金額の合計額またはその算定方法，
　　　㈣　「消滅株式会社」の新株予約権者に対して金銭を交付するときは，当該金銭の額またはその算定方法，
　　⑤　上記④の場合，「消滅株式会社」の新株予約権者に対する「存続株式会社」の新株予約権または金銭の割当てに関する事項，
　　⑥　吸収合併の効力発生日。
　２）　「消滅株式会社」が種類株式発行会社である場合
　「消滅株式会社」が種類株式発行会社であるときは，「存続株式会社」および「消滅株式会社」は，「消滅株式会社」の発行する種類の株式の内容に応じ，上記１）③に掲げる事項として以下の事項を定めることができる（同2項1号2号）。
　　①　ある種類の株式の株主に対して金銭等の割当てをしないこととするときは，その旨および当該株式の種類，
　　②　上記①のほか，金銭等の割当てについて株式の種類ごとに異なる取扱いを行うこととするときは，その旨および当該異なる取扱いの内容。
　上記１）③所掲の定めは，「消滅株式会社」の株主（「消滅株式会社」・「存続株式会社」・上記２）①の種類株主を除く）の有する株式の数（上記２）②の定めがある場合には，各種類の株式の数）に応じて金銭等を交付することを内容とするものでなければならない（同3項）。

（２）　存続会社が持分会社である場合の吸収合併契約の法定記載事項
　１）　一般的記載事項
　吸収合併存続会社が持分会社（＝吸収合併存続持分会社。以下，「存続持分会社」と略記）の場合には，吸収合併契約において，以下の事項を定めなければならない（会751条1項1号〜7号）。
　　①　「存続持分会社」および「消滅会社」の商号・住所，
　　②　「消滅株式会社」の株主または「消滅持分会社」の社員が，吸収合併に際して「存続持分会社」の社員となるときは，以下の㈠〜㈢の区分に応じて，そこに定める事項，
　　　㈠　合名会社→当該社員の氏名・名称・住所・出資の価額，
　　　㈡　合資会社→当該社員の氏名・名称・住所，当該社員が無限責任社員・有限責任社員いずれであるかの別・当該社員の出資の価額，

(ハ)　合同会社→当該社員の氏名・名称・住所・出資の価額，
　③　「存続持分会社」が吸収合併に際して「消滅株式会社」の株主・「消滅持分会社」の社員に対して，その株式・持分にかわる金銭等（「存続持分会社」の持分を除く）を交付するときは，当該金銭等についての以下の事項，
　　　(イ)　当該金銭等が「存続持分会社」の社債であるときは，当該社債の種類・種類ごとの各社債の金額の合計額またはその算定方法，
　　　(ロ)　当該金銭等が「存続持分会社」の社債以外の財産であるときは，当該財産の内容・数もしくは額またはこれらの算定方法，
　④　上記③の場合，「消滅株式会社」の株主（「消滅株式会社」・「存続持分会社」を除く）または「消滅持分会社」の社員（「存続持分会社」を除く）に対する③の金銭等の割当てに関する事項，
　⑤　「消滅株式会社」が新株予約権を発行しているときは，「存続持分会社」が，吸収合併に際して，当該新株予約権者に交付する当該新株予約権に代わる金銭の額またはその算定方法，
　⑥　上記⑤の場合，「消滅株式会社」の新株予約権者に対する⑤の金銭の割当てに関する事項，
　⑦　効力発生日。

2）「消滅株式会社」が種類株式発行会社である場合

「消滅株式会社」が種類株式発行会社であるときは，「存続持分会社」および「消滅株式会社」は，消滅株式会社」の発行する種類の株式の内容に応じ，上記1)④に掲げる事項として以下の事項を定めることができる（同2項1号2号）。
　①　ある種類の株式の株主に対して金銭等の割当てをしないこととするときは，その旨および当該株式の種類，
　②　上記①のほか，金銭等の割当てについて株式の種類ごとに異なる取扱いを行うこととするときは，その旨および当該異なる取扱いの内容。

上記1)④の定めは，「消滅株式会社」の株主（「消滅株式会社」・「存続持分会社」・上記2)①の種類株主を除く）の有する株式の数（上記2)②の定めがある場合には，各種類の株式の数）に応じて金銭等を交付することを内容とするものでなければならない（同3項）。

(3) 株式会社を設立する新設合併契約の法定記載事項
1) 一般的記載事項

新設合併により設立する会社が株式会社（＝新設合併設立株式会社。以下，「設立株式会社」と略記）であるときは，新設合併契約には，以下の事項を定めなければならない（会753条1項1号～11号）。

① 新設合併消滅会社（以下，「消滅会社」と略記）の商号・住所，
② 「設立株式会社」の目的・商号・本店所在地・発行可能株式総数，
③ 上記②のほか，「設立株式会社」の定款で定める事項，
④ 「設立株式会社」の設立時取締役の氏名，
⑤ 「設立株式会社」が以下の会社である場合に応じて，(イ)～(ハ)に定める事項，
　(イ) 会計参与設置会社である場合→設立時会計参与の氏名（名称），
　(ロ) 監査役設置会社（監査役の監査の範囲を会計に関するものに限定する旨の定款の定めがある会社を含む）である場合→設立時監査役の氏名，
　(ハ) 会計監査人設置会社である場合→設立時会計監査人の氏名（名称），
⑥ 「設立株式会社」が，株式会社である新設合併消滅会社（＝新設合併消滅株式会社。以下「消滅株式会社」と略記）の株主または持分会社である新設合併消滅会社（＝新設合併消滅持分会社。以下「消滅持分会社」と略記）の社員に対して交付する，その株式・持分にかわる「設立株式会社」の株式の数（種類株式発行会社にあっては，株式の種類・種類ごとの数）またはその数の算定方法ならびに「設立株式会社」の資本金・準備金の額に関する事項，
⑦ 「消滅株式会社」の株主（「消滅株式会社」を除く）または「消滅持分会社」の社員に対する上記⑥の株式の割当てに関する事項，
⑧ 「設立株式会社」が新設合併に際して「消滅株式会社」の株主または「消滅持分会社」の社員に対してその株式・持分に代わる「設立株式会社」の社債等を交付するときは，当該社債等についての以下の事項，
　(イ) 当該社債等が「設立株式会社」の社債（新株予約権付社債についてのものを除く）であるときは，当該社債の種類・種類ごとの各社債の金額の合計額またはその算定方法，
　(ロ) 当該社債等が「設立株式会社」の新株予約権（新株予約権付社債に付されたものを除く）であるときは，当該新株予約権の内容・数またはその算定方法，
　(ハ) 当該社債等が「設立株式会社」の新株予約権付社債であるときは，当該

新株予約権付社債についての(イ)に規定する事項および当該新株予約権付社債に付された新株予約権についての(ロ)に規定する事項，

⑨　上記⑧の場合，「消滅株式会社」の株主（「消滅株式会社」を除く）または「消滅持分会社」の社員に対する⑧の社債等の割当てに関する事項，

⑩　「消滅株式会社」が新株予約権を発行しているときは，「設立株式会社」が新設合併に際して当該新株予約権者に交付する当該新株予約権に代わる「設立株式会社」の新株予約権または金銭についての以下に掲げる事項，

　(イ)　「消滅株式会社」の新株予約権者に対して「設立株式会社」の新株予約権を交付するときは，当該新株予約権の内容・数またはその算定方法，

　(ロ)　上記(イ)の「消滅株式会社」の新株予約権が新株予約権付社債に付された新株予約権であるときは，「設立株式会社」が当該新株予約権付社債についての社債に係る債務を承継する旨ならびにその承継に係る社債の種類・種類ごとの各社債の金額の合計額またはその算定方法，

　(ハ)　「消滅株式会社」の新株予約権者に対して金銭を交付するときは，当該金銭の額またはその算定方法，

⑪　上記⑩の場合，「消滅株式会社」の新株予約権者に対する⑩の「設立株式会社」の新株予約権または金銭の割当てに関する事項。

2）「設立株式会社」が監査等委員会設置会社の場合

「設立株式会社」が監査等委員会設置会社の場合，上記1）④は，設立時監査等委員である設立時取締役とそれ以外の設立時取締役とを区別して定めなければならない（同2項）。

3）「消滅株式会社」の全部または一部が種類株式発行会社である場合

「消滅株式会社」の全部または一部が種類株式発行会社であるときは，「消滅会社」は，「消滅株式会社」の発行する種類の株式の内容に応じ，上記1）⑦または⑨に掲げる事項（「消滅株式会社」の株主に係る事項に限る）として，以下の事項を定めることができる（同3項・5項）。

①　ある種類の株式の株主に対して「設立株式会社」の株式・社債等の割当てをしないこととするときは，その旨および当該株式の種類，

②　上記①のほか，「設立株式会社」の株式・社債等の割当てについて株式の種類ごとに異なる取扱いを行うこととするときは，その旨および当該異なる取扱いの内容。

上記 1)⑦または⑨に掲げる事項についての定めは,「消滅株式会社」の株主(「消滅会社」および上記 3)①の種類株主を除く)の有する株式の数(上記 3)②所掲の定めがある場合には,各種類の株式の数)に応じて「設立株式会社」の株式・社債等を交付することを内容とするものでなければならない(同4項5項)。

（4） 持分会社を設立する新設合併契約の法定記載事項

新設合併設立会社が持分会社(＝新設合併設立持分会社。以下,「設立持分会社」と略記)であるときは,新設合併契約において,以下の事項を定めなければならない(会755条1項1号～9号)。

① 「消滅会社」の商号・住所,
② 「設立持分会社」が合名会社・合資会社・合同会社のいずれであるかの別,
③ 「設立持分会社」の目的・商号・本店所在地,
④ 「設立持分会社」の社員についての以下の事項,
　(イ) 当該社員の氏名(名称)・住所,
　(ロ) 当該社員が無限責任社員・有限責任社員のいずれであるかの別,
　(ハ) 当該社員の出資の価額,
⑤ 上記③④のほか,「設立持分会社」の定款で定める事項,
⑥ 「設立持分会社」が新設合併に際して,「消滅株式会社」の株主または「消滅持分会社」の社員に対して,その株式・持分にかわる「設立持分会社」の社債を交付するときは,当該社債の種類・種類ごとの各社債の金額の合計額またはその算定方法,
⑦ 上記⑥の場合,「消滅株式会社」の株主(「消滅株式会社」を除く)または「消滅持分会社」の社員に対する⑥の社債の割当てに関する事項,
⑧ 「消滅株式会社」が新株予約権を発行しているときは,「設立持分会社」が新設合併に際して当該新株予約権者に対して交付する当該新株予約権にかわる金銭の額またはその算定方法,
⑨ 上記⑧の場合,「消滅株式会社」の新株予約権者に対する⑧の金銭の割当てに関する事項。

「設立持分会社」が合名会社であるときは,上記④(ロ)所掲の事項に関し,その社員の全部を無限責任社員とする旨を,合資会社であるときは,その社員の一部を無限責任社員とし,その他の社員を有限責任社員とする旨を,合同会社であるときは,その社員の全部を有限責任社員とする旨を,定めなければならない(同

2項～4項)。

4 合併承認のための株主総会

(1) 総　説

合併契約を承認する株主総会は，実務上「合併承認総会」と呼ばれているが，法的には他の一般の株主総会と何ら変りはない。この総会においては合併契約書の承認を求める議案が代表取締役より提出され審議されるが，これに加えて，まったく関係のない別の議案が提出され審議・決議されてもさしつかえない。合併契約書は，合併当事会社の代表者の間で締結された後，各当事会社の合併承認総会において，特別決議による承認を受けなければならない。

(2) 吸収合併の消滅会社の場合

吸収合併の「消滅株式会社」は，効力発生日の前日までに，株主総会の特別決議により，吸収合併契約の承認を受けなければならない（会783条1項・309条2項12号）。ただし，「消滅株式会社」が種類株式発行会社でなく，この株主に対して交付する金銭等（＝合併対価等）の全部または一部が持分等（＝持分会社の持分その他これに準ずるものとして法務省令（会規185条）で定めるもの）であるときは，吸収合併契約につき「消滅株式会社」の総株主の同意をえなければならない（会783条2項）。

「消滅株式会社」が種類株式発行会社であり，合併対価等の全部・一部が譲渡制限株式等（＝譲渡制限株式その他これに準ずるものとして法務省令（会規186条）で定めるもの）であるときは，この割当てを受ける種類の株式（譲渡制限株式を除く）の種類株主総会（当該種類株主に係る株式の種類が2以上ある場合は，当該2以上の株式の種類別に区分された種類株主を構成員とする各種類株主総会）の決議がなければ，吸収合併の効力は生じない。ただし，当該種類株主総会で議決権を行使できる株主が存しない場合はこの限りでない（会783条3項）。

「消滅株式会社」が種類株式発行会社であり，合併対価等の全部・一部が持分等であるときは，当該持分等の割当てを受ける種類の株主の全員の同意がなければ，吸収合併の効力は生じない（同4項）。

吸収合併により持分会社が消滅する場合，定款に別段の定めがなければ，効力発生日の前日までに，吸収合併契約につき当該持分会社の総社員の同意をえなければならない（会793条1項1号）。

（3） 吸収合併の存続会社の場合

　吸収合併の「存続株式会社」は，効力の発生日の前日までに，株主総会の特別決議により，吸収合併契約の承認を受けなければならない（会795条1項・309条2項12号）。

　以下の合併差損が生ずる場合，取締役は，この株主総会においてその旨を説明しなければならない（会795条2項1号2号）。①「存続株式会社」が承継する「消滅会社」の債務の額として法務省令で定める額（＝承継債務額[4]，会規195条1項）が「存続株式会社」が承継する「消滅会社」の資産の額として法務省令で定める額（＝承継資産額[5]，同2項）を超える場合，②「存続株式会社」が「消滅株式会社」の株主・「消滅持分会社」の社員に交付する金銭等（「存続株式会社」の株式等を除く）の帳簿価額が承継資産額から承継債務額を控除して得た額を超える場合，である。

　承継する「消滅会社」の資産に「存続株式会社」の株式が含まれる場合には，取締役は，「存続株式会社」における合併契約承認総会において，当該株式に関する事項を説明しなければならない（会795条3項）。

　「存続株式会社」が，種類株式発行会社である場合，「消滅株式会社」の株主または「消滅持分会社」の社員に交付する金銭等が，「存続株式会社」の株式であるときは，当該吸収合併は，当該種類株式（会749条1項2号イ）（譲渡制限株式であって，会社法199条4項の定款の定めがないものに限る）の種類株主を構成員とする

---

[4] 会社法795条2項1号所定の承継債務額とは，以下の①の額から②の額を減じて得た額とされる（会規195条1項1号2号）。すなわち，①吸収合併の直後に，「存続株式会社」の貸借対照表の作成があったものとする場合における，当該貸借対照表の負債の部に計上すべき額から会社法795条2項2号の株式等（社債（吸収合併直前に「存続株式会社」が有していた社債を除く）に限る）につき，会計帳簿に付すべき額を減じて得た額，②吸収合併の直前に，「存続株式会社」の貸借対照表の作成があったものとする場合における，当該貸借対照表の負債の部に計上すべき額，である。

[5] 会社法795条2項1号所定の承継資産額は，以下の①の額から②の額を減じた額とされる（同2項1号2号）。すなわち，①吸収合併の直後に，「存続株式会社」の貸借対照表の作成があったものとする場合における，当該貸借対照表の資産の部に計上すべき額，②吸収合併の直前に，「存続株式会社」の貸借対照表の作成があったものとする場合における，当該貸借対照表の資産の部に計上すべき額から，会社法795条2項2号所定の金銭等（同号の株式等のうち吸収合併の直前に「存続株式会社」が有していた社債を含む）の帳簿価額を減じて得た額，である。

　ただし，「存続株式会社」が連結配当規制適用会社である場合で，「消滅会社」が「存続株式会社」の子会社であるときは，会社法795条2項1号に規定する資産の額は，以下のうちいずれか高い額となる（同3項）。すなわち，ⅰ）前注4)における①の所掲額から同②の所掲額を減じた額，ⅱ）本注5)①所掲額から同②所掲額を減じた額，である。

種類株主総会（当該種類株主に係る株式の種類が2以上ある場合は，当該2以上の株式の種類別に区分された種類株主を構成員とする各種類株主総会）の決議がなければその効力を生じない。ただし，当該種類株主総会で議決権を行使できる株主が存しない場合はこの限りでない（会795条4項1号）。

吸収合併により存続会社となる持分会社（＝存続持分会社）は，効力発生日の前日までに，総社員による吸収合併契約についての同意をえなければならない。ただし，定款に別段の定めがある場合はこのかぎりでない（会802条1項1号）。

（4） 新設合併の消滅会社の場合

新設合併の「消滅株式会社」は，株主総会の特別決議または特殊決議により，新設合併契約の承認を受けなければならない（会804条1項・309条2項12号・3項3号）。ただし，「設立会社」が持分会社である場合には，「消滅株式会社」の総株主の同意をえなければならない（会804条2項）。

「消滅株式会社」が種類株式発行会社である場合，「消滅株式会社」の株主に対して交付する「設立株式会社」の株式等の全部・一部が譲渡制限株式等であるときは，当該新設合併は，当該譲渡制限株式等の割当てを受ける種類の株式（譲渡制限株式を除く）の種類株主を構成員とする種類株主総会（当該種類株主に係る株式の種類が2以上ある場合は，当該2以上の株式の種類別に区分された種類株主を構成員とする各種類株主総会）の決議がなければ，その効力を生じない。ただし，当該種類株主総会において議決権を行使できる株主が存しない場合はこの限りでない（同3項）。

5 合併の通知・公告

吸収合併の「消滅株式会社」は効力発生日の20日前までに，また，新設合併の「消滅株式会社」は，合併承認総会の決議の日（新設合併設立会社が持分会社の場合は，「消滅株式会社」の総株主の同意をえた日）から2週間以内に，その登録株式質権者（株主総会決議による合併契約の承認を要しない場合（会784条2項・805条）の登録株式質権者を除く）および登録新株予約権質権者（会787条3項1号・808条3項1号所定のもの）に対し，吸収合併または新設合併をする旨を通知するか，または公告しなければならない（会783条5項6項・804条4項5項）。

6　総会決議が不要の場合（略式合併・簡易合併）

（1）　略式合併と株主の差止請求
1）　略式合併

吸収合併の場合，株主総会における合併契約の承認決議は，①「存続会社」が「消滅株式会社」の特別支配会社である場合には「消滅株式会社」において，また，②「消滅会社」が「存続株式会社」の特別支配会社である場合には「存続株式会社」において，不要とされる（会784条1項・796条1項）。これらの場合は略式合併とよばれるが，あえて総会決議をへるまでもなく結果が明らかであるからである。ただし，①において，合併対価の全部または一部が譲渡制限株式であって，「消滅株式会社」が公開会社であり，かつ，種類株式発行会社でないとき，また，②において，吸収合併消滅株式会社の株主に対して交付する金銭等の全部または一部が「存続株式会社」の譲渡制限株式であって，「存続株式会社」が公開会社でないときは，この限りでない（会784条1項ただし書・796条1項ただし書）。

2）　株主の差止請求

以下の場合，「消滅株式会社」の株主が不利益を受けるおそれがあるときは，その株主は，「消滅株式会社」に対し，吸収合併をやめることを請求できる。ただし，簡易合併（会784条2項）の場合は，この限りでない（会784条の2）。

　①　当該吸収合併が法令・定款に違反する場合，
　②　「存続株式会社」が「消滅株式会社」の特別支配会社であって，「存続株式会社」が「消滅株式会社」の株主に対してその株式に代わる金銭等を交付する場合の所定事項（会749条1項2号3号）が，「消滅株式会社」または「存続会社」の財産の状況その他の事情に照らして著しく不当であるとき。

以下の場合，「存続株式会社」の株主が不利益を受けるおそれがあるときは，その株主は，「存続株式会社」に対し，吸収合併をやめることを請求できる。ただし，原則として，簡易合併（会796条2項本文）の場合は，この限りでない（会796条の2）。

　①　当該吸収合併が法令・定款に違反する場合，
　②　「消滅株式会社」が「存続株式会社」の特別支配会社であって，「存続株式会社」が「消滅株式会社」の株主に対してその株式に代わる金銭等を交

付する場合の所定事項（会749条1項2号3号）が、「存続株式会社」または「消滅会社」の財産の状況その他の事情に照らして著しく不当であるとき。

(2) 簡易合併

1) 意　義

平成9年の改正商法は、合併法制の簡易化の一環として、あらたに簡易合併制度を設けた。これは吸収合併において、「存続会社」の規模が「消滅会社」の規模に比べて著しく大きい場合や、親会社が一人子会社を吸収する場合のように、合併対価がごくわずかか皆無で株主の利害に重大な影響を及ぼさない場合（鯨がメダカを飲みこむようなとき）には、「存続会社」の合併承認決議は不要とする制度であり、諸外国の立法例にならったものである。

2) 制　度

吸収合併の「存続会社」においては、合併対価の額（簿価）が、「存続会社」の純資産額の5分の1（これを下回る割合を「存続株式会社」の定款で定めた場合にはその割合）を超えない場合は、株主総会決議は不要である（会796条2項）。すなわち、以下①②③の④に対する割合が5分の1を超えない場合である。

① 吸収合併消滅（株式・持分）会社の株主・社員（＝株主等）に交付する「存続株式会社」の株式の数に1株あたりの純資産額を乗じてえた額、

② 「消滅会社」の株主等に対して交付する「存続株式会社」の社債・新株予約権または新株予約権付社債の帳簿価額の合計額、

③ 「消滅会社」の株主に対して交付する「存続株式会社」の株式等以外の財産の帳簿価額の合計額、

④ 「存続株式会社」の純資産額として法務省令（会規196条）所定の方法により算定される額。

ただし、(イ)合併差損が生ずる場合（承継債務額が承継資産額を超える場合、会795条2項1号2号）、または、(ロ)消滅（株式・持分）会社の株主・社員に対して交付する金銭等の全部・一部が、「存続株式会社」の譲渡制限株式であって、「存続株式会社」が公開会社でない場合は（会796条1項ただし書）、株主総会決議が必要である（同2項ただし書）。

簡易合併に該当し総会決議が不要となる場合であっても、法務省令（会規197条）[6]所定数の株式（合併承認総会で議決権を行使できるものに限る）を有する株主が、合併通知・公告の日（会797条3項4項）から2週間以内に吸収合併に反対する旨

を「存続株式会社」に通知した場合は，「存続株式会社」は，効力発生日の前日までに，株主総会決議により吸収合併契約の承認を受けなければならない（会796条3項）。

7　持分会社の手続

持分会社が新設合併をする場合には，定款に別段の定めがない限り，新設合併契約には，当該持分会社の総社員の同意が必要である（会813条1項1号）。債権者保護手続（会810条）の規定は，新設合併消滅持分会社に準用される（会813条2項）。

8　合併の効果

吸収合併存続（株式・持分）会社は，効力発生日に，吸収合併消滅会社の権利義務を承継し（会750条1項・752条1項），新設合併設立（株式・持分）会社は，その成立の日に，新設合併消滅会社の権利義務を承継する（会754条1項・756条1項）。

なお吸収合併および新設合併の登記については，それぞれ会社法921条・922条が規定している。

6）　以下①～④所定の数のうちいずれか小さい数とされる（会規197条1号～4号）。
　①　特定株式（簡易合併に反対する株主がいるためなされる合併承認総会（会796条3項）で議決権を行使できる株式）の総数に2分の1（定款で，当該総会の決議成立要件として，特定株式の議決権の総数の一定割合以上の議決権を有する株主の出席が定まっている場合には，当該一定の割合）を乗じて得た数に3分の1（定款で，当該総会での決議成立要件として当該総会に出席した特定株主（特定株式の株主）の有する議決権の総数の一定割合以上の多数の賛成が必要と定まっている場合には，1から当該一定割合を減じて得た割合）を乗じて得た数に1を加えた数。
　②　会社法796条3項に規定する行為に係る決議が成立するための要件として，一定数以上の特定株主の賛成を必要とする定款の定めがある場合で，特定株主の総数から株式会社に対して当該行為に反対する旨の通知をした特定株主の数を減じて得た数が，当該一定の数未満となるときにおける当該反対通知をした特定株主の有する特定株式の数。
　③　会社法796条3項に規定する行為に係る決議が成立するための要件として，上記①②以外の定款の定めがある場合で，反対通知をした特定株主の全部が同項所定の株主総会で反対したとすれば当該決議が成立しないときは，反対通知をした特定株主の有する特定株式の数。
　④　定款で定めた数。

第3節　合併の無効

1　総　説

　会社の合併が合併登記によっていったん効力を生じても，種々の原因によって合併が無効となる場合がある。しかし，その解決を民法の一般原則に委ねると取引の安全を害する場合がある。そこで，会社法は合併無効の訴えという制度を設け（会828条1項7号8号），この無効の主張を可及的に制限するとともに，合併が無効となる場合には，それを画一的に確定し，かつ無効の遡及効を否定して既往における合併の効力を認め，法律関係の安定をはかろうとしている。

2　無効の原因

　合併の無効原因については，会社法上規定がなく，その有無は，合併手続の遵守を要求する法規定の趣旨と，法的安定および取引の安全の保護の要請との比較衡量によって判定される。一般に合併手続の不遵守が無効原因とされており，合併契約書が作成されていない場合または法定記載事項が欠けている場合，総会の合併契約書承認決議に取消・無効・不存在の原因がある場合，債権者保護手続がとられていない場合，独占禁止法に違反して合併がなされた場合，などが該当する。

　一方，合併比率等の合併条件が不公正な場合であっても，手続的に適法である限り，無効事由にはあたらないと解するのが判例である。東京高判平成2・1・31[7]資料版商事77号193頁は，「合併比率が不当であるとしても，合併契約の承認決議に反対した株主は，会社に対し，株式買取請求権を行使できるのであるから，これに鑑みると，合併比率の不当又は不公正ということ自体が合併無効事由になるものではない……。……仮に合併比率が著しく不公正な場合には，それが合併無効になると……しても，……各合併当事会社の株式の価値及びそれに照応する合併比率は，……多くの事情を勘案して種々の方式によって算定されうるのであるから，厳密に客観的正確性をもって唯一の数値とは確定しえず，微妙な企

---

[7]　百選［第2版］90事例［遠藤美光］。

業価値の測定として許される範囲を超えない限り，著しく不当とは言えない」としており，最判平成5・10・5資料版商事116号196頁もこれを支持している。

これに対し，学説は，(1)合併比率が著しく不公正な場合は，合併承認決議がなされたとしても，合併無効原因になる，[8] (2)株主総会の合併承認決議において，特別利害関係を有する株主が議決権を行使したため著しく不公正な合併比率が承認された場合には決議取消原因となり（会831条1項3号），その瑕疵が合併無効原因になる，[9] (3)合併比率が不公正であっても，合併契約書が株主総会の特別決議によって承認されるならば，合併無効原因とはならず，反対株主は株式買取請求権のみによって保護される，[10]などの各説に分かれている。合併比率は，理論的には合併当事会社の株式価値によって決定されるとはいえても，この株式価値たるや，株価や1株あたりの純資産額のみで評価できるものではなく，企業の収益力をも考慮に入れた継続企業価値を反映して評価されるべきものであり，総合的かつ複雑そして主観的な評価作業をへなければならない。したがって，当事会社の取締役が誠実に株式価値を把握して合併比率を算定し，それを株主総会が適式に承認している限り，微妙な企業価値の把握に際して回避できない誤差の発生により合併比率の不公正が生じたとしても，ただちにそれをもって合併の無効原因とすることはできない。[11]しかし，合併比率が著しく不公正な場合（合併当事会社の取締役が合理的に説明可能な政策判断をこえて一方にのみ重大な不利益をもたらす比率の場合）にまで，株主には株式買取請求権があるということで，合併無効の主張を認めないのは不当である。株式買取請求権を行使すれば株主の地位を失うのであるから，株主として留まりつつ不利益の是正を望む者にとって，これは救済にはなりえないからである（龍田472頁）。

3　合併無効の訴え

（1）　主張方法－合併承認決議取消しの訴えなどとの関係－

合併の無効は訴えによらなければ主張できないが（会828条1項7号8号），合併承認総会の決議に瑕疵があった場合，決議取消しの訴えや無効・不存在確認の

---

[8]　龍田472頁，同「合併の公正維持」法学論叢82巻2〜4号300頁以下，大隅＝今井・下II 90頁，鈴木＝竹内510頁。
[9]　今井　宏「株式会社の合併」会演III 204頁。
[10]　上柳・会社法手形法論集194頁（有斐閣，1980）。
[11]　大隅＝今井・下II 89頁。

訴えと合併無効の訴えとの関係が問題となる。特に，合併決議取消しの訴えの提訴期間が決議の日から3カ月以内となっている関係上（会831条1項），この訴えと提訴期間が合併の効力発生日から6カ月以内となっている合併無効の訴えとの関係が問題である。合併無効の訴えは合併の効力発生後でなければ提起できないが，合併決議取消しの訴えは合併登記後にも提起できるのであろうか。あるいは，合併決議取消しの訴えが提起された後に合併無効の訴えが提起された場合，合併決議取消しの訴えはどうなるのであろうか。学説は，吸収説と併存説に大別される。

吸収説は，合併決議は合併手続の一要素にすぎず，合併決議の瑕疵は当然に合併無効の効果をもたらすとして，合併決議の瑕疵に関する訴えは合併無効の訴えに吸収されると解する。そして，合併の効力発生前は決議取消しの訴えを提起できるが，効力発生後はこれを提起できず，継続中の決議取消訴訟は当然にあるいは訴えの変更により合併の無効訴訟に移行すべきであると解する。これに対して，併存説は，それぞれの要件をみたす限り，合併の効力発生時期と関係なく，合併決議取消しの訴えと合併無効の訴えの双方を提起できると解する。そして，合併の効力発生後は決議取消しの訴え・無効の訴えいずれも提起でき，決議取消しの判決が確定すれば，別に合併無効の訴えによらないで，当然に合併の効力も無効になると解する。最高裁は，新株発行無効の訴えに関する事例ではあるが，吸収説にたっている。合併の無効は訴えによってしか主張しえないとするならば，吸収説が妥当といえよう。

(2) 提訴権者と被告

吸収合併無効の訴えの提訴権者は，①合併の効力発生日において吸収合併する会社の株主等・社員等であった者，②存続会社の株主等・社員等，③破産管財人，④吸収合併を承認しなかった債権者であり，新設合併無効の訴えの提訴権者は，①合併の効力発生日において新設合併する会社の株主等・社員等であった者，②設立会社の株主等・社員等，③破産管財人，④新設合併を承認しなかった債権者，である（会828条2項7号8号）。この場合，設立する株式会社の株主等とは，株

---

12) 田中〔誠〕上566頁，鈴木＝竹内264頁，北沢766頁，前田710頁。
13) 大隅健一郎・全訂会社法論中巻292頁（有斐閣，1959）。ただし，大隅＝今井・新版会社法論中巻Ⅱ 546頁（有斐閣，1983）では吸収説に変更している。
14) 最判昭和37・1・19民集16巻1号76頁（株主以外の者に新株引受権を付与する総会決議の取消しの訴えと新株が発行された場合の事例），最判昭和40・6・29民集19巻4号1045頁（新株発行決議無効確認の訴えと新株発行無効の訴えとの関係に関する事例）。

主・取締役・清算人をいうが，監査役設置会社においては，株主・取締役・監査役・清算人，指名委員会等設置会社においては，株主・取締役・執行役・清算人をいう。また，設立する持分会社の社員等とは，社員・清算人をいう（会828条2項1号）。なお，合併を承認しない債権者には，合併に対して異議を申し立てた債権者のほか，異議申立ての催告がなされるべき場合にそれを受けなかったため異議を申し立てられなかった債権者も含まれる（前田717頁）。なお独占禁止法では，一定の独禁法違反の場合に公正取引委員会にも合併無効の訴えの提訴権を付与している（独禁18条）。

合併無効の訴えの被告は，吸収合併後の存続会社および新設合併の設立会社である（会834条7号8号）。訴えの提訴期間は，合併の効力発生日より6カ月以内である（会828条1項7号8号）。

（3） 手　続

合併無効の訴えの専属管轄は，被告会社の本店所在地を管轄する地方裁判所である（会835条1項）。裁判所は，被告の申立てにより，提訴した株主・設立時株主あるいは会社債権者に対し，相当の担保をたてるべきことを命ずることができる。ただし，当該株主が取締役・監査役・執行役・清算人であるとき，または，設立時株主が設立時取締役・設立時監査役であるときはこの限りでない（会836条1項2項）。被告がこの申立てをするには，原告の訴えが悪意によるものであることを疎明しなければならない（同3項）。

（4） 合併無効判決の効力

1） 画一的確定効力（対世効）

合併の無効を認容する判決は，第三者に対してもその効力を有する（会838条）。

2） 不遡及効

合併の無効を認容する判決が確定すると，合併は，将来に向ってその効力を失う（不遡及効・将来効，会839条）。したがって，合併無効判決が確定すると，存続会社が合併に際して発行した株式は将来に向って無効になり，設立会社は消滅し，消滅会社が復活する。合併当事会社が合併当時有していた権利義務で，合併無効判決確定時に残存しているものは，それぞれ属していた会社に復帰する。合併後，合併無効判決確定までの間に存続会社または新設会社が負担した債務および取得した財産については，債務の場合は合併当事会社が連帯して弁済の責に任じ，取得財産は合併当事会社の共有となる（会843条1項1号2号・2項）。これらの場合

の各当事会社の負担部分または共有持分は，各会社の協議で定めるが，協議が調わないときは，各会社の申立てにより，裁判所が，合併効力の発生時における各会社の財産の額その他一切の事情を考慮して定める（同3項4項）。

3） 合併無効の登記

合併無効判決が確定したときは，裁判所書記官は，職権で，遅滞なく，各会社の本店所在地を管轄する登記所に，以下の登記を嘱託しなければならない。吸収合併無効の場合は，存続会社については変更登記，消滅会社については回復登記，新設合併無効の場合は，新設会社については解散登記，消滅会社については回復登記，である（会937条3項2号3号）。

第5章　会社分割

第1節　総　説

　会社分割とは，一般的に，会社がその特定事業部門を別会社として分離独立させること，すなわち，1つの会社が2つ以上の会社になることをいう。これは，会社の優良事業部門を分離して一層の効率化・収益向上をめざすため，あるいは，不採算部門を切り離すために実施されるのであって，合併とともに企業再編のための一方法となる。ところで，会社分割を直接的な規制対象とする法規定（法律上の会社分割規定）は，フランス会社法においては以前より整備されているものの，わが国では，従来これが備わっていなかった。そこで，実務では，既存の会社法上の制度を利用して実質的・経済的に会社分割と同じ効果を収める，事実上の会社分割が行われてきた。

　わが国における事実上の会社分割方法としては，①親会社となるべき会社がその会社財産を現物出資して子会社を設立する方法，②設立後の子会社が新株を発行する際，親会社がその会社財産を現物出資する方法，③設立後の子会社に，親会社の会社財産を財産引受の方法で譲渡する方法，④設立後の子会社に，親会社の会社財産を事後設立の方法で譲渡する方法がある。しかし，いずれの方法によっても，(1)原則として裁判所の選任する検査役の調査が必要である，(2)親会社の株主に対して子会社の株式を分配できない，(3)親会社の債権者の保護が十分でない，などの難点がある。そこで，平成12年の商法改正において，企業組織の再編成のための法制度整備の一環として，会社分割法制が創設されるにいたった。

第2節　会社分割制度の必要性

　会社分割制度の創設を必要とする理由としては，①企業の再編成の促進，②経営の効率性および監査の実効性の確保，③コングロマリット・ディスカウント（conglomerate discount，市場では会社自身の価値が各事業部門の価値の合計よりも低く評

価される傾向にあること）の解消，などがあげられる。①は，国際的に企業間の競争が熾烈さを増している状況下，効率的な経営を実施して勝者となるためには，市場の動向に対応して機動的に会社組織の再編成を行う必要があることを意味する。②は複数の事業部門を有する会社においては，全ての事業につき効率的な業務執行を経営者に求めたり，それに対する実効的な監査の実現を期待することは困難であり，複数の事業部門を分割して複数の会社とし，各会社の経営につき人材を登用する方が，経営の効率性や監査の実効性において有益であることをいう。③は，会社を分割し，各事業の価値が適切に評価されるようになれば，株価の上昇も期待できることを意味する。

以上の必要性に応えるかたちで実現した会社分割法制の下では，持株会社の下にある子会社を簡易迅速に事業別に再編成したり，事業の現物出資などによる従来の分社手続にかわって，事業を停止することなく会社分割が行えるため，円滑かつ合理的な企業の再編成が可能である。

第3節　会社分割の種類

1　吸収分割と新設分割

　会社法上，会社分割とは，株式会社・合同会社につき，既存の会社がその事業に関して有する権利義務の全部または一部を他の会社に承継させる行為をいう。その方法としては，吸収分割と新設分割がある。

　吸収分割とは，株式会社または合同会社（分割会社＝A社）がその事業に関して有する権利義務の全部または一部を分割後他の会社（承継会社＝B社）に承継させることをいう（会2条29号）[1]。手続的には，分割会社と承継会社との間で「分割契約」を締結し，両社の株主総会・社員総会が特別決議をもってこれを承認することになるが，すべての種類の会社が承継会社になれる。吸収分割は，たとえば持株会社のもとにある複数の子会社における重複する事業部門を特定子会社に集中させることにより組織の再編成をはかる場合などに利用される。また，合弁事

---

1) 吸収分割は，実質的には，A社が新設分割を行ってA'社を設立し，これをB社が吸収合併する効果を直截に実現する手続であるため「分割合併」とよばれる場合もある。

業の解消方法として，合弁会社が分割会社として営業の全部を元の各会社に承継させる吸収分割を行い，合弁会社自体は解散することもある。

　新設分割とは，1または2以上の株式会社または合同会社がその事業に関して有する権利義務の全部または一部を分割により設立する会社（設立会社）に承継させることをいう（同30号）。手続的には分割会社が「分割計画書」を作成し，株主総会が特別決議をもってこれを承認することになるが，すべての種類の会社が新設会社になれる。新設分割は，複数の事業部門を有する会社が各事業部門を独立した会社とすることにより，経営の効率性の向上をはかろうとする場合に利用される（例，鉄道事業部門と百貨店事業部門を有するA社が，B社を新設し百貨店事業部門を分離・承継させる場合等）。

　なお吸収分割と新設分割の登記については，それぞれ会社法923条と924条が規定している。

2　物的（分社型）分割と人的（分割型）分割

　会社法施行前においては，新設分割・吸収分割いずれの場合も，承継会社または設立会社の発行する株式が，分割会社に限って割り当てられる「物的分割」（分社型分割・分社化）と，分割会社の株主にも割り当てられる「人的分割」（分割型分割）とに分けて規定されていた。すなわち，「物的分割」の場合には，上記A社はB社の親会社となるのであるが，人的分割の場合には，新株の全部がA社の株主に割り当てられる「全部分割」と，一部をA社の株主に割り当て，残部をA社自体に割り当てる「一部分割」とに分けて規定されていた。

　しかし，会社法においては，承継会社・設立会社は分割に際して「株式等」を分割会社に対してのみ交付することになっており，「人的分割」は，「物的分割→剰余金の配当」として構成されている。すなわち，会社法は，物的分割しか規定していないが，物的分割により分割会社が対価として得た承継会社・設立会社の株式・持分等を，分割会社が，①株主から全部取得条項付種類株式を取得する際の対価として，これをその株主に分配する場合や，②株主・社員に対して剰余金の配当として分配する場合には，分割会社には財源規制は及ばないとしている（会792条・812条）。改正前商法における人的分割制度を実質的に維持している。

3　分割の対象

会社分割の対象は，分割会社の「事業」の全部または一部であるが，分割の対象とされた事業に関し分割会社が競業避止義務を負うか否かについては規定がない。そのため，分割会社が競業避止義務を負わないまま事業の全部・一部を承継会社・設立会社に承継させる場合も，この場合の事業の全部・一部の承継に含まれるものと解される。この点は，事業譲渡規制（会467条1項）に関し判例（最判昭和40・9・22民集19巻6号1600頁）が考える「事業」概念とは異なるところである。

4　労働契約承継法の制定

会社分割法制の導入に対しては，企業の競争力強化を通じて，長期的には雇用の安定に資することが期待される。しかし，企業側の一方的な決定によりその再編成が実現されることになるため，労働関係の承継に関し，労働者の利益保護もはかられなければならない。そのために，平成12年には，「会社の分割に伴う労働契約の承継等に関する法律（労働契約承継法）」が制定されている。

第4節　吸収分割

1　吸収分割の方法

(1)　株式会社に権利義務を承継させる吸収分割
1)　吸収分割契約

吸収分割は，株式会社と合同会社に限り行うことができるが，その場合，当該会社（吸収分割会社。以下，「分割会社」と略記）と，当該会社がその事業に関して有する権利義務の全部または一部を，当該会社から承継する会社（＝吸収分割承継会社，以下，「承継会社」と略記）との間で，吸収分割契約が締結されなければならない（会757条）。

「承継会社」の種類には限定がなく，いずれの種類の会社でもよいが，これが株式会社であるときは，吸収分割契約において，以下の事項を定めなければならない（会758条1号～8号）。

① 「分割会社」と吸収分割承継株式会社（以下，「承継株式会社」と略記）の商

号・住所,

② 「承継株式会社」が「分割会社」から承継する資産・債務・雇用契約その他の権利義務（株式会社である吸収分割会社（＝吸収分割株式会社，以下，「分割株式会社」と略記）・「承継株式会社」の株式ならびに「分割株式会社」の新株予約権に係る義務を除く）に関する事項，

③ 「分割株式会社」または「承継株式会社」の株式を「承継株式会社」に承継させるときは，当該株式に関する事項，

④ 「承継株式会社」が「分割会社」に対してその事業に関する権利義務の全部・一部に代わる金銭等を交付するときは，当該金銭等についての以下の事項，

　(イ) 当該金銭等が「承継株式会社」の株式であるときは，当該株式の数（種類株式発行会社にあっては株式の種類・種類ごとの数）またはその数の算定方法，ならびに，「承継株式会社」の資本金・準備金の額に関する事項，

　(ロ) 当該金銭等が「承継株式会社」の社債（新株予約権付社債についてのものを除く）であるときは，当該社債の種類・種類ごとの各社債の金額の合計額またはその算定方法，

　(ハ) 当該金銭等が「承継株式会社」の新株予約権（新株予約権付社債に付されたものを除く）であるときは，当該新株予約権の内容・数またはその算定方法，

　(ニ) 当該金銭等が「承継株式会社」の新株予約権付社債であるときは，当該新株予約権付社債についての(ロ)に規定する事項，および当該新株予約権付社債に付された新株予約権についての(ハ)に規定する事項，

　(ホ) 当該金銭等が「承継株式会社」の株式等以外の財産であるときは，当該財産の内容・数もしくは額またはこれらの算定方法，

⑤ 「承継株式会社」が「分割株式会社」の新株予約権者に対して当該新株予約権に代わる「承継株式会社」の新株予約権を交付するときは，当該新株予約権についての以下の事項，

　(イ)「承継株式会社」の新株予約権の交付を受ける「分割株式会社」の新株予約権者の有する新株予約権（＝吸収分割契約新株予約権）の内容，

　(ロ) 吸収分割契約新株予約権者に対して交付する「承継株式会社」の新株予約権の内容・数またはその算定方法，

　(ハ) 吸収分割契約新株予約権が新株予約権付社債に付された新株予約権であ

るときは，「承継株式会社」が当該新株予約権付社債についての社債に係る債務を承継する旨・その承継に係る社債の種類・種類ごとの各社債の金額の合計額またはその算定方法，

⑥　上記⑤に規定する場合，吸収分割契約新株予約権者に対する⑤の「承継株式会社」の新株予約権の割当てに関する事項，

⑦　吸収分割の効力発生日，

⑧　「分割株式会社」が効力発生日に以下の行為をするときは，その旨（いわゆる「人的分割」条項），

　(イ)　会社法171条1項（全部取得条項付種類株式の取得に関する規定）による株式の取得（同項1号に規定する取得対価が「承継株式会社」の株式（「分割株式会社」が吸収分割をする前から有するものを除き，「承継株式会社」の株式に準ずるものとして法務省令（会規178条）で定めるものを含む。以下(ロ)において同じ）のみであるものに限る），

　(ロ)　剰余金の配当（配当財産が「承継株式会社」の株式のみであるものに限る）。

2)　吸収分割の効力の発生等

「承継株式会社」は，効力発生日に，吸収分割契約の定めに従い，「分割会社」の権利義務を承継する（会759条1項）。

3)　債権者保護手続

「分割株式会社」における債権者は，以下の場合，「分割株式会社」に対して，吸収分割につき異議を述べることができる（会789条1項2号）。すなわち，

(1)当該債権者が，吸収分割後，「分割株式会社」に対して債務の履行（当該債務の保証人として「分割承継会社」と連帯して負担する保証債務の履行を含む）を請求することができない場合，および，(2)分割の効力発生日に，「分割株式会社」がその全部取得条項付種類株式を「分割承継会社」の株式・持分のみを取得対価として取得すること，または，配当財産を「分割承継会社」の株式・持分のみとして剰余金配当をすることが，会社分割契約において定まっている場合（同号かっこ書・758条8号イロ・760条7号イロ）である。(2)の場合，分配可能額による制約がないため，残存債権者の利益が害されるおそれがあるからである。

「分割株式会社」の債権者の全部または一部が異議を述べることができる場合，「分割株式会社」は，以下の事項を官報に公告し，かつ，知れている債権者（異議を述べることができるものに限る）には，各別にこれを催告しなければならない

（会789条2項）。すなわち，①吸収分割をする旨，②「承継会社」の商号・住所，③「分割会社」および「承継株式会社」の計算書類に関する法務省令（会規188条）所定事項，④債権者が1カ月以上の一定の期間内に異議を述べることができる旨，である。

4）詐害的な会社分割における債権者の保護

平成26年改正法は，詐害的な会社分割に対応し，以下のような債権者保護規定を設けるにいたった。詐害的な会社分割とは，吸収分割において，吸収分割会社が，吸収分割承継会社に対し債務の履行を請求できる債権者と請求できない債権者とを恣意的に選別し，「承継会社」には優良事業や資産を承継させ，結果として，「承継会社」に債務の履行を請求できない債権者には十分な債務の弁済が受けられないようにして，この債権者を害する会社分割をいう。このような事態に対しては，従来は，民法上の詐害行為取消権（民424条1項）により会社分割の取消が認められていたが（最判平成24・10・12民集66巻10号3311頁），そこには各種の不都合があったため，会社法で直截な解決が図られることになった。

会社法789条1項2号により吸収分割に異議を述べることのできる「分割会社」の債権者であって，同2項の各別の催告を受けなかったもの[2]においては，(1)吸収分割契約において，吸収分割後に「分割会社」に対して債務の履行を請求することができないものとされているときであっても，「分割会社」に対して，「分割会社」が効力発生日に有していた財産の価額を限度として，当該債務の履行を請求することができる（会759条2項）。同じく，(2)吸収分割契約において吸収分割後に「承継株式会社」に対して債務の履行を請求することができないものとされているときであっても，「承継株式会社」に対して，承継した財産の価額を限度として，当該債務の履行を請求することができる（同3項）。

「分割会社」が「承継株式会社」に承継されない債務の債権者（＝残存債権者）を害することを知って吸収分割をした場合には，残存債権者は，「承継株式会社」に対して，承継した財産の価額を限度として，当該債務の履行を請求することができる。ただし，「承継株式会社」が吸収分割の効力が生じた時において，残存債権者を害すべき事実を知らなかったときは，この限りでない（同4項）。なお，

---

2) 官報のほか時事掲載日刊紙または電子公告により公告する場合には（会789条3項），不法行為により生じた債務の債権者に限られる（会759条2項かっこ書）。

いわゆる人的分割に関する定め（会758条8号）がある場合には，この4項の適用はない（同5項）。この場合には，残存債権者には会社分割に対する異議申述権が認められていて（会789条1項2号），その保護が図られているからである。

「承継株式会社」が，この債務履行責任を負う場合には，当該責任は，「分割会社」が残存債権者を害することを知って吸収分割をしたことを知った時から2年以内に請求または請求の予告をしない残存債権者に対しては，その期間を経過した時に消滅する。効力発生日から20年を経過したときも，同様である（会759条6項）。

「分割会社」について破産・再生・更生の手続開始の決定があったときは，残存債権者は，「承継株式会社」に対して，上記4項の規定による債務の履行請求権を行使することができない（同7項）。

（2） 持分会社に権利義務を承継させる吸収分割
1） 吸収分割契約

吸収分割承継会社が持分会社であるときは，吸収分割契約において，以下の事項を定めなければならない（会760条1号〜7号）。

① 「分割会社」および持分会社である吸収分割承継会社（吸収分割承継持分会社。以下，「承継持分会社」と略記）の商号・住所，

② 「承継持分会社」が「分割会社」から承継する資産・債務・雇用契約その他の権利義務（「分割株式会社」の株式および新株予約権に係る義務を除く）に関する事項，

③ 「分割株式会社」の株式を「承継持分会社」に承継させるときは，当該株式に関する事項，

④ 「分割会社」が「承継持分会社」の社員となるときは，以下の(イ)〜(ハ)に掲げる「承継持分会社」の区分に応じ，そこに定める事項，

　(イ)　合名会社→当該社員の氏名・名称・住所・出資の価額，

　(ロ)　合資会社→当該社員の氏名・名称・住所，当該社員が無限責任社員・有限責任社員のいずれであるかの別，当該社員の出資の価額，

　(ハ)　合同会社→当該社員の氏名・名称・住所・出資の価額，

⑤ 「承継持分会社」が「分割会社」に対してその事業に関する権利義務の全部・一部に代わる金銭等（「承継持分会社」の持分を除く）を交付するときは，当該金銭等についての以下の事項，

㈣　当該金銭等が「承継持分会社」の社債であるときは，当該社債の種類・種類ごとの各社債の金額の合計額またはその算定方法，
　　　㈥　当該金銭等が「承継持分会社」の社債以外の財産であるときは，当該財産の内容・数もしくは額またはこれらの算定方法，
　　⑥　吸収分割の効力発生日，
　　⑦　「分割株式会社」が効力発生日に以下の行為をするときは，その旨，
　　　㈣　会社法171条（全部取得条項付種類株式の取得に関する規定）1項による株式の取得（同項1号に規定する取得対価が「承継持分会社」の持分（「分割株式会社」が吸収分割をする前から有するものを除き，「承継持分会社」の持分に準ずるものとして法務省令（会規178条）で定めるものを含む。以下㈥において同じ）のみであるものに限る），
　　　㈥　剰余金の配当（配当財産が「承継持分会社」の持分のみであるものに限る）。
　２）　債権者保護手続
　「承継持分会社」に承継されない「分割会社」の債務の残存債権者を害することを知って詐害的な吸収分割がなされた場合の，債権者保護規定も，平成26年改正で新設されている（会761条4項〜7項）。

2　吸収分割の手続

（1）　吸収分割会社の手続

　「分割株式会社」における吸収分割手続は，吸収合併消滅株式会社・株式交換完全子会社におけると基本的に同様である。すなわち，
　①　吸収分割契約に関する書面等の備置き・閲覧等（会782条）
　②　株主総会の特別決議による吸収分割契約の承認（会783条1項・309条2項12号），である。
　ただし，略式吸収合併の場合と同様，「承継会社」が，「分割株式会社」の特別支配会社である場合には，原則として，「分割株式会社」における特別決議による株主総会の承認決議は不要である（略式吸収分割）（会784条1項）。また，吸収合併の場合におけると同様，「分割株式会社」の株主による吸収分割に対する差止請求制度もある（会784条の2）。そして「分割承継会社」に承継させる資産の帳簿価額の合計額が「分割株式会社」の総資産額の5分の1（これを下回る割合を「分割株式会社」の定款で定めた場合にあっては，その割合）を超えない場合にも，「分

割株式会社」における特別決議による株主総会の承認決議は不要である（簡易吸収分割）（会784条2項）。

③　反対株主の株式買取請求権

「分割株式会社」の反対株主は，「分割株式会社」に対して，自己の有する株式を公正な価格で買い取ることを請求できる。ただし，簡易吸収分割の場合には，反対株主に株式買取請求権はない（会785条1項）。

④　新株予約権買取請求権

「分割会社」の新株予約権者は，「承継会社」が株式会社の場合，所定の新株予約権に関し，「分割会社」に対して，自己の有する新株予約権を公正な価格で買い取ることを請求することができる（会787条1項2号）。

⑤　債権者保護手続

前掲533頁参照。

⑥　吸収分割に関する書面等の作成・備置き・閲覧等

「分割株式会社」は，効力発生日後遅滞なく，「承継会社」と共同して，吸収分割により「承継会社」が承継した「分割株式会社」の権利義務その他の吸収分割に関する事項として法務省令（会規189条）所定事項を記載・記録した書面または電磁的記録を作成しなければならない（会791条1項1号）。

「分割株式会社」は効力発生日から6ヵ月間，上記書面・電磁的記録を本店に備え置かなければならない（同2項）。

「分割株式会社」の株主・債権者その他の利害関係人は，「分割株式会社」に対して，その営業時間内は，いつでも，以下の請求をすることができる（同3項1号〜4号）。すなわち，①上記2項の書面の閲覧請求，②この書面の謄本・抄本の交付請求，③上記2項の電磁的記録への記録事項を法務省令（会規226条35号）所定方法で表示したものの閲覧請求，④上記③の電磁的記録事項を「分割株式会社」の定めた電磁的方法で提供することの請求またはその事項を記載した書面の交付請求，である。②④を請求する場合には，「分割株式会社」所定の費用を支払わなければならない（同3項ただし書）。

（2）　吸収分割承継会社の手続

「承継株式会社」における吸収分割手続は，吸収合併存続株式会社・株式交換完全親株式会社におけると基本的に同様である。すなわち，

①　吸収分割契約に関する書面等の備置き・閲覧等（会794条）

② 株主総会の特別決議による吸収分割契約の承認（会795条1項2項・309条2項12号）
③ 反対株主の株式買取請求権

「承継株式会社」の反対株主は，「承継株式会社」に対して，原則として自己の有する株式を公正な価格で買い取ることを請求できる（会797条・798条）。

④ 債権者保護手続

「分割承継株式会社」の債権者は，「承継株式会社」に対して吸収分割について異議を述べることができる（会799条1項2号）。

⑤ 吸収分割に関する書面の作成・備置き・閲覧等（会801条），である。

第5節　新設分割

1　新設分割の方法

（1）　株式会社を設立する新設分割計画

1または2以上の株式会社・合同会社（新設分割会社。以下，「分割会社」と略記）が新設分割をする場合で，設立する会社（新設分割設立会社。以下，「設立会社」と略記）が株式会社であるときは，新設分割計画において，以下の事項を定めなければならない（会763条1項1号～12号）。

① 株式会社である「設立会社」（＝新設分割設立株式会社。以下，「設立株式会社」と略記）の目的・商号・本店の所在地・発行可能株式総数，
② 上記①以外の「設立株式会社」の定款で定める事項，
③ 「設立株式会社」の設立時取締役の氏名，
④ 以下の区分に応じて，(イ)～(ハ)に定める事項，
　(イ)「設立株式会社」が会計参与設置会社である場合→設立時会計参与の氏名・名称，
　(ロ)「設立株式会社」が監査役設置会社（監査役の監査範囲を会計に関するものに限定する旨の定款の定めがある株式会社を含む）である場合→設立時監査役の氏名，
　(ハ)「設立株式会社」が会計監査人設置会社である場合→設立時会計監査人の氏名・名称，

⑤　「設立株式会社」が新設分割をする会社（＝新設分割会社。以下「分割会社」と略記）から承継する資産・債務・雇用契約その他の権利義務（株式会社である「分割会社」（＝新設分割株式会社，以下「分割株式会社」と略記）の株式・新株予約権に係る義務を除く）に関する事項，

⑥　「設立株式会社」が，新設分割に際して，「分割会社」に交付するその事業に関する権利義務の全部・一部に代わる「設立株式会社」の株式の数（種類株式発行会社にあっては株式の種類・種類ごとの数）またはその数の算定方法，「設立株式会社」の資本金・準備金の額に関する事項，

⑦　2以上の株式会社・合同会社が共同して新設分割をするときは，「分割会社」に対する上記⑥の株式の割当てに関する事項，

⑧　「設立株式会社」が，新設分割に際して，「分割会社」に対してその事業に関する権利義務の全部・一部に代わる「設立株式会社」の社債等を交付するときは，当該社債等についての以下の事項，

　(イ)　当該社債等が「設立株式会社」の社債（新株予約権付社債についてのものを除く）であるときは，当該社債の種類・種類ごとの各社債の金額の合計額またはその算定方法，

　(ロ)　当該社債等が「設立株式会社」の新株予約権（新株予約権付社債に付されたものを除く）であるときは，当該新株予約権の内容・数またはその算定方法，

　(ハ)　当該社債等が「設立株式会社」の新株予約権付社債であるときは，当該新株予約権付社債についての(イ)に規定する事項および当該新株予約権付社債に付された新株予約権についての(ロ)に規定する事項，

⑨　上記⑧に規定する場合において，2以上の株式会社・合同会社が共同して新設分割をするときは，「分割会社」に対する⑧の社債等の割当てに関する事項，

⑩　「設立株式会社」が，新設分割に際して，「分割株式会社」の新株予約権者に対して当該新株予約権に代わる「設立株式会社」の新株予約権を交付するときは，当該新株予約権についての以下の事項，

　(イ)　「設立株式会社」の新株予約権の交付を受ける「分割株式会社」の新株予約権者の有する新株予約権（＝新設分割計画新株予約権）の内容，

　(ロ)　新設分割計画新株予約権の新株予約権者に対して交付する「設立株式会社」の新株予約権の内容・数またはその算定方法，

(ハ)　新設分割計画新株予約権が新株予約権付社債に付された新株予約権であるときは，「設立株式会社」が当該新株予約権付社債についての社債に係る債務を承継する旨ならびにその承継に係る社債の種類・種類ごとの各社債の金額の合計額またはその算定方法，
　⑪　上記⑩に規定する場合には，新設分割計画新株予約権の新株予約権者に対する上記⑩の「設立株式会社」の新株予約権の割当てに関する事項，
　⑫　「分割株式会社」が「設立株式会社」の成立の日に以下の行為をするときは，その旨，
　　(イ)　会社法171条（全部取得条項付種類株式の取得に関する決定）1項による株式の取得（同項1号に規定する取得対価が「設立株式会社」の株式（これに準ずるものとして法務省令（会規179条）で定めるものを含む。以下(ロ)において同じ）のみであるものに限る），
　　(ロ)　剰余金の配当（配当財産が「設立株式会社」の株式のみであるものに限る）。
　上記③に関し，「設立株式会社」が監査等委員会設置会社である場合には，設立時監査等委員である設立時取締役とそれ以外の設立時取締役とを区別して定めなければならない（会763条2項）。

（2）　持分会社を設立する新設分割計画

　1または2以上の株式会社・合同会社が新設分割をする場合で，「設立会社」が持分会社であるときは，新設分割計画において，以下の事項を定めなければならない（会765条1項1号〜8号）。

　①　持分会社である「設立会社」（＝新設分割設立持分会社。以下「設立持分会社」と略記）が合名会社・合資会社・合同会社のいずれであるかの別，
　②　「設立持分会社」の目的・商号・本店所在地，
　③　「設立持分会社」の社員についての以下の事項，
　　(イ)　当該社員の名称・住所，
　　(ロ)　当該社員が無限責任社員または有限責任社員のいずれであるかの別，
　　(ハ)　当該社員の出資の価額，
　④　上記②③のほか，「設立持分会社」の定款で定める事項，
　⑤　「設立持分会社」が「分割会社」から承継する資産・債務・雇用契約その他の権利義務（「分割株式会社」の株式・新株予約権に係る義務を除く）に関する事項，

⑥ 「設立持分会社」が，新設分割に際して，「分割会社」に対してその事業に関する権利義務の全部・一部に代わる「設立持分会社」の社債を交付するときは，当該社債の種類・種類ごとの各社債の金額の合計額またはその算定方法，

⑦ 上記⑥の場合において，2以上の株式会社・合同会社が共同して新設分割をするときは，「分割会社」に対する⑥の社債の割当てに関する事項，

⑧ 「分割株式会社」が「設立持分会社」の成立の日に以下の行為をするときは，その旨，

 (イ) 会社法171条（全部取得条項付種類株式の取得に関する決定）1項による株式の取得（同項1号に規定する取得対価が「設立持分会社」の持分（これに準ずるものとして法務省令（会規179条）で定めるものを含む。以下(ロ)において同じ）のみであるものに限る），

 (ロ) 剰余金の配当（配当財産が「設立持分会社」の持分のみであるものに限る），

上記③(ロ)に関し，「設立持分会社」が，(1)合名会社であるときは，その社員の全部を無限責任社員とする旨を，(2)合資会社であるときは，その社員の一部を無限責任社員とし，その他の社員を有限責任社員とする旨を，(3)合同会社であるときは，その社員の全部を有限責任社員とする旨を，定めなければならない（会765条2項～4項）。

（3）債権者保護手続

株式会社を設立する新設分割・合同会社を設立する新設分割いずれにおいても，上記の吸収分割におけると同様，債権者異議申述手続規定（会810条1項2号・813条2項）が設けられている。

詐害的な会社分割における債権者の保護規定も，平成26年改正で新設されている（会764条4項～7項）。

2　新設分割の手続

（1）新設分割会社の手続

新設分割株式会社（以下，「分割株式会社」と略記）における新設分割の手続は，新設合併消滅株式会社・株式移転完全子会社と基本的に同様である。すなわち，

① 新設分割計画に関する書面等の備置き・閲覧等（会803条1項）

② 株主総会の特別決議（会804条1項・309条2項12号）

ただし,「設立会社」に承継させる資産の帳簿価額の合計額が「分割株式会社」の総資産額として法務省令（会規207条）で定める方法により算定される額の5分の1（これを下回る割合を「分割株式会社」の定款で定めた場合にあっては，その割合）を超えない場合には,「分割株式会社」における特別決議による株主総会の承認決議は不要である（簡易新設分割）（会805条）。

なお，新設分割持分会社が合同会社であり，その事業に関して有する権利義務の全部を他の会社に承継させる場合には，新設分割計画につき当該持分会社の総社員の同意が必要である。ただし，定款に別段の定めがある場合は，この限りでない（会813条1項2号）。

③　反対株主の株式買取請求（会806条1項2号）

④　新株予約権の買取請求（会808条1項2号）

「設立会社」が株式会社である場合に限り，認められる。

⑤　債権者保護手続（会810条1項2号）

この手続規定は，原則として，新設分割合同会社（以下,「分割合同会社」と略記）にも準用される（会813条2項）。

⑥　新設分割に関する書面等の作成・備置き・閲覧等

「分割株式会社」は,「設立会社」の成立の日後遅滞なく,「設立会社」と共同して，新設分割により「設立会社」が承継した「分割株式会社」の権利義務その他の新設分割に関する事項として法務省令（会規209条）所定事項を記載・記録した書面または電磁的記録を作成しなければならない（会811条1項1号）。

「分割株式会社」は「設立会社」の成立の日から6カ月間，上記書面・電磁的記録を本店に備え置かなければならない（同2項）。

「分割株式会社」の株主・債権者その他の利害関係人は,「分割株式会社」に対して，その営業時間内は，いつでも，以下の請求をすることができる（同3項1号～4号）。すなわち，①上記2項の書面の閲覧請求，②この書面の謄本・抄本の交付請求，③上記電磁的記録への記録事項を法務省令（会規226条39号）所定の方法で表示したものの閲覧請求，④上記③の電磁的記録事項を「分割株式会社」の定めた電磁的方法で提供することの請求またはその事項を記載した書面の交付請求，である。②④を請求する場合には,「分割株式会社」所定の費用を支払わなければならない（同3項ただし書）。

(2) 新設分割設立会社の手続

　株式会社・持分会社の設立関連規定は，原則として，新設分割設立（株式・持分）会社の設立に関しては適用されない（会814条1項・816条1項）。設立（株式・持分）会社の定款は，「分割会社」が作成する（会814条2項・816条2項）。

　「設立株式会社」（1または2以上の合同会社のみが新設分割をする場合における「設立株式会社」に限る）は，その成立の日後遅滞なく，「分割合同会社」と共同して，新設分割により「設立株式会社」が承継した「分割合同会社」の権利義務その他の新設分割に関する事項として法務省令（会規212条）所定事項を記載・記録した書面または電磁的記録を作成しなければならない（会815条2項）。

　「設立株式会社」は，その成立の日から6カ月間，会社法815条2項または同811条（新設分割・株式移転に関する書面等の備置き・閲覧等）1項1号所定の書面・電磁的記録を，本店に備え置かなければならない（会815条3項2号）。

　「設立株式会社」の株主・債権者その他の利害関係人は，「設立株式会社」に対して，その営業時間内は，いつでも，以下の請求をすることができる（同4項5項）。すなわち，①上記書面（同3項2号）の閲覧請求，②この書面の謄本・抄本の交付請求，③この電磁的記録への記録事項を法務省令（会規226条40号）所定方法で表示したものの閲覧請求，④この電磁的記録への記録事項を「設立株式会社」の定めた電磁的方法で提供することの請求またはその記録事項を記載した書面の交付請求，である。なお②④を請求する場合には，「設立株式会社」所定の費用を支払わなければならない（同4項ただし書）。

第6節　会社分割の効力発生

　吸収分割承継株式会社は，効力発生日に，吸収分割契約の定めに従い，吸収分割会社の権利義務を承継する（会759条1項）。「分割会社」は，効力発生日に，吸収分割契約の定めに従い，「承継株式会社」から交付された対価の種類に応じて，「承継株式会社」の株主・社債権者・新株予約権者・新株予約権付社債についての社債権者および新株予約権者となる（同8項）。

　新設分割設立株式会社においては，その成立の日（設立登記日）に会社分割の効力が生じ，新設分割計画の定めに従い，「分割会社」の権利義務を承継する（会764条1項）。「分割会社」は，「設立株式会社」の成立の日に，新設分割計画

の定めに従い、「設立株式会社」から交付された対価の種類に応じて、「設立株式会社」の株主・社債権者・新株予約権者・新株予約権付社債についての社債権者および新株予約権者となる（同 8 項 9 項）。

第 7 節　会社分割の無効

　会社分割の無効は、会社法が会社の組織に関する訴えの一類型として規定する、会社（吸収・新設）分割無効の訴えによってのみ、主張できる（会 828 条 1 項 9 号 10 号）。

　吸収分割無効の訴えの提訴権者は、効力発生日において吸収分割契約をした会社の、①株主等・社員等であった者、②吸収分割契約をした会社の株主等・社員等、③破産管財人、④吸収分割につき承認しなかった債権者である（同 2 項 9 号）。

　新設分割無効の訴えの提訴権者は、効力発生日において新設分割をする会社の株主等・社員等であった者、②新設分割をする会社もしくは新設分割により設立する会社の株主等・社員等、③破産管財人、④新設分割につき承認をしなかった債権者である（同 10 号）。

　被告は、吸収分割契約をした会社および新設分割における「分割会社」と「設立会社」である（会 834 条 9 号 10 号）である。この訴えは、被告会社の本店所在地を管轄する地方裁判所の管轄に専属し（会 835 条 1 項）、分割の効力発生日から 6 カ月以内に提起することを要する（会 828 条 1 項 9 号 10 号）。

　無効原因についての規定はないが、分割契約書・分割計画書の不作成、必要的記載事項の不記載・不記録、総会決議の不存在・書類の備置き懈怠等がある。

　この訴えには担保提供命令制度があり（会 836 条）、分割無効の確定判決には、対世効（会 838 条）と不遡及効（会 839 条）が定まっている。

第6章 株式交換・株式移転

第1節 総　説

　平成9年に独占禁止法9条が改正されて，純粋持株会社の設立が解禁された。しかし同条は持株会社の創設方法を定めるものではなく，従来の商法の枠内で持株会社を創設することには各種の不便が存在した。そこで平成11年の商法改正は，円滑な持株会社の創設方法の導入要請にこたえて，株式交換制度および株式移転制度を新設した。株式交換制度とは，既存の複数の会社の間で完全親子会社関係を創設する制度であり，株式移転制度とは，既存の会社が単独または共同してその完全親会社を設立する制度をいう。いずれの制度も，完全子会社の立場からみれば，その株主がその個別的意見と関係なくその地位を失って，かわりに完全親会社の株主となる点において，消滅会社の株主がその個別的意思と関係なく存続・新設会社の株主となることもある合併の場合と類似する。また，完全親会社の立場からみれば，完全子会社となる会社の株式の全部の移転を受けるとともに，その株式を有していた株主に自社の株式を割り当てるという点で，存続・新設会社が消滅会社の権利義務を包括的に承継して，消滅会社の株主に自社の株式を割り当てることもある合併の場合に類似する。特に株式交換制度は吸収合併に，株式移転制度は新設合併に類似している面もあるが，しかし，完全子会社はいずれの制度においても消滅せず存続する点において，また完全親会社は完全子会社となる会社の権利義務までをも包括的に承継するものではない点において，合併とは異なる。

　改正前商法においては，株式交換・株式移転における完全子会社・完全親会社には，株式会社しかなりえなかった。この点，会社法においては，完全子会社はその性質上株式会社しかなりえないが，株式交換における完全親会社には合同会社もなることができる（会2条31号）。しかし，合同会社は，株式移転における完全親会社になることはできない（同32号）。合名会社・合資会社も，株式交換・株式移転における完全親会社になることはできない。実際上，それを認める

必要性が乏しいからである。

第2節　株式交換制度

1　株式交換の意義

　株式交換とは，株式会社がその発行済株式の全部を他の株式会社または合同会社に取得させることをいう（会2条31号）。株式交換により完全子会社となるA会社と完全親会社となるB会社の間で，株式交換契約が締結される結果，A社の株主が有していた株式がすべてB会社に移転し，かわりにA会社の株主はB社から金銭その他の対価の交付を受けることになる。現行の株式交換制度は，企業組織の再編を容易にするための制度の一つであって，個々の株主の意思ではなく，会社同士の契約の効果として，一方の会社の個々の株主が有する株式が他方の会社にすべて移転し，完全親子会社関係が創設される組織法上の行為といえる（組織法的構成）。

2　株式交換契約

（1）　株式交換契約の締結
　株式会社は，株式交換をすることができる。この場合，当該会社の発行済株式の全部を取得する会社（＝株式交換完全親会社。以下，「完全親会社」と略記。株式会社・合同会社に限る）と株式交換契約を締結しなければならない（会767条）。

（2）　株式会社が「完全親会社」となる株式交換契約
1）　契約事項
「完全親会社」が株式会社である場合，株式交換契約においては以下の事項を定めなければならない（会768条1項1号～6号）。

　　① 　株式交換をする株式会社（＝株式交換完全子会社。以下，「完全子会社」と略記）および株式会社である株式交換完全親会社（＝株式交換完全親株式会社。以下，「完全親株式会社」と略記）の商号・住所，

　　② 　「完全親株式会社」が，株式交換に際して，「完全子会社」の株主に対してその株式に代わる金銭等を交付するときは，当該金銭等についての以下の事項，

(イ)　当該金銭等が「完全親株式会社」の株式であるときは，当該株式の数（種類株式発行会社にあっては，株式の種類・種類ごとの数）またはその数の算定方法，ならびに，「完全親株式会社」の資本金・準備金の額に関する事項，

(ロ)　当該金銭等が「完全親株式会社」の社債（新株予約権付社債についてのものを除く）であるときは，当該社債の種類・種類ごとの各社債の金額の合計額またはその算定方法，

(ハ)　当該金銭等が「完全親株式会社」の新株予約権（新株予約権付社債に付されたものを除く）であるときは，当該新株予約権の内容・数またはその算定方法，

(ニ)　当該金銭等が「完全親株式会社」の新株予約権付社債であるときは，当該新株予約権付社債についての(ロ)に規定する事項および当該新株予約権付社債に付された新株予約権についての(ハ)に規定する事項，

(ホ)　当該金銭等が「完全親株式会社」の株式等以外の財産であるときは，当該財産の内容・数もしくは額またはこれらの算定方法，

③　上記②に規定する場合，「完全子会社」の株主（「完全親株式会社」を除く）に対する②の金銭等の割当てに関する事項，

④　「完全親株式会社」が，株式交換に際して，「完全子会社」の新株予約権者に対して当該新株予約権に代わる「完全親株式会社」の新株予約権を交付するときは，当該新株予約権についての以下の事項，

(イ)　「完全親株式会社」の新株予約権の交付を受ける「完全子会社」の新株予約権者の有する新株予約権（＝株式交換契約新株予約権）の内容，

(ロ)　株式交換契約新株予約権の新株予約権者に対して交付する「完全親株式会社」の新株予約権の内容・数または算定方法，

(ハ)　株式交換契約新株予約権が新株予約権付社債に付された新株予約権であるときは，「完全親株式会社」が当該新株予約権付社債についての社債に係る債務を承継する旨ならびにその承継に係る社債の種類・種類ごとの各社債の金額の合計額またはその算定方法，

⑤　上記④に規定する場合には，株式交換契約新株予約権の新株予約権者に対する④の「完全親株式会社」の新株予約権の割当てに関する事項，

⑥　株式交換の効力発生日。

2）「完全子会社」が種類株式発行会社である場合

「完全子会社」が種類株式発行会社であるときは，「完全子会社」および「完全親株式会社」は，「完全子会社」の発行する種類の株式の内容に応じ，上記③に掲げる事項として以下の事項を定めることができる（同2項1号2号）。

　(1)　ある種類の株式の株主に対して金銭等の割当てをしないこととするときは，その旨および当該株式の種類，

　(2)　上記(イ)のほか，金銭等の割当てについて株式の種類ごとに異なる取扱いを行うこととするときは，その旨および当該異なる取扱いの内容。

上記1）③についての定めは，「完全子会社」の株主（「完全親株式会社」および上記2）(1)の種類の株式の株主を除く）の有する株式の数（上記2）(2)についての定めがある場合にあっては，各種類の株式の数）に応じて金銭等を交付することを内容とするものでなければならない（同3項）。

（3）　合同会社が「完全親会社」となる株式交換契約

1）　契約事項

「完全親会社」が合同会社である場合，株式交換契約においては以下の事項を定めなければならない（会770条1項1号～5号）。

　①　「完全子会社」および合同会社である株式交換完全親会社（＝株式交換完全親合同会社。以下，「完全親合同会社」と略記）の商号・住所，

　②　「完全子会社」の株主が株式交換に際して「完全親合同会社」の社員となるときは，当該社員の氏名・名称・住所・出資の価額，

　③　「完全親合同会社」が，株式交換に際して，「完全子会社」の株主に対してその株式に代わる金銭等（「完全親合同会社」の持分を除く）を交付するときは，当該金銭等についての以下の事項，

　　(イ)　当該金銭等が「完全親合同会社」の社債であるときは，当該社債の種類・種類ごとの各社債の金額の合計額またはその算定方法，

　　(ロ)　当該金銭等が「完全親合同会社」の社債以外の財産であるときは，当該財産の内容・数もしくは額またはこれらの算定方法，

　④　上記③に規定する場合，「完全子会社」の株主（「完全親合同会社」を除く）に対する③の金銭等の割当てに関する事項，

　⑤　効力発生日。

2）「完全子会社」が種類株式発行会社である場合

「完全子会社」が種類株式発行会社であるときは，「完全子会社」および「完全親合同会社」は，「完全子会社」の発行する種類の株式の内容に応じ，上記1)④に掲げる事項として以下の事項を定めることができる（同2項1号2号）。

① ある種類の株式の株主に対して金銭等の割当てをしないこととするときは，その旨および当該株式の種類，

② 上記イ)のほか，金銭等の割当てについて株式の種類ごとに異なる取扱いを行うこととするときは，その旨および当該異なる取扱いの内容．

上記1)④についての定めは，「完全子会社」の株主（「完全親合同会社」および上記2)①の種類の株式の株主を除く）の有する株式の数（上記2)②所掲の定めがある場合にあっては，各種類の株式の数）に応じて金銭等を交付することを内容とするものでなければならない（同3項）。

（4） 株式交換の手続

株式交換完全子会社においては，吸収合併消滅株式会社・吸収分割株式会社におけると基本的に同様の，また，株式交換完全親株式会社においては，吸収合併存続株式会社・吸収分割承継株式会社におけると基本的に同様の，株式交換手続をとる。すなわち，

① 株式交換契約に関する書面等の備置き・閲覧等（会782条・794条）

株式交換契約備置開始日から効力発生日後6カ月を経過する日までの間，株式交換契約の内容その他法務省令（会規184条・193条）所定事項を記載・記録した書面または電磁的記録を本店に備え置く。

② 株主総会の特別決議による株式交換契約の承認（会783条・795条1項・309条2項12号）

「完全子会社」が種類株式発行でない場合において，「完全子会社」の株主に対して交付する金銭等（＝合併対価等）の全部・一部が持分等（会規185条）であるときは，株式交換契約につき「完全子会社」の総株主の同意を得なければならない（会783条2項）。

「完全子会社」が種類株式発行会社である場合において，合併対価等の全部・一部が譲渡制限株式等（会規186条）であるときは，株式交換は，当該譲渡制限株式等の割当てを受ける種類の株式（譲渡制限株式を除く）の種類株主を構成員とする種類株主総会（株式の種類が2以上ある場合には，当該2以上の株式の種類別に区

分された種類株主を構成員とする各種類株主総会）の決議がなければ，その効力を生じない。ただし当該種類株主総会において議決権を行使できる株主が存しない場合は，この限りでない（会 783 条 3 項）。

「完全親株式会社」が「完全子会社」の株主に対して交付する金銭等（「完全親株式会社」の株式等を除く）の帳簿価額が「完全親株式会社」が取得する「完全子会社」の株式の額として法務省令（会規 195 条 5 項）で定める額を超える場合には，取締役は，「完全親株式会社」の総会において，その旨を説明しなければならない（会 795 条 2 項 3 号）。

③　簡易株式交換

「完全親株式会社」の純資産額（会規 196 条）に対する「完全子会社」の株主に交付される対価の額の割合が 5 分の 1（これを下回る割合を「完全親株式会社」の定款で定めた場合には，その割合）を超えない場合には，「完全親株式会社」の総会決議は不要である（会 796 条 2 項）。ただし，法務省令（会規 197 条）所定の数の株式（この総会で議決権を行使できるものに限る）を有する「完全親株式会社」の株主が，株式交換の通知・公告の日から 2 週間以内に株式交換に反対する旨を「完全親株式会社」に通知したときは，「完全親株式会社」は効力発生日の前日までに，株主総会の特別決議によって株式交換契約の承認を受けなければならない（会 796 条 3 項・309 条 2 項 12 号）。

④　略式株式交換

「完全親会社」が，「完全子会社」の特別支配会社である場合には，「完全子会社」における特別決議による株主総会の承認決議は不要である。ただし，合併対価等の全部・一部が譲渡制限株式等であって，「完全子会社」が公開会社であり，かつ種類株式発行会社でないときは，この限りでない（会 784 条 1 項）。

「完全子会社」が「完全親会社」の特別支配会社である場合は，「完全親会社」においては総会決議を要しない。ただし，「完全子会社」の株主に交付する金銭等の全部・一部が「完全親会社」の譲渡制限株式であり，「完全親会社」が非公開会社であるときは，この限りでない。（会 796 条 1 項）。

⑤　反対株主の株式買取請求権（会 785 条・797 条）

⑥　新株予約権の買取請求

「完全親会社」が株式会社である株式交換の場合，「完全子会社」の新株予約権者は，以下の新株予約権に関し，「完全子会社」に対して，自己の有する新株予

約権を公正な価格で買い取ることを請求することができる（会787条1項3号）。すなわち，(イ)株式交換契約新株予約権（＝当該株式交換において「完全親株式会社」の新株予約権の交付を受ける「完全子会社」の新株予約権者が有する新株予約権（会768条1項4号イ）），および，(ロ)株式交換契約新株予約権以外の新株予約権であって，株式交換にあたり当該新株予約権者に「完全親株式会社」の新株予約権を交付することとする旨の定めがあるもののうち，会社法768条1項4号5号所掲事項（上記**2(2)1)**④⑤）についての定めが，同236条1項8号ニに合致する新株予約権以外の新株予約権，である。

　⑦　株主による株式交換差止請求制度（会784条の2・796条の2）

　⑧　債権者保護手続

　株式交換契約新株予約権が新株予約権付社債に付された新株予約権である場合には，当該新株予約権付社債についての社債権者には，「完全子会社」に対し株式交換について異議を述べることができる（会789条1項3号）。

　⑨　株式交換に関する書面の作成・備置き・閲覧等

　「完全子会社」は，効力発生日後遅滞なく，「完全親会社」と共同して，株式交換により「完全親会社」が取得した「完全子会社」の株式の数その他の株式交換に関する事項として法務省令（会規190条）所定事項を記載・記録した書面または電磁的記録を作成し（会791条1項2号），これを，効力発生日から6カ月間，本店に備え置かなければならない（同2項）。

　⑩　三角交換

　株式交換にあたり，完全親会社（A）が，完全子会社（B）の株主に対し，対価として，完全親会社（A）の親会社（C）の株式を交付する場合，これを三角（株式）交換という。

　完全子会社（B）の株主に対して交付する金銭等の全部・一部が，完全親会社（A）の親会社（C）の株式（会135条1項に規定する親会社株式）である場合には，完全親会社（A）は，完全子会社（B）の株主に交付する当該親会社（C）の株式の総数を超えない範囲で，当該親会社（C）の株式を取得することができる（会800条1項）。

　完全親会社（A）は，効力発生日までの間，その親会社（C）の株式を保有することができる。ただし，株式交換を中止したときはこの限りでない（同2項）。

3　株式交換の無効

　株式交換の無効は，株式交換無効の訴えによってのみ，主張できる（会828条1項11号）。この訴えの提訴権者は，①効力発生日において契約当事会社の株主等・社員等であった者，②契約当事会社の株主等・社員等，③破産管財人，④株式交換を承認しなかった会社債権者であり（会828条2項11号），被告は，株式交換契約の当事会社である（会834条11号）。この訴えは，被告会社の本店所在地を管轄する地方裁判所の管轄に専属し（会835条1項），株式交換の効力発生日から6カ月以内に提起することを要する（会828条1項11号）。

　無効原因については，規定はないが，株式交換契約の不作成，必要的記載事項の不記載・不記録，総会決議の不存在，関係書類の備置き懈怠等がある。

　株式交換無効の訴えには，担保提供命令制度が備わっており（会836条），無効の確定判決には，対世効（会838条）と不遡及効（会839条）が定まっている。

第3節　株式移転制度

1　株式移転の意義

　株式移転制度とは，既存の会社が，自らは完全子会社となって完全親会社を設立する制度をいう。すなわち，1または2以上の株式会社が，その発行済株式の全部を新たに設立する株式会社に取得させることをいう（会2条32号）。この制度は，いったん持株会社となる会社を設立しておいて，その後にその会社と子会社となる会社との間で株式を交換して，持株会社を創設するという迂遠な手続を避け，直截に持株会社を設立することを目的としている。したがって，一般的な会社設立手続は実施されず，株式の移転のみにより新しい会社が設立されるのであって，現在，わが国には，○○ホールディングス等の名称の持株会社が多数存在する。株式移転によって完全子会社となる会社の株主の有する株式のすべては，完全親会社に移転し，完全子会社となる会社の株主は，完全親会社が株式移転に際して発行する株式の割当てを受けることにより完全親会社の株主となる。もっとも，会社法では，対価の柔軟化により，完全子会社となる会社の株主には，完全親会社の株式ではなく，社債等その他のものを交付することも可能となっている。

株式移転制度による完全親会社の設立にあたっては発起人は存在しない。これは株式移転制度が新設合併類似の組織法的行為としてとらえられているからであり，新設合併の場合に発起人が必要でないのと同様の理由による。

株式移転の場合には，その時点まで存在するのは完全子会社となる会社のみなので，契約書の存在は問題とならない。

2　株式移転の手続

(1) 株式移転計画の作成

1または2以上の株式会社は，株式移転をすることができる。この場合，株式移転計画を作成しなければならないが（会772条1項），2以上の株式会社が共同して株式移転をする場合には，当事会社は共同して株式移転計画を作成しなければならない（同2項）。

(2) 株式移転計画

株式移転計画には，以下の事項を定めなければならない（会773条1項1号〜10号）。

① 株式移転により設立する株式会社（＝株式移転設立完全親会社。以下，「完全親会社」と略記）の目的・商号・本店の所在地・発行可能株式総数，

② 上記①のほか，「完全親会社」の定款で定める事項，

③ 「完全親会社」の設立時取締役の氏名，

④ 以下の場合に応じて，(イ)〜(ハ)に定める事項，

(イ)「完全親会社」が会計参与設置会社である場合→設立時会計参与の氏名・名称，

(ロ)「完全親会社」が監査役設置会社（監査役の監査の範囲を会計に関するものに限定する旨の定款の定めがある株式会社を含む）である場合→設立時監査役の氏名，

(ハ)「完全親会社」が会計監査人設置会社である場合→設立時会計監査人の氏名・名称，

⑤ 「完全親会社」が，株式移転に際して，株式移転をする株式会社（＝株式移転完全子会社。以下，「完全子会社」と略記）の株主に対して交付するその株式に代わる「完全親会社」の株式の数（種類株式発行会社にあっては，株式の種類・種類ごとの数）またはその数の算定方法ならびに「完全親会社」の資本金・準備金の額に関する事項，

⑥　「完全子会社」の株主に対する⑤の株式の割当てに関する事項,

⑦　「完全親会社」が株式移転に際して「完全子会社」の株主に対してその株式に代わる「完全親会社」の社債等を交付するときは,当該社債等についての以下の事項,

　㈦　当該社債等が,「完全親会社」の社債（新株予約権付社債についてのものを除く）であるときは,当該社債の種類・種類ごとの各社債の金額の合計額またはその算定方法,

　㈵　当該社債等が「完全親会社」の新株予約権（新株予約権付社債に付されたものを除く）であるときは,当該新株予約権の内容・数またはその算定方法,

　㈸　当該社債等が「完全親会社」の新株予約権付社債であるときは,当該新株予約権付社債についての㈦に規定する事項,および,当該新株予約権付社債に付された新株予約権についての㈵に規定する事項,

⑧　上記⑦に規定する場合,「完全子会社」の株主に対する⑦の社債等の割当てに関する事項,

⑨　「完全親会社」が,株式移転に際して,「完全子会社」の新株予約権者に対して当該新株予約権に代わる「完全親会社」の新株予約権を交付するときは,当該新株予約権についての以下の事項,

　㈦　「完全親会社」の新株予約権の交付を受ける「完全子会社」の新株予約権者の有する新株予約権（＝株式移転計画新株予約権）の内容,

　㈵　株式移転計画新株予約権の新株予約権者に対して交付する「完全親会社」の新株予約権の内容・数または算定方法,

　㈸　株式移転計画新株予約権が新株予約権付社債に付された新株予約権であるときは,「完全親会社」が当該新株予約権付社債についての社債に係る債務を承継する旨ならびにその承継に係る社債の種類・種類ごとの各社債の金額の合計額またはその算定方法,

⑩　上記⑨に規定する場合には,株式移転計画新株予約権の新株予約権者に対する⑨の「完全親会社」の新株予約権の割当てに関する事項。

「完全親会社」が監査等委員会設置会社である場合,上記③は,設立時監査等委員である設立時取締役とそれ以外の設立時取締役とを区別して定めなければならない（同2項）。

「完全子会社」が種類株式発行会社であるときは,「完全子会社」は,その発行

する種類の株式の内容に応じ、上記⑥および⑧に掲げる事項として以下の事項を定めることができる（同3項1号2号5項）。

(1) ある種類の株式の株主に対して「完全親会社」の株式・社債等の割当てをしないこととするときは、その旨および当該株式・社債等の種類、

(2) 上記(1)のほか、「完全親会社」の株式・社債等の割当について株式・社債等の種類ごとに異なる取扱いを行うこととするときは、その旨および当該異なる取扱いの内容。

上記⑥および⑧についての定めは、「完全子会社」の株主（上記(1)の種類の株式の株主を除く）の有する株式の数（上記(2)所掲の定めがある場合にあっては、各種類の株式の数）に応じて「完全親会社」の株式・社債等を交付することを内容とするものでなければならない（同4項5項）。

（3） その他の手続

1）「完全子会社」における株式移転手続

「完全子会社」における株式移転手続は、新設合併消滅株式会社・新設分割株式会社におけると基本的に同様であり、以下の手続をとる。

① 株式移転計画に関する書面等の備置き・閲覧等（会803条1項）

「完全子会社」は、株式移転計画備置開始日から「完全親会社」の成立の日後6カ月を経過する日までの間、株式移転計画の内容その他法務省令（会規206条）所定事項を記載・記録した書面または電磁的記録を本店に備え置かなければならない。

「完全子会社」の株主・新株予約権者は、「完全子会社」に対して、その営業時間内はいつでも、この書面・電磁的記録等の閲覧および謄本・抄本の交付を請求することができる（会803条3項）。

② 株主総会の特別決議または特殊決議による株式移転計画の承認（会804条1項・309条2項12号・3項3号）

「完全子会社」が種類株式発行会社である場合、その株主に交付する「完全親会社」の株式等の全部・一部が譲渡制限株式等であるときは、当該株式移転は、当該譲渡制限株式等の割当てを受ける種類の株式（譲渡制限株式を除く）の種類株主を構成員とする種類株主総会（当該種類株主に係る株式の種類が2以上ある時は、当該2以上の株式の種類別に区分された種類株主を構成員とする各種類株主総会）の決議がなければ、その効力を生じない。ただし、当該種

類株主総会において議決権を行使することができる株主が存しない場合は，この限りでない（会804条3項）。

③　反対株主の株式買取請求（会806条）
④　新株予約権の買取請求（会808条1項3号）
⑤　債権者保護手続

株式移転計画新株予約権が新株予約権付社債に付されたものである場合，当該新株予約権付社債についての社債権者には，株式移転計画に対する異議申述権が認められる（会810条1項3号）。

⑦　株式移転に関する書面等の作成・備置き・閲覧等（会811条1項2号2項～4項）

2）「完全親会社」における株式移転手続

株式会社の設立に関する規定は，「完全親会社」には適用されず（会814条1項），設立株式会社の定款は，「完全子会社」が作成する（同2項）。「完全親会社」は，その成立日から6カ月間，「完全親会社」が取得した「完全子会社」の株式の数その他の株式移転に関する事項として法務省令（会規210条）が定める事項を記載・記録した書面または電磁的記録（会811条1項2号）を本店に備え置かなければならない（会815条3項3号）。「完全親会社」の株主と新株予約権者は，会社の営業時間内，いつでも，当該書面・電磁的記録の閲覧および謄本・抄本の交付請求権を有する（会815条4項6項）。

（4）株式移転の無効

株式移転の無効は，株式移転無効の訴えによってのみ，主張できる（会828条1項12号）。この訴えの内容は，基本的に，株式交換無効の訴え（同11号）と同様の内容である。

（5）株式移転登記

1または2以上の株式会社が株式移転をする場合には，以下のいずれか遅い日から2週間以内に，設立する株式会社について，その本店所在地において設立登記をしなければならない（会925条1号～6号）。

①　株式移転計画を承認する株主総会（会804条1項）の決議日，
②　種類株主総会の決議を要する時は，当該決議の日，
③　株主に対する株式移転の通知・公告（会806条3項4項）をした日から20日を経過した日，

④　新株予約権者に対する株式移転の通知・公告（会808条3項4項）をした日から20日を経過した日，

⑤　債権者異議手続（会810条）が終了した日，

⑥　株式移転をする株式会社が定めた日（2以上の株式会社が共同して株式移転をする場合には，これらの会社が合意により定めた日）。

（6）　株式移転の効力

「完全親会社」は，その成立の日（設立登記日）に，「完全子会社」の発行済株式の全部を取得する（会774条1項）。「完全子会社」の株主は，「完全親会社」の成立日に，株式移転計画の定め（会773条1項6号）に従い，「完全親会社」の株主，社債権者，新株予約権者，新株予約権付社債についての社債権者および新株予約権者になる（会774条2項3項）。

第 7 章　反対株主の株式買取請求

第 1 節　総　説

　吸収合併等（吸収合併・吸収分割・株式交換，会782条1項）に対する「反対株主」は，消滅株式会社等（吸収合併消滅株式会社・吸収分割株式会社・株式交換完全子会社，同項）に対し，自己の有する株式を公正な価格で買い取ることを請求できる。ただし，以下の場合はこの限りでない（会785条1項）。

　①　会社法783条2項に規定する場合……吸収合併消滅株式会社・株式交換完全子会社が種類株式発行会社でない場合で，合併対価等の全部・一部が持分会社の持分その他これに準ずるものとして法務省令（会規185条）で定めるもの（＝持分等），であるとき（会785条1項1号）。

　②　会社法784条2項に規定する場合……簡易吸収分割の場合（同2号）

　この場合，「反対株主」とは，以下の株主（吸収合併消滅株式会社・株式交換完全子会社が種類株式発行会社であって，合併対価等の全部・一部が持分等である場合において（会783条4項），この持分等の割当てを受ける株主を除く）をいう（会785条2項）。すなわち，

　　(1)　株主総会（種類株主総会を含む）の決議を要する場合，
　　　(イ)　当該株主総会に先立って当該吸収合併等に反対する旨を当該消滅株式会社等に通知し，かつ，当該総会において当該吸収合併等に反対した株主（当該総会で議決権を行使できるものに限る），
　　　(ロ)　当該総会で議決権を行使することができない株主，
　　(2)　上記(1)以外の場合は，すべての株主（存続会社等が消滅株式会社等の特別支配会社である場合（会784条1項本文）の当該特別支配会社を除く），である。

　消滅株式会社等は，効力発生日の20日前までに，その株主（会社法783条4項所定の持分等の割当てを受ける株主，および，同784条1項本文所定の特別支配会社を除く）に対し，吸収合併等をする旨および存続会社等の商号・住所を通知しなければならない。ただし，会社法785条1項各号（上記①②）に掲げる場合は，この

限りでない（会785条3項）。

　この通知は，消滅株式会社等が，①公開会社である場合，②吸収合併契約等につき株主総会の承認を受けた場合（会783条1項）には，公告をもってかえることができる（会785条4項1号2号）。

　この株式買取請求は，効力発生日の20日前の日から効力発生日の前日までの間に，その株式買取請求に係る株式の数（種類株式発行会社の場合は，株式の種類・種類ごとの数）を明らかにしてしなければならない（同5項）。

　株券が発行されている株式について株式買取請求をしようとするときは，当該株主は，消滅株式会社等に対し，当該株式に係る株券を提出しなければならない。ただし，株券喪失登録を請求した者（会223条）については，この限りでない（会785条6項）。

　株式買取請求をした株主は，消滅株式会社等の承諾をえた場合に限り，この請求を撤回できる（同7項）。吸収合併等を中止したときは，株式買取請求は，その効力を失う（同8項）。

　会社法は，吸収合併等における存続株式会社等に対する場合や，新設合併等における消滅株式会社等に対する場合についても，反対株主の株式買取請求に関する同様の規定を設けている（会797条・798条・806条・807条）。

第2節　株式の価格の決定等

　株式の買取請求があり，株式の買取価格の決定につき，株主と消滅株式会社等（吸収合併の効力発生日後にあっては，吸収合併存続会社）との間に協議が調ったときは，消滅株式会社等は，効力発生日から60日以内にその支払をしなければならない（会786条1項）。

　株式の価格の決定につき，効力発生日から30日以内に協議が調わないときは，株主または消滅株式会社等は，その期間の満了の日後30日以内に，裁判所に対し，価格の決定を申し立てることができる（同2項）。効力発生日から60日以内にこの申立てがないときは，この期間の満了後は，株主は，いつでも株式買取請求を撤回できる（同3項）。

　消滅株式会社等は，効力発生日から60日の期間満了日（＝利息発生日）の後は年6分の利息を支払わなければならない（同4項）。

消滅株式会社等は，株式の価格の決定があるまでは，株主に対し，消滅株式会社等が公正な価格と認める額を支払うことができる（＝仮払制度）（同5項）。これは，早期の支払いおよびそれによる会社の利息の負担軽減を可能とするために，平成26年改正会社法が採用した措置である。

会社が買取請求をした株主に支払う総額は，(1)会社が公正な価格として支払った額およびこれに対する利息発生日（事業譲渡等の効力発生日から60日が経過した日）から当該支払いをした日までの利息（利息発生日後に当該支払いをした場合に限る），ならびに，(2)会社が公正な価格として支払った額と株式買取請求に係る株式の価格として決定された額との差額および当該差額に対する利息発生日後の利息である。[1]

株式の買取りは，吸収合併等の効力発生日に効力を生ずる（同6項）。

第3節　公正な価格

1　意　義

改正前商法においては，株式買取請求手続における買取価格は，「決議ナカリセバ其ノ有スベカリシ公正ナル価格」とされていた（ナカリセバ価格）（改正前商349条・355条・374条ノ3等）。しかし，会社法では単に「公正な価格」となっているので，その内容が問題となるが，この点，会社法立案担当者は，以下のように述べている。

すなわち，会社法は「公正な価格」につき具体的な算定方法を定めていないが，通常は，株式買取請求権の効力発生時における時価が基準となる。この場合，組織再編行為等により株価が下落した場合には，組織再編行為等がなかったものと仮定した場合の価格となるが，組織再編行為等によりシナジー効果が生じて株価が上昇した場合は，シナジーを織り込んだ価格となる。[2] 組織再編行為前に，その前提として株式公開買付けが行われた場合には，その公開買付価格は，組織再編行為のシナジーを織り込んだ価格であると推認されので，公開買付の成功により，買付者が支配プレミアムを取得したため，株価が下落したとしても，「公正な価

---

[1] 坂本三郎・一問一答　平成26年改正会社法〔第2版〕331頁（商事法務，2015年）。
[2] 企業結合後の企業価値が結合前の各当時会社の企業価値の単純な合計より大きくなることをシナジー（相乗効果）という。

格」は，通常，その買付価格より下回ることはない，というものである。

　その言わんとすることは，組織再編行為により当該会社の株式の時価は従来の価格より高くなることもあれば（シナジー効果プラス），低くなることもある（シナジー効果マイナス）。前者の場合にはプラスの部分も買取請求株主に還元すべきであり，このシナジー反映価格を算入した価格が「公正な価格」となるが，後者の場合には，もし組織再編が行われず会社が従来のままだったなら有したであろう価格（ナカリセバ価格）が「公正な価格」となるというものであり，そこには買取請求株主に損をさせてはならないという考えがある。一方，公開買付けの場合の買取価格は，公開買付けにより将来見込まれるシナジーのプラス分の価値を織り込んだ価格で決定されるのが一般であり，公開買付に応じた株主には，この価格で対価が支払われている。ところが，公開買付のシナジーがマイナスとなり，その後の組織再編時の株価が下がってしまったとしても，その時点での株式買取請求者にとっては少なくとも公開買付価格が「公正な価格」になるというものである。そこには，公開買付に応じた株主と比較して応じなかった株主を不利に扱ってはならないという考えがある。

2　算定基準時と価格参照時

　「公正な価格」の算定に関しては，①いつの時点の「公正な価格」を算定すべきかという問題（算定基準時の問題）と，②上記①を算定するための資料としてどの期間・時点の資料を参照すべきかという問題（株価参照時の問題）がある。①については，学説上解釈が分かれており，(i)組織再編行為の公表時とする説（公表時説），(ii)株主総会による組織再編行為の承認決議の時（承認決議時説），(iii)株式買取請求権の行使時とする説（買取請求時説），(iv)株式買取請求期間の満了時とする説（請求期間満了時説），(v)組織再編行為の効力発生日とする説（効力発生時説）などがあるが，最高裁は(iii)にたつ（最決平23・4・19金判1366号9頁（楽天対TBS事件））。(iii)は株式買取請求により当事者間では売買契約が成立したのと同様の法律関係が生じることを理由とする。一方，まちまちに請求する反対株主間の平等の観点からは基準時は一致する方が望ましいともいえるので，この見地からは(iv)（楽天対TBS事件高裁決定）あるいは(v)（楽天対TBS事件高裁決定）が唱えられてい

---

3)　千問の道標682頁。

る。(i)や(ii)の場合には、反対株主が、これらの時点後、株価が下落すれば買取請求権を行使し、株価が上昇すれば市場で株式を売却することにより、投機に走りかねない懸念がある。この点、東京地決平21・3・31金判1315号26頁（日興コーディアルグループ事件）は、株価算定時については(v)にたっており、株価参照時については公開買付時をとっている。

3 二段階買収の場合

　二段階買収とは、買収会社が上場会社である被買収会社の株式全部の取得を目指す場合に、まず第一段階として、公開買付けにより被買収会社の支配権を獲得できるだけの（被買収会社の株主総会決議を確実に可決できるだけの）株式を取得し、ついで第二段階として、株式交換により、被買収会社を完全子会社とする買収方法をいう。二段階買収は、MBOを目的とした被買収会社の経営者、被買収会社にとって第三者たる会社、あるいは、買収を意図する会社の完全子会社が行う場合もある。

　二段階目の取引である株式交換において、少数派株主が受け取る対価の額が、公開買付価格よりも低額な場合で、このことがすでに公開買付時点で被買収会社の株主に予想される状況である場合には、株主にはいやいやながら公開買付けに応ぜざるをえないプレッシャーがかけられてくる（二段階買収における強圧性）。この強圧性が生じないようにするために、二段階目の株式交換に関する反対株主の株式買取請求における「公正な価格」は、実務上、公開買付価格と同額にするのが一般である。

　独立関係にある2当事会社の間で株式交換をする場合には、各当事会社があえて自社の株主に不利な条件で取引することは通常考えにくいので、株式買取請求をする株主が、当該組織再編の条件が不公正であること、または、組織再編自体が企業価値を毀損したことを推認させる特段の事情を疎明しない限り、裁判所は、組織再編は公正に行われたとする前提で「公正な価格」を決することになる。

　これに対して親子会社間の組織再編やMBOの場合のように組織再編の当事者が互いに独立とはいえない場合には、利益相反のために、一方当事会社の株主に不利な組織再編が行われる危険が高い。そこで社外取締役や社外監査役からなる特別委員会や第三者評価機関に当該組織再編における公正な対価についての意見を求め、これに従って手続きを進めることになる。

第8章　新株予約権買取請求

第1節　総　説

　以下の各行為をする場合，そこに定める消滅株式会社等の新株予約権者は，消滅株式会社等に対し，自己の有する新株予約権を公正な価格で買い取ることを請求することができる（会787条1項）。

　①　吸収合併の場合……消滅株式会社の新株予約権者に対し，存続株式会社が，当該新株予約権に代えて存続株式会社の新株予約権を交付することとする合併契約上の定め（会749条1項4号5号）が，当該新株予約権交付時の条件（会236条1項8号イに関するものに限る）に合致する新株予約権以外の新株予約権であるとき，

　②　吸収分割（吸収分割承継会社が株式会社である場合に限る）の場合……以下に掲げる新株予約権のうち，吸収分割契約において，「承継株式会社」が「分割株式会社」の新株予約権者に対し当該新株予約権に代わる「承継株式会社」の新株予約権を交付するときの定め（会758条5号6号）が，当該新株予約権交付時の条件（会236条1項8号ロに関するものに限る）に合致する新株予約権以外の新株予約権であるとき，

　　(イ)　吸収分割契約新株予約権
　　(ロ)　吸収分割契約新株予約権以外の新株予約権であって，吸収分割をする場合において，当該新株予約権者に「承継株式会社」の新株予約権を交付することとする旨の定めがあるもの

　③　株式交換（株式交換完全親会社が株式会社である場合に限る）の場合……以下に掲げる新株予約権のうち，「完全親株式会社」が「完全子会社」の新株予約権者に対し，当該新株予約権に代わる当該「完全親株式会社」の新株予約権を交付するときの定め（会768条1項4号5号）が，当該新株予約権交付時の条件（会236条1項8号ニに関するものに限る）に合致する新株予約権以外の新株予約権であるとき

　　(イ)　株式交換契約新株予約権

(ロ) 株式交換契約新株予約権以外の新株予約権であって，株式交換をする場合において，当該新株予約権者に「完全親株式会社」の新株予約権を交付することとする旨の定めがあるもの

　新株予約権付社債に付された新株予約権の新株予約権者は，上記の新株予約権買取請求をするときは，あわせて，新株予約権付社債についての社債を買い取ることを請求しなければならない。ただし，当該新株予約権付社債に付された新株予約権につき別段の定めがある場合は，この限りでない（会787条2項）。

　以下に掲げる消滅株式会社等は，効力発生日の20日前までに，以下に定める新株予約権者に対し，吸収合併等をする旨および存続会社等の商号・住所を通知しなければならない（公告をもって代えること可）（同3項4項）。

(1)　吸収合併消滅株式会社→全部の新株予約権
(2)　吸収分割承継会社が株式会社である場合における吸収分割株式会社→以下の新株予約権
　(イ)　吸収分割契約新株予約権
　(ロ)　吸収分割契約新株予約権以外の新株予約権であって，吸収分割をする場合において当該新株予約権者に吸収分割承継株式会社の新株予約権を交付することとする旨の定めがあるもの
(3)　株式交換完全親会社が株式会社である場合の株式交換完全子会社→以下の新株予約権
　(イ)　株式交換契約新株予約権
　(ロ)　株式交換契約新株予約権以外の新株予約権であって，株式交換をする場合において当該新株予約権者に株式交換完全親株式会社の新株予約権を交付することとする旨の定めがあるもの

　新株予約権買取請求は，効力発生日の20日前の日から効力発生日の前日までの間に，その買取請求に係る新株予約権の内容・数を明らかにしてしなければならない（同5項）。

　新株予約権証券が発行されている新株予約権，または新株予約権付社債券が発行されている新株予約権付社債に付された新株予約権について新株予約権買取請求をしようとするときは，当該新株予約権者は，消滅株式会社等に対し，その新株予約権証券または新株予約権付社債券を提出しなければならない。ただしこの証券・社債券につき公示催告の申立てをした者（非訟114条）については，この

限りでない（会787条6項7項）。

　新株予約権買取請求をした新株予約権者は，消滅株式会社等の承諾をえた場合に限り，この買取請求を撤回できる（同8項）。

　吸収合併等を中止したときは，この買取請求は効力を失う（同9項）。

第2節　新株予約権の価格の決定等

　新株予約権の買取請求があった場合において，新株予約権（当該新株予約権が，新株予約権付社債に付されたものである場合で，当該新株予約権付社債についての社債の買取請求があったときは，当該社債を含む）の買取価格の決定につき，新株予約権者と消滅株式会社等（吸収合併の効力発生日後にあっては吸収合併存続会社）との間に協議が調ったときは，消滅株式会社等は効力発生日から60日以内にその支払をしなければならない（会788条1項）。

　新株予約権の価格の決定につき，効力発生日から30日以内に協議が調わないときは，新株予約権者または消滅株式会社等は，この期間の満了の日後30日以内に，裁判所に対して，価格の決定を申し立てることができる（同2項）。効力発生日から60日以内にこの申立てがないときは，この期間の満了後は，新株予約権者は，いつでも，新株予約権買取請求を撤回できる（同3項）。

　消滅株式会社等は，新株予約権の価格の決定があるまでは，新株予約権者に対し，当該消滅株式会社等が公正な価格と認める額を支払うことができる（同5項）。

　消滅株式会社等は，新株予約権証券・新株予約権付社債券が発行されているときは，これらと引換えに，その新株予約権買取請求に係る新株予約権の代金を支払わなければならない（同7項8項）。

第3節　新設合併・新設分割・株式移転の場合

　会社法は，新設合併・新設分割・株式移転の場合に関しても，新株予約権の買取請求および価格決定につき上記と同様の規定を設けている（会808条・809条）。

第9章　債権者保護手続

　以下に掲げる場合，そこに定める債権者は，消滅株式会社等に対し，吸収合併等について異議を述べることができる（会789条1項）。すなわち，
　　① 吸収合併をする場合→吸収合併消滅株式会社の債権者，
　　② 吸収分割をする場合→吸収分割後吸収分割株式会社に対して債務の履行（当該債務の保証人として吸収分割承継会社と連帯して負担する保証債務の履行を含む）を請求することができない吸収分割株式会社の債権者（会社法758条8号・760条7号所掲事項についての定めがある場合には，吸収分割株式会社の債権者），
　　③ 株式交換契約新株予約権が新株予約権付社債に付された新株予約権である場合→当該新株予約権付社債についての社債権者。
　消滅株式会社等の債権者の全部または一部が，上記により異議を述べることができる場合，消滅株式会社等は，以下の事項を官報に公告し，かつ，知れている債権者（この異議を述べることができるものに限る）には，各別にこれを催告しなければならない（同2項）。すなわち，(1)吸収合併等をする旨，(2)存続会社等の商号・住所，(3)消滅株式会社等および存続会社等（株式会社に限る）の計算書類に関する事項として法務省令（会規188条）で定めるもの，(4)債権者が一定の期間内（1ヵ月を下りえない）に異議を述べることができる旨，である。
　消滅株式会社等が，上記の公告を，官報のほか，定款の定めに従い，時事に関する事項を掲載する日刊新聞紙または電子公告により行った場合は（会939条1項），各別の催告（吸収分割をする場合における不法行為によって生じた「分割株式会社」の債務の債権者に対するものを除く）をする必要はない（会789条3項）。
　上記(4)の期間内に債権者が異議を述べなかったときは，当該債権者は，当該吸収合併等を承認したものとみなされる（同4項）。この期間内に債権者が異議を述べたときは，消滅株式会社等は，当該債権者に対し，弁済するかもしくは相当の担保を提供し，または，当該債権者に弁済を受けさせることを目的として信託会社等に相当の財産を信託しなければならない。ただし，当該吸収合併等をしても当該債権者を害するおそれがないときは，この限りでない（同5項）。
　上記の債権者保護手続規定と同旨の規定が，吸収合併存続（株式・持分）会

社・新設合併消滅(株式・持分)会社・新設分割合同会社(=合同会社である新設分割会社)の債権者などに関しても設けられている(会799条・802条2項・810条・813条2項)。

第 6 編　企業買収

第1章 M&A（合併と買収）

　資本主義社会とは，企業が弱肉強食の自由競争を展開する経済社会であって，各企業は，互いに他社に劣った自社の弱点部分を，本来は独自の努力によって補完・向上させ，勝利者を目指さなければならない。しかし，猛スピードで科学技術等が発展している現代社会においては，企業としても悠長に研究開発等に係わってばかりもおられず，ストレートに他社の技術力・ノウハウ等を買い取ったり，一方的にわが物にしようと試みる場合もある。現代は，ビジネスそのものが日常的に売買される時代であり，他社の経営支配権を獲得するために様々な方法が考案されている。

　他社の経営支配権を完璧に獲得する典型的な方策は吸収合併（merger）である。しかし，吸収合併を行うためには株主総会の特別決議による承認・債権者保護手続の実行・反対株主の株式買取等の諸手続をふまなければならず煩雑である。そこで，他社の株主から支配株式を買い取ることにより（acquisition），支配権を獲得しようと試みる場合も少なくない。

　M&Aという用語は多義的であり，広義では，企業間の（生産・技術・販売等の）提携という意味と狭義のM&Aの意味を包んでいる。そして，狭義のM&Aには，合併・会社分割・事業譲渡による事業の取得という意味と株式譲渡・株式移転・株式交換・新株の第三者割当等による株式の取得という意味が含まれている。

　対象会社の株主から株式の譲渡を受けてその支配権を獲得するM&Aには，敵対的企業買収と友好的企業買収とがある。前者は，対象会社の経営陣の同意をえないで，対象会社の支配権を獲得するものであり，後者はこの同意の下に支配権を獲得するものである。敵対的企業買収が試みられると，対象会社の経営者は，これを阻止するべく各種の対応を試みる。しかし，会社法上，いかなる対応策（買収防衛策）の採択が対象会社に許されるかに関する特別な規定は設けられておらず，実際に採択される各種の買収防衛策の有効性については，関連する会社法上の一般的な規定の解釈論として争われる場合が多い。

　そもそも買収防衛策とは，株式の自由売買を阻止・妨害しようとする試みであり，とりわけ株式の自由譲渡性がその本質的要請である公開会社にあっては，本

来的には許されることではない。それがいかなる場合に，いかなる理由で許されるのか，この点は，わが国に先立って企業買収時代を経験している欧米諸国の実務対応や立法政策そして判例法理を参照しつつ，わが国においても，現在，検討がなされている最中である。

第2章　敵対的企業買収

第1節　総　説

　M&A（Merger and Acquisition）はまずターゲットとなる相手会社をさがすことから始まるが，相手会社が決まれば，次に買収提案を受け入れてくれるか否かのアプローチが試みられる。そして基本合意が成立すると，詳細なデューデリジェンス（ターゲットの調査）を行いつつ，買収方法や買収価格等を決定することになる。最終的に双方の合意が成立すれば友好的企業買収となるが，折衝過程において相手会社の経営陣の同意をえられなければ，敵対的企業買収に着手することになる。すなわち，今度は相手会社の株主に対し買収提案を示し，現経営陣か買収者いずれかの選択を迫ることになる。この場合，一般的には金融商品取引法上の株式公開買付け（TOB, take over bid）[1]の手法がとられる。これに対し，ターゲット会社の経営陣が採択する買収防衛策は有事導入型と平時導入・有事発動型に大別される。

第2節　買収防衛策

1　有事導入型

　敵対的企業買収者が具体的に出現した時点以降，企業が採択する防衛策としては，①友好的な第三者（white knight，白馬の騎士）に対する新株や新株引受権の第三者割当発行を実施したり，②買収者の買収意欲を阻喪させるために会社の魅力ある重要資産（crown jewel，クラウン・ジュウェル）を消滅させる防衛策（焦土作戦）などがある。①に関しては，わが国の判例において近年買収防衛策としての成功

1）　不特定かつ多数の者に対し，公告により株券等の買付け・売付け等の申込みの勧誘を行い，取引所金融商品市場外で株券等の買付け等を行うこと（金商27条の2第6項）。敵対的企業買収の切り札として行われるほか，友好的買収の場合にも実施される。

例と失敗例が出ており注目された。

東京高決平成17・3・23金判1214号6頁（ライブドア対ニッポン放送事件）は，Y放送の発行済株式総数の約35％を保有するXが，さらに買増しを続けるのに対抗し，Y放送が子会社のAテレビに新株予約権の発行を決定した事案である。Xは持株比率が減少することを危惧して，この発行決定は第三者に対する有利発行および不公正発行にあたるとして，発行差止めの仮処分を申請した。東京高裁がこの申請を肯認したため，Y放送の買収防衛は失敗したが，東京高裁は，以下のように述べている。「会社の支配権に現に争いが生じている場面において，株式の敵対的買収によって経営支配権を争う特定の株主の持株比率を低下させ，現経営者又はこれを支持し事実上の影響力を及ぼしている特定の株主の経営支配権を維持・確保することを主要な目的として新株予約権の発行がされた場合には，原則として，商法280条ノ39第4項が準用する280条ノ10（＝会210条2号）にいう「著シク不公正ナル方法」による新株予約権の発行に該当するものと解する…。

もっとも，経営支配権の維持・確保を主要な目的とする新株予約権発行が許されないのは，取締役は会社の所有者たる株主の信認に基礎を置くものであるから，株主全体の利益の保護という観点から新株予約権の発行を正当化する特段の事情がある場合には，例外的に，経営支配権の維持・確保を主要な目的とする発行も不公正発行に該当しない…。

例えば，株式の敵対的買収者が，①真に会社経営に参加する意思がないにもかかわらず，ただ株価をつり上げて高値で株式を会社関係者に引き取らせる目的で株式の買収を行っている場合（いわゆるグリーンメイラーである場合），②会社経営を一時的に支配して当該会社の事業経営上必要な知的財産権，ノウハウ，企業秘密情報，主要取引先や顧客等を当該買収者やそのグループ会社等に移譲させるなど，いわゆる焦土化経営を行う目的で株式の買収を行っている場合，③会社経営を支配した後に，当該会社の資産を当該買収者やそのグループ会社等の債務の担保や弁済原資として流用する予定で株式の買収を行っている場合，④会社経営を一時的に支配して当該会社の事業に当面関係していない不動産，有価証券など高額資産等を売却等処分させ，その処分利益をもって一時的な高配当をさせるかあるいは一時的高配当による株価の急上昇の機会を狙って株式の高値売り抜けをする目的で株式買収を行っている場合など，当該会社を食い物にしようとしている

場合には，濫用目的をもって株式を取得した当該敵対的買収者は株主として保護するに値しないし，当該敵対的買収者を放置すれば他の株主の利益が損なわれることが明らかであるから，取締役会は，対抗手段として必要性や相当性が認められる限り，経営支配権の維持・確保を主要な目的とする新株予約権の発行を行うことが正当なものとして許される…。」

「Y放送は企業価値の維持・向上が目的であると主張しているものの，その実体をみる限り，会社の経営支配権に現に争いが生じている場面において，株式の敵対的買収を行って経営支配権を争う債権者等の持株比率を低下させ，現経営者を支持し事実上の影響力を及ぼしている特定の株主であるAテレビによるY放送の経営支配権確保を主要な目的とするものである…」と。

ついで最決平成19・8・7金商1273号2頁（ブルドックソース対スティール・パートナーズ事件[2]）は，投資ファンドのXが子会社Aを通じてY社に試みた敵対的企業買収に対抗し，Y社が，自社の株主達に差別的行使条件・差別的取得条項付きの新株予約権の無償割当てを決定した事案である。AがY社の全株取得を目的として株式公開買付けを開始したのに対し，Y社の株主総会は，以下の内容の新株予約権の無償割当てを，議決権総数の8割以上の賛成をもって採択した。すなわち，①基準日現在の株主に対して，その有するY社株式1株につき3個の割合で新株予約権を割り当てる，②この新株予約権は，1個につき払込金額1円で普通株式1株の交付を受けるものであるが，Aを含むXの関係者は，本件新株予約権を行使できない，③Y社は，XおよびXの関係者が有する新株予約権以外の新株予約権を，取締役会所定日に取得し，対価として新株予約権1個につきこれに対する割当株式数の普通株式を交付することができる，④Xの関係者が有する新株予約権については，対価として新株予約権1個につき396円（本件公開買付けにおける当初の買付け価格の4分の1に相当）を交付することができるなど，である。

Xは，本件新株予約権無償割当ては，株主平等の原則に違反するもので，法令・定款違反に該当し，かつ，著しく不公正な方法によるものであるとして，会社法247条を類推適用し本件新株予約権無償割当ての差止めを求める仮処分命令

---

[2] ブルドックソース事件の法的検討・別冊商事法務№311（商事法務，2007）。石山卓磨「ブルドックソース事件の検討」民事法情報257号31頁。

を申し立てた。最高裁は，以下の理由から，Xの申立てを退けており，Yの防衛は成功した。

「株主平等の原則は，……特定の株主による経営支配権の取得に伴い，会社の存立，発展が阻害されるおそれが生ずるなど，会社の企業価値がき損され，会社の利益ひいては株主の共同の利益が害されることになるような場合には，その防止のために当該株主を差別的に取り扱ったとしても，当該取扱いが衡平の理念に反し，相当性を欠くものでない限り，これを直ちに同原則の趣旨に反するものということはできない。」

「本件新株予約権無償割当ては，突然本件公開買付けが実行され，抗告人（＝X）による相手方（＝Y社）の経営支配権の取得の可能性が現に生じたため，株主総会において相手方の企業価値のき損を防ぎ，相手方の利益ひいては株主の共同の利益の侵害を防ぐためには多額の支出をしてもこれを採用する必要があると判断されて行われたものであり，緊急の事態に対処するための措置であること，前記のとおり，抗告人関係者に割り当てられた本件新株予約権に対してはその価値に見合う対価が支払われることも考慮すれば，対応策が事前に定められ，それが示されていなかったからといって，本件新株予約権無償割当てを著しく不公正な方法によるものということはできない。

また，株主に割り当てられる新株予約権の内容に差別のある新株予約権無償割当てが，会社の企業価値ひいては株主の共同の利益を維持するためではなく，専ら経営を担当している取締役等又はこれを支持する特定の株主の経営支配権を維持するためのものである場合には，その新株予約権無償割当ては原則として著しく不公正な方法によるものと解すべきであるが，本件新株予約権無償割当てが，そのような場合に該当しないことも，これまで説示したところにより明らかである」と。

本件をめぐっては，①原審がXの属性を危険視して「濫用的買収者」と断じたことの当否，②YがXより新株予約権を取得するにあたり支払った金額の妥当性，③株主総会が買収防衛策を採択する場合の決議は特別決議・普通決議いずれであるべきか，④「企業価値」とは何か，などが問題とされており[3]，重要な検討課題である。

2 平時導入・有事発動型

敵対的買収者が出現する以前から，その出現があった場合を想定して企業が定めておく主な防衛策としては，ポイズン・ピル（poison pill，毒薬）や事前警告型防衛策などがある。

ポイズン・ピルという用語も多義的であり，買収防衛策の1つとして，広義では，敵対的買収者の議決権を希薄化させるなどの仕組みを総称するが，わが国では，主に新株予約権を使ったテクニックについて使用されている。すなわち，あらかじめ既存の株主に新株予約権を受ける権利（ライツ）を付与しておき，敵対的買収者が，対象会社の株式を一定割合取得するか公開買付けを実施した場合に（トリガー事由），その時点における株主に対して新株予約権が交付されるが，敵対的買収者に限り新株予約権は行使できないこと（差別的取扱条項）になっている防衛策である。この防衛策は，さらに，①信託型ライツプラン（狭義のポイズン・ピル），②SPC（特別目的会社，special purpose company）型ライツ・プラン，③事前警告型ポイズン・ピルなどに分かれる。

①は，平時のうちに差別的行使条件付きの新株予約権を信託銀行に発行しておき，トリガー事由が生ずると，経営者がこのライツプランを発動し，信託銀行が敵対的買収者以外の全株主に無償で新株予約権を交付するものである。②は，会社と信託銀行との間にSPCを介在させるもので，会社は事前に買収防衛専用のSPCに新株予約権を無償で発行しておき，SPCは新株予約権の管理を信託銀行にゆだねる。そして，買収者が現れると信託銀行が買収者以外の株主に新株予約

---

3) 一般に，アメリカ的にいえば「企業価値」とは「株主利益」より具体的には株価総額を意味し，また，ヨーロッパ的にいえば「ステーク・ホルダー利益」すなわち株主・従業員・消費者・地域住民・環境等の利害関係者全般の利益を，意味するものと解されている。この点，「企業価値・株主共同の利益の確保又は向上のための買収防衛策に関する指針」（2005年5月27日，経済産業省・法務省公表）では，「企業価値」を，「会社の財産，収益力，安定性，効率性，成長力等株主の利益に資する会社の属性又はその程度」としており，企業価値＝株主利益と解していて，最高裁もこの立場で判示している。また「近時の諸環境の変化を踏まえた買収防衛策の在り方」（平成20年6月30日，企業価値研究会）においても，「株主共同の利益の向上」が強調されており，「企業価値」については「企業が生み出すキャッシュフローの割引現在価値」と想定されている。しかし，これらの指針には法的拘束力はなく，各判例の判断も微妙に異なっており，これもまた，古くから問われてきた会社法における根本的な重要論点として今後も検討課題とされなければならない。私見においては「ステーク・ホルダー利益」を重視したい。

4) ①ライツプラン（信託型ポイズン・ピル），②事前警告型ポイズン・ピル，③種類株式，④黄金株，⑤複数議決権株式，⑥株式分割等。

権を発行することになる。③は，あらかじめ新株予約権を発行しておくのではなく，発行する要件や方法を定めて事前警告をしておき，敵対的買収者が出現したときに，すみやかに買収者以外の株主に新株予約権を発行する防衛策である。平時導入防衛策は，取締役会決議で導入されるものや，取締役会決議をへて株主総会決議で承認されて導入されるものなどがある。対象会社の経営陣が，保身のためにこの策を弄するものでないことを明らかにするために，弁護士，社外取締役・監査役，学識経験者等の独立社外者からなる第三者機関（特別委員会）の意見を尊重して決定する場合が多い。しかし，このようにして導入された防衛策の実施が，司法上はたして適法と判断されるか否かは，別問題である。[5]

買収者の株式の希薄化をねらう以外の平時の防衛策としては，日頃から株価を向上させ買収コストを高くさせておく方法，あるいは，企業価値を低くして買収の魅力を減らす方法などがある。[6] なお，究極の買収防衛策は株式の非公開化（ゴーイング・プライベート）であり，その方法としてMBO（Management Buy Out）[7]がある。企業側としては，日頃より，敵対的企業買収のターゲットになりづらい経営に心がけることになろうが，[8] M&Aの潜在的脅威があるからこそ，経営者も真摯に経営にあたろうとする緊張感が生まれてくる局面も無視しえないところであり，一層の判例の蓄積が待たれる。

---

[5] 取締役会が特別委員会の勧告を尊重して決定した買収防衛策としての新株予約権の発行が，「著しく不公正な方法」によるものとして差し止められた事例として，東京高決平成17・6・15金商1219号8頁（ニレコ事件）。本件は，全株主に1株につき2個の新株予約権を無償で与え，3年以内に発行済株式総数の20％以上を保有する敵対的企業買収者が現れた場合，取締役会が当該新株予約権を消却しない旨決議するならば，1個の新株予約権につき1円払い込むことにより1株発行されることとなる内容のライツプランが導入された事案である。株主においては，濫用的買収者であるなしにかかわらず，新株予約権が行使され新株が発行されると，その持株比率が3分の1程度に希釈される危険を負担し続けなければならない点を指摘する。

[6] 経営陣が敵対的買収により解任されたときを想定し，巨額の退職金を受け取る契約を事前に会社と締結しておく方法（ゴールデン・パラシュート）等。

[7] 経営陣が会社を非上場とするために，事業の継続を前提として，市場で自社の株式を買い付けること。しかし経営陣が投資ファンドの協力をえたような場合，双方の思惑に齟齬が生ずる場合もある。

[8] ターゲットになりやすい会社の特徴として，資産効率の悪さがあげられる。手持ちの現金を新事業への投資に回さないでいると，資産がある割に株価が低いことから，アービトラージャー（鞘取り投資家）にねらわれやすい。

第3章　MBO

第1節　意　義

　MBOとは，M&A（Merger and Aquisition，企業の合併・買収）の一形態であるManagement Buyoutの略語であって，株式会社の経営陣が新たに投資家（ベンチャーキャピタル・金融機関・投資ファンド等）から資金を調達し，自社の継続を前提として自社の株式や事業部門を買収し，会社から独立してこれを支配することを意味する。この点，平成19年9月4日に経済産業省が発表した「企業価値の向上及び公正な手続確保のための経営者による企業買収（MBO）に関する指針」（以下，「MBO指針」と略記）では，MBOのことを「現在の経営者が資金を出資し，事業の継続を前提として対象会社の株式を購入すること」としている。

第2節　取締役の義務

1　総　説

　MBOは，対象会社の経営支配を達成しようとする試みであり，この実現に強い利害関係を有する当該経営者においては，一方で，当該会社の取締役として企業価値を高め会社の利益ひいては「株主共同の利益」を向上すべき善管注意義務を負う反面，株式の買付者としては安価に株式を取得することが自己の利益になるという，利益相反構造の狭間に立つことになる。そこで，このような状況下にある経営者が果たすべき善管注意義務とはいかなる内容を有するかが問題となる。

2　「株主の共同利益に配慮する義務」

　東京地判平成23・2・18金判1363号48頁（レックス・ホールディング事件）によれば，取締役は，善管注意義務の具体的な内容として，「株主の共同利益に配慮する義務」を負う。そして，これに違反したか否かは，当該MBOの交渉にお

ける当該取締役の果たした役割の程度，利益相反関係の有無またはその程度，その利害相反関係を回避あるいは解消するためにどのような措置がとられたかなどを総合して判断される。取締役は，対象会社に関する正確かつ豊富な情報を有しており，株式の買付者側である取締役と売却者側である株主との間には大きな情報の非対称性が存在する。にもかかわらず，取締役が自己の利益のみを図り，株主共同の利益を損なうようなMBOを実施した場合には，「株主の共同利益に配慮する義務」に反し，ひいては善管注意義務・忠実義務違反となる。そこで，取締役の恣意性を排除した意思決定プロセスを実現する工夫として，社外役員や独立した第三者委員会に対する当該MBOの是非・条件についての諮問とその判断の尊重，特別利害関係取締役を除いた取締役と監査役全員の承認，弁護士・アドバイザー等による独立した助言，提示価格に関する独立した第三者評価機関からの鑑定書の提出等が考えられている（上記，「MBO指針」より）。

3 その他の義務

神戸地判平成26・10・16金判1456号15頁（シャルレ事件）[1]によれば，取締役は，MBOの実施にあたり，善管注意義務の一環として，「企業価値の向上に資する内容のMBOを立案，計画した上で，その実現（完遂）に向け，尽力すべき義務」（MBO完遂尽力義務）を負う。そして，この「MBO完遂尽力義務」に由来するものとして「自己または第三者の利益を図るために，その職務上の地位を利用してMBOを計画，実行したり，あるいは著しく合理性に欠けるMBOを実行しない義務」（MBOの合理性確保義務）を負う。

さらに，取締役は，「MBO完遂尽力義務」の一環として，「公開買付価格それ自体の公正さ」はもとより，「その決定プロセスにおいても，利益相反的な地位を利用して情報量等を操作し，不当な利益を享受しているのではないかとの強い疑念を株主に抱かせぬよう，その価格決定手続の公正さに配慮すべき」義務（MBOの手続的公正さの確保に対する配慮義務・手続的公正性配慮義務）も負っている。さらに，「情報開示義務」も負っているとされている。

---

1) 判批・川島いづみ・判時2268号167頁（判評681号21頁）。第2審，大阪高判平成27・10・29金判1481号28頁。

第 7 編　外国会社

第1章　外国会社の意義

　現代は，人類の経済活動がワールド・ワイドに緊密に展開している時代であり，日本の企業が外国で活動し，外国の会社がわが国で活動することはきわめて日常的なできごとである。企業が渉外的な私法関係に係わる場合，まずいずれの国の法律に準拠すべきかという問題があり，ついでこの準拠法の国において外国法人はいかに取り扱われているかという問題がある。前者は企業の属人法（本国法）の決定という問題であり，この決定基準としては，設立準拠法主義（会社の設立に際し準拠した法の国の法をもって属人法とする主義，英米法系）と本拠地法主義（会社の本拠地が所在する国を属人法とする主義，独仏等の大陸法系）とに大別される。設立準拠法主義が，属人法の決定と予測可能性を容易にするのに対し，本拠地法主義は，会社の活動により影響を受ける国の利益保護にすぐれている。

　会社法は，外国会社を，「外国の法令に準拠して設立された法人その他の外国の団体であって，会社と同種のもの又は会社に類似するもの」と定義づけて（会2条2号），設立準拠法主義にたっている。したがって，会社の設立に際して適用された法が，その後もこの会社の権利能力や内部関係に対して適用されることになる。

第2章　外国会社に対する規制

第1節　代表者に関する規制

　外国会社が，日本において取引を継続してしようとするときは，日本における代表者を定めなければならず，この場合，日本における代表者のうち1人以上は日本に住所を有するものでなければならない（会817条1項）。
　日本における代表者は，この外国会社の日本における業務に関する一切の裁判上または裁判外の行為をする権限を有する（同2項）。この権限に加えた制限は，善意の第三者に対抗することができない（同3項）。
　外国会社は，日本における代表者がその職務を行うについて第三者に加えた損害の賠償責任を負う（同4項）。

第2節　外国会社の登記

　外国会社は，外国会社の登記をするまでは，日本において取引を継続してすることができない（会818条1項）。これに違反して取引した者は，相手方に対し，外国会社と連帯して，この取引によって生じた債務の弁済責任を負う（同2項）。この者は，会社の設立登録免許税相当額の過料に処せられる（会979条2項）。
　外国会社が，初めて日本における代表者を定めたときは，3週間以内に，以下に定める地において，外国会社の登記をしなければならない（会933条1項1号2号）。
　①　日本に営業所を設けていない場合→日本における代表者（日本に住所を有するものに限る）の住所地，
　②　日本に営業所を設けた場合→当該営業所の所在地。
　外国会社の登記に関しては，日本における同種の会社または最も類似する会社の登記事項（会911条3項各号・912条〜914条）に加え，①外国会社の設立準拠法，②日本における代表者の氏名・住所，③日本における同種の会社または最も類似

する会社が株式会社であるときは，①の準拠法の規定による公告方法その他について登記しなければならず（会933条2項1号〜7号），さらに，日本における代表者の選任（会934条1項）・その住所の移転（会935条）・営業所の設置（会934条2項・936条）についての登記もある。

第3節　外国会社の貸借対照表の公告

　外国会社の登記をした外国会社（日本における同種の会社または最も類似する会社が株式会社であるものに限る）は，法務省令（会規214条）で定めるところにより，定時株主総会による計算書類の承認（会438条2項）と同種の手続またはこれに類似する手続の終結後遅滞なく，貸借対照表に相当するものを日本において公告しなければならない（会819条1項）。この公告は電磁的方法によることも可能であり（同3項），公告方法が，官報または時事に関する日刊新聞紙の場合は要旨の公告で足りる（同2項）。有価証券報告書提出会社の場合は（金商24条1項），これらの公告は適用除外される（会819条4項）。

第4節　外国会社の取引継続禁止・営業所閉鎖命令等

　裁判所は，以下の場合，法務大臣・株主・社員・債権者その他の利害関係人の申立てにより，外国会社が日本において取引を継続してすることの禁止またはその日本に設けられた営業所の閉鎖を命ずることができる（会827条1項1号〜4号）。

　①　外国会社の事業が不法な目的に基づいて行われたとき，

　②　外国会社が正当な理由がないのに，外国会社の登記の日から1年以内にその事業を開始せず，または引き続き1年以上その事業を休止したとき，

　③　外国会社が正当な理由がないのに支払を停止したとき，

　④　外国会社の日本における代表者その他その業務の執行者が，法令所定の外国会社の権限を逸脱・濫用する行為または刑罰法令にふれる行為をした場合において，法務大臣から書面による警告を受けたにもかかわらず，なお継続的にまたは反復して当該行為をしたとき。

　裁判所は，以下の場合，利害関係人の申立てによりまたは職権で，日本にある外国会社の財産の全部について清算の開始を命ずることができる（会822条1項1

①　外国会社が取引継続の禁止または営業所閉鎖の命令（会827条1項）を受けた場合，

②　外国会社が日本において取引を継続してすることをやめた場合。

第5節　擬似外国会社

　日本に本店を置き，または日本において事業を行うことを主たる目的とする外国会社は，日本において取引を継続してすることができない（会821条1項）。これに違反して取引した者は，相手方に対し，外国会社と連帯して，この取引によって生じた債務を弁済する責任を負う（同2項）。

　これは，日本法の適用を回避する目的で，意図的に外国法に準拠して会社を設立しておいて，実際にはもっぱら日本で活動している会社に対応しての立法措置である。

事 項 索 引

あ

悪意 …………………… 333
預合い ………………… 102
　──と見せ金の結合形態
　………………………… 103

い

異次元説 ……………… 226
一元説 ………………… 315
一時(仮)役員等 ……… 239
著しく不公正な払込金額
　………………………… 385
著しく不公正な払込条件
　………………………… 410
一般的記載事項
　………… 520, 522, 524
一般法上の会社 ……… 22
委任状の勧誘 ………… 206
違法行為差止請求権 … 261
違法な親会社株式の取得
　………………………… 174
違法な新株発行 ……… 382
違法な新株予約権の発行
　………………………… 408
違法な利益供与に関する責
　任 ……………………… 317
違法配当の効力 ……… 364
インセンティブ報酬 … 394
インデックス債 ……… 416

う

売渡株式等の取得の無効の
　訴え …………………… 172
売渡株主の救済 ……… 172

売渡請求 ……………… 181
　──の撤回 ………… 172

え

永久債 ………………… 416
営業・競業の禁止 …… 34
営利社団法人 ………… 10
営利性 ………………… 75
S・A・R ……………… 313
閲覧 …………………… 520
M&A …………………… 581
MBO …………………… 589
　──の完遂尽力義務 … 590
　──の合理性確保義務
　………………………… 590

お

黄金株 ………………… 133
お手盛り ……………… 306
親会社 ………………… 23
　──の定款の目的条項 … 77
親会社株式の取得 …… 173

か

外観の存在 …………… 226
会計監査人 …………… 238
　──における意思疎通義
　　務 …………………… 268
　──の解任 ………… 242
　──の業務執行 …… 267
　──の権限 ………… 267
　──の報酬 ………… 314
会計参与 ……………… 236
　──の義務 ………… 266
　──の業務執行 …… 265

　──の権限 ………… 265
　──の報酬 ………… 313
会計帳簿 ………… 346, 484
　──の閲覧請求 …… 348
　──の作成・保存 … 347
　──の提出拒絶事由 … 349
会計帳簿等の閲覧・謄写権
　………………………… 267
会計の原則 ……… 346, 484
会計報告請求権 ……… 267
外国会社 ………… 25, 593
　──の登記 ………… 594
　──の取引継続禁止・営
　　業所閉鎖命令 …… 595
解散 …………………… 435
　──の原因 ………… 435
　──の効果 ………… 437
　──を命ずる裁判 … 436
解散・継続 …………… 489
解散事由 ……………… 435
開示主義 ……………… 60
会社
　──の意思能力・行為能
　　力 …………………… 16
　──の概念 ………… 10
　──の機会の奪取 … 292
　──の権利能力 …… 12
　──の種類 ………… 18
　──の政治献金能力 … 15
　──の能力 ………… 12
　──の不法行為能力 … 17
　──の法人性 ……… 12
　──の目的 ………… 74
　──への提訴請求 … 331
会社側の追認 ………… 107
会社財産の状況開示 … 50
会社成立の場合の責任 … 110
会社不成立との違い … 115

会社不成立の場合の責任 ……………………………112
会社分割 ……………538
　　──の効力発生 ………553
　　──の無効 …………554
会社法 ………………6
　　──の改正動向 ………66
　　──の公共性 …………7
　　── 429 条 1 項の法意 ……………………………323
会社役員賠償責任保険 …343
解職 …………………270
買取価格の決定 ………512
買取請求 ……………180
買取通知の撤回 ………148
解任 …………………277
価格参照時 ……………571
確定的効力 ……………150
影の取締役 ……………231
合併 …………………514
　　──の通知・公告 ……529
　　──の法的性質 ………516
　　──の無効 …………533
合併契約書 ……………518
　　──の記載事項 ………520
合併対価の柔軟化と三角合併 ………………………518
合併比率 ………………534
合併無効の訴え ………534
合併無効の登記 ………537
合併無効判決の効力 ……536
株券 …………………138
　　──の記載事項 ………139
　　──の発行 …………138
株券喪失登録制度 ………139
株券発行会社 …………155
株券発行前の株式の譲渡制限 …………………………144
株券不所持制度 ………139
株券不発行会社 ……141, 157
株式 …………………45
　　──と社債の接近化現象 ……………………………413
　　──の意義 …………116

　　──の価格の決定 ……569
　　──の共同相続 ………203
　　──の競売・売却 ……182
　　──の種類 …………124
　　──の消却 …………169
　　──の譲渡 …………140
　　──の譲渡方法 ………141
　　──の相互保有 ………174
　　──の担保化 ……155, 157
　　──の非公開化 ………588
　　──の評価 …………158
　　──の分割 …………177
　　──の併合 …………175
　　──の本質 …………116
　　──の割当てを受ける権利 …………………………391
株式移転 ………………555
　　──の効力 …………567
　　──の手続 …………563
　　──の無効 …………566
株式移転計画 …………563
株式移転制度 …………562
株式移転登記 …………566
株式会社 …………18, 21
　　──の概念 …………45
　　──の経営機構 ………183
　　──の継続 …………438
　　──の事業の部類に属する取引 ……………………293
　　──の成立 …………89
　　──の設立 …………71
　　──の代表 …………245
　　──を設立する新設分割計画 ………………………548
株式会社財団論 …………118
株式会社法の規制特色 …59
株式会社法の変遷 ………62
株式共有 ………………202
株式交換 ………………555, 556
　　──の手続 …………559
　　──の無効 …………562
株式交換契約 …………556
株式交換制度 …………556
株式債権説・株式純債権説

 …………………………118
株式の質入れ ……………157
株式取得目的報酬 ………313
株式譲渡の自由と制限 …143
株式等売渡請求 ………169
株式売却制度 …………181
株式報酬型ストックオプション ………………………313
株式無償割当て …………179
株主権の濫用 …………121
株主総会 ………………191
　　──における説明義務 ……………………………260
　　──に対する報告義務 ……………………………261
　　──の運営 …………196
　　──の権限 …………191
　　──の招集 …………192
　　──の成立と議事 ……196
株主総会参考書類・議決権行使書面の交付 …………207
株主総会等の決議の瑕疵 ……………………………214
株主代表訴訟 …………330
株主提案権 ……………197
株主でなくなった者の訴訟追行 …………………………342
株主との合意による取得 ……………………………161
株主による取締役の行為の差止め ……………………328
株主による役員解任の訴え ……………………………329
株主の議決権 …………200
株主の義務 ……………121
株主の共同利益に配慮する義務 …………………………589
株主の権利 ……………118
株主の差止請求 ………530
株主の提訴 ……………331
株主平等の原則 ………121
株主名簿 ………………148
株主名簿記載事項 ………148
株主有限責任の原則 ……46

事項索引 599

株主優待制度 …………… 123
株主割当て ………… 377, 399
仮(代表)執行役 ………… 280
仮払制度 …………… 513, 570
簡易合併 ………………… 531
簡易株式交換 …………… 560
簡易事業譲渡 …………… 510
監査委員会 ……………… 270
監査等委員会 ……… 281, 283
監査等委員会設置会社
　………………… 186, 281
監査等委員の職務・権限・義務
　………………………… 281
監査費用請求権 ………… 262
監査役 …………………… 234
　――による取締役の行為
　　の差止め …………… 328
　――の業務執行 ……… 259
　――の資格等 ………… 234
監査役会監査報告 ……… 351
監査役会の権限 ………… 265
監査役監査報告 ………… 351
監視義務違反 …………… 324
間接取引 ………………… 297
完全親会社等 …………… 339
監督委員 ………………… 461
　――の職務 …………… 461
　――の注意義務 ……… 462
　――の報酬 …………… 462

き

議案提案(出)権 ………… 198
議案要領通知請求権 …… 198
機関 ……………………… 184
　――選択の多様性 …… 183
企業 ………………………… 3
　――の社会的責任 ……… 8
企業維持の理念 ………… 59
企業会計(法) …………… 344
企業価値 ………………… 587
企業不祥事感知 ………… 264
議決権拘束契約 ………… 202
議決権制限株式 …… 126, 201

議決権の行使 …………… 208
議決権の行使方法 ………… 96
議決権の代理行使 …… 96, 205
議決権の不統一行使 … 97, 209
期限の利益の喪失 ……… 431
擬似外国会社 …………… 596
擬似発起人の責任 ……… 112
基準日株主以外の株主 … 201
議事録 ……… 97, 200, 258, 274,
　430
既成事実尊重の理念 …… 221
既存株主の利益保護 …… 371
議題提案権 ……………… 197
議題の記載・記録の要否
　………………………… 195
議長 ……………………… 197
　――の権限 ……………… 97
既判力・執行力への拡張の
　可否 …………………… 56
期末欠損てん補責任 …… 318
キャッシュ・アウト・マージ
　ャー …………………… 518
旧株主による責任追及の訴
　え ……………………… 334
旧株主による訴提起 …… 335
吸収合併と新設合併 …… 516
吸収分割会社の手続 …… 546
吸収分割契約 ……… 541, 545
吸収分割承継会社の手続
　………………………… 547
吸収分割と新設分割 …… 539
吸収分割の手続 ………… 546
吸収分割の方法 ………… 541
求償権の制限等 …… 487, 488
共益権 …………………… 119
競業禁止の範囲 ………… 293
競業取引責任 …………… 316
競業取引の承認 ………… 294
競業の禁止 ……………… 479
競業避止義務 ……… 39, 293
強行法規性 ………………… 60
業績連動型のインセンティ
　ブ報酬 ………………… 311
業績連動型報酬 ………… 312

競争関係 ………………… 350
協定 ……………………… 464
　――の認可・不認可の決
　　定 …………………… 465
共同企業 ………………… 3
業務監査 ………………… 250
業務・財産状況調査権 … 268
業務・財産調査権 ……… 260
業務執行機関 …………… 185
業務執行社員の職務代行者
　………………………… 481
業務執行社員の責任 …… 489
業務執行に関する検査役の
　選任 …………………… 327
業務執行の決定 ………… 248
業務の適正を確保する体制
　………………………… 250
共有株式の権利行使者 … 202
拒否権付種類株式 ……… 133

く

具体性 …………………… 74
グリーンメイラー ……… 584

け

経営判断の原則 ………… 287
計算書類 ……… 262, 346, 484
　――の添付 …………… 195
　――の開示義務 ……… 266
　――の確定手続 ……… 351
　――の公告 …………… 354
　――の作成・保存 …… 347
　――の保存義務 ……… 266
計数変動 ………………… 365
決議取消しの訴え … 215, 218
決議取消しの訴えの原因
　………………………… 215
決議不存在・無効確認の訴
　え ……………………… 215
決算報告の承認 ………… 453
欠損が生じた場合の責任
　………………………… 487

検査報告 …………………193
検査役 …………………………83
　——の選任 ……………193
　——の選任の申立て …303
限定的妥当性説 …………263
兼任禁止 …………………224
現物出資等の目的物価額不
　足額てん補責任 ………110
権利株の譲渡制限 ………144
権利行使者がいない場合
　……………………………204
権利行使者の指定方法 …204
権利能力なき社団 ………205
権利の推定 ………………139

こ

公開会社 …………………24
広義の事実上の取締役 …230
合資会社 ……………20,471
公示主義 …………………60
公序 …………………221,230
公正妥当 …………………346
公正な価格 ………………570
公正な発行価額 ……373,374
合同会社 ……………20,472
合同発行 …………………418
公募 ………………………417
公法上の能力 ……………17
合名会社 ……………19,470
効力発生日 …………502,504
　——の変更 ……………502
コーポレート・ガバナンス
　論 ………………………57
子会社 ……………………23
　——からの取得 ………163
子会社調査権 …………260,268
個人企業の経済的機能 ……4
国家機関の関与 …………60
個別株主通知 ……………143
固有権 ……………………120
コンプライアンス体制 …251
コンメンダ ………………471

さ

財源規制 …………164,356
債権者集会 ………………462
　——に対する報告 ……464
　——の招集 ……………462
債権者の異議 ………486,488
債権者の異議手続 ………431
債権者保護手続 ……367,501,
　543,546,551,561,576
財産引受 …………………107
財産目録 …………………448
　——等の作成・提出義務
　……………………………492
最終完全親会社等 ………337
最低資本金 ………………50
裁判所による総会招集決定
　……………………………194
債務超過会社の吸収合併
　……………………………517
債務の弁済 ………………450
裁量棄却 …………………219
詐害事業譲渡 ……………41
詐害的な会社分割 ………544
差止請求 …………………303
　——権 …………………271
三角交換 …………………561
参考書類・議決権行使書面
　……………………………195
算定基準時 ………………571
残余財産の分配 ……452,493

し

自益権 ……………………119
資格株 ……………………224
資格授与的効力 …………150
私企業 ……………………4
事業譲渡 ……………40,515
事業の重要な一部の譲渡
　……………………………508
事業の譲渡 ………………505
事業の全部の経営の委任
　……………………………509
事業の全部の譲渡 ………506
事業の全部の賃貸 ………509
事業の全部の譲受け ……509
事業報告請求権 …………260
資金調達 …………………370
仕組債 ……………………416
事後開示 …………………177
自己株式 …………………201
　——の取得 ……………165
　——の取得規制 ………159
　——の取得事由 ………160
　——の消却 ……………164
　——の処分 ……………164
　——の保有 ……………164
自己商号の使用許諾責任
　……………………………31
自己新株予約権 …………406
事後設立 …………………510
自己または第三者のために
　……………………………294
事実上の取締役 …………230
事実上の取締役理論 ……221
市場取引等による取得 …163
事前開示 …………………176
執行機関構造の諸類型 …185
執行役 ……………………237
　——の義務等 …………279
　——の業務執行 ………278
　——の権限 ……………278
　——の選任 ……………277
執行役員 …………………35
　——の義務と責任 ……37
　——の権限 ……………36
　——の法的地位 ………36
　——への報酬支給 ……37
執行役代行者 ……………280
失念株 ……………………153
質問と説明 ………………199
シナジー効果 ……………570
支配人 ……………………33
支配人以外の使用人 ……35
資本維持の原則 …………48
資本確定の原則 …………49

事項索引　601

資本金 …………………365
　　――の額の減少 ………485
　　――の減少 …………366
　　――の増加 …………366
資本3原則 ………………47
資本充実責任 ……………318
資本充実の原則 …………47
資本制度 …………………47
資本不変の原則 …………49
指名委員会 ……………270
　　――等設置会社 …185,268
　　――等の運営 ………271
社員権説 ………………117
社員権否認論 …………117
社員の加入 ……………481
社員の退社 ……………482
社外監査役 ……………235
社外取締役 ……………231
　　――の義務と責任 ……304
社債 ……………………412
社債管理者 ……………422
　　――の義務と責任 ……423
　　――の権限 …………423
　　――の事務の承継 ……425
　　――の報酬 …………432
社債券 …………………420
社債権者集会 …………426
社債権者の権利 ………426
社債原簿 ………………421
社債の管理 ……………422
社債の態様 ……………414
社債の発行 ……………417
社団 ………………………10
従業員の引抜き行為 ……292
終結決定 ………………466
主観的要件 ……………227
出資の払戻し …………485
　　――の制限 …………487
出資の履行 …………84,380
取得禁止の例外 …………174
取得条項付株式 ……129,165
取得条項付新株予約権 …406
取得請求権付株式 …128,165
主要目的ルール ………383

種類株主総会 ………88,211
種類創立総会 ……………98
準則主義の確立 …………62
準備金 …………………365
　　――の減少 …………367
　　――の増加 …………367
消極的妥当性説 …………263
承継債務額 ……………528
承継資産額 ……………528
商号 ………………………30
　　――を続用した場合 …40
　　――を続用しない場合 …41
商号使用の禁止 …………30
商号変更の請求 ………483
招集通知の方法 ………194
招集手続の省略 ………196
譲受会社の責任 …………40
少数株主権 ……………120
少数株主による総会の招集
　………………………192
譲渡会社の競業の禁止 ……40
譲渡制限株式 …………127
　　――の譲渡担保 ……156
譲渡担保 ………………156
譲渡等承認請求 ………145
　　――の撤回 …………147
使用人 ……………………33
使用人兼務取締役の報酬
　………………………309
承認特則規定 …………353
情報開示 ………………176
賞与 ……………………307
剰余金 …………………368
　　――の額 ……………358
　　――の処分 …………356
剰余金配当等手続 ……360
剰余金配当等に関する責任
　………………………317
職務権限 ………………275
職務執行の対価 ………311
所在不明株主 …………181
書面・電磁的方法による議
　決権行使 ………………96
新株発行等不存在確認の訴

え ………………………393
新株予約権 ……………391
　　――の買取請求 ……408
　　――の価格の決定
　　　………………501,575
　　――の行使 …………407
　　――の質入れ ………405
　　――の譲渡 …………404
　　――の内容 …………395
　　――の発行方法 ……394
　　――の発行手続 ……397
　　――の発行の差止め …408
　　――の発行の無効・不存
　　　在に関する訴訟 ……409
　　――の無償割当て ……402
新株予約権買取請求
　………………………500,573
新株予約権買取請求権 …547
新株予約権証券 ………405
新株予約権付社債 ……414
新設分割 ………………548
　　――の手続 …………551
　　――の方法 …………548
人的(分割型)分割 ……540
人的会社 ………………22
信頼の原則 ……………290

す

スクィーズ・アウト ……132
ステーク・ホルダー ………5
ステーク・ホルダー利益
　………………………587
ストック・オプション ……311
　　――の発行方法 ……311
　　――の付与手続 ……311

せ

請求の理由 ……………348
清算株式会社の代表 …444
清算からの除斥 ………451
清算結了登記 …………494
清算事務 ………………492

事項索引

──の終了 …………493
──の終了等 …………453
清算中の会社 …………439
清算人 ………441, 459, 491
──の解任 ………442, 459
──の義務 …………459
──の就任 …………441
──の職務 …………443
──の損害賠償責任 …445
清算人会 …………446
──の運営 …………447
──の権限等 …………446
清算人代理 …………460
清算の開始原因 ……439, 491
清算の結了 …………454
正当事由弾力化説 ………226
責任限定契約 …………322
責任追及等の訴え ………330
責任の一部免除 ……319, 320
責任の消滅時効 …………494
責任免除 …………335
絶対的記載事項 …………74
設立関与者の責任 …………110
設立時代表取締役等 ………89
設立時取締役等 …………88
──による調査・報告 …99
──の選任・解任 …………98
設立時発行株式 …………83
──の払込み …………92
──の引受人 …………90
──の割当てと引受け …91
設立時役員等の解任 ………87
設立時役員等の選任 ………85
設立中の会社 …………104
設立の意義 …………71
設立の方法 …………71
設立の無効 …………113
設立の無効原因 …………113
設立費用の帰属 …………81
設立無効の訴え …………114
全員出席総会 …………196
善管注意義務 …………287
選定 …………269
選任 …………277

全部取得条項付種類株式
………………130, 166

そ

総会決議の種類 …………209
総会検査役制度 …………193
総会提出資料等の調査 …199
総会の招集決定 …………194
総会の招集通知 …………194
総額引受 ………378, 401, 417
総株主通知 …………142
相互保有株式 …………201
相互保有規制 …………175
相続人等に対する売渡請求
………………168
相対的記載事項 …………79
相対的無効説 …………299
創立総会 …………93
創立総会決議の省略 ………97
遡及項 …………221
組織変更 …………498
──計画 …………498
──手続 …………499
訴訟参加 …………341
──への同意 …………341
租税法領域への適用拡大
………………56
備置き …………519
損益の全部を共通にする契約 …………509

た

大会社 …………23, 184
第三者異議の訴え …………57
第三者に対する有利発行
………………402
貸借対照表等の監査 …449
貸借対照表等の作成・保存
………………448
貸借対照表等の備置き …449
貸借対照表等の定時株主総会への提出 …………449

退社した社員の責任 ……483
退職慰労金の支給 ………308
対世的効力 …………220
対世効 …………536
退任登記未了の辞任取締役
………………325
代表執行役 ………237, 280
代表社債権者 …………430
代表取締役 …………225
──の業務執行 …………246
──の権限濫用行為 ……247
──の専断的行為 ………247
──の選定・解職 ………241
代理商 …………38
──の留置権 …………39
代理人資格の制限 ………206
多重代表訴訟制度 ………336
多数決の濫用 …………218
妥当性説 …………263
短期社債 …………416
単元株制度 …………179
単元未満株式 …………202
──の権利 …………180
単独株主権 …………120
担保付社債 …………415
担保提供命令 …………220
担保の提供 …………332

ち

中間配当 …………361
忠実義務 …………291
──と善管注意義務との異同 …………291
調査命令 …………457
帳簿資料の保存 …………454
直接取引 …………295

つ

通常清算 …………439
通常の募集 …………400
通知義務 …………38
通知を受ける権限 …………39

事項索引　603

て

D&O保険 …………………343
定款による譲渡制限 ……144
定款の作成 ………………73
定款の変更 …………99, 489
定款変更 …………………433
提訴期間 …………………218
敵対的企業買収 …………583
適法性 ……………………75
　――説 …………………263
手続的公正性配慮義務 …590
デット・エクイティ・スワップ ……………………382
電磁的方法 ………………195

と

投下資本の回収策 ………21
登記の一般的効力 ………225
動議の提出 ………………199
同族会社 …………………25
登録株式質 ………………156
と監査役の業務監査権限 …………………………263
特殊決議 ……………210, 214
特定株主への金員贈与 …123
特定責任 …………………339
特定責任追及の訴え ……………………336, 340
特定の株主からの取得 …162
特に有利な金額 …………373
特別決議 ……………209, 213
特別支配株主 ………169, 170
特別清算 …………………455
　――の終了 ……………466
特別清算開始の原因 ……456
特別清算開始の効力 ……456
特別取締役 ………………229
特別取締役会 ……………259
特別法上の会社 …………22
特別利害関係株主 ………216
　――の範囲 ……………217
特別利害関係取締役 ……256
独立性の基準 ……………233
独立取締役 …………231, 233
　――の職務 ……………234
特例有限会社 ………19, 469
トラッキング・ストック …126
取締役 ……………………222
　――としての外観 ……230
　――としての継続的職務執行 …………………230
　――の業務執行 ………245
　――の欠格事由 ………223
　――の職務執行監査権 …………………………260
　――の職務代行者 ……240
　――の選任 ……………240
　――の報告義務 ………301
　――の報酬 ……………305
取締役会
　――の運営 ……………276
　――の業務監査権限 …263
　――の業務執行 ………247
　――の決議 ……………256
　――の決定事項 ………284
　――の権限 …248, 275, 283
　――の招集 ……………255
　――の専決事項 ………275
　――への報告義務 ……271
取締役会・監査役会・会計監査人設置会社 ………185
取締役会・監査役設置会社 …………………………186
取締役会・監査役非設置会社 …………………………186
取締役会決議の無効 ……259
取締役会出席・意見陳述義務 ……………………260
取締役会報告義務 ………260
取締役・監査役の選解任権付種類株式 ……………134

な

内国会社 …………………25
内部統制構築義務 ………253
内部統制システムの構築 …………………………250
ナカリセバ価格 …………570

に

二元説 ……………………315
二段階代表訴訟 …………336
二段階買収 ………………572
　――における強圧性 …572
日本版ESOP ……………313
任意清算 …………………490
任意退社 …………………482
任意的記載事項 …………82
任期 ………………………224
任務懈怠責任 ……………315

は

買収防衛策 ………………583
配当・残余財産分配についての種類株式 ………125
売買価格の決定 ……147, 172
端株制度 …………………181
破産手続開始の決定 …………………………436, 466
端数の処理 ………………178
パススルー課税 …………472
発行可能株式総数 ……78, 135
　――の定め ……………99
発行可能種類株式総数 …135
罰則の強化 ………………61
払込金の返還時期 ………93
払込金の保管証明 ………92
払込取扱機関の保管証明責任 ………………………92
払込みの仮装 ……………101
判決の効力 ………………220
反対株主の株式買取請求 …………………136, 511, 568

ひ

引受人の責任 …………………111
非固有権 ………………………120
1株1議決権の原則 …………200
　　──の例外 ………………201
100パーセント減資 …………130
表見支配人 ……………………34
表見代表執行役 …………238,280
表見代表取締役 ……………225
表見的取締役の責任 …………324

ふ

ファントム・ストック ………313
不実の情報開示責任 …………326
不遡及効 ………………………536
普通決議 ……………………209,213
普通社債 ………………………414
物的(分社型)分割 ……………540
物的会社 ………………………22
不提訴理由の通知 ……………332
不当訴訟要件 …………………333
不法不当目的要件 ……………333
振替株式 ………………………141
振替株式の担保化 ……………157
分配可能額 …………356,357,359
　　──の算定方法 …………358
分配特則規定 ……………360,361

へ

平時導入・有事発動型 ………587

ほ

ポイズン・ピル ………………587
報告徴収・調査権限 …………271
報酬 ……………………………307
　　──の決定方法 …………305
　　──の減額 ………………307
報酬委員会 ……………………273
法人格の形骸化事例 …………55

法人格の濫用事例 ……………54
法人格否認の法理 ……………52
法人格否認判決の効力の拡
　張 ……………………………56
法人実在説 ……………………16
法定清算 ………………………491
法定退社 ………………………482
法的確実の要請 ………………221
法律上の取締役 ………………230
法令による譲渡制限 …………144
補欠役員の選任 ………………242
募集株式 ………………………370
　　──の発行 ………………370
　　──の発行形態 …………370
　　──の発行手続 …………372
　　──の引受け ……………378
　　──の募集 ………………378
募集事項 ……………………372,397
募集社債の募集手続 …………418
募集新株の発行無効の訴え
　………………………………386
募集設立 ………………………90
発起設立の手続 ………………72
発起人 …………………………72
　　──の会社に対する責任
　………………………………111
　　──の権限 ………………104
　　──の説明義務 …………97
発起人等の損害賠償責任
　………………………………110

み

見せ金 …………………………103
みなし解散 ……………………437
民法上の組合 …………………205

む

無限定適正意見 …………353,361
無効原因 ………………………387
無効の原因 ……………………533
無効の主張 ……………………299
無効判決の効果 ………………114

め

明確性 …………………………75
名義書換え ……………………150
　　──の不当拒絶 …………152
　　──未了の株式譲受人の
　　地位 ………………………151
名板貸責任制度 ………………228
免責的効力 ……………………150

も

目的による制限 ………………13
持分会社 ………………………21
　　──の管理 ………………478
　　──の業務の執行 ………478
　　──の計算 ………………484
　　──の社員の責任 ………475
　　──の組織変更 …………502
　　──の代表 ………………480
　　──を設立する新設分割
　　計画 ………………………550
持分会社規制 …………………474
持分の譲渡 ……………………477
持分の払戻し …………………483
モニタリング・モデル ………304

や

役員 ……………………………222
　　──の解任の訴え ………243
　　──の選任・解任決議の
　　要件 ………………………243
　　──の報酬 ………………305
役員等 …………………………222
　　──の一般的義務 ………286
　　──の会社に対する責任
　………………………………315
　　──の権利義務者 ………238
　　──の辞任 ………………244
　　──の責任の消滅時効期
　　間 …………………………327
　　──の第三者に対する損

害賠償責任 …………323
　──の連帯責任 ………326
役員等責任査定決定 ……459
役員報酬の開示 …………314
役付取締役 ………………229

ゆ

有事導入型 ………………583
有償ストック・オプション
　………………………313

よ

与因行為 …………………227

ら

ライツ・イシュー ………377
ライツ・オファリング …403
濫用的買収者 ……………586

り

利益相反取引規制 ………295
利益相反取引責任 ………316
利益相反取引の制限 ……479
利益の配当 ………………485
利益配当に関する責任 …487
利益配当の制限 …………487
リストリクテッド・ストック
　………………………312
利付債 ……………………416
略式合併 …………………530
略式株式交換 ……………560
略式株式質 ………………155
略式事業譲渡 ……………510
臨時決算制度 ……………355

れ

例外規定説 ………………226
劣後債 ……………………416
連結計算書類 ……………353

ろ

労働契約承継法 …………541

わ

割引債 ……………………416

判 例 索 引

大決明 41・11・20 民録 14 輯 1194 頁 ……… 30
大判大 2・2・5 民録 19 輯 27 頁 ……… 73
大判大 2・7・9 民録 19 輯 619 頁 ……… 440
大判大 5・3・4 民録 22 輯 513 頁 ……… 440
大判大 9・2・20 民録 26 輯 184 頁 ……… 296
大判大 13・7・28 民集 3 巻 381 頁 ……… 440
大判昭 2・7・4 民集 6 巻 428 頁 ……… 81
大決昭 4・12・16 新聞 3082 号 9 頁 ……… 216
大判昭 5・2・22 法律新報 213 号 14 頁 ……… 296
大判昭 6・7・2 民集 10 巻 548 頁 ……… 215
大判昭 7・2・12 民集 11 巻 207 頁 ……… 196
大判昭 7・6・29 民集 11 巻 12 号 1257 頁 ……… 72
大判昭 8・5・9 民集 12 巻 1091 頁 ……… 78
大判昭 8・9・12 民集 12 巻 1313 頁 ……… 78
大判昭 9・10・26 民集 13 巻 2012 頁 ……… 216
大判昭 13・9・28 民集 17 巻 1895 頁 ……… 296
最判昭 24・6・24 民集 3 巻 7 号 235 頁 ……… 294
最判昭 28・12・3 民集 7 巻 12 号 1299 頁 … 109
最判昭 30・9・9 民集 9 巻 10 号 1247 頁
　……………………………………… 31, 32
最判昭 30・10・20 民集 9 巻 11 号 1657 頁
　……………………………………… 152, 216
最判昭 30・10・20 民集 9 巻 11 号 167 頁 … 220
最判昭 31・10・5 裁判集民 23 号 409 頁
　……………………………………… 306, 307
最判昭 31・11・15 民集 10 巻 11 号 1423 頁
　……………………………………… 220
最判昭 31・12・11 裁判集民 24 号 337 頁 … 144
最判昭 32・3・5 民集 11 巻 3 号 395 頁 ……… 34
最判昭 33・2・21 民集 12 巻 2 号 282 頁 ……… 31
最判昭 33・10・3 民集 12 巻 14 号 3053 頁 … 215
最判昭 33・10・24 民集 12 巻 14 号 3228 頁
　……………………………………… 109
最判昭 35・3・15 判時 218 号 28 頁 ……… 216
最判昭 35・9・15 民集 14 巻 11 号 2146 頁
　……………………………………… 153
最 2 小判昭 35・10・14 民集 14 巻 12 号 2499
　頁 ……………………………………… 228

最判昭 35・10・14 民集 14 巻 12 号 105 頁
　……………………………………… 228
最判昭 36・3・31 民集 15 巻 3 号 645 頁 …… 387
最判昭 36・9・29 民集 15 巻 8 号 2256 頁 …… 30
最判昭 36・11・24 民集 15 巻 10 号 2583 頁
　……………………………………… 220
最判昭 36・12・14 民集 15 巻 11 号 2813 頁
　……………………………………… 454
最判昭 37・1・19 民集 16 巻 1 号 76 頁 …… 535
最判昭 37・3・2 民集 16 巻 3 号 423 頁 …… 93
東京地判昭 37・4・12 下民集 13 巻 4 号 728 頁
　……………………………………… 155
最判昭 37・5・1 民集 16 巻 5 号 1031 頁 …… 34
最判昭 37・8・28 裁判集民 62 号 273 頁 …… 325
最判昭 37・8・30 判時 311 号 27 頁 ……… 220
釧路地判昭 38・2・26 商事 273 号 10 頁 …… 390
最判昭 38・8・8 民集 17 巻 6 号 823 頁 …… 215
最判昭 38・9・5 民集 17 巻 8 号 909 頁 …… 247
最判昭 38・12・6 民集 17 巻 12 号 1664 頁
　……………………………………… 296
最判昭 38・12・6 民集 17 巻 12 号 1633 頁
　……………………………………… 103, 104
最判昭 38・12・24 民集 17 巻 12 号 1744 頁
　……………………………………… 107
最判昭 39・5・26 民集 18 巻 4 号 635 頁 …… 92
最判昭 39・6・12 手研 91 号 10 頁 ……… 227
最判昭 39・12・11 民集 18 巻 10 号 2143 頁
　……………………………………… 309
最判昭 40・3・18 判時 413 号 75 頁 ……… 79
最判昭 40・4・9 民集 19 巻 3 号 632 頁
　……………………………………… 227, 228
最決昭 40・6・24 刑集 19 巻 4 号 469 頁 …… 104
最判昭 40・6・29 民集 19 巻 4 号 1045 頁 … 535
最判昭 40・9・22 民集 19 巻 6 号 1656 頁 … 247
最判昭 40・9・22 民集 19 巻 6 号 1600 頁
　……………………………………… 506, 541
最判昭 40・10・8 民集 19 巻 7 号 1745 頁 … 374
最判昭 41・1・27 民集 20 巻 1 号 111 頁 …… 31

最判昭 41・2・23 民集 20 巻 2 号 302 頁 ……506
広島高判昭 41・5・12 高民集 19 巻 3 号 262 頁
　………………………………………………299
最判昭 41・7・28 民集 20 巻 6 号 1251 頁 ……152
最判昭 41・8・26 民集 20 巻 6 号 1289 頁 ……256
最判昭 41・12・1 民集 20 巻 10 号 2036 頁 …92
新潟地判昭 42・2・23 判時 493 号 53 頁 ……383
最判昭 42・3・14 民集 21 巻 2 号 378 頁 ……217
最判昭 42・4・28 民集 21 巻 3 号 796 頁 ……227
最判昭 42・4・28 民集 21 巻 3 号 796 頁 ……228
名古屋高金沢支判昭 42・4・28 高民集 20 巻
　2 号 210 頁 …………………………………300
最判昭 42・7・6 金判 67 号 16 頁 …………228
最判昭 42・9・26 民集 21 巻 7 号 1870 頁 …109
大阪高判昭 42・9・26 高民 20 巻 411 頁 ……216
最判昭 42・9・28 民集 21 巻 7 号 1970 頁
　………………………………………… 216,220
最判昭 42・12・15 判時 505 号 61 頁 ………440
大阪高判昭 43・3・14 金判 102 号 12 頁 ……310
最判昭 43・6・13 民集 22 巻 6 号 1171 頁 ……31
最判昭 43・9・3 金判 129 号 7 頁 …………310
最判昭 43・11・1 民集 22 巻 12 号 2402 頁
　………………………………………………206
最判昭 43・12・24 民集 22 巻 13 号 3349 頁
　………………………………………………228
最判昭 43・12・25 民集 22 巻 13 号 3511 頁
　…………………………………………297,299
最判昭 44・2・27 民集 23 巻 2 号 511 頁 ……53
最判昭 44・3・28 民集 23 巻 3 号 645 頁 ……256
札幌地判昭 44・6・27 判時 576 号 80 頁 ……299
札幌地判昭 44・6・27 判時 576 号 80 頁 ……300
最判昭 44・10・28 判時 577 号 92 頁 ………309
最判昭 44・11・26 民集 23 巻 11 号 2150 頁
　………………………………………………323
最判昭 44・11・27 民集 23 巻 11 号 2301 頁
　………………………………………… 226,228
最判昭 44・12・18 裁判集民 97 号 799 頁 …220
大阪地判昭 45・2・26 判時 612 号 89 頁 ……155
最判昭 45・3・12 判時 591 号 88 頁 …………297
仙台地判昭 45・3・26 判時 588 号 38 頁 ……55
最判昭 45・4・2 民集 24 巻 4 号 223 頁 ……219
最判昭 45・4・23 民集 24 巻 4 号 364 頁 ……297
最判昭 45・6・24 民集 24 巻 6 号 625 頁
　………………………………………… 13,291
最判昭 45・8・20 判時 607 号 79 頁 ……192,215
最判昭 45・11・24 民集 24 巻 12 号 1963 頁
　………………………………………………123
最判昭 45・12・15 民集 24 巻 13 号 2072 頁
　………………………………………………226
徳島地判昭 46・1・19 下民集 22 巻 1・2 号
　18 頁 …………………………………………203
東京高判昭 46・1・28 高民 24 巻 1 号 1 頁
　………………………………………………375
最判昭 46・3・18 民集 25 巻 2 号 183 頁 ……220
大阪地判昭 46・3・29 判時 645 号 102 頁 …310
最判昭 46・4・9 判時 635 号 149 頁 …………506
最判昭 46・6・24 民集 25 巻 4 号 596 頁 ……196
最判昭 46・7・16 裁判集民 103 号 407 頁 …387
最判昭 46・10・13 民集 25 巻 7 号 900 頁 ……296
最判昭 46・10・13 民集 25 巻 7 号 900 頁 ……299
東京高判昭 47・4・18 高民集 25 巻 2 号 182 頁
　………………………………………………388
東京地判昭 47・4・27 判時 679 号 10 頁 ……376
最判昭 47・5・25 判時 671 号 83 頁 …………327
最判昭 47・6・15 民集 26 巻 5 号 984 頁 ……325
東京地判昭 47・9・28 判時 683 号 122 頁 …300
最判昭 48・5・22 民集 27 巻 5 号 ……………324
最判昭 48・6・15 民集 27 巻 6 号 700 頁
　………………………………………… 148,156
東京高判昭 48・7・27 判時 715 号 100 頁 …376
東京高判昭 48・9・17 高民集 26 巻 3 号 288 頁
　………………………………………………203
最判昭 48・10・26 民集 27 巻 9 号 1240 頁 …55
最判昭 48・11・26 判時 722 号 94 頁 ………309
大阪地堺支判昭 48・11・29 判時 731 号 85 頁
　………………………………………………383
最判昭 48・12・11 民集 27 巻 11 号 1529 頁
　………………………………………………299
最判昭 49・9・26 民集 28 巻 6 号 1306 頁 …298
最判昭 49・12・17 民集 28 巻 10 号 2059 頁
　………………………………………………327
最判昭 50・4・8 民集 29 巻 4 号 350 頁 ……375
最判昭 50・6・27 民集 29 巻 6 号 879 頁 ……240
東京地判昭 50・9・11 金法 785 号 36 頁 ……300
札幌地判昭 50・10・11 判時 800 号 105 頁 …55
最判昭 50・12・25 金法 780 号 33 頁 ………296
大阪高判昭 51・7・7 判タ 344 号 249 頁 ……155
最判昭 51・12・24 民集 30 巻 11 号 1076 頁

判例索引

……………………………………206, 219
東京地決昭 52・8・30 金判 533 号 22 頁……383
最判昭 52・10・14 民集 31 巻 6 号 825 頁…227
最判昭 52・11・8 民集 31 巻 611 号 847 頁
………………………………………………203
最判昭 52・12・23 民集 31 巻 7 号 1570 頁…32
最判昭 53・9・14 判時 906 号 88 頁…………56
最判昭 54・5・1 判時 931 号 112 頁…………34
神戸地判昭 54・9・21 判時 955 号 118 頁……55
最判昭 54・11・16 民集 33 巻 709 頁………219
最判昭 55・6・16 判時 978 号 112 頁………220
福岡高判昭 55・10・8 高民集 33 巻 4 号 341 頁
………………………………………………289
東京地判昭 56・3・26 判時 1015 号 27 頁…293
最判昭 56・4・24 判時 1001 号 110 頁 ……228
東京地判昭 56・6・25 判時 1028 号 106 頁
………………………………………………155
最判昭 58・1・25 判時 1072 号 144 頁………32
名古屋地判昭 58・2・18 判時 1079 号 99 頁
………………………………………………297
最判昭 58・2・22 判時 1076 号 140 頁………309
大阪地判昭 58・11・29 判夕 515 号 162 頁
………………………………………………308
最判昭 59・2・24 刑集 38 巻 4 号 1287 頁…454
最判昭 59・3・29 判時 1135 号 125 頁………228
東京高判昭 59・6・11 判時 1128 号 123 頁
………………………………………………301
最判昭 60・3・26 裁判集民 144 号 247 頁…310
最判昭 60・3・26 判時 1159 号 150 頁………37
最判昭 60・12・20 民集 39 巻 8 号 1869 頁
………………………………………………196
最判昭 61・2・18 民集 40 巻 1 号 32 頁……235
最判昭 61・9・11 判時 1215 号 125 頁………109
最判昭 62・4・16 判時 1248 号 ……………325
東京地判昭 62・7・31 判時 1264 号 123 頁
………………………………………………506
大阪地決昭 62・11・18 判時 1290 号 144 頁
…………………………………………376, 383
大阪高決昭 62・11・24 民商 100 巻 1 号 30 頁
………………………………………………383
東京地判昭 63・1・28 判時 1263 号 3 頁…199
大阪地決昭 63・12・22 判時 1311 号 128 頁
………………………………………………390
東京高判平元・2・27 判時 1309 号 137 頁

……………………………………………165
大阪高判平元・4・27 判夕 709 号 238 頁…148
東京地決平元・6・22 判時 1315 号 3 頁…349
東京地決平元・7・25 判時 1317 号 28 頁…375
東京地決平元・9・5 商事 1193 号 41 頁…376
東京地判平元・9・26 判時 1333 号 156 頁…388
東京高判平元・10・26 金判 835 号 23 頁…292
大阪高判平 2・1・27 労判 611 号 82 頁…231
高松高判平 2・4・11 金商 859 号 3 頁…288
東京地判平 2・4・20 判時 1350 号 138 頁…308
東京地判平 2・5・25 判時 1383 号 139 頁…333
東京地判平 2・9・3 判時 1376 号 110 頁…231
最判平 2・12・4 民集 44 巻 9 号 1165 頁…203
最判平 3・2・19 判時 1389 号 140 頁……203
東京地判平 3・2・25 金商 878 号 24 頁…292
最決平 3・2・28 刑集 45 巻 2 号 77 頁…104
横浜地判平 3・4・19 判時 1397 号 114 頁…349
福岡地判平 3・5・14 判時 1392 号 126 頁…199
大阪高判平 3・9・20 判時 1410 号 110 頁…390
京都地判平 4・2・5 判時 1436 号 115 頁…231
京都地判平 4・2・27 判時 1429 号 133 頁…310
最判平 4・12・18 民集 46 巻 9 号 3006 頁…308
東京地判平 5・9・16 判時 1469 号 25 頁…289
東京地判平 5・9・21 判時 1480 号 154 頁…288
最判平 5・12・16 民集 47 巻 10 号 5423 頁
……………………………………389, 390, 392
最判平 6・7・14 集民 172 号 771 号 1512 号
178 頁………………………………………390
最判平 6・7・18 裁判集民 172 号 967 頁……392
東京高決平 7・2・20 判夕 895 号 252 頁…333
名古屋地決平 7・9・22 資料版商事 139 号
208 頁………………………………………289
東京高判平 7・10・25 判時 1639 号 127 頁
………………………………………………388
名古屋高決平 7・11・15 判夕 892 号 121 頁
………………………………………………333
東京高判平 8・2・8 資料版商事 151 号 142 頁
………………………………………………257
東京地判平 8・2・8 資料版商事 144 号 111 頁
………………………………………………289
神戸地判平 8・2・21 金法 1485 号 50 頁……56
東京地判平 8・6・20 判時 1572 号 27 頁…288
東京地判平 8・6・20 判時 1578 号 131 頁…323
東京地決平 8・6・26 金法 1457 号 40 頁…333

東京高決平 8・9・5 資料版商事 150 号 181 頁 ……289
東京高判平 8・12・11 資料版商事 161 号 161 頁 ……289
岐阜地判平 9・1・16 資料版商事 155 号 146 頁 ……289
名古屋地判平 9・1・20 判時 1600 号 144 頁 ……289
最判平 9・1・28 判時 1599 号 139 頁 ………204
最判平 9・1・28 民集 51 巻 1 号 71 頁 ……388
大阪高決平 9・11・18 判時 1628 号 133 頁 ……333
大阪高判平 10・1・20 金法 1531 号 59 頁 ……288
東京地判平 10・5・25 判時 1660 号 80 頁 ……333
大阪地判平 11・3・24 判時 1741 号 150 頁 ……349
大阪地判平 11・5・26 判時 1710 号 153 頁 ……289
浦和地判平 11・8・6 判時 1696 号 155 頁 ……228
神戸地尼崎支判平 12・3・28 判タ 1028 号 288 頁 ……206
最判平 12・7・7 民集 54 巻 6 号 1767 頁 ……316
大阪地判平 12・9・20 資料版商事 199 号 248 頁 ……291
大阪地判平 12・9・20 判時 1721 号 3 頁 ……253
大阪地判平 14・2・20 判タ 1109 号 226 頁 ……289
神戸地判平 14・4・4 商事 1626 号 52 頁 ……288
宮崎地判平 14・4・25 金判 1159 号 43 頁 ……206
東京地判平 14・4・25 判時 1793 号 140 頁 ……290
最判平 15・2・21 金判 1180 号 29 頁 ……306, 310
東京高判平 15・2・24 金判 1167 号 33 頁 ……310
東京地決平 16・6・23 金判 1213 号 61 頁 ……289
最判平 16・7・1 民集 58 巻 5 号 1214 頁 ……348, 350
東京地判平 16・7・28 判タ 1228 号 269 頁 ……288
東京地決平 16・7・30 金判 1201 号 9 頁 ……384
東京高決平 16・8・4 金判 1201 号 4 頁 ……384
東京地判平 16・9・28 判時 1886 号 111 頁 ……289
最判平 16・10・4 民集 58 巻 7 号 1771 頁 ……454
東京地判平 16・12・16 資料版商事 250 号 233 頁 ……290

東京高判平 17・1・18 金判 1209 号 10 頁 …323
東京地判平 17・3・3 判タ 1256 号 179 頁 …289
東京地判平 17・3・10 判タ 1228 号 269 号…288
東京高決平 17・3・23 金判 1214 号 6 頁 ……409, 584
東京高決平 17・6・15 金判 1219 号 8 頁 …409
最判平 17・7・15 金判 1229 号 42 頁 ………57
最判平 18・4・10 金商 1240 号 12 頁 ………318
最判平 18・4・10 民集 60 巻 4 号 1273 頁 …288
東京地判平 18・5・29 判時 1965 号 155 頁 ……298
大阪高判平 18・6・9 資料版商事 268 号 74 頁 ……254
最判平 18・9・28 民集 60 巻 7 号 2634 頁 …328
徳島地阿南支決平 18・10・10 金判 1265 号 26 頁 ……244
東京地判平 18・11・9 判タ 1239 号 309 頁 ……288
高松高決平 18・11・27 金判 1265 号 14 頁 ……244
東京高判平 18・11・29 判タ 1275 号 245 頁 ……288
最判平 19・3・8 民集 61 巻 2 号 479 頁 ……154, 155
東京地判平 19・6・14 判時 1982 号 149 頁 ……309
さいたま地決平 19・6・22 金判 1270 号 55 頁 ……384
最決平 19・8・7 金商 1273 号 2 頁 ………585
最決平 19・8・7 金判 1273 号 2 頁 ………124
最高決平 19・8・7 金判 1273 号 2 頁 …409
東京地判平 19・9・27 判時 1986 号 146 頁 ……288
東京地判平 19・9・27 判時 1992 号 134 頁 ……330
最判平 20・1・28 判時 1995 号 151 頁 ……327
最判平 20・1・28 判タ 1262 号 63 頁 ……288
最判平 20・1・28 判タ 1262 号 69 頁 ……288
最判平 20・1・28 民集 62 巻 1 号 128 頁 ……288
東京地判平 20・3・27 判時 2005 号 80 頁 ……342
東京高判平 20・5・21 資料版商事 291 号 116 頁 ……290
東京地決平 20・6・23 金判 1296 号 10 頁 …384
東京高判平 20・10・29 金判 1304 号 28 頁

……………………………………289
最判平 21・3・10 金商 1315 号 46 頁 ………333
東京地決平 21・3・31 金判 1315 号 26 頁 …572
横浜地判平 21・10・16 判時 2092 号 148 頁
……………………………………388
最判平 21・11・27 判タ 1313 号 119 頁 ……288
最判平 21・12・18 判時 2068 号 151 頁 ……310
東京地判平 22・3・17LEX/DB25471312 ……310
名古屋地判平 22・5・14 判時 2112 号 66 頁
……………………………………231
最判平 22・7・15 金判 1347 号 12 頁 ………290
最判平 22・9・6 金判 1352 号 43 頁 …………133
最判平 22・12・3 資料版商事 323 号 11 頁
……………………………………255,288

最判平 22・12・7 民集 64 巻 8 号 2003 頁 …143
東京地判平 23・2・18 金判 1363 号 48 頁 …589
最決平 23・4・19 金判 1366 号 9 頁 …………571
最判平 24・3・28 民集 66 巻 5 号 2344 頁 …143
最判平 24・4・24 民集 66 巻 6 号 2908 頁
……………………………………388,392,399
名古屋地決平 24・8・13 判時 2176 号 65 頁
……………………………………349
最判平 24・10・12 民集 66 巻 10 号 3311 頁
……………………………………544
東京地判平 25・8・5 金判 1437 号 54 頁 ……310
神戸地判平 26・10・16 金判 1456 号 15 頁…590
大阪高判平 27・10・29 金判 1481 号 28 頁…590

著者紹介

石山卓磨（いしやま　たくま）

1947年　釧路市に生まれる
1970年　早稲田大学第一法学部卒業
1975年　早稲田大学大学院法学研究科博士課程満期退学
　　　　獨協大学法学部教授・早稲田大学商学部教授等を経て，
現　在　日本大学法学部・法科大学院教授，法学博士
　　　　弁護士（第一東京弁護士会）

主　著

『事実上の取締役理論とその展開』（成文堂，1984年）
『アメリカの協同組合と相互会社』（監訳）（成文堂，1996年）
『現代会社法・保険法の基本問題』（成文堂，1997年）
『集中講義会社法〔第2版〕』（成文堂，1999年）
『最新判例にみる会社役員の義務と責任』（中央経済社，2010年）
『現代保険法〔第2版〕』（編著）（成文堂，2011年）
『ハイブリット会社法』（共著）（法律文化社，2012年）
『会社法改正後のコーポレート・ガバナンス』（中央経済社，2014年）
『役員報酬の法務・税務』（共著）（中央経済社，2015年）
『事例演習会社法〔第2版〕』（法学書院，2015年）

現代会社法講義〔第3版〕

2003年11月1日　初　版第1刷発行
2009年3月10日　第2版第1刷発行
2016年5月20日　第3版第1刷発行

著　者　石　山　卓　磨

発行者　阿　部　成　一

〒162-0041　東京都新宿区早稲田鶴巻町514番地

発行所　株式会社　成　文　堂

電話03(3203)9201(代)　FAX03(3203)9206
http://www.seibundoh.co.jp

製版・印刷　藤原印刷　　　　　製本　弘伸製本

© 2016 T. Ishiyama　　Printed in Japan

☆乱丁・落丁本はおとりかえいたします☆　検印省略

ISBN978-4-7923-2690-6 C3032

定価（本体4200円＋税）